Marion Golder

# Nordspanien
## und der Jakobsweg

REISE-HANDBUCH

## Inhalt

**Das andere Spanien** .......................................... 10
**Nordspanien als Reisegebiet** ............................... 12
**Planungshilfe für Ihre Reise** ................................ 16
**Vorschläge für Rundreisen** .................................. 20

# Wissenswertes über Nordspanien

Steckbrief Nordspanien ............................................ 26
Natur und Umwelt .................................................. 28
Wirtschaft und Soziales ............................................ 36
Geschichte .......................................................... 40
Zeittafel ............................................................ 48
Gesellschaft und Alltagskultur..................................... 50
Architektur, Kunst und Kultur...................................... 56

# Wissenswertes für die Reise

Anreise und Verkehr ............................................... 64
Übernachten ....................................................... 69
Essen und Trinken ................................................. 71
Outdoor ............................................................ 76
Feste und Veranstaltungen ........................................ 78
Reiseinfos von A bis Z ............................................. 82

# Unterwegs in Nordspanien

### Kapitel 1 – Baskenland

**Auf einen Blick: Baskenland** .................................. 98
**Bilbao und Umgebung** ........................................ 100
Abandoibarra....................................................... 100
Am Río Nervión .................................................... 102
Altstadt ........................................................... 102
El Ensanche ....................................................... 107
Bilbao von oben ................................................... 108
Die Umgebung von Bilbao ......................................... 113

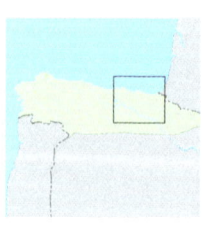

**Küste und Hinterland der Provinz Bizkaia** .................. 114
Zum Cabo Matxixako ............................................. 114
Bermeo.......................................................... 115
Mundaka ........................................................ 117
Biosphärenreservat Urdaibai ...................................... 118
Gernika.......................................................... 119
Aktiv: Rundweg mit Abstecher zum Aussichtsberg Atxarre ........ 122
Kortezubi ....................................................... 124
Elantxobe ....................................................... 125
Lekeitio ......................................................... 125
Ondarroa ....................................................... 127

**San Sebastián und Umgebung** .............................. 128
Geschichte ..................................................... 128
Bahía de la Concha ............................................. 130
Altstadt ......................................................... 134
Am Río Urumea................................................. 136
Aktiv: Radfahren in San Sebastián .............................. 141
Wissenschaftsmuseum Eureka................................... 142
Chillida-Leku-Museum .......................................... 142

**Küste und Hinterland der Provinz Gipuzkoa** ............... 143
Pasaia .......................................................... 143
Hondarribia .................................................... 143
Ausflug auf den Jaizibel ........................................ 147
Irún ............................................................ 147
Orio ............................................................ 148
Zarautz ........................................................ 148
Getaria ........................................................ 150
Zumaia ........................................................ 151
Aktiv: Entlang der Steilküste von Zumaia nach Deba ............ 154
Deba ........................................................... 155
Kloster San Ignacio de Loyola .................................. 156
Zumarraga ..................................................... 158
Oñati .......................................................... 158
Kloster Arantzazu .............................................. 159

**Vitoria-Gasteiz und Umgebung** ............................ 160
Geschichte ..................................................... 160
Altstadt ........................................................ 161
Am Florida-Park ................................................ 163
Museumsviertel ................................................ 163
Außerhalb der Stadt ............................................ 165

# Kapitel 2 – Kantabrien und Asturien

**Auf einen Blick: Kantabrien und Asturien** .................. **168**
**Costa de Cantabria** ........................................... **170**
Castro Urdiales .................................................170
Laredo ..........................................................171
Aktiv: Camino del Norte von Güemes nach Santander ............172
Santoña .........................................................173
Santander .......................................................174
Am Stadtrand von Santander .....................................177
Zum Ebro-Stausee ................................................180
Santillana del Mar...............................................180
Höhle von Altamira ..............................................182
Comillas ........................................................182
Rund um San Vicente de la Barquera ..............................184

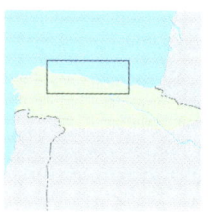

**Parque Nacional de Picos de Europa** ....................... **186**
Picos de Europa in Kantabrien ...................................186
Picos de Europa in Asturien .....................................187
Aktiv: Wanderung durch die Garganta de Cares ....................194

**Oviedo und Umgebung** ....................................... **197**
Geschichte ......................................................197
Kathedrale ......................................................197
Altstadt ........................................................198
Stadterweiterung ................................................201
Frühromanische Kirchen am Stadtrand .............................201
Aktiv: Radeln auf dem Bärenweg ..................................206
El Entrego ......................................................207
Santa Cristina de Lena ..........................................207
Radtour auf den Angliru .........................................208
Naturpark von Somiedo...........................................208

**Costa Verde** ................................................ **209**
Colombres .......................................................209
Llanes ..........................................................210
Ribadesella .....................................................212
Aktiv: Wandern in der Sierra del Sueve...........................214
Lastres .........................................................216
Villaviciosa und Umgebung .......................................216
Gijón ...........................................................218
Avilés und Umgebung .............................................223
Cudillero .......................................................224
Luarca ..........................................................226

# Kapitel 3 – Navarra und der Norden Aragóns

**Auf einen Blick: Navarra und der Norden Aragóns** ......... 230
**Der Navarrische Jakobsweg** ............................... 232
Roncevalles ....................................................232
Pamplona .......................................................233
Puente la Reina ................................................242
Estella .........................................................244
Unterwegs nach Viana ...........................................246

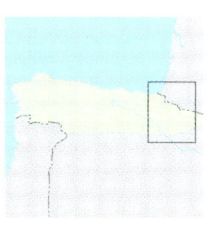

**Der Aragonesische Jakobsweg** .............................. 247
Über den Somportpass ...........................................247
Jaca ............................................................247
San Juan de la Peña ............................................248
Pyrenäentäler...................................................250
Burg von Javier ................................................251
Aktiv: Foz de Lumbier – Wandern unter Geiern ...................252
San Salvador de Leyre...........................................253
Sos del Rey Católico ...........................................253
Sangüesa........................................................254
Santa María de Eunate ..........................................255

**Im Süden Navarras** ........................................ 256
Olite...........................................................256
Ujué ...........................................................257
Aktiv: Radtour durch die Halbwüste Bardenas Reales..............258
Nuestra Señora de La Oliva .....................................259
Tudela..........................................................259

# Kapitel 4 – La Rioja

**Auf einen Blick: La Rioja** ................................. 264
**Im Herzen des Weinlands** ................................... 266
Logroño ........................................................266
Clavijo.........................................................272
Haro............................................................273
Aktiv: Wandern oder Radeln entlang dem Río Ebro.................276
Briñas .........................................................277
Laguardia ......................................................279

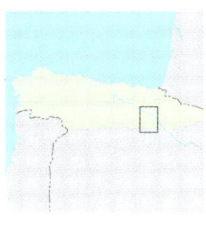

**Auf dem Jakobsweg und im Südosten der Rioja** ........... 281
Navarrete.......................................................281
Nájera .........................................................281
San Millán de la Cogolla........................................282
Santo Domingo de la Calzada ....................................284
Ezcaray und Sierra de la Demanda................................286

Calahorra ........................................................... 287
Alfaro ............................................................... 288
Rund um Enciso .................................................... 288

# Kapitel 5 – Kastilien-León

**Auf einen Blick: Kastilien-León** ............................. 292
**Burgos**............................................................ 294
Historische Entwicklung ............................................294
Kathedrale Santa María .............................................295
Rund um die Kathedrale ............................................298
Altstadt .............................................................300
Museen ..............................................................300
Die Klöster von Burgos ..............................................301

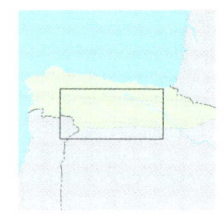

**Die Umgebung von Burgos** .................................. 307
Von Burgos nach Covarrubias .......................................307
Covarrubias .........................................................308
Lerma ...............................................................309
Santo Domingo de Silos .............................................310
Durch die Montes de Oca ...........................................311
Aktiv: Spaziergang durch die Yecla-Schlucht ......................312
Sierra de Atapuerca .................................................313

**Auf dem Jakobsweg durch die Meseta** ...................... 315
Castrojeriz ..........................................................315
Frómista.............................................................316
Villalcázar de Sirga .................................................317
Carrión de los Condes...............................................320
Sahagún ............................................................321
San Miguel de la Escalada ..........................................322

**León** ............................................................. 323
Geschichte..........................................................323
Kathedrale Santa María de Regla ...................................324
Spaziergang durch die Altstadt.....................................325
Am Río Bernesga ...................................................329

**Von León nach Galicien** ...................................... 333
La Virgen del Camino ...............................................333
Hospital de Órbigo .................................................333
Astorga..............................................................334
Bergauf zum Cruz de Ferro .........................................336
Ponferrada..........................................................341
Peñalba de Santiago ................................................343
Villafranca del Bierzo ...............................................343

Aktiv: Las Médulas – Eldorado der Römer ........................346
Sierra de Ancares ..............................................347

# Kapitel 6 – Galicien

**Auf einen Blick: Galicien** ......................................350
**Auf den Spuren der Pilger nach Santiago** .................352
O Cebreiro......................................................352
Samos und Sarria..............................................353
Portomarín .....................................................353
Von Portomarín nach Santiago ..............................354
Santiago de Compostela .....................................354

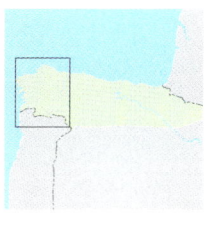

**Rías Altas** ....................................................371
Ribadeo ........................................................371
Landeinwärts nach Mondoñedo...................................372
Porzellanmanufaktur von Sargadelos .............................374
Viveiro..........................................................374
Zum Kap von Estaca de Bares ......................................375
Serra da Capelada .............................................376
El Ferrol .......................................................377
Betanzos .......................................................378
A Coruña .......................................................379

**Costa da Morte** ..............................................390
Malpica de Bergantiños .......................................390
Corme...........................................................391
Laxe............................................................391
Camelle ........................................................391
Camariñas ......................................................392
Muxía ..........................................................393
Cabo Fisterra ..................................................395
Cée und Corcubión .............................................396
Carnota ........................................................396

**Rías Baixas** ..................................................398
Muros ..........................................................398
Noia............................................................399
Halbinsel Serra de Barbanza...................................401
Padrón .........................................................402
Catoira ........................................................403
Illa de Arousa ..................................................404
Cambados.......................................................404
O Grove ........................................................407
Sanxenxo.......................................................409
Illa de Ons ....................................................410

| | |
|---|---|
| Combarro | 410 |
| Pontevedra | 410 |
| Halbinsel Morrazo | 415 |
| Vigo | 416 |
| Illas Cíes | 419 |
| Baiona | 420 |
| A Guarda | 421 |
| Aktiv: Wandern auf dem Mühlenpfad bei Santa Tecla | 422 |
| Monte de Santa Tecla | 423 |
| **Galiciens Binnenland** | **425** |
| Tui | 425 |
| Ribadavia | 428 |
| Ourense | 430 |
| Im Süden von Ourense | 433 |
| Kloster Santa María de Oseira | 434 |
| Durch die Ribeira Sacra | 434 |
| Aktiv: Bootstour durch die Schlucht des Río Sil | 436 |
| Monforte de Lemos | 437 |
| Lugo und Umgebung | 438 |
| **Kulinarisches Lexikon** | **442** |
| **Sprachführer** | **444** |
| **Register** | **446** |
| **Abbildungsnachweis/Impressum** | **456** |

# Themen

| | |
|---|---|
| Braunbären | 31 |
| Auf den Spuren der Jakobspilger – bis ans Ende der Welt | 42 |
| ETA – Sackgasse Terrorismus | 54 |
| Efecto Guggenheim | 106 |
| Gernika – Sinnbild für die Schrecken der Kriege | 120 |
| Txokos – wo die Männer den Kochlöffel schwingen! | 129 |
| Sidra – Asturiens Nationalgetränk | 217 |
| Sanfermines | 237 |
| La Rioja – ein Eldorado für Weinliebhaber | 270 |
| El Cid – Held mit Ecken und Kanten | 302 |
| Die Maragatos – Volk der Händler und Fuhrleute | 337 |
| Moda Gallega | 389 |
| Im Land der Hexen und Wunderheiler | 394 |
| Muschelparadies | 405 |

# Alle Karten auf einen Blick

**Baskenland: Überblick** ..................................... 98
Bilbao ........................................................103
Küste der Provinz Bizkaia ........................................115
Rundweg mit Abstecher zum Aussichtsberg Atxarre ..............122
San Sebastián .................................................131
Entlang der Steilküste von Zumaia nach Deba ....................154

**Kantabrien und Asturien: Überblick** ....................... 169
Camino del Norte von Güemes nach Santander ...................172
Umgebung Santander ...........................................179
Picos de Europa................................................188
Wanderung durch die Garganta de Cares .........................194
Oviedo ........................................................199
Radeln auf dem Bärenweg .....................................206
Wandern in der Sierra del Sueve .................................214

**Navarra und der Norden Aragóns: Überblick** .............. 231
Pamplona .....................................................234
Jakobsweg in Aragon ..........................................249
Radtour durch die Halbwüste Bardenas Reales ..................258

**La Rioja: Überblick** ......................................... 265
Wandern oder Radeln entlang dem Río Ebro .....................276

**Kastilien-León: Überblick** .................................. 293
Burgos ........................................................296
Umgebung von Burgos .........................................309
León ..........................................................326
Las Médulas – Eldorado der Römer ..............................346

**Galicien: Überblick**......................................... 351
Santiago.......................................................356
Catedral de Santiago...........................................360
A Coruña ......................................................381
Wandern auf dem Mühlenpfad bei Santa Tecla ...................422

# Das andere Spanien

**Welten liegen zwischen den gängigen Vorstellungen vom heißen, trockenen Süden Spaniens und den sattgrünen Landschaften des Nordens, deren Reiz aus dem Wechselspiel zwischen Meer und Bergen besteht. Auf dem Gebiet der Kunst reicht das Spektrum von Höhlenmalereien über Perlen der Romanik bis hin zu moderner futuristischer Architektur.**

Der Norden räumt mit vielen der landläufigen Spanien-Klischees auf: Die immerwährende Sonne Spaniens ist hier nicht zu Hause, dafür sorgen die regenschwangeren Wolken des Atlantiks für viel erfrischendes Grün. Nach schnittigen *machos* à la Don Juan und glutäugigen *señoritas* wird man sich hier vergeblich umschauen. Statt Flamenco sind in weiten Teilen der Region die Klänge des Dudelsacks zu hören. Die Nordspanier gelten gemeinhin als zurückhaltender Menschenschlag. Ausgehen und feiern wird hier aber ebenfalls großgeschrieben! Und auf vielen Festen lässt sich noch ein Stück ursprüngliches Spanien erleben.

Ein Gedicht ist die Küche Nordspaniens, sie allein wäre schon eine Reise wert. Die Bandbreite reicht von deftiger Hausmannskost bis hin zu kulinarischen Höhenflügen. Enten- und Jakobsmuscheln, Langusten und Austern lassen selbst verwöhnte Gourmetherzen höher schlagen. Für den kleinen Appetit stehen die leckeren *pintxos,* kleine Häppchen, bereit. Zur guten Küche gesellt sich eine exzellente Auswahl an hervorragenden Weinen.

Vom Ansturm der Touristen blieb die Region, die von den Pyrenäen bis nach Galicien reicht, bis auf den Jakobsweg bislang weitgehend verschont. Selbst in der Hauptsaison hält sich das Gedrängel an den Stränden der rund 2000 km langen Küste in Grenzen. Vor allem Spanier verbringen hier ihren Sommerurlaub, sie schätzen die milden Temperaturen und die individuellen Unterkünfte in Landhäusern. Gesichtslose Hotelburgen sind am Atlantik noch Ausnahmeerscheinungen.

Der Norden ist nicht nur eine Reise wert, denn um die vielen verborgenen Ecken und Winkel kennenzulernen, bedarf es mehrerer Besuche. Er setzt sich aus sieben Autonomen Regionen zusammen, von denen jede ihre Reize und Eigenarten hat. Das kulturelle Band zwischen den Regionen des Nordens bildet seit Jahrhunderten der Pilgerweg zum Grab des Apostels Jakobus. Entlang des *camino* reihen sich wie an einer Perlenschnur einsame Kirchlein, majestätische Kathedralen und stattliche Klosterbauten auf.

Das Baskenland lässt mit seinen grünen Mittelgebirgslandschaften Erinnerungen an heimische Gefilde wie den Schwarzwald aufkommen. Die kontrastreiche Costa Vasca säumen beschauliche Fischerdörfer und Ferienorte. Die Grande Dame der Küste ist das elegante Seebad San Sebastián. Die einst verschmähte Industriestadt Bilbao setzt heute auf moderne Architektur; den Auftakt für den rasanten Wandel der Stadt bildete der Bau des Guggenheim-Museums.

Kantabrien und Asturien bestechen durch ihre grüne, mitunter wild zerklüftete Küste und die sich im Hintergrund auftürmende Kantabrische Kordillere. Die höchsten Gipfel sind im Nationalpark Picos de Europa versammelt. Von der Kunstfertigkeit der Steinzeitmenschen zeugen Höhlenmalereien wie in Altamira. Im abgeschiedenen Parque Natural de Somiedo im Hinterland von Asturien heulen noch Wölfe und streifen die letzten Braunbären Europas umher.

Navarra im Nordosten ist wie ein kleiner Kontinent. Die landschaftliche Szenerie erstreckt sich von den imposanten Pyrenäengipfeln über das fruchtbare Schwemmland des Ebros bis hin zur Halbwüste Bardenas Reales im Süden. Über den Schluchten ziehen Geierkolonien ihre Kreise. Pamplona, die Hauptstadt Navarras, ist berühmt für ihre Fiestas de Sanfermines, in deren Mittelpunkt das waghalsige Eintreiben der Stiere steht.

Die fruchtbare Hügellandschaft der Rioja wird überzogen von knorrigen Rebstöcken. Weinliebhaber sollten sich die Zeit nehmen, eine der traditionsreichen Bodegas zu besuchen. Typisch für das Bild der Rioja sind die Störche, die sich auf zahlreichen Kirchtürmen häuslich niedergelassen haben.

Kastilien-León, die Wiege Spaniens, wird geprägt von einer Meseta, einer Hochebene mit endlosen Getreidefeldern und mitunter recht trostlosen Dörfern. Die Kathedrale von Burgos besticht durch ihre filigrane Baukunst, wohingegen das Gotteshaus von León mit einem Meer von Licht und Farben aufwartet. Hinter der Römerstadt Astorga erheben sich die Montes de León: eine karge, archaische Landschaft mit urtümlichen Dörfern. Besonders schön präsentiert sie sich im Frühjahr, wenn die Heide in voller Blüte steht. Vom ›Dach‹ des Jakobswegs am Cruz de Ferro bietet sich eine grandiose Aussicht auf die umliegende Bergwelt.

Über den Cebreiro-Pass führt der Weg ins saftig-grüne Hinterland von Galicien. In Santiago de Compostela, dem heiß ersehnten Ziel der Jakobspilger, dreht sich alles um die majestätische Kathedrale. Typisch für die galicische Küste sind die Steilküsten und die Rías, fjordähnliche Flussmündungen. Einen magischen Anziehungspunkt bildet das Cabo Fisterra, das legendenumwobene Ende der Welt.

# Die Autorin

Marion Golder

Marion Golder arbeitet als Reisebuchautorin, Stadtführerin und Studienreiseleiterin. Spanien ist ihr zweites Zuhause. Schon während des Studiums zog es sie für ein Auslandssemester in den Süden. Danach hat sie viele Jahre in Spanien gelebt und gearbeitet, Land und Leute kennengelernt. Mit zwei spanischen Freundinnen pilgerte sie Ende der 1980er-Jahre, lange vor dem großen Hype, auf dem Jakobsweg. Seitdem ist sie fasziniert vom grünen Norden Spaniens, der mit allen gängigen Spanien-Klischees bricht. Sie ist begeistert von der Vielfalt an Landschaftsbildern und Architektur. Auf ihren Erkundungen genießt sie die gute Küche und den hervorragenden Wein.

# Nordspanien als Reisegebiet

Der Norden der Iberischen Halbinsel hält für den Urlauber, der die gängigen Spanienvorstellungen im Kopf hat, so manche Überraschung parat. Die Sonne ist hier oben kein Dauergast. Nordspanienreisende sollten vielmehr wetterfest sein. Der Regen ist keine Rarität wie andernorts in Spanien. Vor allem in Galicien scheint er sich als Stammgast eingenistet zu haben. Dafür empfängt der Norden seine Gäste mit sattgrünen Landschaften. Die Szenerie reicht von abwechslungsreichen Küsten mit steilen Klippen, ausgedehnten Sandstränden und verschwiegenen Buchten bis hin zu faszinierenden Berglandschaften.

Die Herzen der Kunstinteressierten werden angesichts der zahlreichen romanischen Kirchen, der uralten Klöster und der schmucken Kathedralen in Nordspanien höherschlagen. Moderne Akzente setzen das Guggenheim-Museum in Bilbao und die futuristischen Bodegagebäude in der Rioja.

## Die Strahlkraft des Camino de Santiago

Seit Hunderten von Jahren zieht es Pilger auf dem Jakobsweg in den äußersten Nordwesten Spaniens. Die meisten wählen den klassischen Weg, den **Camino Francés,** der sich durchs Landesinnere von den Pyrenäen bis nach Santiago de Compostela zieht. Der recht gut ausgeschilderte Weg verläuft teilweise parallel zur Straße, sodass es für Reisende, die nicht den ganzen Weg zu Fuß bestreiten möchten, gut möglich ist, Teilstücke des Wegs zu fahren. Im Reiseführer DuMont aktiv »Wandern auf dem Spanischen Jakobsweg« wird der 750 km lange Wanderweg detailliert beschrieben.

Nur wenige hingegen entscheiden sich für die ebenfalls sehr reizvolle Tour entlang der Atlantikküste, den **Camino del Norte.** Das Netz an Pilgerherbergen, *refugios,* ist hier bei Weitem nicht so dicht wie entlang des Camino Francés und auch um die Ausschilderung ist es noch nicht ganz so gut bestellt.

Entlang des Jakobswegs reihen sich wie an einer Perlenschnur stimmungsvolle romanische Kirchen und Klöster. Zu den Highlights zählen das unter einem Felsüberhang thronende Kloster **San Juan de la Peña** und das Kloster von **Leyre** mit seiner archaischen Krypta. Romanik vom Feinsten bietet auch der Kreuzgang des Klosters **Santo Domingo de Silos** südlich von Burgos. Der Pilgerweg führt auch durch die geschichtsträchtigen Städte **Pamplona, Logroño, Burgos** und **León.** In der Rioja lohnt sich ein Abstecher in das beschauliche Weinstädtchen **Laguardia** und in das benachbarte Örtchen **Elciego,** in dem Frank O. Gehry ein futuristisches Hotel errichtete, das zur Traditionskellerei Marqués de Riscal gehört. **Santiago de Compostela,** das Ziel der Pilger, glänzt durch sein intaktes städtebauliches Ensemble, in dessen Mitte sich die prachtvolle Kathedrale mit dem Grabmal des Apostels erhebt.

## Kulturelle Perlen des Nordens

Den Auftakt für eine Reise durch Nordspanien bildet häufig die einst von Touristen verschmähte Industriestadt **Bilbao.** Die Stadt, die sich immer noch im Wandel befindet, begann ihren kulturellen Aufstieg mit dem Bau des Guggenheim-Museums. International renommierte Architekten geben sich hier mittlerweile die Klinke in die Hand, sodass für Kunst- und Architekturfans kein Weg mehr an Bilbao vorbeiführt.

Eine der schönsten Städte der Atlantikküste ist zweifellos die Grande Dame **San Sebastián,** die mit vielen Jugendstilbauten und einer feinsandigen, weit geschwunge-

*Kajaktour durch das Tal des Sella nach Ribadesella*

nen Bucht aufwartet. Nahe der Ortschaft Hernani liegt der Skulpturengarten von Eduardo Chillida, dessen Wiedereröffnung diskutiert wird.

In Asturien finden sich Zeugnisse aus der frühen Geschichte der Menschheit. Höhlenmalereien und Ritzungen wie in **Altamira** (Höhlennachbau) oder in der **Cueva de Tito Bustello** in Ribadesella geben Anhaltspunkte über das Leben unserer Vorfahren. **Oviedo,** die Hauptstadt Asturiens, wartet mit den einzigartigen frühromanischen Kirchen Santa María del Naranco und San Miguel de Lillo auf.

In Galicien ist das keltische Erbe noch sehr präsent, u. a. in ehemaligen Keltensiedlungen, wie **Monte Santa Tecla** oder **Castro de Baroña**. Zu den schönsten Städten der Region zählt neben Santiago de Compostela zweifellos **Pontevedra.**

## Natur pur

Die Attraktivität des Nordens der Iberischen Halbinsel liegt vor allem in der Verbindung von Meer und Gebirge. In Kantabrien und Asturien türmen sich die Berge fast unmittelbar hinter der Küste auf. Zu den wichtigsten Gebirgszügen des spanischen Nordens zählen die **Pyrenäen** und die **Kantabrische Kordillere,** die in dem Hochgebirgsmassiv **Picos de Europa** gipfelt. Liebhaber der Berge finden hier ein gutes Netz von Wanderwegen vor, die zumeist deutlich gekennzeichnet sind. Für Entdecker empfehlen sich abgelegene Naturparks wie der **Parque Natural de Somiedo** tief im Hinterland von Asturien, einer der letzten Rückzugsräume für Braunbären. Südwestlich von Ponferrada liegt die ehemalige römische Goldmine **Las Médulas,** von der nur eine bizarr ausgespülte Gebirgslandschaft zurückblieb.

*Santander besitzt wundervoll weitläufige Strände*

Ebenso faszinierend wie die Bergwelt präsentiert sich die grüne, höchst abwechslungsreiche **Atlantikküste.** Das wechselhafte Klima des Nordens, die Kühle des Atlantiks und die mitunter gefährliche Brandung sorgten bislang dafür, dass die Küste nicht zur internationalen Feriendestination ausgebaut wurde. In Galicien bestimmen die Rías, tief eingeschnittene Mündungsbuchten, die Szenerie. Die vorgelagerten Atlantischen Inseln, zusammengefasst im **Parque Nacional de las Islas Atlánticas,** glänzen durch herrliche Dünenstrände. Ein Naturschauspiel bietet die schroffe **Costa da Morte:** Das **Cabo Fisterra** an der Todesküste galt im Mittelalter als das Ende der Welt, viele Jakobspilger suchten den Nervenkitzel und verlängerten ihre Tour bis dorthin.

## Strandurlaub

Die Wasserqualität ist an der Atlantikküste fast durchweg gut. Im Sommer erreichen die Wassertemperaturen um die 20 °C. Mittlerweile hat sich auch die Wasserqualität in den Industriestädten wie Bilbao, Aviles oder Gijón gebessert, da die meisten der einstigen Dreckschleudern geschlossen wurden. Wer auf Nummer sicher gehen möchte, kann sich das Verzeichnis der Strände, die mit der blauen Umweltflagge ausgezeichnet wurden, im Internet unter www.blueflag.global anschauen. Beachten sollte man auch die Tücken des Atlantiks, wie den beachtlichen Tidenhub, den hohen Wellengang und die mitunter gefährlichen Strömungen. Kinder sollte man immer im Auge behalten.

Angesichts der Vielzahl feinsandiger Buchten in Nordspanien fällt es schwer, eine Auswahl zu treffen. Das **Baskenland** bietet herrliche Strände an den Küstenorten **Hondarribia, Zumaia** und **Lekeitio.** Bei Surfern ist die **Playa de Laida** bei der Ortschaft Mundaka angesagt, sie gilt als einer der Hotspots der Szene. Ganz in der Nähe findet sich die goldgelbe Strandoase **Playa de Laga.** Im etwas geschichtslosen **Zarautz** liegt der längste Strand des Baskenlands, der auch bei

Surfern und Wellenreitern hoch im Kurs steht. In Kantabrien wartet **Santander** mit weitläufigen Traumstränden auf. Feinsandige Abschnitte finden sich um das Naturschutzgebiet **Dunas de Liencres, Comillas** und **San Vicente de la Barquera**.

Die **Costa Verde** in **Asturien** empfängt die Besucher mit gepflegten Stränden wie der **Playa de la Marina in Ribasella** oder den herrlichen, versteckten Plätzen an der **Playa de Lastres** und **Playa de la Griega** bei Lastres. In der Umgebung von Cudillero bettet sich die **Playa de la Concha de Artedo** in eine wunderschöne Bucht ein.

In **Galicien** finden sich in den tief eingeschnittenen Flussmündungen etliche traumhafte Strände, die durch ihre Lage vor dem rauen Atlantik etwas geschützter sind. Beliebte Strände liegen bei den Urlaubsorten **O Grove, Cambados, Sanxeno** und **Baiona**. Auf der Westspitze der Halbinsel **Serra de Barranza** findet sich der längste Dünenstrand Galiciens, die **Praia de Ladeira**. Zu den schönsten Stränden Nordspaniens zählt die **Praia da Rodas** auf der vorgelagerten Inselgruppe **Islas Ciés**. Ein besonderes Naturschauspiel bietet die **Praia de as Catedrais** in der Umgebung von Ribadeo, bei Ebbe tauchen dort imposante Felsentore auf. Allerdings ist die Strömung in dieser Ecke nicht ungefährlich.

## Wie können Reiseveranstalter helfen?

Der renommierte Studienreiseveranstalter Studiosus Reisen München (Tel. 089 50 06 00, www.studiosus.com) bietet Reisen mit und ohne **Wanderungen** entlang des Jakobswegs an. Ein Spezialist für Tourismus in Nordspanien ist Alegroreisen (Tel. 030 98 60 63 14, www.alegroreisen.com). Im Angebot sind sowohl Touren für **Individualreisende** mit Mietwagen als auch **Gruppenreisen** durch den grünen Norden, darunter auch **Weintouren** durch die Rioja und Navarra. Eine reizvolle **Radreise** von Oviedo bis nach Santiago de Compostela organisiert das Unternehmen Terranova-Touristik (Tel. 069 69 30 54, www.terranova-touristik.de), übernachtet wird in stilvollen Hotels.

## WICHTIGE FRAGEN VOR DER REISE

Welche **Ausweise** braucht man für die Reise durch den Norden Spaniens? s. S. 64

Welches **Budget** muss ich für den Urlaub einplanen? s. S. 92

Welche **Unterkunftsmöglichkeiten** gibt es? Ist eine Reservierung ratsam? s. S. 69

Welche **Kleidung** muss in den Koffer? s. S. 88

Wann ist die beste **Reisezeit**? s. S. 88

Kann man mit **öffentlichen Verkehrsmitteln** reisen oder ist ein eigenes Auto unerlässlich? s. S. 65

Welche **organisierten Reisen** werden im Norden Spaniens angeboten? s. S. 15, 66

Wo können sich **Jakobspilger** informieren? s. S. 89

Was macht man im **Krankheitsfall**? s. S. 86

Wie steht es um die **Sicherheit** in Nordspanien? s. S. 92

# Planungshilfe für Ihre Reise

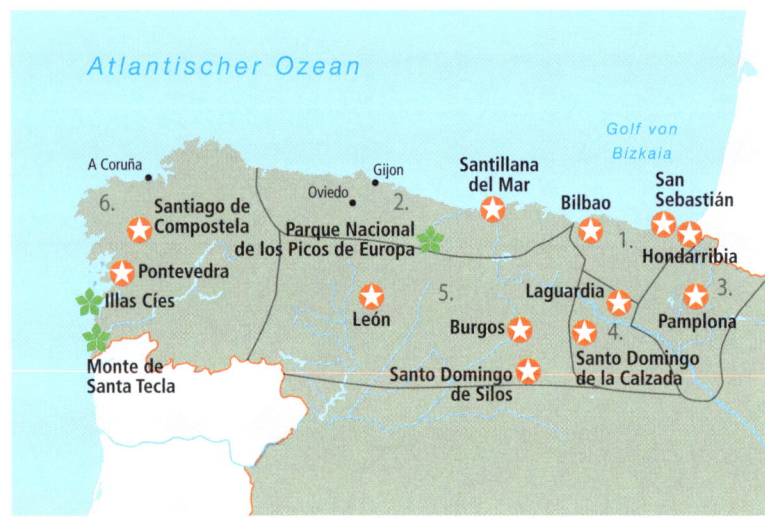

## Angaben zur Zeitplanung
Bei den folgenden Zeitangaben für die Entdeckungstour durch Nordspanien handelt es sich um Empfehlungswerte für Reisende, die ihr Zeitbudget eher knapp kalkulieren.

 *Kulturerlebnis*    *Naturerlebnis*

## 1. Baskenland

Das Baskenland bietet eine Palette sattgrüner Landschaftsbilder. Die rund 200 km lange Küste am Golf von Bizkaia wartet mit steilen Klippen, einsamen Buchten und weiten Sandstränden auf. Das gebirgige Hinterland erinnert an heimische Mittelgebirgslandschaften. Für Kunst- und Architekturliebhaber führt kein Weg vorbei an Bilbao, die Initialzündung für das Facelifting der Stadt lieferte die Eröffnung des Guggenheim-Museums 1997. Den Charme der Belle Époque versprüht San Sebastián, das einstige Seebad der Königsfamilie. Das benachbarte Küstenstädtchen Hondarribia besticht durch seinen intakten Altstadtkern.

- *Bilbao*
- *San Sebastián*
- *Hondarribia*

**Gut zu wissen:** Für Reisen in die Region empfiehlt es sich, einen Regenschutz mitzunehmen. Auf den Straßenschildern finden sich neben den spanischen auch die baskischen Ortsbezeichnungen. Im Reiseführer werden immer beide Bezeichnungen genannt.

## Zeitplanung
| | |
|---|---:|
| Bilbao: | 1–2 Tage |
| Baskische Küste und Hinterland: | 1 Tag |
| San Sebastián und Hondarribia: | 1–2 Tage |

## 2. Kantabrien und Asturien

Der Reiz von Kantabrien und Asturien liegt im Wechselspiel zwischen Meer und Bergland. Santander präsentiert sich als elegantes Seebad. Das benachbarte Städtchen Santillana del Mar versprüht aristokratisches Flair. Ein Magnet für Naturliebhaber ist der Parque Nacional de los Picos de Europa. In die Bergwelt bettet sich das spanische Nationalheiligtum Covadonga ein. Die Perlen von Oviedo sind die beiden romanischen Kirchlein auf dem Monte Naranco.

 *Santillana del Mar*   *Parque Nacional de los Picos de Europa*

*An Festtagen sind in Asturien die traditionellen Trachten allgegenwärtig*

**Gut zu wissen:** Die Bergwelt der Picos de Europa erkundet man am besten im Mietwagen. Badeurlauber sollten berücksichtigen, dass die Brandung an einigen Stränden relativ stark ist. Vor allem für Eltern mit Kindern empfehlen sich ruhigere Buchten.

### Zeitplanung
Santander und die Küste:  1–2 Tage
Picos de Europa:  1 Tag
Oviedo:  1 Tag

## 3. Navarra und der Norden Aragóns

Das einstige Königreich Navarra bietet auf kleinem Raum ein Kaleidoskop von Landschaftsräumen, der Bogen spannt sich von den imposanten Gipfeln der Pyrenäen bis hin zur Wüstenlandschaft Bardenas Reales. Navarra ist das Tor des Jakobswegs, die Pilger ziehen über den Ibañeta-Pass nach Pamplona. Die quirlige Hauptstadt von Navarra ist bekannt für das wilde Stiertreiben zur Fiesta de Sanfermines. Über den Somport-Pass führt ein weiterer Strang des Jakobswegs nach Aragón. Dieser Weg streift das abenteuerlich gelegene Kloster San Juan de la Peña und das romanische Kloster von Leyre. Kurz hinter dem Kirchlein Eunate vereint die elegant geschwungene romanische Brücke Puente la Reina beide Pilgerwege.

 *Pamplona*

**Gut zu wissen:** Gut angebunden an das Verkehrsnetz ist Pamplona, für die Erkundung der Pyrenäenregion empfiehlt sich jedoch ein Mietwagen. Für Touren in die Bergregionen sollte man warme Kleidung im Gepäck haben.

### Zeitplanung
Pamplona und Umgebung:  1–2 Tage
Kloster Leyre und San Juan de la Peña:  1 Tag
Ausflug nach Bardenas Reales:  1 Tag

### Die Kapitel in diesem Buch

1. **Baskenland:** S. 97
2. **Kantabrien und Asturien:** S. 167
3. **Navarra u. der Norden Aragóns:** S. 229
4. **La Rioja:** S. 263
5. **Kastilien-León:** S. 291
6. **Galicien:** S. 349

## 4. La Rioja

Bekannt ist die kleinste Autonome Region Spaniens für ihre Weine. Die Rioja ist sehr fruchtbar, dank der Lebensader, dem Ebro, gedeiht hier auch hervorragend Gemüse. Für die Geschicke der Region war von jeher die Lage am Jakobsweg wichtig. Er verläuft mitten durch die quirlige Hauptstadt Logroño. Zwei lebendige Hühner in der Konkathedrale von Santo Domingo de la Calzada sorgen dafür, dass sich diese Pilgerstation den Besuchern tief ins Gedächtnis eingräbt. Für Weinliebhaber bieten zahlreiche Bodegas Besichtigungstouren an. Eines der schönsten Weinstädtchen der Region ist das mittelalterliche Laguardia in der Rioja Alavesa (Baskenland).

 • *Santo Domingo de la Calzada*
 • *Laguardia*

**Gut zu wissen:** Das kontinentale Klima prägen heiße Sommer und kühle Winter. Im gebirgigen Süden kommt es häufiger zu Niederschlägen. In der Rioja werden feucht-fröhliche Weinfeste gefeiert, Weinliebhaber kommen hier auf ihre Kosten.

### Zeitplanung
| | |
|---|---|
| Logroño und Santo Domingo de la Calzada: | 1 Tag |
| Laguardia und das Weinland der Rioja: | 1 Tag |

## 5. Kastilien-León

Die nördliche Meseta, eine schier endlose Hochebene, prägt Kastilien-León, das historische Kernland Spaniens. Mitten durch die Meseta, die sich mal eben, mal von sanften Hügeln durchzogen präsentiert, verläuft der Jakobsweg. Die Kathedralen der Pilgerhochburgen Burgos und León gehören zu den schönsten Gotteshäusern Spaniens. Südlich von Burgos liegt, unweit von dem Fachwerkstädtchen Covarrubias, das Kloster Santo Domingo de Silos, ein Highlight der romanischen

Kunst. Hinter dem Städtchen Astorga führt der Camino de Santiago bergauf zum Cruz de Ferro. Die Pilger legen unter dem Kreuz einen Stein ab und damit symbolisch ihre Seelenlast. In Las Médulas förderten die Römer einst Gold und hinterließen eine bizarr, zerklüftete Berglandschaft.

 • *Burgos*
 • *Santo Domingo de Silos*
 • *León*

**Gut zu wissen:** Die Stadt Burgos liegt auf 900 m Höhe, so sind kalte Tage auch im Frühjahr nicht ungewöhnlich. In der Meseta brennt die Sonne im Sommer unerbittlich, im Winter hingegen herrscht bittere Kälte.

### Zeitplanung
| | |
|---|---|
| Burgos: | 1 Tag |
| Covarrubias, Santo Domingo de Silos: | 1 Tag |
| León: | 1 Tag |

*Spitzenarchitektur und Spitzenwein: Weinkellerei Bodegas Ysios in Laguardia*

| | |
|---|---|
| Von Astorga zum Cruz de Ferro und weiter ins Bierzo | 1 Tag |
| Las Médulas: | 1 Tag |

# 6. Galicien

Sattes Grün prägt den regenreichen, mitunter melancholischen Nordwesten Spaniens. Über die Entstehung der Region hält sich hartnäckig die Legende, dass Gott sich bei der Erschaffung der Welt auf Galicien abstützte und so mit seiner Hand die fünf fjordähnlichen Meeresbuchten, die Rías, schuf. Santiago de Compostela, der Endpunkt des Jakobswegs, ist der strahlende Mittelpunkt der Region. Viele Pilger zieht es noch weiter nach Westen zum Cabo Fisterra an der Todesküste, dem Ende der Welt. Südlich von Santiago findet sich die Hafenstadt Pontevedra, die sich mit ihrer schmucken Altstadt als Kleinod offenbart. Galicien ist reich an beeindruckenden Küsten und Naturschönheiten im Binnenland. Zu den Perlen zählen die Cíes-Inseln bei Pontevedra und der Monte de Santa Tecla tief im Südwesten sowie die Schlucht des Río Sil bei Ourense.

- *Santiago de Compostela*
- *Pontevedra*

- *Illas Cíes*
- *Monte de Santa Tecla*

**Gut zu wissen:** Galicien ist die regenreichste Region Spaniens, so sollte ein Regenschutz ins Gepäck. Am häufigsten regnet es im Winter, im Frühjahr und Sommer gibt es auch viele schöne und sonnige Tage.

## Zeitplanung

| | |
|---|---|
| Santiago de Compostela: | 1 Tag |
| Rías Altas und Costa da Morte: | 2 Tage |
| Pontevedra und Rías Baixas: | 1–2 Tage |
| Galiciens Binnenland: | 1–2 Tage |

# Vorschläge für Rundreisen

## Auf dem Jakobsweg (14 Tage)

Die wohl bekannteste Tour durch Nordspanien folgt der klassischen Jakobswegroute, dem Camino Francés. Neben bedeutenden kunsthistorischen Sehenswürdigkeiten bietet sie ein vielfältiges Landschaftsspektrum und schöne Wandermöglichkeiten.

**1. Tag:** Nach der Ankunft in Bilbao – Architektur- und Kunstliebhaber sollten hier am besten einen zusätzlichen Tag einplanen – geht es in die alte Königsstadt Pamplona. Zu den kunsthistorischen Glanzlichtern zählt der gotische Kreuzgang der Kathedrale. Im Gedenken an Ernest Hemingway sollte man sich einen Kaffee im traditionsreichen Kaffeehaus Iruña auf dem Hauptplatz gönnen.

**2. Tag:** Eine reizvolle kleine Wanderung (ca. 45 Min.) geht durch die Gänsegeierschlucht Foz de Lumbier. Mit dem Auto führt der Weg entlang des Stausees von Yesa, auch das Meer der Pyrenäen genannt, zum Kloster von Leyre mit seiner archaischen Krypta und weiter zum abenteuerlich unter einem Felsvorhang gelegenen Kloster San Juan de la Peña. Zum Übernachten bieten sich das Kloster Leyre, der Wallfahrtsort Xavier oder das reizvolle, mittelalterliche Städtchen Sos del Rey Católico an.

**3. Tag:** Das einsame Kirchlein Sta. María de Eunate gibt den Kunsthistorikern bis heute Rätsel auf! Ein paar Kilometer weiter in der Ortschaft Puente de la Reina vereinen sich zwei Pilgerrouten. Noch immer versieht die prachtvolle mittelalterliche Brücke über den Río Arga ihren Dienst. Weiter geht es durch das Weinanbaugebiet der Rioja. Es lohnt sich, einen Abstecher ins stimmungsvolle Weinstädtchen Laguardia zu unternehmen sowie ins Nachbardorf Elciego, in dem Frank O. Gehry für die Kellerei Bodega del Marqués de Riscal ein futuristisches Hotel schuf. Die Bodega bietet auch Touren durch die Kellerei an. Spätnachmittags erreicht man das quirlige Logroño.

**4. Tag:** In Santo Domingo de la Calzada gackern munter zwei schneeweiße Hühner in ihrem Käfig mitten in der Kathedrale, hinter diesem Kuriosum verbirgt sich eine Pilgerlegende. Eine Wanderung (1 Std. 30 Min.) führt von der Ermita de Valdefuentes nach San Juan de Ortega. Alternativ können die Ausgrabungen von Atapuerca besucht werden. Ziel des heutigen Tages ist Burgos.

**5. Tag:** Burgos wartet mit einer prächtigen gotischen Kathedrale und einer schmucken Altstadt auf. Am Stadtrand finden sich die sehenswerten Klöster Miraflores und Santa María de las Huelgas.

**6. Tag:** Südlich von Burgos liegt das berühmte Kloster von Silos mit seinem einzigartigen romanischen Kreuzgang. Ganz in der Nähe befindet sich die eindrucksvolle Schlucht von Yecla, für ihre Durchquerung benötigt man ca. 15 Min. Ein besonderes Kleinod ist das mittelalterliche Örtchen Covarrubias mit seinen Fachwerkbauten und einer imposanten Stiftskirche. Es bietet auch Übernachtungsmöglichkeiten.

Einsam bettet sich in die Karstlandschaft das westgotische Kirchlein Santa María de Lara (auch N. S. de Quitanillas de la Viñas).

**7. Tag:** Durch die schier endlose Weite der Meseta gelangt man nach Frómista zur romanischen Martinskirche. Für kunsthistorisch Interessierte lohnt es sich, einen Abstecher zur mozarabischen Kirche San Miguel de Escalada zu unternehmen. Am Nachmittag wird die ehemalige Königsstadt León erreicht.

**8. Tag:** In León verzaubert die Kathedrale durch ihre prächtigen Glasfenster. Romanik vom Feinsten bietet die Stiftskirche San Isidoro. Vorbei an der einstigen Pilgerherberge, dem heutigen Parador San Marcos, geht die Fahrt weiter nach Astorga. Hinter Astorga führt die Strecke bergauf zum Cruz de Ferro, dem ›Dach‹ des Jakobswegs, wo die Pilger einen Stein und damit symbolisch ihre Lasten ablegen. Unterwegs sollte man nicht versäumen, in den ursprünglichen Dörfern wie Castrillo de los Polvazares einen Stopp einzulegen. Ziel der heutigen Etappe ist Ponferrada mit seiner trutzigen Templerburg.

**9. Tag:** Ein Abstecher von Ponferrada führt in die ehemalige, römische Goldmine las Médulas. In Villafranca del Bierzo steht die kleine Jakobskirche mit ihrem Vergebungsportal, Pilger die den Weg aus gesundheitlichen Gründen nicht mehr fortführen können, erhalten hier die Vergebung ihrer Sünden. Auf der Passhöhe liegt die urwüchsige Ortschaft O Cebreiro mit Häusern, deren Bauweise auf die Zeit der Kelten zurückgeht. Von Tricastela geht es weiter über einen stimmungsvollen Abschnitt des Jakobswegs (1 Std. 30 Min.) zum mächtigen Barockkloster von Samos.

**10. Tag:** Über Portomarín führt der Weg weiter nach Santiago de Compostela, dem Ziel der Jakobspilger. Höhepunkt der Stadtbesichtigung ist sicherlich die prächtige Kathedrale. Schlendern Sie über die hübschen Plätze der Altstadt und statten Sie dem quirligen Markt einen Besuch ab. Auch den Panoramablick auf die Kathedrale und die Altstadt vom Parque de Alameda sollte man genießen.

**11. Tag:** Zeit in Santiago! Bummeln Sie in Ruhe durch die Gassen der Altstadt. Juweliergeschäfte bieten reizvolle Mitbringsel wie schönen Silber- und Gagatschmuck. Kunstliebhaber sollten auf jeden Fall das reich ausgestattete Museum der Kathedrale besuchen. Ein weiteres lohnendes Ziel ist das Pilgermuseum, das die Geschichte der Wallfahrt aufrollt. Nicht versäumen sollte man die Pilgermesse in der Kathedrale, sie findet täglich um 12 Uhr statt. Mit etwas Glück kann man abends eine *tuna*, eine studentische Musikgruppe, auf der Praza do Obradoiro erleben.

**12. Tag:** Ein Ausflug führt über das historische Städtchen Betanzos in die geschäftige Hafenstadt A Coruña, die sich auf einer Landzunge

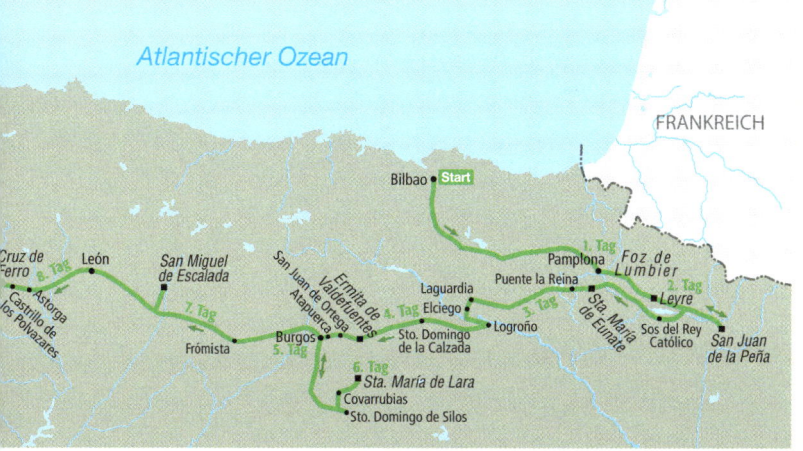

ins Meer hinausschiebt. Auf dem Paseo Marítimo lässt sich die Halbinsel umrunden.

**13. Tag:** Entlang der Todesküste mit ihren steilen Klippen und schroffen Kaps geht es zum Cabo Fisterra, das im Mittelalter als das Ende der Welt galt und bis heute von vielen Pilgern aufgesucht wird. In Carnota erwartet die Besucher ein 35 m langer Maisspeicher. Der Traumstrand von Carnota lädt zu einem Spaziergang ein. Im beschaulichen Fischerort Muros lockt der Duft von Fisch und Meeresfrüchten in die Tavernen.

**14. Tag:** Pontevedra zählt zu den schönsten Städten Galiciens. Der Weg führt weiter über die Halbinsel Morrazo und das Cabo de Home mit herrlichen Ausblicken auf die Cíes-Inseln. An der Strecke liegen einige paradiesische Strände. Der strategisch wichtige Monte de Santa Tecla im äußersten Südwesten Galiciens wurde schon in keltischer Zeit besiedelt. Der Rückflug erfolgt von Santiago de Compostela oder alternativ vom portugiesischen Porto.

## Entlang der Atlantikküste (12 Tage)

Eine schöne Option den grünen Norden Spaniens kennenzulernen, ist die Tour entlang der Atlantikküste, die durch drei Regionen führt: das Baskenland, Kantabrien und Asturien.

**1. Tag:** Längst ist Bilbao keine graue Maus mehr. Das futuristische Guggenheim-Museum, eine architektonische Ikone der Neuzeit, wartet mit interessanten Wechselausstellungen auf. Ein Spaziergang führt vorbei an der Brücke von Santiago de Calatrava in die Altstadt von Bilbao. Im Mündungsbereich des Río Nervión liegt die spektakuläre Stahlbrücke Puente Colgante.

**2. Tag:** Die baskische Küste bietet etliche Naturschönheiten wie das Kap San Juan de Gaztelugatxe, auf dem eine kleine Wallfahrtskapelle thront. Das Städtchen Gernika, das im Spanischen Bürgerkrieg durch die deutsche Legion Condor zerstört wurde, ist das alte Herz des Baskenlands. In der Umgebung bietet sich eine Wanderung zum Bosque de Oma an, den der Künstler Agustín Ibarrola originell gestaltete.

**3. Tag:** Über das verträumte Fischer- und Badeörtchen Lekeitio geht es weiter nach Zumaia, dessen Strände Itzurún und Algorri ein fantastisches Naturschauspiel bieten – ein geologisches Phänomen namens Flysch. Ein Abstecher führt ins Hinterland zum Kloster San Ignacio de Loyola. Zurück an der Küste kann man durch die mittelalterlichen Gassen von Getaria schlendern und sich in Zarautz kulinarisch verwöhnen lassen.

**4. Tag:** San Sebastián glänzt durch seine weit geschwungene Bucht und etliche Bauten aus der Belle Époque. Die Stadt ist die Gourmethochburg Spaniens! Ein Abstecher führt entlang der Küste nach Osten in die alte Grenzfeste Hondarribia.

**5. Tag:** Gen Westen geht es auf der Autobahn nach Santander, für eine Pause unterwegs bieten sich die Küstenorte Castro Urdiales oder Laredo an. Mondän präsentiert sich das Seebad Santander, die goldgelben Strände der Stadt sind ein Gedicht.

*A Guarda (»die Wächterin«) ist eine der schönsten Städte Galiziens*

**6. Tag:** Romantisch verträumt wirkt dagegen das Städtchen Santillana del Mar. Zahlreiche Adelspaläste reihen sich auf dem Weg zur romanischen Stiftskirche auf. Ganz in der Nähe liegt die Höhle von Altamira, deren Nachbau einen Einblick in das Leben der Steinzeitmenschen gibt. In Comillas schuf der Architekt Antoni Gaudí ein kurioses Anwesen namens El Capricho. San Vicente de la Barquera bietet sich als Stützpunkt für die Erkundung der Picos de Europa in Kantabrien an.

**7. Tag:** Durch die Schlucht von Hermida führt der Weg in die kantabrischen Picos de Europa. Hinter Potes schmiegt sich das Kloster Santo Toribio de Liébana in die Berglandschaft. In Fuente Dé führt eine Seilbahn hinauf zum Mirador del Cable. Hier bieten sich zahlreiche Möglichkeiten, kleine und größere Wanderungen zu unternehmen.

**8. Tag:** Weiter entlang der Küste lohnt es sich, einen Stopp bei den Brandungshöhlen Bufones de Santiuste und Bufones de Arenillas bei Buelna einzulegen. Der Ferienort Llanes verfügt über einen hübschen Ortskern und bunt bemalte Wellenbrecher des Künstlers Ibarola. Das schmucke Städtchen Ribadesella glänzt mit einer eleganten Strandpromenade. Interessant ist die Höhle Cueva de Tito Bustillo, an deren Wände die Steinzeitmenschen zahlreiche Malereien und Gravuren hinterließen.

**9. Tag:** Ein Highlight ist die Tour in die asturischen Picos de Europa. Von Covadonga ging im Mittelalter die Reconquista des Landes aus. Oberhalb betten sich idyllisch in die Berglandschaft die Gletscherseen Enol und Ercina. Eine der spektakulärsten Wanderungen führt durch die Garganta de Cares.

**10. Tag:** Vor den Toren von Oviedo liegen auf einer Anhöhe die beiden Kirchen Santa María del Naranco und San Miguel de Lillo, Perlen aus der Zeit der Präromanik. Die Schatzkammer der Kathedrale von Oviedo birgt Kostbarkeiten wie das Cruz de la Victoria. Nicht versäumen sollten Sie die Calle Gascona, die Apfelweinmeile von Oviedo.

**11. Tag:** Eine Radtour führt von Tuñón, 20 km westlich von Oviedo, entlang des Bärenwegs durch eindrucksvolle Schluchten, z. B. durch den Desfiladero del Teverga. Den Tag können Sie dann in der Hafenstadt Gijón ausklingen lassen.

**12. Tag:** Vor dem Rückflug vom Aeropuerto de Asturias bei Avilés bietet sich eine Tour um das Cabo de Peñas an, dessen über 100 m hohe Klippen steil ins Meer abfallen. Im malerischen Fischerort Cudillero können Sie die Reise Revue passieren lassen.

# Wissenswertes über Nordspanien

»Wanderer, deine Spuren sind der Weg, und sonst nichts,
Wanderer, es gibt keinen Weg, der Weg entsteht im Gehen.
Im Gehen entsteht der Weg, und wenn man den Blick zurückwirft,
sieht man den Pfad, den man nie wieder betreten wird …«
Antonio Machado (1875–1939)

*Grüntöne in allen Nuancen: Landschaft bei Oviedo*

# Steckbrief Nordspanien

## Daten und Fakten

**Gebiet:** Der Band Nordspanien behandelt die Region von den westlichen Pyrenäen bis zum Cabo Fisterra, unter Berücksichtigung des Jakobswegs.

**Namen der Autonomen Regionen:** Asturien – Principado de Asturias; Baskenland – Euskadi/País Vasco; Galicien – Galicia; Kantabrien – Cantabria; Kastilien-León – Castilla y León; La Rioja – La Rioja; Navarra – Navarra

**Flächen:** Asturien: 10 565 km²; Baskenland: 7261 km²; Galicien: 29 434 km²; Kantabrien: 5289 km²; Kastilien-León: 94 193 km²; La Rioja: 5045 km²; Navarra: 10 421 km²

**Hauptstädte:** Asturien – Oviedo; Baskenland – Vitoria-Gasteiz; Galicien – Santiago de Compostela; Kantabrien – Santander; Kastilien-León – Valladolid; La Rioja – Logroño, Navarra – Pamplona

**Amtssprachen:** Spanisch (Kastilisch), Baskisch und Galicisch

**Einwohner:** Asturien 1,02 Mio.; Baskenland 2,17 Mio.; Galicien 2,7 Mio.; Kantabrien 585 000; Kastilien-León 2,3 Mio.; La Rioja 320 000; Navarra 650 000

**Bevölkerungswachstum:** 0,28 % Gesamtspanien

**Lebenserwartung:** 84 Jahre Gesamtspanien (Männer 81 Jahre, Frauen 86 Jahre)

**Analphabetenrate:** 1,25 % Gesamtspanien

**Währung:** Euro
**Zeitzone:** MEZ
**Landesvorwahl:** +34
**Internet-Kennung:** .es (Spanien), .eus (Baskenland), .gal (Galicien)

## Geografie

Der landschaftliche Reiz von Spaniens Norden liegt im Zusammenspiel von Meer und Gebirge. Die grüne, mitunter recht raue Atlantikküste erstreckt sich vom Baskenland über Kantabrien und Asturien nach Galicien. Steilwände und schroffe Klippen wechseln sich mit einsamen Buchten und goldgelben Sandstränden ab. Charakteristisch für die galicische Küste sind die Rías, tief eingeschnittene Flusstäler. Die wichtigsten Gebirgszüge Nordspaniens sind die westlichen Pyrenäen und die Kantabrische Kordillere, deren höchsten Erhebungen sich im Gebirgsmassiv der Picos de Europa finden. In Kastilien-León prägt das Hochland der nördlichen Meseta das Landschaftsbild. Die wichtigsten Flüsse sind der Ebro, der in der Kantabrischen Kordillere entspringt, und der Miño, der die Grenze zu Portugal bildet.

## Geschichte

Der Norden Spaniens gehört zu den ältesten besiedelten Regionen Europas. Davon künden die Ausgrabungen von Atapuerca, die Überreste von Vorgängern der Neandertaler zutage brachten. Einmalige Zeugnisse aus der Steinzeit liefern die Höhlenmalereien von Altamira (15 000 v. Chr.). Von der Präsenz der Kelten zeugen die Überreste ihrer Wehrdörfer. Die Römer hinterließen in Lugo und Astorga mächtige Stadtmauern.

Die maurische Präsenz war im Norden ein kurzes Intermezzo, wenn auch die Einfälle der Mauren die Region immer wieder bedrohten. Die Schlacht von Covadonga 722 n. Chr. markierte den Auftakt der Rückeroberung des Landes. Im 9. Jh. entdeckte in Santiago de Compostela ein Eremit die Gebeine des Apostels Jakobus. Die bald darauf einsetzende Pilgerbewegung zum Grab des Apostels lieferte wichtige Impulse für die Reconquista. Mit der Einnahme von Granada im Jahr 1492 durch Isabella von Kastilien und Ferdinand von Aragón fand das Kapitel der Reconquista seinen Abschluss.

Unter Karl V. und Philipp II. stieg Spanien zur führenden See- und Kolonialmacht auf. Im Jahr 1898 verlor Spanien im Kampf gegen die USA seine letzten überseeischen Kolonien. Im Spanischen Bürgerkrieg (1936–1939) hielten die Nordspanier, mit Ausnahme von Navarra, zur Republik. In der zentralistisch ausgerichteten Franco-Diktatur wurden Regionen wie das Baskenland oder Katalonien drangsaliert. Nach dem Ende der Diktatur 1975 leitete der spanische König die Demokratisierung des Landes ein.

## Staat und Politik

Die Verfassung von 1978 legte als Staatsform die parlamentarische Erbmonarchie fest. Der König ist Staatsoberhaupt und Oberbefehlshaber der Streitkräfte, seine Aufgaben sind in erster Linie repräsentativ.

Unter der Diktatur Francisco Francos wurde das Land streng zentralistisch regiert, das Streben nach regionaler Selbstverwaltung wurde unterdrückt. Die neue Verwaltungseinteilung in 17 Autonome Regionen wurde zwischen 1979 und 1983 vorgenommen. Dennoch sorgt nach wie vor das Thema der Selbstbestimmung, insbesondere im Baskenland und Katalonien, für politischen Zündstoff.

## Wirtschaft und Tourismus

Nach einem wirtschaftlichen Höhenflug traf die weltweite Wirtschaftskrise Spanien besonders hart. Die Ursache für die Krise in Spanien basiert vor allem auf der geplatzten Immobilienblase. Die Arbeitslosigkeit schnellte auf 25 % an und stand damit im EU-Vergleich an der Spitze. Durch die Corona-Krise wurde das Land erneut wirtschaftlich schwer gebeutelt.

Mittlerweile zeichnet sich eine Erholung ab, das Wirtschaftswachstum für das Jahr 2023 wird auf 2,1 % geschätzt, die Arbeitslosenrate liegt bei 12,9 %, wobei die Jugendarbeitslosigkeit mit 28,4 % die höchste in der EU ist. Die Inflation liegt mittlerweile unter 2 %. Bezüglich der Erwerbstätigenstruktur nach Wirtschaftssektoren ähneln die Statistiken im Norden dem nationalen Durchschnitt. In der Landwirtschaft sind 3 % der Bevölkerung, in der Industrie 19 % und im Dienstleistungssektor 76 % tätig. Das monatliche Pro-Kopf-Einkommen im Norden schwankt zwischen 2103 € im Baskenland und 1616 € in Kastilien-León (Gesamtspanien 1797 €). Ein Privathaushalt hat netto zwischen 1300 € und 2500 € im Monat zur Verfügung. Die Arbeitslosenzahlen liegen zwischen 8,4 % im Baskenland und 14 % in Asturien (Gesamtspanien 12,9 %). 8 Mio. Touristen verbringen ihren Urlaub in Nordspanien (Gesamtspanien 72 Mio.). Im Jahr 2023 haben sich diese Zahlen deutlich nach oben bewegt.

## Bevölkerung und Religion

In Nordspanien leben rund 13 Mio. Menschen (Spanien insg. 47 Mio.). Die Bevölkerungsdichte liegt im Landesschnitt bei 95 Einw./km$^2$. Innerhalb einer relativ kurzen Zeit hat sich Spanien vom Emigrations- zum Immigrationsland gewandelt, mittlerweile hat es einen Ausländeranteil von 16 % an der Gesamtbevölkerung. Der Großteil der Einwanderer kommt aus Afrika, Lateinamerika, Rumänien und Großbritannien.

In Spanien bezeichnen sich laut Umfragen noch knapp 55 % als katholisch, wovon nur 18 % angeben, ihre Religion zu praktizieren. 12 % sind Agnostiker und 16 % Atheisten. 5,2 % sind Muslime und 2,8 % gehören anderen Religionsgruppen an.

# Natur und Umwelt

Das grüne Nordspanien, das mitunter Erinnerungen an heimische Gefilde wie den Schwarzwald hervorruft, bietet zwischen den westlichen Pyrenäen und dem einstigen Ende der Welt in Galicien ein breites Spektrum an unterschiedlichen Naturräumen. Der Bogen spannt sich von Hoch- und Mittelgebirgslandschaften über vielgestaltige Küsten bis hin zur Halbwüste.

## Naturräume im Überblick

Einen besonderen Reiz macht in Nordspanien das stetige Wechselspiel zwischen der grünen Atlantikküste und den Bergen, die fast unmittelbar dahinter emporragen, aus. An der **Nordküste des Atlantiks** wechseln sich Sandstrände mit kleinen Buchten und steilen Klippen ab. Das Bild der **galicischen Westküste** prägen die Rías, tief eingezogene Mündungsbuchten, die die Küste stark zergliedern.

Zu den dominanten Gebirgszügen zählen die westlichen Pyrenäen in Aragón und Navarra und die Kantabrische Kordillere. Die **Pyrenäen** türmen sich auf einer Länge von rund 430 km zwischen Frankreich und Spanien als natürliche Grenze auf. An die 200 Gipfel des Faltengebirges, das im Tertiär vor 60 bis 100 Mio. Jahren entstand, erreichen die 3000-m-Marke. Die Kantabrische Kordillere erstreckt sich über 480 km von Navarra bis nach Galicien. Die zentrale Gebirgskette der Picos de Europa bildet eine Klimascheide zwischen der grünen Atlantikküste und der kontinental geprägten kastilischen Hochebene, der Meseta. Ihr höchster Gipfel, Torre de Cerredo, erreicht 2648 m.

Mehr als 200 000 km² Fläche bedeckt die **Meseta** (von span. *la mesa* – der Tisch), deren Gipfelhöhen zwischen 600 und 900 m schwanken. Berüchtigt ist die Meseta für ihre extremen Klimaunterschiede mit sehr heißen Sommern, die den Jakobspilgern einiges abverlangen, und den klirrend kalten Winter. Der Regen ist hier ein eher seltener Gast.

Über die fruchtbare Hügellandschaft der **Rioja** ziehen sich die niedrigen Weinstöcke bis zum Horizont. Ein scharfer Kontrast dazu bildet die **Halbwüste Bardenas Reales** mit ihren bizarren Gesteinsformationen, die sich auf einer Fläche von 42 000 ha im Südosten von Navarra erstreckt.

Die große Lebensader des Nordens ist der **Río Ebro**, der zweitlängste Fluss Spaniens, der im Kantabrischen Gebirge entspringt. Im Einzugsgebiet des fruchtbaren Schwemmlandes sorgt er in Navarra und der Rioja für einen höchst ertragreichen Gemüseanbau. Ein weiterer wichtiger Strom ist der **Río Miño**, der nördlich von Lugo entspringt und auf seinen letzten 70 km die Grenze zwischen Spanien und Portugal bildet, bevor er in den Atlantik bei A Guarda mündet.

## Landschaften der Autonomen Regionen

Das hier behandelte Gebiet Nordspaniens umfasst sieben Autonome Regionen, von denen jede ihren ganz besonderen landschaftlichen Reiz hat.

### Baskenland

Das Baskenland liegt im Nordosten der Iberischen Halbinsel an der Grenze zu Frankreich. Die reizvolle **Costa Vasca** bietet ein Wechselspiel von beschaulichen Buchten und ausgedehnten Stränden, unterbrochen durch stark zerklüftete Abschnitte, z. B. zwischen Zumaia und Deba. Bei Zumaia tauchen bei Ebbe vertikal geschichtete, zackige Felsplatten aus dem Meer empor, dabei handelt es sich um ein spektakuläres geologisches Phänomen namens Flysch.

Das **baskische Bergland,** das sich von der spanisch-französischen Grenze bis zum oberen Ebro erstreckt, verbindet das Kantabrische Gebirge mit den Pyrenäen. Die grüne Berglandschaft im Landesinneren prägt ein Mittelgebirgscharakter. Der höchste Gipfel des Baskenlands ist der **Pico de Aitzgorri** mit 1549 m. Die Hauptstadt des Baskenlands, Vitoria-Gasteiz, liegt auf einer ausgedehnten Hochebene. Das größte und am stärksten industrialisierte Ballungsgebiet bildet die Hafenstadt Bilbao.

## Navarra

Das einstige Königreich und heutige Autonome Region Navarra erstreckt sich von den westlichen **Pyrenäen** bis ins obere **Ebro-Tal** und vereint auf einer Fläche von 10 421 km² eine erstaunliche Vielzahl von reizvollen und sehr kontrastreichen Naturräumen. Die imposante Bergwelt der Pyrenäen von Navarra erreicht ihren höchsten Punkt mit dem 2142 m hohen **Mesa de los Tres Reyes,** in den landschaftlich reizvollen Tälern von **Hecho, Ansó, Roncal** und **Salazar** finden sich grüne Bergwiesen und einsame Pyrenäendörfer. Ganze Geierkolonien kreisen über den tief eingeschnittenen Schluchten **Foz de Lumbier** und **Foz de Arbayún.**

Zu Füßen der Pyrenäen und ihrer Ausläufer breitet sich der **Embalse de Yesa,** das sogenannte Meer der Pyrenäen aus. 1959 angelegt, begruben die Wassermassen des Río Aragóns etliche Dörfer und fruchtbares Ackerland unter sich. Um den Stausee herum stehen heute noch mehrere Geisterdörfer, deren Bewohner abwanderten, da ihnen damals mit dem Bau des Stausees die Lebensgrundlage entzogen wurde.

Im Süden von Navarra liegt der **Naturpark Bardenas Reales,** eine menschenleere Halbwüste, deren eigenwillige, bizarre Gesteinsformationen die Besucher fesselt. Nur wenige Kilometer weiter südlich sorgt der **Río Ebro** für einen florierenden Gemüseanbau. Im Zentrum von Navarra bettet sich Pamplona auf eine kleine Hochebene oberhalb des Río Arga. In unmittelbarer Umgebung beginnen die Ausläufer der Pyrenäen.

## La Rioja

Im Westen schließt sich die Region La Rioja an, das bekannteste Weinanbaugebiet Spaniens und nach den Balearen mit 5045 km² die kleinste Autonome Region des Landes. Sie umfasst den westlichen Teil des **Ebro-Beckens** und reicht bis zu den Ausläufern des Iberischen Randgebirges. Die hügelige Weinlandschaft mit Höhen zwischen 400 und 600 m dehnt sich dies- und jenseits des Río Ebro aus und wird im Norden durch die **Sierra Cantabría,** im Süden durch die **Sierra de la Demanda** begrenzt, wobei die **Rioja Alavesa** im Norden bereits zum Baskenland gehört.

Benannt wurde die Region nach dem Río Oja, einem Seitenarm des Ebro. Die wichtigsten Städte reihen sich am fruchtbaren Ebro-Ufer auf: darunter Logroño, die Hauptstadt der Rioja, die Bischofsstadt Calahorra und die Weinmetropole Haro. In der Rioja Alta im Süden der Autonomen Region prägt das Iberische Randgebirge mit den Gebirgszügen der **Sierra de Urbión** (2142 m), der **Sierra Cebollera** (2228 m) und der **Sierra de la Demanda** (2271 m) das Landschaftsbild.

## Kastilien-León

Kastilien-León, das einstige Königreich, das über viele Jahrhunderte die Geschicke des Landes bestimmte, erstreckt sich über Teile des kastilischen Hochlands und wird hauptsächlich durch das Iberische Randgebirge, das Zentralgebirge und das Kantabrische Gebirge begrenzt. Mit 94 000 km² ist es die größte Autonome Region Spaniens.

Der vorliegende Band folgt dem Jakobsweg: Die Pilger mühen sich durch die monotone, aber dennoch faszinierende Landschaft der **Meseta;** die Karstlandschaft der **Sierra de las Mamblas,** das bukolische Tal des **Río Arlanza** und die Geierschlucht

# Natur und Umwelt

von **Yecla** erfreuen das Herz naturliebender Wanderer.

Weiter gegen Westen bauen sich hinter Astorga die **Montes de León** auf; großartige Panoramablicke bieten sich vom Dach des Jakobswegs am Cruz de Ferro (1540 m). Danach führt der Weg hinab in das fruchtbare Becken des **Bierzo**, das durch die umliegenden Gebirgszüge von kalten Winden abgeschirmt wird. Dank des vorteilhaften Mikroklimas gedeihen hier hervorragend Obst, Gemüse und Wein.

In der Nähe von Ponferrada liegt die außergewöhnliche Berglandschaft **Las Médulas,** sie entstand durch Menschenhand. Die Römer bauten hier im großen Stil Gold ab, indem sie die Berge unterspülten.

## Kantabrien und Asturien

Die Autonomen Gemeinschaften Kantabrien und Asturien erstrecken sich zwischen dem **Golf von Biskaya** im Norden und dem Kantabrischen Gebirge im Süden. Nur wenige Kilometer trennen die saftig grüne Küste vom Zentralmassiv des Kantabrischen Gebirges, den **Picos de Europa.** Das Gebiet wurde 1918 als erster Nationalpark Spaniens ausgewiesen. 1995 wurde der Nationalpark auf eine Fläche von 64 660 ha erweitert und ist somit nicht nur der älteste, sondern auch der größte Nationalpark Spaniens. Das imposante Faltengebirge, das durch das Zusammenstoßen der Iberischen Halbinsel mit der afrikanischen Platte entstanden ist, kennzeichnet eine ausgeprägte Karstlandschaft, deren Gipfelpanorama sich mit 200 Bergen, die über 2000 m emporragen, sehen lassen kann. Im Zentralmassiv der Picos de Europa geben sich die höchsten Gipfel ein Stelldichein: **Torre de Cerredo** (2648 m), **Naranjo de Bulnes** (2519 m) und **Pico Tesorero** (2570 m). Wilde Gebirgsflüsse schufen imposante Schluchten wie die bei Wanderern beliebte **Garganta de Cares.**

Die **Costa Verde,** die grüne Küste am Golf von Biskaya, zieht sich über Kantabrien, Asturien bis nach Galicien. Sie verdankt ihr erfrischend grünes Kleid dem Regenreichtum der Region. Das Relief der mitunter stark zerklüfteten Küste prägen wilde Klippen, idyllische Strandbuchten und ausgedehnte Sandstrände. Santander, die Hauptstadt von Kantabrien, kann mit wahren Bilderbuchstränden aufwarten. Oviedo, die Metropole von Asturien, liegt dagegen im Landesinneren. Südöstlich liegt die Beckenlandschaft, **Cuenca Central Asturiana.** In der einst blühenden Bergbauregion wurden vor allem Steinkohle und Eisenerze abgebaut, mittlerweile sind die meisten Minen stillgelegt worden. In den Metropolen der Schwerindustrie, den Küstenstädten Gijón und Áviles, ist der Strukturwandel im vollem Gange: Die einstigen Moloche haben ihr Erscheinungsbild positiv gewandelt, neue Attraktionen wie das Aquarium von Gijón locken Besucher an. Tief im Südwesten von Asturien liegt der **Naturpark Somiedo,** wo ausgedehnte Eichen- und Buchenwälder und einige Bergseen das Landschaftsbild prägen. Die Region ist einer der letzten Refugien für Braunbären in Europa.

## Galicien

Im äußersten Nordwesten Spaniens befindet sich Galicien. In dieser Region vermuteten einst schon die Griechen das Ende der Welt. Homer glaubte, dass hier abends die Sonne ins Meer versinke, um am nächsten Morgen im Osten wieder aufzugehen. Das überwiegend ländlich geprägte Galicien besticht durch seine Mischung von Wasser, Bergen und sattem Grün, sein dünn besiedeltes Bergland besteht aus einem stark erodierten Granitmassiv. Die höchste Erhebung ist mit 2127 m die **Peña Trevinca,** die durchschnittlichen Höhen liegen jedoch unter 500 m. Der bedeutendste Fluss Galiciens ist der wasserreiche **Río Miño.** Sein wichtigster Zufluss, der **Río Sil,** formte einen tief eingeschnittenen Cañon in der abgelegenen Region **Ribeira Sacra** und ist eine Oase für Naturfreunde.

Die Küsten werden vom **Golf von Biskaya** und vom **Atlantik** umspült. Die Gesamtlänge der Küste beläuft sich auf 1659 km, d. h. sie nimmt rund ein Drittel der spanischen Küste ein. Charakteristisch für Galicien sind die Steilküsten und die tief ins Land reichenden, trichterförmigen Meeresarme, die an die norwe-

# Braunbären

Noch vor wenigen Jahren galt die Lage der Braunbären in Nordspanien als sehr kritisch, doch mittlerweile hat sich die Situation entspannt. Insbesondere im Kantabrischen Gebirge stellte sich Zuwachs ein. Dennoch ist Meister Petz vor seinem einzigen Feind, dem Menschen, bislang nicht gefeit.

*In den Bergen Asturiens fühlen sich Braunbären wieder daheim*

Im Norden Spaniens leben rund 180 Braunbären, die sich auf drei Populationen verteilen. Die kleinste Population mit ca. 15–18 Bären findet sich in den Pyrenäen im spanisch-französischen Grenzraum. 2004 erschoss ein französischer Jäger das letzte Braunbärweibchen, das ursprünglich aus den Pyrenäen stammte. Im Jahr 2006 wurden Braunbären aus Slowenien eingeführt, um den Bärenbestand in den Pyrenäen vor dem Aussterben zu retten.

Das größte Rückzugsgebiet der spanischen Braunbären ist die Kantabrische Kordillere: Im Naturpark von Somiedo in Asturien tummeln sich schätzungsweise 140 Tiere. Im rund 200 km weiter östlich gelegenen Naturpark Saja-Besaya in Kantabrien leben noch ungefähr 20 Exemplare. Die entlegenen, dünn besiedelten Bergregionen mit ihren ausgedehnten Eichen-, Buchen- und Kastanienwäldern bilden ideale Rückzugsräume für die bedrohten Tiere. Der Bestand in der Kantabrischen Kordillere hat sich, dank diverser Initiativen zum Schutz der Bären, in den letzten Jahren positiv entwickelt, und auch illegale Abschüsse, Fallen und Giftköder gehen dank der in den letzten Jahren geleisteten Aufklärungsarbeit und der erhöhten Präsenz der Ranger zurück. Für den Menschen bedeutet der Braunbär in der Regel keine Gefahr, denn er ergreift fast immer die Flucht. Fälle, in denen Bärenmütter, die Junge führen, sich von Wanderern oder Pilzsuchern bedroht fühlen und aggressiv werden, sind sehr selten.

Die Kantabrischen Braunbären gehören zu den Europäischen Braunbären, verfügen jedoch über eine leicht abweichende genetische Struktur. Von Haus aus sind Braunbären Einzelgänger. Im Winter ziehen sie sich in ihre Höhlen zurück und verfallen in einen Halbschlaf. Die jungen Bären kommen in der Zeit der Winterruhe zur Welt. Die Jungbären verbringen anderthalb Jahre bei ihrer Mutter und lernen in dieser Zeit alles, was sie zum Überleben benötigen.

Bären sind Allesfresser, wobei sie sich vorwiegend vegetarisch ernähren. Auf der Suche nach Nahrung streifen sie durch riesige Areale. Auf ihrem Speiseplan stehen u. a. Beeren, Früchte, Honig, Fische, Insekten, Nagetiere bis hin zu Huftieren. Auch Aas wird nicht verschmäht. Wenn Bären Schafe oder Ziege reißen, liegt die Ursache häufig darin, dass der Mensch massiv in den natürlichen Lebensraum der Bären eingegriffen hat. Um den Bärenhunger zu stillen, riefen die Schutzorganisationen Euronatur und Fapas Pflanzaktionen unter dem Motto »Früchte für Bären« ins Leben. Einen Rückschlag für Bären, Geier, Wölfe und andere Wildtiere bedeutet eine EU-Verordnung, die im Zuge der BSE-Krise entstand. Sie schreibt vor, Aas nicht mehr auf sogenannten Luderplätzen zu entsorgen. Tierschützer machen sich für Ausnahmeregelungen stark, um den Bestand der Wildtiere nicht zu gefährden.

## Natur und Umwelt

gischen Fjorde erinnern. Bei den Rías handelt es sich um vom Meer überflutete Flusstäler. In ihrem Schutz entstanden große Hafenstädte wie Vigo oder A Coruña, sie bieten auch ideale Voraussetzungen für den boomenden Industriezweig der Aquakulturen.

Unterschieden werden die **Rías Baixas** und die **Rías Altas.** Die Rías Altas im Norden erstrecken sich von Ribadeo bis A Coruña, die Rías Baixas dehnen sich vom Cabo Fisterra bis zur portugiesischen Grenze aus. Das Relief der Küste der beiden Rías unterscheidet sich stark: Die Rías Baixas laufen sanft ins Meer, der Küstenverlauf der Rías Altas ist wesentlich steiler. Die höchsten Kliffe Europas finden sich in den Rías Altas bei San Andrés de Teixido, sie fallen hier bis zu 620 m tief ins Meer ab.

Zwischen die Rías Altas und die Rías Baixas schiebt sich die berühmt-berüchtigte Todesküste **Costa da Morte,** sie breitet sich vom Cabo Fisterra bis nach Malpica de Bergantiños aus. Nomen est omen: Das Meer fordert hier seine Opfer, immer wieder zerschellen Schiffe an der schroffen Küste. Das letzte große Unglück ereignete sich 2002 als der Öltanker Prestige vor dem Cabo Touriñán versank und ein ökologisches Desaster hinterließ.

## Flora

Die unterschiedlichen Ökosysteme sorgen in Nordwestspanien für eine abwechslungsreiche Pflanzen- und Tierwelt. Geprägt wird die Flora durch das Klima, die Höhenlagen, die Böden und insbesondere die Eingriffe des Menschen in die Natur. Nordspaniens Vegetation präsentiert sich in weiten Teilen eher mitteleuropäisch als mediterran. Die Pyrenäen erweisen sich mit mehr als 3000 Pflanzenarten, darunter über 100 endemische Arten, als eine wahre botanische Schatztruhe. Zu den Endemiten gehören u. a. die **Pyrenäen-Lilie,** der **Pyrenäen-Steinbrech** und die **Ramondia.** Das Baumkleid der Pyrenäen besteht vor allem aus Stieleichen, Buchen, Weißtannen und Schwarzkiefern. Um Weidefläche für das Vieh zu schaffen, entstanden auf Kosten des Nadelwaldes Almen, die sich im Frühjahr in Blütenmeere verwandeln. Seit auch in den Pyrenäen die Almwirtschaft immer weiter zurückgeht, werden zahlreiche Almen jedoch von Heidekraut und Stechginster überwuchert.

Noch üppiger ist der Reichtum an Pflanzenarten im Kantabrischen Gebirge, da hier atlantisch-mitteleuropäische, alpine und mediterrane Arten aufeinandertreffen. Bis auf die Nadelbäume ähnelt der Baumbestand dem in den Pyrenäen. In den Picos de Europa, dem Zentralmassiv des Kantabrischen Gebirges, wachsen über 35 **Orchideenarten,** darunter u. a. Bienenragwurz, Pyramidenorchis, Zungenstengel und Puppenorchis.

Bereits im Mittelalter wurde im heutigen Bundesland Kastilien-León die Hochebene, die Meseta, weitgehend entwaldet, um Platz zu schaffen für den Anbau von Getreide und Weideflächen für die Schafzucht. Bei der Fahrt entlang der Küste Nordspaniens fällt auf, dass die ursprünglichen Mischwälder, bestehend aus Eichen, Birken, Stechpalmen und Haselnusssträuchern, so gut wie verschwunden sind. Neben Wiesen und Äckern prägen schnell wachsende Monokulturen für die Holz- und Papierindustrie das Bild. **Eukalyptus- und Kiefernplantagen** dominieren die Szenerie, was ökonomisch sehr rentabel, unter ökologischen Gesichtspunkten allerdings äußerst bedenklich ist. Die Eukalyptusbäume entziehen den Böden die Nährstoffe und brennen bei Waldbränden, genauso wie Kiefern, wie Streichhölzer.

## Fauna

Da Spanien vom übrigen Europa durch die Pyrenäen und das Mittelmeer getrennt ist, überlebte eine Vielzahl einheimischer Tiere und Reptilien, die in den anderen europäischen Ländern bereits ausgestorben sind. In den Gebirgen leben **Wildschweine, Wildkatzen, Pardelluchse, Rehe** und **Gämsen,** Steinböcke sind hier hingegen kaum noch vorhanden. In einigen entlegenen Landstrichen finden sich noch Braunbärpopulationen. Das größte Rückzugsgebiet für die **Bären** liegt im

Parque Natural de Somiedo im Hinterland von Asturien.

Vor allem in Kastilien-León und in Galicien sind noch **Wölfe** anzutreffen, dank der Landflucht und der damit verbundenen Regeneration des Waldes konnte sich der Bestand wieder etwas erholen. Eine Besonderheit sind die kleinwüchsigen, kraftvollen und äußerst trittsicheren **Asturcones,** halbwilde Pferde, die vor allem noch in der Sierra del Sueve in Asturien und in der Serra da Capelada in Galicien auf den Bergweiden grasen.

Für Vogelfreunde hat Nordspanien sehr viel zu bieten, zu den einheimischen Vertretern kommen die Zugvögel, die auf ihrem Weg nach Afrika in Spanien Station einlegen oder überwintern. In den Pyrenäen und im Kantabrischen Gebirge ziehen Greifvögel wie **Gänse-, Bart-** und **Schmutzgeier** ihre Kreise. Am leichtesten lassen sich Gänsegeier sichten, die in großen Kolonien in den Schluchten von Lumbier und Arbayún in Navarra sowie in der Schlucht von Yecla in Kastilien-León leben. Die **Steinadler** leben in Paaren und beanspruchen riesige Territorien für sich, mit etwas Glück können sie in den Pyrenäen geortet werden. Eine gute Adresse, um **Seevögel** zu beobachten, ist der Nationalpark Atlantische Inseln. Auf den Illas Cíes tummeln sich Möwen, Kormorane, Fischreiher und Trottellummen sowie etliche Zugvögel.

Die Atlantikküste ist für ihren Reichtum an Fisch und Meeresfrüchten berühmt, aufgrund der jahrzehntelangen Überfischung sind jedoch viele Arten, wie der rote Thunfisch oder die Sardelle, in ihrem Bestand stark gefährdet oder vom Aussterben bedroht.

# Umweltprobleme

Das Umweltbewusstsein ist in den letzten Jahren in ganz Spanien gewachsen. Längst gehören Wasserknappheit und globale Erwärmung auch hier zu den alltäglichen Schlagzeilen in den Medien. Im Vergleich zu den südlicheren Gefilden leiden die meisten Regionen des Nordens noch nicht unter **Wasserknappheit,** der Kampf um die Verteilung des knappen Gutes ist jedoch bereits im vollen Gange. Ein wahrhaft pharaonisches Projekt sah vor, mittels eines Kanals Wasser vom Ebro nach Murcia und Valencia abzuleiten. Dieses Vorhaben, das das ökologische Gleichgewicht des Flusses und seines Deltas – eines der wichtigsten Vogelschutzgebiete Europas – bedrohte, wurde von der sozialdemokratischen Regierung unter Ministerpräsident Zapatero gekippt.

Für hitzige Debatten sorgen seit Jahrzehnten der Bau des **Stausees von Itoiz** und die Erweiterung des **Stausees von Yesa** in Navarra. Die Gegner dieses Vorhabens wehren sich gegen die Zerstörung der Flora und Fauna der Landschaft und die Vernichtung kompletter Dörfer. Viele der Umweltschutzorganisationen weisen nicht zu Unrecht auf das große Einsparpotenzial beim Wasserverbrauch hin, gehören die Spanier doch diesbezüglich zu den Europameistern. Etliche Umweltaktivisten fordern eine empfindliche Erhöhung des Wasserpreises, um den Verbrauch zu senken.

In den letzten Jahren suchten immer wieder verheerende **Waldbrände** Galicien heim, ein Paradox, wenn man bedenkt, dass es die regenreichste Region Spaniens ist. Meistens handelt es sich um Brandstiftungen. Die Feuersbrünste dehnen sich im rasenden Tempo aus, da die dominierenden Monokulturen – Eukalyptusbäume und Nadelbäume – sehr leicht entflammbar sind. Dahinter stecken vielfach Spekulationen um Bauland oder das Ziel, neue Anbauflächen zu gewinnen. Abhilfe soll ein Gesetz schaffen, das vorsieht, dass das abgebrannte Land 30 Jahre lang nicht bau- oder landwirtschaftlich genutzt werden darf.

Galicien war in den letzten Jahren auch immer wieder Schauplatz von **Havarien.** 2002 sorgte der leckgeschlagene Öltanker »Prestige« vor der Costa da Morte für die bislang größte Umweltkatastrophe Spaniens. Rund 64 000 t giftiges Schweröl verseuchten Strände von Portugal bis Südwestfrankreich, mehr als 250 000 Seevögel verendeten. Mittlerweile sind die sichtbaren Spuren des Desasters beseitigt, das Ökosystem hat sich langsam wieder regeneriert.

*Der Weg zur Einsiedelei San Juan de Gaztelugatxe auf einer Halbinsel bei Bakio führt auf einem schmalen Kamm und über Felsen. 241 Treppen...*

# Wirtschaft und Soziales

**Spaniens Wirtschaft erlebte in den letzten Jahrzehnten ein Auf und Ab. Zuletzt geriet die spanische Wirtschaft durch die Corona-Pandemie in Schieflage. Jetzt stehen die Zeichen auf wirtschaftlicher Erholung, die Inflation konnte gedeckelt werden. Die Arbeitslosenzahlen sind gesunken. Die Touristen kommen wieder, trotz Ukrainekrieg und Energiekrise, und kurbeln die Wirtschaft an.**

Lange boomte die Wirtschaft in Nordspanien. Die Krise in der Schwerindustrie, im Berg- und Schiffsbau der 1970er- und 1980er-Jahre schien überwunden, der Wandel zur modernen Dienstleistungsgesellschaft geglückt. Erneut ins Strauchen geriet die spanische Wirtschaft durch das Platzen der Immobilienblase 2008 und auch die Corona-Krise hinterließ deutlich ihre Spuren. Mittlerweile sehen die wirtschaftlichen Eckdaten wieder hoffnungsvoller aus. Die Arbeitslosigkeit liegt 2023 bei 12,9 %, das wirtschaftliche Wachstum bei 2,1 %. Nach wie vor gehören das Baskenland und Navarra – nach dem Großraum Madrid und Katalonien – zu den reichsten Regionen Spaniens. Wirtschaftliches Schlusslicht unter den hier behandelten Regionen sind Galicien, Asturien und Kastilien-León.

## Landwirtschaft

In der Landwirtschaft Nordspaniens spielt der **Weinbau** eine gewichtige Rolle. Zweifellos das bekannteste und größte Weinanbaugebiet des Nordens ist La Rioja. Über 2000 Bodegas stellen zumeist hochkarätige Rotweine her, doch auch in Navarra, Kastilien-León und Galicien werden gute Tropfen produziert. Der Río Ebro bildet die Grundlage für einen florierenden **Gemüseanbau** (in La Rioja, Navarra und Aragón). Das fruchtbare Schwemmland bringt guten Spargel, Artischocken, Salatherzen, Paprika und Tomaten hervor. Eine Spezialität des Städtchens Padrón in Galicien sind die kleinen *pimientos de Padrón* (grüne Paprika). Auf gut 6500 ha Fläche werden in Asturien **Äpfel** angepflanzt, sie werden zum großen Teil zum Nationalgetränk, der sidra, weiterverarbeitet.

Die Kornkammer des Nordens ist die Meseta, auf dem schier endlosen Hochland wird im großen Stil **Getreide** angebaut. Von großer Bedeutung für viele Regionen des Nordens ist die **Vieh- und Milchwirtschaft** (Navarra, Kantabrien, Asturien und Galicien). Meist handelt es sich um Familienbetriebe oder kleinere, mittelständische Betriebe. Die Auswahl an hervorragenden Käsesorten ist kaum überschaubar.

## Fischerei und Aquakulturen

Die Fischerei bildete lange Zeit das wirtschaftliche Rückgrat der Küste Nordspaniens. Heute präsentiert sich die Lage für die Fischer jedoch wenig erfreulich: Der **Fischfang** ging in den letzten Jahren stetig zurück. Die Überfischung, vor allem durch die industrielle Fischerei und ihre Fangtechniken, ließen die Bestände immer mehr schrumpfen. Viele Fischarten sind mittlerweile so dezimiert, dass sie trotz der stark eingeschränkten Fangquoten vom Aussterben bedroht sind. Die gestiegenen Energiekosten und die Konkurrenz aus

*Was für eine schöne Heidi-Idylle! – finden auch die Kühe in den Picos de Europa*

dem Ausland minimieren zusätzlich die Einkünfte der Fischer. Hinzu kommen die Existenznöte, die hervorgerufen werden durch Umweltkatastrophen wie die Havarie des Öltankers Prestige im Jahr 2002 vor der Küste Galiciens.

Im Gegensatz dazu haben sich die modernen **Aquakulturen** längst zu einem wichtigen Wirtschaftsfaktor entwickelt, bereits ein Drittel des Fischbedarfs werden durch sie gedeckt. Die fjordähnlichen Mündungstrichter, die galicischen Rías, bieten ideale Bedingungen für die Aufzucht von Weichtieren. Spitzenreiter sind die beliebten Miesmuscheln, die wegen ihrer Qualität sogar mit einer kontrollierten Herkunftsbezeichnung, ähnlich wie im Weinbau, ausgezeichnet wurden. Jedes Jahr werden in Galicien um die 250 000 t Miesmuscheln geerntet, damit ist die Region zum wichtigsten Miesmuschelproduzenten Europas aufgestiegen. Außerdem werden auch Herz-, Venus- und Jakobsmuscheln und sogar Austern erfolgreich gezüchtet. In riesigen meerwassergespeisten Becken zieht man in Galicien delikate Steinbutte und nimmt auf diesem Gebiet eine Vorreiterrolle ein.

# Alte und neue Industriezweige

Die wirtschaftlichen Zugpferde der industriellen Entwicklung Nordspaniens waren lange die **Schwerindustrie,** die **Metallverarbeitung** und die **Werften.** In den 1970er-Jahren gerieten diese Industriezweige in eine schwere Krise, die einherging mit der Entlassung von Tausenden von Arbeitnehmern. Besonders stark betroffen waren große Hafenstädte wie Vigo oder A Coruña und der Großraum von Bilbao.

Der **Bergbau** blickt in Nordspanien auf eine lange Geschichte zurück. Bereits die Römer bauten Edelmetalle und Erze ab. Vor allem in Asturien, Kantabrien und Kastilien-León spielte der Abbau von Steinkohle, Eisenerz und Zink noch bis vor wenigen Jahrzehnten eine wichtige Rolle. Die meisten Gruben sind mittlerweile aufgrund ihrer mangelnden Rentabilität ge-

## Wirtschaft und Soziales

schlossen worden, entsprechend schnellten die Arbeitslosenzahlen in diesen Regionen in die Höhe. Noch immer liegt ihre Wirtschaftswachstumsrate, vor allem in Asturien, hinter den anderen Gebieten des Nordens zurück, doch auch hier zeigen sich mittlerweile die Erfolge des seit den 1970er- und 1980er-Jahren in die Wege geleiteten Strukturwandels.

In den 1980er- und 1990er-Jahren wurde ein umfassender Umstrukturierungsprozess im Baskenland in Gang gesetzt. Drei Faktoren trugen zur Regeneration der Wirtschaft bei: die Verbesserungen im Bereich der Infrastruktur, vor allem dank der EU-Förderungen, die Schaffung eines günstigen Investitionsklimas durch Steuervorteile und die Direktinvestitionen der Banken. So steht der Großraum Bilbao wirtschaftlich mittlerweile auf mehreren Füßen. Neben den traditionellen Industriezweigen entwickelte sich die Region zum Standort für die **Luft- und Raumfahrttechnik,** den **IT-Bereich** und den **Maschinenbau.** Zum Symbol des Aufbruchs wurde das 1997 eröffnete Guggenheim-Museum, das den Tourismus in der Region ankurbelte.

Die **chemische Industrie** verfügt in Nordspanien über wichtige Standorte in Bilbao und Vitoria-Gasteiz im Baskenland und in Torrelavega in Kantabrien. Der **Automobilkonzern** VW unterhält in Pamplona ein großes Werk, der französische Autohersteller Citroën ist seit dem Jahr 1958 in Vigo engagiert. In A Coruña sitzt der **Textilgigant** Inditex, der mittlerweile sogar den schwedischen Konzern Hennes & Mauritz von der ersten Position im hart umkämpften Modemarkt verdrängt hat. Eine wichtige Rolle spielt im Norden auch die **Zelluloseindustrie,** so erklären sich die riesigen, ökologisch bedenklichen Monokulturen von Eukalyptusbäumen.

Bei den **erneuerbaren Energien** gehört Spanien mit einem Anteil von 46 % zu den Spitzenreitern in Europa. Die Ziele sind ehrgeizig, Spanien möchte sich zu einem globa-

*Das Kulturzentrum Niemeyer sollte im strukturschwachen Avilés für Aufbruchstimmung sorgen, geriet aber aufgrund der exorbitanten Baukosten in die Kritik*

len Player auf dem Energiemarkt entwickeln. Vor allem in Andalusien und der Extremadura sprießen allerorts Solarparks aus dem Boden. An der Spitze der Windenergieerzeuger stehen drei Regionen im Norden des Landes: Kastilien-León, Aragón und Galicien.

le haben sich die Besucherzahlen auf 1,2 Mio. im Jahr eingependelt. Andere ehrgeizige **Großprojekte**, wie das Kulturzentrum Niemeyer in Avilés und die Cidade da Cultura de Galicia in Santiago de Compostela, gerieten in den Strudel der Wirtschaftskrise und der Kritik aufgrund der exorbitanten Kosten.

# Tourismus im grünen Norden

Hinsichtlich des Tourismus ging es in Nordspanien in den letzten Jahren bergauf, wenn auch die Corona-Krise die positive Entwicklung erstmals bremste. Das spanische Tourismusamt pries die Region in den letzten Jahren intensiv unter dem Motto »Das grüne Spanien« an. Vor allem der internationale Tourismus wird umworben, denn noch viel zu wenig bekannt sind im reisefreudigen Ausland die vielen reizvollen Ecken der Küste und des bergigen Hinterlandes sowie das kulturelle Erbe der Region. Solche Ausmaße und auch Auswüchse wie an der Mittelmeerküste, auf den Balearen und den Kanaren wird der Tourismus hier Gott sei Dank wohl nie erreichen, schrecken doch das instabile Wetter und der raue Atlantik etliche Sonnenhungrige ab. Die merklich kühleren Temperaturen am Atlantik schätzen dagegen viele Spanier. Beliebt bei einheimischen Touristen und zusehends auch bei den ausländischen Gästen sind die charmanten, individuellen Unterkünfte auf dem Land sowie die ausgesprochen gute Küche des Nordens.

Von jeher ist das touristische Zugpferd im Norden der **Jakobsweg**, seit einigen Jahren liegt die Wallfahrt voll im Trend. Der Hype wurde nicht zuletzt ausgelöst durch zahlreiche Promipilger, die ihre Erfahrungen auf der Wanderschaft schriftlich niedergelegt haben. Dank des Zuspruchs durch die Pilger wurden Herbergen neu eröffnet und fast verlassenen Dörfern neues Leben eingehaucht.

Wichtige Impulse für den Tourismus im Norden gab die Eröffnung des **Guggenheim-Museums** in Bilbao 1997. Der spektakuläre Museumsbau des Architekten Frank O. Gehry übertraf alle Erwartungen, mittlerwei-

# Probleme des Arbeits- und Wohnungsmarkts

Im Zuge der Corona-Krise hat sich die Lage auf dem Arbeitsmarkt verschlechtert. Mittlerweile sieht es wieder positiver aus, die Arbeitslosenquote liegt bei 12,9 % (2023). Die Jugendarbeitslosigkeit bleibt jedoch mit 28 % alarmierend hoch. In den wirtschaftlich starken Regionen Nordspaniens wie dem Baskenland, Navarra und La Rioja liegen die Arbeitslosenzahlen zwischen 7,1 und 8,1 %, die übrigen hier behandelten Regionen schwanken zwischen 8–11 %. In der Gastronomie und der Hotellerie werden im Norden mittlerweile dringend Arbeitskräfte gesucht, viele meiden die Branche aufgrund der niedrigen Gehälter, der Arbeitszeiten und der hohen Lebenshaltungskosten in den touristischen Hotspots. Jeder dritte Arbeitnehmer in Spanien hat inzwischen nur noch einen befristeten Arbeitsvertrag. Im Volksmund heißen die Verträge *contrato de basura* (Müllvertrag). Prozentual besonders stark betroffen sind junge Arbeitnehmer und Frauen.

Die Einstiegsgehälter sind meist sehr gering und daher richten sich viele Jungverdiener mehr oder weniger freiwillig im ›Hotel Mama‹ ein. In der Mentalität der meisten Spanier ist es fest verankert, sich **Eigentum** zu erwerben, d. h. eine Wohnung oder ein Haus zu kaufen. Dafür verschuldet sich mancher bis ins Rentenalter hinein. Der Mietmarkt ist relativ beschränkt, und die Preise ebenfalls recht hoch. Auch aus diesem Grund bleiben viele junge Spanier gezwungenermaßen im Elternhaus, um so die Miete zu sparen oder um Rücklagen zu bilden für einen zukünftigen Wohnungskauf.

# Geschichte

**Der Norden Spaniens zählt zu den ältesten Siedlungsgebieten Europas. Viele Kulturen, darunter die Iberer, die Kelten, die Römer, die Westgoten und die Mauren, prägten das Land bis zum Mittelalter. In der Neuzeit wurde Spanien zur Weltmacht und musste Bürgerkrieg und Diktatur erleiden. In der heutigen Demokratie nehmen die einzelnen Autonomen Regionen eine erstarkte Position ein.**

## Frühe Kulturen

Der Norden Spaniens zählt zu den ältesten Siedlungsgebieten Europas. Im Grabungsareal von Atapuerca in der Nähe von Burgos brachten in den letzten Jahren die Paläontologen immer wieder neue Sensationsfunde zutage, so z. B. 2007 einen gut 1,2 Mio. Jahre alten Backenzahn. In vielen Höhlen Nordspaniens, allen voran in Altamira, finden sich bemerkenswerte Wandmalereien, die Hinweise auf das Leben in der Altsteinzeit liefern.

Etwa um 1100 v. Chr. traten die **Iberer** auf den Plan; ob sie tatsächlich aus Nordafrika kamen, ist unter Historikern umstritten. Sie verfügten über Kenntnisse in der Metallverarbeitung und im Ackerbau.

Von 900 bis 600 v. Chr. zogen die **Kelten** in mehreren Wellen über die Pyrenäen und ließen sich vor allem im Norden und Westen der Halbinsel nieder. Von ihrer Präsenz zeugen noch die Überreste einiger wehrhafter Siedlungen *(castros)* in Asturien und Galicien. Gemeinsam mit den Iberern bildeten sie das Volk der **Keltiberer.**

## Unter den Römern

Die **Karthager** brachten im 3. Jh. v. Chr. weite Teile der Iberischen Halbinsel unter ihre Kontrolle. Sie dominierten als führende See- und Handelsmacht den westlichen Mittelmeerraum, diese Position wurde ihnen jedoch bald von den **Römern** streitig gemacht. Im Zweiten Punischen Krieg (218–201 v. Chr.) triumphierten die Römer über die Karthager und brachten danach fast die gesamte Iberische Halbinsel unter ihre Kontrolle. Die Keltiberer leisteten erbitterten Widerstand, der erst in der **Schlacht von Numantia** (133 v. Chr.) gebrochen wurde. Die rebellischen Basken, Asturer und Kantabrer konnten jedoch erst unter Kaiser Augustus unter Kontrolle gebracht werden.

Aus den römischen Militärlagern gingen Städte wie León, Lugo oder Pamplona hervor. Unter römischer Regie wurde die Infrastruktur ausgebaut, viele der alten Römertrassen nutzten später die Jakobspilger. Dank ausgetüftelter Bewässerungsmethoden (Aquädukte) gelang es, die landwirtschaftliche Produktion zu steigern.

## Die Westgoten

Zu Beginn des 5. Jh. fiel das gewaltige römische Imperium wie ein Kartenhaus in sich zusammen, und germanische Stämme wie die **Westgoten,** die **Alanen,** die **Vandalen** und die **Sueben** fielen im Zuge der Völkerwanderung in Iberien ein. Die Sueben gründeten in Galicien ein Königreich, bis sie 585 von den Westgoten verdrängt wurden. Letztlich dehnten die Westgoten ihre Herrschaft über die ganze Iberische Halbinsel aus. Von Toledo aus regierten sie als kleine Oberschicht das Land,

# Die Reconquista

*Die Höhlenmalereien von Altamira entstanden vor über 15 000 Jahren*

das Verhältnis zur hispanoromanischen Bevölkerung war lange angespannt. Die Lage besserte sich erst, als sie unter **König Rekkared** im Jahr 587 zum römisch-katholischen Glauben übertraten. Der Invasion der Mauren ab 711 konnten die Westgoten nur wenig entgegensetzen, denn Thronstreitigkeiten und Fehden unter den führenden Adelsfamilien hatten ihr Reich innerlich zerrüttet.

## Spanien unter dem Halbmond

Unter dem berberischen Feldherrn **Tariq ibn Ziyad** überquerten die **Mauren** erstmals 711 die Straße von Gibraltar. In der Folge gelang es ihnen innerhalb kürzester Zeit, fast die gesamte Iberische Halbinsel einzunehmen. Die Zentren der Macht lagen im heutigen Andalusien, die höchste Blütezeit erlebte das muslimische Spanien zur Zeit des **Kalifats von Córdoba** (929–1031). Die Toleranz gegenüber der christlichen und jüdischen Bevölkerung trug wesentlich zum Entstehen der Hochkultur bei, es bestand ein reger Austausch zwischen den drei Kulturen auf dem Gebiet der Wissenschaften, der Philosophie und der Künste. Nach dem Zerfall des Kalifats, der durch innere Auseinandersetzungen hervorgerufen wurde, zerfiel das Herrschaftsgebiet der Muslime in Kleinkönigreiche *(taifas)*.

## Die Reconquista

Vom Norden Spaniens ging die **Reconquista** aus, die Rückeroberung des Landes durch die Christen. Auftakt war die legendäre **Schlacht von Covadonga,** in der das Westgotenheer im Jahr 722 den ersten Sieg über die Muslime erzielte. Wenig später gründete Feldherr **Don Pelayo** das **Königreich von Asturien** als Nachfolge des Westgotenreiches.

# Auf den Spuren der Jakobspilger –
# bis ans Ende der Welt

Die Initialzündung für die berühmte Wallfahrt nach Santiago de Compostela in Galicien lieferte ein Wunder: Geleitet von einer Lichterscheinung und himmlischen Gesängen, entdeckte der Eremit Pelagius zu Beginn des 9. Jh. im äußersten Nordwesten Spaniens die Gebeine des Apostels Jakobus des Älteren (span. Santiago). Über den Gebeinen des Apostels erhebt sich heute die majestätische Kathedrale von Santiago de Compostela.

Im Mittelalter entwickelte sich Santiago de Compostela neben Rom und Jerusalem zum wichtigsten Pilgerziel der Christenheit. Für die Popularität des Apostels Jakobus sorgte die Legende um die Schlacht von Clavijo im Jahr 844. Laut der Überlieferung soll der Apostel eine drohende Niederlage der christlichen Truppen unter König Ramiro I. gegen eine Übermacht von Mauren abgewendet haben, indem er hoch zu Ross mit seinem Schwert den Muslimen gleich reihenweise die Köpfe abschlug. Somit empfahl sich Santiago als Schutzpatron der Reconquista, der Schlachtruf der Christen lautete fortan »Santiago matamoros!« (Jakobus der Maurentöter).

Die Pilgerfahrt nach Santiago de Compostela stärkte den Glaubenseifer der Christen und gab entscheidende Impulse für die Rückeroberung des Landes. Außerdem belebte sie die Wirtschaft und sorgte für einen regen kulturellen Austausch. Scharen von Pilgern brachen aus ganz Europa zum Grab des Apostels in ferne Galicien auf. Ein dicht gestricktes Jakobswegnetz leitete sie über die Pyrenäen ins Land des Apostels – allein der Weg durch Spanien misst an die 800 km! Die meisten Pilger wählten den Camino Francés – den französischen Weg –, der durch die heutigen Regionen Aragón, Navarra, La Rioja und Kastilien-León nach Galicien führt. Hilfreiche Dienste leistete ihnen unterwegs der »Codex Calixtinus« (um 1150): Neben den Berichten von der Vita und den Wundern des Apostels lieferte das Werk handfeste Tipps für die Reisenden. So wird darin beispielsweise vor verschlagenen Wirten oder vor Wegstrecken, auf denen Diebe lauern, gewarnt.

Die Motivation für die mittelalterlichen Pilger, die strapaziöse Reise ins Ungewisse anzutreten, lag in erster Linie in der religiösen Heilssuche. Die Erfüllung eines Gelübdes, die Hoffnung auf einen Gnadenerweis oder einen Sündenerlass trieben sie voran. Die Wundertätigkeit der Reliquien des Apostels stand außer Frage.

Gang und gäbe waren in jenen Tagen ›Berufspilger‹, die stellvertretend für reiche oder gebrechliche Gläubige die Reise antraten. Ein anderes Phänomen bildeten die Strafwallfahrer: Zur Buße ihrer Sünden wurden Straffällige von weltlichen oder kirchlichen Instanzen zur Wallfahrt verdonnert. Falsche Pilger, die sogenannten Muschelbrüder, mischten sich unter die echten Pilger, um den Status als Pilger auszunutzen und kostenlos Unterkünfte und Mahlzeiten zu erschleichen.

Im Laufe der langen Geschichte des Jakobswegs gab es immer wieder Höhen und Tiefen. Insbesondere in der Reformationszeit nahm das Interesse an der Wallfahrt stark ab, Luther und seine Anhänger hinterfragten kritisch die Apostellegende und den katholischen Reliquienkult mit einem spöttischen: »Lauf nicht dahin, man weiß nicht, ob der hl. Jakob oder ein toter

*Jakobspilger suchen physische Herausforderung und spirituelle Erleuchtung*

Hund da liegt.« Als ein Förderer des Jakobuskultes erwies sich der Diktator Franco. Er scheute sich auch nicht davor, den Apostel in seinem ›Kreuzzug gegen die gottlose Republik‹ zu instrumentalisieren.

Bis heute übt die Wallfahrt nach Santiago de Compostela eine magische Anziehungskraft aus, in den letzten Jahren entstand sogar ein regelrechter Hype um den Camino, ausgelöst durch ›Promipilger‹ wie Hape Kerkeling, Shirley MacLaine oder Paulo Coelho. Doch was bewegt heutige Pilger, die beschwerliche Reise im Zeichen der Jakobsmuschel anzutreten und in einfachen Pilgerherbergen in Stockbetten zu nächtigen? Neben den religiösen Gründen spielt sicherlich die Suche nach dem Sinn des Lebens eine zentrale Rolle. Der Ausbruch aus dem Alltag oder einer Lebenskrise dürften weitere Beweggründe sein. Viele Pilger suchen auch schlicht die sportliche Herausforderung der langen, anstrengenden Wanderung oder genießen die Schönheiten der Landschaft und der romanischen Kunst- und Bauwerke entlang der Strecke.

Als echter Pilger gilt, wer die letzten 100 km zu Fuß bzw. die letzten 200 km mit dem Rad bewältigt hat. Die zurückgelegten Kilometer werden in Santiago anhand des Pilgerbüchleins überprüft, das in den Herbergen, Kirchen und Klöstern abgestempelt wird. Auf Spanisch heißt das wichtige Dokument: *credencial*. Als Beleg für die vollbrachte Wallfahrt bekommen die Pilger die *compostelana,* die Pilgerurkunde, in Santiago de Compostela ausgehändigt.

Etliche Pilger zieht es auch heute noch gut 60 km weiter bis zum mythenumwobenen Cabo Fisterra an der Costa da Morte. Für die mittelalterlichen Pilger war dies das Ende der Welt. Bei dem uralten Kultplatz vollziehen die Pilger das letzte Ritual: Sie verbrennen ihre Kleidung. Ein besonderes Erlebnis ist es, hier den Untergang und den Aufgang der Sonne zu erleben – Symbole für Tod und Auferstehung.

## Geschichte

*Aus der Schlacht von Las Navas de Tolosa ging das christliche Kreuzritterheer siegreich hervor*

Im 8. und 9. Jh. dehnten die Könige von Asturien ihr Herrschaftsgebiet über Galicien, Kantabrien und León aus. König **Alfons III. der Große** (866–910) stieß mit seinen Truppen bis zum Duero vor und verlegte die Hauptstadt des neuen **Königreiches Asturien-León** von Oviedo nach León. Im Osten errichtete **Karl der Große** 785 die fränkische Mark als Bollwerk gegen die Muslime, aus der später die Grafschaft von Barcelona hervorging. 905 entstand das **Königreich von Navarra,** zu dem das Baskenland gehörte.

In der zweiten Hälfte des 10. Jh. gelang es **Almansor** (der Siegreiche), dem Feldherrn des schwachen Kalifen Hisham II., wiederholt in die christlichen Königreiche des Nordens, Asturien-León, Navarra, Aragón und Katalonien, einzufallen. 997 zerstörten seine Truppen Santiago de Compostela, wie durch ein Wunder blieben jedoch die Gebeine des Apostels Jakobus unversehrt.

Das Königreich von Asturien-León wurde 1037 von **Ferdinand I. von Kastilien** erobert. Fortan beherrschte das neue **Königreich Kastilien-León** die Geschicke Nord- und Zentralspaniens. König **Alfons VI.** gelang es 1085, den Mauren Toledo, die alte Hauptstadt der Westgoten, zu entreißen. Ein Schlüsseldatum in der langen Geschichte der Reconquista ist das Jahr 1212: In der **Schlacht von Las Navas de Tolosa** unterlagen die Mauren den christlichen Truppen. In der Folge gelang es König

**Ferdinand III. von Kastilien und León** ganz Andalusien bis auf das Königreich der Nasriden von Granada einzunehmen.

**Ferdinand von Aragón** und **Isabella von Kastilien** legten mit ihrer Hochzeit 1469 den Grundstein zur Vereinigung der beiden wichtigsten Königreiche. Sie regierten gleichberechtigt in Personalunion und trieben den Glaubenskrieg gegen die Muslime voran. 1492 nahmen sie das Königreich der Nasriden von Granada ein. Das Kapitel der Reconquista fand damit seinen Abschluss. Von den **Katholischen Königen** wurden die Juden und die Muslime vor die Wahl gestellt, den christlichen Glauben anzunehmen oder das Land innerhalb von drei Monaten zu verlassen. Die Inquisition wachte jedoch mit Argusaugen über die zweifelhaften Neuchristen, viele landeten im Kerker oder auf dem Scheiterhaufen.

# Aufstieg und Fall eines Imperiums

**Christoph Kolumbus** entdeckte im geschichtsträchtigen Jahr 1492 im Auftrag der Katholischen Könige die Neue Welt und legte damit den Grundstein für den Aufstieg Spaniens zur Weltmacht. Die spanische Krone fiel als Folge geschickter Heiratspolitik an die **Habsburger.**

Unter der Herrschaft von **Karl V.**, der als Karl I. in Spanien herrschte (1516–1556), und seinem Sohn **Philipp II.** (1556–1598) stieg Spanien zur führenden **Kolonial- und Seemacht** auf. Jedoch schon unter Philipp II. begann die Großmacht zu bröckeln: Die schier unermesslichen Reichtümer, die sich durch die Ausbeutung der Kolonien über das Land ergossen, wurden von den Kriegen verschluckt, der Staatshaushalt geriet in Schieflage, die Inflation nahm stetig zu.

Ein ganz herber Verlust für Spanien war der Abfall der nördlichen Niederlande unter **Wilhelm von Oranien** (1581). England, das die Niederlande unterstützte, triumphierte 1588 im Ärmelkanal über die als unbesiegbar geltende Armada und besiegelte damit das Ende der spanischen Vorherrschaft zur See.

Als der letzte spanische Habsburger **Karl II.** ohne Erbfolger starb, meldeten sowohl die **Bourbonen** als auch die Habsburger ihre Thronansprüche an. Daraufhin entbrannte der **Spanische Erbfolgekrieg** (1701–1714), in den fast ganz Europa verwickelt war. Im **Frieden von Utrecht** wurde 1714 den Bourbonen die spanische Krone zugesprochen. Aus dieser Linie stammt auch der heutige spanische König Felipe VI.

Der spanische Staat wurde nun nach französischem Vorbild straff zentralistisch regiert, die Privilegien der Provinzen aufgehoben, was vor allem im Baskenland auf wenig Gegenliebe stieß. Der herausragende Herrscher der Bourbonen **Karl III.** (1759–1788) regierte im Geist des aufgeklärten Absolutismus und reformierte die Wirtschaft und die Verwaltung. Die neue Zuversicht verflog jedoch rasch unter dem unfähigen **Karl IV.** Er überließ das Regieren seiner Frau **María Luisa de Parma** und ihrem Günstling **Godoy**, der mit Frankreich paktierte. Einen Volksaufstand gegen Godoy nutzte 1808 **Napoleon I.**, um in Spanien einzumarschieren. Das Volk erhob sich gegen die Fremdherrschaft und kämpfte in Guerillataktik gegen die Invasoren. Nach sechs Jahren gelang es, mit Schützenhilfe von England, die Franzosen wieder zu vertreiben.

Der vom Volk zunächst herbeigesehnte König **Ferdinand VII.** kehrte aus dem Exil zurück. Er hob die liberale Verfassung von Cádiz (1812) auf und regierte sein Land im totalitären Stil. Nach seinem Tod entbrannten die **Karlistenkriege** zwischen seiner Tochter **Isabella II.** und den konservativen Kräften, die seinen Bruder **Karl** favorisierten. Die politische Lage war höchst instabil, die Kluft zwischen Konservativen und Liberalen, Zentralisten und Föderalisten, Royalisten und Republikanern, Arm und Reich spaltete das Land immer tiefer. Schon in der ersten Hälfte des 19. Jh. hatte das spanische Kolonialreich zu wanken begonnen, die letzten Kolonien Kuba, Puerto Rico und die Philippinen verlor Spanien 1898 im Krieg gegen die USA.

Geschichte

## Vom Ersten Weltkrieg bis zum Bürgerkrieg

Im Ersten Weltkrieg blieb Spanien neutral. 1923 putschte sich der General **Primo de Rivera** mit der Billigung von König **Alfons XIII.** an die Macht. Er setzte die Verfassung außer Kraft und errichtete eine Militärdiktatur. Seine Reformversuche liefen ins Leere, die Weltwirtschaftskrise stürzte das Land in eine noch tiefere Krise. 1930 trat Rivera zurück.

1931 wurde die **Zweite Republik** (1931–1936) ausgerufen, König Alfons XIII. verließ sein Land. Der Regierung der Zweiten Republik gelang es nicht, die Kluft zwischen den extremen Lagern der Rechten und der Linken, die die innere Ordnung und Sicherheit bedrohte, zu kitten. Die Reformversuche scheiterten an der Opposition der konservativen Kräfte, Streiks und politische Morde waren an der Tagesordnung. 1936 wurde das Parlament aufgelöst, aus den Neuwahlen ging die **Volksfront,** ein Bündnis der Linksparteien, als Sieger hervor. Die politische Lage spitzte sich jedoch weiter zu und die Polarisierung der Gesellschaft mündete schließlich in den **Spanischen Bürgerkrieg** (1936–1939).

## Spanischer Bürgerkrieg

Der Aufstand der Nationalen unter der Führung von **General Franco** gegen die Republik kostete über eine halbe Million Menschen das Leben, Hunderttausende flohen ins Exil. Der Bürgerkrieg hinterließ ein Trauma, das bis heute nicht überwunden ist. Das faschistische Italien und Hitler-Deutschland unterstützten General Franco, der Norden des Landes stand, mit Ausnahme von Navarra, auf der Seite der Republik. Besonders hart wurde dafür das Baskenland bestraft: Die Stadt Gernika, Symbol des baskischen Freiheitswillens, wurde von der deutschen Fliegerstaffel **Legion Condor** 1937 in Schutt und Asche gelegt.

Entscheidend für den Ausgang des Bürgerkrieges war die **Schlacht am Ebro** 1938, aus der die Truppen Francos siegreich hervorgingen. Mit der Einnahme von Madrid am 1. April 1939 endete der Spanische Bürgerkrieg.

## Das Franco-Regime

Franco etablierte nach seinem Sieg ein autoritäres Regime mit einer straff organisierten Einheitspartei, der **Falange.** Er regierte streng zentralistisch, die Regionen im Norden wurden kurzgehalten. In diese Zeit der Repression fällt die Gründung der baskischen Untergrundorganisation **ETA** (1959). Die wichtigsten Stützen der Diktatur bildeten das Militär, die katholische Kirche und die Großgrundbesitzer. Die Guardia Civil verfolgte Regimegegner und erstickte jegliche Opposition im Keim.

Im **Zweiten Weltkrieg** blieb das ausgeblutete Spanien offiziell neutral, doch die Blaue Division, ein Verband von rund 18 000 Freiwilligen, beteiligte sich am Russlandfeldzug der deutschen Wehrmacht. Wirtschaftlich lag Spanien noch Jahre nach dem Bürgerkrieg am Boden, erst Ende der 1950er-Jahre, als die Wirtschaft liberalisiert und die außenpolitische Isolation durchbrochen wurde, erreichte es wieder den Stand der Vorkriegsproduktion. Im Austausch für wirtschaftliche Hilfe konnten die USA 1953 Militärbasen im Land einrichten. So bahnte sich in den 1960ern ein **Wirtschaftswunder** an. Es basierte auf dem Ausbau der Industrie, den Devisen aus dem aufblühenden Tourismus und den Geldern, die spanische Gastarbeiter nach Hause überwiesen.

## Der Weg zur Demokratie

Franco regelte noch zu Lebzeiten seine Nachfolge: Er bestimmte 1969 **Juan Carlos,** den Enkel von König Alfons XIII., zu seinem Nachfolger. Nach dem Tod des Diktators im November 1975 wurde Juan Carlos zum König ausgerufen. Franco war der Überzeugung, dass er in seinem Sinne die Geschicke des Landes fortführen würde. Der junge Monarch bereitete jedoch gemeinsam mit dem von ihm ernannten Ministerpräsidenten **Adolfo Súarez** die Demokratisierung *(transición)* des Landes vor.

1977 fanden die ersten freien Parlamentswahlen seit 1936 statt, aus denen Adolfo Súarez und seine Partei Union des Demokratischen Zentrums (UCD) siegreich hervorgingen. In der Verfassung, die 1978 verabschiedet wurde, definierte sich Spanien als parlamentarische Monarchie. Das Baskenland, Katalonien und Galicien erhielten Autonomiestatute. 1981 rettete der König die junge spanische Demokratie, indem er den Putschversuch des Colonel Tejero und seiner Gefolgsleute mit Entschiedenheit abwehrte.

# Das demokratische Spanien

Von 1982 bis 1996 wurde Spanien von der Sozialistischen Arbeiterpartei Spaniens (PSOE) unter der Regie des Ministerpräsidenten **Felipe González** geführt. Meilensteine seiner Politik waren der in den eigenen Reihen nicht unumstrittene NATO-Beitritt 1982 und vor allem die Aufnahme seines Landes in die Europäische Gemeinschaft 1986. Politische Skandale und die hohe Arbeitslosenquote von 25 % beendeten schließlich die 14-jährige Regierungszeit der Sozialdemokraten und sorgten 1996 für einen Wahlsieg der konservativen Spanischen Volkspartei (PP) unter der Führung von **José María Aznar.**

Unter der konservativen Regierung erlebte Spanien zunächst einen wirtschaftlichen Höhenflug, die Einführung des Euro 2002 führte jedoch zu einer Preisexplosion, vor allem die Immobilienpreise kletterten ins Unermessliche. Harsche Kritik brachte Aznar das unprofessionelle Krisenmanagement bei der Ölkatastrophe ein, die der havarierte Tanker »Prestige« 2002 vor der galicischen Küste verursachte, sowie die aktive Unterstützung der USA im Irakkrieg (2003). Am 11. März 2004, drei Tage vor den Parlamentswahlen, erschütterte ein terroristischer Anschlag die Hauptstadt Madrid, der 191 Menschen das Leben kostete. Die Regierung Aznar machte sofort die ETA verantwortlich, die Ermittlungen legten jedoch offen, dass es sich um einen islamistischen Terroranschlag handelte. Die Wahlen endeten in einem Fiasko für die PP.

Der neue Ministerpräsident **José Luis Zapatero** (PSOE) löste sein Wahlversprechen ein und zog die spanischen Truppen aus dem Irak zurück. Zudem setzte er gesellschaftliche Veränderungen durch: Die Politik gegenüber illegalen Einwanderern wurde liberalisiert, in Fernsehspots wurde Gewalt gegen Frauen und Kinder angeprangert, das Ehescheidungsverfahren wurde vereinfacht und gleichgeschlechtliche Ehen juristisch anerkannt.

Die Unzufriedenheit mit der wirtschaftlichen Lage im Land führte 2011 zum Wahlsieg der konservativen Partei PP. Ministerpräsident **Mariano Rajoy** legte harte Sparprogramme auf. Die Frustration über die in zahlreiche Korruptionsskandale verwickelten beiden Volksparteien – sowohl die PP als auch die PSOE – machte sich vor allem bei jungen Spaniern breit. Demonstrationen im ganzen Land weisen auf die verbreitete Unzufriedenheit mit der Politik hin. Aus Protestbewegungen entwickelten sich Bürgerplattformen und die Linkspartei Podemos. Am rechten Rand hat sich die Partei Vox etabliert, die sich gegen Einwanderung richtet, eine harte Politik im Katalonien-Konflikt vertritt und über Feminismus herzieht.

2017 stürzten die Unabhängigkeitsbestrebungen in Katalonien die spanische Politik in eine tiefe Krise. 2018 unterlag Rajoy in einem Misstrauensvotum im Parlament. Nachdem der erste Versuch einer Regierungsbildung scheiterte, regiert die PSOE gemeinsam mit Podemos seit 2020 das Land. Zu den Herausforderungen für die Regierung zählten die Corona-Pandemie, der Vulkanausbruch auf La Palma, der Ukrainekrieg und die Inflation. Unter Sánchez wurden der Mindestlohn und die Renten erhöht. Die vorgezogenen Wahlen am 23. Juli 2023 ergaben keine klaren Mehrheiten. Die PP verfehlte die absolute Mehrheit, die erwarteten Stimmenzuwächse für die rechtsextreme Partei VOX blieben aus. Die PSOE ist bei einer Regierungsbildung auf Regionalparteien angewiesen. So steht eine längere Hängepartie um die Regierungsbildung an.

# Zeittafel

| | |
|---|---|
| **850 000 v. Chr.** | In Atapuerca werden 1994 die Überreste der ältesten Hominiden Europas entdeckt. |
| **15 000–10 000 v. Chr.** | Höhlenmalereien und Felsritzungen, u. a. in Altamira und der Cueva de Tito Bustillo, geben Hinweise auf das Leben in der Altsteinzeit. |
| **900–600 v. Chr.** | Die Kelten dringen über die Pyrenäen ins Gebiet des heutigen Spaniens vor und vermischen sich mit den Iberern zu den Keltiberern. |
| **218–201 v. Chr.** | Im Zweiten Punischen Krieg triumphieren die Römer über die Karthager und nehmen in der Folge die Iberische Halbinsel ein. |
| **500 n. Chr.** | Zerfall des Römischen Reichs. Im Zuge der Völkerwanderung fallen Alanen, Vandalen, Sueben und Westgoten in Spanien ein. |
| **507–711** | Die Westgoten etablieren sich und regieren von Toledo aus ihr Reich. |
| **711** | Die Mauren fallen erstmals in Spanien ein und besetzen in den folgenden Jahren nahezu die gesamte Iberische Halbinsel. |
| **722** | Die Schlacht von Covadonga in Asturien bildet den Auftakt für die christliche Rückeroberung des Landes. |
| **732** | Karl Martell stoppt das weitere Vordringen der Mauren in der Schlacht von Tours und Poitiers. |
| **778** | Die Basken besiegen in der Schlacht von Roncesvalles die Nachhut Karls des Großen. |
| **um 813–830** | Fund der Gebeine des Apostels Jakobus in Santiago de Compostela. |
| **844** | In der Schlacht von Clavijo erscheint der Apostel den christlichen Truppen und verhilft ihnen zum Sieg gegen die Mauren. |
| **997** | Der maurische Feldherr Almansor fällt immer wieder in den Norden ein und zerstört 997 Santiago de Compostela. |
| **1469** | Heirat von Isabella von Kastilien und Ferdinand von Aragón, ab 1479 gemeinsame Regentschaft der Katholischen Könige. |
| **1492** | Mit dem Fall von Granada endet die Reconquista. Es folgt die Ausweisung der spanischen Juden, die sich nicht zum christlichen Glauben bekehren lassen. Kolumbus »entdeckt« Lateinamerika. |

| | |
|---|---|
| Der Habsburger Karl V. regiert als Karl I. in Spanien. Unter seinem Sohn Philipp II. etabliert sich das Land als Kolonialmacht. Ignatius von Loyola gründet 1534 den Jesuitenorden. Untergang der spanischen Armada 1588. | **1516–1588** |
| Im Erbfolgekrieg unterliegen die Habsburger den Bourbonen. | **1701–1713** |
| Kampf gegen die napoleonischen Truppen. | **1808–1814** |
| Viele junge Spanier, allen voran die Galicier, wandern aufgrund der wirtschaftlichen Not nach Lateinamerika aus. | **Ende 19. Jh.** |
| Spanischer Bürgerkrieg. General Franco triumphiert über die Truppen der Republik. 1937 zerstört die deutsche Legion Condor die baskische Stadt Gernika. | **1936–1939** |
| Franco-Diktatur. Ende der 1950er-Jahre entsteht die baskische Untergrundbewegung ETA. | **1939–1975** |
| Übergang zur Demokratie *(transición)*. Spanien wird eine parlamentarische Monarchie, mit König Juan Carlos an der Spitze. | **1975–1982** |
| Spanien wird Mitglied der EU. | **1986** |
| Terroranschlag der Al-Qaida in Madrid. Der Sozialdemokrat José Luis Zapatero (PSOE) gewinnt die Wahlen. | **2004** |
| Wahlsieg der konservativen PP unter Ministerpräsident Mariano Rajoy, der neue, harte Sparprogramme auflegt. König Juan Carlos tritt 2014 zurück. Seine Nachfolge übernimmt sein Sohn als Felipe VI. | **2011–2014** |
| Neuwahlen bringen keine klaren Mehrheitsverhältnisse, Rajoy (PP) wird zum Ministerpräsidenten einer Minderheitsregierung. Die Unabhängigkeitsbestrebungen in Katalonien sorgen für eine Staatskrise. | **2016/17** |
| Das Parlament spricht Rajoy (PP) wegen Korruptionsvorwürfen gegen Mitglieder seiner Regierung das Misstrauen aus, der Sozialist Pedro Sánchez wird Regierungschef. | **2018/19** |
| Die konservative Partei PP und die rechtspopulistische Partei Vox verfehlen bei den Neuwahlen am 23. Juli ihr Ziel, gemeinsam die absolute Mehrheit zu erreichen. Die PSOE und das Linksbündnis Sumar sind bei einer Regierungsbildung auf die Unterstützung von Regionalparteien angewiesen. Im August hat der König den Oppositionsführer Feijóo mit der Regierungsbildung beauftragt. | **2023** |

# Gesellschaft und Alltagskultur

**Die Nordspanier entsprechen nicht den gängigen Klischees, die über Spanien im Umlauf sind. Ihre Mentalität unterscheidet sich nicht allzu sehr von der der Mitteleuropäer. Flamenco ist vielen Nordspaniern genauso fremd wie uns, und auch der Stierkampf ist bei Weitem nicht so populär wie in anderen Landesteilen. Dennoch verstehen es auch die Nordspanier, ausgelassen zu feiern!**

## Alltags- und Lebensrhythmus

Das Leben in Nordspanien ähnelt mittlerweile in vielen Aspekten dem der Länder Mitteleuropas. Sicherlich gehen die Nordspanier einige Dinge noch gelassener an, aber die sprichwörtliche *mañana*-Mentalität, die Dinge endlos aufzuschieben, war hier noch nie beheimatet. Und auch um die Pünktlichkeit ist es im Norden Spaniens nicht allzu schlecht bestellt, länger als ein akademisches Viertel wartet man selten.

Viel Zeit nimmt man sich fürs Essen. Vor allem am Wochenende wird gerne im Kreise der Familie oder mit Freunden gespeist, vorzugsweise in einer typische Landgaststätte oder bei einem Picknick. In den meisten Familien wird unter der Woche nicht mehr so ausführlich gekocht, wie das noch bis vor wenigen Jahren der Fall war; die Doppelbelastung vieler Frauen durch Beruf und Familie ist einfach zu groß.

So ist auch die lange Mittagspause immer mehr umstritten, zumal im Norden keine klimatische Notwendigkeit dafür besteht. Durch die *siesta* von 14 bis 16/17 Uhr zieht sich der Tag recht lange hin, viele Spanier kommen erst gegen 19 oder 20 Uhr nach Hause, was viele als eine Belastung für das Familienleben ansehen. Mittlerweile haben in den größeren Städten einige Betriebe bereits auf die allgemeine *siesta*-Müdigkeit reagiert und die Mittagspause verkürzt.

Häufig treffen sich die Spanier nach der Arbeit und ziehen mit Freunden oder Arbeitskollegen durch die Tapabars. Die Jugend ist sehr ausgehfreudig, das Wochenende wird spätestens am Freitagabend eingeläutet, die Klubs und Diskotheken haben bis in die frühen Morgenstunden geöffnet. Leider hat der Alkoholkonsum Jugendlicher in letzter Zeit teilweise besorgniserregende Ausmaße angenommen.

## Familie und andere Lebensformen

Die Großfamilie, die unter einem Dach lebt, gehört in Spanien längst der Vergangenheit an. Dennoch ist der Zusammenhalt in vielen spanischen Familien nach wie vor groß und bügelt so manche Lücke im Sozialsystem aus. Geheiratet wird heute im Schnitt erst mit 35 Jahren. Gerne wird dabei im großen Stil gefeiert, 150 bis 300 Gäste bei einer Hochzeit sind keine Seltenheit. Paare bekommen heute meist nur noch ein oder höchstens zwei Kinder. Spanien hat damit eine der niedrigsten Geburtenraten in ganz Europa – für den Nachwuchs des Landes sorgen in erster Linie die Migrantenfamilien.

Die Familienpolitik kann sich in Spanien nicht mit Lorbeeren schmücken. Das minimale Kindergeld von einer einmaligen Zahlung von 200 € können nur die absoluten Geringverdiener beantragen. Mütter und Väter haben einen gesetzlichen Anspruch auf 16 Wochen Elternzeit bei 100 % des Gehaltes. Die meisten Frauen arbeiten bis kurz vor der Geburt, um diese Zeit dann anschließend ganz ihrem Baby widmen zu können. Längeren Erziehungsurlaub nehmen nur wenige Eltern in Anspruch, da sie kein Erziehungsgeld erhalten. Entsprechend groß ist der wirtschaftliche Druck, schnell wieder zu arbeiten. Positiv ist sicherlich, dass es mittlerweile vor allem in den Städten ein recht gutes Netz von staatlichen und privaten Betreuungsmöglichkeiten für Kinder gibt; so wurden die Omas und Opas in den letzten Jahren entlastet.

Die sozialdemokratische Regierung unter Ministerpräsident Zapatero erließ im Jahr 2005 ein Gesetz, nach dem auch gleichgeschlechtliche Paare die Ehe zivilrechtlich eingehen können und damit in rechtlicher Hinsicht heterosexuellen Paaren gleichgestellt sind. Bei der sogenannte Express-Scheidung kann die Scheidung innerhalb von drei Monaten vollzogen werden. Die Scheidungsrate in Spanien gehört mittlerweile zu den höchsten in Europa.

Diese Neuregelungen wurden unter dem konservativen Ministerpräsidenten Rajoy nicht gekippt. Der Versuch, die liberalen Abtreibungsregelungen abzuschaffen, scheiterte. Unter der Regierung Sánchez (PSOE) trat 2021 ein neues Gesetz zur Legalisierung der Sterbehilfe in Kraft, gegen den Widerstand der PP, VOX und der katholischen Kirche.

# Die Emanzipation der Frauen

Die Frauen in Nordspanien treten enorm selbstbewusst auf. Die traditionellen drei Ks, Kinder, Küche und Kirche, bestimmten noch das Leben der Großmütter, heute haben die Frauen andere Lebensentwürfe. Die Männer sind in der Regel längst nicht mehr die alleinigen Versorger der Familien und die klassischen Machos, eine Spezies, die immer noch nicht ganz ausgestorben ist, haben mittlerweile kein leichtes Spiel mehr. Die letzten männlichen Domänen sind längst gefallen: Es gibt Frauen, die in der Armee dienen, als Polizistinnen, Pilotinnen, Busfahrerinnen oder Stierkämpferinnen arbeiten. Seit einigen Jahren haben Frauen auch führende Positionen in Wirtschaft und Politik inne.

Die Berufsausbildung nimmt einen wichtigen Stellenwert ein. An den Universitäten sind über 50 % Frauen eingeschrieben, und in der Regel schließen sie ihr Studium mit besseren Abschlüssen ab als ihre männlichen Kommilitonen. Wie andernorts auch, müssen die spanischen Frauen einen Spagat zwischen Familie und Beruf meistern – viele klagen über die Doppelbelastung.

Die jungen spanischen Männer werden weit mehr als früher üblich in den Haushalt und die Erziehung einbezogen, dennoch lastet das Gros der Arbeit immer noch auf den Schultern der Frauen. Und noch immer gibt es auch bei den Gehältern beachtliche Unterschiede: Die Frauen verdienen im Schnitt 9,4 % weniger als Männer, wobei diese Quote unter dem EU-Durchschnitt von 13 % liegt.

# Zu- und Abwanderung

Innerhalb von wenigen Jahrzehnten hatte sich Spanien vom Auswanderungs- zum Einwanderungsland gewandelt. Der Grund dafür war der rasante wirtschaftliche Aufschwung des Landes seit dem EU-Beitritt 1986. Binnen kürzester Zeit stieg der Ausländeranteil auf bis zu 16 %, die hohe Dunkelziffer der illegalen Einwanderer nicht eingerechnet. Vor allem Lateinamerikaner, Afrikaner und Rumänen suchten ihr Glück in Spanien. Um ins vermeintlich gelobte Land zu kommen, riskieren viele Afrikaner in armseligen Booten ihr Leben; vor den Küsten Südspaniens und der Kanaren spielen sich täglich menschliche Dramen ab. Aufgrund der Wirtschaftskrise ließ die Attraktivität Spaniens für Zuwanderer deutlich nach, Spanien ist jetzt oftmals nur noch eine Durchgangsstation Richtung Norden.

Die Wirtschaftskrise in Spanien wirkt sich mittlerweile auch negativ auf die Bevölkerungsentwicklung aus. 2013 verzeichnete

## Gesellschaft und Alltagskultur

das Land erstmals seit 41 Jahren eine rückläufige Entwicklung. Mittlerweile liegt das Bevölkerungswachstum bei –0,1 % (2021). Die hohe Arbeitslosigkeit unter Jugendlichen bewegt nun wieder viele gut ausgebildete Spanier dazu, ihr Glück außerhalb des Landes zu suchen. Zu den bevorzugten Zielen zählen Deutschland und Lateinamerika. Noch weit dramatischer ist der Exodus bei den in Spanien lebenden Ausländern, die in dem Land keine Zukunft mehr sehen.

# Glaube und Aberglaube

Spanien galt lange Zeit als das Bollwerk der katholischen Kirche. Besonders eng waren die Bande zwischen Staat und Kirche während des Franco-Regimes. Der Diktator legitimierte den Aufstand gegen die Republik, indem er ihn als Kreuzzug für den **Katholizismus** und gegen den gottlosen Kommunismus deklarierte. Er legte sich sogar den Titel *Caudillo por la gracia de dios* (Führer durch Gottes Gnaden) zu. Die katholische Religion erhob er zur Staatsreligion, sie war einer der wichtigsten Eckpfeiler seiner Macht. Bis heute stellt diese enge Liaison mit der Diktatur für die katholische Kirche nach Ansicht liberaler Historiker eine schwere Hypothek dar.

Die Verfassung von 1978 garantierte die Religionsfreiheit und verankerte das Prinzip der Trennung von Staat und Kirche. Finanziert wird die katholische Kirche vom spanischen Staat auf Grundlage eines Vertrages mit dem Heiligen Stuhl. Zudem können die Steuerpflichtigen wählen, ob sie etwa 0,7 % – je nach Region leichte Abweichungen – ihres Steueraufkommens für die Kirche oder andere soziale Einrichtungen entrichten.

Heute gehören nur noch rund 55 % der Spanier per Taufe der katholischen Kirche an. Andere große Religionsgruppen sind kaum vorhanden, vor allem die Anzahl der Agnostiker und Atheisten nimmt immer stärker zu. **Muslime** und **Protestanten** stellen nicht mehr als Splittergruppen dar. Von den Katholiken geben heute 39 % an, ihre Religion nicht mehr zu praktizieren. Dafür füllen sich die Kirchen noch bei Hochzeitsfeiern, Taufen und Kommunionen. Aber die Tendenz ist klar, immer mehr Spanier heiraten nur noch standesamtlich und viele lassen ihre Kinder nicht mehr taufen.

Viele Feste sind verbunden mit **religiösen Feierlichkeiten.** Die Semana Santa ist bei Einheimischen und Touristen gleichermaßen beliebt. Prozessionszüge mit reich geschmückten *pasos,* tonnenschwere Tragegestelle, die das Leiden Christi und der Jungfrau Maria versinnbildlichen, werden stundenlang durch die Straßen getragen. Im Norden Spaniens weicht der Pathos des Südens einer getragenen, feierlichen Atmosphäre.

Doch all dies kann nicht darüber hinwegtäuschen, dass der Einfluss der Kirche auf die Gesellschaft und insbesondere auf die Jugend dahinschmilzt. Für heftige Debatten sorgte die fast unverhohlene Parteinahme der Amtskirche für die Konservative Partei (PP) im Zuge des Wahlkampfs für die Parla-

mentswahlen 2008. Der Grund dafür sind die Reformen, die der sozialdemokratische Ministerpräsident José Luis Zapatero in die Wege geleitet hat: Der Amtskirche sind die gesetzliche Gleichstellung homosexueller Paare sowie die Erleichterung von Scheidungsverfahren ein Dorn im Auge. Die konservative Partei PP versuchte nach der Regierungsübernahme 2011, das Rad zurückzudrehen. Die liberalen Regelungen zur Abtreibung sollten gekippt werden, dies wurde aufgrund des Widerstandes der Bevölkerung, auch z. T. in den Reihen der PP, wieder zurückgenommen.

Vor allem im äußersten Nordwesten Spaniens, in Galicien, besteht ein interessantes Nebeneinander von kirchlicher Tradition und uralten **heidnischen Ritualen.** Ein gutes Beispiel dafür sind die für Galicien so typischen Maisspeicher: Sie werden bekrönt von einem christlichen Kreuz und einer pyramidenförmigen *fica*, einem keltischen Fruchtbarkeitssymbol. So sichert man sich nach allen Seiten ab. Vor der Kirche Nosa Señora da Barca in Muxia verfügt ein Steinkoloss angeblich über Heilkräfte. Förderlich für die Fruchtbarkeit soll für Frauen das Bad in den Wellen des Atlantiks an der Praia de la Lanzada sein. Immer noch viele Galicier vertrauen auf den Rat der modernen *meigas* (Hexen). Überall werden Amulette angeboten, die für die Abwehr des bösen Blicks sorgen sollen. An diesen übersinnlichen Kräften zweifeln zwar viele moderne Galicier, aber ganz ausschließen lässt es sich auch nicht …

# Sprache und Sprachenpolitik

Spanien ist ein Land mit vielen Sprachen und Dialekten. Die Landessprache ist das Spanische bzw. **Kastilische** *(español, castellano)*, das von den allermeisten Spaniern beherrscht wird. Daneben existieren als regionale, offiziell anerkannte Amtssprachen **Baskisch** *(euskara/euskera)*, das im Bas-

*Bei der Festwoche in Olite tanzen die Giganten zur Txistu-Musik in den Straßen*

# Das Ende der ETA

Die baskische Untergrundorganisation ETA (Euskadi Ta Asktasuna – Baskenland und Freiheit) kämpfte viele Jahre lang mit Waffengewalt und Terror für die Unabhängigkeit des Baskenlands. Bei Anschlägen kamen über 800 Menschen ums Leben. Am 21. Mai 2018 gab die ETA ihre Selbstauflösung bekannt.

*Parolen an Hauswänden der Anhänger der ETA*

Die Gründung der ETA fällt in die Zeit der Diktatur Francos. Im Spanischen Bürgerkrieg 1936–1939 hatten die Basken mehrheitlich auf der Seite der Republik gekämpft, nach der Machtübernahme von General Franco sahen sie sich zahlreichen Repressalien ausgesetzt. In diesem politischen Klima formierte sich 1953 in Bilbao die radikale Studentengruppe Ekin (Handeln), aus der 1959 die ETA hervorging. Die ETA sah sich als linksstehende Befreiungsorganisation. Ihr Ziel war die Schaffung eines unabhängigen baskischen Staates, der das Baskenland, Navarra sowie das französische Baskenland umfassen sollte.

Den Auftakt für die Serie von blutigen Terroranschlägen bildete 1968 die Ermordung des berüchtigten Polizeikommissars Melitón Manzanas González. Für diesen Anschlag wurden 1970 16 ETA-Mitglieder verurteilt, neun von ihnen zum Tode (das Todesurteil wurde aufgrund des nationalen und internationalen Drucks nicht vollstreckt). Drei Jahre später sprengte die ETA das Auto des Ministerpräsidenten und designierten Franco-Nachfolgers Luis Carrero Blanco in die Luft – eine Aktion, die Franco-Gegner durchaus begrüßten.

Viele der Forderungen, für die die Basken kämpften, erfüllte das Autonomiestatut von 1979: Neben weitgehender Selbstverwaltung und der Anerkennung des Baskischen als gleichberechtigter Amtssprache räumt eine fast vollständige Steuerautonomie der baskischen Regierung große Handlungsspielräume ein. Das Thema der Loslösung von Spanien ist dennoch nach wie vor aktuell, die gemäßigte baskische Partei Partido Nacionalista Vasco (PNV) hat das Recht der ›baskischen Nation‹ zur territorialen Selbstbestimmung in ihren Statuten festgeschrieben. Die ETA hielt allerdings am Terror fest. Seit den 1980er-Jahren richteten sich ihre Anschläge sogar gezielt gegen Zivilisten. Die Terrorismusbekämpfung wurde allerdings selbst in der Demokratie nicht immer mit rechtsstaatlichen Mitteln verfolgt. Zwischen 1983 und 1987 agierte ein staatliches Kommando namens GAL gegen die ETA, das auch vor Attentaten, Entführungen und Folterung nicht zurückschreckte. Die Glaubwürdigkeit der PSOE-Regierung wurde mit diesem Skandal aufs Tiefste erschüttert.

1997 löste die Ermordung eines Stadtrats der konservativen Partei PP eine Welle von Demonstrationen aus. 6 Mio. Spanier gingen auf die Straße und skandierten »*Basta ya!*« (›Es reicht‹). 2002 verbot das spanische Parlament den politischen Arm der ETA, die Partei Herri Batasuna. Immer wieder kam es zwischen Regierung und ETA zu Verhandlungen und Waffenstillständen. Die Hoffnung auf eine friedliche Lösung platzte mit einem Anschlag auf den Madrider Flughafen 2007. Ende 2011 gab die ETA bekannt, dass sie fortan der Gewalt abschwört. Den Schlusspunkt unter dieses blutige Kapitel der Geschichte setzte 2018 die Selbstauflösung der ETA.

## Sprache und Sprachenpolitik

kenland sowie in Navarra gesprochen wird, **Galicisch** *(galego)* in Galicien und **Katalanisch** *(catalán)* in Katalonien. Die Weltsprache Spanisch entwickelte sich, ebenso wie das Katalanische und das Galicische, aus dem gesprochenen Latein, dem sogenannten Vulgärlatein. Von rund 350 Mio. Menschen wird Spanisch in mehr als 20 Ländern als Muttersprache gesprochen, damit ist es – nach Mandarin-Chinesisch, Hindi und Englisch – die am vierthäufigsten gesprochene Sprache der Welt. In der spanischen Sprache existieren zahlreiche Arabismen, sie sind ein Erbe der Präsenz der Mauren auf der Iberischen Halbinsel.

## Die regionalen Sprachen

Viele Rätsel gibt den Wissenschaftlern die **baskische Sprache** auf – ebenso wie die Herkunft des baskischen Volkes. Einigkeit besteht darüber, dass es sich um eine nicht-indogermanische Sprache handelt. Die meisten Sprachforscher tendieren zu der Meinung, dass die Sprache mit keiner anderen Sprache verwandt ist, es sich also um eine isolierte Sprache handelt. Jedoch sind nach wie vor viele Theorien im Umlauf, die das Baskische mit anderen Sprachen, wie beispielsweise dem Kaukasischen, in Verbindung bringen. Baskisch wird heute in Spanien von 580 000 und im französischen Baskenland von 80 000 Menschen gesprochen. Es teilt sich auf in sieben Hauptdialekte, die sich nochmals in 27 Subdialekte unterteilen lassen. Um die Verständigung zu erleichtern, wurde 1968 eine einheitliche Sprache und Schrift entwickelt, das *euskara batua* (geeintes Baskisch).

Die **galicische Sprache** weist eine sehr enge Verwandtschaft mit dem Portugiesischen auf und wird von 3,5 Mio. Galiciern gesprochen. Die ältesten schriftlichen Zeugnisse des Galicischen gehen auf das 12. Jh. zurück. Im 19. Jh. sorgte die Dichterin Rosalía de Castro (1837–1885), die ›Stimme Galiciens‹, mit ihrer Poesie für eine Wiedergeburt der galicischen Sprache.

Noch nicht den Status einer Amtssprache hat das **Asturische** *(asturianu)*, das auch als *bable* bezeichnet wird. Lange Zeit wurde dieses Idiom als Dialekt der spanischen Sprache angesehen. Sprachforscher konnten jedoch nachweisen, dass sich das Asturische direkt aus dem Vulgärlatein entwickelte. Aus diesem Grund fordern heute die Anhänger des asturischen Regionalismus auch die Anerkennung des Asturischen als eigenständige Sprache.

Das **Katalanische** weist enge Verwandtschaft mit dem Okzitanischen auf, das in Südfrankreich noch gesprochen wird. Insgesamt beherrschen 6 Mio. Katalanen diese Sprache.

## Sprache als Politikum

Die Regionalsprachen waren und sind in Spanien ein Politikum! Der Diktator Franco, selbst ein gebürtiger Galicier, verbot ihren Gebrauch. Damals hieß es: »Sprich christlich!«, d. h. es sollte *castellano* gesprochen werden. Die Politik Francos war zentralistisch ausgerichtet, regionale Nationalismen wollte er ausmerzen, das Sprachenverbot diente so als Mittel zum Zweck. Nach dem Ende der Diktatur wurde die Sprachenpolitik in der Verfassung von 1978 und in den Autonomiestatuten neu geregelt. Die Sprache spielt nach wie vor eine zentrale Rolle für die Identität in den Regionen, wird aber sehr oft auch benutzt, um sich vom spanischen Nationalstaat abzugrenzen. In den Schulen werden heute Spanisch und die jeweilige Amtssprache mehr oder weniger gleichberechtigt angeboten. Im Baskenland können die Kinder die Sprache wählen, die meisten optieren dafür, beide Sprachen zu lernen. Aus Galicien sind Klagen zu hören, dass das *galego* nicht an allen Schulen gelehrt wird. In Katalonien hingegen wird das Spanische immer mehr in die Ecke gedrängt und nimmt mittlerweile den Status einer Fremdsprache an.

Lehrer und andere Beamte müssen nachweisen, dass sie über Kenntnisse in den jeweiligen Regionalsprachen verfügen. In den betroffenen Regionen werden kostenlose Sprachkurse angeboten. Fernseh- und Radiostationen senden in den Regionalsprachen, und zahlreiche Presseerzeugnisse und Bücher erscheinen darin.

# Architektur, Kunst und Kultur

Vor allem architektonisch gibt es für die Besucher Nordspaniens viel zu entdecken. Entlang des Jakobswegs finden sich zahlreiche romanische Kirchen und Klöster, aber auch himmlische gotische Kathedralen wie in León oder Burgos. In den letzten Jahren setzte der Norden auch in Bezug auf die moderne Architektur Akzente, die Nase vorn hatte Bilbao mit der Eröffnung des Guggenheim-Museums.

## Architektur

Wo man auch hinkommt in Nordspanien, überall trifft man auf Zeugnisse der reichhaltigen bauwerklichen Geschichte der Region.

### Die Dörfer der Kelten

Über die Pyrenäen gelangten die Kelten ab 900 v. Chr. auf die Iberische Halbinsel. Sie besiedelten vor allem den Norden und den Westen des Landes. Ihre wehrhaften Dörfer, die von Mauern und Palisaden geschützten *castros*, errichteten sie meist auf Anhöhen, um das umliegende Land zu kontrollieren. Zu den eindrucksvollsten Hinterlassenschaften der Kelten gehört das *castro* auf dem **Monte de Santa Tecla** hoch über der Mündung des Río Miño. Das Dorf bestand aus einem Labyrinth von mit Stroh bedeckten Hütten, die einen runden oder ovalen Grundriss hatten.

### Das römische Erbe

Im Norden Spaniens hatten die Römer kein leichtes Spiel, denn hier wehrten sich Basken, Asturier und Kantabrer mit dem Mut der Verzweiflung gegen die neuen Herren im Land. Zu den Relikten aus der Römerzeit gehören die imposanten, gut erhaltenen **Stadtmauern von Lugo und Astorga.** Auch das Wahrzeichen des einstigen römischen Handelshafens **A Coruña,** der **Turm des Herkules,** geht in seiner Grundstruktur auf die Römerzeit zurück.

### Relikte der Westgoten

Die Westgoten orientierten sich bei dem Bau ihrer Kirchen an der römischen Baukunst und ließen sich beim Dekor von der byzantinischen Formensprache inspirieren. Interessanterweise verwendeten sie bereits Hufeisenbögen, bevor die Mauren auf der Iberischen Halbinsel Einzug hielten. Nur wenige Bauten aus der Westgotenzeit haben den Lauf der Zeit überdauert. Südlich von Burgos bettet sich das westgotische Kirchlein **Santa María de Lara** aus dem 7. Jh. einsam in die Berglandschaft. Akkurat gearbeitete Reliefbänder mit stilisierten Pflanzen- und Tiermotiven schmücken den Kirchenbau. Ein floraler Fries ziert auch die ebenfalls im 7. Jh. erbaute Kirche **Santa Comba de Bande** bei Orense.

### Kleinode der Präromanik

Die Kirchen aus der Zeit der Präromanik (9./10. Jh.) konzentrieren sich um **Oviedo,** die Hauptstadt von Asturien. Sie stehen allesamt als Welterbe unter dem Schutz der UNESCO. Die Kirchenbauten zeichnen elegante Proportionen aus, die nach dem Schema einer dreischiffigen Basilika aufgebaut sind und rechteckige Apsiden aufweisen. Originell gestaltete Steingitterfenster lassen das Licht in die Kir-

# Architektur

chenräume eindringen. Das Innere war ursprünglich farbig ausgestaltet, als Dekor taucht immer wieder das typische Kordelmotiv auf. Reliefs zeigen figürliche Motive wie in der einstigen Palastkirche **San Miguel de Lillo** auf dem Monte Naranco. Unterhalb davon liegt die ebenfalls bemerkenswerte Kirche **Santa María del Naranco.**

## Einflüsse islamischer Baukunst

Der Norden Spaniens fiel im Zuge der Rückeroberung recht rasch wieder unter christliche Vorherrschaft, weshalb sich die maurische Kultur nicht etablieren konnte. Dennoch finden sich in der Architektur und in der Kunst Einflüsse islamischer Formensprache wieder. Sie wurden importiert von den Mozarabern, Christen die unter muslimischer Herrschaft im Süden gelebt hatten. Sie entwickelten den **mozarabischen Stil,** der Elemente der islamischen mit der westgotischen und frühromanischen Kunst verband. Typische Merkmale dieser Architektur sind Apsiden, die den Gebetsnischen der Moscheen ähneln, sowie Hufeisenbögen. Als Paradebeispiele mozarabischen Kunst gelten die Kirche **San Miguel de la Escalada** in der Provinz León, das Kloster **San Millán de Suso** in der Rioja und die Kirche **Santiago de Peñalba** in der Nähe von Ponferrada.

Auch die *mudéjares,* Muslime, die in den von den Christen zurückeroberten Gebieten verblieben und geduldet wurden, hinterließen in der Kunst ihre Spuren. Der **Mudéjarstil** kombiniert die islamische Kunst mit der christlichen Kunst des 12.–14. Jh. von der Spätromanik bis zur Spätgotik. Die Christen schätzten die Baukunst der Mudéjares und gaben bei ihnen Kirchen- und Klosterbauten in Auftrag. Typisch sind Ziegelsteine als Baumaterial, die glasierten *azulejos* (Kacheln), die holzgeschnitzten, kassettierten Artesonadodecken sowie *yeserías,* Zierwerk aus Stuck. Die Backstein-Kirchen **San Tirso** und **San Lorenzo** im Städtchen **Sahagún** am Jakobsweg sind herrliche Beispiel für die Mudéjar-Baukunst.

## Die Welt der Romanik

Die Romanik fand in vielen Teilen Spaniens aufgrund der maurischen Besatzung nicht statt. Anders im schon früh zurückeroberten Norden: Der Jakobsweg ist das Schatzkästlein romanischer Kunst in Spanien schlechthin. Romanische Kirchen, Klöster und Kathedralen reihen sich hier wie an einer Perlenschnur aneinander.

Typisch für die romanische Baukunst sind Rundbögen, kompaktes Mauerwerk sowie kleine Fenster mit Alabasterscheiben. Die Sakralbauten wurden in der Regel über dem Grundriss des lateinischen Kreuzes errichtet und mit Kreuzgrat-, Kreuzrippen- oder Tonnengewölben überdacht.

Besucher romanischer Kirchen zieht vor allem die fantasievolle Bauplastik in den Bann. Die Kirche **San Martín** in **Frómista** schmücken 315 kunstvoll gestaltete Sparrenköpfe, darunter furchterregende Fratzen, Tierköpfe, Gaukler und Phallusmänner. Im Kreuzgang von **Santo Domingo de Silos** finden sich wunderbare romanische Reliefs, die an Elfenbeinschnitzereien erinnern.

Die Krypta der Stiftskirche **San Isidoro** in **León** gilt als die Sixtinische Kapelle der Romanik, sie glänzt durch ihre fantastisch erhaltenen Fresken. Ein absolutes Highlight der Romanik stellt natürlich die **Kathedrale von Santiago de Compostela** dar, deren frühromanisches Kirchenschiff und expressiver Figurenschmuck des Pórtico de la Gloria erhalten geblieben sind.

## Von der Gotik zur Renaissance

Die **Gotik** (13.–15. Jh.) war das große Zeitalter der Kathedralen, ihr Höhendrang kann als Verkörperung des Strebens zu Gott verstanden werden. Zahlreiche technische Neuerungen wie das Kreuzrippengewölbe, der Spitzbogen sowie Strebepfeiler und Strebebögen ermöglichten die Ausrichtung gen Himmel.

Zu den Glanzleistungen der spanischen Gotik zählen die **Kathedralen von Burgos und León.** Erstere besticht durch ihre filigra-

Architektur, Kunst und Kultur

ne Bauweise, während das Gotteshaus von León dank der prachtvollen, gotischen Buntglasfenster von einem Meer von Licht und Farben durchzogen wird.

Die **Isabellinische Gotik,** die nach der Königin Isabella von Kastilien benannt wurde, zeichnet sich durch überbordendes Dekor aus und ist vergleichbar mit der Flamboyant-Gotik. Eines der schönsten Beispiele für diesen Stil findet sich in der **Klosterkirche Cartuja de Miraflores** bei Burgos.

Eine Spielvariante der **Renaissance** ist in Spanien der platereske Stil, der sich durch seine Freude am Dekor auszeichnet. Der Name leitet sich von der Silberschmiedekunst (*platero* = Silberschmied) ab. Die Fassade des ehemaligen **Klosters San Marcos** in León ist ein Paradebeispiel für die Dekorfülle des platteresken Stils.

## Moderne Architektur

Der Bau des **Guggenheim-Museums** in **Bilbao,** das der Stararchitekt Frank O. Gehry konzipierte, sorgte weltweit für Furore. Das fantasievolle Gebilde aus Titan, Stein und Glas verwandelte die wirtschaftlich angeschlagene Industriestadt mit einem Mal in ein Mekka für Architektur- und Kunstliebhaber. Seitdem setzt Bilbao auf die moderne Architektur, die Stadt befindet sich in stetem Wandel, internationale Stararchitekten wie Zaha Hadid, Arata Isozaki, Rafael Moneo, Norman Foster und Santiago Calatrava wurden von der Stadt und privaten Auftraggebern unter Vertrag genommen.

Ein weiterer Museumsneubau, die **Casa Domus,** sorgte in **A Coruña** für Aufsehen. Das Museum, das sich mit der menschlichen Existenz beschäftigt, ist ein Werk des japanischen Architekten Arata Isozaki. Wie ein aufgeblähtes Segel thront der mit Schieferplatten verkleidete Bau auf einer Anhöhe.

Der renommierte spanische Architekt Rafael Moneo setzte beim Bau von **Kongresspalast und Auditorium Kursaal** in **San Sebastián** auf klare Formen, die einen interessanten Kontrapunkt zur umliegenden Architektur aus der Gründerzeit bilden. Die ›gestrandeten‹ Glaskuben geben die Kulisse für das berühmte Filmfestival der Stadt ab.

Für **Avilés** in Asturien entwarf der brasilianische Stararchitekt **Oscar Niemeyer** das nach ihm benannte **Kulturzentrum** (2011). Über das ehrgeizige, gigantische Projekt **Cidade da Cultura de Galicia** (2013), konzipiert von Peter Eisenman in **Santiago de Compostela,** streiten sich die Geister vor allem wegen der immensen Kosten.

Zahlreiche Bodega-Besitzer nutzen mittlerweile die moderne Architektur als Marketing-Zugpferd. Frank O. Gehry kreierte im Auftrag der Kellerei Marqués de Riscal in **Elciego** die **Ciudad del Vino,** zu der ein spektakulärer Hotelbau mit bizarrer Dachlandschaft gehört. Der spanische Stararchitekt Santiago Calatrava schuf das hypermoderne neue Gebäude der **Bodegas Ysios** in **Laguardia.** Das wellenförmig geschwungene Dach ist eine Referenz an das Kantabrische Gebirge, das sich im Hintergrund erhebt.

## Malerei und Bildhauerei

Die ersten Kunstzeugnisse Nordspaniens stammen aus der Zeit des Magdalénien (15 000–9000 v. Chr.). In den Karsthöhlen von Kantabrien, Asturien und dem Baskenland wurden farbige **Wand- und Deckenmalereien** entdeckt, die zu den ältesten bekannten künstlerischen Schöpfungen der Menschheitsgeschichte gehören. Doch der Norden Spaniens hat auch moderne Kunst hervorgebracht.

**Pablo Picasso** lebte mit seiner Familie einige Jahre in A Coruña. Sein wohl berühmtestes Gemälde »Guernica« legt Zeugnis ab von der Bombardierung der baskischen Stadt 1937 durch das NS-Luftwaffengeschwader Legion Condor. Es ist in Madrid ausgestellt; Versuche, das Gemälde im Baskenland zu präsentieren, wurden bisher mit dem Hinweis auf konservatorische Gründe abgelehnt.

Unter den Künstlern des Nordens sticht der facettenreiche baskische Maler **Ignacio Zuloaga y Zabaleta** (1870–1945) hervor. Er gehörte der 1898er-Generation an, die versuchte, das Land nach dem schmerzhaften Verlust der letz-

Malerei und Bildhauerei

*Der ›verzauberte‹ Wald des Bildhauers Agustín Ibarrola leidet an Kieferfäule, eine Replik, »Nuevo Bosque de Oma«, wird voraussichtlich Ende 2023 eröffnet*

ten spanischen Kolonien neu zu positionieren. Häufig hielt er im Stil des dramatischen Realismus auf seinen Gemälden Menschen aus dem Volk fest. Etliche seiner Werke sind im Museo de Bellas Artes in Bilbao zu sehen. In Zumaia befindet sich im ehemaligen Wohnhaus des Künstlers das Museum Ignacio Zuloaga, das einen Überblick über sein Werk gibt.

Der baskische Bildhauer **Eduardo Chillida** (1924–2002) machte sich durch seine monumentalen Eisenskulpturen international einen Namen. Unter seiner Regie entstand in Hernani ganz in der Nähe von San Sebastián das Museo Chillida-Leku. Das Museum wurde allerdings bis auf Weiteres 2011 wegen der Finanzkrise geschlossen. Seiner Heimatstadt San Sebastián vermachte Chillida ein faszinierendes Schauspiel: Die in den Felsen am Ende der Concha-Bucht eingelassene Skulptur »Peine del Viento« (Windkamm) erzeugt mit der Gischt der Brandung eine poetische Klangkulisse.

Der ebenfalls im Baskenland geborene Bildhauer **Jorge de Oteiza** (1908–2003) gilt als einer der Pioniere der abstrakten Kunst in Spanien. Seine kantigen Skulpturen in der Wallfahrtskirche von Arantzazu im Baskenland sorgten für Kontroversen. Eisenskulpturen des Künstlers finden sich u. a. in Gijón und San Sebastián. In Navarra widmet sich in der kleinen Ortschaft Alzuza das Museo Oteiza dem Schaffen des Künstlers.

Der engagierte baskische Bildhauer **Agustín Ibarrola** (geb. 1930) setzte sich öffentlich für ein Ende des Terrors der ETA ein. Im Tal von Oma in der Nähe von Gernika kreierte er einen Ort voller Magie: Er bemalte 500 Bäume mit rätselhaften Zeichen und Symbolen,

Architektur, Kunst und Kultur

die aus bestimmten Blickwinkeln ein Zusammenspiel ergeben. Der Wald wurde im April 2019 geschlossen, 80 % der Bäume waren von der Kieferfäule betroffen. Die Replik »Nuevo Bosque de Oma« wird im Oktober 2023 für das Publikum zugänglich sein. Über den Stand der Dinge informiert das Tourismusbüro von Gernika. In der Hafenstadt Llanes in Asturien türmen sich an einer Mole die »Cubos de la Memoria«, farbenfroh bemalte Wellenbrecher.

# Musik

Der Jakobsweg brachte zahlreiche **Pilgerlieder** hervor, mit denen sich die Pilger die Zeit auf ihrem langen Weg nach Santiago de Compostela vertrieben. Bis heute singen noch viele beim Einzug in Santiago das »Ultreya«, ein mittelalterliches Pilgerlied aus dem 12. Jh. Das wohl bekannteste Jakobslied ist das in vielen Ländern gesungene Lied über den »Bruder Jakob«. Mittlerweile gibt es eine recht gute Auswahl an CDs, auf denen die mittelalterlichen Jakobsgesänge zusammengestellt wurden.

Völlig überraschend stürmten die **Benediktinermönche von Santo Domingo de Silos** mit ihren gregorianischen Gesängen vor einigen Jahren die Charts. Für die Popularität der uralten religiösen Gesänge unter Jugendlichen sorgten erstaunlicherweise einige Diskotheken, die in den frühen Morgenstunden die Schließung mit den Mönchsgesängen ankündigten. Der Funke sprang über, es entstand ein regelrechter Hype um die gregorianischen Choräle. Mittlerweile hat sich der Rummel wieder etwas gelegt, worüber die Mönche nicht allzu traurig sind. Ein Tipp für Fans religiöser Musik des Mittelalters sind auch die **mozarabischen Gesänge,** die zur Liturgie der damals unter islamischer Vorherrschaft lebenden Christen gehörten.

Angesagt in Nordspanien ist die **Folkloremusik.** Dazu gehört vor allem in Galicien, Asturien und Kantabrien die *gaita,* der Dudelsack. In ganz Nordspanien erfreut sich die **keltische Musik,** in deren Mittelpunkt die *gaita* steht, großer Beliebtheit. Zu den erfolgreichsten Bands gehört die galicische Gruppe **Milladoiro.** Zu den Musikern, die zwar fest in der traditionellen galicischen Musik verwurzelt sind, aber auch neue Wege suchen, gehören **Berrogüetto, Carlos Núñez** und **Susana Seivane.**

Bekannt für seine Experimentierfreude ist vor allem der Dudelsackspieler und Flötist **José Ángel Hevia** aus Asturien. Seine Musik ist geprägt durch keltische und orientalische Rhythmen und afrikanische Gesänge. Mit seinem Titel »Busindre reel« konnte er sich 1999 sogar in den Popcharts platzieren und schaffte damals den internationalen Durchbruch.

Im Baskenland erlebte die *txalaparta,* eine Art archaisches Xylofon, als Sinnbild der baskischen Identität eine regelrechte Renaissance. Zwei bis vier Spieler stehen sich gegenüber und halten in jeder Hand einen ca. 50 cm langen und 4 cm dicken Holzstab, mit denen sie den Rhythmus senkrecht auf die Hölzer übertragen. Ursprünglich diente die *txalaparta* der Nachrichtenübermittlung in den Bergen, so wurde beispielsweise der Aufruf zum Kampf, die Bekanntgabe von Todesfällen oder die Einladung zum *sidra*-Trinken durch unterschiedliche Rhythmen übermittelt. Die Zwillingsschwestern **Maika und Sara Gómez** gehören zu den besten *Txalapartaris.* Sie bereichern den ursprünglichen Rhythmus mit innovativen Variationen und Improvisationen.

Populär ist auch die *trikitixa,* ein diatonisches Akkordeon, das im Baskenland häufig in Verbindung mit Gesang und Tamburin gespielt wird. Der *trikitixa*-Musiker **Kepa Junkera** erhielt für sein Album »K« 2004 den Grammy Latino für das beste Folkalbum.

Zu den erfolgreichsten Popbands in Spanien gehört die Gruppe **La Oreja de Van Gogh,** die 1996 in San Sebastián gegründet wurde.

# Literatur

Die Regionen des Nordens haben zahlreiche bemerkenswerte Dichter hervorgebracht.

Aus der Rioja stammte der Dichter und Priester **Gonzalo de Berceo** (um 1195–1264), der sich vor allem der Marien- und Heiligendichtung widmete. Er gilt als der erste bekannte Dichter, der sein Werk in kastilischer Sprache abfasste.

Für Jakobswegreisende empfiehlt sich die hochinteressante Lektüre des mittelalterlichen Pilgerführers »Codex Calixtinus« (12. Jh.) von **Aimeric Picaud,** der in modernen Überarbeitungen erhältlich ist. Der Codex diente neben der religiösen Erbauung auch als praktischer Reiseführer für die Pilger.

Zu den bekanntesten galicischen Dichterinnen der Neuzeit zählen **Rosalía de Castro** (1837–1870) und **Emilia Pardo Bazán** (1885–1921). De Castro schrieb ihre melancholischen Gedichte in galicischer Sprache, sie kreisen um die Liebe, den Tod und harte Frauenschicksale. Die Feministin Emilia Pardo Bazán gilt als Wegbereiterin des Naturalismus in der spanischen Literatur.

Der Übergang vom 19. zum 20. Jh. markierte für Spanien einen Wendepunkt in der neueren Geschichte. Im Krieg gegen die USA verlor das Land 1898 seine letzten überseeischen Kolonien. Eine Gruppe von Philosophen und Literaten, die **Generación del 98,** beschäftigte sich mit diesem nationalen Trauma und stellte Überlegungen zur geistigen Erneuerung des Landes an. Sie propagierten eine Hinwendung zu Europa bei gleichzeitiger Rückbesinnung auf die Werte der eigenen Nation. Zu den wichtigsten Vertretern dieser Bewegung gehörten auch etliche Autoren wie **Unamuno, Baroja, Azorín, Maetzu** und **Valle Inclán,** deren Wurzeln in Nordspanien liegen.

In der Franco-Zeit schrieb der Galicier **Camilo José Cela** (1916–2002) seinen packenden Roman »La familia de Pascual Duarte« (dt. »Pascual Duartes Familie«, 1949), der ihm zum Durchbruch verhalf. Sein Werk kennzeichnet ein schonungsloser Realismus, immer wieder hatte er Probleme mit der Zensur des Franco-Regimes.

Der baskische Dichter und Romanautor **Bernardo Atxaga** (geb. 1951) gilt als einer der bedeutendsten zeitgenössischen Autoren des Baskenlands. Sein 2003 erschienener Roman »El hijo del acordeonista« (dt. »Der Sohn des Akkordeonspielers«, 2006) ist bislang sein persönlichstes und politischstes Werk; es handelt von zwei Freunden, die in einem kleinen Dorf aufwachsen und als Studenten in den Bannkreis der ETA geraten.

Aus der Provinz León stammt der Autor **Julio Llamazares** (geb. 1955). In seinem 1988 erschienenen Roman »La lluvia amarilla« (dt. »Der gelbe Regen«, 1991) erzählt er die Geschichte des Greises Andrés, der als letzter Bewohner mit seiner Hündin in einem verlassenen Pyrenäendorf ausharrt und über den Tod, die Einsamkeit und das Vergessen sinniert.

Der Galicier **Manuel Rivas** (geb. 1957) erlangte internationalen Erfolg mit dem Roman »O lapis do carpinteiro« (dt. »Der Bleistift des Zimmermanns«, 2000), der von einer Liebe im Spanischen Bürgerkrieg erzählt.

# Film

Die spanische Filmszene hat einiges zu bieten: Fast schon zu den Klassikern zählen die Filme von **Saura, Buñuel** und **Trueba. Pedro Almodóvar,** der aktuell wohl bekannteste spanische Filmregisseur, begann seine Karriere in der kulturellen Aufbruchbewegung der 1980er-Jahre. Mitte der 1990er trat im spanischen Kino wieder eine neue Generation auf den Plan: **Alejandro Amenábar, Julio Médem, Fernando León de Aranoa, Alex de la Iglesias, Isabel Coixet** oder **Icíar Bollaín** gehören zur **Neuva Ola,** der neuen Welle.

Die Krise der spanischen Werftindustrie nahm der Regisseur **Fernando León de Aranoa** zum Thema für seinen sozialkritischen Film »Los lunes la sol« (»Montags in der Sonne«) von 2002. Er handelt von einer Gruppe arbeitsloser Werftarbeiter aus Vigo und ihrer Probleme. Der Regisseur **Montxo Armendáriz** aus Navarra widmet sich vor allem Themen, die in seiner Heimat angesiedelt sind. 2005 verfilmte er den Erfolgsroman von Bernardo Atxagas: »Obabkoak«. Der Film handelt von der Studentin Lourdes, die das abgelegene Bergdorf Obaba besucht und allerlei Seltsames erlebt.

# Wissenswertes für die Reise

Anreise und Verkehr
Übernachten
Essen und Trinken
Outdoor
Feste und Veranstaltungen
Reiseinfos von A bis Z

*Spaziergang in der Dämmerung: Calle del Puerto in der Altstadt von San Sebastián*

*Jakobspilger kommen aus aller Welt*

*Die Playa de Laida bei Mundaka ist in der Surferszene bekannt für ihre Linkswelle*

# Anreise und Verkehr

## Einreisebestimmungen

Spanien gehört zu den Schengenstaaten, d. h. die Grenzkontrollen für Reisende aus Deutschland und Österreich entfallen, seit 2007 trifft dies auch für die Schweiz zu. Trotzdem muss man sich in Spanien ausweisen können. Kinder benötigen unabhängig vom Alter ein eigenes Reisedokument. Personalausweis bzw. Schweizer Identitätskarte oder Pass muss man beim Check-in am Flughafen, beim Ausleihen eines Mietwagens und in Hotels vorlegen. Die Ausweispapiere sollten mindestens noch drei Monate gültig sein. Im Falle ihres Verlusts wendet man sich an die nächste Polizeistation, hilfreich ist es, vor der Reise eine Kopie der Dokumente zu machen. Die Aufenthaltsdauer für EU-Bürger ist in Spanien unbegrenzt, Schweizer ohne Visum können sich bis zu 90 Tage im Land aufhalten. Die spanische Botschaft in Bern (Kalcheggweg 24, 3000 Bern 16, Tel. 031 350 52 52) stellt für Schweizer, die länger als drei Monate bleiben möchten, ein Visum aus.

### Zollbestimmungen

Innerhalb der EU dürfen Waren für den persönlichen Gebrauch unbegrenzt mitgeführt werden. Es gelten folgende Richtlinien: 800 Zigaretten, 400 Zigarillos, 200 Zigarren oder 1 kg Tabak, 10 l Spirituosen, 20 l weinhaltige Getränke (z. B. Sherry) oder 110 l Bier dürfen zollfrei eingeführt werden. Für Wein gibt es keine Richtmengen für den privaten Zweck. Für Reisende aus der Schweiz gelten folgende Obergrenzen: 250 Zigaretten, 250 Zigarren oder 250 g andere Tabakwaren, 5 l Wein und 1 l alkoholische Getränke über 18 % Alkohol. Geschenke sind bis zu 300 CHF zollfrei.

### Mitnahme von Haustieren

Der EU-Haustier-Ausweis ist für Hunde, Katzen und Frettchen vorgeschrieben. Die letzte Tollwutimpfung muss vermerkt sein (mindestens 21 Tage vor Reiseantritt, maximal ein Jahr alt). Außerdem müssen die Tiere mit einem Mikrochip oder einer Tätowierung identifiziert werden können. Tiere bis 6 kg Gewicht (inkl. Tragebox) können in der Regel von den Haltern mit ins Flugzeug genommen werden. Größere Tiere werden im Frachtraum befördert. In den meisten Hotels sind Hunde nicht zugelassen. In Restaurants dürfen Hunde aus hygienischen Gründen nicht mitgenommen werden, normalerweise können sie aber mit, wenn das Restaurant über eine Terrasse verfügt.

## Anreise

### ... mit dem Flugzeug

Es existieren viele unterschiedliche Flugverbindungen von D, A und CH nach Nordspanien. In erster Linie werden die Flughäfen von Bilbao und Santiago de Compostela angeflogen. Für Reisende auf dem Jakobsweg bietet sich ein Gabelflug an, d. h. Hinflug nach Bilbao und Rückflug von Santiago de Compostela evtl. mit Zwischenlandung in Madrid oder Barcelona. Eine gute Option ist der Rückflug von Porto (in Portugal), da von dort häufiger Direktflüge nach Deutschland angeboten werden. Auch kleinere Flughäfen in Nordspanien (s. u.) werden bedient, einige Airlines bieten Direktflüge an, häufig ist aber ein Zwischenstopp nötig.

**Flughäfen in Nordspanien**
Aktuelle Informationen über Flughäfen, Flugverbindungen und Anbindung an die nächste Stadt finden sich unter www.aena.es.
**Aeropuerto de A Coruña:** 8 km südl. von A Coruña bei Culleredo.
**Aeropuerto de Asturias:** in der Nähe der Küste, 14 km westl. von Avilés, 40 km westl. von Gijón, 47 km nordwestl. von Oviedo.
**Aeropuerto de Bilbao (Bilbo):** ca. 10 km nördl. von Bilbao.
**Aeropuerto de León:** 6 km nordwestl. von León bei Virgen del Camino.

**Aeropuerto de Logroño-Agoncillo:** ca. 10 km östl. von Logroño bei Agoncillo.
**Aeropuerto de Pamplona:** 6 km südwestl. von Pamplona bei Noáin.
**Aeropuerto de San Sebastián (Donostia):** 22 km östl. von San Sebastián bei Hondarribia.
**Aeropuerto de Santander:** 5 km südl. von Santander bei Camargo.
**Aeropuerto de Santiago de Compostela:** 12 km östl. von Santiago bei Lavacolla.
**Aeropuerto de Vigo:** 9 km südöstl. von Vigo.
**Aeropuerto de Vitoria-Gasteiz:** 8 km nordwestl. von Vitoria-Gasteiz bei Antezana.
**Aeropuerto de Zaragoza:** 10 km westl. von Zaragoza.

### ... mit der Bahn

Die umweltfreundliche Bahnanreise erfolgt in der Regel mit Hochgeschwindigkeitszügen von Deutschland über Frankreich. In Paris muss man vom Bahnhof Gare de l'Est bzw. Gare du Nord zum Gare de Montparnasse wechseln, von dort fahren die Züge weiter zur spanisch-französischen Grenze nach Hendaye. Seit Sommer 2023 gibt es Verbindungen des spanischen Schnellzugs AVE zwischen Lyon und Barcelona sowie zwischen Marseille und Madrid. Generell gilt es, für Frankreich und Spanien rechtzeitig Plätze zu reservieren – ohne Platzkarte geht nichts.

### ... mit dem Bus

Die wichtigste Busfirma, die den Norden Spaniens ansteuert, ist mittlerweile Flixbus. Die aktuellen Verbindungen, Preise und Angebote finden sich unter www.flixbus.de. Die Busse sind zwar komfortabel, aber dennoch zieht sich die Reise über viele Stunden hin, je nach Ausgangspunkt und Ziel zwischen 15–30 Stunden. Häufig ist die Anreise auch mit Umstiegen, in erster Linie in Paris, verbunden. Zu den wichtigsten Zielen, die in Nordspanien angesteuert werden zählen: Bilbao, San Sebastián, und Vitoria Gasteiz. Gerne werden die Busse von den Spaniern, die in Deutschland leben, genutzt. Die Busse sind komfortabel, dennoch zieht sich die Reise über viele Stunden hin, je nach Ausgangspunkt zwischen 15 und 30 Stunden. Weitere Infos unter www.eurolines.de.

Von verschiedenen Städten in der Schweiz (u. a. Basel, Zürich, Bern) fährt das Unternehmen **Flixbus** nach u. a. Bilbao, San Sebastián und Vitoria-Gasteiz. Info: www.flixbus.de.

### ... mit dem Auto

Für Reisende aus dem Norden und Westen Deutschlands ist die Route über Paris, Orléans, Tours, Biarritz und Bordeaux nach San Sebastián die günstigste. Von Süddeutschland, der Schweiz und Österreich empfiehlt sich die Fahrt durch das Rhônetal via Montpellier, Toulouse und Bayonne nach San Sebastián.

Bei der Reiseplanung ist zu bedenken, dass die Autobahnen in Frankreich und in Spanien **gebührenpflichtig** sind. Alternativ bieten sich sowohl in Frankreich als auch in Spanien gut ausgebaute National- oder Landstraßen an. In Spanien sind auch die autobahnähnlich ausgebauten Autovias kostenfrei. Aufgrund der langen Fahrtstrecke empfiehlt es sich, eine Zwischenübernachtung in Frankreich einzuplanen, um die Anreise stressfrei zu gestalten. Von Berlin bis Bilbao sind es 1967 km, von Frankfurt am Main 1485 km und von München 1702 km.

Die Grüne Versicherungskarte wird nicht mehr benötigt, hilfreich im Schadensfall sind jedoch der Europäische Unfallbericht, den es bei den Versicherungen gibt, sowie ein Kfz-Schutzbrief.

Die **ADAC-Notrufnummer** (24 Std.) lautet bei Fahrzeugschaden Tel. 0049 89 22 22 22. Der ADAC-Partnerklub in Spanien ist Real Automovil Club de Espana (**RACE**). Die Adressen der Niederlassungen finden Sie auf der Website. Information Tel. 900 10 09 92, Assistenz Tel. 900 11 22 22, www.race.es.

## Verkehrsmittel im Land

### Bahn

In Nordspanien verkehren Züge der staatlichen Zuggesellschaft Renfe, hinzu kommen Eusko Tren und die Schmalspurbahn Feve, die mittlerweile von Renfe übernommen wurde. **Renfe** fährt Küstenstädte wie Bilbao, San Sebastián, Santander, Gijón und El Ferrol an, allerdings fehlen die Querverbindungen! So empfiehlt es sich, entlang der Küste auf die Angebote der Schmalspurbahn von Renfe oder EuskoTren zurückzugreifen oder alternativ auf die häufig flotteren Busse umzusteigen.

Die Schmalspurbahn verkehrt zwischen Bilbao im Baskenland und El Ferrol in Galicien. Der Rhythmus ist gemütlich, es gibt nur wenige schnelle Verbindungen. Ursprünglich beförderte die Schmalspurbahn das Eisenerz und die Kohle der Bergwerke zu den Hafenstädten, in den 1970er-Jahren wurde im Zuge der Krise der Montanindustrie das Schienennetz überholt und auf Personenverkehr umgestellt. Der spanische Schnellzug **AVE** verbindet A Coruña mit Santiago de Compostela, dort gabelt sich das Netz, der AVE fährt weiter nach Vigo oder Ourense. Von Madrid-Atocha fährt der AVE nach León, Oviedo oder Burgos.

**Hotlines und Internetadressen**
**Renfe/AVE:** www.renfe.com; Fahrplan und Tickets auch über Handy, Renfe Contigo, Tel. 912 32 03 20, App RenfeTicket.
**Renfe Schmalspurbahn (ehemals Feve):** www.renfe.com (Auskunft/Tickets über Renfe)
**EuskoTren:** im Baskenland, www.euskotren.eu.

**Tickets und Tarife**
Tickets sind in den Bahnhöfen, den Stadtbüros der Renfe, über Handy oder über das Internet erhältlich. Das Tarifsystem ist recht unübersichtlich! Preise richten sich nach dem Komfortstandard und der Schnelligkeit des Zuges, wobei die günstigen *trenes de cercanía* oder *trenes regionales* in jedem Kuhdorf halten. Fragen Sie beim Kauf nach Ermäßigungen *(descuentos,* in der Regel für Senioren ab 65 Jahren und für Gruppen) sowie nach günstigen Zügen oder einer schnellen Verbindung. Preiswerter wird es, wenn Hin- und Rückfahrtticket *(ida y vuelta)* zusammen gelöst werden. Generell sind die Züge weit günstiger als in Deutschland, Österreich oder der Schweiz. Unbedingt Platzkarten rechtzeitig reservieren, nur in Regional- und Nahverkehrszügen geht es in der Regel auch ohne Platzkarten.

## TRANSCANTÁBRICO

Das Aushängeschild der Renfe ist der nostalgische Luxuszug Transcantábrico, eine originelle, exklusive Reiseform für Bahnliebhaber! Die achttägige Tour mit sieben Übernachtungen startet in León und endet in Santiago de Compostela (oder umgekehrt). Der Transcantábrico legt Stationen in so reizvollen Städten wie León, Bilbao, Santander und Santillana de Mar oder Luarca ein. Im Angebot sind verschiedene Varianten, die zwischen 8 und 13 Tagen dauern. Die längere Tour beinhaltet auch einen Ausflug in die Bergwelt der Picos de Europa. Die Preise liegen für die 8-tägige Tour bei 7500 €, für die 13-tägige Option bei 10 420 €. Informationen und Buchung: über Lernidee Erlebnisreisen, Kurfürstenstr. 112, 10787 Berlin, Tel. 030 78 60 000, team@lernidee.de, www.lernidee.de.

### Bus

Nordspanien verfügt über ein gut ausgebautes Busnetz, häufig sind die Frequenzen und die Anbindung besser als mit dem Zug. Sehr gute Verbindungen bestehen zwischen den größeren Städten, bei kleineren Ortschaften und entlegenen Zielen (z. B. Naturparks) ist es naturgemäß schwieriger. Erkundigen Sie sich vorab nach den Rückfahrtmöglichkeiten. An den Wochenenden verkehren weit weniger Busse als an den Werktagen! Auch im Winter ist das Angebot reduziert.

Es empfiehlt sich, in der Hauptsaison, an Feiertagen und Brückenwochenende die Tickets rechtzeitig vor der Abreise zu kaufen, da nur so viele Passagiere zugelassen werden, wie Sitzplätze vorhanden sind. Mitunter werden bei starker Nachfrage auch zusätzliche Busse eingesetzt. Bei den Bussen gibt es den Unterschied zwischen *directo* (kürzeste Strecke zwischen zwei Orten und wenige Zwischenstopps) und *ruta* (viele Zwischenstopps).

**Busfahrpläne und Infos**
In den größeren Ortschaften gibt es zentrale Busbahnhöfe *(estación de autobuses)*, bislang sind nur wenige im Internet vertreten. Dort sind die **Busfahrpläne** der verschiedenen Anbieter erhältlich. Informationen erteilen auch die örtlichen Tourismusinformationsbüros und in der Regel die Hotelrezeptionen. Außerdem finden sich die Busfahrpläne in den lokalen Zeitungen und mitunter auch im Internet. Hilfreich sind die Internet-Seiten www.rome2rio.com, www.busbud.com sowie die moovit.app.com. Die meisten Strecken in Nordspanien bedienen die Busfirma Alsa und ihre Tochtergesellschaften. Hinzu kommen etliche kleinere lokale Busunternehmen.

**Einige Busgesellschaften:**
**Alsa:** www.alsa.es
**Arriva:** www.arriva.gal
**Bizkaibus:** www.bizkaia.eus
**La Estellesa:** www.laestellesa.com
**Monbus:** www.monbus.es
**Pesa:** www.pesa.net

**Stadtbusse**
Größere Städte sowie die meisten Ferienortschaften verfügen über ein innerstädtisches Busnetz. Eine Einzelfahrt kostet in der Regel rund 1,50 €. Günstiger sind die Mehrfahrtentickets *(bono-bús)*, die an Automaten, über Apps, in den Tabakläden *(estancos)* oder an einigen Kiosken verkauft werden. Hilfreich, um Verbindungen herauszufinden, sind die Apps wie www.moovit.app.com oder Google Maps.

## Metro/Tranvía

Die U-Bahn Bilbaos, Metro Bilbao (www.metrobilbao.eus), besteht derzeit aus drei Linien, verbindet aber insbesondere die Vororte der Stadt mit dem Zentrum. Die U-Bahnen fahren überirdisch als Straßenbahnen weiter. Der britische Architekt Norman Foster zeichnet für die Architektur der Metro verantwortlich. Tickets kosten 0,48–0,62 € je nach Tarifzone (1–3). Bei der Metro in San Sebastián (www.urbanrail.net), genannt Topos, handelt es sich um zwei Nahverkehrsbahnen, die eine Reihe von Vororten anbinden.

## Auto

**Mautgebühren** *(peaje):* Autobahnen *(autopista)* sind in Spanien gebührenpflichtig. Wer sparen will, kann alternativ auf die Nationalstraßen ausweichen. Die Nutzung der vierspurigen Schnellstraßen *(autovía)* ist kostenlos.
**Tanken:** Die Mietwagen fahren zumeist mit Eurosuper (95 Oktan, *gasolina sin plomo*) oder Diesel *(gasoleo A)*. 2023 kostete 1 l Benzin zwischen 1,60 € und 1,80 €. Sparfüchse können sich auf der Internetseite www.elpreciodelagasolina.com die preisgünstigsten Tankstellen heraussuchen.
**Höchstgeschwindigkeiten:** Innerhalb der Ortschaften liegt in Spanien die Höchstgeschwindigkeit bei 50 km/h und auf den Landstraßen bei 90–100 km/h, auf den Schnellstraßen *(autovías)* und auf den gebührenpflichtigen Autobahnen *(autopistas)* bei 120 km/h.
**Promillegrenze:** 0,5 ‰.
**Weitere Verkehrsregeln:** Telefonieren mit dem Handy ohne Freisprechanlage ist verboten. Außerdem besteht **Anschnallpflicht** sowohl auf den Vorder- als auch auf den Rücksitzen. Es ist in Spanien Pflicht, zwei **Warndreiecke** und eine **Signalweste** mitzuführen. Es ist verboten, im Falle eines Unfalls ohne Signalweste die Fahrbahn zu betreten.
**Strafgebühren:** Bei Geschwindigkeitsübertretungen und anderen Verkehrsdelikten ist mit empfindlich hohen Strafgebühren zu rechnen. Sie müssen direkt vor Ort bezahlt werden, anderenfalls wird das Auto beschlagnahmt.
**Unfallaufnahme:** Für die Unfallaufnahme ist zunächst nur der allgemeine Notruf Tel. 112 zu wählen, von dort aus wird alles Weitere organisiert. Ansonsten ist auf dem Land die Guardia Civil (Tel. 062) zuständig und in den Städten die Policia Municipal (Tel. 092). Ist man mit einem Mietwagen unterwegs, ist es dringend angeraten, sich bei einem Unfall oder

einer Panne umgehend mit seiner Mietwagenfirma in Verbindung setzen.

**Parken:** Wichtig ist es, wie überall, in einem geparkten Auto nichts offen liegen zu lassen, da dies Langfinger anlockt. In den größeren Städten empfiehlt es sich, aufgrund der Parkplatznot nicht lange einen freien Parkplatz zu suchen, sondern direkt ein Parkhaus *(parking)* anzusteuern. Das international übliche Schild mit dem weißen P auf blauem Grund weist auf Parkhäuser hin. Blaue Markierungen zeigen an, dass diese überwachten Parkplätze gebührenpflichtig sind, Tickets sind an den aufgestellten Automaten erhältlich. Mitunter trifft man auch auf offizielle oder private Parkanweiser.

**Kreisverkehr:** Erhöhte Aufmerksamkeit erfordert der Kreisverkehr, da viele Fahrer sich nicht ordnungsgemäß verhalten. Die Vorfahrt herrscht in der Regel immer im Kreisverkehr. In Ausnahmefällen haben die Verkehrsteilnehmer, die in den Kreisverkehr einbiegen, Vorfahrt, wenn ein Verkehrsschild darauf hinweist. Falls zwei Spuren im Kreis vorhanden sind, nur die rechte Spur wählen, wenn man bei der nächsten Ausfahrtsmöglichkeit abzweigen möchte.

**Linksabbiegen von Land- oder Nationalstraßen:** Linksabbieger werden häufig zunächst nach rechts auf eine Abzweigespur geleitet, eine Schleife führt zurück zur Hauptstraße, die dann direkt überquert wird.

**Abschleppen** durch Privatfahrzeuge ist verboten.

**Fahrweise:** Die Spanier verhalten sich in der Regel recht fair im Straßenverkehr. Auf den Straßen geht es etwas entspannter und weniger aggressiv zu als bei uns. Natürlich gibt es auch hier schwarze Schafe, die sich nicht an die Verkehrsregeln halten und rücksichtslos fahren. Die Unfallhäufigkeit ist in Spanien relativ hoch, seit der Einführung eines mit dem in Deutschland vergleichbaren Punktesystems haben sich die Unfallzahlen allerdings etwas verringert.

## Mietwagen

Ein Mietwagen ist die beste Möglichkeit Nordspanien zu erkunden, vor allem auch die entlegenen Ortschaften und Naturparks. Für das Mieten eines Pkws oder eines Motorrads ab 125 ccm ist der mindestens ein Jahr alte, nationale Führerschein erforderlich. Der Fahrer muss mindestens 21 Jahre alt sein. Einen Kleinwagen erhält man ab ca. 50–70 € am Tag bzw. 250–370 € in der Woche mit Vollkasko und unbegrenzter Kilometerzahl. In der Hochsaison, d. h. im Juli und August steigen die Preise. Für die Bezahlung wird in der Regel eine Kreditkarte verlangt.

Erkundigen Sie sich nach der Höhe der Selbstbeteiligung *(franquicia)* im Schadensfall. Zumeist entfällt bei Vollkasko *(todo riesgo)* die Selbstbeteiligung. Hier gibt es unterschiedliche Konditionen, die sich im Preis niederschlagen. Preisvergleiche lohnen sich unbedingt! Häufig ist es sogar preisgünstiger, noch von zu Hause aus einen Pkw zu mieten. Ein Vorteil ist auch, dass der Mietvertrag dann auf Deutsch abgefasst ist. Der Gerichtsstand bei Rechtsstreitigkeiten ist dann in der Regel D, A oder CH. Autovermietungen *(alquiler de coches)* sind in den spanischen Flughäfen und den größeren Busbahnhöfen vertreten.

Prüfen Sie bei der Abholung des Mietwagens das Fahrzeug auf eventuelle Mängel und darauf, ob ein Verbandskasten, Warndreiecke, Sicherheitsweste und ein funktionstüchtiges Reserverad vorhanden sind. Fragen Sie bei Fahrzeugübernahme nach einer Notfalltelefonnummer und einem Verzeichnis von Filialen des Anbieters. Der Pkw wird mit vollem Tank übergeben und muss bei der Rückgabe wieder vollgetankt abgegeben werden. Bei einem Unfall oder einer Autopanne ist es Pflicht, sich umgehend mit dem Autovermieter in Verbindung zu setzen. Die Mietfirmen arbeiten im Schadensfall mit Vertragswerkstätten zusammen!

## Taxi

Die Taxipreise sind im Vergleich zu anderen europäischen Städten mäßig, Taxameter sind Pflicht. Man kann Taxis auf der Straße anhalten, freie Wagen sind am grün erleuchteten *Libre*-Zeichen auf dem Autodach zu erkennen. Taxifahrer erwarten kein Trinkgeld, freuen sich aber natürlich dennoch über eine kleine Summe.

# Übernachten

Die Hotels werden entsprechend den internationalen Standards mit ein bis fünf Sternen ausgezeichnet. Die höchste Auszeichnung schmückt ein 5-Sterne-Haus mit dem Zusatz GL für *Gran Lujo* (Großer Luxus). Zu den einfachen Unterkünften zählen die Pensionen *(pensión)* und die Gasthäuser *(hostal, fonda)*, sie werden je nach Ausstattung mit ein bis drei Sternen klassifiziert. Außerdem werden vielfach auch private Unterkünfte *(habitación)* angeboten. Verzeichnisse der Unterkünfte erhalten sie zu der jeweiligen Region von den Turespaña-Büros (s. S. 89).

## Preiskategorien

In diesem Reiseführer gelten für eine Übernachtung im Doppelzimmer (ohne Frühstück) folgende Preiskategorien: € = bis 70 Euro, €€ = 70 bis 120 Euro und €€€ = über 120 Euro. Die Preise unterliegen saisonalen Schwankungen.

## Paradores

Die staatlich geführten Paradores gehören zu den Aushängeschildern der spanischen Hotellerie. Meist handelt es sich um Luxusunterkünfte, untergebracht in historischen Gemäuern wie alten Burgen, Klöstern oder Pilgerherbergen. Sie sind mit drei bis fünf Sternen ausgezeichnet. Besonders schön sind in Nordspanien die Paradores in Santo Domingo de la Calzada, León, Monforte de Lemos und Santiago de Compostela. Das Standarddoppelzimmer kostet 95–225 €. Buchungen können über die *central de reservas* vorgenommen werden (Calle José Abascal 2–4, 28003 Madrid, www.parador.es).

## Agroturismos

Der ländliche Tourismus *(turismo rural)* ist in Nordspanien schwer in Mode! Es gibt ein dichtes Netz von Landhäusern und ländlichen Hotels bis hin zu edlen Herrenhäusern. In der Regel sind diese Unterkünfte sehr liebevoll und mit viel Geschmack eingerichtet. Die Herrenhäuser sind feudale Unterkünfte mit besonderem Charme und Komfort. Die meisten der Landhäuser bieten Frühstück oder Halbpension an. Einige richten sich aber auch an Selbstversorger, d. h. eine Küche steht den Gästen zur Verfügung.

In der Hauptsaison empfiehlt sich eine rechtzeitige Reservierung. Der günstigste Preis für ein Doppelzimmer in einem Landhaus liegt bei 60–120 €, in den Herrenhäusern ist mit 90–150 € für ein Doppelzimmer zu rechnen. Die Turespaña-Büros (s. S. 89) haben Verzeichnisse der ländlichen Unterkünfte und Herrenhäuser.

## Camping und Berghütten

Spaniens Norden bietet ein gutes Netz von Campingplätzen, vor allem entlang der Küste

## PILGERHERBERGEN AM JAKOBSWEG

Für die Übernachtung in Pilgerherbergen ist es Pflicht, den Pilgerpass vorzuweisen. Die Herbergen werden von kirchlichen Einrichtungen, religiösen Bruderschaften oder von Privatleuten betrieben. Die Preise liegen zwischen 6 € und 8 € pro Person, vielfach ist es den Pilgern überlassen, eine Spende zu entrichten, bei privat geführten Herbergen liegt der Preis zwischen 10–14 €. Ein Verzeichnis der Pilgerherbergen und einfachen Unterkünften findet sich unter www.alojamientoscaminosantiago.com.

finden sich zahlreiche, bestens ausgestattete Plätze, aber auch im Hinterland werden Camper fündig. Nicht alle Campingplätze sind das ganze Jahr über geöffnet, einige öffnen nur in der Hauptsaison, d. h. in der Karwoche und von Mai bis September/Oktober. Etliche Campingplätze bieten zudem Übernachtungen in meist einfach ausgestatteten Bungalows an. Deutschsprachige Campingführer bzw. -portale bieten einen guten Überblick über das Angebot und die Ausstattung der Plätze. Unter den Webseiten www.campingonline.com und www.campings.net finden sich gute Informationen. Wildes Campen ist in Spanien generell verboten.

Die Preise für die Campingplätze in Nordspanien: Erwachsener 7,50–10 €, Kind 6–9 €, kleines Zelt 7 €, großes Zelt 7–9 €, Pkw 7 €, Minivan 10–14 €.

In den Gebirgsregionen Nordspaniens gibt es für Wanderer die Möglichkeit, in Berghütten *(refugio)* Unterkunft zu finden. Ein Verzeichnis steht auf der Website der spanischen Föderation für den Wander- und Klettersport (www.fedme.es).

## Jugendherbergen

Jugendherbergen heißen auf Spanisch *albergues juveniles*. Die Vorlage des internationalen Jugendherbergsausweises ist notwendig, um dort übernachten zu können. Eine Altersbegrenzung gibt es in Spanien nicht, in der Regel muss man jedoch ab 26 Jahren einen Aufschlag bezahlen. Das Niveau der Jugendherbergen ist recht unterschiedlich. Einige sind nicht das ganze Jahr über geöffnet. Für Übernachtung mit Frühstück ist mit 10–20 € zu rechnen. Buchungen können beim Spanischen Jugendherbergsverband auch übers Internet vorgenommen werden (Reaj Red Española de Albergues Juveniles, Calle Marqués de Riscal 16 , 28010 Madrid, www.reaj.com).

*Am Jakobsweg finden sich auch viele Unterkünfte für Pilger, die Komfort schätzen*

# Essen und Trinken

Nordspanien gilt zu Recht als ein Eldorado für Liebhaber der Gourmetküche. Jedoch auch die bodenständige, ländliche Küche braucht sich nicht zu verstecken, ganz zu schweigen von den leckeren *pinchos,* köstliche kleine Schlemmereien, die sich appetitanregend auf den Theken der Bars türmen.

## Essensrhythmus

Die Uhren ticken in Spanien anders, das spiegelt sich natürlich auch im Essensrhythmus wider. Morgens wird meist nur ein rasches Frühstück eingenommen. In den Hotels öffnet der Frühstückssaal in der Regel erst ab 7.30 oder 8 Uhr seine Pforten. Das Mittagessen kommt in Spanien gegen 14 Uhr auf den Tisch, zum Abendessen geht es um 21 oder 22 Uhr. Allerdings haben sich die Hotels in den größeren Städten und Urlaubsorten auf ihre ausländischen Gäste eingestellt und servieren das Abendessen häufig schon ab 20 oder 20.30 Uhr. Selbst in den Paradores, den staatlich geführten Luxushotels, öffnen sich mittlerweile die Speisesäle ebenfalls gegen 20.30 Uhr.

### Frühstück

Auf das Frühstück *(desayuno)* legen die meisten Spanier nicht allzu viel Wert. Meist reicht ein *café solo* (Espresso), ein *cortado* (Espresso mit Milch) oder ein *café con leche* (Milchkaffee) aus. Liebend gerne nehmen Spanier ihren Kaffee in einer Bar zu sich. Dazu bestellen sie eine *tostada con mantequilla* oder *con mermelada* (getoastetes Brötchen mit Butter oder Marmelade) oder ein Croissant. Etwas Besonderes sind die *churros,* Teigkringel, die in heißem Fett ausgebacken werden. Gerne werden die fetten Kringel auch eingetunkt in eine extrem dickflüssige Schokolade – mächtig, aber lecker.

Die großen Hotels fahren meist ein reichhaltiges Frühstücksbuffet auf. In den einfacheren Hotels und Pensionen fällt das Frühstück aber häufig noch traditionell spanisch, also bescheiden, aus.

## Pinchos, Raciones und Bocadillos

Vormittags, aber auch gerne abends, stärken sich die Spanier mit kleinen Appetithäppchen. Die nordspanische Version der Tapas heißt *pinchos* oder baskisch *pintxos* (Spießchen), da sie mit einem Zahnstocher aufgespießt werden. Zumeist lädt man sich die aufgespießten Leckereien einfach auf einen Teller, der Wirt zählt bei der Abrechnung nur die Spießchen. Die *pincho*-Kultur ist äußerst vielfältig: Sie reicht von Hackfleischbällchen über eingelegte Sardellen, Garnelen, Kroketten, Blutwurst bis hin zu belegten Brötchen. Zu den Klassikern unter den *pinchos* zählt die *tortilla española* (Kartoffelomelett). Für den größeren Hunger gibt es in den Bars auch die *raciones,* beispielsweise ein Teller mit luftgetrocknetem Schinken, würzigem Manchego-Käse oder gefüllten Paprika. Häufig bestellen die Spanier verschiedene *raciones* und tauschen sie untereinander aus. Für den Hunger zwischendurch bieten viele Bars auch belegte Brötchen *(bocadillos)* an, mit Käse *(con queso)* oder Schinken *(con jamón).*

### Mittagessen

Ausgiebig wird in Spanien zu Mittag gegessen, besonders an den Wochenenden. Meist besteht das Essen aus drei Gängen, zum Hauptgang werden kaum Beilagen serviert. Unter der Woche essen viele berufstätige Spanier mittags in einfacheren Restaurants die günstigen Tagesgerichte *(menú del día).*

### Abendessen

Auch das Abendessen *(cena)* besteht meist aus drei Gängen, wobei leichtere Hauptgänge vorgezogen werden. Um den Magen nicht zu arg zu strapazieren, wird auf Eintöpfe oder Paella verzichtet. Alternativ geht es auf *pincho*-Tour, in vielen Städten gibt es regelrechte *pincho*-Meilen, in denen sich eine Bar an die

*Die Kunst des ›sidra‹-Einschenkens wird regelrecht zelebriert*

*In Nordspanien heißen kleine Häppchen ›pintxos‹*

*Typisch für Spanien sind Bars mit einem reichhaltigen Angebot an kleinen Speisen*

nächste reiht. Man zieht von Bar zu Bar und trinkt zu den Häppchen ein Gläschen Wein *(copa de vino)* oder ein Bier *(cerveza)*.

## Lokalitäten

In gehobenen Speiselokalen werden die Gäste vom Kellner an ihren Platz geführt, in einfacheren Restaurants kann man sich seinen Tisch selbst wählen. In Spanien ist es nicht üblich, sich zu Gästen an einem Tisch dazuzusetzen, dies gilt als ausgesprochen unhöflich. Die Kellner bringen immer eine Rechnung pro Tisch, es ist am einfachsten, wenn Sie es selbst übernehmen, die Rechnung auseinanderzudividieren. Die Spanier selbst machen sich nicht die Mühe, alles genau auszurechnen, sie teilen die Rxechnung einfach durch die Personenzahl. In Nordspanien herrscht in der Gastronomie ebenfalls akuter Personalmangel, so haben viele Restaurants verkürzte Öffnungszeiten oder ein bis zwei Ruhetage eingeführt. In der Regel sind Lokale am Montag- und Sonntagabend geschlossen. Informieren Sie sich vorab über Telefon/Webseite über die Öffnungszeiten.

Typisch für Asturien und das Baskenland sind die *sidrerías,* auch *chigres,* in denen sich alles um den Apfelwein dreht. Sie bieten in der Regel Bodenständiges aus der Region, mitunter auch leckere Gerichte auf der Basis von Apfelwein.

*Asadores* sind meist gepflegte Lokale, die mit Köstlichkeiten aus dem Holzofen wie Lamm *(cordero)* oder Spanferkel *(cochinillo)* aufwarten. *Marisquerías* lassen die Herzen der Liebhaber von Meeresfrüchten und Fisch höher schlagen. In einer *taberna* oder einem *mesón* darf man bodenständige Küche erwarten. Häufig werden hier auch preisgünstige Mittagsmenüs angeboten.

Höchster Beliebtheit erfreuen sich in Spanien die Bars, vergleichbar mit unseren Eckkneipen. Traditionell trinkt man hier sein Gläschen Wein oder Bier an der Theke im Stehen, dazu gibt es *pinchos, raciones* oder *bocadillos*. In den Bars kann man auch Kaffee trinken und frühstücken. Vielfach findet man auch eine Kombination zwischen Restaurant und Bar. Im Speisesaal *(comedor)* sind die Tische eingedeckt, hier wird vom Gast erwartet, dass er mindestens ein Hauptgericht bestellt. Die Tapas gibt es nur im Barbereich.

## Preiskategorien

In diesem Reiseführer gelten für ein Hauptgericht oder Menü (ohne Getränke) folgende Preiskategorien: € = bis 20 Euro, €€ = 20 bis 30 Euro und €€€ = über 30 Euro.

## Köstlichkeiten

Das Niveau der Küche in Nordspanien ist ausgesprochen gut. Der Bogen spannt sich von solider Hausmannskost bis hin zur Gourmetküche. Viele der namhaften spanischen Spitzenköche schwingen hier ihre Kochlöffel. Im Baskenland verbringen die Männer ihre Freizeit in Kochklubs. Basis für die gute Küche sind die guten Ausgangsprodukte, die es hier in Hülle und Fülle gibt. Ein großer Pluspunkt für die Küche des Nordens sind die fangfrischen Fische und Meeresfrüchte, die der Atlantik liefert. Das Eldorado für Feinschmecker ist San Sebastián.

### Fisch und Meeresfrüchte

Im Hinterland erfreuen sich Forellen *(truchas)* großer Beliebtheit. Bei *trucha a la Navarra* geht ein luftgetrockneter Schinken *(jamón serrano)* eine wohlschmeckende Liaison mit der Forelle aus Navarra ein. Die Basken gelten als Meister des *bacalaos,* des getrockneten Stockfischs. Der einstige Armenfisch ist mittlerweile zur Rarität geworden. Eine Spezialität ist der *bacalao a la Vizacaína* mit getrockneten Tomaten und Schinkenwürfeln. Weitere Köstlichkeiten des Meeres aus dem Baskenland sind die *kokotxas de merluza en salsa verde* (Seehechtbäckchen mit einer grünen Soße) sowie der *marmitako a la vasca,* ein Thunfischeintopf mit Kartoffeln und Paprikaschoten.

Kantabrien ist bekannt für seine *anchoas* (Anchovis) und seine *sardinas* (Sardinen). Höchster Beliebtheit erfreut sich in Galicien

*Queso de tetilla: eine galicische Käsespezialität im Brustformat*

der *pulpo* (Krake), die populärste Variante ist der *pulpo a feira* (Krake zum Fest). Die Tentakel werden mit einer Schere in mundgerechte Stücke geschnitten und mit Kartoffeln serviert, darüber kommen reichlich Paprikapulver, Meersalz und Olivenöl. Zu den kulinarischen Highlights im äußersten Nordwesten zählen Jakobs-, Enten-, Mies-, und Schwertmuscheln (*vieiras, percebes, mejillones* und *navajas*).

## Deftiges aus der Fleischküche

Im nordspanischen Hinterland werden auch Fleischliebhaber verwöhnt. In den *asadores* kommt Deftiges wie *cordero* (Lamm), *codillo* (Schweinehaxe) oder *cochinillo* (Spanferkel) aus dem Holzofengrill. Generell wird alles vom Schwein verputzt, sogar die *orejas de cerdo* (Schweineohren). Gerne essen die Spanier auch *pollo* (Huhn) und *conejo* (Kaninchen), die meist mit viel Knoblauch versehen werden. Zu den Wildgerichten zählen *jabalí* (Wildschwein), *ciervo* (Hirsch) und *perdiz* (Rebhuhn). Eine Spezialität von Burgos ist *morcilla con arroz*, Blutwurst mit Reis, die in der Pfanne kurz angebraten wird. In Asturien wird die bekannte *chorizo* (Paprikawurst) in *sidra* zubereitet – heiß und fettig, dennoch einfach köstlich. Typisch für Galicien sind die *empanadas*, mit Fleisch, Fisch oder Gemüse gefüllte Teigtaschen.

## Eintöpfe und Suppen

Die Spanier lieben bodenständige, kräftige Eintöpfe *(cocidos, potajes)*, die Basis sind meist Kichererbsen und Kartoffeln, hinzu kommen *morcilla* (Blutwurst) und *chorizo* (Paprikawurst). Der bekannteste Eintopf des Nordens ist die *fabada asturiana*, ein mächtiger Sattmacher auf der Basis von weißen Bohnen und allerlei Schweinereien. Weniger bekannt, aber nicht minder gehaltvoll ist der *cocido maragato*, der in der Region um Astorga serviert wird. Er kommt einem Drei-Gänge-Menü gleich: Erst wird die Schlachtplatte verzehrt, dann die Kichererbsen und das Gemüse und zum Abschluss die Brühe. In Galicien kommt man um den *caldo gallego* nicht herum, einen Eintopf mit Steckrübenblättern. Zu den Klassikern der kastilischen Küche zählt die *sopa castellana*, eine Brot- und Knoblauchsuppe. In Galicien werden *sopas de mariscos* (Meeresfrüchtesuppen) kredenzt.

## Alles Käse

Der Norden ist eine Fundgrube für Käsefreunde! Viele Käsesorten tragen eine kontrollierte Herkunftsbezeichnung, wie es bei den Weinen üblich ist. Wer pikanten Käse mag, sollte den *queso de Cabrales* probieren, der Edelschimmelkäse aus den Picos de Europa reift in Kalksteinhöhlen heran. Köstlich schmeckt auch der *Roncal*, ein Hartkäse aus Navarra. Der *Idiazábal*, ein milder Hartkäse aus dem Baskenland, wird aus der Milch des Lacha-Schafs gewonnen. Cremig-mild zergeht der galicische *tetilla*-Kuhmilchkäse auf der Zunge. Eine pikantere Note zeichnet den *San Simón* aus, er kommt ebenfalls aus Galicien und wird über Birkenholz geräuchert. In den Bergen der Rioja wird der *camerano*, ein Ziegenfrischkäse, mithilfe von Weidenkörben hergestellt.

## Süße Verführer

In Nordspanien hat man es gerne süß – für den mitteleuropäischen Gaumen mitunter zu süß. Für ihre süßen Versuchungen sind die Klöster berühmt, in denen die Nonnen nach uralten Rezepturen in den Backstuben himmlisches

Gebäck zubereiten. Santiago de Compostela ist bekannt für seine *tarta de Santiago,* den berühmten Mandelkuchen. Etwas weniger gehaltvoll ist die *cuajada,* ein Schafsmilchjoghurt aus dem Baskenland, der mit Honig gesüßt wird. Aushängeschild der Konditoreien im baskischen Vitoria sind die *trufas,* Schokoladentrüffel.

Zu den Dessertklassikern, die im ganzen Land gegessen werden, zählen *flan* (Karamellpudding), *natillas* (Cremespeise), *leche frita* (frittierte Milch) und *arroz con leche* (Milchreis).

## Wein und andere Alkoholika

In Nordspanien liegen die bekanntesten Weinanbauregionen Spaniens. Der Anbau und die Herstellung der Weine werden vom *Consejo Regulador* (Kontrollrat) überwacht, die Herkunftsbezeichnung *(Denominación de Origen D.O.)* der jeweiligen Anbauregionen ist geschützt. In aller Munde sind die Rioja-Weine, die in Eichenholzfässern reifen und zur Weltspitze der Rotweine zählen. Navarra ist vor allem für die sehr frischen Roséweine *rosados de Navarra* bekannt, aber auch die Rotweine aus Navarra brauchen sich nicht zu verstecken. Unter Kennern längst keine unbekannte Größe mehr sind die Rotweine aus der Ribera de Duero in Kastilien-León. Wer Weißweine vorzieht, ist gut beraten mit den feinen Weinen aus Rueda, sie werden aus der *verdejo*-Traube gekeltert. Die kleine Weinanbauregion El Bierzo bringt gute Rot- und Weißweine hervor. Aus Galicien kommt der frische, aromareiche *albariño,* ein Weißwein, der um Cambados in den Rías Baixas angebaut wird. Eine weitere galicische Weinhochburg ist Ribadavia, hier entsteht der wohlschmeckende Ribeiro-Weißwein.

In Asturien ist das Nationalgetränk die *sidra,* die auch im Baskenland sehr beliebt ist. In den *sidrerías* wird der Apfelwein kunstvoll in hohem Bogen von der Flasche ins Glas geschüttet – ein Spektakel, das man sich nicht entgehen lassen sollte. Aus Navarra kommt der *pacharán,* ein Schlehenlikör, der mit Anis versetzt wird. Wer Höherprozentiges vorzieht, greift auf einen *orujo,* einen Tresterschnaps, zurück. Ein uralter Brauch ist in Galicien die *queimada:* Zur Feuerzangenbowle wird ein Schwur gesprochen, der die bösen Geister in die Flucht schlagen soll.

*Das Gemüse und Obst auf dem lokalen Markt in Durango stammt von regionalen Produzenten*

# Outdoor

## Abenteuersport

Das Angebot an Abenteuersport ist breit gefächert und reicht von Gleitschirmfliegen *(parapente)* über Bungee-Jumping *(puenting)* und Höhlenerforschungen *(espeleogía)* hin zu Klettertouren in Schluchten *(desenso en cañones)* oder Bergtouren *(montanismo)*.

## Golf

Golf ist auch in Nordspanien immer mehr im Kommen, mittlerweile gibt es rund 54 Plätze, die meisten in Kantabrien. Viele davon stehen auch Besuchern offen, die Benutzung einiger Plätze ist allerdings abhängig von einer Mitgliedschaft. Die Greenfee für Gäste hängt mitunter von der Saison und dem Wochentag ab. Einen guten Überblick über die Golfplätze und ihre Ausstattung bietet in spanischer und englischer Sprache die Website www.golfspain.com.

## Kanufahren

Etliche Flüsse in Nordspanien eignen sich für Kanutouren. Einer der Treffpunkte für Kanuten ist der Río Sella in Asturien. Jedes Jahr im August findet hier ein internationaler Wettbewerb statt. Ausgangspunkt ist die Ortschaft Arriondas, den Endpunkt der Tour bildet das nette Küstenstädtchen Ribadesella. In beiden Ortschaften können Kanus ausgeliehen werden. Genauere Informationen sind über das Tourismusamt in Ribadesella erhältlich (s. S. 212).

*Die nordspanische Atlantikküste bietet Surfern gute Bedingungen*

## Radfahren

Der Radsport ist in Nordspanien populär. Die spanischen Liebhaber des Radsports sind in Vereinen organisiert und planen am Wochenende ihre anspruchsvollen Touren. Im normalen Stadtbild ist das Netz an Radwegen noch dünn, aber es werden vermehrt Radwege geschaffen. Unter den Städten ist San Sebastián die Radfahrerhochburg mit herrlich angelegten Wegen entlang der ausgedehnten Bucht La Concha.

Stillgelegte Eisenbahntrassen, die *vías verdes*, sind ideale Strecken für Radsportler, ein Überblick bietet die Website www.viasverdes.com. Vermehrt sind Mountainbiker auf dem Jakobsweg anzutreffen, nicht immer zur Freude der Wanderpilger. Sportlich ambitionierte Radler kommen in den Picos de Europa auf ihre Kosten. Die lokalen Tourismusämter geben Informationen über Radstrecken und Fahrradverleiher.

## Reiten

In Nordspanien finden sich etliche Reitzentren *(centros de equitación, clubs hípicos)*. Häufig bieten auch die ländlichen Unterkünfte, die *casas rurales*, Reitausflüge an. Infos über Reitmöglichkeiten erteilen die lokalen spanischen Fremdenverkehrsämter. Organisierte Touren bietet das Schweizer Unternehmen Pegasus Reiterreisen an (Herrenweg 60, 4123 Allschwil, Tel. 0041 61 303 31 03, www.reiterreisen.com).

## Pelota

Ein populärer Sport im Baskenland ist das Pelotaspiel *(pelota* = Ball), auch Jai Alai genannt. Im Laufe der Jahrhunderte hat sich das Pelotaspiel zu einem Profisport entwickelt, dabei ist es aber immer auch noch fest als Volkssport verankert. Das enorm temporeiche Rückschlagspiel ist ähnlich dem Squash. Es wird zwischen Einzelspielern oder Mannschaften mit bis zu zehn Spielern ausgetragen. Dabei wird der Ball mit der bloßen Hand *(pelota a mano)* oder mit einem Holzschläger, der *pala*, oder aber mit einem Schlägerkorb, der *cesta punta* (baskisch *chistera)*, gespielt.

Der Besuch eines Pelotaspiels zählt zu den besonderen Erlebnissen auf einer Tour durch das Baskenland. Aktuelle Spielpläne finden sich unter www.euskalpilota.com unter dem Stichwort Cartelera.

Doch man kann sich auch selbst versuchen, z. B. im Frontón Jai Alai, 48300 Gernika, Carlos Gangoiti 14, Tel. 658 75 06 27, www.gernikajaialai.com. Dort werden einstündige Kurse (nach Anmeldung) angeboten.

## Surfen und Wellenreiten

Die rund 600 km lange nordspanische Atlantikküste bietet für Surfer und Wellenreiter recht kontinuierlich eine steife Brise. Die Hotspots des Wassersports finden sich vor allem im Baskenland, zu den derzeit beliebtesten Surferdestinationen zählen Mundaka und Zarautz.

## Wandern

Nordspanien ist ein Eldorado für Wanderer. Die Wege sind relativ gut ausgeschildert. Informationen über Wandertouren publizieren das spanische Fremdenverkehrsamt (s. S. 82) und die spanische Föderation für den Wander- und Klettersport (FEDME, Calle Floridablanca 84, 08015 Barcelona, Tel. 934 26 42 67, www.fedme.es). Die Broschüre »Wandern im Baskenland/Passeggiate« kann man beziehen über http://tourismus.euskadi.eus, die Website der baskischen Tourismusbehörde.

Im Zentrum des Interesses ausländischer Besucher steht der klassische Jakobsweg, der Camino Francés. Reizvoll und weniger überlaufen ist der Jakobsweg entlang der Küste, allerdings ist die Infrastruktur, was Pilgerherbergen und Ausschilderung anbelangt, nicht so gut. Zu den beliebtesten Wandergebieten in Nordspanien zählen zweifellos die Picos de Europa, in denen auch geübte Bergsportler und Kletterer gut aufgehoben sind.

# Feste und Veranstaltungen

Die Spanier verstehen sich aufs Festefeiern. So ist auch der Festkalender in Nordspanien randvoll und kaum noch zu überblicken. Etliche der Fiestas blicken auf eine jahrhundertealte Tradition zurück. Meist entspringen sie einem religiösen Anlass, was jedoch fröhliches Feiern und allerlei weltliches Treiben keineswegs ausschließt. Natürlich gibt es auch eine ganze Reihe Feste, die rein profaner Natur sind. In ihnen manifestiert sich der Stolz auf die eigene Stadt oder das eigene Dorf, den eigenen Heiligen und die eigene Madonna. Die Feste bieten eine gute Gelegenheit, die ›Seele‹ der Nordspanier besser kennenzulernen.

## Romerías

Besonderer Beliebtheit erfreuen sich in Nordspanien die *romerías*, **volkstümliche Wallfahrten,** die zu abseits gelegenen Kapellen oder Einsiedeleien führen. Häufig liegen die Wallfahrtsorte, die *santuarios*, idyllisch in den Bergen oder thronen auf einer vom Atlantik umspülten Landzunge. Fast ausnahmslos sind die Wallfahrtsorte einer bestimmten Madonna gewidmet, die sich durch ihre Gnadenerweise hoher Beliebtheit erfreut.

Von ihren Dörfern brechen die traditionsbewussten Pilger zu Fuß auf, einige kommen aber auch ganz profan im Pkw oder im Reisebus. Im Zentrum der *romería* stehen die Pilgermesse und die sich anschließende Prozession. Danach sorgen opulente Picknicks für das leibliche Wohl. Nicht selten wird auch richtig aufgekocht. In Galicien gibt es zu diesen Anlässen häufig einen gehaltvollen Fischeintopf oder *pulpo a feria*, Krake auf Jahrmarktsart. Tanz- und Musikgruppen sorgen für den festlichen Rahmen.

Zu den schönsten *romerías* zählen im Baskenland die Wallfahrten zur **Ermita de San Juan de Gaztelugatxe** am 24. Juni und zur **Jungfrau von Arantzazu** vom 1. bis 9. September und in Galicien die *romería* zur **Ermita de Santa Tecla** am zweiten Augustwochenende, bei der Trachtengruppe traditionelle Tänze aufführen.

## Semana Santa

Die imposanten Prozessionen in der Karwoche werden von religiösen Bruderschaften, den *hermandades*, organisiert. Auf tonnenschweren, mit Blumen und Kerzen geschmückten Tragegestellen, den *pasos*, werden der gekreuzigte Christus und die leidende Jungfrau Maria stundenlang durch die Straßen getragen. Den Zug begleiten die *nazarenos*, Mitglieder der Bruderschaften, die zum Zeichen ihrer Buße ein Gewand mit langen, spitzen Kapuzen tragen und ihre Gesichter verhüllen. Feierliche, getragene Musik untermalt die Prozessionen.

Unter die Haut gehen besonders die gespenstisch stillen Karfreitagsprozessionen, zu denen die meisten Büßer als Zeichen der Trauer pechschwarze Gewänder tragen. Im Norden prägen feierlicher Ernst und eine nach innen gekehrte Inbrunst und Buße die Prozessionen, den überschäumenden religiösen Pathos des Südens trifft man hier nicht an. Besonders eindrucksvoll sind die Prozessionen in **Burgos** und **León**.

## Fiestas Patronales

Alle Dörfer und Städte in Nordspanien feiern **Patronatsfeste.** Anlass ist der Gedenktag des Heiligen, dessen Namen die Kirche trägt. Das bekannteste ist sicherlich das ausgelassene Jakobusfest in Santiago de Compostela. Meist ziehen sich die Patronatsfeste über mehrere Tage hin und bilden den Höhepunkt im jährlichen Festkalender. Auf das festliche Hochamt in der Kirche folgt in der Regel eine Prozession, in der die Statue des Stadt- oder Dorfheiligen der Menge präsentiert wird. Danach schließt sich das Volksfest an. Vielfach gehören zum Rahmen der Fiestas Stierkämpfe *(corridas de toros)*, Umzüge mit Großkopfpuppen *(cabezudos)*, unter denen sich fast immer Bildnisse der Katholischen Könige Isabella von Kastilien und Ferdinand von Aragón befinden, Böllerschüsse, Musik- und Tanzdarbietungen, sportliche Wettkämpfe und Jahrmärkte.

## Archaisches aus dem Baskenland

Bei vielen Festen im Baskenland spielt der sogenannte Landsport, der **Herri Kirolak** (span. *deporte rural)*, eine gewichtige Rolle. Stämmige Muskelpakete heben bis zu 300 kg schwere Steinbrocken in die Luft, und Baumstämme werden im aberwitzigen Tempo zu Kleinholz zerhackt. Kraft und Geschicklichkeit ist auch beim Milchkannenwettlauf gefragt. Zu den insgesamt 16 archaischen Disziplinen gehören außerdem: Wettsensen, Strohballenwerfen, Ochsenlenken und Seilziehen. Am Rande fiebern die Zuschauer mit ihren Favoriten mit, für zusätzlichen Nervenkitzel sorgen die geleisteten Wetteinsätze. In ländlichen Gebieten sind auch Wettkämpfe mit Nutztieren, etwa Prüfungen für Hirtenhunde, Kräftemessen von Schafböcken oder Steineschleppen mit Ochsen, populär.

Die **Ruderregatten,** die in den Sommermonaten an der Küste stattfinden, haben wie der Landsport ihren Ursprung in der Arbeitswelt, in diesem Fall der Fischerei.

Bei vielen **Patronatsfesten** oder **Romerías** wie beispielsweise dem Festtag der Jungfrau der Ermita de la Antigua (2. Juli) bei Zumarraga werden die traditionsreichen **Tänze** *espatadantza* (Schwertertanz) und *aurresku* (Königstanz) vorgeführt. Letzterer wird von *irrinchis,* gellenden Schreien, begleitet, bei denen sich die Tänzer bis zur Ekstase steigern.

**Bilbao** wartet in der zweiten Augusthälfte bei dem großen Stadtfest, der **Semana Grande,** mit einem umfangreichen Kultur-

*Drei junge Joaldunak – mit ihren erwachsenen Kollegen warnen sie vor der Ankunft des Karnevals*

programm auf. Neben Stierkämpfen gibt es Ausstellungen, Konzerte, Theateraufführungen, Sportveranstaltungen und Feuerwerk.

Mondän geht es auf dem **Festival Internacional de Cine** in **San Sebastián** zu. Alljährlich in der zweiten Septemberhälfte geben sich Stars und Sternchen ein Stelldichein zum bekanntesten Filmfestival Spaniens. Die Cineasten warten voller Spannung darauf, wer diesmal die *conchas,* die Prämien, abräumt.

## Stiertreiben und Wallfahrten in Navarra

Weit über die Grenzen Spaniens hinaus bekannt ist die Fiesta de San Fermín, die vom 6. bis 14. Juli in Pamplona stattfindet. Dann herrscht in der Stadt der Ausnahmezustand. Pamplona ehrt seinen Stadtpatron San Fermín zwar auch mit einer Prozession, im Mittelpunkt der feuchtfröhlichen Fiesta stehen jedoch die *encierros,* das waghalsige Stiertreiben, bei dem die Läufer Kopf und Kragen riskieren. Am Nachmittag schlägt die Stunde der professionellen Toreros in der Arena. Ein großes Rahmenprogramm sorgt während der Fiesta für Kurzweil.

Im März findet die **Javierada**, die bekannteste Wallfahrt von Navarra statt. Tausende Pilger strömen von Pamplona und anderen Orten zum Castillo de Javier, in dem der heilige Franz Xaver, der Mitbegründer des Jesuitenordens, 1506 das Licht der Welt erblickte.

## Feuchtfröhliche Rioja

Die kleinste Region Nordspaniens, La Rioja, steht beim Feste feiern nicht zurück. Vor allem im September nach der Weinlese reiht sich ein Fest an das nächste; das größte Weinfest, die **Fiestas de San Mateo,** steigt in Logroño am 21. September. Das spektakulärste Ereignis ist aber zweifellos die ausgelassene **Batalla del Vino.** Bei der Weinschlacht, die am 29. Juni auf dem Monte de Bilbio bei Haro ausgetragen wird, besprizen und überschütten sich die Kontrahenten gegenseitig mit gut 20 000 l Wein.

In **Santo Domingo de la Calzada** wird am 12. Mai der gleichnamige Heilige, der den Jakobspilgern durch die Ausbesserung der Wege und dem Bau von Brücken das Leben erleichterte, mit einem großen Fest die Ehre erwiesen.

Das Dörfchen **Anguiano** in der Rioja Alta ist berühmt für seine waghalsigen Stelzenläufer *(zancos).* Sie geben jedes Jahr am 22. Juli der Schutzpatronin Magdalena auf ihrer Prozession das Geleit. Die **Danza de los zancos** (Stelzentanz) ist außerdem im Mai und September zu sehen.

## Tanz und Musik in Asturien und Kantabrien

Den Festreigen eröffnet **San Vicente de la Barquera** nach der Semana Santa mit **La Folia,** einer großen Prozession zu Lande und zu Wasser, die die Ortsheilige und Schutzpatronin der Fischer und Seeleute ehrt. Zudem wird mit Lobliedern der hl. Folia gehuldigt (Termin abhängig von den Gezeiten).

Am ersten Wochenende im Juni erinnert das Mittelalterfest **Justas Medievales** in **Hospital de Órbigo** an die legendären Heldentaten des Ritters Don Suero de Quiñones.

Der **Corso Blanco,** ein farbenprächtiger Umzug mit zahlreichen Musikkapellen, zieht Anfang Juli in **Castro Urdiales** Feierfreudige an. Den Abschluss der Fiesta bildet ein spektakuläres Feuerwerk.

In **Santander,** der Metropole von Kantabrien, steigt im August das **Festival Internacional de Música y Danza,** ein hochkarätiges Musik- und Tanzfestival mit internationaler Beteiligung.

Ganz im Zeichen der Kanuten steht **Ribadesella** am ersten oder zweiten Samstag im August. Der **Descenso Internacional del Río Sella,** die größte Kanuregatta in Spanien, zieht die Aufmerksamkeit der Medien auf sich.

Das Nationalgetränk, die *sidra,* fließt Ende August beim **Festival de la Sidra Natural** in

**Gijón** und Anfang September bei der **Fiesta de la Sidra** in **Nava** in Strömen.

In der zweiten Septemberhälfte versinkt **Oviedo**, die Hauptstadt von Asturien, im Festtaumel. Das Highlight der 15-tägigen **Fiesta de San Mateo** ist der große Umzug am *Día de América* mit heißen lateinamerikanischen Rhythmen zu Ehren der asturianischen Amerika-Emigranten.

Festlich-royal geht es in **Oviedo** am 2. Oktober bei der Verleihung der **Premios Princesa de Asturias** zu, wenn der Monarch und seine Frau Letizia im Namen ihrer Tochter und Thronfolgerin Leonor de Todos los Santos de Borbón y Ortiz die prestigeträchtigen Auszeichnungen überreichen.

*Karneval in Bilbao: Partystimmung erfasst die ganze Stadt*

## Karwoche in Kastilien-León

Mit großer Feierlichkeit und viel Hingabe wird in vielen Orten in Kastilien-León die **Karwoche** gefeiert. Ganz **Covarrubias**, ein Städtchen südlich von Burgos, feiert am zweiten Juliwochenende ein farbenprächtiges **Mittelalter- und Kirschfest,** bei dem Theateraufführungen die Historie des Ortes auferstehen lassen und die Besucher mit frisch geernteten Kirschen beschenkt werden.

## Galiciens bunter Festreigen

Bei den Festen der Galicier mischen sich Glaube und Aberglaube munter miteinander. Um den 25. Juli, der Tag des Apostels Santiago, läuft **Santiago de Compostela** mit einem großen Festprogramm zur Höchstform auf. Allerlei kuriose Geschichten verbinden sich mit der **Kirche San Andrés de Teixido** in der Serra da Capelada, die vor allem am 8. August und 29. September Ziel einer Wallfahrt ist. So heißt es z. B., wer nicht zu Lebzeiten San Andrés seine Ehre erwiesen habe, werde sich als Toter in ein Tier verwandeln, um so unter erschwerten Bedingungen die Wallfahrt anzutreten. Im Fischerstädtchen **Muxía** pilgern die Wallfahrer Mitte September zur Kirche Nosa Señora de la Barca. Viele Pilger vertrauen dabei nicht nur auf die Gnade der Jungfrau, sondern messen auch einem Steinkoloss vor der Kirche magische Kräfte zu.

Von Mai bis Juni finden in Galicien die **Curros** oder **Rapa das Bestas** statt. Dabei werden die halbwilden Pferde von den Bergen und Hügeln herabgetrieben, um ihnen die Mähnen zu stutzen und die Fohlen mit Brandzeichen zu versehen – ein Event ohne religiösen Hintergrund, bei dem natürlich auch das Volksfest nicht fehlt.

Am ersten Sonntag im August wird **Catoira** zur Wikinger-Hochburg: Die ausgelassene, feuchtfröhliche **Romería Vikinga** fußt auf einer historischen Begebenheit.

Außerdem wartet die Region mit vielen **kulinarischen Events** auf. So gut wie jeder Spezialität huldigen die Galicier mit einem Fest, die Palette reicht vom Tintenfisch über die Languste bis hin zur Paprikaschote. Außerdem gibt es **Weinfeste**, z. B. in Ribadavia oder Cambados.

Auf den Festen der Galicier dürfen auf keinen Fall die **Dudelsackspieler** fehlen, häufig stimmen sie die fröhliche *muñeira,* den Tanz der Müllerin im 6/8-Takt an.

# Reiseinfos von A bis Z

## Auskunft

Die Niederlassungen des Spanischen Fremdenverkehrsamtes **Turespaña** verschicken kostenlos Informationsmaterial zu Nordspanien, darunter zahlreiche Publikationen, die den Jakobsweg betreffen. Zu den einzelnen Regionen gibt es Landkarten und handliche Broschüren, die einen knappen Überblick bieten.

### ... in Deutschland
**Turespaña Berlin**
Tel. 030 8 82 65 43, berlin@tourspain.es
Kein Publikumsverkehr.

**Turespaña Frankfurt am Main**
Tel. 069 72 50 33, frankfurt@tourspain.es
Kein Publikumsverkehr.

**Turespaña München**
Tel. 089 53 07 46 11/12
munich@tourspain.es
Kein Publikumsverkehr.

### ... in Österreich
**Turespaña Wien**
Walfischgasse 8/14, 1010 Wien
Tel. 0043 15 12 05 80-10
viena@tourspain.es

### ... in der Schweiz
**Turespaña Zürich**
Seefeldstr. 19, 8008 Zürich
Tel. 0041 44 253 60 50
zurich@tourspain.es

## Barrierefrei reisen

In den letzten Jahren hat sich in Spanien vieles zugunsten der Behinderten verbessert. Ein Maßnahmenkatalog zur Umsetzung des Behindertengleichstellungsgesetzes wurde ausgearbeitet und 2012 realisiert. Dazu gehört beispielsweise, dass alle Züge der Renfe rollstuhlgerecht umgestaltet worden sind. Infos über Bahnhöfe, die Assistenz für Behinderte bieten, und behindertengerechte Zugverbindungen unter www.renfe.com. Viele der städtischen Busse haben ausfahrbare Rampen für Rollstuhlfahrer, diese fehlen noch weitgehend bei den Überlandbussen. Vorbildlich ist Bilbao, sie ist nach eigenen Angaben zu 100 % barrierefrei.

Öffentliche Gebäude, neue Restaurants, Hotels und Geschäfte sind verpflichtet, Zugänge für Rollstuhlfahrer zu schaffen. Barrieren für Rollstuhlfahrer sind in Nordspanien bislang vor allem Treppen, die zu Kirchen oder Klöstern führen, während das Gros der Museen und alle Aquarien behindertengerecht angelegt sind. Über die Zugänglichkeit der Monumente informieren die lokalen Tourismusämter.

Gute Tipps für die Urlaubsplanung bietet die Webseite »Spain is accessible« (www.spainisaccessible.com, span./engl.): Unterkünfte, Sehenswürdigkeiten und Freizeitaktivitäten, die für Personen mit Handicap angepasst sind.

Hilfreich ist auch das Tool Tur4All (tur4all.com, plus App, dt.), es bietet aktuelle Informationen zur Barrierefreiheit bezüglich der öffentlichen Verkehrsmittel, Sehenswürdigkeiten, Restaurants, Naturräumen und Stränden.

## Botschaften und Konsulate

**Deutsches Konsulat Bilbao**
Calle San Vicente 8, 13°
Edificio Albia
48001 Bilbao (Baskenland)
Tel. 944 23 85 85, bilbao@hk-diplo.de

**Deutsches Konsulat Hernani**
Barrio Florída 31
20120 Hernani/San Sebastián (Baskenland)
Tel. 943 33 55 08, san-sebastian@hk-diplo.de

## NACHHALTIG REISEN

Die Umwelt schützen, die lokale Wirtschaft fördern, intensive Begegnungen ermöglichen, voneinander lernen – nachhaltiger Tourismus übernimmt Verantwortung für Umwelt und Gesellschaft. Die folgenden Websites geben Tipps, wie man seine Reise nachhaltig gestalten kann.

**www.oete.de:** Das Portal des Vereins Ökologischer Tourismus in Europa erklärt, wie man ohne Verzicht umweltverträglich und sozial verantwortlich die Welt bereisen kann.

**www.fairunterwegs.org:** »Fair Reisen« anstatt nur verreisen – dafür wirbt der schweizerische Arbeitskreis für Tourismus und Entwicklung. Außerdem erhält man hier ausführliche Infos zu Reiseländern in der ganzen Welt.

**www.sympathiemagazin.de:** Länderhefte mit Infos zu Alltagsleben, Politik, Kultur und Wirtschaft; Themenhefte zu den Weltregionen, Umwelt, Kinderrechten und Globalisierung.

**Außerdem:** www.forumandersreisen.de.

---

**Deutsches Konsulat Vigo**
Calle Colón 26, 2ª Planta
36201 Vigo (Galicien)
Tel. 986 12 31 49
vigo@hk-diplo.de

**Österreichisches Konsulat Bilbao**
Calle Club 8, bajo, Apartado Correos 146
48930 Getxo-Las Arenas Areeta (Großraum Bilbao, Baskenland)
Tel. 944 64 07 63
consuladoaustriabilbao@reyma.com

**Schweizer Konsulat Bilbao**
Barroeta Aldamar, 6–4
48001 Bilbao (Baskenland)
Tel. 647 82 72 79
bilbao@honrep.ch

---

## Dos and Don'ts

### Erscheinungsbild
In gepflegten Restaurants und Hotels sind kurze Hosen für Männer unangebracht, ebenso wie Birkenstockschuhe und unrasierte Beine bei Frauen. In Kirchen werden mittlerweile kurze Hosen und Tops toleriert, dennoch wäre es angebracht, sich diesbezüglich zurückzuhalten.

### Feilschen
Anders als z. B. in Nordafrika ist es in Spanien im Allgemeinen nicht üblich, in Geschäften oder auf Märkten zu handeln.

### Freie Tische
Die Spanier sind sehr gesellig, in den Bars kommt man vor allem an der Theke leicht ins Gespräch. Nicht üblich dagegen ist es, sich im Restaurant zu anderen Gästen an einen Tisch zu setzen, selbst wenn noch mehrere Plätze frei sind.

### Geduld
Hat man es in Spanien mit den Behörden zu tun, braucht man vor allem eins – viel Geduld *(paciencia)*. Ungeduldiges Verhalten wird nicht goutiert, damit erreicht man eher das Gegenteil. Freundlichkeit zahlt sich in der Regel eher aus!

### Umgangsformen
Statt eines Händedrucks ist es in Spanien üblich, sich auf jede Wange einen Kuss zu geben. Männer begrüßen sich untereinander auch häufig mit einem Handschlag oder einem leichten Schulterklopfen. Allgemein verbreitet ist in Spanien das Duzen, selbst auf Behörden, bei Banken oder in Geschäften.

# Einkaufen

## Kulinarische Spezialitäten

Die Palette der kulinarischen Spezialitäten ist in Nordspanien kaum überschaubar: Aus Santiago de Compostela bieten sich als Mitbringsel die berühmte *tarta de Santiago* (Mandelkuchen) oder ein milder *queso de tetilla (*Brüstchenkäse) an, eine weitere Käsespezialität ist der geräucherte Don Simón. Asturien ist berühmt für seinen pikanten Blauschimmelkäse, *queso de Cabrales,* der in Höhlen heranreift. Kulinarische Spezialitäten der Rioja und des Baskenlands sind hochwertige Spargelkonserven oder in Gläsern aufbewahrter Thunfisch. Kastilien-León ist bekannt für seine guten Wurstwaren. Zumeist werden die Produkte auch vakuumverpackt (*al vacío)* angeboten und lassen sich so problemlos mitführen. Naschkatzen kommen in Vitoria auf ihre Kosten, die Stadt ist berühmt für ihre leckeren Schokoladentrüffel.

Weinliebhaber haben in Nordspanien die Qual der Wahl. Die Rioja ist vor allem bekannt für ihre hochwertigen Rotweine, die in Eichenfässern reifen. Aus Galicien kommt der leicht fruchtige *albariño*-Weißwein, der hervorragend zu Fisch und Meeresfrüchten passt. In Asturien und auch im Baskenland wird der *sidra,* ein Apfelwein hergestellt. Die Region Navarra wartet ebenfalls mit exzellenten Weinen auf, eine Spezialität der Region ist der *pacharán*, ein Schlehenlikör, der mit Anis versetzt wird. Guter Tresterschnaps, *orujo*, wird in Kantabrien hergestellt.

## Kunsthandwerk

In Nordspanien findet der Besucher ein breit gefächertes Angebot an Kunsthandwerk. Aus Camariñas kommen die kunstvoll angefertig-

*In Camariñas werden Spitzen in Handarbeit geklöppelt*

ten Klöppelspitzen, sie werden auch andernorts angeboten, beispielsweise in Santiago de Compostela. Vigo ist bekannt für seine Korbflechtereien. In Asturien und Kantabrien werden handgeschnitzte Holzschuhe *(albarcas)* feilgeboten, die früher bei der Arbeit auf dem Feld zum Einsatz kamen. Vielerorts in Galicien wird die Keramik der Firma Sargadelos verkauft, die Farbe Blau dominiert das schlichte Dekor. Weitere Zentren für die Herstellung von Keramik sind die Ortschaft Navarette (La Rioja) und Buño (Galicien).

In der Rioja werden die typischen ledernen Weinbeutel *(botas)* angeboten. Weit verbreitet sind in Galicien Amulette aus den unterschiedlichsten Materialien, wie die geschlossene Hand, die *figa*, sie soll gegen den bösen Blick schützen. Und natürlich fehlen in den Souvenirgeschäften nicht die *meigas,* die galicischen Hexen. Mitunter sind diese Puppen allerdings recht kitschig und z. T. sogar mit einem eingebauten Bewegungsmelder versehen.

### Mode und Schmuck

Edle Designermode bieten spanische Labels wie Adolfo Dominguez oder Roberto Verino. Günstige junge Mode hat die galicische Kette Zara. In fast allen größeren Städten in Nordspanien ist auch die größte spanische Kaufhauskette Corte Inglés vertreten. Im Bereich der Mode vertritt die Kette eher die klassische Linie. Ein Modeklassiker aus Nordspanien ist die Baskenmütze, sie wird vor allem in den Hutgeschäften im Baskenland und in Navarra angeboten. Nordspanien ist auch das Zentrum der spanischen Schuhindustrie, entsprechend breit gefächert ist das Angebot. Die Preise sind nach wie vor etwas günstiger als bei uns, die Qualität ist sehr gut und der Zuschnitt durchaus auch für mitteleuropäische Füße angenehm. Interessant ist zudem das Angebot an anderen Lederwaren wie Handtaschen oder Jacken. Allerdings sind die Preise mittlerweile fast identisch mit denen in unseren Breitengraden.

Origineller Schmuck wird insbesondere in den unzähligen Juweliergeschäften in Santiago de Compostela feilgeboten. Beliebt ist der Silberschmuck sowie Schmuckstücke aus Gagat (Pechkohle), das begehrteste Motiv ist dabei natürlich die Jakobsmuschel. Auch der Apostel Jakob selbst steht als Schnitzarbeit oder in Silber gegossen bei Mitbringselsuchenden hoch im Kurs.

### Wochenmärkte

Fast in jedem Ort in Nordspanien gibt es einen Wochenmarkt *(mercadillo)*. Ein solcher Markt ist in der Regel ein idealer Schauplatz, um in das bunte, spanische Leben einzutauchen. Die Touristeninformationen vor Ort geben Auskunft darüber, wann und wo die Märkte stattfinden. Die Markthändler bieten neben Obst, Gemüse, Käse- und Wurstwaren oft auch Kleidung und Hausrat an. Hinzu kommen mitunter ein breites Spektrum an Secondhandware sowie allerlei anderer Tand. Allerdings darf man sich von diesem Angebot nicht allzu viel Hochwertiges erwarten. Kunsthandwerkliches findet sich von Ausnahmen abgesehen nicht an den Marktständen.

## Elektrizität

Das spanische Stromnetz ist auf 220 Volt Wechselstrom eingestellt. Die Stromstecker entsprechen fast flächendeckend der EU-Norm, nur in ganz seltenen Fällen ist noch ein Adapter vonnöten.

## Feiertage

### Gesetzliche Feiertage

**1. Januar** – Neujahr
**6. Januar** – Dreikönigstag
**19. März** – Josefstag
Karfreitag
**1. Mai** – Tag der Arbeit
**15. August** – Mariä Himmelfahrt
**12. Oktober** – Tag der Entdeckung Amerikas
**1. November** – Allerheiligen
**6. Dezember** – Verfassungstag, spanischer Nationalfeiertag
**8. Dezember** – Mariä Empfängnis
**25. Dezember** – Weihnachten

### Regionale Feiertage

**19. März** – Josefstag
Gründonnerstag
Ostermontag
Fronleichnam
**24. Juni** – Johannistag
**29. Juni** – Peter und Paul
**25. Juli** – Jakobstag

---

## Frauen

In Nordspanien ist es kein Problem für Frauen, allein zu reisen. Falls man sich mit einer unerwünschten Anmache konfrontiert sieht, hilft meist eine klare Ansage, wie *basta ya* (es reicht) oder *déjame en paz* (lass mich in Frieden).

In Sachen Gleichberechtigung hat sich in Spanien vieles bewegt. 2023 hat Spanien hat gleich mehrere Gesetze für Frauen verabschiedet (freie Tage bei Menstruation, Rechtsanspruch auf Abtreibung etc.).

### SPERRUNG VON BANK- UND KREDITKARTEN

**bei Verlust oder Diebstahl\*:**
+49 116 116
(\* Gilt nur, wenn das ausstellende Geldinstitut angeschlossen ist, Übersicht: www.sperr-notruf.de)

**Weitere Sperrnummern:**
– Visa: Tel. 0800 000 6510
www.visa.de
– MasterCard/Euro Card:
Tel. 0800 071 3542 (Deutschland)
Tel. +1 636 722 7111 (aus dem Ausland)
www.mastercard.de
– American Express:
Tel. +49 69 97 97 1000
www.americanexpress.com

Bitte halten Sie Ihre Kreditkartennummer, Kontonummer und Bankleitzahl bereit!

## Geld

Spanien gehört zur Euro-Zone. Wechselkurs: 1 € = 0,98 CHF (Stand Ende 2023).

**Bankkarte:** Von den meisten Geldautomaten kann man mit der Bankkarte und der PIN-Nummer Geld abheben. Das Menü ist auch in Deutsch abgefasst. Die Gebühren belaufen sich auf ca. 2,5 %. In vielen Geschäften und an Tankstellen kann man mit der Bankkarte gebührenfrei bezahlen, z. T. wird dazu ein Ausweis verlangt.

**Kreditkarten:** Autovermieter, Tankstellen, Hotels, größere Restaurants und Geschäfte akzeptieren Kreditkarten. Visa, Mastercard und American Express sind die gängigsten.

**Banken:** In Banken sind die Warteschlangen häufig recht lang. Sie öffnen in der Regel Mo–Fr 8.30–14 Uhr, teilweise auch Sa 9–13 Uhr.

## Gesundheit

### Krankenversicherungsschutz

Mit der Europäischen Krankenversicherungskarte (EHIC) werden Mitglieder der gesetzlichen Krankenversicherungen in allen öffentlichen Krankenhäusern in Spanien kostenfrei behandelt. Doch Achtung: Falls Sie sich als Kassenpatient in einem teuren Privatkrankenhaus versorgen lassen, können zu Hause Probleme bei der Kostenerstattung auftreten.

Niedergelassene Ärzte bestehen in der Regel auf Barbezahlung. Die Kosten werden gegen Vorlage der Rechnung zu Hause von der Krankenversicherung erstattet. Die Rückerstattung erfolgt allerdings nur bis zur Höhe der heimischen Gebührensätze. Die Kosten für einen Rücktransport im Krankheitsfall übernimmt die gesetzliche Krankenversicherung nicht.

Der Abschluss einer Auslandskrankenversicherung ist auf jeden Fall ratsam. Sie ist günstig zu haben, aber über die Leistungen sollte man sich vorab genau informieren. Privat Versicherte bezahlen die Ausgaben für ihre Behandlung vor Ort, gegen die Vorlage der Rechnung werden die Kosten von der privaten

Krankenkasse zu Hause übernommen. Weitere Informationen unter www.crm.de.

## Ärztliche Versorgung

Die medizinische Versorgung ist in Spanien gut. Ob ein deutschsprachiger Arzt vor Ort praktiziert, lässt sich über die Konsulate in Erfahrung bringen.

### Kliniken

**Pamplona**
Clíncia Universitaria de Navarra,
Av. Pio XII 36
Tel 948 25 54 00

**Burgos**
Hospital Universitario de Burgos,
Avda. Islas Baleares 3
Tel. 947 28 18 00

**León**
Hospital Universitario de León,
Altos de Navas s/n
Tel. 987 23 74 00

**Santiago de Compostela**
Complejo Hospitalario Universitario de Santiago de Compostela
Travesia Choupana s/n, Tel. 981 95 00 00

### Apotheken

In Nordspanien gibt es ein dichtes Netz von Apotheken *(farmacias)*. Die Medikamente sind in der Regel weit günstiger als bei uns. Etliche Medikamente, die bei uns rezeptpflichtig sind, erhält man in Spanien noch ohne Weiteres in der Apotheke.

## Internetzugang

In Nordspanien gibt es in den Städten vielerorts Hotspots. In größeren Hotels stehen in der Lobby häufig Computer mit Internetzugang *(ordenador con acceso Internet)* zur Verfügung, die Gebühren sind mitunter recht hoch. Fast alle Hotels bieten ihren Gästen mittlerweile einen kostenlosen WLAN-Zugang an, die spanische Bezeichnung lautet WIFI. Die Zugangsdaten erhalten Sie an der Hotelrezeption.

## Karten

### Straßenkarten

Die zuverlässigsten Straßenkarten sind die Michelin-Karten; eine Ausgabe, die den gesamten Norden Spaniens umfasst, liegt nicht vor. So empfiehlt es sich, die Karten zu den einzelnen Regionen (1:250 000 und 1:400 000) oder die Gesamtkarte der Iberischen Halbinsel (1:1 000 000) zu erstehen. Fragen Sie in der Buchhandlung auf jeden Fall nach Karten mit dem aktuellsten Erscheinungsdatum, da das Straßennetz in Nordspanien in den letzten Jahren stark überholt und erweitert wurde.

Der spanische Verlag Grupo Anaya (www.anaya.es) hat zu Nordspanien die gut brauchbare Karte »España Norte« (1:400 000) herausgegeben, sie ist in den spanischen Buchhandlungen erhältlich.

### Wander- und Radfahrkarten

Zum Jakobsweg erhalten Wanderer und Radfahrer relativ gute Beschreibungen mit Kartenskizzen vom Spanischen Fremdenverkehrsamt, ansonsten geben die dort erhältlichen Broschüren in der Regel eher Anhaltspunkte als genaue Routenbeschreibungen.

Häufig besser sortiert sind die Fremdenverkehrsämter, Buchhandlungen oder Wander- und Radfahrgeschäfte vor Ort. Der Verlag Editorial Alpina z. B. publiziert Wanderkarten von den Gebirgsregionen im Maßstab 1:25 000 und 1:50 000.

### Topografische Karten

Das Centro Nacional de Información Geográfica (CNIG) gibt die Mapa Topográfico Nacional de España in den Maßstäben 1:50 000 und 1:25 000 heraus. Sie können vor Ort in großen Buchläden oder in den Verkaufsstellen des CNIG erstanden oder vor der Reise im Internet unter www.cnig.es bestellt werden. Als Wanderkarten sind sie jedoch nur bedingt geeignet.

## Mit Kindern unterwegs

Nordspanien kann gut mit Kindern bereist werden. Die Spanier sind sehr kinderfreundlich und reagieren recht gelassen, falls der Nachwuchs mal etwas lauter wird. Kinder werden in Spanien überallhin mitgenommen, sie bleiben auch deutlich länger auf. So ist es nicht ungewöhnlich, dass Eltern abends ihre Kinder um 21 oder 22 Uhr mit ins Restaurant nehmen. Kinderteller stehen eher selten auf der Speisekarte, aber die meisten Wirte servieren auf Nachfrage Kinderportionen. Die Hotels bieten in der Regel an, für einen relativ geringen Aufpreis ein Extrabett für Kinder aufzustellen.

## Kleidung und Ausrüstung

In Spanien hat sich vieles gelockert, was die Kleidung anbelangt. Dennoch wird Wert darauf gelegt, dass in besseren Hotels, gediegenen Restaurants oder bei Abendveranstaltungen wie Theater- oder Konzertbesuchen, das Outfit dem Ambiente entspricht.

Im Frühjahr und Herbst ist es ratsam, bei der Kleidungsauswahl die Zwiebeltechnik anzuwenden, d. h. T-Shirts mit Pullover und Jacke zu kombinieren. Auf jeden Fall sollte in dieser Zeit etwas wärmere Kleidung im Gepäck nicht fehlen. Für den Hochsommer empfiehlt es sich, neben leichter Sommerkleidung auch eine wärmende Jacke einzupacken. Auf jeden Fall gehört zu jeder Jahreszeit ein Regenschirm oder ein Regencape in den Koffer bzw. Rucksack!

## Klima und Reisezeit

Die Küste wird vom atlantischen Klima geprägt: Die Winter sind recht mild, im Sommer pendelt sich das Thermometer bei 25–30 °C ein. Die Atlantikbrise sorgt für angenehme Frische. Im Winter und Frühjahr fallen die meisten Regenfälle, es kann aber auch im Sommer regnen. Zumeist handelt es sich in der warmen Jahreszeit aber nur um kurze Schauer.

In den Hochlagen der Pyrenäen und der Kantabrischen Kordillere herrschen alpine Wetterverhältnisse. Kontinentales Klima prägt Kastilien-León sowie die südlichen Gefilde von Navarra und der Rioja: Die Sommer sind erbarmungslos heiß und trocken, in den Wintermonaten herrscht eisige Kälte. Selbst im Frühjahr kann es in den Hochlagen, z. B. in Burgos, noch empfindlich kalt werden.

Ideal für eine Nordspanienreise sind die Sommermonate von Juni bis September. Als Bademonate gelten Juli und August: Die Wassertemperaturen des Atlantiks liegen dann bei 15–18 °C. Im August nehmen sich die meisten Spanier Urlaub, so ist es in diesem Monat überall recht voll. Die Sommermonate eignen sich auch, um die Pyrenäen oder die Kantabrische Kordillere zu erkunden. Doch selbst im Sommer muss in der Bergwelt mit plötzlichen Wetterumschwüngen gerechnet werden.

Viele Jakobspilger ziehen das späte Frühjahr und den frühen Herbst vor, da die Sommermonate zu überlaufen sind. Hinzu kommt, dass dann die drückende Hitze, vor allem in der Meseta, den Wanderern zu schaffen macht.

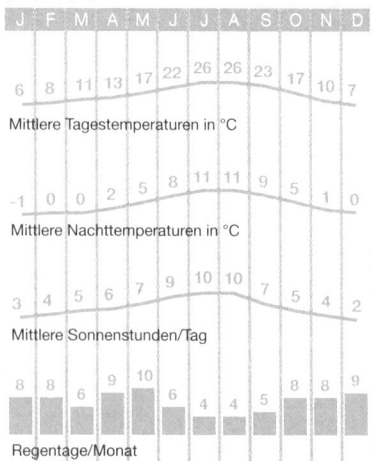

*Klimadaten Burgos*

| J | F | M | A | M | J | J | A | S | O | N | D |
|---|---|---|---|---|---|---|---|---|---|---|---|
| 6 | 8 | 11 | 13 | 17 | 22 | 26 | 26 | 23 | 17 | 10 | 7 |

Mittlere Tagestemperaturen in °C

| -1 | 0 | 0 | 2 | 5 | 8 | 11 | 11 | 9 | 5 | 1 | 0 |

Mittlere Nachttemperaturen in °C

| 3 | 4 | 5 | 6 | 7 | 9 | 10 | 10 | 7 | 5 | 4 | 2 |

Mittlere Sonnenstunden/Tag

| 8 | 8 | 6 | 9 | 10 | 6 | 4 | 4 | 5 | 8 | 8 | 9 |

Regentage/Monat

## LGBTQ+

Das katholische Spanien galt einst als sehr konservativ. Heute ist es eines der weltweit offensten Länder gegenüber Homosexuellen. Es war 2005 der dritte Staat Europas, der die gleichgeschlechtliche Ehe mit Recht auf Adoption legalisierte. Das umstrittene 2023er-Transgender-Gesetz erlaubt die freie Geschlechtswahl ab 16 Jahren.

Die Hotspots der LGBTQ+-Community sind die Metropolen Madrid und Barcelona sowie Sitges. Im Internet finden sich unter dem Schlagwort *ambiente LGBTI* plus dem Namen der Ortschaft entsprechende Infos. Wer nach *gay-friendly hotels* sucht, findet auch zahlreiche Unterkünfte in Nordspanien.

*Stempel im ›credencial‹ bezeugen die auf dem Jakobsweg zurückgelegten Etappen*

# Links

## Nationale und regionale Tourismusbehörden

**www.spain.info:** Die offizielle Website des Spanischen Touristenamts bietet Informationen zu Reiserouten, einzelnen Orten, Natur- und Nationalparks sowie Öffnungszeiten von Sehenswürdigkeiten, einen Veranstaltungskalender, Hotel- und Restaurantadressen.

**www.tourismuseuskadi.eus:** Website der baskischen Tourismusbehörde mit praktischen Informationen zur Reisegestaltung.

**www.visitnavarra.es:** Gut aufgebaute Homepage von Navarra mit vielen Tipps und Hintergrundinformationen.

**www.turismodecantabria.com:** Seite über Kantabrien mit Infos zu Routen, Sehenswürdigkeiten, Unterkünften und zur Geschichte der Region.

**www.turismoasturias.es:** Touristische Hinweise zur Region Asturien. Es werden einige Wanderrouten und Radtouren vorgestellt.

**www.lariojaturismo.com:** Offizielle Website von La Rioja. Hier findet sich auch eine Auflistung der Bodegas, die ihre Pforten für Besucher öffnen.

**www.turismocastillayleon.com:** Homepage der Autonomen Gemeinschaft Kastilien-León.

**www.turismo.gal:** Der Internetauftritt von Galicien sticht durch hervorragende Aufbereitung und eine Vielzahl nützlicher Informationen hervor.

## Informationen zum Jakobsweg

**www.jakobus-info.de:** Umfangreiche, nichtkommerzielle Homepage gespickt mit vielen interessanten Hintergrundinformationen und praktischen Tipps sowie einem Verzeichnis der Unterkünfte entlang des Camino. Zahlreiche, gut sortierte, nützliche Links beispielsweise zu den Jakobsweggesellschaften, die die Pilgerausweise ausstellen.

**www.pilgern.ch:** Umfangreiche Website aus der Schweiz mit guten Hintergrundinformationen zum Jakobsweg. Es finden sich auch viele praktische Tipps, Reiseberichte der Pilger sowie Links und Literaturtipps.

**www.santiagoturismo.com:** Überblicksinformationen zum Camino und weiterführende Links. Die Tipps sind allgemein gehalten.

## Landeskunde, Politik und Kultur

**www.lamoncloa.gob.es:** Offizielle Website der Regierung Spaniens.

**www.casareal.es:** Offizielle Seite des Spanischen Königshauses.

**www.investinspain.org:** Die Website des Spanischen Außenhandelsinstituts hält wirtschaftliche Eckdaten bereit.

**www.artehistoria.com:** Spanische Website für kunsthistorisch Interessierte; selbst zum kleinsten romanischen Kirchlein finden sich hier Informationen.

## Literatur

### Sachbücher

**Bottineau, Yves:** Der Weg der Jakobspilger. Geschichte, Kunst und Kultur der Wallfahrt nach Santiago de Compostela. Bergisch Gladbach 1997. Das ausführliche, eher wissenschaftliche Standardwerk empfiehlt sich für Leser, die sich intensiver mit der Wallfahrt nach Santiago de Compostela auseinandersetzen möchten.

**Herbers, Klaus:** Jakobsweg – Geschichte und Kultur einer Pilgerfahrt. München 2006. Das Taschenbuch aus der Reihe »Wissen« des Beck-Verlags verschafft einen Überblick über die Geschichte und die Bedeutung des Jakobswegs.

**Wegner, Ulrich:** Der Jakobsweg. Auf der Route der Sehnsucht nach Santiago de Compostela. Freiburg 2000. Der Bildband glänzt durch fundiertes Wissen, das auf unterhaltsame Weise präsentiert wird.

## MUSIKTIPPS

**Amancio Prada:** A Rosalía de Castro. Fonomusic 1975. Die Vertonung der Gedichte der galicischen Dichterin ist ein musikalischer Ohrenschmaus.

**Coro de Monjes del Monasterio Santo Domingo de Silos:** Las mejores obras del canto gregoriano. Santo Domingo de Silos 1994. Die Mönche stürmten mit ihren gregorianischen Gesängen sogar die Charts.

**J. A. Senador:** La llama y la sombra, el Camino de Santiago y el romancero español. Beringia 2000. Alte, angenehm melodische Balladen zum Jakobsweg.

### Belletristik

**De Castro, Rosalía:** An den Ufern des Sar. Frankfurt am Main 1987. Viele Gedichte von Galiciens großer Dichterin werden getragen von der Beschreibung der Natur, der Melancholie und der Vergänglichkeit.

**Diemar, Claudia:** Der Apostel und die silberne Artischocke – Legenden aus Spaniens Norden. Wien 2005. Das Buch enthält kurzweilige Essays zu Nordspanien von der Kochleidenschaft der baskischen Männer bis zum Jakobsfest in Santiago de Compostela.

**González, Bea:** Der bittere Geschmack der Zeit. München 2000. Der Roman über das Schicksal von vier Frauengenerationen spielt in Galicien. Eindrucksvoll schildert die Autorin, wie die Frauen ihr Hotel und das Leben in der spanischen Provinz meistern.

**Hemingway, Ernest:** Fiesta. Reinbek bei Hamburg 1999. Der Romanklassiker setzte Pamplona und der Fiesta de San Fermín ein literarisches Denkmal.

**Kerkeling, Hape:** Ich bin dann mal weg. Meine Reise auf dem Jakobsweg. München 2006. Das locker-flockig geschriebene Tagebuch des Entertainers über seine Pilgerreise entpuppte sich als absoluter Bestseller. 2015 kam die Verfilmung in die Kinos mit Devid Striesow als Hape.

**Nooteboom, Cees:** Der Umweg nach Santiago. Frankfurt am Main 1996. Der große niederländische Erzähler dokumentiert in diesem sensiblen Reisebericht seine Leidenschaft für Spanien. Das Buch führt von Barcelona bis nach Santiago de Compostela.

## Medien

Fernseher gehören in Spanien zur Standardausrüstung der Hotels und auch vieler Pensionen. Etliche Hotels verfügen über Satellitenfernsehen, zumeist empfängt man so auch deutsche Privatsender wie RTL oder ProSieben.

Die Deutsche Welle sendet im Radio unter der Frequenz 6075 kHz rund um die Uhr.

Deutschsprachige Zeitungen und Zeitschriften finden sich mitunter an einigen Kiosken in den größeren Städten Nordspaniens.

## Nachtleben

Nordspanien ist nicht unbedingt bekannt als Urlaubsdestination für Nachtschwärmer und Vergnügungssüchtige. Dennoch ist es um die Ausgehkultur nicht schlecht bestellt, ein gutes Angebot für Nachtschwärmer findet sich insbesondere in den größeren Städten sowie in einigen Urlaubsorten an der Küste wie beispielsweise in Sanxenxo in der Nähe von Pontevedra. Dagegen werden in den ländlichen Regionen die Bürgersteige für spanische Verhältnisse schon recht früh hochgeklappt.

Insbesondere in Universitätsstädten wie Santiago, Bilbao, San Sebastián, Pamplona, Burgos und León herrscht an den Wochenenden ein reges studentisches Nachtleben. Die Klubs öffnen häufig erst gegen 23/24 Uhr, richtig Stimmung kommt so gegen 2 Uhr nachts auf, meist kehren die Jugendlichen erst am nächsten Morgen nach Hause zurück. Zum Frühstück stärkt man sich unterwegs mit *churros con chocolate* (Brandteiggebäck und heiße Schokolade). Der Sonntag wird weitgehend verschlafen und somit zur Regeneration genutzt.

### Tapabars

Im Norden laufen die Tapas unter dem Begriff *pinchos*. Da sie sehr beliebt sind, gibt es in größeren Städten regelrechte *pincho*-Meilen. Eine Bar reiht sich dort an die nächste. Die Spanier haben kein Sitzfleisch, sie ziehen von Lokal zu Lokal. Vielfach quillen an den Wochenenden die Bars regelrecht über, so wird das Glas Wein und der *pincho* über die Köpfe hinweg vor die Tür gereicht, für diejenigen, die drinnen keinen Platz mehr gefunden haben.

## Notfälle

**Allgemeiner Notruf (Polizei, Krankenwagen, Feuerwehr):** Tel. 112
**Polizeilicher Notruf:** Tel. 091
**Guardia Civil (Polizei, Bergrettung, Höhlenrettung):** Tel. 062
**Feuerwehr:** Tel. 085
**ADAC Pannenhilfe:** +49 89 22 22 22

## Öffnungszeiten

Das Gros der **Geschäfte** öffnet Mo–Fr 9.30/10–14 und 16.30/17–20 Uhr, Sa Nachmittag ist oft geschlossen. Große Kaufhäuser und Einkaufsmärkte haben Mo–Sa durchgehend geöffnet. **Markthallen** sind in der Regel Mo–Sa 8/9–14 Uhr geöffnet. **Apotheken** öffnen normalerweise Mo–Fr 8.30/9–13 und 17–19 Uhr. **Postämter** sind Mo–Fr 9–13/14 und 16–18 Uhr geöffnet, Sa meist nur am Vormittag. **Museen** sind in der Regel 10–13/14 und 16/17–19 Uhr geöffnet. Größere Museen haben durchgängige Öffnungszeiten. Montag ist häufig Ruhetag, viele Museen sind auch So nachmittags geschlossen. **Restaurants** öffnen mittags gegen 13/13.30–16 Uhr, abends 20/20.30–23/24 Uhr, So abends sind sie oftmals geschlossen, Mo ist in der Regel Ruhetag.

## Post

Das Porto für Postkarte und Standardbrief in EU-Länder bis 20 g beträgt 1,65 € (Stand Winter 2023). Briefmarken *(sellos)* sind auf der Post *(oficina de correos*, meist Mo–Fr 9–13/14, Sa 9–12/13 Uhr) und in den Tabakläden *(estanco)* erhältlich. Letztere empfehlen sich, auf der Post sind die Warteschlangen oft ziemlich lang. Die Post ins Ausland wirft man in die Briefkästenschlitze mit der Aufschrift *extranjero*.

## Rauchen

Spanien hat mittlerweile eine der strengsten Rauchergesetzgebungen in Europa. Es gilt ein generelles Rauchverbot in allen öffentlich zugänglichen Gebäuden. Auch am Arbeitsplatz, in Kneipen, Restaurants und Diskos ist der Tabakkonsum verboten. Raucherzimmer sind nicht zugelassen. In der Umgebung von Krankenhäusern, Spielplätzen oder Schulen sowie in öffentlichen Verkehrsmitteln darf ebenfalls nicht mehr gequalmt werden.

## Reisekasse

Das Preisniveau in Nordspanien ist mit dem mitteleuropäischen vergleichbar. In den Pensionen ist ein Doppelzimmer meist schon ab 65 € zu bekommen. Die Restaurants sind dagegen noch einen Tick teurer als daheim: Für ein dreigängiges Menü in einem gepflegten Lokal sollte man 30–45 € veranschlagen. In den Gourmettempeln Nordspaniens sind für mehrgängige Degustationsmenüs ca. 70–130 € zu bezahlen. In einfachen Restaurants finden sich auch Tagesgerichte ab 15 €. Kleine *pinchos* kosten 2,50–4,50 €, für größere *raciones* (Portionen) werden 8–15 € verlangt. Günstig ist nach wie vor der Wein: Für ein Glas Wein werden in der Regel 3–5 € berechnet. Für ein Bier oder einen Café sind 2–2,50 € zu berappen.

Der Eintritt zu Museen liegt bei 3–5 €, einige sind auch gratis. Die Eintritte in städtische oder staatliche Museen sind teilweise für EU-Bürger frei. Ermäßigungen erhalten Studenten, Rentner und Arbeitslose gegen Vorlage des entsprechenden Ausweises. Kinder unter sechs Jahren zahlen normalerweise keinen Eintritt und bis zwölf Jahre nur die Hälfte.

## Sicherheit

In Nordspanien ist es um die Sicherheit vergleichsweise gut bestellt. Dennoch ist es ratsam, einige Vorsichtsmaßnahmen zu beachten: Autos, die zum Parken abgestellt werden, sollten besser leer geräumt werden, um Diebe nicht in Versuchung zu bringen. Wertgegenstände können in den Hotels der gehobenen Kategorie im Safe deponiert werden.

Die Handtasche sollte man quer über die Schulter tragen und vor den Körper halten. Recht sicher ist die Aufbewahrung des Geldes in einem Brustbeutel oder einem Geldgürtel. Diebstähle können bei der nächsten Polizeidienststelle *(comisaría)* angezeigt werden, so können Sie die Anzeige bei der Reisegepäckversicherung vorlegen.

## Telefonieren

Die internationale **Vorwahl für Spanien** ist die 0034. Die einstigen Ortsvorwahlnummern sind mittlerweile fester Bestandteil der Rufnummern und müssen immer mitgewählt werden. Alle Telefonnummern sind neunstellig. Festnetznummern beginnen in der Regel mit 9, Handynummern mit 6 und Hotline-Nummern (z. B. Flughäfen etc.) mit 902.

Die internationale **Vorwahlnummer** für Telefonate von Spanien nach **Deutschland** lautet 0049, nach **Österreich** 0043 und in die **Schweiz** 0041.

Von 22 bis 8 Uhr sowie am Wochenende gilt ein ermäßigter Tarif. In den größeren Städten und Ferienorten kann man von **Telefonläden** *(locutorio)* – häufig sind sie gekoppelt mit Internetcafés – relativ günstig telefonieren. Recht hoch sind die Gebühren für das Telefonieren in den Hotels.

**Handybenutzer** zahlen für Gespräche ins europäische Ausland seit 2017 keine Roaming-Gebühren mehr.

## Trinkgeld

Trinkgeld wird in Spanien generell diskret auf dem Tisch liegen gelassen. Häufig wird in einfachen Restaurants und Bars der Betrag einfach aufgerundet. In gepflegten Lokalen gilt die Faustregel, je nach Zufriedenheit 5–10 % Trinkgeld *(propina)* zu geben.

Insbesondere im Hotel sollte man die Zimmermädchen mit Trinkgeld bedenken, am besten hinterlegt man es gleich am ersten Tag (0,50–1 € pro Tag). Auch die Kofferträger in den Hotels freuen sich über ein Trinkgeld, ebenso wie Bus- und Taxifahrer, Gästeführer und Reiseleiter.

## Wellness

In Nordspanien verwöhnen viele Hotels der gehobenen Kategorie ihre Gäste mit Massage-Behandlungen und Beauty-Anwendungen.

*Das spannende Pelota-Spiel bannt Jung und Alt. Ein Besuch ist unbedingt empfehlenswert*

Hinzu kommen Pools, Saunas und Fitnessräume. Im Trend in der Rioja liegen **Weintherapien** wie Traubenkernpeeling und Traubenkernölung. Dies soll den Kreislauf und das Immunsystem stärken, den Fettstoffwechsel ankurbeln und für eine Gewebestraffung sorgen. Galicien ist bekannt für seine zahlreichen **Thermalquellen.** Zu den renommiertesten Heilbädern zählen der Kurort Mondariz und die mondäne Insel La Toja. Ein Verzeichnis über findet sich unter www.balnearios.org.

## Zeit

In Nordspanien gilt die Mitteleuropäische Zeit (MEZ). Sommer- und Winterzeit beginnen zu denselben Terminen wie bei uns. Die Uhr muss also nicht verstellt werden.

## Zuschauersport

**Fußball** ist in ganz Spanien der Sport Nummer Eins. Zu den Hochburgen im Norden zählen Bilbao, San Sebastián, Vitoria und Éibar. Eine Sonderrolle nimmt Athletic Bilbao ein, es werden nur Spieler verpflichtet, die aus dem spanischen oder französischen Baskenland stammen oder in einer Jugendmannschaft der Region das Kicken gelernt haben. Entsprechend groß und treu ist die Fan-Base der Löwen. Der Verein ist noch nie abgestiegen und gewann sogar achtmal die spanische Meisterschaft. Auf der Website der Primera División www.laliga.com findet sich der Spielplan.

Großer Beliebtheit erfreut sich das **Pelotaspiel** im Baskenland (s. S. 77), das dem Squash ähnelt.

**Stierkampf** ist im Norden bei Weitem nicht so populär wie in anderen Regionen Spaniens. Eine Hochburg ist Pamplona, der Höhepunkt der Saison ist das Fest San Fermines im Juli.

Pferdefreunde können im Sommer bei diversen **Pferderennen** auf der Rennbahn in San Sebastián mitfiebern und mitwetten (Arrapide Pasealekua 11, Zubieta, Tel. 943 37 31 80, www.hipodromoa.com).

# Unterwegs in Nordspanien

»Eh' ich die Reise beginne, tut es not,
dass ich mich auf mich selber besinne,
an die Mauer stoße, bis diese fällt
und mich nicht mehr gefangen hält.«
altes Jakobspilgerlied

Die von Vicente Galbete erschaffene Skulpturengruppe einer Pilgerschar auf der Sierra del Perdón in Navarra trägt den Titel: »Wo sich der Sternenweg mit dem Weg des Windes kreuzt«.

# Kapitel 1

# Baskenland

»Ein Baske ist weder ein Franzose noch ein Spanier, er ist ein Baske.« Diese Feststellung von Victor Hugo (1843) unterstreicht die Eigenständigkeit der Region. Um die Herkunft des baskischen Volkes und seiner Sprache, des ›euskera‹, ranken sich viele Theorien.

Das kontrastreiche Landschaftsbild des Baskenlands prägt üppiges Grün. Die Küste dehnt sich rund 200 km am Golf von Bizkaia aus. Feine, weite Sandstrände wechseln sich mit versteckten Buchten ab. Zu den Kleinoden der baskische Küste zählen die Fischer- und Badeorte Hondarribia, Getaria, Lekeitio, Elantxobe sowie die Surferhochburg Mundaka.

Das Bergland, das sich teilweise bis zu den Küsten hin erstreckt, hat Mittelgebirgscharakter. Typisch sind die baskischen *caseríos,* Gehöfte, die meist einzeln stehen und heute vielfach Gästezimmer anbieten.

Nicht verschwiegen werden soll an dieser Stelle, dass das Baskenland zu den am stärksten industrialisierten Regionen Spaniens zählt – selbst im Hinterland finden sich riesige Industriebetriebe.

Fabrikschlote dominierten lange Zeit auch das Stadtbild von Bilbao, heute eine Stadt im Wandel. Die Initialzündung war die Eröffnung des Guggenheim-Museums 1997, sie katapultierte die einst geschmähte Industriestadt in den Rang einer europäischen Kulturmetropole. Auf eine ganz andere Geschichte blickt San Sebastián zurück, der spanische Königshof und die Aristokratie verbrachten einst ihre Sommerfrische in dem Seebad. Es ist nach wie vor eine gut besuchte Stadt, nur das Publikum ist bunter geworden. Jedes Jahr im September zieht das Internationale Filmfestival in San Sebastián auch bekannte Schauspieler an. Abseits der touristischen Reiserouten liegt die Hauptstadt des Baskenlands, Vitoria-Gasteiz, um das sich ein Gürtel von tristen Wohn- und Industrievierteln gebildet hat. Der erste Eindruck wird jedoch in der ansprechenden Altstadt wieder zurechtgerückt.

*Wen schützt wohl der hl. Telmo? – natürlich die Seeleute.*
*Die Kapelle am Strand von Zumaia ist dem Heiligen geweiht.*

# Auf einen Blick: Baskenland

## Sehenswert

⭐ **Bilbao:** Eine Stadt im Wandel – den Auftakt bildete das Guggenheim-Museum. Zahlreiche international renommierte Architekten arbeiten weiter am neuen Erscheinungsbild der Stadt (s. S. 100).

⭐ **San Sebastián:** Die eleganteste Stadt des Nordens glänzt durch die Lage an einer lang gestreckten Bucht, edle Strandpromenaden und Jugendstilbauten (s. S. 128).

⭐ **Hondarribia:** Das mittelalterliche Städtchen brilliert mit herrschaftlichen Palästen und bunten Balkonen. Die Strandpromenade lädt zum Bummel ein, im Fischerviertel sorgen Kneipen für das leibliche Wohl (s. S. 143).

---

## Schöne Routen

**Tour über den Monte Jaizkibel:** Von Hondarribia folgt man einer aussichtsreichen Bergstraße auf den 584 m hohen Monte Jaizkibel, der ein umwerfendes Panorama der baskischen Küste bietet (s. S. 147).

**Küstenstraße von Zarautz nach Zumaia:** Die N-634 führt direkt am Meer entlang und bietet fantastische Blicke auf die felsige Küste und unverbaute Sandstrände (s. S. 150).

**Bergstrecke von Oñati zum Santuario de Arantzazu:** Von Oñati geht es bergauf zum Kloster Arantzazu, das mitten in die Bergwelt eingebettet liegt (s. S. 159).

---

## Meine Tipps

**Txikiteo:** Hinter dem baskischen Zungenbrecher verbirgt sich eine Tour von Bar zu Bar – in Bilbao sind die Siete Calles das Eldorado des *txikiteo* (s. S. 109).

**Kaffeehauskultur:** Bilbao lockt mit Kaffeehäusern, die auf eine lange Geschichte zurückblicken (s. S. 110).

**Peine del Viento:** Wind und Wellen umtosen die im Fels verankerten eisernen Windkämme von Eduardo Chillida am westlichen Ende der La-Concha-Bucht (s. S. 130).

**San Sebastián aus der Vogelperspektive:** Auf dem Monte Igueldo liegen einem die Stadt und das Meer zu Füßen (s. S. 130).

**Playa de Itzurún und Playa Algorri:** Die von Klippen gesäumten Strände in Zumaia gehören zu den eindrucksvollsten der Küste (s. S. 152).

**Rundweg mit Abstecher zum Aussichtsberg Atxarre:** Die Rundwanderung führt durch das Herz der Region Urdaibai und bietet eine grandiose Aussicht über das Gebiet. (s. S. 122).

**Radfahren in San Sebastián:** Die Stadt hat in den letzten Jahren den Ausbau der Fahrradwege forciert. So lässt es sich wunderbar entlang der schicken Strandpromenade Rad fahren (s. S. 141).

**Zu Fuß entlang der Steilküste von Zumaia nach Deba:** Die vierstündige Wandertour führt vorbei an einladenden Stränden und bietet herrliche Ausblicke auf die zerklüftete Küstenlandschaft und das Meer (s. S. 154).

# ★ Bilbao und Umgebung
▶ 1, O 3

**Das neuralgische Zentrum der baskischen Provinz Bizkaia ist die Hauptstadt Bilbao und ihr Großraum. Der Tourismus machte lange Zeit einen großen Bogen um das ›spanische Ruhrgebiet‹. Heute bietet sich ein anderes Bild: Bilbao wandelte sich mit Eröffnung des Guggenheim-Museums zum touristischen Zugpferd für das gesamte Baskenland.**

Gerade mal 14 km trennen **Bilbao** (bask. Bilbo) vom Kantabrischen Meer und dem Hafen im Bereich des Mündungsdeltas des Río Nervión. Nach wie vor spielen der Hafen und die Industrie eine wichtige Rolle für die Stadt. Bilbao ist aber auch eine traditionsreiche Universitätsstadt und Bischofssitz. Die Bilbainos nennen ihre Stadt el bocho, das Nadelöhr, was sich auf die eingezwängte Lage im Tal des Río Nervión bezieht. Im Stadtgebiet drängen sich mittlerweile 349 000 Einwohner, sodass Bilbao mit 8500 Einwohnern pro km$^2$ eine der am dichtesten besiedelten Städte Spaniens ist.

Die Keimzelle Bilbaos bildete eine kleine Fischersiedlung. Im Jahr 1300 gründete Don Diego López de Haro, der Herrscher über die Region Bizkaia (span. Vizcaya), offiziell die Stadt und förderte sie durch die Verleihung zahlreicher Privilegien. Wirtschaftlichen Auftrieb bekam der Ort mit der Einrichtung des Consulado de Bilbao im Jahr 1511, diese Institution regelte den lukrativen Woll- und Tuchhandel mit Flandern. Der Hafen und die Schiffswerft boomten dank der Ausfuhr von Wolle und dem aufblühenden Walfang.

Im Zuge der Industrialisierung in der zweiten Hälfte des 19. Jh. begann man mit dem Abbau von Eisenerz in den Minen der umliegenden Berge. Der Hafen entwickelte sich zu einem der größten und meist frequentierten Häfen Europas. Dank der üppigen Eisen- und Holzvorkommen wurde die Stadt auch zu einem bedeutenden Zentrum für den Schiffsbau. Bilbao mauserte sich zum wichtigsten Industriestandort Spaniens. Nach der Phase der Depression zur Zeit des Spanischen Bürgerkrieges (1936–1939) und der Nachkriegszeit war Bilbao erneut eines der großen Flaggschiffe des wirtschaftlichen Aufschwungs in Spanien. Aus allen Landesteilen strömten Arbeitssuchende herbei.

Das Blatt wendete sich Ende der 1970er-Jahre mit der Krise in der Stahl- und Metallindustrie sowie im Schiffbau. Doch heute blickt Bilbao dank des mutig vorangetriebenen Strukturwandels und des *efecto Guggenheim* (s. S. 106) sowie guter Haushaltspolitik hoffnungsvoll in die Zukunft.

## Abandoibarra

**Cityplan:** S. 103

In Abandoibarra ist heute die Kunst der Motor, so gut wie nichts erinnert daran, dass hier einst die Schlote der Hochöfen loderten, die Werft auf Hochtouren arbeitete und sich die Container stapelten. Auf einer Fläche von 348 500 m$^2$ erfindet sich Bilbao neu. Aushängeschilder sind das Guggenheim-Museum und der Palacio Euskalduna de Congresos y de la Música. Die hochmoderne Straßenbahn **EuskoTren** verbindet das Viertel mit der Altstadt von Bilbao.

### Schiffahrtsmuseum 1
*Muelle Ramón de la Sota 1,*
*www.itsasmuseum.eus, Di–So 11–19 Uhr, 6 €,*
*Di Eintritt frei*

2003 öffnete das **Museo Marítimo Ría de Bilbao** seine Pforten. Geschickt wurden

*Louise Bourgeois' gigantische Spinnenskulptur vor dem Guggenheim-Museum trägt den Titel »Mama«*

beim Bau die Überbleibsel einer ehemaligen Werft in den Außenbereich des Museums integriert. Die Säle im Innern sind in Schiffsform angelegt, thematisch setzen sie sich mit der Entstehung der Ría, der Entwicklung der Hafen- und Handelsstadt sowie der Werftindustrie auseinander. Das Augenmerk ziehen vor allem die verschiedenen Schiffsmodelle auf sich.

## Kongress- und Musikpalast Euskalduna 2

*Av. Abandoibarra 4, www.euskalduna.eus*
An der Stelle, wo sich bis in die 1980er-Jahre die Werft Astilleros de Euskalduna befand, erhebt sich heute der 1999 eingeweihte **Palacio Euskalduna.** Die Architekten Federico Soriano und Dolores Palacios konzipierten den Bau wie ein vor Anker liegendes Schiff, darauf spielt auch die Verkleidung mit Kortenstahl an, der im Schiffsbau eingesetzt wird. Das Auditorium, das Platz für 2200 Zuschauer bietet, ist in Bilbao die erste Adresse für Opern- und Konzertaufführungen. Der Palacio Euskalduna ist auch der Sitz des Sinfonieorchesters von Bilbao.

## Parque de Ribera

Das **Luxushotel Melia Bilbao** 3 und das moderne **Einkaufszentrum Zubiarte** 4 (Lehendakari Leizaola 29 und 2) sind ebenso Teil des architektonischen Konzepts des neuen Abandoibarra wie der elegante Entwurf des Architekten Cesar Pelli: ein gläserner, dreieckiger **Büroturm** für den Stromerzeuger **Iberdrola** 5 (Plaza de Euskadi 5) und das kubische **Bibliotheksgebäude** 6 (Ramón Rubial 1) von Rafael Moneo für die Universität Deusto.

Am Ufer des Nervión erstreckt sich zwischen dem Musikpalast und dem Guggenheim-Museum der **Parque de Ribera,** eine Abfolge von Grünflächen und Plätzen. Die Promenade **Paseo de la Memoria** 7 verwandeln Skulpturen namhafter Bildhauer, u. a. Louise Bourgeois, Eduardo Chillida, Jorge Oteiza, Salvador Dalí und Markus Lüpertz, in ein Freilichtmuseum.

## Bilbao und Umgebung

### Guggenheim-Museum [8]

*Av. Abandoibarra 2, www.guggenheim-bilbao.eus, Ostern, Mitte Juni–Mitte Sept. tgl. 10–20, sonst Di–So 10–19 Uhr, Reservierungen online, dt. Broschüren und Audioguides*

Am linken Ufer des Río Nervión entfaltet sich nun voller Energie und Dynamik, fast wie ein lebendiges Wesen, das **Museo Guggenheim.** Organisch geformte Baukörper, edel mit Titan verhüllt, scheinen sich aufzufalten oder miteinander zu verschmelzen. Der Museumsbau des Kanadiers Frank O. Gehry verkörpert einen Bruch mit allen bisher geltenden baulichen Konventionen. Der Stararchitekt erhob das Unorthodoxe zu seinem Markenzeichen.

Über den Zugang zum Museum wacht der Publikumsliebling »Puppy«, ein gigantisches, mit Blumen übersätes Hündchen, bestehend aus nicht rostendem Eisen und Substrat. Da das Blumenkleid immer wieder erneuert werden muss, hält die überdimensionale Skulptur des amerikanischen Künstlers Jeff Koons eine ganze Schar von Gärtnern auf Trab.

Eine Treppe führt hinab ins gläserne, 60 m hohe Atrium, den Dreh- und Angelpunkt des Museums. Um dieses Raumkunstwerk sind auf drei Etagen die unkonventionellen Ausstellungsräume arrangiert. Auch in den Galerien kommuniziert der Raum mit der Kunst. Ein gutes Beispiel dafür ist die riesige Skulptur »Snake«, eine begehbare Schlange aus Stahl, die von Richard Serra eigens für einen entsprechend proportionierten Raum angefertigt wurde. Ebenso verhält es sich mit den Werken von Jenny Holzer, Fujiko Nakaya, Sol LeWitt oder Francesco Clemente.

Der Bestand der Museumssammlung bietet ein breites Spektrum an moderner und zeitgenössischer Kunst. Vertreten sind u. a. Alexander Calder, Marc Chagall, Juan Gris, Wassily Kandinsky, Joan Miró, Emil Nolde, Egon Schiele, Eduardo Chillida, Andy Warhol, Richard Rauschenberg, Jean Dubuffet, Willem de Kooning, Jeff Koons, Mark Rothko, Antoni Tapies, Georg Baselitz und Anselm Kiefer.

Mittlerweile sind die anfänglichen, nicht ganz grundlosen Kritiken leiser geworden, die die Ausstellungskonzeption bemängelten und das Fazit zogen, dass die Architektur des Guggenheim-Museum die Kunst im Inneren in den Schatten stellt. Vom Erfolg des Museums zeugen die Besucherzahlen, die sich bei rund 1,2 Mio. im Jahr eingependelt haben. Im Bistro mit Terrasse gibt es leckere Häppchen und Teilchen (www.bistroguggenheimbilbao.com).

## Am Río Nervión

**Cityplan:** S. 103

Moderne und altgediente Brücken setzen interessante Akzente im Stadtbild. Die **Puente Padre Pedro Arrupe** [9] spannt den Bogen zwischen dem Guggenheim-Museum und der katholischen **Eliteuniversität Deusto** [10]. Wie ein aufgespanntes, blütenweißes Segel verbindet etwas weiter flussaufwärts die **Puente Zubizuri** [11] für Fußgänger die Ufer des Nervión. Der baskische Name des Bauwerks von Santiago Calatrava bedeutet übersetzt weiße Brücke. Weiter dem Fluss folgend gelangt man über die **Puente del Arenal** [12] in den alten Teil der Stadt.

## Altstadt

**Cityplan:** S. 103

In der Altstadt schlägt das Herz von Bilbao, der kleine Mikrokosmos bietet ansprechende Plätze, schmucke Gotteshäuser, kleine Geschäfte, eine opulente Markthalle und in den *Siete Calles* (Sieben Straßen) jede Menge Bars und Kneipen. Einen guten Ausgangspunkt für einen Alstadtbummel bildet die **Plaza Nueva** [13]. Der in sich geschlossene Platz wird von 64 stattlichen Arkaden gesäumt. Hier befindet sich der Hauptsitz der 1919 gegründeten Königlichen Akademie der Baskischen Sprache.

### Baskisches Museum [14]

*Plaza Miguel de Unamuno 4, www.euskal-museoa.eus, Museum wg. Restaurierungsarbeiten geschl., akuteller Stand online*

Das **Museo Vasco** (bask. Euskal Museoa) ist im ehemaligen Jesuitenkloster an der Plaza Miguel de Unamuno untergebracht. Die breit gefächerte Sammlung zur baskischen

Altstadt

Kulturgeschichte reicht von archäologischen Funden bis hin zu kunstgeschichtlichen und volkskundlichen Exponaten. Ein großes Reliefmodell verschafft einen geografischen Überblick über das Baskenland. Themenschwerpunkte des Museums bilden die Fischerei, Landwirtschaft, Weberei und Eisenverhüttung. Die Erklärungen zu den Exponaten sind sowohl in Baskisch als auch in Spanisch und Englisch verfasst.

Der Platz vor dem Museum erinnert mit seinem Namen und einem **Denkmal** 15 an den spanischen Philosophen und Dichter **Miguel de Unamuno** (1864–1936), der in Bilbao das Licht der Welt erblickte. Er erstrebte in seinen Romanen, Gedichten und Essays die geistige und politische Erneuerung Spaniens.

### Prozessionsmuseum 16

*Calle Iturribide 3, http://museodepasosbilbao.com, Di– Sa 11–13, 17–19.30, Sa 11–14, 17–20, So, Fei 11–14 Uhr, 2 €, Erläuterungen auch engl.*

Eine Ecke weiter präsentiert das **Museo de Pasos de Semana Santa** die prächtigen Prozessionsgestelle, die in der Karwoche mit Madonnen- und Christusstatuen geschmückt werden, um sie durch die Straßen von Bilbao zu tragen. Die neun religiösen Bruderschaften der Stadt, die *cofradías,* die die Prozessionszüge organisieren, stellen zudem ihre traditionellen Büßergewänder und Standarten vor.

### Kathedrale 17

*Plaza Santiago 1, Mo–Sa 10–18.30 Uhr, 6 €*

Nur ein paar Schritte entfernt, am Ende der Calle Correo, erhebt sich die **Catedral de**

# Bilbao

(Karte S. 104–105)

### Sehenswert

1 Museo Marítimo
2 Palacio Euskalduna
3 Hotel Melia Bilbao
4 Centro Comercial Zubiarte
5 Torre Iberdrola
6 Biblioteca Universitária
7 Paseo de la Memoria
8 Museo Guggenheim
9 Puente Padre Pedro Arrupe
10 Universidad Deusto
11 Puente Zubizuri
12 Puente del Arenal
13 Plaza Nueva
14 Museo Vasco
15 Plaza/Monumento Miguel de Unamuno
16 Museo de Pasos de Semana Santa
17 Catedral de Santiago
18 Museo Diocesano de Arte Sacro
19 Mercado de la Ribera
20 Iglesia de San Antón
21 Teatro Arriaga
22 Plaza Circular
23 Plaza del Sagrado Corazón de Jesús
24 Parque de Doña Casilda de Iturrizar
25 Museo de Bellas Artes
26 Basílica de Begoña
27 Plaza del Funicular

### Übernachten

1 Gran Hotel Domine
2 Mirohotel
3 Arriaga Suites
4 NH Collection Villa de Bilbao
5 Pension Bosque Boutique
6 Hotel Petit Palace Arana
7 Pension Iturrienea Ostatua
8 Hotel Artetxe
9 Pension Artetxe

### Essen & Trinken

1 Zortziko
2 La Despensa de Etxanobe
3 Serantes
4 Serantes II
5 El Puertito
6 Maider
7 Lepanto
8 Víctor
9 Gatz
10 Rio-Oja
11 Pastelería New York
12 Café Bilbao
13 Café Iruña

### Einkaufen

1 Sombreros Gorostiaga
2 Pastelería Arrese
3 Power Records

### Abends & Nachts

1 Kafe Antzokia
2 Bilbaina Jazz Club
3 Azkena
4 Azkuna Zentroa

### Aktiv

1 Tourné Bilbao

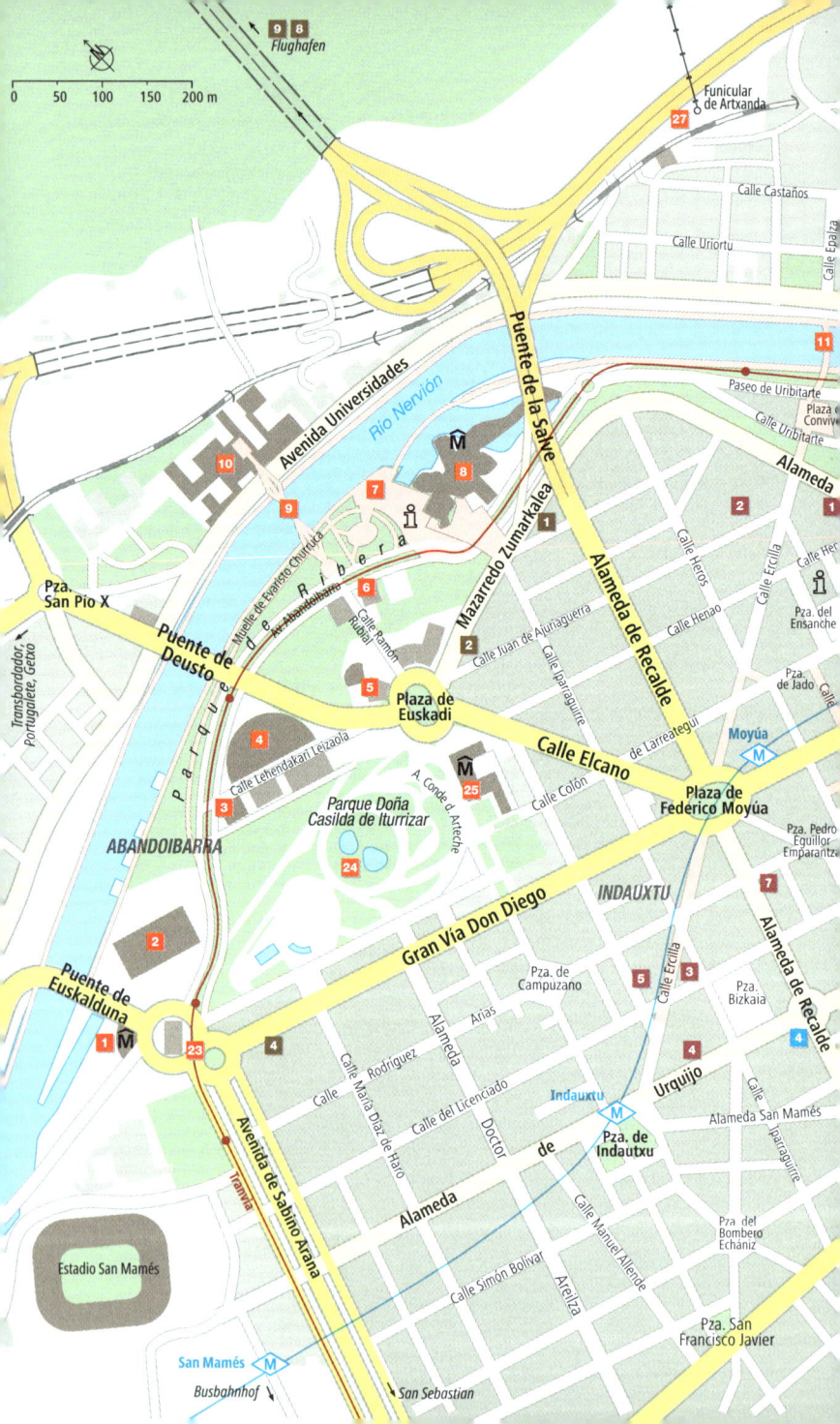

# Efecto Guggenheim

Totgesagte leben bekanntlich länger. Nach dem Niedergang der Stahl- und Metallindustrie sowie der Krise im Schiffbau legte sich bleischwer die wirtschaftliche Depression über Bilbao. Doch Mitte der 1990er-Jahre ging ein Ruck durch die Stadt, ein tief greifender Struktur- und Imagewandel wurde in Angriff genommen.

*Museo Guggenheim – eine geniale Architektur von Frank O. Gehry*

In der einst so vom Wachstum verwöhnten Industrie- und Hafenstadt war die Arbeitslosigkeit zu Beginn der 1990er-Jahre auf 25 % hochgeschnellt. Vom Banken- und Versicherungswesen ging dann die Initiative für die Umwandlung in eine moderne Dienstleistungsstadt aus. Bilbao legte das ehrgeizige Stadterneuerungsprogramm ›Rías 2000‹ auf. Saniert wurde neben brachliegenden Industrieflächen auch der buchstäblich zum Himmel stinkende Fluss Nervión.

Durch ein gründliches Facelifting erfuhr die heruntergekommene Altstadt mit ihrem äußerst zwielichtigen Ruf einen Imagewandel. Der Flughafen erhielt das neue Terminal La Paloma, die elegante Handschrift des spanischen Stararchitekten Santiago Calatrava ist unverkennbar. Wo sich einst die Docks des alten Hafens befanden, erhebt sich heute der schicke Kongress- und Opernpalast Euskalduna. Der international renommierte Architekt Norman Foster übernahm die Gestaltung der neuen Metro-Stationen. Längs des Río Nervión nahm eine hochmoderne Straßenbahnlinie ihren Betrieb auf. Einen Blickfang im Stadtbild schuf Santiago Calatrava mit der filigranen strahlend weißen Zubizuri-Brücke (Weiße Brücke) über den Río Nerivón.

Der größte Fischzug gelang Bilbao jedoch mit dem Guggenheim-Museum. Die Stadt warf renommierte Mitbewerber wie Salzburg und Venedig aus dem Rennen. Der sensationelle Museumsbau des kanadisch-amerikanischen Architekten Frank O. Gehry, der mit vielen architektonischen Konventionen bricht, übertraf mit 1,3 Mio. Besuchern bereits im Eröffnungsjahr 1997 alle Erwartungen. Mittlerweile haben sich die Besucherzahlen auf 1,2 Mio. im Jahr eingependelt, die Anzahl an Übernachtungen in Bilbao hat sich fast verdoppelt. Alles spricht vom *efecto Guggenheim*, den Bewohnern Bilbaos gab er ein neues Selbstverständnis, das auf dem Vertrauen in die Zukunft und dem Stolz auf ihre Stadt basiert. Das Ende der Fahnenstange ist noch längst nicht erreicht: Neue Projekte unter der Regie namhafter Architekten wie Arata Isozaki, César Pelli, Rafael Moneo und Philippe Starck bereichern das Stadtbild.

Für die derzeit größte Baustelle zeichnete Stararchitektin Zaha Hadid verantwortlich. Nach ihren Plänen verwandelt sich das heruntergekommene Industrie- und Wohnviertel Zorrozaure in ein urbanes Gesamtkunstwerk. Das 800 000 m² große Areal erstreckt sich auf einer Halbinsel im Río Nervión, die rund 20 Gehminuten vom Guggenheim-Museum entfernt liegt. Hier entstehen neben neuen Wohnbauten und Büros auch ein Sporthafen, ein Aquarium, eine Mehrzweckhalle, eine Basketballhalle und eine Parkanlage. Das einstige Aschenputtel Bilbao wartet mit einer Vielzahl weiterer architektonischer Glanzlichter auf. Im Vergleich zu anderen Regionen sind die Stadt und das Baskenland wirtschaftlich gut aufgestellt. Die Kultur hat dazu einen entscheidenden Beitrag geleistet.

**Santiago.** Der Name der Kirche erinnert daran, dass Bilbao eine Station für die Pilger bildet, die sich für den Küstenweg nach Santiago de Compostela entschieden haben. In der zweiten Hälfte des 16. Jh. suchte eine gewaltige Feuersbrunst das gotische Gotteshaus heim, im Zuge des Wiederaufbaus erhielt die Kathedrale dann ihre elegante Renaissancepfeilerhalle. In dem relativ schmucklosen Gotteshaus setzen das elegante Kreuzrippengewölbe und das filigrane Triforium die Akzente.

### Diözesanmuseum 18

*Plaza de la Encarnación 9 b, www.eleizmuse oa.com, Di–Sa 10.30–13.30, 16–19, So 10.30– 13.30 Uhr, 3 €*
Ein Abstecher führt zum **Museo Diocesano de Arte Sacro,** gegenüber dem Atxuri-Bahnhof. Das ehemalige Konvent der Dominikanerinnen (16. Jh.) bildet den passenden Rahmen für die Sammlung religiöser Kunst, die den Bogen spannt von der Romanik bis zur Gegenwart. Hervorzuheben sind die herausragenden Gold- und Silberschmiedearbeiten.

### Mercado de la Ribera 19

*Calle Ribera s/n, www.mercadodelaribera.biz, Mo 8–14.30, Di–Fr 8–14.30, 17–20, Sa 8–15 Uhr*
Von der Kathedrale aus schlendert man durch das Schlemmerparadies **Siete Calles** (s. Tipp S. 109) zum Río Nervión, wo der **Mercado de la Ribera** ›vor Anker liegt‹. Die Markthalle wurde 1929 in Form eines Schiffes mit neoklassizistischem Zierwerk erbaut. Die Händler bieten auf einer Fläche von ca. 10 000 m² verteilt auf drei Ebenen baskische Köstlichkeiten feil. Neben den farbenfrohen Obst- und Gemüseständen beeindruckt das unglaublich reichhaltige Sortiment an Fisch und Meeresfrüchten. Gastrobars bieten leckere *pintxos* an.

In unmittelbarer Nachbarschaft steht die spätgotische **Iglesia de San Antón** 20 , die sich an der Stelle der einstigen Burg erhebt. Die Perle des Gotteshauses ist der prächtige platereske Retabel von Guillot de Beaugrant (Mo–Sa 10–13, 15–17 Uhr, 3 €).

### Theater 21

*Plaza Arriaga s/n, Tel. 944 79 20 36, www.teatroarriaga.eus*
Parallel zum Fluss, entlang der Calle de la Ribera, gelangt man zum 1890 erbauten **Teatro Arriaga.** Die Architekten ließen sich für den Theaterbau vom Pariser Opernhaus inspirieren. Namenspate war der baskische Komponist und Geigenspieler Juan Crisóstomo de Arriaga (1806–1826), der mit gerade mal 13 Jahren seine erste Oper »Los esclavos felices« komponierte. Den ›spanischen Mozart‹ raffte mit nur 20 Jahren eine Tuberkuloseerkrankung dahin.

# El Ensanche

**Cityplan:** S. 103
Die Neustadt El Ensanche breitet sich am linken Ufer des Río Nervión aus. Von der Plaza Arriaga führt die Puente del Arenal über den Fluss, an dessen Ufer der **Jugendstilbahnhof La Concordía** einen Blickfang bildet.

### Rund um die Gran Vía

Die Hauptschlagader der Neustadt ist die Gran Vía, das Zentrum des modernen Bilbao. Der offizielle Straßenname, Gran Vía de Don Diego López de Haro, geht auf den Stadtgründer zurück. Gleich zu Beginn auf der **Plaza Circular** 22 erhebt sich auf einer Säule zwischen modernen Bürobauten sein Denkmal. Den Endpunkt des 1,5 km langen Boulevards markiert die **Plaza del Sagrado Corazón de Jesús** 23 . Auf der Avenida trifft das großbürgerliche Flair der Jahrhundertwende auf die Moderne mit ihren hochaufragenden Banken- und Versicherungspalästen. Die Gran Vía ist auch die wichtigste Einkaufsmeile der Stadt, neben den Kaufhäusern finden sich hier schicke Modegeschäfte, edle Juweliere, traditionsreiche Hotels, angesagte Bars und Restaurants.

Erholung vom Trubel bietet der im Geist der Romantik angelegten **Parque de Doña Casilda de Iturrizar** 24 . Der Park wartet mit einem herrlichen Baumbestand, einem Rosengarten, einem Musikpavillon und hübschen Brunnenanlagen auf.

## Bilbao und Umgebung

### Museum der schönen Künste 25
*Museo Plaza 2, www.museobilbao.eus, Mo, Mi–Sa 10–20, So 10–15 Uhr, Eintritt frei, Ausstellung im »alten« Teil aufgrund von Restaurierungsarbeiten*

Am südöstlichen Ende des Iturrizar-Parks liegt der Zugang zum **Museo de Bellas Artes,** einer der besten Pinakotheken des Landes. Der gläserne Erweiterungsbau der 1970er-Jahre schuf Raum für moderne und zeitgenössische Kunst sowie für Wechselausstellungen. Hier werden u. a. Werke von Tàpies, Oteiza, Chillida, Saura, Bacon und Lüpertz präsentiert.

Ein Verbindungsgang führt zum alten Gebäude, das den Bogen spannt von der Kunst des 12. Jh. bis zur Wende vom 19. zum 20. Jh. Neben den prominent präsentierten spanischen Künstlern wie Goya, Velázquez, El Greco, Ribera und Zurbarán finden sich Werke von flämischen, italienischen und französischen Meistern. Das obere Stockwerk widmet sich vor allem baskischen Künstlern, u. a. Zuloaga, Regoyos, Arteta, Echevarría, Iturrino.

## Bilbao von oben

**Cityplan:** S. 103

### Begoña-Basilika 26
*Calle Virgen de Begoña 38, Mo–Sa 8.30–13.30, 17–20, So 9.30–14, 17–20 Uhr, Metro L 1 bzw. von der Plaza de Miguel de Unamuno über eine Treppe mit 323 Stufen in ca. 20 Min. zu Fuß*

Hoch über der Altstadt wacht die Virgen de Begoña, die Schutzpatronin von Bilbao. Von der **Basílica de Begoña** aus bietet sich ein Panoramablick über die Stadt. Der Kirchenbau im Stil der Gotik geht ursprünglich auf das frühe 16. Jh. zurück. Im Innern findet sich eingebettet in einen silbernen Schrein das Bildnis der Virgen de Begoña (13. Jh.). Ihr widmet der Fußballverein Athlétic Bilbao seine Triumphe. In der Beliebtheitsskala bei Hochzeitspaaren steht die Basilika ganz oben. Am bequemsten erreicht man die Basilika mit dem Aufzug, der hinter der Kirche San Nicolás startet (derzeit außer Betrieb).

### Artxanda-Hügel
*Zahnradbahn, Funikularreko Plaza s/n, Tel. 944 45 49 66, www.funicularartxanda.bilbao. eus, Mo–Sa 7.15–22, So, Fei 8.15–22, im Sommer Fr, Sa bis 23 Uhr, Abfahrt alle 15 Min., einfache Fahrt 2,50 €*

Eine weitere Möglichkeit, Bilbao und das Guggenheim-Museum von oben zu betrachten, bietet die Anhöhe **Artxanda Mendia** (span. Monte Archanda). Eine betagte Zahnradbahn, die die Schweizer Firma Von Rou im Jahr 1915 errichtete, befördert die Passagiere von der **Plaza del Funicular** 27 in gerade mal drei Minuten 226 m weit nach oben. Ausgesprochen populär ist der Aussichtspunkt bei den Einheimischen, das lässt sich anhand der zahlreichen Restaurants ermessen, die ein gutes Preis-Leistungs-Verhältnis bieten.

### Infos
**Oficina de Turismo:** Oficina Turismo Guggenheim, Alameda Mazarredo 66 (Guggenheim), Mo–Sa 10–19, So 10–15, im Winter ab 11 Uhr; Plaza Circular, 1, Edificio Terminus, Tel. 944 79 57 60, tgl. 9–19.30, im Winter bis 17.30 Uhr; im Flughafen, Ankunftshalle, Tel. 944 03 14 44, tgl. 9–20 Uhr. Stadtpläne und eine Broschüre mit Veranstaltungsinfos sind in allen Büros kostenlos erhältlich.
**Internet:** www.bilbaoturismo.net.

### Übernachten
Chic – **Gran Hotel Domine** 1 **:** Mazarredo Zumarkalea 61, Tel. 944 25 33 00, www.hoteldominebilbao.com/de. Stylisches Hotel gegenüber dem Guggenheim-Museum. Das Designkonzept geht auf Javier Mariscal zurück. Von der Dachterrasse lässt sich die Aussicht auf die Stadt genießen. €€€

Designhotel – **Mirohotel** 2 **:** Mazarredo Zumarkalea 77, Tel. 946 61 18 80, www.mirohotelbilbao.com. Das angenehm minimalistisch-funktionale Design stammt vom Katalanen Antonio Miró. Nur wenige Schritte vom Guggenheim-Museum. €€€

Farbenfroh – **Arriaga Suites** 3 **:** Calle Bidebarrieta 3, 1. Stock, Tel. 630 94 13 12, www.pension-arriaga.bilbaohotelsspain.com/de. Familiär geführte, modern eingerichte-

Adressen

## TXIKITEO

Das Schlemmerparadies Bilbaos nennt sich **Siete Calles,** es sind die ›Sieben Straßen‹ des Zentrums, in denen sich die leckersten Tapabars der Stadt finden: Somera, Artekale, Tendería, Belostikale, Carnicería Vieja, Barrenkale und Barrenkale Barrena. Hier geben sich die Bilbaínos ihrer Lieblingsbeschäftigung, dem *txikiteo*, hin. Im Kreise ihrer Freunde, der *cuadrilla*, ziehen sie von Bar zu Bar.
Der hiesige Weißwein, der *txakoli* (span. *chacolí*), wird knapp bemessen in einfache Trinkgläser eingeschenkt, nur so ist der stetige Wechsel von Bar zu Bar zu überstehen. Zum Wein gönnt man sich eins der appetitlichen Häppchen, die sich verführerisch auf den Theken türmen. In südlicheren Gefilde Spaniens sind die kleinen Leckereien unter dem Begriff *tapas* in aller Munde, hier laufen sie unter dem Namen *pintxos* (Spieße). Die zahllosen, kleinen Köstlichkeiten wie Sardellen, Oliven, Schinken oder Kroketten werden mit Hilfe von kleinen Spießchen oder Zahnstochern fixiert, anhand der Spieße verliert der Wirt nicht den Überblick über die konsumierten *pintxos*.
Um die Rechnung gibt es – wie in ganz Spanien – unter den Freunden Scheingefechte. Aber es gleicht sich am Ende doch irgendwie wieder aus: Einmal zahlt der eine, die nächste Rechnung übernimmt der andere.

---

te Pension in der Nähe vom Arriaga-Theater. €€€
Elegant – **NH Collection Villa de Bilbao** 4 : Gran Via 87, Tel. 94 441 60 00, www.nh-collection.com/Bilbao/Villa-de-Bilbao. Helles, klares Design durchdringt das Hotel, das sich in der Nähe des Guggenheim-Museums befindet. €€
Mittendrin – **Pension Basque Boutique** 5 : Dorre Kalea 2, Tel. 944 79 07 88. Originell eingerichtete kleine Zimmer. Hilfreiches Personal. Nicht die ruhigste Unterkunft, dafür mitten in der Altstadt gelegen. €–€€
Im Herzen von Bilbao – **Hotel Petit Palace Arana** 6 : Calle Bidebarrieta 2, Tel. 944 15 64 11, www.petitpalacearanabilbaohotel.com. 64-Zimmer-Hotel nahe dem Arriaga-Theater. Das Gebäude versprüht historischen Charme, die Zimmer sind geschmackvoll eingerichtet. Überall Internetanschluss. €
Solide – **Pension Iturrienea Ostatua** 7 : Calle Santa María 14, 1. Stock, Tel. 944 16 15 00, http://iturrieneaostatua.com. Zentrale, gemütliche Altstadtpension mit 21 Zimmern, die mit Liebe zum Detail eingerichtet sind. €
Rustikaler Schick – **Hotel Artetxe** 8 : Ctra. Enekuri–Artxanda, Km 7, Tel. 944 74 77 80, www.hotelartetxe.com. Ehemaliges Landhaus mit Blick über Bilbao. Die Zimmer verfügen über eine ländlich rustikale Eichenholzeinrichtung und massive Holzbalken an der Decke. €
Oberhalb von Bilbao – **Pension Artetxe** 9 : Camino de Berriz 95, Tel. 944 74 77 80, www.hotelartetxe.com. Empfehlenswerte Pension in einem ehemaligen Bauernhaus, gehört zum Hotel Artetxe (s. o.). €

## Essen & Trinken
Kulinarisches Paradies – **Mercado de la Ribera** 19 : An den Gastronomieständen gibt es leckere und preiswerte Tapas, s. S. 107.

## Bilbao und Umgebung

## KAFFEEHAUSKULTUR

Liebhaber traditioneller Kaffeehäuser werden in Bilbao fündig, obwohl einige der Klassiker ihre Pforten geschlossen haben. Zu meinen persönlichen Favoriten zählt das orientalisches Flair verströmende **Café Iruña** 13 im Stadtteil Ensanche. Im gleichen Stadtteil liegt ein weiterer Klassiker, die **Pastelería New York** 11, die mit einem schmucken Teesalon punktet. Die neuen Besitzer setzen auf hausgemachte Kuchen und leckere süße Teilchen. Bekannt für seine *pintxos* (Häppchen) ist das **Café Bilbao** 12 auf der Plaza Nueva.

Gourmet-Tempel – **Zortziko** 1 : Alameda de Mazarredo 17, Tel. 944 23 97 43, www.zortziko.es, So, Mo geschl. Eines der großen Aushängeschilder der baskischen Kochkunst – Küchenchef Daniel García wurde von Michelin mit einem Stern ausgezeichnet. Im eleganten Speisesaal werden vom qualifizierten Personal Köstlichkeiten wie Lachsfilet auf Dill-Weinschaum oder geräucherte Anchovis mit Paprika-Tomaten-Gemüse serviert. €€€

Exquisites – **La Despensa del Etxanobe** 2 : Calle Juan Ajuriaguerra 8, Tel. 944 42 10 71, http://etxanobe.com, So geschl. Gepflegtes Restaurant mit modernem Design im Palacio Euskalduna. In den Sommermonaten lockt eine große Terrasse. Kreative Gourmetküche. €€

Klassiker – **Serantes** 3 : Calle Licenciado Poza 46, Tel. 944 21 21 29. Durch die meist sehr gut besuchte Bar geht's zum Restaurant, das spezialisiert ist auf fangfrischen Fisch, Meeresfrüchte und Muscheln. Ein Ableger des Lokals, das **Serantes II** 4 , findet sich in der Alameda de Urquijo 51, Tel. 944 10 26 99. €€

Austern am Tresen – **El Puertito** 5 : García Rivero M. Kalea 9, Tel. 944 02 62 54. Schlichte Bar mit Terrasse, meist rappelvoll, dafür leckere, frische Austern und eine klasse Weinauswahl. €

Beliebt – **Maider** 6 : Calle Colón de Larreategui 5, Tel. 944 24 89 90, So geschl. Auf Fisch und Meeresfrüchte spezialisiertes Lokal. €

Tapas in Hülle und Fülle – **Lepanto** 7 : Plaza Pedro Eguillor Emparantza 2, Tel. 944 16 62 56. Appetitliche Häppchen gibt es an der Theke, im ersten Stock liegt das Restaurant. € **Víctor** 8 : Plaza Nueva 2, Tel. 944 15 16 78, http://restaurantevictor.com, So geschl. Familiär geführtes kleines Lokal mit üppiger Tapatheke mitten in der Altstadt. Guten Ruf genießt der *bacalao* (Stockfisch), empfehlenswert sind auch die hausgemachten Desserts. €–€€ **Gatz** 9 : Calle Santa Maria, 10, Tel. 944 15 48 61, So abends geschl. Mitten in der Altstadt, bekannt für seine kreative *pintxo*-Küche. € **Rio-Oja** 10 : Calle El Perro 4, Tel. 944 15 08 71, Mo geschl. Beliebte Tapabar mit Restaurant. Die etwas größeren Tapas werden in kleinen Kasserollen serviert.

Teesalon – **Pastelería New York** 11 : Calle Buenos Aires 13, Tel. 944 23 25 17. Das Traditionscafé mit Teesalon geht auf das Jahr 1922 zurück, nach der Schließung übernahm ein junges Team. Es setzt auf gesunde Küche mit hausgemachten Kuchen und kleinen Snacks.

Zum Draußensitzen – **Café Bilbao** 12 : Plaza Nueva 6, Tel. 944 15 16 71. Café mit Terrasse mitten in der Altstadt. Reichhaltiges Angebot an *pintxos* und *raciones*.

Uraltklassiker – **Café Iruña** 13 : Jardines de Albia-Berástegui 5, Tel. 944 23 70 21. Das traditionsreiche Kaffeehaus mit Kacheldekor operiert seit 1903. Reiche Tapasauswahl und warme Küche.

## Einkaufen

Markterlebnis – **Mercado de la Ribera** 19 : vom Fisch bis zum Pfirsich, alles, was der Gaumen begehrt, s. S. 107.

Antikes und Ramsch – **Flohmarkt:** Plaza Nueva 13 , So morgens. Händler bieten Briefmarken, Münzen, gebrauchte Bücher und CDs sowie allerlei Kurioses an.

# Adressen

Baskenmützen – **Sombreros Gorostiaga** 1 : Calle Viktor 9. Das Traditionsunternehmen bietet für jeden Kopf die richtige Mütze.

Süße Verführung – **Pastelería Arrese** 2 : Gran Vía 24. Beim Anblick der köstlichen Trüffel kann man in dieser Konditorei kaum widerstehen.

Musik – **Power Records** 3 : Calle Villarias 5. Wer sich für baskische Musik interessiert, wird hier fündig.

## Abends & Nachts

Die **Calle Licenciado Poza** und **Ledesma** in der Neustadt bilden das Epizentrum des Nachtlebens.

Konzerte, Theater & mehr – **Kafe Antzokia** 1 : Done Bikendi Kalea 2, Tel. 944 24 46 25, www.kafeantzokia.eus. Coole Klub-Konzert-Location in einem ehemaligen Theater.

Jazz-Klub – **Bilbaina Jazz Club** 2 : La Sala La Bodega, Urazurrutia Kalea 5, Tel. 946 79 06 71, www.bilbainajazzclub.org. Der Klub macht an mehreren Orten Progamm. In der Sala La Bodega treten internationale Musiker auf. Aktuelles Programm siehe Website.

Klub mit Livemusik – **Azkena** 3 : Ibáñez de Bilbao Kalea 26, Tel. 944 24 08 90, www.azkena.eus. Angesagter Klub mit Rock-, Hardrock-, Indie-Musik, ab und an Livekonzerte.

Schauspiel, Ballett, Konzerte, Opern – **Teatro Arriaga** 21 : Plaza Arriaga s/n, s. S. 107

Klassische Konzerte und Opern – **Palacio Euskalduna** 2 : Av. Abandoibarra 4, Tel. 944 03 50 00, www.euskalduna.eus. Im Sitz des Sinfonieorchesters von Bilbao werden in erster Linie klassische Konzerte und Opern geboten.

Kultur- und Freizeitzentrum – **Azkuna Zentroa** 4 : Plaza Arriquíbar 4, Tel. 944 01 40 14, www.azkunazentroa.eus. Die ehemalige städtische Weinlagerhalle wurde vom Stardesigner Philippe Starck in Zusammenarbeit mit Thibaut Mathieu in ein angesagtes Kultur-und Freizeitzentrum umgewandelt. In der Haupthalle findet sich ein kreativer »Säulenwald«. Konzerte,

*Viele Generationen haben im Café Iruña schon einen Pintxo zu einem Glas Bier verspeist*

## BILBAO CARD

Die **BilbaoCard** ist in den Touristenbüros erhältlich: für 1 Tag 10 €, für 2 Tage 15 €, für 3 Tage 20 €. Mit ihr reduziert sich der Eintritt in den Museen. Die öffentlichen Verkehrsmittel, einige Geschäfte, Restaurants, Bars und Klubs gewähren ebenfalls Preisnachlässe. Eine Auflistung aller Ermäßigungen findet sich unter www.bilbaobizkaiacard.com.

---

Ausstellungen, Kino, Theater, Schwimmbad, Restaurants.

### Aktiv
Rad-, E-Bikes- und Tandemverleih – **Tourné Bilbao** 1 : Calle Villarías 1, Tel. 944 24 94 65, www.tournebilbao.com. Verleih und geführte Citytouren auf Deutsch mit dem Rad.

### Termine
**Karneval:** Febr. In Bilbao wird besonders ausgelassen gefeiert – bis am Aschermittwoch mit dem *entierro de la sardina (*Begräbnis der Sardine) alles vorbei ist.
**Semana Coral Vizcaina:** Febr. Das Treffen der Chöre ist ein Erlebnis, besonders die melancholisch angehauchten Lieder spiegeln die Volksseele wider. Interessant und ungewohnt auch die baskische, fröhlic-schrille Jodelvariante.
**Semana Grande** (bask. Aste Nagusia): Die Festwoche beginnt am 1. Sa nach dem 15. Aug. Acht Tage steht Bilbao Kopf: Wichtigstes Stadtfest mit Stierkämpfen, Umzügen, Konzerten, Theater, Sportevents sowie Feuerwerke.

### Verkehr
**Flüge:** Aeropuerto Internacional de Bilbao-Loiu/Sondika, über Autovía BI 631 11 km nordöstlich des Zentrums, Tel. 913 21 10 00, www.aena.es. Vom Flughafen fährt der Termibús A3247, betrieben von Bizkaibus, vom Ankunftsterminal ins Zentrum (Haltestellen Busbahnhof Bilbao Intermodal, GranVía, Plaza Moyua und Alameda de Recalde), tgl. 6–20 Uhr alle 20 Min., 20–22 Uhr alle 30 Min.). Vom Zentrum zum Flughafen/Abflugterminal fährt der Termibús A3247 tgl. 5–20 Uhr alle 20 Min., 20–22 Uhr alle 30 Min. Infos unter: www.bilbaointermodal.eus.
**Bahn:** Estación de tren de Bilbao – Abando Indalecio Prieto, Plaza Circular 2, Tel. 912 32 03 20, Renfe-Züge u. a. nach Madrid, Barcelona, San Sebastián, Burgos, La Coruña, Logroño, Zaragoza; La Concordía-Bahnhof, Calle Bailén 2 (in der Nähe des Abando-Bahnhofs), Tel. 944 25 06 15, Renfe-Verbindung u. a. nach Santander, León und Santiago de Compostela; Atxuri-Bahnhof, Calle Atxuri 6, Tel. 944 01 99 00, www.euskotren.eus. Nahverkehrsverbindungen mit Eusko-Tren u. a. nach Gernika, Bermeo und Deba.
**Bus:** Busbahnhof Bilbao Intermodal, Calle Gurtubay 1, Tel. 944 20 08 69, www.bilbaointermodal.eus. Unterschiedliche Busgesellschaften bedienen u. a. Linien nach Santander, San Sebastián, Logroño, Pamplona, Burgos, León, Vitoria-Gasteiz, Madrid und Barcelona.
**Metro:** www.metrobilbao.eus. Es gibt aktuell drei Metrolinen, die Streckenlänge beträgt insgesamt 45 km. Etliche Stationen wurden von dem britischen Stararchitekten Norman Foster und seinem Team entworfen. Hingucker bilden vor allem die wie transparente Schneckenhäuser wirkenden Zugänge, die im Volksmund *fosteritos* genannt werden. Haltestellen sind u. a. Casco Viejo (Altstadt, Plaza de Unamuno), San Mamés (Busbahnhof), Abando (Estación de Renfe und Feve), Plaza Moyúa (Museo de Bellas Artes, Guggenheim, Flughafenbus). Einfache Fahrt ab 1,95 €. Mit der aufladbaren Karte Tarjeta Barik können verschiedene Optionen gewählt werden.
**Straßenbahn:** www.euskotren.eus. Die Straßenbahn Euskotren Tranbia, die von La Casilla bis Atxuri parallel zum Fluss Nervión verläuft, verbindet u. a. die Altstadt mit dem Guggenheim-Museum (1,50 €).
**Zahnradbahn:** Funicular, s. S. 108

# Die Umgebung von Bilbao

## Puente Colgante ▶ 1, O 3

*Schwebefähre, El Transbordador de Vizcaya S. L., Calle Barria 3 – Bajo, Las Arenas (Getxo), Tel. 944 80 10 12, www.puente-colgante.com, Fußgänger 0,50–1,70 €, Pkw 1,70– 3,20 € je nach Tageszeit, Besichtigung mit Audioguide 12 €*

Technik und Ästhetik vereint die älteste Hängebrücke der Welt! Nach wie vor versieht die 1893 eingeweihte Schwebefähre ihren Dienst. Den Entwurf für dieses technische Bravourstück lieferte der Ingenieur und Architekt Alberto Palacio, ein Schüler von Gustave Eiffel.

14 km vom Zentrum Bilbaos entfernt verbindet die Puente Colgante die Ortschaften **Portugalete** und **Getxo**, die durch die Flussmündung getrennt sind. Es handelt sich um eine 45 m hohe und 160 m lange Stahlgitterkonstruktion, die auf zwei Masten ruht. An dieser Konstruktion hängt eine an Drahtseilen befestigte Transportbarke, die sowohl Personen als auch Fahrzeuge transportiert. Per Aufzug ist die Fußgängerbrücke im oberen Teil der Brücke zu erreichen, wer nicht schwindelfrei ist, sollte davon allerdings lieber absehen. 2006 erhob die UNESCO die Puente Colgante von Bilbao zum Welterbe.

## Algorta und Plentzia ▶ 1, O 3

Verglichen mit dem westlichen Ufer des Nervión-Deltas ist der Bereich östlich der *ría* attraktiver, d. h. weniger industriell erschlossen. Nicht weit entfernt von der Puente Colgante liegt die gepflegte, zum Gemeindebezirk von Getxo gehörende Ortschaft **Algorta,** die aus einem Fischerdorf hervorgegangen ist. Sonnenhungrige Großstädter sorgen an den Wochenenden für Umsatz in den zahlreichen Restaurants und Bars. Der beliebte Badeort **Plentzia** (span. Plencia) glänzt mit familienfreundlichen, ausgedehnten Stränden

## Übernachten

Freundlich – **Kaian Plentzia:** Aretaza Hiribidea 38, in Plentzia, Tel. 946 77 54 70, www.kaianplentzia.com. Haus in Hafennähe mit sieben hellen Zimmern. Das Restaurant serviert feine baskische Küche (So–Di abends). Restaurant €€, DZ €€

## Essen & Trinken

Meerblick – **La Brasserie:** Muelle de Ereaga, 3, im Hotel Igeretxe, Playa de Ereaga, Getxo, Tel. 944 91 00 09, www.hotel-igeretxe.com. Modern gestaltetes Restaurant, Terrasse mit Meerblick. Frische, kreative Küche. Fisch- und Meeresfrüchte sind zu empfehlen. Unbedingt Platz lassen für eines der leckeren Desserts. €€
Preisgünstig – **El Hule:** Calle Victor Chavarri 13, Portugalete, Tel. 944 72 21 04. Winziges Restaurant mit gerade einmal vier Tischen. Köstlich der frische Fisch und die hausgemachten Kroketten. €

## Aktiv

Strände – Im Sommer zieht es die Bilbainos zu ihren Hausstränden, z. B. zur **Playa Ereaga** in Algorta. Beliebt bei Surfern sind die Strände der Ortschaft Sopelana wie die **Playa Arrietara** und **Atxiabirri.** Der Treffpunkt für die Nudisten ist die **Playa Barinatxe.** In Plentzia locken die **Playa de Plencia** und **Playa de Gorliz,** Letzter wird umgeben von einem Pinienwald, der sich für ein schattiges Picknick anbietet.

Schwimmbad und Fitness-Center – **Azunka Zentroa:** Arriquibar Plaza 4, Tel. 944 01 40 44, www.azkunazentroa.eus. Hippe Adresse für Fitness-Fans.
Abheben – **Flyboard Bizkaia:** Gorlizko Badia Ibiltokia 9, Gorliz, am Ende des Strandes von Plentzia/Gorliz, www.flyboardbizkaia.com, Tel. 688 81 02 85. Abenteuerlustige können mit dem Flyboard hoch über dem Meer schweben.

## Verkehr

**Bahn:** Regelmäßig mit Renfe vom Abando-Bahnhof in Bilbao nach Portugalete, der Bahnhof liegt in der Nähe des Westendes der Schwebefähre.
**Metro:** Linie L1 fährt über Areeta (Haltestelle 500 m vom östlichen Pfeiler der Schwebefähre), Algorta und Sopelana bis nach Plentzia.
**Schwebefähre:**. Puente Colgante, s. o.

# Küste und Hinterland der Provinz Bizkaia

**Einen Kontrast zum Großraum von Bilbao bietet die abwechslungsreiche Küste der Provinz Bizkaia, an der sich eine reizvolle Straße entlangschlängelt. Am Atlantik wartet die grüne, wilde Landschaft mit feinen Sandstränden auf. Im Hinterland laden die sanften Hügel des Biosphärenreservats Urdaibai Naturfreunde zum Wandern ein.**

Die Postkartenansicht der Region präsentiert das romantisch gelegene Kap von Gaztelugatxe, das von einer Seefahrerkapelle bekrönt wird. Für einen längeren Aufenthalt bieten sich das beschauliche Städtchen Lekeitio oder die Surferhochburg Mundaka an. 15 km abseits der Küste liegt Gernika, die ›Heilige Stadt‹ der Basken. In die Geschichtsbücher ist sie eingegangen durch den verheerenden Bombenangriff der deutschen Legion Condor im Spanischen Bürgerkrieg. Von Gernika aus lohnt sich ein Ausflug zum ›beseelten Wald‹ von Oma, den der engagierte Künstler Agustín Ibarrola in ein Kunstwerk verwandelte.

## Zum Cabo Matxixako
▶ 1, P 3

**Karte:** S. 115
Folgt man der reizvollen, schmalen Küstenstraße BI 3101 Richtung Osten erreicht man wenige Kilometer hinter **Bakio**, einem beliebten Urlaubsort der Bilbaínos, die stimmungsvoll auf einer kleinen Felsnase thronende Seefahrerkapelle **San Juan de Gaztelugatxe** 1 (11. Jh. unbedingt kostenloses Ticket reservieren unter www.tourismus.euskadi.eus). Im Innern häufen sich die Votivgaben, die die Fischer für ihre Errettung in Seenot der Christusstatue von San Juan de Gaztelugatxe darbringen. Die Glocke der Kapelle warnte früher die Seeleute vor heraufziehenden Stürmen. In der beliebten Fantasy-Serie »Game of Thrones« taucht San Juan de Gatzelugatxe als Drehort der siebten Staffel auf. Von der Terrasse des Restaurants Enepri bietet sich ein herrlicher Blick auf das Eiland. Erreichbar ist die Treppe, die zur Einsiedelei führt, über einen steilen, abenteuerlichen Weg vor dem Restaurant Enepri (ca. 20–30 Min.) oder alternativ, bequemer über eine asphaltierte Piste (ca. 40–50 Min.). Die tolle Steintreppe (241 Stufen), die die Verbindung zum Festland bildet, führt hier hinauf zur Kapelle. Oben angelangt liegen einem die wildromantischen, windgepeitschten Klippen der Steilküste zu Füßen. Ein Ort voller Magie, eine Anstrengung, die sich lohnt! Läuten Sie dreimal die Glocke, das soll Glück bringen!

Eine Ecke weiter empfiehlt sich ein kleiner Abstecher von der Küstenstraße zum **Cabo Matxixako** 2 (span. Machichaco), auf dessen Spitze sich ein Leuchtturm erhebt. Vom Kap öffnen sich herrliche Ausblicke.

### Essen & Trinken
Beliebtes Ausflugslokal – **Enepri Bar-Restaurante:** Calle San Pelaio 89, Bakio, Tel. 946 19 40 65, www.eneperi.com, Mi–Fr, So 13.30–16, Sa 13.30–16, 21–23 Uhr. Beim Besucherparkplatz von San Juan de Gaztelugatxe. Gepflegte baskische Küche, Bar mit leckeren Tapas und Terrasse. €€

# Bermeo

Rustikaler Charme – **Restaurante Zintziri Errota**: Barrio Arzalde 3, Bakio, Tel. 946 19 32 23, www.zintzierrota.com. In der ehemaligen Schmiede wurde das Lokal mit viel Liebe zum Detail hergerichtet, die Küche bietet baskische Köstlichkeiten. €–€€

## Termin

**Wallfahrt zur Ermita de San Juan de Gaztelugatxe:** 24. Juni. Typisch als Wegzehrung der Pilger an diesem Festtag sind die süßen Kringel *rosquillas de San Juan*.

# Bermeo ▶ 1, P 3

**Karte:** S. 115

Das Meer bestimmt nach wie vor die Geschicke von **Bermeo** 3 (17 000 Einw.). Die Stadt besitzt den größten Fischereihafen an der kantabrischen Küste. Sie lebt in erster Linie von der Konservenindustrie, Tourismus spielt nur eine untergeordnete Rolle. Im Stadtwappen erinnert ein Wal an die enorme Bedeutung, die hier einst der Walfang hatte. Die geschichtsträchtigste Kirche der Stadt, **Santa Eufemia** (15. Jh.; Calle Eupeme Deuna), erhebt sich über den alten Hafen. In dem gotischen Gotteshaus schworen einst die Könige und Landesherren auf die Einhaltung der *fueros*, der Vorrechte der Provinz Bizkaia.

Ein Muss ist der Bummel durch den **alten Hafen.** Die attraktive Hafenmeile säumen bunte, vier- bis fünfstöckige Fischerhäuser. Volkstümliche Bars und Fischrestaurants sorgen für das leibliche Wohl. Das idyllische Bild rundet ein kleiner Sporthafen ab. Die Mole ziert eine eindrucksvolle, 8 m hohe Welle aus Cortenstahl, ein Werk des hiesigen Künstlers Néstor Basterretxea Arzadun.

## Fischereimuseum

*Calle Torronteroko Enparantza 1,*
*Tel. 946 88 11 71, www.bizkaia.net/museo*

## Küste und Hinterland der Provinz Bizkaia

*delpescador*, April–Sept. Di–Sa 10–19, So 10.30–14.30 Uhr, sonst Di–Sa 10–14, 16–19, So 10–14 Uhr, 3,50 €

Rund um den Fischfang und den harten Alltag der Fischer geht es auch im **Museo del Pescador,** im einzig erhaltenen Wehrturm der Stadt, der **Torre Ericilla** aus dem 15. Jh. Von großer Bedeutung war für die Küstenorte lange Zeit der Walfischfang. Bereits im Mittelalter brachen Segelschiffe von der ganzen baskischen Küste zur Waljagd nach Neufundland und Grönland auf. Häufig gerieten die Schiffe auf ihrer langen Reise zu den Fanggebieten in Seenot. Mit einfachen Wurfharpunen versuchten die Fischer von kleinen Booten aus den Kolossen den Garaus zu machen – und kamen dabei oft genug selbst ums Leben.

Ihre Blütezeit erlebte die Walfangindustrie im 17. und 18. Jh. Heiß begehrt war vor allem der Waltran, der durch das Kochen des Specks gewonnen wurde, er diente bis ins 19. Jh. als Lampenöl und Schmierstoff. Im 18. und im 19. Jh. stand das Fischbein der Wale hoch im Kurs für die Herstellung von Korsetts und Reifröcken. Ambra, eine wachsartige Substanz aus dem Verdauungstrakt des Pottwals, fand bei der Parfümherstellung und in der pharmazeutischen Industrie Verwendung.

### Infos

**Oficina de Turismo:** Calle Lamera s/n, 48370 Bermeo, Tel. 946 17 91 54, www.bizibermeo.eus.

### Übernachten

Ökohotel – **Hotel Rural Atxurra:** Arronategi Auzoa z/g, Bermeo, Tel. 944 65 44 04, www.hotelatxurra.com. 8 km landeinwärts in ruhiger Umgebung liegt das komfortable Ökohotel. DZ €€€, Appartements €€–€€€

Agroturismo – **Mañuko Benta:** Alto Sollube s/n, 946 88 12 12, www.manuko-benta.com. 7 km landeinwärts liegt das charmante Landhaus, dessen sechs Zimmer liebevoll für Gäste hergerichtet wurden. €€

Zentral – **Andra Mari Apartamentu Turistikoak:** Talakoetxea 1, Tel. 626 89 16 61, www.bermeoapartamentos.com. Kleine, gepflegte Ferienwohnung oberhalb des Hafens. €

### Essen & Trinken

Aus dem Holzofen – **Asador Almiketxu:** Calle Almike Auzoa 8 (ca. 2 km südwestl.), Tel. 946 88 09 25, www.almiketxu.com, Mo geschl., Di–Do, So 10.30–16.30, Fr, Sa 10.30–16.30 Uhr. Spezialitäten des Landgasthofs mit Terrasse sind Fleisch aus dem Holzkohleofen und gegrillter Fisch. Der Käsekuchen mit frischen Feigen ist ein Gedicht. €–€€

Solide Hausmannskost – **Artza:** Akatasun Hirbidea 1, Tel. 946 02 93 71, So geschl. Am Hafen gelegen, hinter der Bar versteckt sich ein kleines, familiengeführtes Restaurant. Günstige Menüs mit landestypischer Küche. In der Bar gibt es eine reiche Auswahl an leckeren Pintxos. €

Angesagt – **Bermeoko Kafe Antzokia:** Aurrekoetxea 27-bajo, Tel. 946 88 02 16, www.bermeokokafeantzokia.com, Mo, Mi, Do, So 10–17, Fr 10–23, Sa 12–22 Uhr. Samstags häufig Konzerte. Modernes Lokal mit Terrasse, unter der Woche werden preisgünstige Menüs angeboten. €

### Aktiv

Bootsausflüge – **Hegaluze:** Am alten Hafen, Tel. 666 79 10 21, www.hegaluze.com. Touren ins Biosphärenreservart Urdaibai. **Matxitxako Nautika:** Muelle de Benanzio Nardiz 22 *(puerto deportivo,* Sporthafen), 15–bajo, Nardiz tar Banzio, Tel. 678 84 41 28, www.matxitxakonautika.net. Segeltörns.

Tauchschule – **Txof-Buceo:** Nardiz tar Benanzio Kaia 1, Tel. 656 70 52 26.

### Termin

**Fiestas de Bermeo:** 7.–10. Sept. Die Patronatsfeste erreichen ihren Höhepunkt am 8. Sept., dem Festtag der Jungfrau Nuestra Señora de Albóniga, und am 9. Sept., dem Festtag der Fischer.

## Mundaka ▶ 1, P 3

**Karte:** S. 115

In **Mundaka** 4 (span. Mundaca; 1880 Einw.) dreht sich alles um Wind und Wellen. Die Ortschaft, die an der breiten Mündung des Río

## Mundaka

Oca liegt, zählt zu den Top-Surfspots in Europa. In der Nebensaison herrscht in Mundaka ein gemütlicher Rhythmus, im Sommer und Herbst bringen Surfer und andere Urlauber die Ortschaft etwas auf Trab.

Mittelpunkt des beschaulichen Städtchens ist der Platz vor der gotischen **Pfarrkirche Santa María** (15. Jh.). Links von der Kirche lädt ein hübsch angelegter Weg mit schönen Ausblicken auf die Flussmündung und das Meer zum Flanieren ein. Ein paar Meter weiter liegt der wirklich winzige **alte Hafen.**

Die schönste Perspektive für Fotografen bietet sich dem Besucher gleich nach der Ortseinfahrt, hier fällt der Blick auf das auf einem Felsen gelegene **Kirchlein Santa Catalina.** Bei der Weiterfahrt in Richtung Gernika lohnt es sich ebenfalls, einen Stopp beim Aussichtspunkt oberhalb von Mundaka einzulegen.

### Infos

**Oficina de Turismo:** Deuna Kalea, z/g (in Hafennähe), 48360 Mundaka, Tel. 946 17 72 01, www.mundakaturismo.com, Mo–Sa 10–14, 16–18, So, Fei 10–15 Uhr.

### Übernachten

Geschmackvoll – **Hotel Atalaya:** Itxaropen Kalea 1, Tel. 946 17 70 00, www.atalayahotel.es. Kleines, gut gelegenes Hotel mit ordentlichen, nicht allzu großen Zimmern. Das Frühstück gibt es auf der Hotelterrasse. Freundlicher Service, eigener Parkplatz. €€€

Funktional – **Hotel Mundaka:** Florentino Larrínaga Kalea 9, Tel. 946 87 67 00, www.hotelmundaka.com. Das Hotel in der Altstadt bietet Internetzugang. Die Zimmer sind ansprechend eingerichtet. €€–€€€

Umweltfreundlich – **Eco Hotel Mundaka:** Florentino Larrinaga 9, Tel. 946 87 67 00, www.hotelmundaka.com. Umweltfreundliches, familiäres Hotel; zum Frühstück gibt es regionale Bioprodukte. Die Zimmer sind funktional ausgestattet. Bis zum Strand sind es 300 m. €€–€€€

Familiär geführt – **Hotel El Puerto:** Portu Kalea 1, Tel. 946 87 67 25, www.hotelelpuerto.com. Direkt beim kleinen Hafen gelegen verfügt das ehemalige Fischerhaus über gerade mal elf Zimmer. Sie sind modern und komfortabel eingerichtet. €€

Camping – **Portuondo:** Ctra. Mundaka–Gernika (ca. 1 km südl. von Mundaka), Tel. 946 87 77 01, www.campingportuondo.com, ganzjährig geöffnet. Der bei Surfern beliebte Platz oberhalb eines kleinen Strands bietet Restaurants, Supermarkt und Pool.

### Essen & Trinken

Mit Aussicht – **Asador Portuondo:** Barrio Portuondo 1, Tel. 946 87 60 50, www.restauranteportuondo.com, Mo–Do 12–19, Fr 12–24, Sa 11.30–20, So 11.30–20 Uhr. Das Restaurant in einem ehemaligen Landhaus beim Campingplatz Portuondo (s. o.) verfügt über einen Tapabereich und einen rustikalen Speisesaal im ersten Stock. Von der tollen Terrasse blickt man auf die Playa de Laida. €€–€€€

### Aktiv

Baden & Surfen – Die **Playa de Laida** auf der östlichen Seite der Flussmündung ist in der Surferszene bekannt für ihre Linkswelle, die die beachtliche Länge von 400 m erreichen kann. Verantwortlich für den Aufbau der Welle ist eine große Sandbank. Für nicht ganz so routinierte Surfer und Badegäste empfiehlt sich die benachbarte Playa de Laga (s. S. 125). **Mundaka Surf Shop:** Calle Txorrokopunta 10 bajo, Tel. 946 17 72 29, www.mundakasurfshop.com. Surfbrettverleih und Surfkurse. **Mundaka Barra Surf:** Santa Katalina Plaza 4, Tel. 688 77 62 22, www.mundakabarrasurf.com. Surfkurse.

Bootsausflüge – **Urdaibaion:** Tel. 626 85 94 77, www.urdaibaion.com. Von Ostern bis Ende Oktober ab Mundaka aus zweistündige Bootstouren nach Absprache in die Ría de Mundaka zum Herz des Biosphärenreservats Urdaibai.

### Termine

**Euskal Jaia:** Letztes Wochenende im Aug. Baskisches Fest, auf dem Programm stehen: Tänze von Trachtengruppen, baskischer Volkssport – Herri-kirolak, Pelota-Wettbewerbe – sowie ein Kunsthandwerkmarkt.

*Die Ría de Mundaka schlängelt sich bei Kanala durch Sandbänke*

**Fiesta de San Pedro:** Um den 29 Juni. Fest zu Ehren des Patrons der Fischer.
**Nuestra Señora de la Asunción:** 15. Aug. Patronatsfest an Mariä Himmelfahrt.

# Biosphärenreservat Urdaibai ▶ 1, P 3

**Karte:** S. 115
1984 erklärte die UNESCO das Gebiet um den tiefen Einschnitt der Ría Mundaka, das rund 23 000 ha umfasst, zur **Reserva de la Biósfera de Urdaibai** 5 . Hier an der Mündung des Río Oca mischen sich Süß- und Salzwasser und bilden so die wichtigste Feuchtlandschaft des Baskenlands.

Neben der typischen Marschlandschaft, den Steilküsten und den Stränden gehören zu den Ökosystemen von Urdaibai ausgedehnte Eichenwälder. Für viele Zugvögel ist die Region eine willkommene Station auf ihrer Reise nach Afrika, einige von ihnen richten sich hier ihr Winterquartier ein. Vogelliebhaber können Fischreiher, Königsreiher, Störche, Brachvögel und Kormorane beobachten. In den Steineichenwäldern finden Wildschweine, Steinmarder, Ginsterkatzen und Eichelhäher Schutz.

Einen Überblick über das Gebiet erhält man beim Aufstieg auf den Berg **Atxarre** (s. Tour S. 122).

## Rundwanderung
*Markierung: PR-BI-176, Sendero de las lamias, 6 km, Höhenunterschied kumuliert: 253 m, 2–2,5 Std. Mittlerer Schwierigkeitsgrad*
Der Rundweg durch das Biosphärenreservat startet bei der Tankstelle von Mundaka (Carr. BI-2235) und endet bei Portuondo am Campingplatz von Mundaka. Die Krönung der Wanderung ist der Blick vom Gipfel Katillotxu (337 m) auf die Mündung des Río Oca.

## Infos
**Patronato de Reserva de la Biosfera de Urdaibai:** Palacio Udetxea, Ctra. Gernika–Lumo s/n, 48300 Gernika, beim Parque de los Pueblos de Europa, Tel. 946 25 71 25, Mo–Do

8.30–13.30, 15–17.30, Fr 8.30–14.30, Sommer Mo–Fr 8.30–14.30 Uhr.
**www.turismourdaibai.com:** Website mit guten Infos u. a. zu Unterkünften, Aktivitäten, Wandertipps und Vogelbeobachtungsmöglichkeiten.

### Übernachten

Familiär geführt – **Hotel Gametxo:** 48311 Ibarrangelu, Tel. 94 627 77 10, www.hotelgametxo.com. Das gepflegte, kleine Hotel ist eine Oase der Ruhe. Von der Terrasse eröffnet sich ein toller Blick über die Mündung des Río Oka. Im Hotel wird nur Frühstück angeboten. Die Strände von Lago und Laido sind nicht weit entfernt. Idealer Standort für Ausflüge ins Biosphärenreservat. €€–€€€

### Aktiv

Vogelbeobachtung – **Urdaibai Bird Center, Aranzadi Zientzi Elkartea:** Orueta 7, Gautegiz Arteaga, Tel. 699 83 92 02, www.birdcenter.org, Öffnungszeiten s. Website. Mo nur in der Hauptsaison geöffnet, 5 €. Museum und Observatorien zur Vogelbeobachtung. Verleih von Audioguides (engl., span., franz., deutsche Audioguides sind in Arbeit).

# Gernika ▶ 1, P 3

**Karte:** S. 115
**Gernika** 6 (span. Guernica; 17 000 Einw.) liegt von der Küste rund 15 km landeinwärts. Die Straße folgt dem tief eingeschnittenen, breiten Mündungsarm des Río Oca und führt durch eine herrlich grüne, sanfte Hügellandschaft. Einst war Gernika der Mittelpunkt des Baskenlands und nach wie vor spielt die Stadt eine zentrale Rolle für die nationale Identität der Basken.

Ein Blick in die Geschichte erklärt, warum die Basken sie als Heilige Stadt bezeichnen: Schon im 10. Jh. traf sich hier unter der uralten Eiche von Gernika die Versammlung der Ältesten, um Rat zu halten und Recht zu sprechen. Diese Tradition hielt sich bis ins 19. Jh. Außerdem legten unter der ›1000-jährigen‹ Eiche die kastilischen und später die spanischen Könige den Schwur auf die *fueros* (Sonderrechte) ab, die dem Baskenland eine weitgehende Eigenständigkeit sicherten. Im Gegenzug bekamen die Herrscher von den Basken die Gefolgschaft zugesichert. König Alfons XII. (1875–1885) hob diese Sonderrechte der baskischen Provinzen 1877 auf.

Zu seiner traurigen Berühmtheit gelangte Gernika durch den Luftangriff der deutschen Legion Condor am 26. April 1937, der die Stadt in Schutt und Asche legte. Es handelte sich um einen Freundschaftsdienst Hitlers für Franco und gleichzeitig einen Test für die Effizienz der NS-Luftwaffe. Unter dem Eindruck der Ereignisse schuf Pablo Picasso noch im gleichen Jahr für die Weltausstellung in Paris sein großformatiges Gemälde »Guernica«, das die Schrecken des Krieges schonungslos bloßstellte (s. S. 120).

### Parlamentsgebäude

*Allende Salazar, Kalea 1, Tel. 946 25 11 38, Sommer 10–14, 16–19, Winter 10–14, 16–18 Uhr, Broschüre auf Deutsch, Eintritt frei*
In der geschäftigen Stadt, die aufgrund des Flächenbombardements von 1937 wenig an historischer Bausubstanz zu bieten hat, führt in

## TAPEO IN GERNIKA

Die Tapa-Meilen in Gernika sind die **Calle Barrenkalea, Pablo Picasso** und **Industria.** Auf den Tresen der Kneipen türmen sich die kleinen Leckereien. Zu den angesagten Adressen gehören das **Hiru Saku** (Calle Pablo Picasso Kalea 6, Tel. 946 03 54 11), **1000 Azules** (Calle Pablo Picasso 7, Tel. 946 03 55 31) und die **Taberna Auzokoa** (Calle Pablo Picasso 9, Tel. 946 25 16 66). Die Preise für die Tapas liegen bei 3–6 €.

# Gernika – Sinnbild für die Schrecken der Kriege

Von 1936 bis 1939 tobte in Spanien der Bürgerkrieg. Den Putschisten unter Führung von General Franco leistete das Hitlerregime Schützenhilfe. Die deutsche Legion Condor übersäte im Jahr 1937 die wehrlose Stadt Gernika mit einem Bombenhagel und richtete ein verheerendes Blutbad unter der Zivilbevölkerung an.

Der 26. April 1937 war ein sonniger Frühlingstag in Gernika. Es war Montag, der Markttag. In der damals 7000 Seelen zählenden baskischen Stadt herrschte wie gewohnt reges Treiben. Bis nachmittags um halb fünf das Geläut der Kirchenglocken die Menschen warnte: Das NS-Luftwaffengeschwader der deutschen Legion Condor attackierte die Stadt.

Die Piloten übersäten Gernika mit Spreng-, Splitter- und Brandbomben in nicht enden wollenden Angriffswellen. Mit Maschinengewehren und Granaten machten Tiefflieger Jagd auf die flüchtende Bevölkerung. Übrig blieb ein Inferno, ein Meer von Schutt und Asche. Die genaue Zahl der Opfer konnte nie ermittelt werden, da sich in dieser Zeit viele Flüchtlinge in der Stadt aufhielten.

Für das Naziregime war die Bombardierung Gernikas eine Art Generalprobe für den Zweiten Weltkrieg. Hermann Göring, der damalige Oberbefehlshaber der Luftwaffe, gab in den Nürnberger Prozessen zu, dass Spanien für ihn eine willkommene Gelegenheit bot, die Schlagkraft der jungen deutschen Luftwaffe zu testen. Darüber hinaus erhielt die Kriegsführung eine neue, perfide Dimension: Bombenangriffe galten bis dato in erster Linie strategisch relevanten Zielen, Gernika war das erste Opfer der modernen Kriegsführung. Flächenbombardements dieser Art zielten darauf ab, die Zivilbevölkerung zu demoralisieren und ihren Widerstandswillen zu brechen.

Hitler unterstützte mit der Vernichtung Gernikas General Franco im Spanischen Bürgerkrieg (1936–1939) gegen die republikanischen Truppen der Regierung. Francos Intention war es, die ›widerspenstigen‹ Basken, die mehrheitlich auf der republikanischen Seite standen, in ihre Schranken zu weisen. Die beiden Ziele, die für die Militärs in Gernika von strategischer Relevanz hätten sein können, eine kleine Waffenfabrik und eine Brücke am Ortseingang, blieben jedoch intakt.

Der Grund für den Bombenangriff auf die weit von der Frontlinie entfernte Stadt lag im Symbolcharakter, den Gernika für die nationale Identität der Basken einnimmt. Für viele Basken grenzt es schon fast an ein Wunder, dass die berühmte Eiche von Gernika unbeschädigt blieb, unter der bereits im Mittelalter die spanischen Könige den Schwur auf die Freiheitsrechte *(fueros)* der Basken abgelegt hatten.

In der langen Regierungszeit von Franco (1939–1975) war die Bombardierung von Gernika ein absolutes Tabuthema. Die Propaganda der Diktatur verstieg sich sogar dazu, zu behaupten, dass die ›roten Separatisten‹ die Stadt selbst zerstört hätten. Heute engagiert sich Gernika gemeinsam mit anderen Städten, denen ein ähnliches Schicksal widerfahren ist, für Frieden und Versöhnung. Die Geschichte der ›heiligen Stadt‹ der Basken ist somit auch die Geschichte eines Kampfes gegen das Vergessen.

*Ausschnitt aus Picassos großformatigem Antikriegsbild
»Guernica«: einem der meistzitierten Bilder der Welt*

Der spanische Künstler Pablo Picasso hielt das Schreckensszenario von Gernika noch im selben Jahr auf einer großformatigen Leinwand (3,49 m x 7,77 m) fest. Das in Schwarz-Weiß-Schattierungen gehaltene Ereignisbild, mit dem der Künstler die Weltöffentlichkeit auf das ungeheuerliche Geschehen in Gernika aufmerksam machen wollte, ist ein Aufschrei, eine Anklage gegen den blinden Zerstörungswahn des Krieges. Wie intensiv sich Picasso mit der Thematik beschäftigte, belegen die zahlreichen Studien, die einen guten Aufschluss über die Entstehung des Gemäldes geben.

Im Mittelpunkt des Gemäldes stehen die Opfer, für die es kein Entrinnen gibt, sie sind dem Terror ohnmächtig ausgeliefert. Das Gemälde ist wie ein Triptychon aufgebaut: Auf der linken Seite trauert eine Mutter voller Verzweiflung um ihr totes Kind, darüber der stolze spanische Stier, im Zentrum ein niedergestreckter, toter Soldat mit zerbrochenem Schwert und ein Pferd, das sich vor Schmerzen windet, in der rechten Bildhälfte reißt eine Frau die Arme wehklagend in die Höhe.

Für die Pariser Weltausstellung von 1937 hatte Picasso den Auftrag für ein Gemälde von der republikanischen Regierung erhalten, unter dem Schock der Ereignisse von Gernika entstand das wohl berühmteste Antikriegsbild. In seinem Testament verfügte Picasso, dass das Gemälde erst nach Spanien zurückkehren könne, wenn Franco nicht mehr an der Regierung sei und wieder demokratische Verhältnisse in seinem Heimatland herrschten. So wurde das Gemälde jahrzehntelang im Museum of Modern Art in New York ausgestellt. Erst im Jahr 1981 kehrte »Guernica« nach Spanien zurück und ist heute das Highlight des Museo Nacional Centro de Arte Reina Sofia in Madrid. Viele Basken würden das Gemälde lieber im Guggenheim-Museum in Bilbao sehen. Nicht mal für eine Ausstellung wurde das Gemälde ins Baskenland verliehen, begründet wurde dies mit konservatorischen Bedenken.

Küste und Hinterland der Provinz Bizkaia

# RUNDWEG MIT ABSTECHER ZUM AUSSICHTSBERG ATXARRE

## Tour-Infos
**Start/Ende:** Parking Kanala
**Markierung:** PR-BI 161
**Länge:** 8,5 km langer Rundweg
**Dauer:** ca. 3 Std.

**Höhenunterschied:** 220 m
**Schwierigkeitsgrad:** leicht bis mittel
**Infos:** Tourismusbüro Gernika-Lumo, Tel. 946 25 58 92 (PDF mit Wanderbeschreibung auf Spanisch)

Die Rundwanderung führt durch das Herz der Region Urdaibai und bietet eine grandiose Aussicht über das Gebiet. Der Ausgangspunkt ist der **Parkplatz von Kanala,** hier findet sich die erste gelb-weiße Markierung PR-BI 161. Vorbei an der kleinen **Kapelle San Martín** führt der Weg durch den dichten kantabrischen Eichenwald. Bei der Lichtung **Dantzaleku,** der Legende nach ein Treffpunkt der baskischen Hexen, führt ein Abstecher hinauf auf den Aussichtsberg **Atxarre** (312 m), der von der schlichten **Kapelle San Pedro** (15 Jh.) bekrönt wird. Die letzten Meter kosten etwas Mühe, aber diese wird belohnt mit einem herrlichen Panoramablick. Ganz im Westen liegt das Kap Matxitxako, es folgen die Ortschaften Bermeo und Mundaka, die Mündung des Flusses Oka und die herrlichen Strände Laida und Laga im Osten. Zurück zur **Kreuzung** führt der Weg zum Weiler **Akorda,** hier wartet das charmant, rustikale Lokal Taberna Akorda (Akorda Auzoa 11, 48311 Ibarrangelu/Akorda, Tel. 629 64 59 33, Mo geschl., *raciones* 7–12 €, Reservierung empfehlenswert) mit netter Terrasse auf hungrige Wanderer und Ausflügler. Einige Wanderer fahren mit dem Auto bis Akorda und laufen von dort aus zum Atxarre (ca. 45 Min. Gehzeit zum Gipfel). Über den Weiler **Gametxo** führt der Weg hinab zur **Playa de Laida** (auch hier gibt es einige Restaurants) vorbei am **Arketa Camping** zurück zum **Ausgangspunkt.**

der Regel der erste Weg zur geschichtsträchtigen baskischen Eiche. Neben der Casa de Juntas schützt ein Rundtempel die Überreste der berühmten **Arbola Zaharra** (Alter Baum). Im Hof wurde von einem Spross dieses Baumes 2005 eine neue Eiche gepflanzt.

In dem neoklassizistischen Gebäude der **Casa de Juntas** traf sich bis 1877 die baskische Generalversammlung, die Volksvertretung des Baskenlands. Seit 1980 hat das Baskenland wieder ein eigenes Parlament, das seinen Sitz in der Hauptstadt Vitoria-Gasteiz hat. Heute dient die Casa de Juntas als Sitz des Parlaments der Region Bizkaia.

## Museum des Baskenlands

*Calle Allende Salazar 5, Tel. 944 15 54 23, www.euskalmuseoa.eus, 3 €, wg. Restaurierung geschl., aktuelle Infos online*
Einige Schritte weiter gibt das **Euskal Herria Museoa** einen Einblick in die Geschichte und Kultur der Region von den Ursprüngen bis in die Gegenwart. Zu den Kostbarkeiten der **Pfarrkirche Santa María** (15. Jh.) schräg gegenüber des Museums zählt eine wohlklingende Orgel (1889) der deutschen Orgelbaufirma Walcker aus Ludwigsburg.

## Parkanlage

*Europako Herrien parkea, 10–19, Sommer bis 21 Uhr*
Hinter der Casa de Juntas und dem Museum erstreckt sich der **Parque de los Pueblos de Europa,** der die unterschiedlichen Ökosysteme des Baskenlands präsentiert. Eine Fußgängerbrücke über die Calle Allende Salazar Etorbidea führt in den nördlichen Teil des Parks zu den **Skulpturen** »Gure Aitaren Etexa« (Haus des Vaters,1988) von **Eduardo Chillida** und »Large Figure in a Shelter« (1986) von **Henry Moore**, die beide die Auseinandersetzung mit dem Thema des Friedens und der Versöhnung suchen.

Ein paar Schritte weiter findet sich in der Calle Allende Salazar 11 eine **Keramikreplik** von Pablo Picassos Gemälde »Guernica«, die vom Rathaus in Auftrag gegeben wurde.

## Rathausplatz

*Friedensmuseum: Foru Plaza 1, www.museodelapaz.org, 3. April–15. Okt., 6.–10. Dez. So, Mo 10–14.30, Di–Sa 10–19, 31. Juni–2. April, 16. Okt.–28. Dez. Mo geschl., Di–Fr 10–16, Sa 10–14.30, 16–18, So 10–14.30 Uhr, 6 €*
Der Platz um das **Rathaus** wurde nach dem Spanischen Bürgerkrieg im Stil des 18. Jh. neu kreiert. In der Platzmitte steht die Statue des Stadtgründers Graf Don Tello. Im ehemaligen Justizpalast befindet sich das **Museo de la Paz,** dessen Anliegen es ist, die ›Kultur des Friedens‹ zu fördern, ausgehend von der tragischen Erfahrung der Bombardierung der Stadt im Spanischen Bürgerkrieg.

## Infos

**Oficina de Turismo:** Artekalea 8 (gegenüber vom Rathausplatz), 48300 Gernika-Lumo, Tel. 946 25 58 92, www.gernika-lumo.net, Ostern–Okt. Mo–Sa 10–19, So 10–14, Nov.–Ostern Mo–Fr 10–18, Sa, So 10–14 Uhr. U. a. geführte Stadttouren und Audioguides sowie ein Kombiticket für die Museen *(billete único* 6 €).

## Übernachten

Klassiker – **Hotel Gernika:** Calle Carlos Gangoiti 17, Tel. 946 25 03 50, www.hotel-gernika.com. Am Ortsende, an der Straße in Richtung Bermeo gelegen, keine 10 Min. zu Fuß vom Zentrum entfernt. Solides Hotel, ordent-

liche Zimmer. Lobby, Bar und Cafeteria wirken sehr nüchtern. Eigenes Parkhaus. €€
Preisgünstig – **Akelarre Ostatua:** Barrenkale 5, Gernika-Lumo, Tel. 946 27 01 97, www.hotelakelarre.com. Zentral und solide ausgestattet. €

### Essen & Trinken

Minimalistisches Design-Lokal – **Zallo Barri:** Calle Juan Kaltzada 79, Tel. 946 25 18 00, nur mittags geöffnet, Sa auch abends. Modernes Lokal, dennoch nicht unterkühlt. Interessante Küchenkreationen. €€
Für Genießer – **Baserri Maitea:** Calle Atxondoa s/n, Forua (1,5 km nördl. von Gernika), Tel. 946 25 34 08, www.baserrimaitea.com, 20. Nov.–5. Jan. sowie So, Mo abends geschl. unbedingt telefonisch oder per Internet reservieren. Typische baskische Küche in einem Landhaus aus dem 18. Jh. €€
Bistro-Style – **Sasoie:** Eriabarrena Kalea 2, Tel. 946 27 03 64, www.restaurantesasoie.es. Der unaufdringliche Vintage-Look verleiht dem Lokal eine entspannte Atmosphäre. Die reichhaltige Auswahl an Tapas und die günstigen Tagesmenüs sprechen für sich. Köstlich die in Riojawein geschmorten Rindfleischbäckchen. €

### Termine

**Fiesta de San Roque:** 14.–18. Aug. Der Patron von Gernika, der heilige Rochus, wird mit viel Tanz und Musik gefeiert.
**Jornadas Internacionales de Cultura y Paz:** In den beiden letzten Aprilwochen werden die Internationalen Tage der Kultur und des Friedens begangen.
**Feria de Gernika:** erster u. letzter Montag im Oktober. Am ersten Montag findet ein Viehmarkt, am letzten ein großer Handwerksmarkt statt.

### Verkehr

**Bahn:** Bahnhof, Plaza Geltokia s/n, Tel. 944 33 33 33, www.euskotren.eus. EuskoTren bedient die Linie Bilbao–Gernika–Bermeo, Abfahrt ca. alle 30 Min.
**Bus:** Busbahnhof, Iparragirre Kalea 5 (ca. 100 m südlich des Bahnhofs, vom Ausgang links). Mit Bizkaibus, Tel. 946 12 55 55, www.bizkaibus.eus, u. a. nach Bilbao und Bermeo (ca. alle 30 Min.).

# Kortezubi ▶ 1, P 3

**Karte:** S. 115

### Santimamiñe-Höhle [7]

*Barrio Basondo, Kortezubi, Tel. 94 465 16 57, www.santimamiñe.com, Mitte April–Mitte Okt. tgl. 10, 11, 12, 13, 15.30, 17, 17.30, Mitte Okt.–Mitte April Di–So 10, 11, 12, 13 Uhr, Anmeldung unter santimamine@bizkaia.net, Führungsdauer 1,5 Std., 5 €*

In der Tropfsteinhöhle **Cueva de Santimamiñe** bevölkern Bisons, Bären, Hirsche, Ziegen und Pferde die Wände. Die Qualität und die Vielfältigkeit der Malereien erinnern an die der Höhle von Altamira. Experten datieren die Felszeichnungen auf das Magdalénien (15 000–10 000 v. Chr.). Kinder entdeckten die Höhle im Jahr 1916 zufällig beim Spielen.

Die *sala de pinturas* mit ihren spektakulären Felszeichnungen wurde schon vor einigen Jahren aus konservatorischen Gründen für die Öffentlichkeit gesperrt. Für die Besucher freigegeben sind allerdings Bereiche der Höhle, die durch ihre gewaltigen Stalaktiten und Stalagmiten beeindrucken.

Von der Höhle aus kann man eine Wanderung durch den **Bosque animado de Oma** unternehmen (zzt. ist das Waldgebiet wg. einer Baumkrankheit geschl., voraussichtlich bis Ende 2023 wird der Bosque de Oma Nuevo in der Nähe des ursprünglichen Waldes eröffnet werden). Über die Besuchsmöglichkeiten informiert das Tourismusamt von Gernika.

### Verkehr

**Anfahrt mit dem Pkw:** Über die BI 638 in Richtung Lekeitio und nach 3 km bei Kortezubi rechts dem ausgeschilderten Abzweig Cueva de Santimamiñe folgen. Nach ca. 2,5 km erreicht man das Ausflugslokal Lezika. Am Ende des großen Parkplatzes liegt der Zugang der Höhle von Santimamiñe.

Lekeitio

## Burg von Arteaga 8

Die heutige stattliche Burganlage **Castillo de Arteaga**, ungefähr 2 km nördlich von Kortezubi, geht auf das 19. Jh. zurück. Die Geschichte der Burg lässt sich jedoch bis ins 13. Jh. zurückverfolgen. 1856 veranlasste das französische Kaiserpaar, Napoleon III. und Eugenia Montijo, die Rekonstruktion des Kastells. Für das Unternehmen beauftragten sie den französischen Hofarchitekten Couvrechet. Eugenia de Montijo war eine gebürtige Spanierin und mütterlicherseits mit dem Adelsgeschlecht der Arteaga verwandt. So war sie in den Besitz des Burgterrains gelangt. Heute beherbergt das Kastell ein Luxushotel und ein Restaurant für gehobene Ansprüche (s. u.). Auf der Terrasse im Innenhof lässt es sich wunderbar Kaffee trinken.

## Übernachten, Essen

Feudal – **Castillo de Arteaga:** Calle Gaztelubide 7, 48314 Gautegiz-Arteaga, Tel. 946 24 00 12, www.castillodearteaga.com. Die Gemächer wurden individuell und geschmackvoll hergerichtet. Sehr begehrt bei Hochzeitspaaren ist die pompöse Suite Principal. Zum Luxus-Burghotel gehört ein stilvolles, fürstliches Speiselokal (So abends, Mo, Di geschl., €€€) €€€

Agroturismo – **Agroturismo Urresti:** Barrio Basetxetas 12, Tel. 946 25 18 43. www.urresti.net. In landschaftlicher Idylle liegt das Bauernhaus. Es stehen 6 DZ und 2 Appartements zur Verfügung sowie eine Küche und Barbecue für die Gäste. Bis zum Strand sind es nur 4 km. €–€€

## Elantxobe ▶ 1, P 3

Abseits von jeglichem Trubel liegt in einer kleinen geschützten Bucht das winzige Dorf **Elantxobe** 9 (span. Elanchove). Die Häuser des beschaulichen Fischerorts staffeln sich abenteuerlich an die Abhänge des 300 m hohen Cabo Ogoño. Ein steiles Sträßchen führt hinab zur gerade mal 450 Seelen zählenden Ortschaft mit ihrem überschaubaren Fischereihafen. Im Wasser tummeln sich bunte Fischer- und kleine Segelboote.

## Übernachten

Ordentlich – **Pension Itsasmin Ostatua:** Calle Nagusia 32, 48310 Elantxobe, Tel. 946 27 61 74, www.itsasmin.com. Pension mit zwölf zweckmäßig eingerichteten Zimmern, z. T. mit Meerblick. €

### Aktiv

Baden & Surfen – Hinter dem Cabo Ogoño sorgt der unverbaute, idyllisch gelegene Sandstrand **Playa de Laga** 10 für Badefreuden. Bei Surfern und Kitern steht die Playa de Laida hoch im Kurs (s. S. 117).

## Lekeitio ▶ 2, P 3

**Karte:** S. 115

Das verträumte Fischerstädtchen **Lekeitio** 11 (span. Lequeitio; 7300 Einw.) mauserte sich im 19. Jh. zum gefragten Seebad. Maßgeblich für diese Entwicklung war die Entscheidung der Königin Isabella II., ihre Sommerfrische in Lekeitio zu verbringen. Somit machte die kleine Stadt zeitweise sogar San Sebastián den Rang als königliches Seebad streitig. Unter den vielen illustren Gästen des Städtchens findet sich die letzte Habsburger Kaiserin, die schöne Zita, die hier mit ihren Kindern einige Jahre im Exil zubrachte.

Die Zeiten, als die Hautevolee hier verkehrte, gehören allerdings längst der Vergangenheit an, was der Beliebtheit Lekeitios als Urlaubsort keinen Abbruch tat. Verständlich angesichts der schmucken Altstadt am Fuße des Monte Calvario, die mit gepflasterten Gassen, beschaulichen Plätzen und stattlichen, wappengeschmückten Häusern zum Bummeln und Verweilen einlädt.

Für viel Flair sorgt auch der kleine **Sport- und Fischereihafen,** entlang der Promenade reihen sich einladende Restaurants mit ihren Terrassen aneinander. Wer sich hier niederlässt, kann in Ruhe beobachten, wie die Frauen am Strand die Fischernetze reparieren.

Neben dem hübschen Stadtbild ist ein weiteres Plus von Lekeitio seine ansprechende Lage an einer lang gestreckten Bucht. Geschützt wird diese durch die vorgelagerte Fel-

*… und überall ist das Meer – Hafeneinfahrt von Elantxobe*

seninsel **Isla de Garraitz,** die bei Ebbe sogar zu Fuß zu erreichen ist.

## Basilika Maria Himmelfahrt
*Calle de Abaroa s/n, www.basilicadelekeitio. com, Infos zu Zeiten erteilt die Tourismusinformation*
Dominiert wird der Ort von der spätgotischen **Kirche Santa María de la Asunción** (1488–1508). Der Blickfang im Innern ist der mit Blattgold überzogene, bunte Altaraufsatz, den der Bildhauer Juan García de Crisal im Stil der Spätgotik schuf. In seinen Dimensionen wird das kostbare Retabel nur von den Altarwänden der Kathedralen von Sevilla und Toledo übertroffen. Die Figuren, die sich nach oben hin vergrößern, geben Szenen aus dem Leben der Jungfrau Maria und Christus wieder.

## Infos
**Oficina de Turismo:** Santa Elena Etorbidea 2, 48280 Lekeito, Tel. 946 84 40 17, www.lekeitio. turismo.eus, Juli, Aug. tgl. 10–15, 16–19, März–Juni Di–Sa 10–14, 16–18, So 10–14, Nov.–Feb. Di–So 10–14 Uhr.

## Übernachten
Geschmackvoll – **Hotel Aparthotel Zubieta:** Portal de Atea s/n (am Ortsrand in Richtung Ondaretta), Tel. 946 84 30 30, www.hotelzubieta.com. Ein Fachwerkbau im Grünen, mit schönen Details und gemütlich eingerichtet. Das Romantikhotel ist liebevoll geführt, das Personal kümmert sich rührend um die Gäste. €€
Beim Strand – **Metrokua Hotela:** Playa de Karraspio s/n, Mendexa-Lekeitio, Tel. 946 84 49 80, www.metrokua.com. Das kleine Hotel liegt 1 km von Zentrum von Lekeitio, am Strand von Karraspio. Die Zimmer sind ordentlich, sehr schön ist die Terrasse mit Meerblick. €€
Aussichtsreich – **Hotel Garaza:** Barrio Zelaia 29, Mendexa, Tel. 630 73 98 35, www.garazar. com. Kleines Hotel mit sechs DZ, modern und komfortabel ausgestattet. Im Garten findet

sich zum Entspannen ein Pool. Von der Terrasse lässt sich der Blick über die Biskaia-Bucht genießen. €–€€

Agroturismos – **Natxiondo Landa:** Barrio Soluanes 17, Ctra. Bl-2238, km 47,5, Ispaster (ca. 7 km westl. von Lekeitio), Tel. 946 84 49 47, www.natxiondo.com. Geschmackvoll im rustikalen Stil möbliertes Hotel in einem ehemaligen Landhaus aus dem 18. Jh. Ruhige Lage mitten in der Natur. €–€€

Camping – **Leagi:** Calle Barrio Leagi s/n, 48289 Mendexa (ca. 3 km südl. von Lekeitio), Tel. 946 84 23 52, www.campingleagi.com, ganzjährig geöffnet. Der Platz im Grünen bietet u. a. voll eingerichtete Holzbungalows. **Endai:** Ctra. Lekeitio–Ondarroa km 57,8 (ca. 3 km östlich von Lekeitio), Tel. 946 84 24 69, www.campingseuskadi.com. Der kleine Campingplatz hat von Mitte Juni bis Okt. geöffnet.

### Essen & Trinken

Leckeres aus dem Meer – **Restaurante Egaña Jatetxea:** Antiguako Ama 2, Tel. 946 84 01 03, www.eganarestaurante.com, So abends geschl. Der Familienbetrieb hat sich auf regionaltypische Speisen spezialisiert, sehr empfehlenswert sind die Fischgerichte. €–€€

Gute Fischküche – **Meson Arropain:** Av. Iñigo Artieta Etorbidea 5, Tel. 946 24 31 83. Hier arbeitet die ganze Familie mit, eine gute Adresse für Fisch- und Meeresfrüchtefans. €–€€

Preisgünstig – **Goitiko Jatetxea:** Foru Enparantza, s/n, Tel. 94 684 31 03. Populäres Lokal mit Terrasse neben dem Rathaus. €–€€

### Aktiv

Baden & Surfen – Attraktiv sind für die Urlauber zwei Strände: die **Playa de Isuntza**, der Stadtstrand in Hafennähe, und die gut 500 m lange **Playa de Karraspio** östlich der Mündung des Río Lea.

### Termine

**Fiesta de San Pedro:** 29. Juni–1. Juli. Nach der Messe am 29. Juni beginnt die Prozession zu Ehren des Patrons der Fischer. Sie startet von der Kirche Santa María und bewegt sich Richtung Hafen. Im Anschluss findet der traditionelle *kaxarranka*-Tanz auf dem Kirchplatz statt: Ein Fischer im schwarzen Frack tanzt auf der Truhe der Fischerbruderschaft, die von acht Seeleuten getragen wird.

**Fiesta de San Antonlines:** 1.–8. Sept. Hauptfest des Ortes, einer der Höhepunkte ist die Fiesta de los Gansos am 5. Sept., bei der Gänse durch die Ortschaft getrieben werden.

### Verkehr

**Bus:** Etwa stdl. nach Gernika, nach San Sebastián 4 x tgl.

# Ondarroa  ▶ 1, P/Q 3

**Karte:** S. 115

Die geschäftige, dicht bebaute Industrie- und Hafenstadt **Ondarroa** 12 (span. Ondárroa; 8500 Einw.) liegt an der Mündung des Río Artibai, unmittelbar an der Grenze der Provinz Bizkaia zur Nachbarregion Gipuzkoa. Tonangebend ist hier die Fischerei und die Konservenindustrie. Der Tourismus spielt wirtschaftlich gesehen trotz durchaus ansehnlicher Strände bisher nur eine untergeordnete Rolle.

Aus dem Stadtblick ragt, einer Festung gleich, die auf einem Felsen errichtete, gotische **Pfarrkirche Santa María** (15. Jh.) empor. Das neue architektonische Wahrzeichen der Stadt verkörpert seit 1995 die elegant über den Río Artibai geschwungene **Bogenbrücke,** ein Werk des bekannten Architekten Santiago Calatrava. Von der Grenzlage zeugt die aus dem 15. Jh. stammende wehrhafte **Torre Likona,** in dem die Mutter von Ignacio de Loyola, Gründer des Jesuitenordens, das Licht der Welt erblickte. Auf einer Anhöhe wacht die **Ermita de Nuestra Señora de la Antigua** über die Stadt und ihren Hafen.

### Infos

**Oficina de Turismo:** Erribera 9, 48700 Ondarroa, Tel. 946 83 19 51, www.ondarroa.eus.

### Aktiv

Baden & Surfen – Östlich der Ortschaft liegt zwischen Felsen der schöne, rund 300 m lange Sandstrand **Playa de Saturrarán.** In den Buchten weiter im Osten wird FKK praktiziert.

# ✪ San Sebastián und Umgebung

▶ 2, Q 3

**Ein Hauch von Belle Époque schwebt noch immer über San Sebastián, der Grande Dame der Atlantikküste. Hauptattraktion des einstigen Seebads ist seine herrliche Lage in der lang gestreckten, muschelförmigen Strandbucht La Concha. Südlich der Stadt bilden zwei interessante Museen attraktive Anziehungspunkte für Touristen.**

Eingefasst wird die Bucht von **San Sebastián** (188 000 Einw.) von den beiden Hausbergen: Monte Igueldo im Westen und Monte Urgull im Osten, ihr vorgelagert ist die kleine Insel Santa Clara. Die ehemals beim spanischen Königshof wie bei Aristokratie und Großbürgertum sehr beliebte Sommerresidenz, die übrigens von den Basken **Donostia** genannt wird, glänzt noch immer mit eleganten Promenaden und noblen Herrenhäusern. Heute gibt die Königsfamilie Mallorca den Vorzug, dennoch zieht es im Sommer viele Hauptstädter ins klimatisch milde San Sebastián, darunter etliche gut Betuchte, die hier ihre Villen unterhalten oder in den noblen Hotels der Stadt absteigen. Eine Erklärung für das im spanischen Schnitt recht hohe Preisniveau in der Hauptstadt von Gipuzkoa, deren nostalgisches Flair oft mit Biarritz verglichen wird.

Nach wirklich historischer Bausubstanz sucht man fast vergeblich, denn verheerende Feuersbrünste suchten die Altstadt immer wieder heim. Dennoch strotzt der alte Stadtkern unterhalb des Monte Igueldo nur so vor Vitalität. Vor den Eingängen der *pintxo*-Bars versammeln sich Trauben von Menschen, nur zu verständlich angesichts der leckeren, kleinen Köstlichkeiten, die sich auf den Theken türmen. Viele der traditionsreichen, privaten Männerkochklubs unterhalten hier ihre eigens angemieteten Lokale (s. S. 129). Nirgendwo auf der Welt ist die Dichte an Michelin-Sternen so hoch wie in der Gourmetmetropole Spaniens.

## Geschichte

### Prosperierende Hafenstadt

König Sancho der Weise von Navarra förderte San Sebastián durch die Verleihung der Stadtrechte im Jahr 1174. Dies geschah nicht ohne Eigennutz, denn Sancho der Weise benötigte für sein Königreich einen Zugang zum Meer. Im Laufe der Jahre entwickelte sich San Sebastián unter den Königen von Navarra und später unter den Königen von Kastilien zu einem prosperierenden Handels- und Fischereihafen. Vor allem der Walfang spielte eine gewichtige Rolle, die Flotte stieß bis nach Neufundland vor. Durch die Ausfuhr von Wolle unterhielt die Stadt Handelskontakte mit England, Frankreich und Flandern.

### Pilger und Krieger

Die Nähe zu Frankreich und die Lage am Pilgerweg nach Santiago de Compostela wirkten sich insgesamt günstig auf das weitere Gedeihen der Küstenstadt aus. Lagen die Länder im Krieg miteinander, wurde die Stadt allerdings immer wieder von Franzosen belagert. Das Jahr 1813 wurde schließlich zum Schicksalsjahr für Donostia: Die vereinigten englischen, portugiesischen und spanischen Streitkräfte legten im Zuge der Befreiungskämpfe gegen Napoleon die Stadt in Schutt und Asche. Danach wurde die heutige Altstadt komplett im Schachbrettmuster neu aufgebaut.

# Txokos – wo die Männer den Kochlöffel schwingen!

Ohne Zweifel ist das Baskenland die Gourmethochburg Spaniens! Kreativität und Raffinesse zeichnen die Küche aus. Für die hohe Kunst am Herd sorgen aber nicht nur die sternegekrönten Köche, wichtige Keimzellen für das beachtliche Niveau sind zweifellos die Gastronomischen Gesellschaften, die auf Baskisch ›txokos‹ genannt werden.

Im Baskenland kochen Männer aus Leidenschaft

Die *txokos* (ausgesprochen: tschokos) sind Vereine, in denen Freizeitköche um die höheren kulinarischen Weihen wetteifern. Lange Zeit waren sie eine reine Männerbastion. Der älteste Klub, die Unión Artesana, wurde bereits 1870 in San Sebastián gegründet, heute beheimatet die Stadt 130 *txokos*, die insgesamt um die 12 000 Mitglieder zählen. Allein die traditionsreiche Unión Artesana kommt auf 350 Mitstreiter, kleinere Kochvereine haben zwischen 30 und 60 Mitglieder. Die Kochmanie hat sich aber längst auf das ganze Baskenland ausgedehnt, selbst das kleinste Dorf hat seinen eigenen Kochklub. Um Nachwuchs müssen die Vereine sich keine Sorgen machen, im Gegenteil: Viele *txokos* haben eine lange Warteliste. Die Monatsgebühren, die die Mitglieder aufbringen müssen, liegen zwischen 60 € und 80 €.

Die Gesellschaften verfügen über eigene Vereinslokale, die mit technisch perfekt eingerichteten Küchen ausgestattet sind. Sie sind der Schauplatz für das kulinarische Kräftemessen auf höchstem Niveau. Die Freude am gemeinsamen Hobby steht im Vordergrund und die Fachsimpelei am Herd gehört einfach dazu! Und natürlich ist jeder der Hobbyköche bemüht, sein Bestes zu geben, so bleibt das freundschaftliche Wetteifern in der Küche nicht aus. Gemeinsam werden die Einkäufe auf dem Markt erledigt, kritisch wird die Ware in Augenschein genommen, es wird Wert gelegt auf gute, frische Produkte. Und ein guter Tropfen darf natürlich auch nicht fehlen. Zurück im Vereinslokal werden die Schürzen angelegt, dann kann es losgehen. Die Freizeitköche schneiden um die Wette das Gemüse, nehmen fachgerecht den Fisch aus und bereiten das Dessert vor. Alles wird mit viel Liebe zubereitet. Die Hobbyköche kochen für die Mitglieder oder laden Gäste ein. Die Stimmung ist meist ausgelassen, es wird viel gelacht und auch gesungen, kein Wunder bei den Leckereien, die aus der Küche in den Speisesaal wandern. Für das große Reinemachen nach den Kochorgien sorgen eigens engagierte Putzfrauen.

Über den Ursprung der außerhäuslichen Kochleidenschaft der Männer streiten sich die Geister: Einige behaupten, dass die *txokos* für die Männer eine Art Rückzugsmöglichkeit gegenüber ihren Frauen bildeten, die zu Hause das Zepter fest in der Hand hielten. Andere sagen, dass es damals wie heute in erster Linie um die Geselligkeit ging. Viele Mitglieder der *txokos* kommen jeden Tag, wenn auch manchmal nur, um mit Freunden zu plaudern und ein Gläschen Wein zu trinken. Themen aus der Politik werden in der Regel ausgespart, um Streit zu vermeiden. Die Emanzipation der Frauen hat jedoch auch vor den *txokos* nicht Halt gemacht, so haben sie mittlerweile zumindest als Gäste in den meisten Klubs Zutritt. Die Arbeit am Herd ist für die Frauen aber vielerorts immer noch tabu.

## San Sebastián und Umgebung

### Sommerfrische

Ab 1845 stieg San Sebastián zur Sommerresidenz des spanischen Königshofs auf. Königin Isabella II. war die Vorreiterin, ihre Ärzte rieten ihr aufgrund eines Hautausschlags zu Meerbädern und ihre Wahl fiel auf San Sebastián. Die Blütezeit der Belle Époque verbindet man mit Königin María Cristina, die ihren ganzen Hofstaat in den Sommermonaten in den Palacio Miramar verlegte. Es entstanden vornehme Promenaden, noble Villenviertel, feine Hotels, prächtige Theater und exklusive Klubs.

Im Verlauf des Ersten Weltkriegs suchten viele europäische Aristokraten in der Stadt Zuflucht. San Sebastián entfaltete sich zu einem kosmopolitischen Zentrum Europas. Im Casino verkehrten Persönlichkeiten wie Mata Hari, Leo Trotzki und Maurice Ravel. So dauerte die Belle Époque in San Sebastián noch etwas länger als andernorts.

### »Kultur für das Zusammenleben«

San Sebastián wurde gemeinsam mit der polnischen Stadt Breslau (Wroclaw) zur Kulturhauptstadt 2016 auserwählt. Das übergreifende Motto »Kultur für das Zusammenleben« war getragen vom Wunsch nach Aussöhnung und friedlichem Zusammenleben. Kaum eine Stadt wurde so stark vom Terrorismus der ETA traumatisiert und polarisiert wie San Sebastián. Seit der Auflösung der ETA und der Abgabe ihrer Waffen 2018 ist Ruhe eingekehrt. Die kulturellen Aktivitäten sollten helfen, so Bürgermeister Eneko Goia, »Wunden zu schließen« und »die Geister der Vergangenheit endgültig zu vertreiben«. Folglich war es eines der Hauptanliegen der Organisatoren, die Bürger aktiv mit einzubeziehen, weitgehend wurde auf große Showeffekte und Namen verzichtet. Das Programm drehte sich um die drei Kernpunkte »Frieden, Leben und Stimmen«. »Leuchttürme« so die Metapher der Veranstalter, umfasste zahlreiche Projekte in Bereichen der Kunst, des Tanzes, des Kinos, der Musik, der Architektur und der Gastronomie.

Die Gelder flossen ausschließlich ins Programm und wurden nicht in die Erschaffung neuer städtischer Infrastruktur investiert, zumal San Sebastián in dieser Hinsicht bereits bestens aufgestellt ist. Die restaurierte, ehemalige **Tabakfabrik** (Tabakalera, Calle de las Cigarreras 1, www.tabakalera.eus) dient heute als Kulturzentrum, das tolle Ausstellungen bietet. Und von der Terrasse im 5. Stock lässt sich die Aussicht über die Stadt genießen.

## Bahía de la Concha

**Cityplan:** S. 131

Von West nach Ost führt der knapp 4 km lange Spaziergang entlang der eleganten **Strandpromenade**. Den Auftakt bildet Chillidas eiserner ›Windkamm‹ unterhalb des Monte Igueldo, das Finale der aussichtsreiche Monte Urgull.

### Peine del Viento [1]

Der »Dichter des Eisens«, wie Eduardo Chillida (1924–2002), einer der bedeutendsten Bildhauer des 20. Jh. genannt wurde, hinterließ seiner Heimatstadt San Sebastián mit dem »**Peine del Viento**« (Windkamm) ein faszinierendes Kunstwerk. Tonnenschwere eiserne Zangenarme wurden 1977 nach umfangreichen statischen und geologischen Studien in die Felsen am Fuße des Monte Igueldo eingelassen. Scheinbar natürlich ›wachsen‹ sie aus dem Gestein hervor und bieten mit der Gischt der Brandung ein Schauspiel der Elemente – Kunst im Einklang mit der Natur.

### Monte Igueldo

*Seilbahn: Plaza del Funicular 4 (oberhalb der Tennisplätze), Tel. 943 21 35 25, www.monteigueldo.es, Abfahrt alle 15 Min., wechselnde Betriebszeiten, Hin- und Rückfahrt 4,25 €*

Am Westende der Concha-Bucht erhebt sich der 184 m hohe Aussichtsberg **Monte Igueldo** (bask. Igeldo Mendia). Für sich genommen schon ein kleines Abenteuer ist die Fahrt hinauf mit der Standseilbahn aus dem Jahr 1912. Der alte Leuchtturm **El Torreón** [2] (Itsasargi Pasealekua 134) dient heute als Aussichtsweide. Eine Augenweide ist der Panoramablick auf die umliegenden Berge und die Muschelbucht mit ihrer ›Perle‹, der Isla Santa Clara. Abends betören das Lichtermeer der

Bahía de la Concha

Stadt und die beleuchtete Christusstatue auf dem gegenüberliegenden Monte Urgull die Besucher. Leider ein wenig vernachlässigt wirkt der kleine **Vergnügungspark** (Parque de Atracciones) auf dem Monte Igueldo, wenn auch einige der Attraktionen – wie die Boote in Tiergestalt – nostalgische Gefühle wecken.

## Playa de Ondarreta und Playa de la Concha

Wandert man vom Peine del Viento weiter nach Osten, gelangt man zur **Playa de Ondarreta** 1 mit dem gleichnamigen Villenviertel. In diesem Abschnitt findet sich ein **Denkmal** 3 zu Ehren der **Königin Maria Cristina**. Sie ließ sich auf der Felszunge zwischen den Stränden Ondarreta und La Concha 1893 im englischen Cottage-Stil ihren **Palacio Miramar** 4 (Paseo de Miraconcha 48) erbauen, heute bildet er den Rahmen für kulturelle Veranstaltungen und offizielle Empfänge. Der Spaziergang führt weiter über den eleganten **Paseo de la Concha** oberhalb der muschelförmigen **Playa de la Concha** 2 . Wahre Kunstwerke sind die Laternen und auch die Balustrade ist eine Augenweide. Nostalgischen Charme versprüht die **Casa Real de Baños** 5 , das einstige Königliche Badehaus, in dem man heute bei Thalassotherapie entspannen kann und das Café-Restaurant **La Perla** 6 zur Einkehr einlädt (Paseo de la Concha 12).

## Am Hafen

Am Ende der Flaniermeile setzt das einst weltberühmte **Casino** 6 (Calle Mayor 1) von San Sebastián Akzente. Die glamourösen Tage des Glücksspiels fanden 1925 unter Primo de Rivera ein jähes Ende, heute dient das Casino ganz profan als **Rathaus.** Vorbei am **Königlichen Yachtklub** 7 (Calle Ijentea 1, www.

# San Sebastián

(Karte S. 132–133)

## Sehenswert

1. Peine del Viento
2. El Torreón
3. Monumento de la Reina Maria Cristina
4. Palacio Miramar
5. Casa Real de Baños
6. Casino/Ayuntamiento
7. Real Club Náutico
8. Fischerei- und Sporthafen
9. Aquarium-Palacio del Mar
10. Museo Naval
11. Construcción Vacía
12. Castillo de Santa Cruz de la Mota
13. Plaza de la Constitución
14. Iglesía de Santa María
15. Museo San Telmo
16. Iglesía de San Vicente
17. Puente de la Zurriola
18. Palacio de Congresos y Auditorio Kursaal
19. Teatro Victoria Eugenia
20. Hotel María Christina
21. Puente Santa Catalina
22. Puente Maria Cristina
23. Catedral del Buen Pastor

## Übernachten

1. Hotel María Cristina
2. Hotel Villa Soro
3. Hotel de Londres y de Inglaterra
4. Sercotel Hotel Europa
5. Pension Alemana
6. Hotel Parma
7. Pension Donostiarra
8. Hotel Leku Eder
9. Agroturismo Maddiola
10. Agroturismo Kanpoeder
11. Camping Igueldo

## Essen & Trinken

1. Arzak
2. Akelarre
3. Restaurante Kokotxa
4. Bodegón Alejandro
5. La Perla
6. Casa Urola
7. Gandarias Taberna
8. La Cepa
9. Atari Gastroteka
10. Bar Sport
11. Ganbara

## Abends & Nachts

1. Gran Casino Kursaal
2. Museo del Whisky
3. Altxerri
4. Etxekalte
5. Le Bukowski
6. Bataplan
7. Cafe-Bar Koh Tao

## Aktiv

1. Playa de Ondarreta
2. Playa de la Concha
3. Playa de Zurriola

San Sebastián und Umgebung

rcnss.com), gestaltet wie ein vor Anker liegendes Schiff, gelangt man zum **Fischerei- und Sporthafen** 8 . Der Handelshafen befindet sich im benachbarten Pasaia.

## Aquarium 9

*Plaza de Carlos Blasco Imaz 1, www.aquariumss.com, Juli, Aug. tgl. 10–20, April–Juni, Sept. Mo–Fr 10–19, Sa, So bis 20, sonst Di–So 11–19 Uhr, 14 €*

Das bereits 1928 gegründete **Aquarium-Palacio del Mar** zählt in Europa zu den modernsten seiner Art. Die Attraktion ist ein 40 m langer gläserner Tunnel. Die Besucher tauchen praktisch in die Unterwasserwelt ein und befinden sich auf Augenhöhe mit Haien und Rochen. In einem anderen Becken kann mithilfe von Kameras die Welt der kleinsten Meereslebewesen erforscht werden. Das Streichelaquarium ermöglicht es, harmlose Meeresbewohner zu berühren. In den Aquarien tummeln sich über 5000 Arten. Eine Abteilung widmet sich der Geschichte des Fischfangs. Im Foyer empfängt den Besucher ein 14 m langes Walskelett.

## Schiffsmuseum 10

*Puerto del Muelle 24, Tel. 943 43 00 51, www.itsasmuseoa.eus, Di–Sa 10–14, 16–19, So, Fei 11–14 Uhr, Eintritt frei*

Das **Museo Naval** zeigt die enge Verbindung der Basken zum Meer auf. Detailreich wird die Entwicklung des Schiffsbaus, Fischfangs und Seehandels dokumentiert und die Geschichte berühmter baskischer Seefahrer vorgestellt.

## Monte Urgull

Das Ostende der Bucht wird markiert vom **Monte Urgull** (bask. Urgull Mendia) und der »**Construcción Vacía**« 11 (Leere Konstruktion) zu seinen Füßen. Die Eisenskulptur des baskischen Bildhauers Jorge Oteiza ist das Gegenstück zum Werk seines Kollegen Chillida, mit dem er jahrzehntelang verfeindet war.

Wer den Postkartenblick auf San Sebastián vom 135 m hohen Monte Urgull genießen möchte, kann den Hausberg der Stadt über einen der gut ausgebauten, aber dennoch schweißtreibenden Fußwege erklimmen, die vom Hafen bzw. der Plaza de la Trinidad in der Altstadt hinaufführen. Auf der Spitze thronen die Festung **Castillo de Santa Cruz de la Mota** 12 , die nur noch in Teilen erhalten geblieben ist, und die 12 m hohe **Christusstatue** aus den 1950er-Jahren.

# Altstadt

**Cityplan:** S. 131

Am Fuß des Monte Urgull erstreckt sich der alte Kern von San Sebastián zwischen dem Hafen und der Mündung des Río Urumea. Nach dem verheerenden Brand von 1813 wurde die Altstadt schachbrettartig neu aufgebaut.

## Plaza de la Constitución 13

Dreh- und Angelpunkt der Altstadt ist die klassizistisch strenge **Plaza de la Constitución.** Früher fanden hier die Stierkämpfe statt, daran erinnern noch die Nummern an den Balkonen, den einstigen Logenplätzen. Heute lässt man sich auf dem von Arkaden gesäumten Platz in einem der Cafés nieder und beobachtet die bunte Szenerie. Das Gebäude an der Stirnseite fungierte ursprünglich als Rathaus, heute ist darin die Städtische Bibliothek untergebracht.

## Plaza de la Trinidad und Plaza Zuolaga

*Museo San Telmo: Plaza Zuolaga 1, Tel. 943 48 15 80, www.santelmomuseoa.eus, April–Okt. Di–So 10–20, Nov.–März Di–So 10–19 Uhr, 6 €, Di frei*

An der **Plaza de la Trinidad** liegt die barocke **Iglesia de Santa María** 14 (18. Jh.). Hoch über dem Kirchenportal wacht in einer Nische der heilige Sebastián, der Stadtpatron, umgeben vom überschäumenden Dekor.

Gleich neben der Kirche breitet sich auf der **Plaza Zuolaga** das im Renaissancestil errichtete einstige Dominikanerkloster San Telmo

*Im Aquarium von San Sebastián: Auge in Auge mit Haien und Rochen*

*An der Concha von San Sebastián radeln Surfer schon einmal den Wellen hinterher*

(16. Jh.) aus, das das **Museo San Telmo** 15 für baskische Kultur beherbergt. Der Zugang erfolgt über einen modernen Erweiterungsbau, der von den spanischen Architekten Enrique Sobejano und Fuensanta Nieto entworfen wurde. In der ehemaligen Klosterkirche wird eine eindrucksvolle Licht- und Tonschau gezeigt.

Ganz in der Nähe erhebt sich die wehrhafte **Iglesia de San Vicente** 16 , das älteste Gotteshaus in San Sebastián. Im frühen 16. Jh. wurde die Kirche noch im gotischen Stil konzipiert. Im Innenraum zieht der aufwendig geschnitzte Hauptaltar (1584), der mit biblischen Figuren bestückt ist, die Blicke auf sich.

# Am Río Urumea

**Cityplan:** S. 131
An der Mündung des Flusses Urumea stellt die pompöse Jugendstilbrücke **Puente de la Zurriola** 17 die Verbindung zum Stadtviertel Gros und zum Paseo de la Zurriola her.

## Konzertsaal und Auditorium 18
*Av. de Zurriola 1, www.kursaal.eus*
Direkt hinter der Zurriola-Brücke bilden **Palacio del Congresos y Auditorio Kursaal** seit 1999 einen interessanten Kontrastpunkt im gründerzeitlich geprägten Stadtbild. Ver-

# Am Río Urumea

## Am Flussufer

Unmittelbar südlich der Puente de la Zurriola erheben sich das legendäre **Teatro Victoria Eugenia** [19] (Calle República Argentina 2, www. victoriaeugenia.com) und Donostias erste Hoteladresse, das **Hotel María Christina** [20] (Calle República Argentina 2), das die Herzen der Nostalgiker höher schlagen lässt. Entlang der beiden Ufer des Río Urumea finden sich herrschaftliche Häuser aus der Gründerzeit und mit der **Puente Santa Catalina** [21] und der **Puente Maria Cristina** [22] noch zwei prachtvolle Brückenbauten.

## Kathedrale del Buen Pastor [23]

*Plaza Buen Pastor s/n, Tel. 943 46 45 16,*
*Mo–Sa 8–20, So, Fei 8.30–14, 17–20 Uhr*
Ein paar Straßen westlich des Flussufers fällt der Blick auf die neogotische **Catedral del Buen Pastor,** die in einer Flucht mit der Iglesia de Santa María errichtet wurde. Der stolze Glockenturm der Kathedrale reckt sich 75 m zum Himmel empor und dominiert so die Stadtsilhouette.

## Infos

**Oficina de Turismo:** Alameda Boulevard 8, 20003 Donostia-San Sebastián, Tel. 943 48 11 66, www.sansebastianturismoa. eu, Mo–Sa 9–20, So, Fei 10–19 Uhr. Das Touristenbüro bietet auch Rundgänge mit englischsprachigen Stadtführern an. Wer eine der individuellen Touren buchen möchte, findet die Kontaktdaten der Stadtführer auf der Website unter dem Stichwort ›to do‹.

## Übernachten

Belle Époque – **Maria Cristina** [1] **:** República Argentina Kalea 4, Tel. 943 43 76 00, www. mariott.com. Das erste Haus am Platz in bester Lage versprüht aristokratisches Flair. Hier nächtigten Persönlichkeiten wie Coco Chanel, Audrey Hepburn, Alfred Hitchcock oder Steven Spielberg. Tipp: Das Café steht auch Nichthotelgästen offen. €€€
Luxus pur – **Hotel Villa Soro** [2] **:** Av. Ategorrieta 61, Tel. 943 29 79 70, www.villasoro. es. Die Villa mit 25 Zimmern stammt aus dem Jahr 1898. Sie ist umgeben von einem Garten.

antwortlich hierfür ist der spanische Stararchitekt Rafael Moneo. Die beiden leicht geneigten, postmodernen Glaskuben dienen als Kongresspalast und Konzertsaal. Inspirationsquelle für den Architekten, so heißt es, waren die ins Meer vorspringenden Berge San Sebastiáns. Die nächtliche Illumination setzt die beiden ›gestrandeten Felsen‹ stimmungsvoll in Szene. Das kulturelle Angebot im Kursaal ist ausgesprochen vielseitig, den Glanzpunkt bildet das Internationale Filmfestival mit seiner hohen Promi-Dichte. Unterhalb des Komplexes erstreckt sich die **Playa de Zurriola** [3] bis zur Landzunge von Monpás.

# San Sebastián und Umgebung

Bis in die Altstadt sind es 25 Min., zum Zurriola-Strand 12 Min. zu Fuß, das Hotel stellt auch Fahrräder zur Verfügung. Komfortabel-freundlich nehmen sich die Zimmer aus. €€€

Klassisch & edel – **Hotel de Londres y de Inglaterra 3** : Calle Zubieta 2, Tel. 943 44 07 70, www.hlondres.com. Hotelklassiker mit Belle-Époque-Charme direkt an der Concha-Bucht gelegen. Edel eingerichtete Zimmer mit Marmorbädern und herrlicher Aussicht auf den Strand. €€€

Eine gute Wahl – **Sercotel Hotel Europa 4** : Calle San Martin 52, Tel. 943 47 08 80, www.sercotelhoteles.com. Das modern, und freundlich eingerichtete Hotel liegt wenige Meter von der Playa de la Concha entfernt. Hilfsbereites Personal. Es gibt eine Cafeteria und eine Tiefgarage. €€€

Modernes, klares Design – **Pension Alemana 5** : Calle San Martin 53, Tel. 943 46 25 44, http://hostalalemana.com. Angenehme und familiär geführte Pension mit geräumigen Zimmern, die geschmackvoll und in modernem Stil eingerichtet sind. Rechtzeitig reservieren, am Wochenende häufig ausgebucht. €€–€€€

Korrekt – **Hotel Parma 6** : Paseo de Salamanca 10, Tel. 943 42 88 93, www.hotelparma.com. Günstig gelegenes Hotel am Rand der Altstadt beim Urumea-Fluss. Die Zimmer fallen etwas klein aus. Buchen Sie ein Zimmer mit Meerblick. Standardeinrichtung, aber modern. €€–€€€

Einfach, aber ordentlich – **Pension Donostiarra 7** : Calle San Martin 6–1, Tel. 943 42 61 67, www.pensiondonostiarra.com. In der gut geführten Pension gibt es 15 ansprechende, saubere Zimmer. €€–€€€

Günstige Option – **Hotel Leku Eder 8** : Kristobal Balenziaga 2, Tel. 943 21 01 07, www.lekueder.com. Etwas außerhalb von San Sebastián gelegen, Bushaltestelle für Fahrten ins Zentrum beim Hotel. Gepflegtes Haus mit gutem Frühstücksbuffet mit hausgemachtem Kuchen. Herrlicher Blick aufs Meer vom Monte Igeldo. €–€€

Agroturismos – **Maddiola 9** : Aita Orkolaga 161, Tel. 652 70 31 28, www.agroturismomaddiola.com. Idyllisch liegt das ruhige, komfortable Landhaus am Monte Igueldo mit Blick über das Kantabrische Meer (7,5 km westl. vom Zentrum der Stadt). Zum Frühstück kommt viel Selbstgemachtes auf den Tisch. €€€ **Kanpoeder 10** : Calle Aingeru Zaindaria Bidea 58 (3 km südwestl. vom Stadtzentrum), Tel. 943 31 07 54, www.kanpoeder.eu. Fünf ausgesprochen charmant eingerichtete Zimmer mit eigenem Bad und Holzdecke. €–€€

Camping – **Igueldo 11** : Paseo Padre Orkolaga 69 (6 km westl. von San Sebastián), Tel. 943 21 45 02, www.campingeuskadi.com. Der schön gelegene Platz ist mit allem erdenklichen Komfort ausgestattet (Restaurant, Bar, Bungalows, Supermarkt, Spielplatz, Waschmaschinen). Mit dem Bus Nr. 16 erreicht man das Stadtzentrum.

## Essen & Trinken

Prominenter Gourmettempel – **Arzak 1** : Av. Alcalde Elósegui 273, Tel. 943 27 84 65, www.arzak.es, So, Mo 18. Juni–5. Juli, 5.–

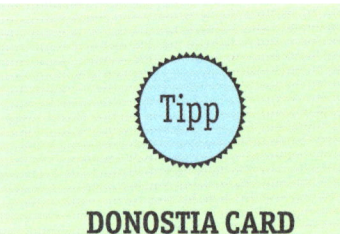

## DONOSTIA CARD

Die **Tarjeta Turística** ist erhältlich in der Touristeninformation. Die Karte kostet für sechs Fahrten mit der städtischen Busgesellschaft DBus 9 €, für 12 Fahrten 16 €. Sie ist jeweils zehn Tage gültig und übertragbar. Bei Bootstouren oder Fahrten mit dem Touristenbus *DonostiTour* sowie dem Bähnchen *Tren Txu-Txu* werden ermäßigte Preise geboten. Einige Museen sind frei, andere geben zumindest Preisnachlässe. Eine Auflistung aller Ermäßigungen findet sich auf der Website der Stadtverwaltung www.sansebastianturismo.eus unter dem Button San Sebastian Card.

29. Nov. geschl., sonst Di–Sa 13.15–15.15, 20.45–22.30 Uhr. Reservierung nötig. Juan Mari Arzak ist ein Kochkünstler mit internationalem Renommee. Sein Gourmettempel führt drei Michelinsterne. Er steht für die neue avantgardistische Küche, beherrscht aber auch, wie kaum ein anderer, die Finesse der traditionellen baskischen Küche. Berühmt ist sein Seehecht in grüner Soße mit Venusmuscheln. Es wird ein mehrgängiges Menü serviert. €€€

Exquisit – **Akelarre** 2 : Paseo Padre Orkolaga 56, Tel. 943 31 12 08, www.akelarre. net, So abends, Mo geschl. Eine weitere Topadresse – mit drei Michelinsternen! Der Küchenmeister Pedro Subijana steht füräußerst fantasievolle Kreationen der neuen baskischen Küche. Das Restaurant 6 km westlich des Igueldo bietet einen wunderschönen Ausblick aufs Meer. Der Rochen auf Spinat oder die Milchlammschulter sind ein Gedicht. €€€

Innovativ – **Restaurante Kokotxa** 3 : Calle del Campanario, 11, Tel. 943 42 19 04, www.restaurantekokotxa.com, So, Mo geschl. Junge, kreative Küche gekrönt mit einem Michelinstern. Spezialität des Hauses sind die Seehechtbäckchen. Helles, modernes Ambiente. €€–€€€

Rustikal-baskisch – **Bodegón Alejandro** 4 : Fermín Calbetón 4, Tel. 943 42 71 58, www. bodegonalejandro.com, tgl. 13–15.30, 20–22.30 Uhr. In diesem Altstadtrestaurant, das im regionalen Stil dekoriert ist, lässt sich prima die typisch baskische Küche kennenlernen. €€

Moderne Eleganz – **La Perla** 5 : Paseo de la Concha s/n, Tel. 943 46 24 84, www.la-perla. net, tgl. 12.30–15.30, Do–Sa auch 20–22.30 Uhr. Restaurant und Café im ehemaligen Königlichen Badehaus sind in zurückhaltend modernem Design eingerichtet. Großer Pluspunkt ist die herrliche Aussicht von der Terrasse auf die Concha. €€

Leckere Pintxos – **Casa Urola** 6 : Calle Fermin Calbeton 20, Tel. 943 44 13 71, www. casaurolajatextea.es. Im Eingangsbereich findet sich die moderne Bar mit den kleinen, kreativen Leckereien und guten Weinen, im oberen Stockwerk liegt das gepflegte, minimalistisch gestylte Restaurant. Hervorragend schmeckt der Steinbutt (rodaballo). €–€€

Tapas & mehr – **Gandarias Taberna** 7 : Calle 31 de Agosto 23, Tel. 943 42 63 62, www.res taurantegandarias.com. Beliebte Altstadtbar mit großer Auswahl an *pintxos*. €–€€

Volkstümlich – **La Cepa** 8 : Calle 31 de Agosto 7–9, Tel. 943 42 63 94, www.barla cepa.com, tgl. 10–23 Uhr. Populäre Bar mit winzigem Essbereich. Von der Decke hängen Schinken. Tapas, außerdem *raciones* wie Hackfleischbällchen, Tintenfische. €

Tapas vom Feinsten – **Atari Gastroteka** 9 : Calle Mayor 18, Tel. 943 44 07 92. Angesichts der Auswahl köstlich zubereiteter Tapas fällt die Wahl nicht leicht. €

Pintxo-Spezialisten – **Bar Sport** 10 : Fermin Cabletón 10, Tel. 943 42 68 88. Auf dem Tresen türmen sich die leckeren fantasievollen *pintxos*. Bekannt ist die Bar für die Foie-Pintxos und die Seeigel. €

## PINTXO-HOPPING IN DER ALTSTADT

Auf den Tresen in den Pintxo-Bars der Altstadt locken verführerisch die kunstvoll hergerichteten kleinen Gaumenfreuden. In der unumstrittenen Hochburg der Pintxos-Kultur des Baskenlands ist die Konkurrenz groß, jedes Jahr werden die besten Pintxos prämiert. Eine pfiffige Idee der Wirte ist der **Pintxo Pote:** ein oder zwei ausgesuchte Häppchen und ein Glas Wein oder Bier zum günstigen Preis an bestimmten Tagen. Einen Überblick bietet die App Pintxo Pote San Sebastián.

## San Sebastián und Umgebung

Familienbetrieb – **Ganbara** 11 : Calle San Jerónimo 21, Tel. 943 42 25 75, www.ganbarajatetxea.com, So abends und Mo geschl. Bar im Familienbetrieb mit ausgezeichneter Tapasqualität, kleiner Speiseraum. €

### Abends & Nachts

Kasino – **Gran Casino Kursaal** 1 : Calle Mayor 1, Edifico Petit Casino, Tel. 943 42 92 14, www.casinokursaal.com, tgl. 10–3 Uhr. Die Adresse für Glücksritter an der Gipuzkoaküste.

Whisky-Museum – **Museo del Whisky** 2 : Alameda del Boulevard Zumardia 5, Tel. 943 42 64 78, auf Facebook, So geschl. Geniale Mischung aus Pianobar und Whiskymuseum. Alles Wissenswerte über Whisky erfährt man hier und gleichzeitig darf man den zum Cocktail passenden Melodien lauschen.

Jazz – **Altxerri** 3 : Calle Reina Regente 2, Tel. 943 42 16 93, www.altexerrijazzbar.com, Mo geschl. Der Jazzklub mit Renomee präsentiert am liebsten Livemusik. **Etxekalte** 4 : Calle Mari 8, Tel. 943 42 97 88, auf Facebook. Das Jazzlokal ist seit mehr als 20 Jahren eine Institution.

Livemusik – **Le Bukowski** 5 : Calle de Egia 18, Tel. 943 32 11 42, www.lebukowski.com. Der Klub ist vor allem für Liebhaber rockiger Sounds eine Institution, aber je nach DJ ertönen auch andere Klänge.

Klub mit Housemusik – **Bataplan** 6 : Paseo de la Concha 12, Tel. 943 47 36 01, www.bataplandisco.com, Mo, Di geschl. Im Sommer ist die Terrasse mit Meerblick geöffnet.

Chilliges Ambiente – **Cafe-Bar Koh Tao** 7 : C/Bengoetxea 2, Tel. 943 42 22 11. Coole Location für ein spätes Frühstück oder für einen Cocktail am Abend.

Konzerte etc. – **Palacio de Congresos y Auditorio Kursaal** 18 : s. S. 136

### Aktiv

Baden und Surfen – Klein, aber fein gibt sich die **Playa de Ondarreta** 1 im Westen der großen Bucht von San Sebastián. An der östlich benachbarten **Playa de la Concha** 2, dem größten der drei Stadtstrände, herrscht im Sommer Hochbetrieb, wenn sich die vorwiegend spanischen Urlauberfamilien unter die Einheimischen mischen. Die **Playa de Zurriola** 3 im Osten der Altstadt öffnet sich am weitesten hin zum Meer, daher sind die Wellen hier deutlich höher und der Strand dient traditionell als Treffpunkt der Surferszene der Stadt.

Bootsausflüge – Vom Fischereihafen 8 verkehren Boote zur **Isla de Santa Clara,** der kleinen Insel in der Concha-Bucht: Der nette Ausflug präsentiert eine lohnende Abwechslung zu den drei bekannten Hausstränden. Außerdem ist eine komplette Rundfahrt durch die Bucht im Angebot. Am Anfang des Paseo de Mollaberria, Lasta Plaza s/n, befindet sich der Ticketverkauf (Tel. 943 00 04 50, www.motorasdelaisla.com, Reservierungen über Webseite, alle 30 Min. geht es auf die Insel in Kombination mit einem Inselspaziergang 7 €).

### Termine

**Tamborrada:** 20. Jan. Am Tag des Stadtpatrons, des hl. Sebastian, wird um Mitternacht auf der Plaza de la Constitución die Fahne von San Sebastián gehisst und 24 Stunden lang erfüllt die Stadt ein Freudentaumel und der Klang der Trommeln.

**Festival International de Nuevas Músicas:** April. Festival für zeitgenössische Musik.

**Jazzaldia:** Zweite Junihälfte, www.jazzaldia.eus. Beim Internationalen Jazzfestival steht neben Musik ein Internationales Reitturnier und Pferderennen auf dem Programm.

**Fiesta de San Juan:** Nacht vom 23. auf den 24. Juni. Die Johannesfeier wird traditionell mit großem Sonnwendfeuer begangen.

**Semana Grande** (bask. Aste Nagusia): Mitte Aug. Die Festwoche rund um Mariä Himmelfahrt wird mit Konzerten, Theateraufführungen und Folkloreveranstaltungen sowie Sportevents begangen. Allabendlicher Höhepunkt ist der Wettstreit der Feuerwerkskünstler.

**Regatas de la Concha:** 1. und 2. So im Sept., www.sansebastiandetails.com/calendar/regatta. Seit 1879 werden die traditionsreichen Ruderregatten in der Stadt abgehalten.

**Festival Internacional de Cine:** Zweite Septemberhälfte, www.sansebastianfestival.com. Seit 1953 wird alljährlich der rote Teppich ausgerollt für Stars und Sternchen, die sich anlässlich des Filmfestivals ein Stelldichein geben.

Adressen

## RADFAHREN IN SAN SEBASTIÁN

**Tour-Infos**
**Cityplan:** S. 131
**Fahrradverleih und -touren:** La Bicicleta, Calle Reyes Católicos 14, Tel. 639 26 79 48, www.labicicletadonostia.com, 2 Std. Rad 9 €, 4 Std. E-Rad 26 €, im Verleih: Mountainbikes, Tamdems, E-Roller, etc. Geführte Touren mit Guide (engl.) nach Absprache.

**Fahrradnetz und Karte:** Auf der Website www.sansebastianturismo.eus findet sich eine Karte mit eingezeichneten Radwegen (Stichworte: hacer/planes deportivos/sobre ruedas/la red de bidegorris) sowie Infos zu Radverleiher und geführten Radtouren.

San Sebastián ist für spanische Verhältnisse ein ausgesprochen fahrradfreundlicher Ort. Ein gut ausgebautes Netz von Radwegen durchzieht die ganze Stadt. So lässt es sich z. B. wunderbar entlang der ausgedehnten, mondänen **Strandpromenade** radeln, unterwegs kann man sich an einem der Stadtstrände im Meer abkühlen oder in einem Strandcafé eine Pause einlegen. Reizvoll ist auch eine Tour entlang dem **Río Urumea**. Sie startet beim **Kursaal-Kongresszentrum** und führt flussaufwärts vorbei am **Teatro Victoria Eugenia**, dem **Luxushotel María Christina** sowie zahlreichen stattlichen Herrenhäusern und prachtvollen Brücken. An der **Puente de Mundaiz** wechselt die Strecke rüber aufs westliche Ufer und bringt den Radler dort flussabwärts wieder zurück zum Meer.

## San Sebastián und Umgebung

**Semana de Cine Fantástico y de Terror:** Ende Okt.–Anfang Nov., www.sansebastian horrorfestival.eus. Eine Woche lang dreht sich in alles um Fantasy- und Horrorfilme.

### Verkehr

**Flugzeug:** Tel. 913 21 10 00, www.aena.es. Der nationale Flughafen liegt 22 km östlich von San Sebastián bei Hondarribia. Nur Inlandsflüge, u. a. tgl. nach Madrid und Barcelona. Ekialdebus E 21 fährt stdl. von der Plaza Gipuzkoa zum Flughafen (Fahrtzeit ca. 25 Min.) und weiter nach Hondarribia (Tel. 900 30 03 40, www.ekialdebus.eus).

**Bahn:** Estación del Norte – Nordbahnhof (Renfe) befindet sich im Um- bzw. Neubau, eine provisorische Bahnhofsstation gibt es an der Plaza Nestor Basterretxea. Züge nach Madrid, Vitoria-Gasteiz, Pamplona, Zaragoza, Vigo und La Coruña; Amara-Bahnhof (EuskoTren), Plaza Easo 9, Tel. 902 54 32 10, www.euskotren.eus. Verbindungen nach Bilbao (tagsüber stdl.) und entlang der Küste nach Zumaia, Zarautz, Deva, Irún, Hendaye etc.

**Metro Donostialdea:** auch Topo genannt, www.euskotren.eus. Verbindung von Lasarte-Oria, San Sebastián, Loiola, Pasajes, Rentería, Irún bis Hendaya. In San Sebastián heißt die zentrale Station Amara. Von Amara fahren auch Züge entlang der Küste nach Bilbao. In Hendaye besteht eine direkte Verbindung an das französische Zugnetz.

**Bus:** Estación Donostia Geltokia, Paseo Frederico García Lorca 1, www.estaciondonostia.com. Auf der Website (span., engl., franz.) finden sich die aktuellen Verbindungen. Ca. alle 30 Min. fährt ein Bus nach Bilbao und stündlich ein Bus nach Pamplona oder Vitoria Gasteiz.

**Stadtbus:** Tel. 900 84 01 46, www.dbus.eus/es. Verschiedene Linien verbinden die Stadtteile.

**Monte-Igueldo-Seilbahn:** s. S. 130

# Wissenschaftsmuseum Eureka

*Paseo Mikeletegi 43–45, Tel. 943 01 24 78, www.eurekamuseoa.es, Öffnungszeiten variieren (siehe im Internet), ungefähr tgl. Di–So 10–19, Mo 10–16, Juli, Aug. Mo bis 20 Uhr, Erklärungen auch auf Englisch und Französisch, 10 €, Planetarium 3,50 €, Kombiticket 12 €*

Im Süden der Stadt liegt im Technologiepark Miramón das moderne **Eureka! Zientzia Museoa**. Durch seine interaktive Gestaltung ermöglicht es anhand von Experimenten einen spielerischen Zugang zu komplexen wissenschaftlichen und technischen Fragen. Die Erschütterung bei einem Erdbeben wird erfahrbar, die Geheimnisse optischer Phänomene und der Elektrizität werden gelüftet. Angeschlossen sind ein digitales Planetarium sowie ein astronomisches Observatorium.

### Verkehr

**Bus:** Vom Zentrum mit Stadtbussen (www.dbus.eus) der Linien 28, 31 oder 35 Richtung Hospitales/Altza bis Station Miramón.

# Chillida-Leku-Museum

▶ 2, Q/R 3

*Caserío Zabalaga, Jauregi Bailara 66, Hernani, Tel. 943 33 59 63, www.museochillidaleku.com, ganzjährig Do–Mo, Jan.–März, Nov., Dez. 10–19, April, Mai–Mitte Juni, Mitte Sept.–Okt. 10–18, Mitte Juni–Mitte Sept. 10–19 Uhr, 14 €, Tickets auch online, Anfahrt: von San Sebastián Buslinie BU 05 Richtung Andoaín ab Haltestelle Okendo alle 30 Min. nach Hernani, die Ausstiegshaltestelle heißt Chillida Leku (www.lurraldebus.eus)*

Der international renommierte baskische Bildhauer Eduardo Chillida (1924–2002) hatte sich mit der Eröffnung des **Museo Chillida-Leku** einen lang gehegten Traum erfüllt. In Hernani, 6 km südlich seiner Heimatstadt San Sebastián, baute der Künstler den verfallenen Gutshof Caserío de Zabalaga wieder auf und verwandelte ihn in ein Museum, das die ganze Bandbreite seines Schaffens zeigt: Skulpturen aus Stahl, Granit, Alabaster und Terracotta sowie Collagen, Papierarbeiten, Grafiken und Lithografien. Eingebettet in eine prächtige Parklandschaft platzierte Chillida 40 seiner monumentalen Kunstwerke.

# Küste und Hinterland der Provinz Gipuzkoa

Die grüne Küstenlandschaft der Provinz Gipuzkoa (span. Guipúzcoa) glänzt mit zerklüfteten Buchten, weiten Sandstränden und auch heute noch beschaulichen Fischerorten wie Getaria oder Hondarribia. Bietet der Flysch an der Felsenküste von Zumaia ein Naturschauspiel der Extraklasse, so ist der Besuchermagnet im Hinterland der Wallfahrtsort San Ignacio de Loyola.

## Pasaia ▶ 2, R 3

Fast schon verschmolzen mit San Sebastian liegt **Pasaia** (span. Pasajes; 16 150 Einw.) in einer geschützten Meeresbucht an der Mündung des Oiartzun. Der Ort setzt sich aus drei Teilen zusammen: Im industriell geprägten **Pasai Antxo** breitet sich der größte Handelshafen von Gipuzkoa aus. Von den Häfen in **Pasai Donibane** und **Pasai San Pedro** wird traditionell Hochseefischerei betrieben, d. h. insbesondere in nördlichen Gefilden nach Kabeljau gefischt.

Ein Besuch lohnt vor allem in **Pasai Donibane**. Es empfiehlt sich, das Auto gleich am Ortseingang zu parken. Entlang dem alten Hafen reihen sich mehrstöckige Fischerhäuser mit bunt gestrichenen Holzbalkonen und verführerischen Fischrestaurants aneinander.

### Essen & Trinken
Fisch- und Meeresfrüchte – **Casa Camara:** Calle San Juan 79, Pasai Donibane, Tel. 943 52 36 99, www.casacamara.com. Das Lokal an der Hafeneinfahrt blickt auf eine lange Familientradition zurück. Probieren Sie die Meeresfrüchteplatte (€€€). €–€€

### Termin
**Fiesta de San Fermín:** 7. Juli. Wie in Pamplona finden zur *fiesta* des hl. Fermín in Pasai Antxo waghalsige Stierläufe, sogenannte *encierros*, statt. Zum krönenden Abschluss werden dann auch Stierkämpfe dargeboten.

### Verkehr
**Metro Donostialdea:** www.euskotren.eus. Die Bahn wird auch Topo genannt. Die Linie E 2 in Richtung Irún hält in Pasaia. Einstieg in San Sebastián Haltestelle Amara oder Anoeta (beim Stadion Anoeta). Fahrtdauer: 12 Min., ca. alle 15 Min.
**Bus:** www.dbus.eus, u. a. Linie 13 fährt von der Haltestelle Askatasuna 21 nach Escallerias (Pasaia).

## ✪ Hondarribia ▶ 2, R 3

Trutzige Mauern umgürten die gut erhaltene Altstadt von **Hondarribia** (span. Fuenterrabía; 17 000 Einw.) und künden vom Auf und Ab der Stadt als Grenzfeste. Spaniens nördlichste Stadt liegt an der Mündungsbucht des Río Bidasoa, der eine natürliche Grenze zu Frankreich bildet. In der Beliebtheitsskala als Urlaubs- und Ausflugsziel an der baskischen Küste rangiert Hondarribia ganz weit oben. Die Gründe liegen auf der Hand: der Charme der mittelalterlich geprägten Altstadt, die Vitalität des Fischerviertels und der breite, schöne Sandstrand mit seinem relativ ruhigen Wellengang. Außerdem ist das französische Baskenland nur einen Katzensprung entfernt.

# Hondarribia

## An der Kale Nagusia

Einlass in die unter Denkmalschutz stehende Altstadt gewährt das noch aus dem 15. Jh. stammende Tor **Puerta de Santa María.** Über dem Torbogen prunkt das Stadtwappen. Alte Adelshäuser, deren Fassaden prunkvolle Familienwappen und schmiedeeiserne Balkone zieren, säumen die Hauptstraße, **Kale Nagusia.** Vor allem das stattliche **Rathaus** und der barocke **Palacio Casadevante,** in dem heute ein Hotel untergebracht ist, und die **Casa Zuoluga,** die das Stadtarchiv und die städtische Bibliothek beherbergt, ziehen die Aufmerksamkeit auf sich.

## Nuestra Señora de la Asunción

Am Ende der Straße findet sich rechter Hand die gotische **Pfarrkirche Nuestra Señora de la Asunción,** die im 16. Jh. im Stil der Renaissance umgestaltet wurde. Die Stadt und Kirche waren 1660 der Schauplatz für die Hochzeit der spanischen Infantin María Teresa mit dem französischen Sonnenkönig Ludwig XIV., der sich allerdings durch den spanischen Minister Don Luis de Haro vertreten ließ. Politischer Hintergrund für die Eheschließung war die Stärkung des Pyrenäenfriedens von 1659.

## Burg

Hinter der Kirche öffnet sich die **Plaza de Armas,** die von der strengen, wuchtigen Fassade des **Castillo de Carlos V** dominiert wird. Der Bau des Kastells, das gleichzeitig als Palast diente, geht auf das 12. Jh. zurück, vollendet wurde das Bauwerk unter Kaiser Karl V. Heute ist hier der elegante 4-Sterne-Parador von Hondarribia untergebracht.

## Plaza de Gipuzkoa

Ein schmuckes städtebauliches Ensemble bildet die **Plaza de Gipuzkoa,** die ab und zu als stimmungsvolle Bühne für Konzerte und Theateraufführungen genutzt wird. Die Plaza, die erst in den 1970er-Jahren in dieser Form entstanden ist, fügt sich mit ihren von Arkaden gesäumten Häusern und den bunten Balkonen perfekt in das Bild der Altstadt ein.

## La Marina

Durch den Torbogen gelangt man über die Calle Javier Urgarte direkt hinab ins Fischerviertel La Marina. Verführerisch durchzieht der Duft nach Fisch und Meeresfrüchten die Gassen. Dreh- und Angelpunkt ist die **Calle San Pedro,** die gesäumt wird von bunten, mit Blumen geschmückten baskischen Fischerhäusern. Für einen Verdauungsspaziergang bietet sich der **Paseo Butrón** an, der entlang der Bahía de Txingudi verläuft. Vorbei am **Sporthafen** und der **Playa de Ondarribia** führt der Weg zum beschaulichen **Fischereihafen.** Hoch über dem Hafen wachen das **Kastell San Telmo** (16. Jh.) und der **Leuchtturm** auf dem Kap Higuer. Von hier oben bietet sich ein toller Panoramablick auf die Küste und die benachbarte französische Ortschaft Hendaye.

## Infos

**Oficina de Turismo Bulegoa:** Plaza de Armas 9, 20280 Hondarribia, Tel. 943 64 36 77, www.bidasoaturismo.com, Jan.–März, Nov.–Dez. Mo–Sa 10–18, So 10–14, April–Juni, Okt. Mo–Sa 10–19, So 10–14, Juli–Sept. tgl. 9.30–19.30 Uhr. Hier gibt es u. a. Kartenmaterial zu den vielen Wandermöglichkeiten in der Umgebung.

**Turismo Portua (Marina Hondarribia):** Maxtin Arzu s/n, Tel. 943 57 61 02, www.bidasoaturismo.com.

## Übernachten

Burghotel mit Klasse – **Parador de Hondarribia:** Plaza de Armas 14, Tel. 943 64 55 00, www.parador.es. Hinter den strengen Mauern des ehemaligen Castillo de Carlos V verbirgt sich ein eleganter Parador, die erste Adresse von Hondarribia. Kein Abendessen! €€€

Geschmackvolles Ambiente – **Hotel Obispo:** Plaza del Obispo 1, Tel. 943 64 54 00, www.hotelobispo.com. Altstadtpalast aus dem 14./15. Jh. mit 17 apart eingerichteten Zimmern. Auf der Terrasse, umgeben von einem

*In die bunten Häuser von Hondarribia sind Bars eingezogen*

kleinen Garten, lässt es sich wunderbar frühstücken. €€€
Freundliche Atmosphäre – **Hotel Palacete:** Plaza Gipuzkoa 5, Tel. 943 64 08 13, www.hotelpalacete.net. Das Haus wurde 2003 eröffnet, in einem Palast mitten in der Altstadt. Einrichtung in hellen Farben. Schöne, kleine Terrasse. €€€
Gute Mittelklasse – **Sercotel Jauregui:** Calle Zuloaga 5, Tel. 943 64 14 00, www.sercotelhoteles.com. Helle, modern gestaltete Zimmer und ein Restaurant. Ein großer Pluspunkt ist die zentrale Lage. €€–€€€
Agroturismos – **Arotzenea:** B Jaizubia 10 (Zufahrt über Stadtteil Arkoli), Tel. 943 03 93 33, www.arotzenea.net. Liebevoll rustikal eingerichtet, mit schöner Terrasse, die Zimmer wirken freundlich. €€€ **Casa Rural Higeralde:** Calle Higer Bidea 6, etwas außerhalb, Tel. 679 84 77 27. Liebevoll geführtes Haus, das über gepflegte, geräumige Zimmer verfügt. Tolles Frühstück. Herrlich ist der Blick über die Bucht von Hondarribia. Knapp zehn Autominuten vom Strand und Ortszentrum entfernt. €€ **Iketxe:** Barrio Arkoll-Santiago auzoa 61 (2 km westl. von Hondarribia), Tel. 943 64 43 91, www.nekatur.net/iketxe. Das Haus im traditionell baskischen Stil wirkt mit seinem ansprechenden Aufenthaltsraum und dem Garten sehr einladend. Fünf Zimmer. €€
Camping – **Jaizkibel:** Ctra. Guadalupe, km 22 (1 km westl. von Hondarribia in Richtung Pasai Donibane/Jaizkibel), Tel. 943 64 16 79, www.campingjaizkibel.com. Angeschlossen an den Campingplatz sind eine Bar und ein Restaurant, es können auch Holzbungalows gemietet werden. **Faro de Higuer:** Ctra. del Faro 58, Tel. 943 64 10 08, www.campingfarodehiguer.es. In der Nähe des Leuchtturms am Kap Higuer gelegen, bis zum Ortskern sind es 15 Min. zu Fuß. Pool, Bar und Diskothek. Bungalows.

### Essen & Trinken

Köstlich – **Alameda:** Minasoroeta 1, Tel. 943 64 27 89, http://restaurantealameda.net, Mo, Di und So abends geschl. Die Brüder Txapartegi führen das sternegekrönte Restaurant in dritter Generation. Kreative Küche mit Pfiff. €€€, in der dazugehörigen Taberna €
Gaumenfreuden – **Sebastián:** Karrika Nagusia 9, Tel. 943 64 01 67, www.restaurantesebastian-hondarribia.negocio.site, Mo geschl. Herrlich nostalgisches Restaurant in einem ehemaligen Kolonialwarenhandel. Die Gerichte werden ansprechend präsentiert. Zum Dessert empfiehlt sich der leckere Käsekuchen. €€
Traditionsreiche Taverne – **Hermandad de los Pescadores:** Calle Zuloaga 12, Tel. 943 64 27 38, www.hermandaddepescadores.com, So abends, Di, Mi geschl., Do nur abends geöffnet. Bodenständige baskische Küche zu günstigen Preisen. Unbedingt probieren sollte man die *cococas en salsa verde* (Fischbäckchen in grüner Soße) oder *merluza* (Seehecht). €€
Frisches aus dem Meer – **Zeria:** Calle San Pedro 23, Tel. 943 64 09 33, www.restaurantezeria.com, So abends, Do geschl. Gemütliches, rustikales Restaurant in einem ehemaligen Fischerhaus. Gut zubereiteter Fisch und Meeresfrüchte. €–€€
Tapafreuden – **Ardoka Vinoteka:** Calle San Pedro 32, Tel. 943 64 31 69, www.ardokavinoteka.com, Di geschl. Schicke Pintxo-Bar mit ansprechend präsentierten Häppchen. Lassen Sie sich vom Service den passenden Wein aus dem reichhaltigen Sortiment empfehlen. €

## SCHLEMMERPARADIES

Wie an einer Perlenschnur reihen sich in Hondarribias lebhaftem Fischerviertel **La Marina** zahlreiche Fischlokale und ansprechende *pintxo*-Bars auf. Ein Eldorado für Tapa-Liebhaber ist die **Calle San Pedro**, zu den besten Adressen zählen die Kneipe Gran Sol (Nr. 63) und Vinoteka Ardoka (Nr. 32).

### Termin

**Virgen de Guadalupe/Alarde de Hondarribia:** 8.–10. Sept. Die Festivitäten zu Ehren der Schutzpatronin von Hondarribia gehen auf die Belagerung der Ortschaft im Dreißigjährigen Krieg zurück. Nach dem Volksglauben konnte der Sieg über die Gegner nur dank des Beistandes der Jungfrau erzielt werden. Im Zentrum der Feiern stehen die Wallfahrt zur Kapelle der Jungfrau am Jaizikibel und eine musikalisch umrahmte Parade mit historischen Trachten und Waffen.

### Verkehr

**Bus:** Lurraldebus, Tel. 900 30 03 40, www.lurraldebus.eus, fährt stdl. von Hondarribia nach San Sebastián/Plaza Gipuzkoa 10.
**Schiff:** Jolaski, Paseo de Europa, Puerto deportivo, Tel. 622 42 73 88, www.jolaski.com. Von der zentralen Anlegestelle alle 15 Min. ins französische Hendaye, 2,30 €. Im Sommer werden fünf verschiedene **Bootstouren** angeboten, Reservierung über Website.

## Ausflug auf den Jaizkibel ▶ 2, R 3

Westlich von Hondarribia führt ein landschaftlich reizvolles Sträßchen (GI 3440) vorbei an Schafweiden und Pferdekoppeln hinauf zum **Monte Jaizkibel** (584 m). Immer wieder offerieren sich Postkartenblicke auf das Kantabrische Meer und die wunderschöne Txingudi-Bucht.

Kurz unterhalb des Gipfels befindet sich ein Aussichtspunkt, der einen fantastischen Blick auf die Pyrenäenkulisse gewährt. Bald danach taucht die kleine **Wallfahrtskapelle Nuestra Señora de Guadalupe** auf. In der Kirche hängen Schiffsmodelle, Geschenke von Seeleuten, denen die schwarze Madonna in Seenot beistand. Am Wochenende herrscht ganz schöner Trubel, ist doch die Kapelle ein guter Ausgangspunkt für Wanderungen. Großer Beliebtheit erfreut sich die rustikale Wirtschaft oberhalb der Wallfahrtskirche. Gerne wird hier nach dem Gottesdienst zum *sidre* ein lecker fettiges Paprikawürstchen *(chorizo)* verspeist.

Oberhalb des Parkplatzes auf dem Gelände der ehemaligen **Festung Guadalupe** picknicken baskische Familien, anschließend wird Fußball gespielt. Hier oben genießt man es, den Blick schweifen zu lassen: von der Mündungsbucht des Bidasoa bis zur Küste des französischen Baskenlands.

## Irún ▶ 2, R 3

Geschäftig und ziemlich grau nimmt sich die Grenzstadt zu Frankreich aus. **Irún** (bask. Irun; 62 700 Einw.) lädt den Reisenden nicht unbedingt zum längeren Verweilen ein. Eine Zwangspause legen in Irún die Bahngäste ein. Hier heißt es Umsteigen, denn die spanischen Eisenbahngleise haben im Allgemeinen nicht die in Europa übliche Schienenbreite.

Ein Grund für den fehlenden Charme der Stadt ist die fast vollständige Zerstörung im Spanischen Bürgerkrieg (1936–1939), so hat Irún nur wenig an historischer Bausubstanz zu bieten. Fast etwas verloren zwischen den Neubauten wirkt das schmucke, barocke **Rathaus** auf der Plaza de San Juan Harra.

Das wichtigste Gotteshaus ist die **Iglesia Santa María el Juncal** (15./16. Jh., Calle Juncal 28). Das Juwel der Kirche ist zweifellos der Hochaltar, der Elemente der Renaissance und des Barocks vereint. Eine romanische Madonna beherrscht den Altar.

### Römisches Museum

*Calle Eskoleta 1, Tel. 943 63 93 53, www.oiasso.com, Juni–Sept. Di–Sa 10–20, So 10–14, Okt.–Mai Di–Do, So 10–14, Fr, Sa 10–14, 16–19 Uhr, 6,25 €*

Dank archäologischer Grabungen wurden zahlreiche römische Fundstücke in Irún ans Tageslicht befördert, die im **Museo Romano Oiasso** eindrucksvoll präsentiert werden.

### Infos

**Oficina de Turismo:** Plaza Luis Mariano 3, 20302 Irún, Tel. 943 82 07 32, www.irun.org/turismo, Mo 15.30–19, Di–Sa 10–13.30, 15.30–

## Küste und Hinterland der Provinz Gipuzkoa

19, Juli–Mitte Sept. Mo–Sa 10–13.30, 15–19, So 10–14 Uhr

### Übernachten

Modern – **Hotel Atalaia:** Aritz Ondo 69, Tel. 943 62 94 33, www.hotelatalaia.com. Komfortabel, freundlich eingerichtete Zimmer, aufmerksames Personal. €€–€€€

### Verkehr

**Bahn:** Bahnhof, Calle Estación Ferrocarril s/n, Tel. 943 64 96 37. Stdl. Züge nach San Sebastián und Hendaye (Frankreich). Tgl. Verbindungen zu allen größeren Städten Spaniens.
**Bus:** Busbahnhof, Calle Estación s/n, www.alsa.es, bedient die Linie nach San Sebastián, Zarautz und Bilbao. Ekialdebus, www.ekialdebus.eus, Line E 23 verbindet Irún/Av. de España s/n mit San Sebastián.

## Orio ▶ 2, Q 3

Noch beinahe im Einzugsbereich von San Sebastián liegt das ehemalige Fischerdorf **Orio** (5950 Einw.), dessen Gesicht heute eher industriell geprägt ist. Dennoch konnte sich Orio seinen mittelalterlichen Kern bewahren: Um die **Kirche San Nicolás de Bari** sind einige schöne Ecken zu entdecken, in der **Kale Nagusia** (Hauptstraße) finden sich noch ein paar Herrenhäuser, deren Eingänge alte Familienwappen zieren. Auch der kleine **Hafen** mit den Fischerbooten verströmt Charme.

### Infos

**Oficina de Turismo:** Aritzaga Kalea 1, Tel. 943 83 55 65, www.turismo. oriora.eus.

### Übernachten

Camping – **Playa de Orio:** Calle Hondartza s/n, Tel. 943 83 48 01, www.oriokanpina.com, Nov.–Febr. geschl. Bestens ausgestatteter Platz beim Strand mit zwei Pools, Spielplatz, Restaurant und Bar.

### Aktiv

Baden & Surfen – Der gepflegte Strand liegt am Ende der Flussmündung des Río Oria.

### Termin

**Fiesta de San Pedro:** 29. Juni, Patronatsfest.

## Zarautz ▶ 2, Q 3

Grüne Hügel umkränzen den beim spanischen Publikum beliebten Badeort **Zarautz** (span. Zarauz; 23 200 Einw.). Für das Städtchen, dessen Einwohnerzahl sich in den Sommermonaten verdreifacht, ist der wichtigste Einkommenszweig der Tourismus. Früher gaben der Fischfang und die Werft den Ton an. Von der hiesigen Schiffswerft ging im 16. Jh. die Victoria vom Stapel, das Schiff, das unter dem Kommando von Juan Sebastián Elcano erstmalig die Welt umsegelte.

In den letzten Jahren ist der Bekanntheitsgrad von Zarautz außerhalb des Baskenlands vor allem aufgrund der populären Fernsehshows des **Starkochs Karlos Arguiñano** gestiegen. Diese lässt er in seinem gepflegten Restaurant drehen, einem ehemaligen Herrenhaus mit angeschlossenem Hotel am Paseo Marítimo (s. u.).

Um die überschaubare Altstadt mit Gebäuden aus dem 14.–16. Jh. sind moderne Neubauviertel entstanden. Wenig attraktiv gestaltet sich der **Paseo Marítimo** (Calle Itsasertza), trotz der Bemühungen der Stadtväter, ihn durch eine Skulpturenmeile aufzupeppen. Eintönige Bauten, darunter etliche Hotels, aus den 1960er- und 1970er-Jahren trüben das Bild.

Den Aufstieg zum Seebad verdankt Zarautz Königin Isabella II. (1830–1904), die den **Palacio de Narros** am Westende des Paseo Marítimo, der 1536 im strengen kastilischen Stil errichtet wurde, zu ihrer Sommerfrische auserkoren hatte. So etablierte sich Zarautz neben San Sebastián für gut drei Jahrzehnte als einer der Treffpunkte der spanischen Hautevolee.

Vom Adel, der im Gefolge der Königin nach Zarautz reiste, zeugen noch die Wappenschilder an einigen Häusern, insbesondere in der Calle Trinidad. Erhalten geblieben ist auch die breite und wuchtige **Torre de Luzea** (15. Jh.; Calle Nagusia 28), deren

## Kunst- und Geschichtsmuseum

*Calle Elizaurre 1, Tel. 943 83 52 81, www.menosca.com, Di–Sa 10–14, 16–18, So 16–18, Mitte Febr.–Mitte Juni, Mitte Sept.–Dez. Fr, Sa 10–14, 16–18, So 16–18 Uhr, 2 €*

Das Herz des alten Zarautz bildet die gotische **Kirche Santa María la Real** (14. Jh.), die im 18. Jh. stark umgestaltet wurde. Im wehrhaften Glockenturm der Kirche ist heute das **Museo de Arte y Historia** der Stadt untergebracht.

## Fotomuseum

*Calle San Ignacio 11, Tel. 943 13 09 06, www.photomuseum.es, Di–So 10–14, 17–20 Uhr, 6 €*

In der Villa Manuela ist das **Museo Fotográfico** der Stadt untergebracht, das den Bogen spannt von der *cámara oscura* bis zur modernen Digitalfotografie. Interessant sind neben den altertümlichen Fotoapparaten auch die alten Ansichten vom Baskenland.

## Infos

**Oficina de Turismo:** Kale Nagusia 30, 20800 Zarautz, Tel. 943 83 09 90, www.turismozarautz.eus, im Sommer Mo–Fr 10–20, Sa 10–14, 16–20, So 10–14, ansonsten Mo–Fr 9.30–13.30, 15.30–19, Sa 10–14, 16–19.30, So 10–14 Uhr.

## Übernachten

Trendig – **Zerupe Hotel:** Calle Zigordia 24, Tel. 943 50 85 82, www.hotelzerupe.com. Kleines Boutiquehotel mit stylischer Einrichtung im Zentrum und in Strandnähe. Dachfenster sorgen für Licht, kaum zu glauben, dass dies früher mal eine Garage war. Reichhaltiges Frühstück gegen Aufpreis. €€

Sauber – **Hotel Restaurant Txiki Polit:** Plaza de la Musica, Tel. 943 83 53 57, www.txikipolit.eus. Schlichte Zimmer sowie eine gemütliche, mit Fässern dekorierte Taverne (€). Bar mit großer Tapaauswahl. €–€€

Etwas betagt – **Hotel Zarauz:** Calle Navarra 26, Tel. 943 83 02 00, www.hotelzarauz.com. Angenehmes Haus mit ordentlichen Zimmern (Einzel-, Doppel- und Familienzimmer). Restaurant Santa Bárbara im Haus. Positiv ist die Nähe zum Strand. €

Agroturismo – **Itulazabal Nekazalturismoa:** Camino Urteta s/n, Tel. 943 13 30 53, 619 971 712, www.itulazabal.com. 2 km vom Strand entfernt. Die Zimmer sind geschmackvoll in rustikalem Stil ausgestattet und verfügen alle über ein eigenes Bad. Praktisch: Fahrradverleih. €

Camping – **Gran Camping Zarautz:** Monte Talai-Mendi s/n, Tel. 943 83 12 38, www.grancampingzarautz.com, ganzjährig geöffnet. Der Campingplatz liegt westlich von Zarautz auf einem Hügel mit schönem Blick über den Strand.

## Essen & Trinken

Gourmettempel – **Hotel Restaurante Karlos Arguiñano:** Calle Mendilauta 13, Tel. 943 13 00 00, www.hotelka.com, Do–Di 13–15.30, Fr/Sa auch 20.30–23 Uhr, Weihnachtszeit/Jan. geschl. Ehemaliger Palast am Strand. Dem vom Starkoch Karlos Arguiñano geführten Restaurant ist auch ein Hotel angeschlossen (€€€). Die Küche wurde mit drei Michelinsternen ausgezeichnet, dafür halten sich die Preise im Rahmen. €€–€€€

Schmackhafte Küche – **Gure-Txokoa:** Calle Gipuzcoa 22, Tel. 943 83 59 59, www.restauranteguretxokoa.es, So abends, Mo geschl. Populäre Bar mit Tapas im Eingangsbereich, das Restaurant ist neorustikal eingerichtet. Fischgerichte vom Grill. €€

## Aktiv

Baden & Surfen – Attraktiv ist der 80 m breite, feinkörnige Sandstrand, mit 2,5 km der längste des Baskenlands. Unter Surfern ist er längst kein Geheimtipp mehr, die besten unter ihnen messen sich alljährlich bei den Wettkämpfen im September.

Golf – **Real Golf Club de Zarauz:** Calle Lauaxeta 7, Tel. 943 83 01 45, www.golfzarauz.com. Der traditionsreiche 9-Loch-Golfplatz beim Strand wurde bereits 1916 in Gegenwart von König Alfons XIII. eröffnet. Mit passablem Restaurant und Bar.

## Termine

**Semana Grande** (Große Woche): 14.–16. Aug. Fest der Patronin der Stadt, Santa María la Real. Auf dem Programm stehen Prozessionen, Konzertveranstaltungen, Feuerwerke, Regatten und vieles mehr.

**Euskal Jaia** (Baskisches Fest): 1.–9. Sept. Fest zu Ehren der Jungfrau von Arantzazu. Alles dreht sich um die baskische Folklore. Neben farbenprächtigen Umzügen werden zum Klang der *txistu* (baskische Flöte) auf dem Hauptplatz traditionelle Tänze aufgeführt.

## Verkehr

**Bahn:** Mit dem Zug (EuskoTren) erreicht man San Sebastián in 40 Min., Abfahrtszeiten halbstdl. bzw. stdl., ebenso nach Zumaia, stdl. nach Bilbao.

**Bus:** Lurraldebus fährt u. a. nach San Sebastián, nach Bilbao fährt Alsabus. Informationen über Abfahrtszeiten und Haltestellen gibt das Tourismusamt.

# Getaria ▶ 2, Q 3

Bei Zarautz beginnt die prächtige **Küstenstraße N-634** entlang der felsigen Küste nach Zumaia, immer mit Blick aufs Meer. Links begleitet von Weinbergen auf denen der *txakolin*, der trockene baskische Weißwein gezogen wird. Wenn sehr starker Seegang herrscht, fegt mitunter die Gischt der Wellen über die Küstenstraße hinweg.

An dieser Strecke liegt das 2850 Einwohner zählende Städtchen **Getaria** (span. Guetaria), in dem es beschaulicher zugeht als in Zarautz. Die attraktive Ortschaft erfreut die Besucher mit ihren schmucken, mittelalterlichen Gassen. Nette Cafés, ansprechende Restaurants und kleine Geschäfte mit Souvenirs und Delikatessen des Baskenlands laden zum Verweilen ein. Neben dem Tourismus spielt in Getaria der An- und Ausbau des *txakoli*, des herb-spritzigen baskischen Weißweins, eine wichtige Rolle.

Über der Stadt thront die wehrhafte, gotische **Kirche San Salvador** (14./15. Jh.), sie wurde auf einem Felsrücken mit unterschiedlichen Höhenniveaus errichtet. Nicht ganz alltäglich: Der Boden im Kircheninnern ist geneigt, zum Chor geht es quasi bergauf.

Unterhalb des Gotteshauses erstreckt sich der kleine **Hafen** mit seinen alten Lagerhallen, geschützt wird er durch eine weit ins Meer ragende Felszunge, die aufgrund ihrer Gestalt den Namen **Mausfelsen** *(ratón)* trägt.

## Denkmal für Juan Sebastián Elcano

Wie in anderen Küstenorten stellte früher in Getaria der Walfang vor Neufundland, Grönland und Island die wichtigste Einkommensquelle dar, bereits im Mittelalter wagten sich die mutigen Fischer in die fernen Gefilde vor. Gefahren scheute auch der berühmteste Sohn der Stadt Juan Sebastián Elcano (1487–1526) nicht, er heuerte als Steuermann 1519 auf einem der fünf Schiffe der Expedition von Ferdinand Magellan zur Umsegelung des Globus an. Nach dessen Tod übernahm er das Kommando über das einzig verbliebene seetüchtige Schiff, die Victoria. Voll beladen mit Gewürzen kehrte er von den Molukken über das Kap der Guten Hoffnung 1522 nach Spanien zurück. Mit der ersten Weltumsegelung war die Vorstellung der Erde als eine Scheibe widerlegt. Oberhalb des Hafens hält ein Denkmal die Erinnerung an den wagemutigen Weltumsegler wach.

## Museum Balenciaga

*Aldamar Parkea 6, Tel. 943 00 88 40, www.cristobalbalenciagamuseoa.com, Nov.–März Di–So 10–15, April–Okt. Di–So 10–19, Juli, Aug. tgl. 10.30–20 Uhr, 10 €*

Ganz andere Wellen schlug der Fischersohn Cristóbal Balenciaga (1895–1972). Er wird in einem Atemzug mit den großen Modegenies wie Dior, Yves Saint Laurent oder Armani genannt. Sein Credo: »Sie müssen nicht schön sein – meine Kleider erledigen das für Sie.« Er war bekannt für seine ausgefeilte Schnitttechnik, legendär ist der raffinierte Faltenwurf seiner Kreationen sowie die Liebe zum dramatischen Detail. Seinen ersten Haute-Couture-Salon eröffnete Balenciaga in San Sebastián. Bald gehörte das spanische Königshaus zu seinen Kunden. Es folgten ein Modesalon in Madrid und die Eröffnung seines Pariser Ateliers in der Avenue George V., bis heute die Adresse des Modehauses Balenciaga. In seinem Geburtsort entstand im **Palacio Aldamar,** der ehemaligen Residenz der belgischen Königin Fabiola, das **Cristóbal Balenciaga Museoa,** das sich dem Werk des Modeschöpfers widmet.

## Infos

**Oficina de Turismo:** Parque Aldamar 2, 20808 Getaria, Tel. 943 14 09 57, www.getariaturismo.eus.

## Übernachten

In historischen Gemäuern – **Hotel Saiaz:** Roke Deuna 25, Tel. 943 14 01 43, www.saiazgetaria.com. Charmantes Hotel in der Altstadt mit Blick auf die Playa de Gaztetape. 17 individuell eingerichtete Zimmer in einem Gebäude aus dem 15. Jh. €€

Stilsicher – **Usotegi:** Karretera Meagas 32, Usotegi Baserria, Tel. 943 14 04 07, www.usotegi.com. Komfortable ländliche Unterkunft mit moderner Ausstattung. Im Hinterland von Getaria und nur 1 km von der Küste entfernt gelegen. €–€€

Agroturismos – **Itsaslore Lore Etxea:** Barrio Eizaga Auzoa, 14 (3 km östl. von Getaria), Tel. 943 14 06 19, 666 73 89 44, bei Facebook. Mit Atlantikblick – zum Strand sind es 3 km. DIe Zimmer sind geschmackvoll eingerichtet. Ruhige Lage, auch ideal zum Wandern. DZ ohne Bad €–€€, DZ mit Bad €€–€€€ **Epotx-Etxea:** Barrio Eitzaga 2 (2 km südl. von Getaria), Tel. 943 140 389, www.epotx-etxea.com. Ideale Unterkunft für Familien, zwei komplett ausgestattete Wohnungen mit Terrasse. Haus für 4 Personen. € **Agote-Aundi:** Azkizu (3 km westl. von Getaria), Tel. 943 14 04 55, 659 63 41 03, www.nekatur.net/agoteaundi. Das typische Landhaus aus dem 19. Jh. wurde 1992 als Unterkunft hergerichtet. Die Zimmer sind nicht mit eigenen Badezimmern ausgestattet. 3 km zum nächsten Strand. Probieren Sie den hausgemachten *taxkoli*-Wein. €

## Essen & Trinken

Fischdorado – **Elkano:** Calle Herrerieta 2, Tel. 943 14 00 24, www.restauranteelkano.com, Di–Sa 13–15, Fr, Sa auch 20.30–22, Juli, Aug. zusätzl. Mo 13–15 Uhr. Pedro Arregi und seine Familie bieten ihren Gästen Meeresfrüchte und fangfrische Fische vom Grill von exzellenter Qualität. €€€

Eine Institution – **Asador-Erretegia Astillero:** Portua 1, Tel. 943 14 04 12, Mittagsessen, Fr, Sa abends geöffnet. Das beliebte Lokal bietet leckere Fischgerichte. Der Seeteufel ist ein Gedicht. €€

Rustikaler Charme – **Iribar:** Calle Nagusia 34, Tel. 943 14 04 06, Mi abends und Do geschl. Kreative Küche auf der Basis regionaler Produkte. Das Familienunternehmen vermietet auch vier solide ausgestattete Zimmer (€–€€). €–€€

## Aktiv

Baden – Beim Hafen liegt die schöne **Playa de Malkorbe,** die etwas kleinere **Playa de Gaztetape** erstreckt sich auf der anderen Seite des Mausfelsens.

## Termine

**Día del Txakoli:** Erster So im Jan. An diesem Tag dreht sich alles um den leicht moussierenden baskischen Weißwein.

**Fiestas de San Antón:** 17. Jan. Alle vier Jahre, das nächste Fest findet 2027 statt. In historischen Kostümen wird die Rückkehr des Weltumseglers Juan Sebastián Elcano nachgestellt.

**Fiesta de San Salvador:** 6.–8. Aug. Patronatsfest mit Weinprobe und Sportveranstaltungen.

# Zumaia ▶ 2, Q 3

Für das lebhafte Städtchen **Zumaia** (span. Zumaya; 10 500 Einw.) an der Mündung des Río Urola bilden neben dem Tourismus der Hafen und die Werft die wichtigsten wirtschaftlichen Standbeine. Über der kleinen Altstadt von Zumaia erhebt sich die gotische **Kirche San Pedro** (15. Jh.; Calle de San Pedro) und deren hoch aufragender, wuchtiger

Glockenturm. Im Innern birgt die Kirche ein prachtvolles Renaissanceretabel des Meisters Juan de Ancheta, der auch den Hauptaltar der Kathedrale von Burgos erschuf. Um die Kirche herum drängen sich einige schöne Gassen, allerdings hat sich um die Altstadt ein Gürtel mit modernen, architektonisch nicht besonders interessant gestalteten Häuserblocks gelegt.

Dagegen ist die **Promenade Julio Beobide Ibilbidea** liebevoll angelegt worden. Sie führt parallel zum **Río Urola,** an dem einige schmucke Privatvillen für etwas Flair sorgen. Ein Radweg flankiert die Uferstraße, die wunderschöne Ausblicke in Richtung Meer und zum jüngst angelegten **Sporthafen** bietet.

## Naturkundliches Interpretationszentrum

*Calle Juan Belmonte 21, Tel. 943 14 31 00, www.algorri.eus, Juni–Sept. Di–So 10–14, 15–18 Uhr, in der Nebensaison reduzierte Öffnungszeiten (s. Website), 3 €, geführte Touren auf Spanisch zu Fuß oder per Boot s. unter Aktiv S. 155*

Zweifellos ist das Highlight von Zumaia ein geologisches Phänomen namens **Flysch**, ein seltenes Naturschauspiel an dem herrlich zerklüfteten Küstenabschnitt: Weit ins Meer hineinreichende, von Zacken bekrönte vertikale Felsplatten ragen bei Ebbe an den **Stränden von Itzurún und Algorri** aus dem Meer empor. Geologen können in den geschichteten Steinmassen wie in einem Buch lesen und so Erkenntnisse über bis zu 50 Mio. Jahre Erdgeschichte gewinnen. Informationen (allerdings nur auf Spanisch oder Baskisch) über die Entstehung des Flyschs, der Felsklippen sowie der Flora und Fauna der Küstenlandschaft bietet das **Centro de Interpretación Algorri.** Der bemerkenswerte Art-déco-Bau, in dem das Naturkundezentrum untergebracht ist, war früher der Schlachthof von Zumaia. Geoparkea (www.geoparkea.eus) bietet geführte Touren zu Fuß und mit dem Boot durch das Gebiet an.

## Museum Ignacio Zuloaga

*Barrio Santiago Auzoa 3, Tel. 677 07 84 45, www.espaciozuloaga.com, 10. April–Mitte*

*Sept. Mo–Sa 10–14, 16–20 Uhr, für Gruppen von mindestens 4 Pers. 48 €, maximal 10 Pers. 120 €, Reservierung nötig*

Rund 2 km vom Zentrum entfernt, beim Sporthafen auf der Ostseite des Río Urola, liegt rechter Hand das ehemalige Anwesen des Malers Ignacio Zuloaga y Zabaleta (1870–1945), das heute als Museum dient. Im **Espacio Cultural Ignacio Zuloaga** wird außer den Werken des Künstlers dessen exquisite private Kunstsammlung präsentiert. Dazu gehören Gemälde von El Greco, Goya,

# Zumaia

*Der Flysch von Zumaia: bizarre Felsformationen schieben sich ins Meer*

Zurbarán, Morales und zwei Skulpturen von Rodin. Zuloaga selbst entwickelte, wie viele spanische Künstler, sein Können durch das Kopieren der großen spanischen Meister wie El Greco, Velázquez und Goya im Prado. Einen Namen machte er sich vor allem durch seine Genre- und Porträtmalerei. Auf seinen Jugendstilporträts hielt er vor allem elegante Damen und schnittige Toreros fest. Zum Komplex gehört eine kleine, romanische Jakobus-Kirche (12. Jh.), die vom Maler Ignacio Zuloaga restauriert wurde.

## Infos

**Oficina de Turismo:** Kantauri Plaza 13, 20750 Zumaia, Tel. 943 14 33 96, www.zumaia.eus, im Sommer tgl. 10–14, 15–19, im Winter Di–Sa 10–14, 16–18, So 10–14 Uhr.

## Übernachten

Wellnesshotel – **Talasoterapia Zelai:** Larretxo s/n, Playa de Itzurun, Tel. 943 86 51 00, www.talasoterapiazelai.com. Die richtige Adresse für Wellnessliebhaber, neben der Thalassotherapie sind noch diverse andere Beauty-

Küste und Hinterland der Provinz Gipuzkoa

# ENTLANG DER STEILKÜSTE VON ZUMAIA NACH DEBA

**Tour-Infos**
**Start:** Oberhalb der Playa de Itzurún bei der Seefahrer-Kapelle San Telmo
**Markierung:** GR 121

**Länge:** 16 km
**Dauer:** ca. 5,5 Std.
**Höhendifferenz:** kumuliert 780 m
**Schwierigkeitsgrad:** Mittel

Die Tour auf Schusters Rappen entlang der Steilküste ist für Wanderer und Naturliebhaber gleichermaßen ein Genuss! Mitunter weht eine steife Atlantikbrise, dafür sind die Wellen, die gegen die Küste peitschen, umso spektakulärer. Auf solides Schuhwerk und entsprechende Kleidung sollte nicht verzichtet werden. Der gut markierte **Wanderweg GR 121** schlängelt sich durch die saftig grüne Küstenlandschaft. Unterwegs legt man immer wieder gerne eine Rast ein und genießt die fantastischen Ausblicke über die zerklüftete Küste des Kantabrischen Meers.

Die Tour startet in **Zumaia** oberhalb der **Playa de Itzurún** bei der kleinen Seefahrer-Kapelle **San Telmo**. Von hier eröffnet sich ein herrlicher Blick auf die Klippen und den Flysch des Strandes, eine in ihrer Zusammensetzung wechselnde Folge verschiedener Gesteinsschichten. Bei der Kapelle erblickt man schon die erste rot-weiße GR-Markierung, der immer westwärts verlaufende Pfad führt zunächst bergab und ist gut zu erkennen.

Die benachbarte **Playa Algorri** präsentiert sich ähnlich spektakulär wie die Playa Itzurún. In etwa auf halber Strecke erwartet den Wanderer ein weiteres Naturschauspiel, die atemberaubend steilen Klippen von **Sakoneta** und **Mendata**. Den Endpunkt der Wanderung bildet der Badeort **Deba**.

programme im Angebot. Die 26 Zimmer sind elegant und freundlich eingerichtet, allerdings hat nur die Hälfte Meerblick. €€€

Moderner Charme – **Hotel Flysch:** Kalea San Telmo 2, Tel. 943 24 58 70, www.hotelflysch.com. Helle, moderne Einrichtung. Cafeteria und große Terrasse. Gutes Preis-Leistungs-Verhältnis. €€€

Stylisch – **Ur Bare:** Calle Elkano 3, Tel. 843 98 07 74, www.urbarehotel.com. Das Boutiquehotel ist ein exklusives Kleinod mit herrlichem Blick auf das Meer. Geschmackvolles Design durchzieht das Haus. Das Restaurant bietet eine hervorragende Küche (€€–€€€). €€€ **Jesuskoa:** Barrio Oikia (3 km südwestl. von Zumaia), Tel. 943 14 32 09, 635 75 88 49, www.jesuskoa.net. Netter, gut geführter Familienbetrieb im Tal des Río Urola mit stilsicher eingerichteten Zimmern. Das schöne Anwesen aus dem 18. Jh. war ursprünglich eine von Jesuiten betriebene Weberei. Einziger Wermutstropfen ist die Nähe zur Autobahn. €€ **Santa Klara:** Calle de los Diseminados 4, Zumaia, Tel. 639 87 96 11, www.agroturismosantaklara.com. Ländliche, kinderfreundliche Unterkunft direkt am Jakobsweg mit herrlichem Blick aufs Meer. Die Besitzer unterhalten Milchkühe. Frühstück gegen geringen Aufpreis. €

### Essen & Trinken

Ambitionierte Küche – **Marina Berri:** Puerto Deportivo, Barrio Santiago, Tel. 943 86 56 17, www.marinaberri.online, Mo geschl. Angesagtes Restaurant beim Sporthafen mit gehobener Küche auf traditioneller Basis. €€–€€€

Idyllisch – **Asador Bedua:** in Zestoa bei Zumaia, Barrio Bedua, Tel. 943 86 05 51, www.bedua.eus. Das etwas versteckt und idyllisch am Fluss Urola gelegene Restaurant serviert bodenständige Küche, vieles kommt aus dem eigenen Garten. €€–€€€

Leckere Häppchen – **Idoia Ardotegia:** Julio Beobide 7, Tel. 943 57 49 86, bei Facebook, So–Do 10–12, Fr, Sa 10–2 Uhr. Kleines, modern eingerichtetes Lokal mit fantastischer, kreativer Pintxo-Auswahl und guten Weinen. €–€€

### Aktiv

Boots- und Wandertouren – **Geoparkea:** Kantauri Plaza 13, Tel. 943 14 33 96, www.geoparkea.eus/en. Als Teil des European Geological Network bietet die Region Bootstouren und Wanderungen mit geologischen Informationen auf Spanisch an. Die Touren können über die Website gebucht werden.

### Termine

**San Telmo:** Das Hauptfest von Zumaia findet immer acht Tage nach dem Ostersonntag statt. Im Mittelpunkt steht die Prozession von der Ermita San Telmo, kaum überschaubar ist das Rahmenprogramm mit Musikkapellen, Sportveranstaltungen wie Regatten, Pelota-Spielen etc.

**San Pedro:** 29. Juni. Beim Fest zu Ehren des Schutzheiligen der Fischer präsentieren sich auf Straßenumzügen giganteske Puppen und folkloristische Tanzgruppen, außerdem werden Stiertreiben und ein Feuerwerk veranstaltet.

# Deba ▶ 2, Q 3

Der moderne Badeort **Deba** (span. Deva; 5500 Einw.) ist aus einem kleinen Fischereihafen an der gut 70 m breiten Mündung des Río Deba hervorgegangen. In den Sommermonaten verwandelt sich Deba dank seiner beiden ausgedehnten Strände in einen lebhaften Touristenort.

Das bedeutendste Bauwerk der kleinen Ortschaft ist die **Kirche Santa María la Real** aus dem 13. Jh. Das prachtvolle gotische Portal mit den Aposteln im Gewände und Szenen aus dem Marienleben im Bogenfeld weist noch deutlich erkennbare Farbspuren auf. In filigraner Gotik präsentiert sich der Kreuzgang.

### Itziar

Keimzelle von Deba war **Itziar** (span. Iciar), das ungefähr 6 km landeinwärts liegt. In dem Weiler steht die wehrhafte **Wallfahrtskirche Nuestra Señora de Itziar.** Von ihrem Hauptaltar lächelt sanft die Patronin der

Seefahrer, die Virgen de Itziar, eine kostbare spätromanische Madonna (12. Jh.).

Vor den Toren der Kirche hat die Moderne in Form einer **Eisenskulptur** Einzug gehalten: »La Maternidad« (Mutterschaft) des baskischen Künstlers Jorge Oteiza.

### Infos

**Oficina de Turismo:** Ifar Kalea 4, 20820 Deba, Tel. 943 19 24 52, www.deba.eus, Mitte Juni–Mitte Sept. Mo–Sa 10–20, So 10–14, ansonsten Mo–Sa 10–14, 17–19.30, So 10–14 Uhr.

### Übernachten

Oase der Ruhe – **Haitzalde:** Eskimera Parajea, in Mutriku, Tel. 943 60 48 65, 626 91 39 00, www.haitzalde.com. 5,3 km von Deba entfernt liegt das originelle, modern gestaltete Haus mit Meerblick und Zugang zu einem kleinen Strand. €€–€€€

Agroturismo – **Txerturi Goikoa:** Itziar Isasti Balenciaga, Barrio Itxaspe, Itziar (7 km südöstl. von Deba), Tel. 943 19 76, 616 05 59 19, www.txerturi.com. Die gemütliche Unterkunft mit hübscher Terrasse liegt nur 2 km vom Strand entfernt. Ideal zum Entspannen. €–€€

### Essen & Trinken

Gepflegte Küche – **Salegi Jatetxea:** Galzada Kalea 13, Tel. 943 19 90 04, www.salegi.net, Di–So bis 20, Mo bis 16 Uhr. Guter Service paart sich hier mit leckerer Küche. Schöne Dessertkreationen. €€

### Termin

**Fiesta de San Roke:** 14. Aug. Das Fest zu Ehren des Pestheiligen Rochus wird u. a. mit Stierkämpfen begangen.

# Kloster San Ignacio de Loyola ▶ 2, Q 3/4

*Loiola Auzoa 16, Azpeitia, Tel. 943 02 50 00, www.loyola.global, Basilika im Sommer 10–19, Mo 10–13, 15.30–19 Uhr; Geburtshaus Sommer tgl. 10–19, Mo 10–14, 15.30–19, Winter tgl. 10–13, 15.30–19 Uhr, 5 €*

Im Tal des Río Urola erhebt sich das imposante **Monasterio de San Ignacio de Loyola,** eine der wichtigsten Wallfahrtstätten Spaniens. Integriert in die Klosteranlage ist das Anwesen, in dem der Gründer des Jesuitenordens, der **hl. Ignatius von Loyola,** 1491 das Licht der Welt erblickte. 1681 erwarb die Witwe Philipps II., Anna Maria von Österreich, das verfallene Palais der Familie Loyola und schenkte es dem Jesuitenorden. Die Jesuiten beauftragten 1689 den Barockbaumeister Carlo Fontana, einen Schüler Gianlorenzo Berninis, mit dem Bau des Klosters. Bis zur Fertigstellung der Anlage gingen fast 200 Jahre ins Land.

Eine pompöse Freitreppe führt hinauf zur kreisförmig angelegten **Basilika,** die von einer gewaltigen 65 m hohen und 21 m breiten Kuppel bekrönt wird, sie entstand unter der Regie des Architekten Joaquín de Churriguera. Marmor in allen Varianten und Farben schmückt das Innere und verleiht dem Raum seine barocke Feierlichkeit. Im Zentrum des mit filigranen Marmoreinlegearbeiten verzierten Barockaltars zwischen elegant gedrehten Säulen findet sich eine kunstvoll gearbeitete Silberstatue des hl. Ignatius von Loyola.

Durch die Vorhalle gelangt man linker Hand zur Casa Natal, dem **Geburtshaus** des Heiligen. Im Wohnturm im Mudéjarstil, der heute als *Casa Santa* (Heiliges Haus) bezeichnet wird, wurden die meisten der ehemaligen Wohnräume zu Kapellen umgestaltet. Im benachbarten **Kreuzgang** unterrichtet eine Ausstellung über das bewegte Leben des Ignatius von Loyola (1491–1556).

Der Sohn einer alten baskischen Adelsfamilie schlug als junger Mann zunächst die Offizierslaufbahn in der Armee des Vizekönigs von Navarra ein. Nach einer schweren Beinverletzung, die er sich in einer Schlacht gegen die Franzosen bei Pamplona zuzog, war er lange Zeit im elterlichen Haus in Loyola ans Bett gefesselt. Hier beschloss er, angeregt durch fromme Lektüre und mystische Erfahrungen, seinem Leben eine ganz neue Wendung zu geben. Er wandelte sich vom Kriegshelden zum ›Soldaten Gottes‹. Nach mehreren Wallfahrten, u. a. nach Palästina, begab er sich zum Studium nach Paris. Mit einer Reihe von

## Kloster San Ignacio de Loyola

Gleichgesinnten legte er dort 1534 das Gelübde für Armut und Keuschheit ab und gründete den straff geführten **Jesuitenorden.** Sein Vorhaben, in Palästina zu missionieren, ließ sich aufgrund der politischen Umstände allerdings nicht realisieren.

Zu den Hauptanliegen des Jesuitenordens gehören die Ausbreitung des Glaubens durch Predigt sprich Mission, Exerzitien, karitative Werke, Seelenführung und Schultätigkeit. Im Zuge der Gegenreformation breitete sich der Orden rasch in ganz Europa aus und erzielte große Erfolge bei der Rekatholisierung. Anfeindungen führten 1773 zum Verbot des Jesuitenordens, das aber 1814 durch päpstlichen Entscheid zurückgenommen wurde.

### Übernachten

Agroturismo – **Zulueta:** Izarraitz 77 (3 km nördl. von Azkoitia), Azkoitia, Tel. 943 85 35 49, 617 28 76 69, www.agroturismo-zulueta.es. Wer Ruhe und eine schöne Landschaft sucht, ist in diesem Agriturismo gut aufgehoben. Ca. 10 km vom Santuario de San Ignacio de Loyola. €€€

Funktional – **Hotel Loiola:** Loiolako Inazio Hirbidea 47, Azpeitia, Tel. 943 15 16 16, www.hotelloiola.com. Nur 500 m trennen das Hotel vom Santuario de San Ignacio de Loyola. Die funktionelle, schlichte Einrichtung ist in Ordnung, es fehlt jedoch die persönliche Note. €€

### Aktiv

Wandern – Naturfreunde können auf dem **GR 120 »Route der Drei Tempel«** durch herrliche Berglandschaften den Weg zwischen dem **Kloster von Ignacio de Loyola** und der **Ermita de la Antigua** oberhalb von Zumarraga zurücklegen (15 km, ca. 4–5 Std., 835 m Höhenunterschied, mittlerer Schwierigkeitsgrad, weitere Informationen unter https://tourismus.euskadi.eus/de (Unterpunkt »Entdecken Sie das Baskenland« und dort auf »Wandern« klicken).

*Klosteranlage von San Ignacio de Loyola: Das Barockbauwerk hat enorme Ausmaße*

Küste und Hinterland der Provinz Gipuzkoa

### Termin
**Fiesta de San Ignacio de Loyola:** 31. Juli. Der Todestag des Heiligen wird insbesondere von den Jesuiten feierlich begangen.

### Verkehr
**Bus:** San Sebastián–Loyola stdl., www.laguipuzcoana.eus, Zarautz–Loyola stdl., www.lurraldebus.eus.

## Zumarraga ▶ 2, Q 4

Die Stadt **Zumarraga** (9900 Einw.) liegt mitten in einer schönen, saftig grünen Mittelgebirgslandschaft, dennoch prägen das Bild – wie auch in vielen anderen Ortschaften des Hinterlandes – riesige Fabrikhallen und Industrieanlagen.

### Wallfahrtskirche Santa María

*Beloki Hiribidea s/n, Tel. 943 72 20 42, 616 24 54 63, turismobulegoa@urolagaraia.com, Anmeldung empfehlenswert, Ostern–Okt. Di–So 11.30–13.30, 16.30–19.30, Nov.–Ostern Fr 15.45–17.15, Sa, So, Fei 11.30–13.30, 16–18 Uhr*

Lohnend ist ein Abstecher zur 2 km oberhalb des Ortes liegenden **Ermita de Santa María,** genannt **La Antigua.** Die Aussicht auf die umliegende Bergkulisse mit den Gebirgszügen des Aralar und des Aitzgorri ist phänomenal. Von außen präsentiert sich das Wallfahrtskirchlein bis auf das romanische Portal als schlichter Steinbau. Erst im 14. Jh. wurde das Haus zur Kirche umgebaut, davor diente es zur Kontrolle der umliegenden Täler.

Das Verblüffende im Innern ist der »Wald aus Holz«: Der hölzerne Dachstuhl und der Hochchor sind zum größten Teil original erhalten geblieben. Als Material wurde Eichenholz verwandt. Die ins Holz der Konsolen geschnitzten Gesichter und die auf der Brüstung des Hochchores eingravierten Zeichen, wie ein Drachen oder Wildschwein, geben Rätsel auf. Vermutlich handelt es sich um die Handwerkszeichen der Bildhauer oder Schreiner. Neben der Ermita befindet sich das Infozentrum. Außerdem gibt es ein Restaurant/Bar sowie die Touristeninformation.

### Termin
**Festtag zu Ehren der Jungfrau der Ermita de la Antigua:** 2. Juli. Auf dem Programm steht u. a. der Schwertertanz *espatadantza*.

## Oñati ▶ 2, Q 4

Eingebettet in eine eindrucksvolle Berglandschaft mit Höhen bis 1500 m zählt das Städtchen **Oñati** (span. Oñate; 11 350 Einw.) zu den reizvollsten Ortschaften im Hinterland von Gipuzkoa. Nomen est omen: Oñati bedeutet ›Reichtum am Hügel‹. Der baskische Maler Ignacio Zuloaga verstieg sich gar das einstige Herzogtum Oñati als das ›baskische Toledo‹ zu betiteln, das scheint aber doch ein hoch gegriffener Vergleich. Am Hauptplatz des Ortes, der Plaza Mayor, findet sich das im barocken Stil gehaltene **Rathaus.** Interessant für Kunstliebhaber sind auch das **Renaissancekloster Bidaurreta** und das **Barockkloster Santa Ana.**

### Universität und Kirche San Miguel

*Besuch der Kapelle der Uni und der Kirche San Miguel erfordert Online-Reservierung unter www.onatiturismo.eus, Besichtigung im Rahmen von Führungen (span.), Uni 4 €, Kirche 6 €*

Oñati war und ist ein Hort der Bildung und der Gelehrsamkeit, 1534 gründete der Bischof von Ávila, Rodrigo Mercado de Zuazola, die erste und lange Zeit einzige Universität des Baskenlands. Von 1542 bis zu ihrer Aufhebung 1901 wurde an der **Universidad Sancti Spiritus** Theologie, Rechtswissenschaften und Medizin gelehrt. Heute beherbergt das Gebäude das Internationale Institut für Rechtssoziologie.

Zwei von Pinakeln bekrönte, wuchtige Türmen flankieren die Fassade, die durch die Strenge der Renaissance besticht. Über dem Portal wacht, unter dem Schutz des Wappens von Kaiser Karl V., der steinerne Bischof Rodrigo Mercado de Zuazola. Das Herz der Hochschule ist ein eleganter, von Arkaden gesäumter Innenhof. Gleich rechts hinter dem Hauptportal befindet sich die **Kapelle** der Universität, sie birgt eine Renaissancealtarwand des Künstlers Pierre Picart, angelegt in sieben Registern.

Gegenüber der ehemaligen Universität liegt die gotische **Iglesia San Miguel** mit ihrem markanten barocken Turm. Im Innern findet sich in einer Piedadkapelle im linken Seitenschiff der aufwendig gestaltete Marmorsarkopharg des Universitätsgründers Bischof Rodrigo Mercado de Zuazola, der dem berühmten Bildhauer Diego de Siloé zugeschrieben wird. In der Krypta sind die Herzöge von Oñati beigesetzt, die über viele Jahrhunderte die Geschicke der ländlichen Region bestimmten. Überraschendes bietet der Kreuzgang der Kirche, er wird von dem kleinen Gebirgsbach Ubao durchflossen.

### Infos

**Oficina de Turismo:** Calle San Juan 14, 20560 Oñati, Tel. 943 78 34 53, www.onatiturismo.eus, Di–So 10–14, 16–18, Juni–Sept. auch Mo geöffnet, Okt.–Dez. Mo geschl.

### Übernachten

Charmant – **Hotel Torre Zumeltzegi:** Torre Zumeltzegi 11, Tel. 943 54 00 00, www.hoteltorrezumeltzegi.com. Zwölf geschmackvoll eingerichtete Zimmer mit Ausblick. Im Restaurant wird baskische Küche mit moderner Note serviert (Menü €–€€). €€

Ruheoase – **Casa Rural Urkulu Landetxea:** Lekunberri baserria, Larrino Auzoa 5, 20550 Aretxabaleta, Tel. 670 97 19 01, www.urkululandetxea.com. Rund 20 km von Oñati entfernt, inmitten ländlicher Idylle, befindet sich das charmante Landhaus (6 Zimmer). Ideal für Naturliebhaber und Ruhesuchende. €€

Zentral – **Ongi Hotel:** Calle Zaharra 19 bajo, Tel. 943 71 82 85, www.ongi.basque-country-hotels.com. Für ein 2-Sterne-Haus bietet das Hotel in der Altstadt viel Komfort, die gepflegten Zimmer und die Bäder sind großzügig geschnitten. Das Frühstücksbuffet ist für spanische Verhältnisse ausgesprochen reichhaltig. €

### Termine

**Corpus Christi:** Mai/Juni. Die Plaza Mayor ist jedes Jahr an Fronleichnam Schauplatz für ergreifende Prozessionen und Tänze.

**Fiesta de San Miguel:** 29. Sept. Fest zu Ehren des Schutzpatrons der Kirche, des hl. Michaels.

# Kloster Arantzazu

▶ 2, Q 4

*Barrio de Arantzazu, Tel. 943 79 64 63, www.arantzazu.org, tgl. 9–20 Uhr*

Eine verhältnismäßig gut ausgebaute Straße windet sich von Oñati zur gut 9 km entfernten Wallfahrtsstätte empor. Zu Füßen des Aitzgorri breitet sich der avantgardistische **Santuario de Arantzazu** (span. Aránzazu) auf einer Höhe von ungefähr 800 m aus.

Die Legende berichtet, dass 1469 einem Schäfer aus Uribarri die Jungfrau Maria auf einem Weißdornstrauch (bask. *arantzazu*) erschien. Zunächst entstand an dieser Stelle eine kleine Einsiedelei, die im 16. Jh. einem Franziskanerkloster wich. Feuersbrünste suchten das Kloster immer wieder heim, so entschlossen sich die Franziskaner 1950 zum Bau einer neuen modernen Basilika.

Die Architektur des 1955 fertiggestellten Klosters scheidet bis heute die Geister. Etwas befremdlich auf den ersten Blick wirkt der 40 m hohe Campanile, der wie auch die beiden Türme der Fassade, mit spitzen Diamantquadern übersät ist, sie spielen auf die Dornen des Weißdorns an. Den steinernen, ausdrucksstarken Apostelfries der Fassade schuf der baskische Künstler **Jorge de Oteiza**. Folgerichtig ist auch die Gestaltung des Inneren modern gehalten. Dominiert wird der Kirchenraum von einem überdimensionalen Holzretabel, das den Rahmen bildet für die kleine Virgen de Arantzazu (13. Jh.), die Schutzheilige von Gipuzkoa.

### Übernachten

Klösterlich – **Hotel Hospedería de Arántzazu:** Tel. 943 78 13 13, Jan. geschl. Von Franziskanern geführte Pilgerherberge ohne großen Luxus. €–€€

### Aktiv

Wandern – Am Kloster startet der reizvolle Rundwanderweg **El camino oculto de Arantzazu** (PRGI 105) durch die anmutige Berglandschaft (7 km, ca. 2 Std. 30 Min., 290 m Höhenunterschied, mittlerer Schwierigkeitsgrad, Karte und Infos unter www.wikiloc.com (span.).

# Vitoria-Gasteiz und Umgebung

▶ 2, O–Q 4/5

**Vitoria-Gasteiz, die Hauptstadt des Baskenlands, ist zugleich Hauptstadt der Provinz Araba. Der Name dieser im Landesinneren liegenden Region leitet sich von ›Ebene‹ ab. Dennoch prägt landschaftliche Vielfalt das Bild der südlichsten Provinz des Baskenlands: Um eine fruchtbare Hochebene herum gruppieren sich verschiedene Gebirgszüge.**

Im Nordwesten schließt sich das Gorbea-Massiv (1480 m) an die ausgedehnte alavesische Hochebene an, im Nordosten das Altzania-Gebirge, höchste Erhebung ist der Berg Aitzgorri (1549 m). Die Sierra de Cantabria (1300 m) trennt die Llanada de Álava im Süden von der Rioja ab. **Vitoria-Gasteiz,** die Stadt mit dem spanisch-baskischen Doppelnamen, ist die Provinzkapitale von Araba (span. Álava), und seit 1980 haben hier auch das Parlament und die Regierung der Autonomen Gemeinschaft Euskadi ihren Sitz. Die 253 700 Einwohner zählende baskische Hauptstadt liegt auf einer kleinen Anhöhe inmitten der Llanada de Álava auf rund 525 m. Gut 75 % der Einwohner von Araba leben hier.

Die Stadt hat sich in den letzten Jahren stark gemausert, sie wird von zahlreichen Grünanlagen umgeben, ideal zum Radeln oder Spazierengehen. Viele der Museen verlangen keinen Eintritt. Die Altstadt wird von den Einheimischen liebevoll »La Almendra« genannt, aufgrund der mandelförmigen Grundrisses der Anhöhe. Die Kathedrale bildet das Highlight, bei einem spannenden Rundgang kann man die Restaurierungsarbeiten verfolgen. Zahlreiche kunstvoll gefertigte Graffitis setzten interessante Akzente in der Altstadt. Das viele Grün, der *anillo verde,* um die Stadt macht viel vom Reiz von Vitoria-Gasteiz aus.

Der Tourismus spielt im Wirtschaftsgefüge der Stadt bisher noch keine besonders große Rolle. In der Stadt sind Industriefirmen im Bereich Automobilbau, Maschinenbau, Chemie und Nahrungsmittelverarbeitung sowie Aeronautik vertreten, hinzu kommen die Landesbehörden. Ein wichtiger Standortvorteil von Vitoria-Gasteiz ist die verkehrsgünstige Lage.

## Geschichte

Die Ursprünge von Vitoria-Gasteiz gehen vermutlich auf eine Gründung der Westgoten zurück. Sancho der Weise von Navarra eroberte die Stadt im Jahr 1181 und baute sie zur Grenzfeste gegen Kastilien aus. Allerdings gewann König Alfons VIII. sie bereits 1200 wieder für Kastilien zurück.

Zur Zeit der napoleonischen Herrschaft über Spanien sammelten sich in Vitoria-Gasteiz die Kräfte des Widerstandes. In der Schlacht bei Vitoria am 21. Juni 1813 triumphierte die vereinigte Armee der Engländer, Portugiesen und Spanier unter General Arthur Wellesley, dem späteren Herzog von Wellington, über die Franzosen. Dieser folgenreiche Sieg führte zum Vertrag von Valençay (13. Nov. 1813), der Napoleon nötigte, den in Frankreich festgehaltenen spanischen König Ferdinand VII. freizulassen, und letztlich zur Befreiung Spaniens von der französischen Herrschaft führte. Inspiriert von der Schlacht schuf Ludwig van Beethoven seine gefeierte Komposition »Wellingtons Sieg« für zwei Orchester (op. 91).

# Altstadt

Der historische Kern von Vitoria-Gasteiz bettet sich auf den niedrigen **Campillohügel**. Um dessen mandelförmigen Oval ordnen sich ringförmig verlaufende Straßen an, deren Namen an alte Handwerksstätten wie die Messerschmiede *(cuchillería),* die Schmiede *(herrería)* oder die Schuhmacherei *(zapatería)* erinnern.

## Plaza de la Virgen Blanca

Dreieckig angelegt und von Häusern mit strahlend weißen Glasveranden gesäumt, bildet die **Plaza de la Virgen Blanca** den Ausgangspunkt für einen Bummel durch die Altstadt. Im Zentrum des Platzes erhebt sich ein heroisches **Denkmal**, das die Erinnerung an die siegreiche Schlacht bei Vitoria 1813 gegen die Franzosen wach hält.

## Plaza de España

Rechter Hand führt eine Passage zur **Plaza de España,** dem in sich geschlossenen, von Arkaden umgebenen Festsaal der Stadt, wo sich auch das stattliche **Rathaus** findet. Inspiriert von der Plaza Mayor von Salamanca wurde der Platz im strengen klassizistischen Stil (18. Jh.) errichtet. Unter den **Arkaden** laden mehrere Cafés zu einer Pause ein. Hier lohnt es sich, die zu Recht gerühmten Schokoladentrüffel von Vitoria-Gasteiz zu kosten. Nördlich der Plaza liegen die schmucken Arkaden des **Paseo de Arquillos.**

## Kirche San Miguel

Von der Plaza de Virgen Blanca führen Treppen hinauf zur **Iglesia de San Miguel** (14./15. Jh.), in einer Nische wacht hinter Glas die Virgen Blanca, die Schutzheilige der Stadt. Gregorio Fernández schuf den aufwendig gestalteten Hauptaltar (17. Jh.), der thematisch um das Leben und Wirken des Heiligen Michaels kreist.

## Plaza del Machete

Östlich erstreckt sich die lebhafte **Plaza del Machete,** deren Name an das Schwert erinnert, auf das der Statthalter des Königs schwören musste, die Sonderrechte *(fueros)* der Stadt zu respektieren. Andernfalls drohte ihm die Enthauptung durch eben dieses Schwert. Beherrscht wird der Platz vom Adelspalast **Villa Suso** (16. Jh.) sowie der spätgotischen **Iglesia de San Vicente** (15. Jh.), die mit barockem Dekor im Inneren aufwartet.

## Renaissancepalast Montehermoso

*Calle Fray Zacarías 2, Tel. 945 16 18 30, www. montehermoso.net, Di–Sa 10–14, 18–21, So, Fei 11–14 Uhr, Eintritt frei*

Entlang der Calle Santa María trifft man nach einigen Metern linker Hand auf den stattlichen **Renaissancepalast Montehermoso,** der heute das Kulturzentrum beherbergt. Eine unterirdische Verbindung führt von dort

# ZU FUSS ODER PER RAD DURCH DEN ANILLO VERDE

Mit 42 m² Grünfläche pro Person steht Vitoria-Gasteiz an der Spitze Spaniens. Der **Anillo Verde** (grüner Gürtel) bezeichnet fünf große Parkanlagen rund um die Stadt – Armentia, Zabalgana, Olárizu und Salburúa –, durch die ausgeschilderte Fuß- und Radwege führen. Ein guter Einstieg ist der **Paseo de la Senda** zum Parque Armentia. Im Parque Salburúa wurden große Feuchtgebiete rekuperiert, eine Oase für zahlreiche Vogelarten, die sich am besten vom Observatorium aus beobachten lassen. In diesem Park befindet sich auch ein Informationszentrum. Wer sich mit dem Fahrrad auf Entdeckungstour begeben möchte, kann sich ein Fahrrad ausleihen bei Capital Bikes (www.capitalbikes.es, Tel. 635 36 01 81, 4 Std. 15 €, E-Bike für 4 Std. 26 €).

# Vitoria-Gasteiz und Umgebung

*Von den Balkonen haben die Anwohner beste Sicht auf die Plaza de la Virgen Blanca in Vitoria*

zum ehemaligen **Wasserspeicher,** eine Säulenhalle von 1200 m², die für Ausstellungen und Veranstaltungen genutzt wird.

## Spielkartenmuseum

*Calle Cuchillería 54, Tel. 945 20 37 00, www.fourniermuseoabibat.eus, Di–Sa 10–14, 16–18.30, So, Fei 11–14 Uhr, Eintritt frei*

Ein Abstecher führt in die Calle Cuchillería zum **Palacio de Bedaña,** dem Sitz des **Museo Fournier de Naipes.** Das außergewöhnliche Museum geht auf die Sammlung von Félix Alfaro Fournier zurück. Er war der Enkel des Gründers, der seit 1868 in Vitoria ansässigen Spielkartenfabrik Naipes Heraclio Fournier. Zu den Exponaten zählen Spielkarten aus allen Ecken der Welt, das älteste Exemplar geht auf die Zeit der Gotik (14. Jh.) zurück.

## Archäologisches Museum

*Calle Chuchillería 54, Tel. 945 20 37 00, www.arkeologiamuseoabibat.eus, Di–Sa 10–14, 16–18.30, So, Fei 11–14 Uhr, Eintritt frei*

Im Museumsneubau des Architekten Patxi Mangado gleich neben dem Spielkartenmuseum präsentiert das **Bibat Museo de Arqueología de Álava** seine Exponate. Modern in Szene gesetzt werden römische Grabungsfunde aus Vitoria und Iruña, Grabbeigaben aus keltiberischen Gräbern von der prähistorischen Siedlung Hoya sowie Exponate zu den zahlreichen Dolmenfunden der Provinz.

## Kathedrale Santa María

*Tel. 945 25 51 35, www.catedralvitoria.eus, Führungen auf Spanisch, Französisch und Englisch, 9 €, mit Turm 11 €, Treffpunkt Besucherzentrum: Cantón de Santa María 3, Anmeldung über die Website erforderlich*

Am Ende der Calle Santa María erhebt sich die imposante gotische **Catedral Santa María,** die derzeit generalüberholt wird. Dennoch bleibt das Gotteshaus den Besuchern nicht verschlossen, es besteht die Möglichkeit sich für Rundgänge anzumelden, auf denen man die Bauarbeiten live miterleben kann. Besonders spannend ist der Zugang zum Gotteshaus durch die Fundamente der Anlage. Auf der Tour durch die Baustelle erklären Guides die Restaurierungsmaßnahmen und erzählen Interessantes über die archäologischen Grabungen und was dabei so alles zutage getreten ist.

### Plaza de la Bullería

Hinter der Kathedrale liegt die mittelalterlichen Charme versprühende **Plaza de la Bullería,** sie wird flankiert von der wehrhaften **Torre de los Anda** (15. Jh.) und der ehemaligen Schenke und Herberge **El Portalón** (15./ 16. Jh.), in der heute eines der traditionsreichsten Restaurants der Stadt untergebracht ist (s. S. 164).

### Museum der Naturwissenschaften

*Calle Siervas de Jesús 24, Tel. 945 18 19 24, www.naturazientzienmuseoa.eus, Di–Sa 10– 14, 16–18.30, So 11–14 Uhr, Eintritt frei*
Wählt man den Rückweg zur Plaza de la Virgen Blanca über die Gasse der Schmiede, Calle Herrería, führt der Weg an der **Torre de Doña Otxanda** vorbei, in dem das **Museo de Ciencias Naturales de Álava** untergebracht ist. Geologie, Botanik und Zoologie bilden die Schwerpunkte des Museums.

## Am Florida-Park

### Florida-Park und Umgebung

Hinter dem klassizistischen Gebäude des **Baskischen Parlaments** lädt der 1820 im romantischen Stil angelegte **Parque de la Florida** zu einem erholsamen Spaziergang ein. Im Frühjahr und im Sommer wird sonntags im filigranen Musikpavillon (1890) aufgespielt.

### Diözesanmuseum

*Calle Monseñor Cadena y Eleta s/n, Tel. 945 15 06 31, www.muesosacroviktoria. eus, Di–Fr 10–14, 16-18.30, Sa 10–14, So, Fei 11–14 Uhr, Eintritt frei*
Westlich erhebt sich die pompöse, neogotische **Catedral Nueva,** die zwischen 1907 und 1973 von Julián Apraiz und Javier Luque erbaut wurde. Die Neue Kathedrale ist der Sitz des **Museo de Arte Sacro,** das religiöse Kunst von der Präromanik bis zum Barock zeigt.

## Museumsviertel

Südlich des Florida-Parks führt der **Paseo de la Senda,** eine von Bäumen und Villen flankierte Allee zu dem jenseits der Bahngleise liegenden Museumsviertel Vitorias.

### Museum der Schönen Künste

*Paseo Fray Francisco 8, Tel. 945 18 19 18, www.artederren.museoa.eus, Di–Sa 10–14, 16–18.30, So, Fei 11–14 Uhr, Eintritt frei*
Das **Museo de Bellas Artes** residiert im Palacio Augusti (1912), einem herrschaftlichen Anwesen, das von den Architekten der Neuen Kathedrale erbaut wurde. Im Inneren erwarten den Besucher u. a. Gemälde der baskischen Schule (1850–1950) sowie eine umfangreiche Sammlung spanischer Meister des 17.–19. Jh. Außerdem beinhaltet das Museum eine sehenswerte Münzausstellung.

### Waffenmuseum

*Paseo de Fray Francisco 3, Tel. 945 18 19 25, www.armamuseoa.eus, Di–Sa 10–14, 16– 18.30, So 11–14 Uhr, Eintritt frei*
Schräg gegenüber zeigt das **Museo de Armería** Rüstungen und Kriegsgerätschaften aus dem 15. bis 18. Jh. Ein Schwerpunkt liegt auf der Zeit der Befreiungskriege gegen Napoleon, insbesondere von der Schlacht von Vitoria 1813. Nebenan findet sich der **Palacio Ajuria Enea,** der Sitz des Ministerpräsidenten der Baskischen Regierung (Eintritt frei).

### Museum für Zeitgenössische Kunst Artium

*Calle Francia 24, Tel. 945 20 90 20, www.artium. org, Di–Fr 11–14, 17–20, Fr, Sa, So 11–20 Uhr, 5 €, alle Nachmittage und So Eintritt frei*
Das **Centro-Museo Vasco de Arte Contemporáneo** öffnete 2002 seine Pforten. Neben über 2000 Exponaten zur modernen und zeitgenössischen spanischen Kunst bietet es interessante Wechselausstellungen.

## Vitoria-Gasteiz und Umgebung

### Infos

**Oficina de Turismo:** Plaza España, 1, 01005 Vitoria-Gasteiz, Tel. 945 16 15 98, www.vitoria-gasteiz.org, Sommer tgl. 10.30–19.30, Winter Mo–Sa 10–18, So, Fei 10–14 Uhr.

### Übernachten

Herrschaftlich – **Parador de Argómaniz:** Ctra. N-1, km 363, Argómaniz (ca. 12 km östl. von Vitoria-Gasteiz), Tel. 945 29 32 00, www.parador.es. Der stilvolle Parador ist in einem Renaissancepalast untergebracht. Ideal für Ruhesuchende. Die Zimmer sind klassisch-komfortabel ausgestattet. €€

Stylisch – **La Casa de los Arquillos:** Paseo Arquillos 1–2, Tel. 945 15 12 59, www.lacasadelos arquillos.com. Kleines Hotel in einer ehemaligen Schneiderei im Zentrum. Geschmackvoll modern eingerichtet, klares Weiß herrscht vor. €€

Business-Hotel – **Silken Ciudad de Vitoria:** Portal de Castilla 8, Tel. 945 14 11 00, www.hoteles-silken.com. Modernes, optisch ansprechendes Hotel mit reichlich Komfort nahe der Neuen Kathedrale. €€

Trendig – **Abba Jazz Hotel Vitoria:** Florida, 7, Tel. 945 10 13 46, www.abbahoteles.com. Kleines, schickes Hotel beim Parque de la Florida. €€

Kurios mit Antiquitäten – **Pension Dato 2:** Calle San Antonio 17, Tel. 945 13 04 00, www.dato2.com. Solide Pension. €

Zentrale Lage – **Hostal Del Arquitecto:** Calle San Francisco 2, Tel. 653 61 17 63, www.hostal-del-arquitecto.negocio.site. Gepflegtes, sauberes Hostal in zentraler Lage, die meisten Sehenswürdigkeiten sind gut zu Fuß zu erreichen. Zimmer teilweise mit Balkon und Stadtblick. Nur Gemeinschaftsbad. €

### Essen & Trinken

Kreative Küche – **Sukalki:** Calle Floriada 37, Tel. 945 279 654, www.sukalki.com, Di geschl. Kleines, modernes Restaurant mit ambitionierter Küche, geführt von den Geschwistern Luis Ángel und Leticia Plágaro. €€

Schmuckes Traditionslokal – **El Portalón:** Calle Correría 151, Tel. 945 14 27 55, www.restauranteelportalon.com, So geschl. Rustikal gepflegtes Ambiente in einem Haus aus dem 15. Jh. Hier wird traditionelle Küche auf hohem Niveau zelebriert. €€

Stilvoll – **Arkupe:** Calle Mateo Benigno de Moraza 13, Tel. 945 23 00 80, www.restaurantearkupe.com, So abends geschl. Gemütliche Atmosphäre in rustikal-modernem Design. Traditionelle, ansprechend zubereitete Speisen. €€

Bodenständig – **La Mesa:** Calle Chile 1, Tel. 945 22 84 94, www.restaurantemesa.com, Mi geschl., So, Di abends geschl. Aufgrund des guten Preis-Leistungs-Verhältnisses steht das familiär geführte, etwas antiquiert wirkende Lokal bei den Einheimischen hoch im Kurs. €

Tapakneipe – **La Malquerida:** Correría 10, Tel. 945 25 70 68, www.lamalqueridavitoria.com. Modernes, gemütliches Lokal mit günstigen Getränkepreisen und leckeren Tapas. Delikat z. B. Salat mit Krake und Langostinos oder Huhn mit Orange. €

Tapeo in Vitoria-Gasteiz – In den **Calles Cuchillería, La Cuesta und Pintorería** besteht eine reiche Auswahl an Tapabars. Cafés finden sich auf der von Arkaden gesäumten **Plaza de España.**

### Einkaufen

Konditoreien – Die berühmten Pralinen und weitere süße Leckereien erhält man u. a. in **Confituras Goya** (Calle Eduardo Dato 6), **Artepan** (Calle Jesús Guridi 2) und im **Sosoaga Cake Shop** (Calle Rioja 17).

Käse – **Queseando:** Pío XII, 20, Käsespezialitäten und Verkostungen.

### Termine

**San Prudencio:** 27/28. April. Fest des Patrons der Provinz Araba. Die Einstimmung bildet ein ohrenbetäubender Trommelwirbel, am Tag darauf findet die Wallfahrt zur Basílica de San Prudencio statt.

**Festival de Jazz:** 3. Juliwoche. Informationen und Programm unter www.jazzvitoria.com.

**Fiesta de la Virgen Blanca:** 4.–9. Aug. Zum Auftakt lässt man auf der Plaza de la Virgen Blanca die Sektkorken knallen, während die Celedón-Puppe vom Glockenturm der Kirche San Miguel herabsaust. Stierkämpfe, Prozessionen und Konzerte bilden den Festrahmen.

## Verkehr

**Flugzeug:** Flughafen Foronda-Vitoria, Carretera N-624 s/n, 9 km nordwestl., Tel. 945 16 35 00, www.aena-aeropuertos.es/vitoria. Inlandflüge und einige Charterverbindungen.

**Bahn:** Renfe-Bahnhof, Plazuela de la Estación (ca. 10 Min. vom Stadtzentrum am südlichen Ende der Calle Eduardo Dato), Tel. 912 14 05 05, Züge u. a. nach San Sebastián, Pamplona, León, Burgos, Barcelona und Madrid.

**Bus:** Busbahnhof, Plaza de Euskaltzaindia s/n, Tel. 945 16 16 66, www.vitoria-gasteiz.org/estaciondeautobuses. Mehrmals tgl. u. a. nach San Sebastián, Bilbao, Santander, Burgos, Pamplona, Madrid.

# Außerhalb der Stadt

## Mendoza

Mitten in der Ortschaft **Mendoza** (10 km westl. von Vitoria) erhebt sich die trutzige **Torre del Infantado,** ein Wehrturm, der durch eine Mauer mit vier runden Ecktürmen gesichert wurde. Einst residierte hier der Herzog von Infantado, das Geschlecht gehört noch heute zu den einflussreichsten Adelsfamilien des Landes. Heute fungiert das Kastell als **Museo de Heráldica Alavesa** (Wappenkundemuseum, Torre Mendoza, Mendoza 31, Tel. 945 18 16 17, Mai–Mitte Okt. Di–Fr 11–14, 16–20, Sa 11–15, So, Fei 10–14, Mitte Okt.–April Di–Sa 11–15, So, Fei 10–14 Uhr).

## Iruña-Veleia

*01195 Villodas, Tel. 618 53 93 53, www.araba.eus, Sommer Di–Sa 11–14, 16–19, So, Fei 11–14, Winter Di–Sa 11–15, So, Fei 11–14 Uhr, Eintritt frei*

In der Nähe des Nachbarortes **Trespuentes** trifft man auf die Überreste des römischen **Oppidums Iruña-Veleia**.

## Salinas de Añana und Tuesta

*Calle Real 42, 01426 Gesaltza Añana, Tel. 945 35 11 11, www.vallesalado.com, reservas@vallesalado.com, 8 €, Anmeldung erforderlich*

Eine bizarre Szenerie von **Salzterrassen** bietet sich ungefähr 35 km westlich von Vitoria bei der Ortschaft **Añana.** Auf einst rund 5000 auf hölzernen Pfählen ruhenden Terrassen wurde und wird bis heute salzhaltiges Quellwasser verdunstet und auf diese simple Weise Rohsalz gewonnen. Bereits unter römischer Herrschaft war die Saline in Betrieb. Heute werden die Terrassen instand gehalten und Rundgänge auf den Spuren des ›weißen Goldes‹ angeboten.

Ein Abstecher lohnt sich zur 3 km entfernten spätromanischen **Kirche** von **Tuesta** aus dem 13. Jh. Das Portal bietet neben religiösen Motiven Amüsantes wie die Jagd nach einem Wildschwein.

## Gazeo

*Information über Besuchsmöglichkeiten der Kirche im Oficina de Turismo Salvatierra, Calle Mayor 8, Agurain/Salvatierra, Tel. 945 30 29 31, www.arabakolautada.eus*

Die kleine Ortschaft **Gazeo** (span. Gaceo) liegt ungefähr 25 km östlich der Provinzhauptstadt (N1, Ausfahrt 375). Besuchermagnet ist die viel gerühmte Pfarrkirche **San Martin de Tour,** deren Wände frühgotische Malereien aus dem 12. Jh. zieren. Im Zentrum des Chors thront Christus als Weltenrichter, rechts davon findet sich eine Furcht einflößende Höllenszenerie.

## Salvatierra

Nur wenige Kilometer weiter Richtung Osten findet sich das kleine, noch ganz mittelalterlich geprägte Städtchen **Salvatierra** (bask. Agurain; 4400 Einw.). Es wurde 1256 von König Alfons X. dem Weisen gegründet. Schmucke Adelspaläste, beschauliche Plätze sowie die beiden Wehrkirchen San Juan Bautista und Santa María (beide 15./16. Jh.) prägen das Bild der mauerbewehrten Altstadt.

## Aizkomendi

Kurz vor Eguilaz (N1, 35 km östlich von Vitoria) kommen frühgeschichtlich Interessierte auf ihre Kosten. Beim **Dolmen von Aizkomendi** (um 2200 v. Chr.) handelt es sich um das größte Ganggrab des Baskenlands. Riesige Steinquader bilden das megalithische Monument, das vermutlich auch für kultische Zwecke genutzt wurde.

# Kapitel 2

# Kantabrien und Asturien

Die grüne Szenerie von Asturien und Kantabrien prägt der reizvolle Kontrast zwischen Meeres- und Gebirgslandschaften. Am Atlantik wechseln sich steile Klippen mit verträumten Buchten und weiten Sandstränden ab. Zu den beliebtesten Badeorten in Kantabrien zählen Castro Urdiales, Laredo, Comillas und San Vicente de la Barquera. Das Seebad Santander, die Hauptstadt der Autonomen Region Kantabrien, verströmt Eleganz und wartet mit Traumständen auf. Entlang der asturischen Costa Verde stehen die Badeorte Llanes, Ribadesella und Cudillero hoch im Kurs. In der ganzen Region fallen die herrschaftlichen Zuckerbäcker-Villen aus dem 19. Jh. ins Auge, erbaut von Emigranten, die in Lateinamerika ein Vermögen machten.

Nur wenige Kilometer vom Meer entfernt türmt sich die Kantabrische Kordillere auf. Die höchsten Gipfel, die weit über 2000 m emporragen, geben sich im Nationalpark Picos de Europa ein Stelldichein. Mitten in diesem Eldorado für Wanderer und Bergsteiger liegt das spanische Nationalheiligtum Covadonga. Der Ort gilt als Ausgangspunkt der Reconquista, der Rückeroberung des Landes aus der Hand der Mauren.

Fast noch ein Geheimtipp ist der Parque Natural de Somiedo im Hinterland von Asturien, das wichtigste Refugium Spaniens für die vom Aussterben bedrohten Braunbären. In der Nähe des mittelalterlichen Städtchens Santillana del Mar befindet sich die berühmte Höhle von Altamira. Ribadesella an der Costa Verde zeichnet sich durch sein lebendiges Stadtzentrum, den mondänen Villenstrand Playa de la Marina und die Höhle Tito Bustillo aus. In Oviedo, der Hauptstadt der Autonomen Gemeinschaft Asturien, finden sich mit den Kirchen Santa María de Naranco und San Miguel de Lillo aus dem 9. Jh. einzigartige kunsthistorische Leckerbissen der Präromanik.

*Cudillero: bunte Idylle, wie aus Legosteinen gebaut*

# Auf einen Blick: Kantabrien und Asturien

## Sehenswert

★ **Santillana del Mar:** Ein mittelalterliches Gesamtkunstwerk – die prächtigen Herrenhäuser des Landadels erinnern an die spanische Grandezza (s. S. 180).

**Cueva de Altamira:** Die Replik der Höhle gleicht einer Zeitreise in die frühe Geschichte der Menschheit (s. S. 182).

 **Parque Nacional de los Picos de Europa:** Das Gebirgsmassiv lässt die Herzen der Naturliebhaber und Wanderer höher schlagen (s. S. 186).

**Oviedo:** Auf dem Monte Naranco erheben sich die einzigartigen Kirchen Santa María del Naranco und San Miguel de Lillo (s. S. 197).

**Ribadesella:** Entlang der Playa de la Marina reihen sich Herrenhäuser im Zuckerbäckerstil. Etliche der Villen wurden in charmante Hotels verwandelt (s. S. 212).

## Schöne Route

**Picos de Europa in Kantabrien:** Die Zufahrt zum kantabrischen Teil der Picos de Europa führt durch eindrucksvolle Naturräume wie die imposante Hermida-Schlucht. Von Fuente Dé fährt eine Seilbahn zur Bergstation auf 1847 m, schon allein wegen der herrlichen Aussicht auf die Bergwelt lohnt sich die Fahrt (s. S. 186).

## Meine Tipps

**Parque Natural de las Dunas de Liencres:** Zwei herrliche Strände mit meterhohen Dünen – Sand, so weit das Auge reicht (s. S. 177).

**Parque de la Naturaleza de Cabárceno:** Im hiesigen Wildgehege kann man Braunbären beobachten (s. S. 178).

**Bulnes:** Spaniens letzte Gemeinde ohne Straßenanschluss. Wandertouren führen zu den umliegenden Almen oder in hochalpines Terrain (s. S. 196).

**El Bulevar de la Sidra:** Die Calle Gascona ist die Apfelweinmeile von Oviedo (s. S. 204).

**Cudillero:** Das Bilderbuch-Fischerdorf staffelt sich malerisch an einen steilen Hang. Einen entspannten Aufenthalt garantiert nahebei das kleine und feine Hotel Casona de la Paca (s. S. 224).

**Camino del Norte von Güemes nach Santander:** Eine der landschaftlich reizvollsten Etappen auf dieser noch wenig begangenen Pilgerroute entlang der Küste (s. S. 172).

**Wanderung durch die Garganta de Cares:** Eine der spektakulärsten Bergtouren im Nationalpark Picos de Europa. Der Weg verläuft durch eine atemberaubende Schlucht. Abkühlung im Sommer bietet ein erfrischendes Bad im Fluss (s. S. 194).

**Radeln auf dem Bärenweg:** Der fast ebene Weg führt durch eine abwechslungsreiche Landschaft entlang einer stillgelegten Bahntrasse. Hauptattraktion für Kinder sind zwei Bärinnen in einem Gehege bei Poraza (s. S. 206).

**Wandern in der Sierra del Sueve:** Der Ausblick vom Mirador del Fito auf das Meer und die Picos de Europa ist grandios, und es bestehen gute Chancen asturische Wildpferde, *asturcones,* zu sehen (s. S. 214).

# Costa de Cantabria

An der grünen Küste Kantabriens wechseln sich verträumte Buchten und weitläufige Strände mit Steilküsten und schroffen Klippen ab. Das Seebad Santander brilliert mit langen Stränden und gepflegten Promenaden. Zu den Besuchermagneten zählen das Städtchen Santillana del Mar und der maßstabsgetreue Nachbau der Höhle von Altamira.

## Castro Urdiales ▶ 1, O 3

**Castro Urdiales** (32 200 Einw.) liegt nur einen Steinwurf von Bilbao entfernt; so ist der alte Fischerhafen ein beliebtes Ausflugsziel für die gestressten Großstädter. Die Siedlungsstätte ist vermutlich keltischen Ursprungs. Gesichert ist die Präsenz der Römer, die die Stadt auf den Namen Flaviobriga tauften. Wirtschaftlichen Auftrieb erhielt sie im 12. Jh. dank König Alfons VIII., der Castro Urdiales umfangreiche Privilegien zugestand.

Im Zentrum hat sich die Ortschaft ihren dörflichen Charme bewahrt. Auf einem Felsvorsprung betten sich die gotische Kirche **Nuestra Señora de la Asunción** (14. Jh.) und die Ruinen einer **Templerburg** (13. Jh.), aus denen stolz ein neuzeitlicher Leuchtturm emporragt. Zur Idylle trägt der Fischereihafen seinen Teil bei. Zum Verweilen laden rings um den Hafen Tavernen und Caféterrassen ein.

### Infos
**Oficina de Turismo:** Parque Amestoy, Av. de la Constitución s/n, 39700 Castro Urdiales, Tel. 942 87 15 12, www.turismo.castro-urdiales.net, tgl. 9–14.30, 16.30–18.30, Sommer, Karwoche 9–20 Uhr.

### Übernachten
Gepflegtes Strandhotel – **Las Rocas:** Flaviobriga 1, Tel. 942 86 04 00, www.lasrocashotel.com. Komfortables Haus mit großzügig geschnittenen Zimmern, nicht alle haben Meerblick. €€–€€€

Ideal für Ruhesuchende – **La Llosa:** Barrio de Sámano 107 (3,5 km südl. von Castro Urdiales), Tel. 942 87 40 24, www.lallosadesamano.com. Kleine Steinburg mit 8 Zimmern, einige Bäder mit Hydromassage. €€

Ruhiges Landhotel – **Posada La Torre de la Quintana:** Barrio de Haza 26, 20 km westl. von Castro Urdiales, am Jakobsweg Camino del Norte, im Dorf Liendo gelegen, Tel. 942 67 74 39, www.posadalatorredelaquintana.com. Ehemaliges Herrenhaus, das in ein stilvolles Hotel mit gut ausgestatteten Zimmern verwandelt wurde. Landestypisches Frühstück ab 9 Uhr. €€

Camping – **De Castro:** Barrio Campijo s/n, Tel. 942 94 48 97, www.campingdecastro.es, ganzjährig geöffnet. 2 km vom Zentrum liegt der komfortable Platz, der über Pool und Supermarkt verfügt. Einziges Manko: zu wenig Schattenplätze.

### Essen & Trinken
Hafenblick – **Asador El Puerto:** Santa María s/n, Tel. 649 09 74 86, www.asadorelpuerto.com. Terrasse mit tollem Ausblick, Spezialität sind Fischgerichte und Meeresfrüchte. €€

Fisch & Meeresfrüchte – **Mesón del Marinero:** Calle Correría 23, Tel. 942 86 00 05, www.mesonmarinero.com. Das Lokal mit maritimem Flair serviert z. B. Langusten und Thunfischbällchen. €–€€

Leckere Tapas – **Bar Javi:** Calle Ardigales 42, Tel. 942 78 35 30. In der schlichten, kleinen Tapabar steht man vor der Qual der Wahl. Im reichhaltigen Tapasortiment finden sich Kroketten, Fleischspieße, Stockfisch, Aubergine mit Ziegenkäse und noch vieles mehr. Gute Weinauswahl. Moderate Preise. €

### Aktiv

Baden – Die beiden Stadtstrände, die **Playa de Ostende** im Westen und die **Playa de Brazmar** im Osten, erfreuen sich im Sommer regen Zuspruchs.

### Termine

**Viernes Santo:** Karfreitag. Prozessionszüge und Passionsspiel.
**Fiesta de San Juan:** 23.–26. Juni. Traditionelles Johannesfeuer und Straßenumzug am 23. Juni, zum Abschluss am 24. Juni gibt es ein Sardinenessen. Die Fiesta zu Ehren des **Stadtpatrons Pelayo** schließt sich am 26. Juni an.
**Fiestas del Coso Blanco:** 1. Fr im Juli. Der Umzug mit Wagen startet um 23 Uhr, den Auftakt bildet ein g roßes Feuerwerk.
**San Andrés:** 30. Nov. Zum populären Fest des Patrons der Seefahrer gehören eine Prozession und eine Bootsregatta.

### Verkehr

**Bus:** Busbahnhof, Calle Leonardo Rucabado s/n, Tel. 942 86 71 45. Alsa (www.alsa.es) bedient bis zu 10 x tgl. die Linie nach Santander und Laredo, 5–12 x tgl. nach San Sebastián. Das Unternehmen IRB (www.bilbaocastro.es) fährt alle 30 Min. nach Bilbao.

# Laredo ▶ 1, N 3

Landschaftlich reizvoll schmiegt sich **Laredo** (11 500 Einw.) in die weit geschwungene Bucht von Santoña. Im Sommer herrscht Hochbetrieb, die Bevölkerung verzehnfacht sich dann glatt! Der Bauboom verwandelte die Strandpromenade in eine dicht bebaute Betonmeile. Über die durchaus sehenswerte Altstadt wacht die gotische Kirche **Nuestra Señora de la Asunción** (13.–18. Jh.). Um die **Plaza Mayor** gruppieren sich vornehme Herrenhäuser aus dem 16. Jh. Eingerahmt wird die Altstadt noch immer von einigen Überresten der alten **Stadtmauern** aus dem 13. Jh.

### Infos

**Oficina de Turismo:** Alameda Miramar s/n, 39770 Laredo, Tel. 942 61 10 96, www.laredoturismo.es, tgl. Sommer 9–21, Winter Mo–Sa 9.30–14.30, 15–18 Uhr.

### Übernachten

Charmant – **Hotel Las Ruedas**: Barrio la Sierra s/n–Adal Treto, Tel. 942 67 44 22, www.hotel-lasruedas.com. Im Hinterland von Laredo (5 km entfernt) gelegenes, kleines, nettes Hotel mit 14 Zimmern, Restaurant mit regionaler Küche. €–€€
Solide – **Hotel Cortijo:** Av. González Gallego 3, Tel. 942 60 56 00, www.hotelcortijo.com. Das kleine, ordentliche Hotel liegt in Strandnähe (25 m), die Einrichtung ist nicht mehr ganz auf der Höhe der Zeit. €–€€
Camping – **Camping Laredo:** Calle República Filipinas 2, Tel. 942 60 50 35, www.campinglaredo.com. Mit Pool, Cafeteria.

### Essen & Trinken

Bodenständig – **Bar La Fuente:** Nuestra Señora 8, Tel. 942 78 21 91. Die Tapas-Bar ist ein Klassiker, ein Familienbetrieb seit 1965. Das Ambiente schlicht. Der Renner sind die leckeren Tortillas und die Anchovis. €

## TAPAS UND TANZ IN LAREDO

In der Hauptstraße, der **Rúa Mayor,** finden sich etliche Tapabars und entlang dem **Paseo Marítimo** reihen sich die Restaurants. Im Sommer läuft das Nachtleben in der Altstadt zu Hochform auf, die meisten Bars und Diskotheken liegen in den **Rúas San Martín, San Marcial** und **del Medio.**

Costa de Cantabria

## CAMINO DEL NORTE VON GÜEMES NACH SANTANDER

**Tour-Infos**
**Start:** Pilgerherberge von Güemes, Barrio Gargollo s/n
**Länge:** 16 km
**Dauer:** 4 Std.

**Schwierigkeitsgrad:** Leicht
**Fähre:** Von Somo nach Santander, Paseo Marítimo s/n, Tel. 942 21 67 53, www.losreginas.com, alle 30 Min., Abfahrtszeiten online, 3,30 €.

Viele Wege führen die Jakobspilger nach Santiago de Compostela, nicht nur der legendäre Hauptweg, der viel begangene Camino Francés. Noch immer steht der weit weniger frequentierte Camino del Norte im Schatten des Camino Francés, doch in den letzten Jahren entdecken immer mehr Pilger den Weg entlang der abwechslungsreichen spanischen Nordküste für sich, der sich mal wild und rau, mal lieblich und bukolisch präsentiert. Im Mittelalter galt der Küstenweg für die Pilger als relativ sicher, bildete doch das Kantabrische Gebirge einen natürlichen Schutzwall vor den Maureneinfällen. Dennoch hatte auch dieser Weg seine Tücken, mussten die Pilger doch immer wieder gefährliche Furten durchqueren.
Unsere Tour führt über einen der schönsten Abschnitte des Camino del Norte und startet bei der Pilgerherberge von **Güemes.** Wir folgen den gelben Pfeilen, die uns hinab zum Jakobsweg führen. Zunächst geht es entlang der ruhigen Landstraße CA-443 in Richtung Norden bis zur Kreuzung mit der CA-141, wo wir nach links in die Ortschaft **Galiziano** einbiegen. Die Calle Ig-

lesia führt uns geradewegs zur Kirche Nuestra Señora de la Asunción und zum Hotel La Vijanera. Vor dem Hotel geht es rechts ab in Richtung Meer. Vorbei an der Siedlung **San Miguel** kommen wir zu einem 1 km langen, feinen Sandstrand, der **Playa de Langre.** Hier stürzen wir uns in die Fluten und nehmen ein erholsames Sonnenbad.
Danach folgen wir dem Weg entlang der Küste nach Westen in Richtung **Loredo.** Am Campingplatz von Loredo geht es vorbei zum **Arenal de Somo,** einer Dünenzunge, die weit in die Bucht von Santander hineinragt. Auf dem Sand tummeln sich Möwen und auch einige Kormorane sind zu sichten. Weiter geht es zur Anlegestelle *(embarcadero)* von **Somo.** Von hier aus ist in der Ferne schon die Silhouette von Santander auszumachen, auch die vorgelagerte Halbinsel Magdalena mit dem Königspalast. Wir setzen mit der Fähre über nach Santander und genießen die 30-minütige Überfahrt durch die Bahía de Santander. In **Santander** folgen wir den Jakobswegschildern durch die Parkanlage Jardines de Pereda zur Kathedrale. Zum Abschluss der Tour lassen wir uns in einem Café nahe Kathedrale nieder und strecken bei einem *café con leche* die Beine aus.

### Aktiv
Baden – Laredos Aushängeschild ist die über 4 km lange **Playa de la Salvé.**

### Termin
**Batalla de las Flores:** Letzter Fr im Aug. Zur ›Schlacht der Blumen‹ ziehen über und über mit Blumen geschmückte Festwagen durch die Straßen der Stadt.

### Verkehr
**Bus:** Busbahnhof, Calle Reconquista de Sevilla s/n, Tel. 902 42 22 42. Alsa (www.alsa.com) fährt nach Santander, Castro Urdiales und León.

# Santoña  ▶ 1, N 2/3

Das Hafenstädtchen (11 000 Einw.) liegt auf einer Halbinsel an der Mündung des Río Asón. Der Fischfang und insbesondere die Konservenindustrie spielen in **Santoña** eine gewichtige Rolle. Dank der schönen Strände befindet sich auch der Tourismus im Aufwind.

Im Ortszentrum erhebt sich die schlichte, Kirche **Santa María del Puerto** (13. Jh.). Ihr Juwel ist der Altar San Bartolomé (15. Jh.) mit seinen flämischen Malereien. Beim Bummel durch die Stadt fallen einige Herrenhäuser aus dem 17. und 18. Jh. ins Auge. Am Paseo Marítimo thront das **Denkmal für Juan de la Cosa** (um 1449–1510), den berühmtesten Sohn der Stadt. Der spanische Seefahrer, Kartograf und Entdecker war Anteilseigner der Karavelle »Santa María« und begleitete Kolumbus auf seinen Schiffsreisen.

### Infos
**Oficina de Turismo:** Calle Santander 5, 39470 Santoña, Tel. 942 66 00 66, www.turismosantona.com.

### Übernachten
Gepflegt – **Posada Las Garzas:** Primera Av. 31, Berria, Tel. 942 66 34 84, www.posadalasgarzas.com. Die zwölf Zimmer des modernen Hotels sind wohnlich eingerichtet, Garten ums Haus mit Sonnenschirmen und Liegestühlen. €–€€
Camping – **Playa de Berria:** Playa de Berria, Tel. 942 66 22 48, Ostern und Juni–Mitte Sept. geöffnet. Netter Campingplatz direkt am Strand mit Supermarkt.

### Aktiv
Baden – Die 2 km lange **Playa de Berria** direkt am Ort wurde mit der blauen Umweltflagge ausgezeichnet. Weiter westlich, am Cabo de Ajo, locken die herrlichen Strände von Noja: **Playa de Tregandín** und **Playa de Ris.**

### Verkehr
**Bus:** Busbahnhof in der Calle Marinos de Santoña 4, Tel. 942 66 29 80, www.busbud.com. Mit Alsa (www.alsa.com) nach Laredo, Santander und Bilbao.

Costa de Cantabria

# Santander ▶ 1, M/N 2

Die knapp 172 700 Einwohner zählende Kapitale Kantabriens gilt in Spanien als eine der Städte mit der höchsten Lebensqualität. Den Charme Santanders prägen elegante Promenaden, gepflegte Parkanlagen, weite Strände und mondäne Bauten aus der Belle Époque. Sie stammen aus der Zeit, als sich Santander dank König Alfons XIII. (1886–1941), der hier die Sommerfrische genoss, zum Seebad entwickelte. Mit seinem lebensfrohen Ambiente zieht der traditionsreiche Badeort seine Besucher auch heute noch in den Bann.

Seiner weiten, geschützten Bucht verdankt Santander den Aufstieg als Hafen- und Handelsstadt. Unter den Römern entwickelte sich um den **Hafen** herum eine erste Siedlung, namens **Portus Victoriae**. Im Mittelalter ließ König Alfons III. (1158–1214) den Hafen zum Marinestützpunkt ausbauen und eine Werft errichten. Das damals wichtigste Exportprodukt, die Wolle aus Kastilien, wurde über Santander vor allem nach Flandern und England, verschifft. Ab der zweiten Hälfte des 18. Jh. blühte die Stadt durch die Freigabe des Handels mit den spanischen Kolonien weiter auf.

## Zentrum

Dreh- und Angelpunkte der Altstadt bilden die arkadengesäumte **Plaza Porticada** und der Rathausplatz, **Plaza del Ayuntamiento.** Direkt hinter dem Rathaus baut sich die schmucke Markthalle **Mercado de la Esperanza** aus dem 19. Jh. auf.

### Kunstmuseum und Bibliothek

Calle Rubio 6, Eintritt frei; Museum:
Tel. 942 20 31 20, www.museosantandermas.es, Bibliothek: Calle Gravina 4, Tel. 942 23 45 34, www.bibliotecademenendezpelayo.es, Museum und Bibliothek wg. Restaurierungsarbeiten geschl., aktuelle Informationen online
Ein paar Schritte weiter westlich liegt das **MAS – Museo de Arte Moderno y Contemporáneo de Santander y Cantabria,** das der Architekt Leonardo Rucabado zu Beginn des 20. Jh. im historistischen Stil konzipierte. Neben Werken lokaler Künstler zeigt die Sammlung Arbeiten spanischer, flämischer und italienischer Meister des 17.–20. Jh. Das Juwel des Museums ist das Porträt von König Ferdinand VII. (um 1814) von Francisco de Goya.

Im selben Gebäude ist die **Biblioteca Menéndez y Pelayo** untergebracht. Der berühmte Literaturhistoriker, Kritiker und Philosoph Marcelino Menéndez y Pelayo (1856–1912) vermachte seiner Heimatstadt seine kostbare Bibliothek, die über 40 000 Bände umfasst.

### Kathedrale

Calle de Somorrostro s/n, Tel. 942 22 60 24, tgl. 10–13, 16.30–19 Uhr, 1 €, So Eintritt frei
Die **Catedral de Santander** birgt das Grabmal des spanischen Universalgelehrten, das der Bildhauer Victorio Macho 1956 entwarf. Nach dem großen Stadtbrand von 1941 wurde das Gotteshaus aus dem 17. Jh. im neogotischen Stil neu errichtet. Erhalten blieb die dreischiffige, romanisch-gotische Krypta aus dem 13. Jh.

### Am Pereda-Park

Östlich der Kathedrale bilden die **Jardines de Pereda** einen Ruhepol für Jung und Alt. Ihm gegenüber liegt der pompöse Prachtbau der **Banco de Santander.** Einen kurzen Abstecher lohnt das **Museo Regional de Prehistoria y Arqueología,** das vor allem mit Exponaten und Fotografien aus der Höhle von Altamira die Besucher anlockt (Calle Hernán Cortés 4, www.museosdecantabria.es, Di–So, Fei 10–14, 17–19.30 Uhr, 4 €).

### Kunst- und Kulturzentrum Botín

Muelle de Albareda s/n, Jardines de Pereda, Tel. 942 047 147, www.centrobotin.org, Sommer Di–So 10–21, Juli, Aug. auch Mo, Winter Di–So 10–20 Uhr, 9 €, mit Reservierung 8 €
Leicht, fast schwerelos erhebt sich das **Centro Botín** direkt an der Bucht von Santander. Das Kunst- und Kulturzentrum schwebt auf Säulen und setzt sich aus zwei Gebäudeteilen zusammen, die miteinander durch Treppen und offene Laufwege verbunden sind. Dank der großen Glasfronten wird das Innere

des Gebäudes von Licht durchströmt. Die Fassade schmücken 280 000 kreisförmige, perlmuttfarbene Keramikfliesen, sie reflektieren das Licht des Himmels und des Meeres. Das neue Wahrzeichen der Stadt, das der Stararchitekt Renzo Piano entworfen hat, wurde 2017 eingeweiht. Träger der Einrichtung ist die Fundación Botín, eine Stiftung der gleichnamigen Familie, die 1857 die Banco Santander gründete. Das Westgebäude beherbergt die Ausstellungen für moderne Kunst, im Ostgebäude befinden sich ein Auditorium sowie Seminarräume. Zu dem Komplex gehört auch das **Café-Restaurant El Muelle** mit Blick über die Bucht von Santander.

## Östlich der Innenstadt

Entlang der Bucht führt die Promenade **Paseo de Pereda** zur Plaza Matías Montero und zum ehemaligen Fischerhafen **Puerto Chico**, heute liegen hier Sportboote vor Anker. Dahinter entdeckt man das futuristische Gebäude des **Palacio de Festivales de Cantabria** (1990), ein Werk des Architekten Javier Sainz de Oiza, an dem sich bis heute die Geister scheiden.

### Meeresmuseum

*Calle San Martín de Bajamar s/n,*
*www.museosdecantabria.es, Di–So 10–18,*
*Mai–Sept. bis 19.30 Uhr, 8 €*

Weiter in Richtung der Península de la Magdalena informiert das **Museo Marítimo del Cantábrico** über die Geschichte der Seefahrt und der Fischerei. Zum Museum gehören auch ein großes Aquarium und eine Abteilung, die sich mit der Meeresbiologie beschäftigt.

### Magdalena-Halbinsel

Die **Península de la Magdalena** bildet mit Flanierwegen und Schirmpinien eine städtische Oase. Den kleinen **Zoo** bevölkern u. a. Seehunde, Pinguine und Eisbären (Tel. 942 28 18 75, Sommer 8–22, Winter 9–20.30 Uhr, Eintritt frei).

*Kunst- und Kulturzentrum an der Uferpromenade: das Centro Botín*

Costa de Cantabria

Auf der höchsten Stelle thront der 1912 erbaute **Palacio Real de la Magdalena** (www.palaciomagdalena.com, Online-Reservierung, wechselnde Zeiten, 6 €), dessen Architektur sich an englischen Vorbildern orientierte. Seit 1932 residiert in dem königlichen Palast die **internationale Sommeruniversität Menéndez Pelayo,** die viel zum kosmopolitischen Flair der Stadt beiträgt.

## Sardinero-Strand

Richtung Norden schließt sich die weitläufige **Playa el Sardinero** an, die von mehreren Hotels und Restaurants gesäumt wird. Hier beeindruckt auch das weiße Gebäude aus der Belle Époque des **Gran Casino del Sardinero** (Plaza de Italia). Noch immer geben sich hier die Reichen und Schönen ein Stelldichein. 3 km entfernt liegt der Leuchtturm **Faro de Cabo Mayor,** der herrliche Ausblicke über die Klippen und das Meer bietet.

## Infos

**Oficina de Turismo:** Paseo de los Jardines de Pereda s/n, 39002 Santander, Tel. 942 20 30 00, www.turismo.santander.es, Mitte Juni–Sept., Ostern tgl. 9–21, Okt.–Mitte Juni Mo–Fr 9–19, Sa, Fei 10–14 Uhr; El Sardinero s/n, Tel. 942 74 04 14, Sommer tgl. 9–19 Uhr.
**Oficina de Turismo del Gobierno Cantabro:** Hernán Cortes 4 (Mercado del Este), Tel. 942 31 07 08, www. turismodecantabria.com, tgl. 9–21 Uhr. Weitere Oficinas: Am Flughafen und am Busbahnhof (Estación de Autobuses).

## Übernachten

Design-Hotel – **NH Ciudad de Santander:** Calle Menéndez Pelayo 13–15, Tel. 916 00 83 21, www.nh-hoteles.de. Der funktionale Hotelbau der NH-Kette trumpft mit klarem Design und komfortabler Zimmerausstattung. €€–€€€
Chic – **Le Petit Boutique Hotel:** Av. de los Castros, 10, Tel. 942 07 57 68, www.lepetithotelsantander.com. Schmuckes, kleines Hotel mit sieben individuell eingerichteten Zimmern. Nur wenige Schritte von der Playa Sardinero entfernt. Frühstück inklusive. €–€€€
Klein & stilvoll – **Las Brisas:** Calle Braña 14, Tel. 942 27 50 11, www.hotellasbrisas.net. Gemütliches kleines Hotel in einem Chalet mit geschmackvoller Einrichtung. In unmittelbarer Nähe der Playa Sardinero. €€
Ansprechend – **Hostal Cabo Mayor:** Calle Cádiz 1, 2. Etage, Tel. 942 21 11 81, www.hcabomayor.com. Im Herzen von Santander, moderne, gepflegte Pension. €
Camping – **Cabo Mayor:** Ctra. del Faro s/n, Tel. 942 39 15 42, www.cabomayor.com, Okt.–Ostern geschl. Gepflegter Platz nur 300 m vom Strand entfernt.

## Essen & Trinken

Delikates – **El Serbal:** Calle Andrés del Río 7, Tel. 942 22 25 15, www.elserbal.com, Febr., So abends und Mo geschl. Eines der kulinarischen Aushängeschilder der Stadt bietet eine kreative Küche. €€
Traditions-Taverne – **Bodega del Riojano:** Calle Río de la Pila 5, Tel. 942 21 67 50, www.bodegadelriojano.com, So abends geschl. Das Weinlokal ist ein Klassiker mit Holztischen und Weinfässern in der Gaststube. €–€€
Eine Institution – **Bodega Cigaleña:** Calle Daoiz y Velarde 19, Tel. 942 21 01 84, Mo, Di geschl., außer im Sommer. Gemütliche, urige Bodega mit großer Weinauswahl. €–€€
Ambitioniert – **Machinero:** Calle Ruiz de Alda 16, Tel. 942 31 49 21, www.machinero.com, So geschl. Zum funktional eingerichteten Lokal gehört eine gut frequentierte Bar. Die Küche erweist sich als innovativ. €
Pintxos & mehr – **Canadio:** Calle Gomez Orena, 15, Tel. 942 31 41 49, www.restaurantecanadio.com, So geschl. Restaurant mit Barbetrieb. Theke mit leckeren *pinxtos,* köstlich sind die hausgemachten Kroketten. €

## Einkaufen

Markt – **Mercado de la Esperanza:** Calle Alta 133, Mo–Sa 8–14, Do, Fr 17–19.30 Uhr. In der modernistischen Markthalle bietet insbesondere das Fisch- und Meeresfrüchtesortiment einen wahren Augenschmaus.

## Abends & Nachts

Konzerte & mehr – **Palacio Festivales:** Calle Gamazo s/n, Tel. 942 24 34 39, www.pala

ciofestivales.com. Veranstaltungen aller Art: Konzerte, Opern, Theater und Kinofestivals.
Livemusik – **Café/Bar Bolero:** Calle San Celedonio 35, Tel. 942 21 84 70, bei Facebook, tgl. 19–3.30 Uhr. Klassiker, entspannte Atmosphäre bei Livemusik.
Kasino – **Gran Casino del Sardinero:** Plaza de Italia, Tel. 942 27 60 54, www.grancasinosardinero.es. Das Belle-Époque-Casino ist die Adresse für das Spiel mit dem Glück.

### Aktiv

Bootstouren – **Los Reginas:** Paseo Marítimo s/n, Tel. 942 21 67 53, www.losreginas.com. Anleger am Ende der Jardines de Pereda, Hafenrundfahrten und Transfer zu den Stränden in Pedreña und Somo.
Baden – Im Osten der Innenstadt erstrecken sich hinter dem Museo Marítimo die Strände **Los Peligros, La Magdalena** und **Biquinis.** Weiter Richtung Norden laden die goldgelbe **Playa del Camello** und die weitläufige **Playa el Sardinero** zum (Sonnen-)Bad ein.
Golf – **Club de Golf Mataleñas:** Av. del Faro s/n, Tel. 942 39 27 75, www.golfmatalenas.es. 9-Loch-Platz hinter der Playa el Sardinero.

### Termine

**Fiesta de Santiago:** Um den 25. Juli. Einwöchiges Fest mit Stierkämpfen, am 24. Juli großes Sardinenessen und Feuerwerk an der Playa Sardinero.
**Festival Internacional de Música y Danza:** Aug., www.festivalsantander.com. Das hochkarätig besetzte Festival präsentiert u. a. im Palacio de Festivales Klassikkonzerte, Ballett-, Theater- und Opernaufführungen.
**Universidad Internacional Menéndez Pelayo:** Juli–Sept. Tel. 942 29 87 00, www.uimp.es. Sommeruniversität. Hochkarätiges Vorlesungsprogramm, auch Sprach- und Literaturkurse für Ausländer.

### Verkehr

**Flugzeug:** Flughafen Aeropuerto de Parayas, Ctra. del Aeropuerto s/n (5 km südl. vom Zentrum), Tel. 913 21 10 00, www.aena.es. Nationale und internationale Verbindungen. Busse verkehren alle 30 Min. zum Busbahnhof.

## SANTANDER DE NOCHE

Das **Nachtleben** spielt sich in Klubs und Bars rund um die **Plaza Cañadío** und die **Calle Río de la Pila** ab. In lauen Nächten herrscht auch im Umfeld des Sporthafens **Puerto Chico** reges Treiben. Mondänes Ambiente verströmt das **Gran Casino Sardinero.** Hier kann man sein Glück beim Black Jack, Roulette, Poker oder am Spielautomaten versuchen.

**Bahn:** Renfe-Bahnhof, Tel. 912 43 23 43, Plaza Estaciones s/n. Gute Verbindungen nach Madrid und Bilbao, Oviedo und regionale Ziele.
**Bus:** Busbahnhof, Calle Navas de Tolosa s/n (gegenüber vom Bahnhof), Tel. 942 21 19 95, www.transportedecantabria.es. Verschiedene Busunternehmen bieten von hier aus zahlreiche regionale sowie nationale Verbindungen an.

# Am Stadtrand von Santander

**Karte:** S. 179

## Naturpark Liencres-Dünen
▶ 1, M 2

Knapp 15 km westlich von Santander liegt in der Gegend um die Mündung des Río Pas der **Parque Natural de las Dunas de Liencres** 1 . Der 195 ha große Naturpark umfasst mehrere kleine Buchten, zwei traumhafte Dünenstrände und ausgedehnte Pinienwälder. Zahlreiche Vogelkolonien legen hier Station auf ihrer Reise in südlichere Gefilde ein.

Costa de Cantabria

### Aktiv

Baden & Surfen – Die mehr als 2 km lange, feinsandige **Playa de Valdearenas** liegt im Parque Natural de las Dunas de Liencres offen dem Atlantik zugewandt. Der Wellengang und die gefährlichen Strömungen sollten nicht unterschätzt werden! Die kleinere **Playa de Canallave** steht aufgrund der steifen Brise bei Wellenreitern hoch im Kurs.

### Cabarga-Fels ▶ 1, M/N 3

Fast wie aus der Vogelperspektive fällt der Blick von der **Peña Cabarga** 2 auf die Bucht von Santander. Der 568 m hohe Aussichtsberg 15 km südlich von Santander bietet ein grandioses Rundumpanorama. Im Süden baut sich die Gebirgskette des Kantabrischen Gebirges bis hin zu den Picos de Europa auf. Man kann mit dem Auto hinauffahren, aber eine Wanderung eröffnet immer wieder schöne Ausblicke.

### Naturpark Cabárceno ▶ 1, N 3

*Barrio Obregon, 6A, 39690 Cantabria,*
*Tel. 942 56 37 36, www.parquecabarceno.com,*
*tgl. 9–18, Winter 10–17 Uhr, Erw. 20 €, Kinder*
*ab 11 J. 10 €, Online-Reservierung ratsam*
Bei **Obregón**, rund 17 km südlich von Santander, befindet sich der 800 ha große **Parque de la Naturaleza de Cabárceno** 3. Die Kulisse für den Wild- und Naturpark bildet ein bizarres, stark erodiertes Karstgebiet – eine Kunstlandschaft aus rötlich schimmernden Abraumhalden. Bereits die Römer förderten in dem Gebiet Eisenerz, die letzte Mine schloss 1989. In den großen Freigehegen tummeln sich Tiere aus allen fünf Kontinenten: z. B. Elefanten, Löwen, Nilpferde, Tiger und Giraffen. Ein eigener Bereich widmet sich der iberischen Fauna, hier bietet sich die Chance, Braunbären in Augenschein zu nehmen, die in Nordspanien in einigen Refugien sogar noch in freier Wildbahn leben. Im Park wird zur Erhaltung von bedrohten Tierarten geforscht. Für Schulen gibt es Programme zur Umwelterziehung. Über den Park erstreckt sich ein 17 km langes Straßennetz, von den Parkplätzen führen markierte Wege zu den Gehegen.

# Am Stadtrand von Santander

Costa de Cantabria

# Zum Ebro-Stausee

**Karte:** S. 179

## Cueva de El Castillo
▶ 1, M 3

*Tel. 942 59 84 25, www.cuevas.culturadecantabria.com, Cueva de El Castillo Mitte Juni–Mitte Sept. Di–So 9.30–13.30, 14.30–18.30, März–Mitte Juni, Mitte Sept.–Mitte Okt. Mi–So 9–13.30, 14.30–18, Mitte Okt.–Febr. Mi–Fr, So 9–15, Sa, So 9–14, 15–17 Uhr, letzter Einlass 1 Std. vor Schließung, 5 €, der Zutritt ist auf 350 Pers. pro Tag begrenzt; Reservierung für die Cueva de Castillo und die anderen Höhlen auf der Website*

Über die N-623 in Richtung Burgos erreicht man 30 km südwestlich von Santander, nahe dem Kurort Puente Viesgo, die **Cuevas de Puente Viesgo** 4 , einen Komplex von Höhlen mit prähistorischen Felsmalereien und -ritzungen. Unter den fünf Höhlen des Monte Castillo sticht die 1903 als erste entdeckte **Cueva de El Castillo** mit über 150 Petroglyphen hervor. Ihr Alter wird auf bis zu 15 000 Jahre datiert. Die Steinzeitmenschen hinterließen abstrakte, rätselhafte Zeichen, etliche Handabdrücke und Tierabbildungen z. B. von Pferden, Ziegen, Hirschkühen und Bisons. Auch die benachbarte **Cueva de las Monedas** ist für Besucher zugänglich. Vor allem die geologischen Formationen der Tropfsteinhöhle beeindrucken. Die hier gefundenen schwarzen Felszeichnungen wirken nicht ganz so lebendig.

Südlich von Puente Viesgo erstreckt sich die bäuerliche Wald- und Wiesenlandschaft des **Río-Pas-Tals.** In den teilweise noch recht ursprünglichen Dörfern, wie Vega de Pas, wird ein hervorragender Käse hergestellt.

## Ebro-Stausee ▶ 1, L/M 4

*Centro de Visitantes Embalse del Ebro – Corconte, Barrio Corconte 14, 39294 Corconte, Tel. 900 64 90 09, 648 19 17 62, www.surdecantabria.es, Juli, Aug. Di–So 10–18, Mitte März–Juni, Sept.–Mitte Dez. Fr–So 10–18 Uhr, Mitte Dez.–Mitte März geschl.*

An der Grenze zu Burgos breitet sich der 60 km² große, idyllische **Embalse del Ebro** 5 aus. Das größte Trinkwasserreservoir Kantabriens bildet ein Refugium für viele Vogelarten und lockt zahlreiche Hobbyornithologen an. Westlich von Reinosa trifft man bei **Fontibre** 6 auf die Quelle des Ebros. Weiterführende Informationen hält das Besucherzentrum in Fontibre (Centro de Visitantes del Río Ebro – Fontibre, Barrio Fontibre, 49, 39212 Fontibre, Tel. 900 64 90 09, 626 26 36 96) bereit.

Das einzige Skigebiet Kantabriens, **Alto Campoo** 7 , liegt 23 km weiter westlich im Schatten des 2175 m hohen Pico de Tres Mares (www.altocampoo.com).

## Naturpark Saja Besaya
▶ 1, L/M 3

Der **Parque Natural de Saja Besaya** erstreckt sich um den Oberlauf des Río Saja sowie auf die Seitentäler des Río Besaya. Das Naturschutzgebiet nimmt eine Fläche von 245 km² ein. Die ausgedehnten Eichen- und Buchenwälder bieten Lebensraum für Wildschweine, Wildkatzen, Damwild, Gämsen und für die vom Aussterben bedrohten Wölfe und Auerhähne. In der Region gibt es auch eine einheimische Rinderrasse, *tudanco* genannt. Im Sommer grasen die Tiere auf den Bergweiden. Ähnlich wie in den Alpen wird der Almabtrieb gefeiert (s. S. 184).

Von der Ortschaft **El Tojo** führt der Weg nach Osten durch das Tal des Río Argonsa zur Ortschaft **Bárcena Mayor** 8 , dem Zentrum des Naturparks. Das Dorf erweist sich als architektonisches Schatzkästchen, gepflasterte Gassen und hübsche, aus Bruchsteinen aufgebaute Häuser mit Holzbalkonen bestimmen das Bild. Mittlerweile verdienen sich die Einwohner durch den aufblühenden ländlichen Tourismus in der Region ein willkommenes Zubrot. Von Bárcena Mayor erschließen etliche Wander- und Spazierwege die Region.

#  Santillana del Mar
▶ 1, M 2/3

**Karte:** S. 179

Das Städtchen **Santillana del Mar** entpuppt sich als mittelalterliches Kleinod. Der Name

Santillana del Mar

führt jedoch in die Irre, die Stadt liegt 4 km vom Meer entfernt inmitten einer grünen Hügellandschaft. Im Mittelalter bildete der Ort den Sitz einer Markgrafschaft und eine wichtige Station auf dem Küstenweg nach Santiago. Entlang der beiden Hauptgassen reihen sich über 30 stattliche Adelspaläste (15.–18. Jh.) mit prunkvollen Wappenschildern und reichlich Blumenschmuck. In dem denkmalgeschützten Städtchen herrscht vor allem in den Sommermonaten ein ziemlicher Trubel. Erst wenn am späten Nachmittag die Touristenbusse verschwinden, kehrt wieder Ruhe ein.

## Adelspaläste

Die Calle Santo Domingo führt am **Palacio de los Benamejís** (18. Jh.) vorbei, in dem sich das Kulturzentrum der Sparkasse Caja Cantabria befindet. Links geht es durch die Calle de Juan Infante weiter zur **Plaza Mayor,** die vom Rathaus und den wehrhaften Turmbauten **Torre de Merino** (14. Jh.) und **Torre de Don Borja** (15. Jh.) gesäumt werden. Außerdem findet sich auf der Plaza auch der **Palacio de Barreda-Bracho** (17. Jh.), der in ein schmuckes Paradorhotel verwandelt wurde.

Über die Calle Canton gelangt man zur **Casa de Valdivieso** (16./ 18. Jh.), dem ehemaligen Haus des Stadtschreibers, in dem heute ebenfalls ein Hotel residiert. Ein paar Meter weiter liegt das barocke Palais **Casa de los Hombrones,** dort ist auf dem Familienwappen der Vila die heroische Devise des Geschlechts zu lesen: »Ein würdiger Tod ehrt das ganze Leben.«

## Stiftskirche Santa Juliana

*Tel. 639 83 05 20, Di–So 10–13.30, 16–18, im Sommer bis 19 Uhr, 3 €*

Am Ende der Calle del Río erhebt sich die **Colegiata de Santa Juliana** (12./13. Jh.), deren Ursprung vermutlich auf das 8. Jh. zurückgeht. Die einstige Klosteranlage bildete die Keimzelle, um die sich die ganze Ortschaft entwickelte. Die Perle der kantabrischen Romanik birgt die Gebeine der frühchristlichen Märtyrerin Santa Juliana, von der sich der Name der Stadt ableitet. Im **Chor** beeindrucken die silberne Altarblende, die im 17. Jh. in Mexiko angefertigt wurde, und die darunter verborgenen vier romanischen Apostelfiguren (11. Jh.). Der stimmungsvolle **Kreuzgang,** von dem noch drei Trakte erhalten blieben, wartet mit feinem romanischem Kapitellschmuck auf.

Gegenüber der Stiftskirche lohnt es sich noch einen Blick auf den **Palacio de los Velarde,** ein architektonisch strenges Herrenhaus aus dem Zeitalter der Renaissance, zu werfen.

## Infos

**Oficina de Turismo:** Calle Jesús Otero 20, 39330 Santillana del Mar, Tel. 942 81 88 12, www.santillanadelmarturismo.com.

## Übernachten

Herrschaftlich logieren – **Parador de Santillana Gil Blas:** Plaza Ramón Pelayo 11, Tel. 942 02 80 28, www.parador.es. Das Nobelhotel in einem ehemaligen Herrenhaus (17./18. Jh.) bietet komfortable Zimmer im kastilischen Stil. €€–€€€

Viel Charme – **Casa del Organista:** Calle los Hornos 4, Tel. 942 84 03 52, www.casadelorganista.com. Das rustikale Anwesen (18. Jh.) bewohnte einst der Organist der Colegiata de Santa Juliana. Gemütliches Ambiente. Schöner Blick von der großen Terrasse. €€

Rustikal & farbenfroh – **La Casona de Revolgo:** Campo de Revolgo 3, Tel. 942 81 82 77, www.lacasonaderevolgo.com. Schönes Steinhaus im Zentrum, rustikaler Stil mit modernem Touch. €€–€€€

Ruhiges Landhaus – **Casona de los Güelitos:** Barrio Vispieres 8 (1 km südöstl. von Santillana), Tel. 660 26 31 61, 679 54 85 83, www.lacasonadelosguelitos.com. Ein charmantes Haus aus dem 18. Jh. mit farbenfroh eingerichteten Zimmern. Ideal für Ruhesuchende. €€–€€€

Camping – **Santillana:** Ctra. Comillas, km 6, Tel. 942 81 82 50, www.campingsantillana.com, ganzjährig geöffnet. Mit Restaurant, Supermarkt, Tennisplatz, Pool, Minigolf, Spielplatz. Auch Mobilheime und Bungalows können gemietet werden.

Costa de Cantabria

### Essen & Trinken
Familiär – **Restaurante Gran Duque:** Escultor Jesus Otero 7, Tel. 942 84 03 86, www.granduque.com, So abends, Mo mittags geschl. Rustikales Ambiente, bodenständige Küche. 3-Gänge-Menü €€
Romantisch im Grünen – **El Bisonte Rojo:** Av. de Antonio Sandi 6, Tel. 653 71 81 82. Charmantes, kleines Lokal mit hübscher Terrasse. €

### Termin
**Santa Juliana:** 28. Juni. Am Patronatsfest zieht zu Ehren der Heiligen eine Prozession durchs Dorf, die mit einem Tanz endet. Mit Folk- und Tanzfestival.

### Verkehr
**Bahn:** Der nächstgelegene Renfe-Bahnhof (www.renfe.com) ist in Puente San Miguel (ca. 4 km). Züge nach Santander.
**Bus:** Santillana del Mar hat keinen eigenen Busbahnhof. Der nächste Renfe-Bahnhof befindet sich im 10 km entfernten Torrelavega. Busse dorthin fahren von der Haltstelle Campo de Revolvo ab; Info bei Alsa (www.alsa.es), Tel. 902 42 22 42. Von Torrelavega fährt die Busfirma Alsa nach Santillana del Mar.

# Höhle von Altamira
▶ 1, M 3

**Karte:** S. 179
Die Sixtinische Kapelle des Paläolithikums, wie die **Cueva de Altamira** 9 gerne bezeichnet wird, liegt von Santillana del Mar 2 km entfernt. Ein Schäfer stieß 1875 auf die gut 260 m lange Höhle. Jedoch erst bei einem Streifzug im Jahr 1879 entdeckte Markgraf Don Marcelino Sanz de Sautuola, aufmerksam gemacht von seiner Tochter María, die fantastischen Felsmalereien der **Sala de la Pintura.**

Die Decke bevölkern 21 Bisons, eine Hirschkuh, ein Wildschwein und ein Wildpferd. Geschickt nutzten die Steinzeitkünstler Unebenheiten der Felswände, um den Tieren Leben einzuhauchen. Das ausdrucksstarke Ensemble entstand vor über 15 000 Jahren. Rot-, Ocker- und Brauntöne sind die dominierenden Farben. Für die Konturen und Schraffierungen wurde schwarze Kohle verwandt. Wie diese Gemälde zu deuten sind, darüber streiten sich bis heute die Gelehrten. Einige vermuten, dass die Malereien im Rahmen eines religiösen oder magischen Kultes entstanden, der das Jagdglück sichern sollte.

### Neocueva und Museum
*Av. Marcelino Sanz de Sautuola s/n, Santillana del Mar, Tel. 942 81 80 05, 942 81 88 15, http://museodealtamira.mcu.es, Mai–Okt. Di–Sa 9.30–20, So, Fei 9.30–15, Nov.–April Di–Sa 9.30–18, So, Fei 9.30–15 Uhr, 1.–6. Jan., 1. Mai, 16. Sept., 24./25. u. 31. Dez. geschl., 3 €, Kartenvorverkauf über Banco Santander, Zugang über Internetseite des Museums. Rechtzeitig reservieren, der Zutritt ist begrenzt!*
Seit 1979 ist die Höhle für die Öffentlichkeit geschlossen, da die erhöhte Luftfeuchtigkeit, bedingt durch den Besucheranstrom, die Malereien schädigte. 2001 eröffneten der damalige spanische König Juan Carlos und seine Frau Sophia die **Cuevanova,** eine originalgetreue Kopie der Altamira-Höhle. Dabei kam modernste Computertechnik zum Einsatz: Der Hauptsaal wurde mit einer Genauigkeit von 40 000 Pixeln pro Quadratmeter reproduziert. Um ein möglichst echtes Abbild der Malereien zu schaffen, wurden natürliche Farbpigmente und Hilfsmittel verwandt, wie sie bereits die Menschen in der Steinzeit gebrauchten. Die Cuevanova liegt 500 m von der originalen Höhle entfernt, zusätzlich informiert ein **Museum** über das Leben der Menschen im Paläolithikum.

# Comillas  ▶ 1, L/M 2/3

**Karte:** S. 179
Ein Glücksfall für das lebhafte, gut besuchte Küstenstädtchen **Comillas** 10 (2450 Einw.) war Antonio López y López (1817–1883). Der Sohn der Stadt stammte aus einfachen Verhältnissen und emigrierte in jungen Jahren nach Kuba. Ein enormes Vermögen brachte ihm und seiner Familie vor allem die Grün-

Comillas

dung von Überseereedereien ein. Von König Alfons XII., der gerne seine Sommerfrische in Comillas verbrachte, erhielt er den Titel des ersten **Markgrafen von Comillas.**

## Sobrellano-Palast

*Barrio el Parque s/n, Tel. 942 72 03 39, www.centros.culturadecantabria.com, Mitte Juni– Mitte Sept. tgl. 10.30–19.30, März–Mitte Juni Mo–Sa 10–18.30, So 9.50–16, 23. Okt.–Febr. Mo–Fr, So 9.30–18.30, Sa 9.30–17.30 Uhr, Besichtigung mit 45 Min. Führung, letzter Eintritt jeweils 1 Std. vor Schließung, Online-Reservierung ratsam, 5 €*

Nach einem Entwurf des renommierten, katalanischen Architekten Joan Matorell ließ sich der Markgraf den **Palacio de Sobrellano** im neogotischen Stil erbauen. Die Eingangshalle, der Speisesaal und das Billardzimmer können besichtigt werden. In der zugehörigen Kapelle findet sich das Pantheon der Familie.

## Universität

Für sein Seelenheil und für seinen Nachruhm stiftete der Markgraf die **Universidad Pontifical** (1890), die zunächst als Priesterseminar diente und später die Anerkennung als katholische Universität erhielt. 1968 wurde der Sitz der Päpstlichen Universität nach Madrid verlegt, während in Comillas der riesige Gebäudekomplex, der von einer Anhöhe das gesamte Stadtbild dominiert, verwaiste. Demnächst soll hier ein Institut für hispanistische Studien eröffnet werden.

## Gaudípalast

*Parque del Sobrellano s/n, Tel. 942 72 03 65, www.elcaprichodegaudi.com, Juli, Aug. tgl. 10.30–21, März–Juni, Sept., Okt. bis 20, Nov.–Febr. tgl. bis 17.30 Uhr, letzter Einlass 30 Min. vor Schließung, Online-Reservierung ratsam, 7 € mit Audioguide*

Den Besuchermagnet von Comillas bildet jedoch **El Capricho** (1883), ein Jugendwerk des Architekten Antoni Gaudí. Das kleine, kuriose Anwesen präsentiert sich fantasievoll verspielt, fröhliche Sonnenblumenkacheln sorgen für eine heitere Note. Der dazugehörige Turm erinnert an ein Minarett. Der Auftraggeber für die kleine Sommerresidenz war der exzentrische Schwager des Markgrafen von Comillas, Máximo Díaz de Quijano, der Gaudí völlig freie Hand ließ.

## Friedhof

Die reichen Familien der Stadt orientierten sich an der Vorliebe des Markgrafen für katalanische Architekten und ließen sich von ihnen ihre Grabstätten konzipieren. So lohnt sich ein Abstecher zum **Cementerio** nördlich des Zentrums. Über den Ruinen einer Klosterkirche mitten im Camposanto wacht der elegante Engel von Joseph Llimona über die Toten.

## Infos

**Oficina de Turismo:** Calle Joaquín del Piélago, 1 Bajos Ayuntamiento, 39520 Comillas, Tel. 942 72 25 91, www.comillas.es.

## Übernachten

Herrenhaus mit Flair – **Palacio Guevara:** Barrio La Plaza 22, Treceño (16 km südwestl. von Comillas über die CA 135), Tel. 942 70 33 30, www.palacioguevara.com. Mit Liebe zum Detail eingerichtetes Charme-Hotel in einem Palast aus dem 18. Jh. Mit stilvollem Restaurant (Menü ab 25 €). €€

Gut geführt – **Posada la Solana Montañesa:** Calle La Campa 22, Tel. 942 72 10 26, www.lasolanamontanesa.com. Familiäre, ruhige Unterkunft nahe dem Zentrum, mit Garten und Terrasse. In der Regel nur Mehrfachübernachtungen möglich. €€

## Essen & Trinken

Für Fischliebhaber – **Restaurante Marisquería Adolfo:** Calles las Infantas 11, Tel. 942 72 20 14. Für Fisch- und Meeresfrüchte bekanntes Lokal mit Terrasse. Seeteufel, Jakobsmuschel und viele weitere Köstlichkeiten aus dem Meer finden sich auf der Karte. €€–€€€

Gute Option – **Gorbea:** Calle Doctores Verdeja y Meneses 2, Tel. 942 72 20 29, www.restaurantegorbea.com. Gepflegtes Restaurant mit Terrasse im Hotel Tejo. Lecker schmecken die Fischsuppe, der Seehecht und der hausgemachte Käsekuchen. €€

Costa de Cantabria

Im Trend – **La Terrazuca:** Plaza del Corro Campios 2, Tel. 942 72 27 40. Modernes Lokal mit Terrasse im Herzen von Comillas. Karte mit kleiner, aber guter Auswahl. Leckere hausgemachte Kroketten. €

### Aktiv

Baden – Der feinsandige Hausstrand **Playa de Comillas** wurde mit der blauen Umweltflagge ausgezeichnet. 4 km weiter östlich erreicht man die Playa de Oyambre im gleichnamigen Naturpark.

Wandern – **Parque Natural de Saja Besaya:** Von Comillas bietet sich ein Ausflug über CA-135 und CA-180 entlang dem Río Saja ins Hinterland an. Von Bárcena Mayor aus (ca. 43 km) lassen sich schöne Wanderungen in den Naturpark unternehmen (s. S. 180).

### Termine

**Santo Cristo del Amparo:** Mitte Juli. Fest zu Ehren des Schutzpatrons. Am 16. Juli werden bei der Schiffsprozession traditionelle Tänze und Gesänge dargeboten.

**Almabtrieb:** Wie in den Alpen wird im Hinterland der kantabrischen Küste der geglückte Almabtrieb gefeiert. Am bekanntesten in der Region ist das Fest von **Cabezón de la Sal** am 12. Okt., dem spanischen Nationalfeiertag.

# Rund um San Vicente de la Barquera ▶ 1, L 2/3

**Karte:** S. 179

### San Vicente de la Barquera

Der Gebirgszug der Picos de Europa bildet die Hintergrundkulisse für **San Vicente de la Barquera** 11 (4200 Einw.). Das Hafen- und Fischerstädtchen schmiegt sich in die Bucht des Río Escudo. Diese überspannt die Puente de la Maza, die auf das 15. Jh. zurückgeht.

Auf einem Hügel drängt sich die Altstadt, bekrönt von der **Wehrkirche Nuestra Señora de los Ángeles** (13. Jh./14. Jh.). Um den alten Hafen und die stimmungsvolle **Plaza Mayor** konnte sich San Vicente de la Barquera noch viel von seinem historischen Charme bewahren. In der trutzigen **Castillo del Rey** (13. Jh.) informiert eine Dauerausstellung über die Geschichte und die Geografie der Ortschaft.

### Naturpark Oyambre

Seit 1988 schützt der **Parque Natural de Oyambre** 12 ein Gebiet von 57 km², das Meeresarme von San Vicente de la Barquera und La Rabía umfasst – einer der schönsten und vielseitigsten Küstenabschnitte der Costa de Cantabria. Zu den verschiedenen Ökosystemen des Naturparks gehört neben der Küstenlandschaft mit ihren Stränden, Dünen, Klippen und Marschen, das hügelige Hinterland mit seinen grünen Tälern. Vom Schutzgebiet profitieren vor allem die ortsansässigen Vögel sowie die Zugvögel, die hier ideale Refugien zum Rasten oder Nestbauen vorfinden.

### Soplao-Höhle

*Tel. 952 07 62 72, www.elsoplao.es, wechselnde Zeiten, Voranmeldung erforderlich, 14 €*

Im Jahr 2005 eröffnete die **Cueva del Soplao** 13 rund 20 km südlich von San Vicente de la Barquera ihre Pforten für die Öffentlichkeit. Die Tropfsteinhöhle mit ihren faszinierenden Formationen entwickelte sich rasch zum absoluten Besuchermagneten. In die ehemalige Mine, die zwischen 1855 und 1979 in Betrieb war und vor allem Zink und Blei förderte, fährt ein Minenzug ein. Bisher wurden 1,5 km der insgesamt 17 km langen Höhle für Besucher erschlossen.

### Infos

**Oficina de Turismo:** Av. de los Soportales 20, 39540 San Vicente de la Barquera, Tel. 942 71 07 97, www.turismo.aytosanvicentedelabarquera.es, Juli–Sept. tgl. 10–14, 17–20, März, Juni, Okt. Fr, Sa 10–14, 16–19, So 10.30–14, Nov.–Febr. Mo–Sa 10–16.30, So 10.30–14 Uhr.

### Übernachten

Gepflegt – **Faro de San Vicente:** Calle Fuente Nueva 1, Tel. 942 71 21 38, www.maragrou

*San Vicente de la Barquera: Die mittelalterliche Wehrkirche prägt das Stadtbild*

photeles.com. Günstig gelegen, freundliche, hell eingerichtete Zimmer, z. T. mit Aussicht auf die Stadt und den Hafen. €€–€€€

Modern – **Gerra Mayor:** Ctra. de la Playa de Gerra s/n, Los Llaos (5 km von San Vicente entfernt), Tel. 942 71 14 01, www.hgerramayor.com. Mit Blick über das Meer und die Picos de Europa. Zimmereinrichtung mit persönlicher Note. €–€€

Camping – **Playa de Oyambre:** C/Oyambre s/n, Tel. 942 71 14 61, bei Facebook. Auf halber Strecke zwischen San Vicente de la Barquera und Comillas gelegener Platz, 15 Gehminuten zum Dünenstrand. Zur Ausstattung gehören Restaurant, Swimmingpool, Kinderspielplatz und Bungalows.

## Essen & Trinken

Familienbetrieb – **Las Redes:** Av. de los Soportales 24, Tel. 942 71 25 42, www.restaurantelasredes.com, außer im Aug. Di abends und Mi geschl. Liebevoll maritim eingerichtetes Lokal mit Terrasse. Spezialität sind Reisgerichte. Dazu gehört auch ein Tapabereich. Entspannte Atmosphäre. €€–€€€

Herzhafte Küche – **Boga-Boga:** Plaza Mayor del Fuero 10, Tel. 942 71 01 50. Zu dem beliebten Lokal gehört auch eine Tapabar. Aus der Küche kommt vorwiegend Traditionelles auf den Tisch. €–€€

## Aktiv

Baden – Strandvergnügen versprechen die weitläufige **Playa de Sable Merón** und die gut besuchte, geschützte **Playa El Tostadero.** Weiter östlich erstreckt sich der 2 km lange Dünenstrand **Playa de Oyambre** im gleichnamigen Naturpark an der Ría de la Rabia.

## Termin

**La Folia:** Sonntag nach Ostern. Große Prozession zu Wasser und zu Lande zu Ehren der Patronin. Fischer und andere Seeleute huldigen dabei mit *picayos,* traditionellen Gesängen, der Jungfrau.

# ✲ Parque Nacional de Picos de Europa

**Nur knapp 25 km Luftlinie trennen das imposante Kalksteinmassiv der Picos de Europa von der Atlantikküste. Mit 64 600 ha bildet der seit 1995 ausgewiesene Nationalpark das größte Naturschutzgebiet Spaniens. Als Vorläufer gilt der kleinere Nationalpark Covadonga, der bereits im Jahr 1918 als erstes Gebiet in Spanien diese Schutzstufe zugesprochen bekam.**

## Picos de Europa in Kantabrien

**Karte:** S. 188

Von dem nahe der Küste gelegenen Städtchen **Unquera** führt die N-621 gen Süden in den kantabrischen Teil der Picos de Europa. Auf dem Weg nach Fuente Dé (67 km) warten landschaftlich reizvolle Kulissen – wie satt-grüne Bergwiesen und schroffe, imposante Zweitausender – auf die Besucher. Ständiger Begleiter ist der forellen- und lachsreiche Río Deva, ein beliebtes Anglerrevier.

### Hermida-Schlucht  ▶ 1, L 3

Die Nationalstraße zwängt sich mitten durch den **Desfiladero de la Hermida** 1, die eindrucksvolle, fast 20 km lange Schlucht des Río Deva. Bis zu 600 m ragen hier die Felswände himmelwärts. In die teilweise fast beklemmend enge Kluft drängt sich das kleine Dorf **La Hermida** 2, das früher wegen seiner Heilquelle besucht wurde.

Am Ende des Engpasses weitet sich das Tal wieder, idyllisch liegt hier, umgeben von uralten Kastanienbäumen, die kleine mozarabische Dorfkirche **Santa María de Lebeña** 3 aus dem Jahr 925. Vermutlich stifteten Don Alfonso und seine Gemahlin Doña Justa, die Condes von Liébana, das Gotteshaus. Das dreischiffige Kirchlein ruht auf hufeisenförmigen Bögen, die die Schiffe voneinander trennen.

### Potes  ▶ 1, L 3

Der Hauptort des fruchtbaren Landstriches Liébana ist das 1400 Einwohner zählende Städtchen **Potes** 4. Vom Klima gesegnet, gedeihen hier im Schutz des sonnenreichen Talkessels mitten in der Bergwelt Weinreben, Mandel-, Kirsch-, Feigen- und sogar Olivenbäume. Längst hat sich das Landstädtchen zum beliebten Domizil für Wanderer und Bergsteiger entwickelt, die von hier aus ihre Touren in die Picos de Europa planen.

Im Ortskern konnte sich Potes noch viel von seiner alten Bausubstanz bewahren, Bausünden sind eher rar. Aus dem Stadtbild sticht die **Torre del Infantado** (15. Jh.) hervor, der einstige Wohnturm dient heute als Rathaus. In den Restaurants steht der mächtige Kichererbseneintopf der Region, der *cocido lebaniego*, auf der Karte. Danach empfiehlt sich ein *orujo*, der ortstypische Tresterschnaps. Alternativ bietet sich zur Verdauung ein kurzer Spaziergang zur **Ermita de Valmayor**, die Mühen des Aufstiegs werden auch mit einem herrlichen Ausblick belohnt.

### Kloster Santo Toribio de Liébana  ▶ 1, L 3

*39570 Camaleño, Tel. 942 73 05 50, www.santoribiodeliebana.es, tgl. 10–19 Uhr, Pilgermesse 12 Uhr*

Knapp 4 km hinter Potes schmiegt sich das **Monasterio de Santo Toribio de Liébana** 5 an einen Berghang. Die Geschichte des

Klosters lässt sich bis ins 6. Jh. zurückverfolgen. Die heutige, von Franziskanern betreute Anlage stammt überwiegend aus dem 13. Jh. Die Wallfahrtsstätte birgt eine kostbare Reliquie, einen Splitter des hl. Kreuzes, den der hl. Toribio, der Bischof von Astorga, im 5. Jh. aus Jerusalem mitbrachte. Im 16. Jh. erhielt das Kloster das Privileg ein Heiliges Jahr auszurufen: immer dann, wenn der 16. April, der Festtag des hl. Toribio, auf einen Sonntag fällt.

### Fuente Dé ▶ 1, K 3

Von Potes folgt die Stichstraße CA 185 dem Río Deva über die noch recht ursprünglichen Dörfer **Mogrovejo** und **Espinama** nach **Fuente Dé** **6** . Die kleine Ortschaft (1070 m; 300 Einw.), die überwiegend aus Hotels besteht, liegt in einem Talkessel, umgeben von einer herrlichen Bergszenerie. Von hier aus schwebt der *teleférico de Fuente Dé,* eine Seilbahn, hinauf zum 1847 m hohen Aussichtspunkt **Mirador del Cable** **7** .

### Infos

**Oficina de Turismo de Potes:** Pl. Independencia s/n (Centro de Estudios Lebaniegos), Tel. 942 73 07 87, www.potes.es.
**Oficina de Turismo de Camaleño:** Camaleño s/n, 39587 Camaleño, Tel. 942 73 30 20, www.valledecamaleno.es. Informationen über Wanderwege, Unterkünfte etc.

### Übernachten

Gemütliche Oase – **Villa Elena:** Calle Roscabado 22, Tel. 676 45 96 48. Haus in ruhiger Lage mit drei liebevoll eingerichteten Zimmern. Die Besitzerin Elena kümmert sich persönlich um ihre Gäste und bereitet ein leckeres Frühstück. €€
Empfehlenswertes Landhotel – **Hotel del Oso:** Ctra. Potes–Fuente Dé, Cosgaya, Tel. 942 73 30 18, www.hoteldeloso.com. Das mit Natursteinen errichtete Hotel mit Swimmingpool fügt sich wunderbar in die Natur ein. Der Einrichtungsstil ist gemütlich, ohne dass dabei der Komfort zu kurz kommt. €€
Mit Bergpanorama – **Posada San Pelayo:** Ctra. Potes–Fuente Dé, 39587 San Pelayo (5 km hinter Potes), Tel. 942 73 32 10, www.posadasanpelayo.com. Berghotel mit traumhaftem Blick. €–€€

### Essen & Trinken

Landestypische Küche – **Restaurante Hotel del Oso:** Das zum Hotel (s. o.) gehörige Restaurant bietet eine hervorragende ländliche Küche. Spezialität ist der gehaltvolle *cocido lebaniego,* der Eintopf der Region. €€
Fleischeslust – **Asador Llorente:** Calle San Roque 1, 1ª Planta, Tel. 942 73 81 65. Das gemütliche Lokal im Dachgeschoss ist bekannt für seine guten Fleischgerichte. Probieren Sie die Schweinelende oder die Lammkoteletts. €–€€

### Einkaufen

Wochenmarkt – Mo 9–14 Uhr in **Potes.** Hier lohnt es sich den lokalen Käse, *queso de Liébana,* zu erstehen.

### Aktiv

Wandern – Die Bergstation **Mirador del Cable** bietet sich als Ausgangspunkt für kleinere Wanderungen und stramme Bergtouren an. Ein 12 km langer Weg führt in ca. 4 Std. hinab nach Espinama. Die Strecke ist auch bei Mountainbikern beliebt, erfordert jedoch einiges an Können. Ca. 8–9 Std. (hin und zurück) sollte man für die Tour zum Gipfel Peña Vieja (2613 m) einplanen, einem der höchsten Gipfel der Picos de Europa.
Outdoor-Aktivitäten – **Picostour:** Calle San Roque 6, Potes, Tel. 942 73 00 05, 629 40 71 38, www.picostour.com. Der Veranstalter organisiert Jeep- und Quadtouren, Ausritte, Gleitschirmflüge und Trekkingtouren.

# Picos de Europa in Asturien

**Karte:** S. 188

### Arriondas ▶ 1, J/K 2

Das beschauliche Städtchen **Arriondas** **8** (3200 Einw.) in der Gemeinde **Parres** am Rande des Nationalparks Picos de Europa

# Parque Nacional de Picos de Europa

ist vor allem unter Kanuten ein Begriff. Aber auch als Standort für Ausflüge in den Nationalpark und die Sierra del Sueve bietet es sich an.

## Infos

**Oficina de Turismo:** Calle Lilan de Celis (Rathaus), 33540 Arriondas, Tel. 985 84 17 12, www.ayto-parres.es, Mitte März–Ende Sept. Mo, Mi–Fr 10–14, 16–20, So 10–14 Uhr.

## Übernachten

Anwesen mit Flair – **Posada del Valle:** Collia (2,5 km nördl. von Arriondas), Tel. 985 84 11 57, www.posadadelvalle.com, Nov.–Mitte März geschl. Das charmante Nichtraucherhotel mit zwölf Zimmern bietet herrliche Ausblicke. Im Restaurant, das nur abends für Hotelgäste geöffnet ist, wird Wert gelegt auf ökologische Produkte (Menü €€). €€

# Picos de Europa in Asturien

## Essen & Trinken

Feine Adresse – **Casa Marcial:** Calle La Salgar s/n (4 km nördl. über die AS 342), Tel. 985 84 09 91, www.casamarcial.com, Mo, Di geschl. sonst Mittagsessen, Fr, Sa auch abends geöffnet. Asturische Küche auf hohem Niveau. €€€

## Aktiv

Wandern in den Picos – **Rumbo a Picos:** Román Romanes 15, 33500 Llanes Tel. 985 40 14 58, 610 52 81 11, www.rumboapicos.com. Wandertouren, Kanufahrten, Höhlenerkundungen.

Outdoor-Sport – **Jaire Aventura:** Ctra. Arriondas–Ribadesella, km 0,5, Arriondas, Tel. 649 46 28 08, www.jairecanoas.com. Kanuverleih und -touren, Mountainbike-, Reit- und Wanderausflüge.

## Termin

**Descenso Internacional del Río Sella:** 1. oder 2. Sa im Aug. Zur größten Kanuregatta Spaniens finden in Arriondas und Ribadesella große Feiern statt.

## Cangas de Onís ▶ 1, K 2

In der rund 6300 Einwohner zählenden Kleinstadt am Fuße der Picos de Europa herrscht vor allem in den Sommermonaten Hochbetrieb. Das apart am Río Sella gelegene **Cangas de Onís** 9 hat sich in den letzten Jahrzehnten zum beliebten Standort für Ausflüge und Touren in die Bergwelt der Picos de Europa entwickelt. Um die touristische Infrastruktur ist es bestens bestellt, breit gefächert präsentiert sich das Angebot an Unterkünften und Restaurants. Viele Anbieter im Bereich des Aktivtourismus sind hier ansässig.

Cangas de Onís blickt stolz auf seine Geschichte zurück. Im Jahr 722 errang der westgotische Feldherr Pelayo im nahen Covadonga den ersten Sieg der Christen über die Mauren. Nach der Schlacht wurde Cangas de Onís zur ersten Hauptstadt des Königreichs von Asturien erhoben. Die Erinnerung an Pelayo, den ersten König Asturiens, wird hier wachgehalten: Im Zentrum erhebt sich ein **Denkmal** zu seinen Ehren. Über den Río Sella spannt sich beim Ortseingang die **Pu-**

Gepflegtes, kleines Hotel – **La Estrada:** Calle Inocencio del Valle 1, Tel. 985 84 07 67, www.laestradahotel.com. Helles, freundliches Haus mit 23 Zimmern. €–€€

Camping – **Sella:** Ctra. Santianes, Tel. 985 84 09 68, www.campingsella.com, Karwoche und Mitte Juni–Mitte Sept. geöffnet. Der ortsnah gelegene Platz verfügt über Supermarkt und Cafeteria.

## Parque Nacional de Picos de Europa

ente Romano (12./13. Jh.). Effektvoll wurde hier das Siegeskreuz befestigt, das vom Brückenbogen gerahmt wird. Unter diesem Zeichen soll Pelayo die Schlacht von Covadonga gewonnen haben, das Originalkreuz wird in der Kathedrale von Oviedo verwahrt.

Auf einer künstlichen Anhöhe erhebt sich die **Capilla de Santa Cruz,** die Pelayos Sohn, König Flavia, im Jahr 737 über einem Dolmen errichten ließ. Es heißt hier sei zunächst das ursprüngliche Eichenkreuz aufbewahrt worden, das später kunstvoll zum Siegeskreuz von Pelayo umgearbeitet wurde. 1936 fiel die Kirche dem Bürgerkrieg zum Opfer und wurde anschließend komplett neu errichtet. Im Innern ist noch der erhalten gebliebene Dolmen zu sehen.

### Infos

**Oficina de Turismo:** Casa Riera, Av. de Covadonga 1, Cangas de Onís, Tel. 985 84 80 05, www.turismocangasdeonis.com, Sommer tgl. 9–20, Winter Mo–Sa 10–14, 16–19, So 10–14 Uhr.

**Recepción de Visitantes Parque Nacional Picos de Europa Casa Dago:** Av. de Covadonga 43, Tel. 985 84 86 14, www.turismo.cangasdeonis.com, Kernzeiten Mo–Fr 9–15 Uhr, im Sommer, in der Karwoche und an Feiertagen erweiterte Öffnungszeiten. Ausstellung und Infos zum Nationalpark, auch Verkauf von Wanderkarten.

### Übernachten

Klösterlich exklusiv – **Parador de Cangas de Onís:** Villanueva (3 km in Richtung Arriondas), Tel. 985 84 94 02, www.parador.es. Das exklusive Hotel befindet sich in den Gemäuern des ehemaligen Klosters San Pedro de Villanueva. Das Haus mit modernem Anbau liegt direkt am Río Sella. €€–€€€

Solide – **Los Lagos Nature:** Jardines del Ayuntamiento 3, Tel. 985 84 92 77, www.loslagosnature.com. Freundliches Mittelklassehotel direkt beim Hauptplatz. Die Zimmer sind gut geschnitten und hell. €€–€€€

Geschmackvoll – **La Cepada:** Av. Contaquil s/n, Tel. 984 20 31 75, www.miradordelacepada.com. Gediegen, außerhalb des Zentrums. Komfortabel und geschmackvoll eingerichtete Zimmer. Klasse Frühstücksbuffet und Terrasse mit Blick auf die Berge. €€

Ordentlich – **Los Robles:** Calle San Pelayo 8, Tel. 985 94 70 52, reservas@losrobles.com. Kleines Hotel im Zentrum mit funktional eingerichteten Zimmern. €

Agroturismo – **Casa Río Sol:** La Estrada (AS-114 Richtung Arenas de Cabrales, bei km 8 Abzweig rechts), Tel. 985 94 02 32, 630 34 43 81, www.casariosol.com. Sieben ansprechende Zimmer bietet das Landhaus (19. Jh.), das von einer großen Finca umgeben wird. €–€€

### Essen & Trinken

Regionale Küche – **Sidrería Molín de la Pedrera:** Calle Río Güena 2, Tel. 985 84 91 09, www.elmolindelapedrera.com. Leckere Hausmannskost wird hier an Designerholztischen serviert. €€

Institution – **Sidrería El Polesu:** Calles Ángel Tárano 3, Tel. 985 94 75 84, www.llagarpolesu.es. Der Besuch dieser urigen Kneipe mit viel Patina ist ein Muss. €

Preisgünstig – **Sidrería La Caldera:** Calle Roberto Frassinelli 5, Tel. 658 13 63 62. Die Sidrería bietet reichhaltige Portionen zu fairen Preisen. Empfehlenswert ist das *cachopín,* ein Rinderschnitzel mit Serranoschinken und Käse. €

### Einkaufen

Wochenmarkt – So 9.30–14 Uhr. Asturische Käse- und Wurstspezialitäten sowie Kunsthandwerk.

### Aktiv

Outdoor-Sport – **Frontera Verde S.L:** El Portazgo s/n, 33540 Coviella, Tel. 985 84 36 21, www.fronteraverde.com. U. a. Wanderungen durch die Schlucht von Cares, mehrtägige Bergtouren und Höhlenerkundungen.

### Verkehr

**Bus:** Estación de Autobuses (Busbahnhof), Cangas de Onís, Calle Picos de Europa, Tel. 985 84 81 33. Busgesellschaft Alsa, www.alsa.es, Tel. 902 42 22 42, tgl. mehrmals nach Oviedo, Arenas de Cabrales und Llanes.

## Picos de Europa in Asturien

### Buxu-Höhle ▶ 1, K 2

*Cardes, Tel. 608 17 54 67, www.desdeasturias. com, Mi–So 10.15, 11.15, 12.50, 13.15, 15 Uhr, telefonische Reservierung erforderlich, Mi–Sa 15–17 Uhr, 3 €; von Cardes ca. 1,5 km ausgeschilderter Fußweg*

In der Nähe der Ortschaft Cardes, 2 km von Cangas de Onís entfernt, liegt die **Cueva del Buxu** 10 . Die 1916 entdeckte Höhle birgt einige interessante prähistorische Malereien und Gravuren, unter den Motiven sind Pferde, Ziegen und Hirsche zu erkennen. Der Zugang zur Höhle ist auf 25 Personen am Tag limitiert, deshalb ist eine Reservierung unerlässlich.

### Covadonga ▶ 1, K 3

Mitten in der Bergwelt der Picos de Europa verkörpert die Wahlfahrtsstätte von **Covadonga** 11 für die Spanier einen nationalen Schrein. Es wird berichtet, dass der Feldherr Pelayo mit seinen Getreuen im Jahr 722 in der Schlacht von Covadonga den Truppen des Emirs von Córdoba eine vernichtende Niederlage zufügte. Maßgeblich für den Sieg waren wohl die Kenntnisse Pelayos der Bergwelt der Picos de Europa, wiederholt gelang es ihm, die Muslime in einen Hinterhalt zu locken. Die Schlacht bildete den Auftakt für die Reconquista, die Rückeroberung Spaniens für das Christentum. Fakten und Mythen vermischen sich hier munter miteinander, jedenfalls gilt Covadonga als die Wiege des spanischen Königreichs. Covadonga ist zudem eine Station auf der Nordroute des spanischen Jakobswegs, dem Camino de la Costa.

Ziel der Wallfahrer ist die **Cueva Santa**, eine Felsengrotte, in die sich Don Pelayo mit seinen Getreuen während der Schlacht zurückgezogen hatte. In dieser Höhle fand der Feldherr viel später auch seine letzte Ruhestätte. Im Zentrum thront auf einem modernen Altar eine kleine Statue der Virgen de las Batallas (16. Jh.), die Pelayos Truppen in der Schlacht tatkräftig unterstützt haben soll. Die hochverehrte ›Jungfrau der Schlachten‹, La Santina genannt, ist die Patronin von Asturien.

In der Felsenhöhle von Covadonga befand sich wohl schon zur Zeit des Westgotenreichs ein Marienheiligtum. Unterhalb der Grotte stürzt ein kleiner Wasserfall in den glasklaren Teich, in den viele Pilger Münzen werfen und auf Wunscherfüllung hoffen.

Ein paar Schritte weiter finden sich die mächtige neoromanische **Basilika de Santa María la Real de Covadonga** (19. Jh.), ein imposantes **Pelayo-Denkmal** aus Bronze (1964) von dem Bildhauer Gerardo Zaragoza sowie zahlreiche Souvenirstände. Das **Museo de Covadonga** behandelt die Geschichte der Wallfahrtsstätte und des Marienkults (tgl. 10.30–14, 16–19 Uhr, 3 €).

### Übernachten

*Etwas antiquiert* – **Arcea Gran Hotel Pelayo:** Real Sitio de Covadonga s/n, Tel. 985 84 60 61, www.granhotelpelayo.com, Nov.–Febr. geschl. Das Hotel bei der Wallfahrtsstätte empfängt seine Gäste mit einer durch und durch klassischen Einrichtung. €€

*Agroturismo* – **Casa Asprón:** Covadonga s/n, www.casaspron.com, Tel. 985 84 60 92, 659 91 68 61. Das ganz aus Stein erbaute Landhaus findet sich abseits des Trubels 6 km unterhalb der Wallfahrtsstätte. Die Zimmer sind schlicht, aber ansprechend eingerichtet. €–€€

### Essen & Trinken

*Leckere Regionalküche* – **El Rincón de Don Pelayo:** Covadonga 25, Tel. 686 13 61 99, 641 07 48 79, www.elrincondedonpelayo.com. Neben Klassikern wie dem gehaltvollen *fabada* (Bohneneintopf) gehört Fleisch vom Grill zu den Spezialitäten des Lokals. €–€€

### Termin

**Día de la Santina:** 8. Sept., Wallfahrt zur Jungfrau von Covadonga.

### Verkehr

**Bus:** Von Cangas de Onís fahren Busse der Firma Alsa, www.alsa.es, 9. April–11. Dez. zwischen 9–18.30 Uhr nach Covadonga und zu den Seen Lago Enol und Lago de la Ercina. Von den Parkplätzen von Covadonga fahren die Busse zu den Seen. Bitte versichern Sie sich über die aktuellen Abfahrtszeiten/Betriebszeiten bei der Touristeninformation in Cangas de Onís, Tel. 985 84 80 05.

*Der Lago de la Ercina verdankt seine Entstehung einer Gletschermoräne*

## Lago Enol und Lago de la Ercina
▶ 1, K 3

Eine schmale Straße führt von Covadonga in Serpentinen hinauf zu den 12 km entfernten Gletscherseen. Um den Zustrom zu kontrollieren, ist in der Saison die Straße für Pkws tagsüber gesperrt. Dafür gibt es ein Busshuttle (s. u.). Auf halber Strecke lohnt ein Stopp beim Aussichtspunkt **Mirador de la Reina** 12 : Bei guter Sicht reicht der Blick bis zur Atlantikküste. Der **Lago Enol** 13 (1070 m) und der **Lago de la Ercina** 14 (1108 m) sind Relikte der letzten Eiszeit. Nun liegen die Seen eingebettet in die herrliche Gebirgswelt der Picos de Europa.

Der 5 km lange Rundweg um die beiden Seen (110 m Höhenunterschied, leicht) startet beim Parkplatz in der Nähe des Lago Enol. Unterwegs passiert man den **Mirador del Príncipe,** der einen herrlichen Blick auf die Seen bietet. Außerdem liegt die 1972 stillgelegte **Magnesium-Mine von Buferrera** am Weg. Einige der Schächte sind begehbar und führen durch den Berg hindurch.

Weit anspruchsvoller ist die etwa siebenstündige Tour vom Lago de Enol zum Aussichtspunkt Mirador de Ordiales (891 m Höhenunterschied). Auf einer Piste geht es rechts am See vorbei zum Bach Arroyo Pomperi, ab hier führt der Wanderweg über Almwiesen hinauf zur Schutzhütte von **Vegarredonda** 15 . Bei der glasklaren Quelle kann man sich mit frischem Trinkwasser versor-

## Picos de Europa in Asturien

Lago Enol, Juli–Sept., Karwoche, 1.–4. Mai tgl. 10–18 Uhr. Weitere Infos, auch zu Wandertouren, in der Casa Dago in Cangas de Onís (s. S. 190) sowie unter www.picosdeeuropa.com.

### Aktiv
Wandern – Von den Gebirgsseen gehen etliche Wanderungen mit unterschiedlichen Schwierigkeitsgraden aus (s. o.).

### Termin
**Fiesta del Pastor:** 25. Juli, Schäferfest mit Messe und Geschicklichkeitswettbewerben vor der Kulisse der Gletscherseen.

### Verkehr
**Zufahrtsbeschränkungen Lago Ernol und Encina für Pkws:** Sperrung in der Regel April–Sept. 7.30–21, Okt.–10. Dez. 7.30–19, Ostern, Wochenenden April, Mai, Juni–15. Okt., 21–31. Okt., 2–10. Dez. (aktuelle Informationen beim Tourismusbüro in Cangas de Onís)
**Shuttlebusse:** zu den Seen zw. 8 und 19, im Winter bis 17 Uhr. Informieren Sie sich bei der Touristeninfomation von Cangas de Onís oder über die Website www.consorcioasturias.com (nur span.).Tickets für den Bus erhältlich auf den Parkplätzen: P1, P2 und P3, Ticket 9 €.
**Taxiunternehmen:** Lagos de Covadonga Tour Tel. 689 84 87 97, Taxi Huera Tel. 985 94 71 92, Taxitur Tel. 985 84 87 97, Kosten für das Taxi ca. 12 € pro Person.

gen. Ein kontinuierlicher Aufstieg bringt den Wanderer zum grandiosen **Mirador de Ordiales** 16 (1961 m), die große Aussichtsterrasse fällt Schwindel erregend fast senkrecht ab. Den Blick fesseln die umliegenden Gipfel, die aus dem Wolkenmeer wie Inseln herausragen. In diesen luftigen Höhen ließ sich der Markgraf von Villaviciosa, Pedro Pidal (1870–1941), bestatten. Er trieb maßgeblich die Gründung des Nationalparks Covadonga voran, aus dem der heutige, weit größere Nationalpark Picos de Europa hervorging.

### Infos
**Centro de Visitantes Pedro Pidal:** Área de Buferrera (nahe dem Parkplatz), Tel. 985 84 86 14,

## Arenas de Cabrales ▶ 1, K/L 3

Von Cangas de Onís führt die reizvolle, aussichtsreiche Landstraße AS-114 vorbei an einigen Dörfern und Weilern nach **Arenas de Cabrales** 17 (850 Einw.), unterwegs lohnt sich ein Fotostopp beim Mirador del Naranjo-Picu Urriellu. Der Ort konnte sich seinen dörflichen Charakter bewahren, obwohl in den letzten Jahren viel gebaut wurde. Viele Besucher nutzen Arenas de Cabrales als Sprungbrett für die Wandertour durch die imposante Schlucht **Garganta de Cares** (s. Aktiv s. S. 194). Entsprechend breit gefächert ist auch das Angebot an Unterkünften.

Seinen hohen Bekanntheitsgrad verdankt der Ort jedoch dem *queso de Cabra-*

Parque Nacional de Picos de Europa

# WANDERUNG DURCH DIE GARGANTA DE CARES

## Tour-Infos

**Anfahrt:** Mit dem **Pkw** auf der AS-264 von Arenas de Cabrales nach Poncebos (frühzeitig kommen, da Anzahl der Parkplätze beschränkt) oder von Cangas de Onís nach Posada de Valdeón und auf sehr schmaler (!) Bergstraße) nach Caín de Valdéon, 70 km; **Alsa** (www.alsa.es) bedient Juni–15. Okt. die Ruta del Cares von Arenas de Cabrales nach Poncebos (vorab unbedingt nachfragen bei der Touristeninformation in Arenas de Cabrales, Tel. 985 84 64 84).
**Start:** Puente Poncebos, am Parkplatz der Standseilbahn von Poncebos nach Bulnes
**Länge/Dauer:** Einfache Strecke bis Caín de Valdéon 12 km, 3,5–4 Std.; bis Posada de Valdéon 21 km, 6–7 Std.
**Höhenunterschied:** knapp 400 m; bis Posada de Valdéon 750 m
**Schwierigkeitsgrad:** Mittel, Trittsicherheit erforderlich, keine Höhenangst
**Ausschilderung:** Senda de Cares
**Ausrüstung:** Solide Wanderschuhe, Regenschutz, Proviant, Wasser, Taschenlampe
**Infos:** www.parquenacionalpicoseuropa.es; Oficina de Información de Posada de Valdeón, Calle El Cantón 2 (Rathaus), 24915 Posada de Valdeón, www.valdeon.org
**Geführte Wandertouren:** Vive Picos de Europa, www.vivepicos.com (Abholung von Caín mit Allrad-Autos, Rückfahrt zum Parkplatz nach Poncebos, 38 €); Jaire Aventura, www.rutadelcares.com (Tour mit Guide, 35 €)
**Unterkunft:** Hostal Casa Tino, Travesia del Cares 2, Cain, Tel. 987 74 27 30. Saubere Zimmer, moderne Bäder. Idealer Ausgangspunkt für die Wanderung durch die Schlucht. €€; Hotel Cumbres de Valdeón, Ctra. Soto de Valdeón, Km 14, Posada, Tel. 691 99 60 89, www.hotelcumbresvaldeon.es, €€

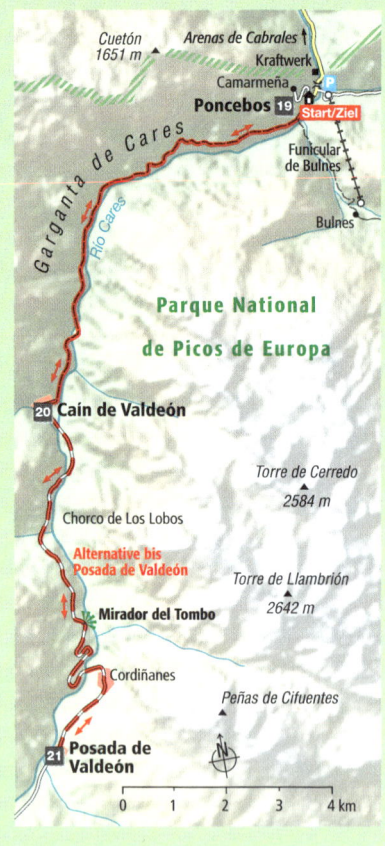

# Picos de Europa in Asturien

Die **Schlucht des Río Cares** führt durch die spektakuläre Bergwelt der Picos de Europa. Im Laufe von Jahrtausenden hat sich der Fluss bis zu 2000 m tief in die Bergflanken eingeschnitten! Er unterteilt so das Kalksteingebirge in West- und Zentralmassiv. Die grandiose Kluft, die auch *la divina*, die Göttliche, genannt wird, ist ein einzigartiges Naturschauspiel! Zuflüsse, die sich in Form von Wasserfällen über die Hänge ergießen, sorgen für ein gewaltiges Tosen in der Schlucht. Der einst ziemlich unwirtliche Hirtenpfad durch die Garganta de Cares verwandelte sich nach und nach in einen recht komfortablen Wirtschaftsweg. Dieser wurde angelegt, um den Felsenkanal (1916–1921) zu pflegen, der das Wasserkraftwerk bei Poncebos speist. In den 1940er-Jahren wurde der immer parallel zum Río Cares verlaufende Weg in seiner heutigen Form ausgebaut.
Als Ausgangspunkt für die **Senda de Cares** bietet sich die Ortschaft **Poncebos** 19 an. Die ausgeschilderte Wanderung bis nach Caín de Valdeón ist in 3–4 Std. zu bewältigen, für den Rückweg ist die gleiche Zeit zu veranschlagen. Es empfiehlt sich, für die Tour – die längst kein Geheimtipp mehr ist – einen Werktag auszuwählen und nach Möglichkeit den August, den spanischen Haupturlaubsmonat, zu meiden. Bis auf einen steilen, steinigen Anstieg gleich zu Beginn (ca. 300 m) bereitet der Weg trainierten Wanderern kaum Mühe. Unterwegs werden einige Tunnels und abschüssige Stellen passiert. Wer nicht schwindelfrei ist, sollte lieber auf die Tour verzichten! Kinder müssen an die Hand genommen werden, da der Abhang zum Fluss nicht gesichert ist. Ab und an queren Brücken den Fluss und bieten herrliche Ausblicke auf das kristallklare Wasser, in dem sich Lachse, Forellen und Fischotter wohlfühlen. Endpunkt bzw. Wendepunkt der Tour ist die Ortschaft **Caín de Valdeón** 20 , die bereits in Kastilien-León liegt. In dem kleinen Bergdorf laden Restaurants und Bars zur Einkehr ein. Die Ortschaft Caín kann auch mit dem Pkw angesteuert werden, von Poncebos aus sind es rund 100 km!
Gute Wanderer können die Tour bis **Posada de Valdeón** 21 verlängern. Für diese lange Tour bietet es sich an, zwei Gruppen zu bilden, die den Weg in entgegengesetzter Richtung gehen, so können auf der Hälfte der Strecke die Autoschlüssel ausgetauscht werden. Oder man quartiert sich in den komfortabel ausgestatteten Zimmern des Hotels Cumbres Valdeón ein, die beste Adresse vor Ort.

*les*, einem köstlich pikanten Blauschimmelkäse. Er wird aus einer Mischung von Kuh-, Schafs- und Ziegenmilch hergestellt und erhält seine besondere Note durch die Reifung in Felshöhlen. In der Höhle **Cuvea Exposición de Cabrales** weihen käsekundige Führer die Besucher in die Geheimnisse um die Produktion des *queso de Cabrales* ein (500 m über die AS-114 in Richtung Poncebos, Tel. 985 84 67 02, www.fundacioncabrales.com, Führungen stdl. 10.15–13.45 und 16.15–19.45 Uhr, Reservierungen unter info@fundacioncabrales.com, 5 €).

## Infos
**Oficina de Turismo:** Ctra. General Arenas de Cabrales s/n, 33554 Arenas de Cabrales, Tel. 985 84 64 84, www.cabrales.es, im Sommer, an Ostern und an verlängerten Wochenenden Di–Sa 10–14, 16–20.30, So 10–14 Uhr.

## Übernachten
Funktional – **Hotel Villa Cabrales:** Ctra. General, Tel. 985 84 67 19, www.hotelcabrales.com. In einem alten Steinhaus, Zimmer etwas nüchtern, aber sauber. €€–€€€

Komfortabel – **La Casa de Juansabeli:** Carretera General s/n, Arenas de Cabrales (2 km südöstl. über die AS-114 in Richtung Panes), Tel. 985 84 67 90, www.hoteljuansabeli.com. 16 klassisch eingerichtete Zimmer, Restaurant mit guter asturischer Küche (€). €€

Geschmackvoll – **El Torrejón:** Barrio el Torrejón, Tel. 985 84 64 28, www.hotelruraltorrejon.com. Das Hotel mit neun farbenfrohen Zimmern ist der Mittelpunkt einer Finca mit uralten Kastanienbäumen am Ufer des Río Cares. €–€€

Angenehmes Berghotel – **Picos de Europa:** Calle Mayor s/n, Arenas de Cabrales, Tel. 985 84 64 91, www.hotelpicosdeeuropa.com. Um-

# Parque Nacional de Picos de Europa

geben von einem Garten mit Swimmingpool, komfortabel ausgestattete Zimmer, mit Restaurant (Menü €–€€). €-€€
Preiswert – **La Rivera:** Coterin s/n, Tel. 985 84 65 43, www.hotellariveracabrales.com. Empfehlenswertes Haus mit geschmackvoll eingerichteten Zimmern und gutem Preis-Leistungs-Verhältnis. Der Besitzer ist ausgesprochen hilfsbereit. €-€€
Camping – **Naranjo del Bulnes:** Ctra. Cangas de Onís–Panes, km 32,6, Arenas de Cabrales, Tel. 985 84 65 78, www.campingnaranjodebulnes.com, März–Okt. Schöner Baumbestand und viele Aktivitäten.

## Essen & Trinken

Bodenständig – **Restaurant Café Cares:** Ctra. General s/n, Tel. 985 84 50 42. Direkt an der Hauptstraße liegt das freundliche Restaurant mit Cafeteria. Auf der Karte stehen regionale Spezialitäten wie Pilze oder Schweinelendchen in Cabraleskäsesoße. €-€€

## Bulnes ▶ 1, K/L 3

*Funicular de Bulnes (Bergbahn) von Poncebos–Bulnes, Poncebos s/n, Arenas de Cabrales, Tel. 985 84 68 00, 902 42 22 42, www.alsa.com/de/web/bus/fernbusse/asturien/standseilbahn-bulnes, Hochsaison 10–20, sonst 10–12.30, 14–18 Uhr alle 30 Min., Hin- und Rückfahrt ca. 23 €*

Das Schäferdörfchen **Bulnes** 18 (etwa 25 Einw.) lag einst komplett abgeschieden in den Bergen der Picos de Europa. Noch immer führt keine Straße hinauf zu dem Bergdorf auf 625 m Höhe. Damit ist es das letzte Dorf in Spanien ohne Straßenanschluss.

Über Jahrhunderte bildete die einzige Verbindung mit der Außenwelt ein schmaler Eselspfad. Mit Hilfe von Mulis versorgten die Einwohner sich mit dem Nötigsten, der Postbote stieg einmal in der Woche zum Dorf hinauf. Die Errichtung der **Standseilbahn** 2001, die Bulnes mit **Poncebos** 19 verbindet, läutete ein neues Zeitalter ein. Sie legt die 2200 m lange Strecke mit 18 % Steigung in gerade mal sieben Minuten zurück.

Nur für Schwindelfreie zu empfehlen ist der **Fußweg von Poncebos nach Bulnes** (ca. 1,5 Std., Höhenunterschied 400 m, mittel). Anfangs ist der Wanderweg nach Bulnes identisch mit der Route durch die Cares-Schlucht (Ausschilderung Senda de Cares): Von Poncebos geht es zunächst hinab zum Río Cares, dann immer weiter am Fluss entlang bis man die Brücke Puente de la Jaya erreicht. Nach der Überquerung des Flusses führt der Weg links hinauf durch die Schlucht Riego del Tejo zum Dorf.

Bulnes besteht aus einer Handvoll einfacher Steinhäuser mit roten Ziegeldächern, einer Kirche und zwei Gasthäusern. Mittlerweile bildet der Tourismus neben der Schäferei und der Käseherstellung für die Einwohner ein willkommenes Zubrot.

## Übernachten

Rustikal – **La Casa del Chiflón:** Bulnes, Tel. 985 84 59 43, www.casadelchiflon.com. Das einfache Landhaus bietet ordentliche, kleine Zimmer. Offen in der Karwoche und Juni–Mitte Okt. Auf der Website (nur auf Span.) finden sich gute Tourbeschreibungen und detaillierte Wanderkarten. Die Bar mit Terrasse bietet leckere, bodenständige Küche. (€-€€). €

## Einkaufen

Käse – Vor Ort kann man Schafskäse direkt beim Erzeuger erstehen.

## Aktiv

Wandern – Von Bulnes starten einige schöne Wandertouren, beliebt sind z. B. die Ausflüge zu den Almen **Majada de Arnades** (2 Std., leicht) und **Majada de Amuesa** (5 Std., mittel). Nur für geübte Wanderer empfiehlt sich die Tour zum Basislager **Vega de Urriello** (8 Std., anspruchsvoll). Von hier startet der Aufstieg zum 2518 m hohen **Naranjo de Bulnes.** An den schroffen Gipfel sollten sich tatsächlich nur erfahrene Bergsteiger heranwagen, am besten zusammen mit einem ortskundigen Bergführer! Einige Tourenbeschreibungen finden sich auf der Webseite der Casa del Chiflón (s. o.). Infos unter: Guias Picos: www.guiaspicos.com (Kletter- und Trekkingtouren).

# Oviedo und Umgebung
▶ 1, H/J 2/3

**In den letzten Jahren hat Oviedo, die lebhafte Metropole des Fürstentums von Asturien, einen Strukturwandel vollzogen zum modernen Dienstleistungs- und Verwaltungszentrum. Im touristisch noch wenig erschlossenen Hinterland verbergen sich reizvolle Ziele wie der Naturpark von Somiedo oder das Bergbau- und Industriemuseum in Entrego.**

Das geografische und politische Zentrum der Autonomen Region Asturien bildet die Provinzhauptstadt **Oviedo** (ca. 220 000 Einw.). An der traditionsreichen Universität (17. Jh.) studieren rund 27 000 Studenten. Um das historische Zentrum hat sich ein Gürtel von gesichtslosen Neubausiedlungen gelegt, die von einer Ringstraße umtost werden. Im Kontrast dazu steht die verkehrsberuhigte Altstadt, deren Mittelpunkt die Kathedrale bildet.

## Geschichte

Die Keimzelle von Oviedo bildete das im 8. Jh. gegründete **Benediktinerkloster San Vicente,** um das herum sich die Siedlung Ovetum entwickelte. Im Jahr 789 zerstörten die Mauren die Ortschaft. König Alfons II. der Keusche (760–842) baute die Stadt unter dem Namen Oviedo schon bald wieder auf und erhob sie im Jahr 792 zur Residenz des Königreichs von Asturien.

Die aufstrebende Grafschaft Kastilien gewann im Laufe der Reconquista die Oberhand. Asturien, das bereits im 10. Jh. der Grafschaft León unterstellt worden war, hatte das Nachsehen und war ab 1388 nur mehr ein Fürstentum innerhalb des Königreichs von Kastilien. Zur Erinnerung an die wichtige Rolle des Königreichs von Asturien als Ausgangspunkt der Reconquista erhielten die Thronfolger Kastiliens den Titel ›Prinz von Asturien‹.

Weitere Eckpunkte in der Geschichte Oviedos bilden die Errichtung der **Kathedrale** (14.–16. Jh.) und die Gründung der **Universität** (17. Jh.) durch Erzbischof Fernando de Valdés. Im Zuge der Industrialisierung im 19. Jh. entwickelte sich südlich von Oviedo, in der Cuenca Central Asturiana, ein blühendes Zentrum der **Montanindustrie.** Die Unzufriedenheit der Bergarbeiter mit ihren Arbeits- und Lebensbedingungen sorgte für sozialen Zündstoff, der sich 1934 in einem **Bergarbeiteraufstand** entlud. Im Zuge der Auseinandersetzungen mit den Regierungstruppen wurde die Universität in Brand gesteckt und auch die Kathedrale stark in Mitleidenschaft gezogen. Im **Spanischen Bürgerkrieg** litt die Stadt unter den Kämpfen, die sich die Anhänger Francos mit den Regierungstruppen lieferten.

## Kathedrale

**Cityplan:** S. 199
*Plaza Alfonso II el Casto, Nov.–Febr. Mo–Sa 10–13, 16–17, März–Mai Mo–Fr 10–13, 16–18, Sa 10–13, 16–17, Juni Mo–Fr 10–13, 16–19, Sa 10–13, 16–17, Juli, Aug. Mo–Fr 10–19, Sa 10–17, Sept. Mo–Fr 10–18, Sa 10–17 Uhr, 7 €*

Mitten im Herzen der Altstadt erhebt sich die spätgotische **Catedral San Salvador** [1]. Die Bauarbeiten für die Kirche wurden in der ersten Hälfte des 14. Jh. in Angriff genommen, ihren Abschluss fanden sie in der Mitte des 16. Jh. Die ursprüngliche Idee, eine Doppelturmfassade zu errichten, fiel der Geldnot zum Opfer. Der Solitär, der prächtige 82 m hohe Südwestturm, ist das Wahrzeichen der Stadt.

# Oviedo und Umgebung

## KUNST IM RAUM

Mehr als hundert Skulpturen zieren die Straßen und Plätze von Oviedo. Zu den beliebtesten Kunstwerken zählen »Woody Allen« (Calle Milicias Nacionales) und »La Regenta« (Plaza Alfonso II. bei der Kathedrale). In der Touristeninformation gibt es einen Lageplan.

## Altarraum und Kapellen

Der dreischiffige Kirchenraum strahlt Ruhe und Harmonie aus. Der Chor, der sich ursprünglich, wie üblich bei spanischen Kathedralen, im Mittelschiff befand, wurde entfernt. So ist der Blick auf die mächtige **Altarwand** der Capilla Mayor frei. Das Retabel, 1525 von Juan de Balmaseda und Giralte de Bruxelles geschaffen, vereint Elemente der Gotik und der Renaissance. Um den thronenden Weltenrichter im Zentrum gruppieren sich Szenen aus der Passionsgeschichte. In der **Capilla de Santa Eulalia**, der ersten Kapelle im linken Seitenschiff, hütet ein Silberschrein die Reliquien der Stadtpatronin. Sie erlitt in der Regierungszeit des römischen Kaisers Diokletian (284–305) ein grausames Martyrium. Versteckt hinter einer Tür im nördlichen Querhaus findet sich in der **Capilla de la Hidria** ein Tonkrug, der laut Überlieferung bei der Hochzeit zu Kanaan benutzt wurde. Nur zweimal im Jahr bekommen die Gläubigen die kostbare Reliquie zu Gesicht.

Über das nördliche Querhaus führt der Weg in die **Capilla del Rey Casto**, die Alfons II. der Keusche für sich als Privatkapelle und als Grablege für die Könige von Asturien bestimmt hatte. Die ursprüngliche Kapelle fiel Plünderungen zum Opfer, so wurde sie im klassizistischen Stil neu errichtet. In den Urnen wird angeblich die Asche von neun Königen verwahrt, vom ersten König Aturiens Pelayo bis hin zu König Alfons II.

## Schatzkammer

Vom südlichen Querhaus führt eine Treppe hinauf zur **Cámara Santa** (Heilige Kammer), eine einzigartige Schatzkammer, die König Alfons II. einst als Palastkapelle nutzte. Im Untergeschoss ruhen die Gebeine der hl. Leocadia und des hl. Eulogio, die beiden den Märtyrertod erlitten. Im Obergeschoss fällt der Blick auf die kunstvoll gearbeiteten Apostelfiguren, die als eindrucksvolle Meisterwerke der romanischen Steinmetzkunst gelten.

Gut gesichert hinter Gittern werden die kostbarsten Exponate des Domschatzes präsentiert. Das edelsteinbesetzte **Cruz de los Ángeles** (Engelskreuz), das Alfons II. im Jahr 808 der Kathedrale stiftete, ist im Stadtwappen präsent. Genau ein Jahrhundert später vermachten König Alfons III. (866–910) und seine Gemahlin Jimena der Kirche das reich verzierte **Cruz de la Victoria** (Siegeskreuz). Der Legende nach soll der Feldherr Don Pelayo das Eichenholzkreuz, das den Kern des Siegeskreuzes bildet, von der Gottesmutter persönlich erhalten haben. Unter dem Zeichen dieses Kreuzes leitete er die Reconquista, die Wiedereroberung Spaniens von den Mauren, ein. Das war die Geburtsstunde der asturischen Monarchie.

Als Meisterwerk der mozarabischen Goldschmiedekunst gilt die mit mehr als 200 Edelsteinen besetzte **Achatschatulle**, die König Fruela der Kathedrale im Jahr 910 stiftete. Hochkarätige Reliquien aus dem Heiligen Land birgt die **Arca Santa** (10. Jh.), ein Schrein aus Zedernholz, der mit silbernen Relieftafeln verziert ist. Zum Inventar zählen u. a. einige Blutstropfen Christi, ein Teil des Schweißtuches der hl. Veronika, eine Sandale des Apostel Paulus, acht Dornen aus der Krone des Gekreuzigten und Holzspäne vom Kreuz Christi.

# Altstadt

**Cityplan:** S. 199

Die Gassen und Plätze der lebhaften **Altstadt** verströmen vielerorts noch einen angeneh-

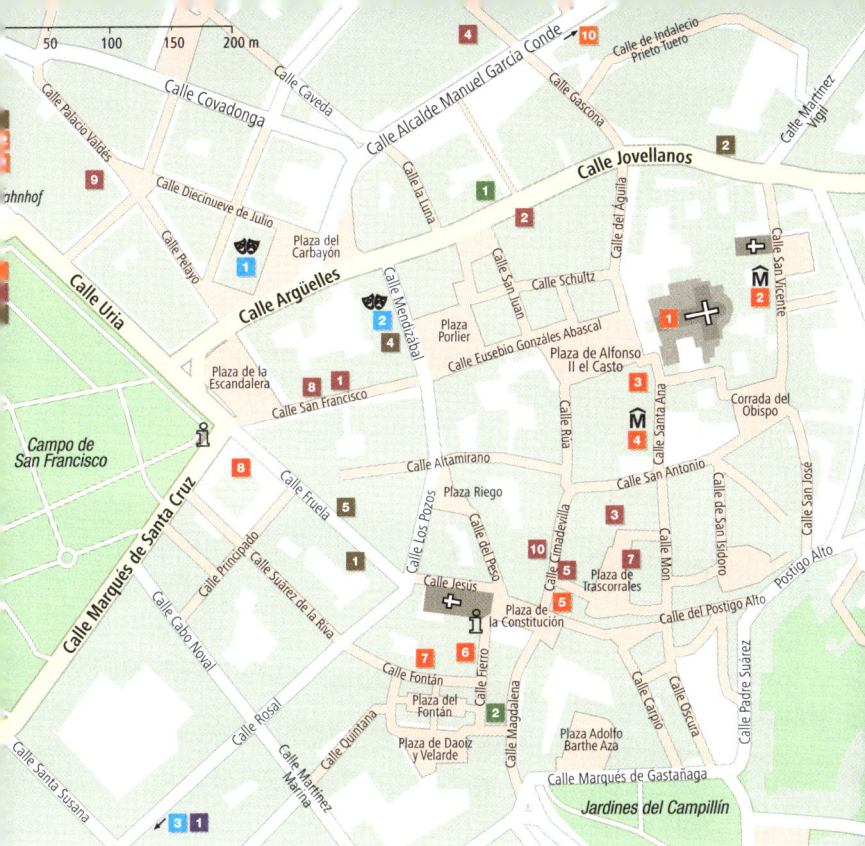

# Oviedo

## Sehenswert
1. Catedral San Salvador
2. Museo Arqueológico de Asturias
3. San Tirso
4. Museo de Bellas Artes
5. Rathaus
6. San Isidoro
7. Mercado del Fontán
8. Junta General del Principado de Asturias
9. Palacio de Exposiciones y Congresos
10. San Julián de los Prados
11. Santa María del Naranco
12. San Miguel de Lillo

## Übernachten
1. Fruela
2. Exe Hotel El Magistral
3. Castillo del B. la Zoreda
4. Soho Boutique Oviedo
5. Princesa Munia
6. Palacio de la Viñona
7. Carreño

## Essen & Trinken
1. Casa Fermín
2. Mestura
3. El Raítan
4. Sidrería Tierra Astur
5. La Genuina
6. Esteveinte
7. Sidrería el Gato Negro
8. Café Confitería Pastelería Rialto
9. La Mallorquina
10. Heladería Diego Verdú

## Einkaufen
1. Camilo de Blas
2. Sombrerería Albiñana

## Abends & Nachts
1. Teatro Campoamor
2. Teatro Filarmónica
3. Auditorio Palacio de Congresos Principe Felipe

## Aktiv
1. Carma Bike

*Beliebter Treffpunkt im Zentrum von Oviedo: Ecke Calle Rúa / Calle Cimadevilla*

men Kleinstadtcharme. Als Ausgangspunkt für einen Rundgang empfiehlt sich der Vorplatz der Kathedrale, die **Plaza Alfonso II el Casto,** benannt nach dem großen Förderer der Stadt.

### Archäologisches Museum [2]
*Calle San Vicente 3–5, Tel. 985 20 89 77,*
*www. museoarqueologicodeasturias.com,*
*Mi–Fr 9.30–20, Sa 9.30–14, 17–20, So, Fei*
*9.30–15 Uhr, Eintritt frei*
Hinter der Kathedrale beherbergt das ehemalige Kloster San Vicente das **Museo Arqueológico de Asturias.** Um den platerasken Kreuzgang (15. Jh.) gruppieren sich die Säle, die sich der vorromanischen Kunst widmen. Ein Highlight der Sammlung bildet der Altarstein der Kirche Santa María de Naranco. Das Museum präsentiert Funde von der Prähistorie bis zum Mittelalter aus der Provinz Oviedo.

### San Tirso [3]
*Plaza de Alfonso II el Casto 4*
Südwestlich der Kathedrale liegt die **Iglesia de San Tirso,** die Alfons II. im 9. Jh. stiftete. Ein Brand im 16. Jh. vernichtete das Gotteshaus nahezu komplett. Der Wiederaufbau erfolgte im 17. Jh. Nur das stumpfe Chorhaupt und das dreiteilige Fenster mit schlanken Marmorsäulen und Hufeisenbögen, gerahmt von einem Alfiz, blieben vom ursprünglichen Kirchenbau erhalten.

### Kunstmuseum [4]
*Calle Santa Ana, Tel. 985 21 30 61,*
*www.museobbaa.com, Di–Fr 10.30–14, 16.30–*
*20.30, Sa 11.30–14, 17–20, So 11.30–14.30,*

*Juli, Aug. Di–Sa 10.30–14, 16–20, So 10.30–14.30 Uhr, Eintritt frei*

In unmittelbarer Nachbarschaft von San Tirso findet sich das **Museo de Bellas Artes de Asturias.** Der herrschaftliche Palacio de Velarde (18. Jh.), die Casa de Oviedo Portal (17. Jh.) und ein Bau aus dem 20. Jh. bilden den Rahmen für die umfangreiche Gemälde- und Kunstsammlung des Museums. Zu ihren Glanzstücken zählt eine komplette Apostelserie des manieristischen Meisters El Greco. Ein weiterer Schwerpunkt des Museums liegt auf dem Schaffen von Künstlern aus Asturien.

### Rathausplatz und Markthalle

Die Calle Cimadevilla führt auf die lang gestreckte, repräsentative **Plaza de la Constitución,** die vom **Rathaus** 5 (17. Jh.) und der ehemaligen Jesuitenkirche **San Isidoro** 6 (16. Jh.) dominiert werden. Von hier sind es nur ein paar Schritte ins quirlige Viertel rund um die elegante Halle des **Mercado del Fontán** 7 (Calle del Fontán), eine filigrane Eisen-Glas-Konstruktion.

# Stadterweiterung

**Cityplan:** S. 199

### Plaza de la Escandalera

Im 19. Jh. wuchs die Stadt aus ihrer engen Ummauerung heraus, es entstanden elegante neue Straßenzüge. Die Calle Suárez de la Riva führt von der Altstadt zur **Plaza de la Escandalera** mit dem beeindruckenden Gebäude der **Regionalregierung** 8 . Gegenüber lädt die grüne Lunge des Zentrums, der gepflegte **Parque San Francisco,** zum Entspannen ein.

### Calle Uría

Für eine Shoppingtour bieten sich die **Calle Uría** und ihre Nebenstraßen an. Es lohnt sich, einen Blick auf die architektonisch interessanten Fassaden der Einkaufsmeile zu werfen, vor allem in der oberen Straßenhälfte in Richtung **Bahnhof** finden sich einige prachtvolle Jugendstilfronten.

### Kongress- und Ausstellungszentum 9

*Calle Arturo Álvarez Buylla*

Ein neues architektonisches Wahrzeichen der Stadt, der **Palacio de Exposiciones y Congresos Ciudad de Oviedo,** entstand im Stadtteil Buenavista, westlich des Stadtrings. Den futuristischen Entwurf lieferte der spanische Stararchitekt Santiago Calatrava. Die anfängliche Euphorie über den Bau ist mittlerweile weitgehend verflogen, Baumängel führten zu gerichtlichen Auseinandersetzungen zwischen der Stadt und dem Architekten.

# Frühromanische Kirchen am Stadtrand

**Cityplan:** S. 199

### San Julián de los Prados 10

*Calle Selgas 2, Tel. 985 28 55 82, www.sanjuliandelosprados.com, Reservierung Tel. 687 05 28 26 (Guide), Mo–Fr 9.30–12.30, 16–18 Uhr, Besichtigung im Rahmen von 30 min. Führungen, So geschl., Eintritt 3 €*

Etwa 1 km nordöstlich des Stadtzentrums erhebt sich die **Iglesia San Julián de los Prados,** die heute fast direkt an der Ausfallstraße nach Gijón und Aviles liegt. Die größte der präromanischen Kirchen Asturiens wurde im 9. Jh. in der Regierungszeit von Alfons II. errichtet. Die Kirche zeichnen die interessanten Wandmalereien im Innenraum aus, die zwischen 1981 und 1984 sorgfältig restauriert wurden. Neben architektonischen Elementen und floralen Motiven tauchten vier große, edelsteinbesetzte Kreuze auf. Offensichtlich wollte König Alfons II. an den alten Glanz der Königstadt Toledo anknüpfen.

### Santa María del Naranco 11 und San Miguel de Lillo 12

*Tel. 638 26 01 63, www.santamariadelnaranco.es, santamariadelnaranco@gmail.com, Okt.–März Di–Sa 10–14.30, So, Mo 10–12.30, April–Sept. Di–Sa 9.30–13, 15.30–19, So, Mo 9.30–13 Uhr, Besichtigung nur nach Voranmel-*

## Oviedo und Umgebung

*dung, Start und Ticketverkauf bei der Kirche Santa María del Naranco, 4 € mit Führung, Mo frei (ohne Führung)*

Auf dem Fußweg vom Parkplatz zur Kirche Monte Naranco findet sich ein kleines Informationszentrum über die präromanische Kunst in Asturien (Antiguas Escuelas del Naranco s/n, Zeiten unter www.centroprerromanicoasturiano.com). Am Südhang des 635 m hohen **Monte Naranco** erheben sich 3 km nordwestlich vom Zentrum die Perlen der asturischen Frühromanik: die Kirche Santa María del Naranco und die Kirche San Miguel de Lillo im Einklang mit der Natur. Die Sakralbauten aus dem 9. Jh. sind seit 1985 UNESCO-Weltkulturerbe.

Ursprünglich diente die **Iglesia de Santa María del Naranco** König Ramiro I. (842–850) als Sommerpalast und Ausgangspunkt für seine Jagden. Bereits in der zweiten Hälfte des 9. Jh. wurde das zweigeschossige Gebäude in eine Kirche verwandelt. Eine Treppe führt hinauf in den einstigen Festsaal, dessen Stirnseiten von eleganten Loggien gesäumt werden. Nach Süden hin öffnet sich eine aussichtsreiche Terrasse. Eindrucksvoll überwölbt ein kühnes Tonnengewölbe, gestärkt durch Gurtbogen, die festliche Kirchenhalle. Im weit niedrigeren Untergeschoss, das einer Krypta ähnelt, befanden sich ehemals die Küche, Bäder und die Räume für die Dienstboten des Palastes.

200 m weiter bergaufwärts steht die **Iglesia de San Miguel de Lillo**, die wohl als Kapelle des Königspalastes diente. Der Bauplan entstand unter König Ramíro I., aber erst sein Nachfolger Ordoño I. (850–866) realisierte das Projekt. Von dem ursprünglichen Kirchengebäude blieb nur etwa ein Drittel erhalten. Die Höhe und die filigranen Steingitterfenster verleihen der Architektur ihre Eleganz. Wie in San Miguel de Naranco taucht als Zierwerk im Inneren immer wieder das Kordelmotiv auf. Den Westeingang zieren Flachreliefs, die an byzantinische Elfenbeinschnitzereien erinnern. Sie stellen einen Konsul, flankiert von zwei Würdenträgern, bei der Eröffnung von Zirkusspielen dar. Gut zu erkennen sind zu Füßen des Konsuls ein Gaukler und ein Löwenbändiger. Dank der letzten Restaurierungsarbeiten wurden Fresken wie der »Musiker« konserviert.

### Infos

**Oficina de Turismo de Asturias:** Plaza de la Constitución 4, Tel. 984 49 35 60/3, www.turismoasturias.es, Mo–Fr 9–17, Sa, So 10–17.30, Juli–Sept., Karwoche tgl. 9–19 Uhr.

**Oficina Municipal de Turismo El Escorialín:** Marqués de Santa Cruz s/n, Tel. 98 52 75 86, www.visitoviedo.info/de, tgl. 10–14.30, 15–17 Uhr.

### Übernachten

Design-Unterkunft – **Fruela 1 :** Calle Fruela 3, Tel. 985 20 81 20, www.hotelfruela.com. Das Hotel in Toplage glänzt durch modernes Design, viel Holz gibt dem Ganzen eine harmonische Note. €€–€€€

Modern & zentral – **Exe Hotel El Magistral 2 :** Calle Jovellanos 3, Tel. 985 21 51 16, www.exehotels.com/exe-hotel-el-magistral. Günstig gelegenes, modernes Haus. Die Einrichtung der Zimmer ist ansprechend funktional gehalten. €€–€€€

Herrschaftlich – **Castillo del Bosque la Zoreda 3 :** La Manjoya s/n, Tel. 985 96 33 33, www.castillozoreda.com. Das herrliche Anwesen im Grünen findet sich 8 km südlich von Oviedo. Elegant ausgestattete Zimmer, Spa-Bereich und ein Gourmetrestaurant (€€). €€–€€€

Super zentral – **Soho Boutique Oviedo 4 :** Calle Mendizábal 1, Tel. 985 20 93 96, www.sohohoteles.com. Im Zentrum von Oviedo gelegen. Fragen Sie nach einem Zimmer mit Blick auf die Kathedrale. Solide ausgestattete Zimmer. €€–€€€

Mit Spa – **Princesa Munia 5 :** Calle Fruela 6, Tel. 984 28 55 80, www.hotelprincesamunia.com. Charmantes, im Herzen von Oviedo gelegenes Designhotel mit 23 Zimmern. Helle und freundliche Einrichtung. Angeschlossen ist ein Spa-Bereich. €–€€€

Charme-Hotel – **Palacio de la Viñona 6 :** Calle Julián Clavería 14, 33010 Colloto-Oviedo, Tel. 985 79 33 99, www.palaciovinona.com. Ca. 5 km vom Zentrum, abseits aller Hektik. Jedes Zimmer ist individuell gestaltet. Attraktiv sind Garten und Terrasse. €–€€

*Apfelwein im Strahl: der Einschank des kühlen Getränks folgt einem Ritual*

## Oviedo und Umgebung

Ordentlich – **Carreño** 7 : Calle Monte Gamonal 4, Tel. 985 11 86 22, www.hotelcarreno.com. Das preisgünstige Hotel liegt in der Nähe der Bahnstation und des Busbahnhofs. Gepflegte Zimmer mit Internetanschluss. Eigene Tiefgarage. €–€€

## Essen & Trinken

Mit Raffinesse – **Casa Fermín** 1 : Calle San Francisco 8, Tel. 985 21 64 52, www.casafermin.com, So, Mo abends geschl. Die Küche des modernen Restaurants versteht sich darauf, traditionelle Speisen raffiniert zuzubereiten. Auf der Karte finden sich auch Wildschwein- oder Hirschgerichte. €€–€€€

Kreativ – **Mestura** 2 : Gran Hotel España, Calle Jovellanos 2, Tel. 984 03 40 14, www.mesturarestaurante.com, Mo, So geschl. Angenehme Atmosphäre mit Lounge-Ambiente. Eine der besten Adressen für feine Zutaten aus der Region mit innovativer Zubereitung. Der Küchenchef Javier Loya und sein Team kreieren die exquisiten Gerichte. €€–€€€

Viel Geschichte – **El Raítan** 3 : Plaza Trascorrales 6, Tel. 984 08 59 72, www.elraitanoviedo.com, Mo, Di geschl., sonst ab 17 Uhr. Urgemütliches Lokal, ein Klassiker mitten in Oviedos Altstadt. Hier kommt traditionelle asturische Küche auf den Tisch. Probieren Sie die *fabada*, den deftigen Bohneneintopf. €€

Im Trend – **Sidrería Tierra Astur** 4 : Calle Gascona 1, Tel. 985 20 25 02, www.tierra-astur.com. Schicke *sidrería*, hier wird der Apfelwein in hohem Bogen ausgeschenkt. Die Küche legt Wert auf Produkte aus der Region. €–€€

Für Reisfans – **La Genuina de Cimadevilla** 5 : Calle Cimadevilla 2, Tel. 985 21 36 06, www.lageniunaarroceria.com, Mi geschl. Restaurant im Bistro-Stil mit Tapabereich. Das Aushängeschild ist die reiche Auswahl an Reisgerichten. Köstlich der Reis mit Hummer oder mit Peral-Käse. €–€€

Pfiffig – **Eseteveinte** 6 : Calle Santa Teresa de Jesus 20, Höhe Av. de Galicia, Tel. 984 28 59 13, www.esteveinte.com, Di, Mi geschl. Im Bistro-Stil eingerichtetes, kleines Lokal, das raffiniert angerichtete Köstlichkeiten bietet. Originell die Krake auf Reis mit Blutwurst oder das Angusrind mit Apfel. Köstlich auch die asturianische Käseplatte. €–€€

Typisch – **Sidrería el Gato Negro** 7 : Plaza Trascorrales 17, Tel. 984 08 75 11, Mo geschl. Rustikales Ambiente. Auf der Karte finden sich die Klassiker der asturianischen Küche, wie die gehaltvolle *fabada*, ein Bohneneintopf. €

Süße Verführungen – **Café Confitería Pastelería Rialto** 8 : Calle San Francisco 12. Seit 1926 werden hier köstliche *moscovitas* (Mandelmakronen mit Schokolade) hergestellt.

Traditions-Kaffeehaus – **La Mallorquina** 9 : Milicias Nacionales 5. Ein weiterer Kaffeehausklassiker mit eigener Konditorei.

Eistempel – **Heladería Diego Verdú** 10 : Calle Cimadevilla 7. Das Paradies für Eisliebhaber.

## Einkaufen

Die **Calle Uría** ist die Haupteinkaufsmeile. Um den **Mercado del Fontán** finden sich nette Einzelhandelsgeschäfte.

Märkte – **Mercado del Fontán** 7 : Plaza 19 de Octubre, Mo–Sa 8–15.30 Uhr. Die Markthalle bietet kulinarische Köstlichkeiten aus Asturien. Do und Sa erstreckt sich das Markttreiben bis auf die Plaza Daoiz y Velarde.

Feinkost – **Camilo de Blas** 1 : Calle Jovellanos 7, Tel. 985 21 18 51, www.camilodeblas.

# VERSCHNAUFPAUSE IN DER SIDRERÍA

In der **Calle Gascona,** genannt *El bulevar de la sidra* (Apfelweingasse), reihen sich die beliebten Lokale aneinander, in denen das asturische Nationalgetränk kunstvoll im hohen Bogen ausgeschenkt wird. Eine echte Oase bildet die schmucke, in sich geschlossene **Plaza del Fontán,** mit ihren zahlreichen Bars und *sidrerías* fordert sie zur Einkehr auf.

## Adressen

com. Eine Augenweide ist die nostalgische Einrichtung des Geschäfts von 1914. Neben hochwertigen Konserven, Weinen und Spirituosen gibt es Gebäck, berühmt sind die *carbayones*, ein Blätterteigmandelgebäck.

Gut behütet – **Sombrerería Albiñana** 2 : Calle Magdalena 12, Tel. 985 22 66 72. Das Traditionshaus bietet Kopfputz für Herren und Damen, außerdem Gürtel, Stöcke und Regenschirme.

### Abends & Nachts

In der Studentenstadt Oviedo tobt das Nachtleben vor allem in der **Altstadt**. Die Epizentren liegen in den Calles Martínez Vigil, Mon, de la Rúa, Cimadevilla, San José und San Isidoro. Unter www.guiadelocio.com/asturias finden sich Hinweise auf Veranstaltungen (span.).

Theater, Konzerte & mehr – Die **Spielpläne** sowie weitere Veranstaltungshinweise finden sich auf der Website der Touristeninformation, auch auf Deutsch. **Teatro Campoamor** 1 : Calle Pelayo s/n, Tel. 985 20 75 90, www.teatrocampoamor.es. Opern, Konzerte, Kinozyklen, Musikfestivals, Kunstausstellungen. **Teatro Filarmónica** 2 : Calle Mendizábal 3, Tel. 984 08 38 57, www.oviedofilarmonia.es, Konzertveranstaltungen. **Auditorio Palacio de Congresos Principe Felipe** 3 : Plaza la Gesta s/n, Tel. 985 27 62 17, www.auditorioprincipefelipe. es. Konzerte, Theater und Filmvorführungen.

### Aktiv

Stadtführungen – **TourAsturias:** Elena Borchers, Tel. 667 51 03 32, www.tourasturias.com. Fachkundige Stadtführungen auch Deutsch.

Radverleih – **Carma Bike** 1 : Calle Ángel Muñiz Toca 12, bajo, Tel. 985 08 87 57, www.carmabike.es. Räder für einen Tag zwischen 18–42 €.

### Termine

**Feria de la Asención:** Ende Mai. Mittelpunkt ist eine große Viehmesse, vor der Kathedrale werden Stände mit reg. Produkten aufgebaut, außerdem buntes Folklorefestival.

**Festival de Jazz:** Mitte Juli findet das Internationale Jazz-Festival statt.

**Fiesta de San Mateo:** 15-tägiges Fest um den 21. Sept. Wichtigste Fiesta von Oviedo. Einer der Höhepunkte ist der Umzug am 19. Sept., der *Día de América:* Zu Ehren der asturianischen Emigranten erklingen von den Prunkwagen lateinamerikanische Rhythmen. Außerdem stehen auf dem Programm: Stierkämpfe, Prozessionen, ein spektakuläres Feuerwerk sowie Rock-, Pop- und Folklorekonzerte.

**Premios Princesa de Asturias:** Im Oktober werden im Teatro Campoamor die prestigeträchtigen Preise an Persönlichkeiten und Institutionen verliehen, die herausragende Leistungen erbracht haben in den Kategorien Kunst, Literatur, Friedenspolitik, Sozialwissenschaften, internationale Zusammenarbeit, wissenschaftliche und technische Forschung, Kommunikation und Geisteswissenschaften oder Sport. Stellvertretend für ihre älteste Tochter Leonor, die Fürstin von Asturien, ehren der spanische König Felipe VI. und seine Frau Letizia die Preisträger.

### Verkehr

**Flugzeug:** Aeropuerto de Asturias, 33459 Santiago del Monte, Castrillón, Tel. 913 21 10 00, www.aena.es. Der internationale Flughafen befindet sich 47 km von Oviedo an der Küste, 14 km westlich von Avilés. Auf den Tickets steht irritierenderweise »Flughafen Oviedo«! Alsa-Busse zum Flughafen ab dem Busbahnhof stdl. (6–23 Uhr, Fahrtdauer ca. 40 Min.). Mit dem Pkw über die A8 und die N-632 Richtung La Coruña.

**Bahn:** Bahnhof, Calle Uría s/n, Tel. 902 43 23 43, mit Renfe alle 30 Min. nach Madrid, Barcelona, Alicante, Gijón; mit Feve (Schmalspurbahn) u. a. 2 x tgl. Santander, Ferrol, Bilbao mit Umstieg.

**Bus:** Busbahnhof, Calle Pepe Cosmen s/n, Tel. 902 49 99 49, 985 96 96 96, www.estaciondeautobusesdeoviedo.com. Alsa bedient die meisten Strecken. Bilbao 6 x tgl., Gijón 7–22 Uhr alle 30 Min., Cudillero 2 x tgl. Außerdem Verbindungen nach Madrid, Barcelona, Pontevedra, Santiago, Santander. Auch Flixbus bietet Verbindungen an (www.flixbus.es).

Oviedo und Umgebung

# RADELN AUF DEM BÄRENWEG

## Tour-Infos

**Anfahrt von Oviedo:** Mit dem **Pkw** auf der N-643 hinter Godoy links die AS-228 nach Trubia/Tuñón nehmen; ca. 3–4 x tgl. mit **Bussen** vom Busbahnhof Oviedo mit Pullmans Llaneza (Tel. 985 46 58 78, www.pullmansllaneza.com, mit der Linie Oviedo–Teverga (Haltestelle Tuñón) Züge Renfe/Cercanías AM fahren ca. stdl. nach Trubia, Radmitnahme möglich, Reservierung ratsam (Tel. 912 32 03 20, www.renfe.com). Entlang der Senda Verde bis nach Tuñón, ca. 10 km.
**Start:** Parkplatz an der AS-228 bei Tuñón, ca. 6,5 km südlich von Trubia oder alternativ von Entrago/Teverga, wer die Route in gegenläufiger Richtung fahren möchte
**Ziel:** Entrago, alternativ Santa Marina
**Länge/Dauer:** Hin und zurück 44 km, Alternativstrecke 46 km; ca. 4 Std.
**Ausschilderung:** Senda del Oso
**Fahrradverleih: Centro BTT Valles del Oso,** Ctra. General s/n, Tuñón – Santo Adriano, Tel. 985 76 11 77, 659 20 93 83, www.vallesdeloso.es, Mountainbikes; **Deporventura,** Area Recreativa de Buyera, Ctra. AS-228, km 12,3, Villanueva de Santo Adriano, Tel. 666 55 76 30, 985 24 52 67, www.deporventura.es; **TeverAstur,** Senda del Oso, Nave 2, Pol. »El Pradacón«, 3311 Entrago, Tel. 608 23 46 28, www.teverastur.es, Verleih von Rädern in Entrago, Abholung in Poraza oder Villanueva, Erw. 20 €.
**Infos: Oficina de Turismo,** Ctra. General s/n, 33115 Santo Adriano/Tuñón, Tel. 985 76 10 61, www.santoadriano.org; www.viasverdes.com (Itinarios/Asturias) Beschreibung des Sendo del Oso (span./engl.); **Casa del Oso de Proa-**

**za,** Ctra. General s/n, Proaza, Tel. 985 96 30 60, www.osodeasturias.es, tgl. 10–14, 16–19, im Winter bis 18 Uhr
**Einkehr und Übernachten: Restaurant L'Esbardu,** Calle El Puente s/n, Proaza, Tel. 985 76 11 52, Di–So 14–16, Fr, Sa auch abends ab 20.30 Uhr, €). **La Casona de Don Santos,** Calle Heinz 3, Proaza, Tel. 984 19 58 09, www.lacasonadedonsantos.com. Kleines, schmuckes

Herrenhaus mit großem Garten, ruhiges Landhotel mit Talblick, sieben Zimmer, moderne Bäder. €€ **Hotel Torre Palacio,** Plaza de la Abadia 4, Proaza, Tel. 987 76 11 69, www.torrepalacio. es, solide Unterkunft mit netten Zimmern und Restaurant mit bodenständiger Küche. €

Knapp 20 km westlich von Oviedo findet sich bei **Tuñón** 1 der Einstieg zum Rad- und Wanderweg **Senda del Oso.** Der ›Bärenweg‹ führt entlang einer stillgelegten Bahntrasse, einer *via verde,* nach Entrago bzw. alternativ nach Santa Marina. Unterwegs sind einige Tunnel zu durchqueren. An der AS-228 bei Tuñón liegt rechter Hand ein Picknick- und Parkplatz, der Ausgangspunkt der Tour. Hier befindet sich auch das Mountainbikezentrum. Wer mit der Bahn anreist, sollte bereits in Oviedo ein Fahrrad ausleihen. Von der Kirche Santa María in Trubia führt eine 6,5 km lange ausgeschilderte und wenig befahrene Straße nach Tuñón.
Die asphaltierte, ebene Strecke folgt zunächst dem Ufer des Río Trubia. Nach 6 km erreicht man **Proaza** 2 , wo in einem weitläufigen Gehege die halbwilden Braunbärdamen Paca und Tola leben. Ihre Mutter wurde von Wilderern niedergestreckt, so wurden sie von Hand aufgezogen. Am besten kann man sie beobachten, wenn sie um Punkt 12 Uhr ihr Mittagsmahl bekommen. Die Stiftung Fundación Oso de Asturias, die die Bärinnen rettete, kümmert sich auch um die wenigen Bären, die in dem Gebiet noch in freier Wildbahn leben. Die **Casa del Oso de Proaza** informiert über das Leben der Braunbären in der Kantabrischen Kordillere. Wenn in Proaza nicht nur den Bären der Magen knurrt, ist eine Rast im **Restaurant L'Esbardu** angesagt. Der Klassiker des Lokals mit herrlicher Terrasse ist die *sartén del pobre,* die gut sättigende ›Armenpfanne‹ mit Kartoffeln, Eiern und Paprika. Bald hinter Proaza durchquert man die atemberaubend steil aufragende Klamm **Desfiladero de Peñas Juntas** 3 .
Bei Caranga de Abajo (11 km) folgt die Alternativroute links dem Río Trubia durch eine sehr enge Klamm und entlang dem Stausee von Valdemurio Richtung Santa Marina. Die Hauptroute mündet südlich von Caranga in das Tal des Río Teverga, in dem die zweite enge Schlucht, **Desfiladero del Terverga** 4 , passiert wird. Von hier aus ist es nicht mehr weit bis nach **Entrago** 5 .

# El Entrego ▶ 1, J 3

*Bergbaumuseum, Tel. 985 66 31 33, www.mumi. es, Nov.–Febr., März–Okt. Di–Sa 10–14, 16–19, So 10–14, März–Okt. So auch 16–19 Uhr, 9,50 €*
In der kleinen Ortschaft **El Entrego,** rund 25 km südöstlich von Oviedo, liegt das interessante **Museo de la Minería y de la Industria** im Herzen der Cuenca Central Asturiana, der bedeutendsten Bergbauregion Asturiens. Die meisten dieser Kohle- und Erzbergwerke sind längst stillgelegt. Auf dem Gelände der ehemaligen Mine San Vicente entstand das Bergbaumuseum. Die Ausstellung führt in die faszinierende Welt der Bergbautechnologie ein. Wie die Bergleute damals medizinisch betreut wurden, erfährt der Besucher in einer nachgebauten Krankenstation. Ein knatternder Aufzug führt 500 m tief ins Erdreich hinein. Dort lässt ein Modellstollen erahnen, unter welchen Gefahren die Kumpels sich ihr tägliches Brot damals verdienen mussten.

# Santa Cristina de Lena
▶ 1, H 3

*Iglesia Santa Cristina de Lena, Santa Cristina s/n, nahe Pola de Lena, Anfahrt über die A 66 Richtung León, Tel. 609 94 21 53, April–Okt. Di–So 11–13, 16.30–18.30, Dez.–März Di–So 11–13 Uhr, Nov. geschl., 2 €, Reservierung nötig*
Ein weiteres Juwel präromanischer Sakralkunst findet sich 35 km südlich von Oviedo beim Dorf **Pola de Lena.** Die einschiffige **Iglesia Santa Cristina de Lena** aus dem 9. Jh. weist den für die damaligen Kirchen der Region ungewöhnlichen Grundriss eines griechischen Kreuzes auf. Den Innenraum unterteilt eine dreiteilige

Arkade. Sie trennt, in Form einer Ikonostasis, den erhöhten Altarraum vom Hauptschiff ab. Vermutlich schufen mozarabische Künstler, die unter Alfons III. (866–910) einwanderten, die mit Weintrauben und Rosetten verzierte Reliefplatte unter der mittleren Arkade.

## Radtour auf den Angliru ▶ 1, H 3

*Anfahrt von Oviedo auf der N-630 in Richtung Mieres, hinter Las Bolias rechts auf die AS-231*
Für Radfahrer, die die Herausforderung suchen, liegt rund 15 km südwestlich von Oviedo der berüchtigte Berganstieg der ›Vuelta a España‹ (Spanienrundfahrt) zum **Gipfel Angliru** (1573 m), eine der härtesten Bergetappen im Radsport. Die 12,5 km lange Tour startet in La Vega de Riosa und weist eine durchschnittliche Steigung von 10 % auf. An drei Stellen belaufen sich die Steigungen auf mehr als 20 %. Bis auf den Gipfel müssen 1266 Höhenmeter bewältigt werden. Von La Vega aus ist die Anfahrt mit dem Auto bis Via Parrá möglich (Picknickplatz).

## Naturpark von Somiedo ▶ 1, G 3

Tief im Hinterland von Asturien findet sich der **Parque Natural de Somiedo,** eine dünn besiedelte, noch recht ursprüngliche Gebirgslandschaft und ein ideales Terrain für Naturliebhaber und Wanderer. Das 291 km² große Gebiet wurde 2000 von der UNESCO zum Biosphärenreservat deklariert und erstreckt sich über fünf große Flusstäler: Saliencia, Valle del Lago, Puerto y Pola de Somiedo, Perlunes und Piegüeña. Die Höhenlagen schwanken zwischen 400 und 2200 m.
Zauberhafte kleine Seen wie der **Lago de Saliencia** oder der **Lago del Valle** liegen im Südosten des Naturparks. Die Eichen- und Buchenwälder bilden ein optimales Refugium für Braunbären. Mittlerweile leben rund 130 Tiere im Naturpark, es handelt sich damit um die größte Braunbärenpopulation Spaniens. Im Park leben auch noch einige Exemplare der vom Aussterben bedrohten Auerhähne, neben dem Bär das Symboltier des Parks. Weitere Bewohner sind Wölfe, Wildkatzen, Füchse, Dachse, Fischotter und Königsadler.
Viele Dorfbewohner verdienen sich ihren Lebensunterhalt nach wie vor als Wanderschäfer, d. h. sie treiben ihr Vieh im Sommer auf die Hochalmen. Auf den Entdeckungstouren im Gebiet trifft man so immer wieder auf die typischen Unterschlüpfe, die *teitos*, einfache, kleine Hütten aus Bruchsteinen aufgebaut und bedeckt mit Reet. Der ländliche Tourismus keimt allmählich auf in der Region und hilft die Abwanderung zu bremsen.

### Infos
**Centro de Recepción e Interpretación del Parque Natural de Somiedo:** Calle Narciso Herrero Vaquero s/n, Pola de Somiedo, Tel. 985 76 37 58, www.parquenaturalsomiedo.com. Auskünfte über den Naturpark sowie die zahlreichen Wandermöglichkeiten.
**Centro de Interpretación Somiedo y el Oso – Fundación del Oso:** Calle Florez Estrada, Pola de Somiedo, Tel. 985 76 34 06. Im Informationszentrum beschäftigt sich eine Ausstellung mit dem Leben der Braunbären im Naturpark.

### Übernachten
Agroturismo – **Casona de Lolo:** Calle Cauendo 27B, 33840 Cauendo (Somiedo), Tel. 985 76 34 70, 627 57 58 05, www.casonadelolo.com. Es werden rustikale Appartements vermietet, die über eine gut ausgestattete Küche verfügen. €–€€

### Aktiv
Reiten – **Rutas a Caballo Cobrana:** Calle Valle del Lago 153, Valle del Lago, Tel. 600 51 05 88, bei Facebook. Organisierte Ausritte durch den Naturpark. Pferde kann man auch stundenweise für individuelle Streifzüge buchen.
Bärentouren – Die **Fundación del Oso** (s. o.) bietet Touren an, dabei geht es um eine Sensibilisierung gegenüber den Tieren, Bären wird man bei der Tour nicht zu Gesicht bekommen.

# Costa Verde

**Die 375 km lange Costa Verde, die grüne Küste, samt ihren attraktiven Urlaubsorten steht bei Spaniern aus heißeren Gefilden hoch im Kurs. Der fast unmittelbare Kontrast zwischen dem Meer und den über 2500 m aufsteigenden Gebirgszügen verleiht Asturien einen besonderen Reiz. Auch Industriestädte wie Gijón und Aviles beginnen sich zu mausern.**

## Colombres ▶ 1, L 3

Ein kurzer Abstecher von der Küste führt in die Ortschaft **Colombres** (1300 Einw.), nahe der Grenze zu Kantabrien. Mitten im Ort erhebt sich eine hellblaue Villa im Zuckerbäckerstil, die **Quinta de Guadalupe** (1906). Sie wurde von Iñigo Noriega de Laso (1853–1920) erbaut, der mit 14 Jahren aus Colombres nach Mexiko auswanderte und dort ein beträchtliches Vermögen machte. Das Anwesen gilt als eines der schönsten Beispiele für die *indiano*-Architektur in Asturien.

Mit dem Begriff *indianos* bezeichnet man die im 19./20. Jh. ausgewanderten Emigranten, die wohlhabend in die Heimat zurückkehrten. So finden sich in vielen Dörfern Asturiens prächtige Villen und Paläste der *indianos,* die im Kontrast zur traditionellen Bauweise stehen.

### Auswanderermuseum
*Plaza Ibáñez, s/n, Tel. 985 41 20 05, www.archivodeindianos.es, Di–So 10–14, 16–19, im Sommer bis 20 Uhr, 8 €*

Heute beherbergt die Quinta de Guadalupe das **Museo de la Emigración–Archivo de Indianos,** das sich der Geschichte der asturischen Auswanderer widmet. Einen großen Raum innerhalb der Ausstellung nehmen die *centros asturianos* ein, die in Lateinamerika und Florida als Anlaufstellen und gesellschaftliche Treffpunkte fungierten, einige davon sind noch immer in Betrieb. Fotos und Dokumente illustrieren das Drama um den Abschied von den Verwandten und die Einschiffung in eine ungewisse Zukunft.

### Brandungshöhlen
*Info: www.verdenorte.com/bufones-de-arenillas, www.turismoasturias.es, die Bufones von Areniallas sind gut ausgeschildert, die Bufones de Santiuste eher schlecht, daher ist eine gute Karte erforderlich*

Ein spektakuläres Naturschauspiel bieten die **Bufones de Arenillas** und die **Bufones de Santiuste** zwischen Colombres und Llanes. Die Bufones de Santiuste liegen nahe der N-634 zwischen dem Camping Playa de la Franca und dem adretten Dorf Buelna, die Bufones de Arenillas sind von Puertas de Vidiago in ca. 2,5 km Fußweg oder auch mit dem Auto zu erreichen. Schon von Weitem ist das bedrohliche Dröhnen und Schnaufen der *bufones* zu vernehmen. Die karstigen Klippen wurden an der Basis durch die starke Brandung unterhöhlt, das Wasser schießt, vor allem bei Flut und bei stürmischer See, unter enormen Druck und lautem Getöse durch die Felsöffnungen empor. Die meterhohen Fontänen erinnern an Geysire. Die beste Zeit für den Besuch ist zur Flut, besonders eindrucksvoll sind die *bufones* im Herbst oder Winter bei Sturm.

### Infos
**Oficina de Turismo:** Plaza Manuel Ibáñez Posada, Colombres, Tel. 985 41 23 21, www.ribadedeva.info, Karwoche, Juli–Sept. geöffnet. Hier erhält man u. a. Informationen über weitere *indiano*-Villen in der Umgebung.

## Costa Verde

### Aktiv

Wandern und Radfahren – Für Wanderer bietet sich eine Bufones-Tour entlang der ausgewiesenen **Senda de la Costa** E-9 zwischen Buelna und Puertas de Vidiago an (10 km, ca. 3 Std., leicht). Die Tour von Llanes nach Pendueles ist auch für Mountainbiker zu empfehlen (Senda de la Costa E-9, 22 km, zu Fuß ca. 6 Std., mit dem Rad 2 Std., einfach). Für die Rückfahrt bietet sich der Bummelzug Feve an.

### Übernachten

Agroturismo – **El Molino de Tresgrandas:** Tresgrandas 14, Tresgrandas (bei La Franca Richtung Süden von der N-634 abzweigen), Tel. 646 29 13 04, www.molinotresgrandas.com. Das Charme-Hotel war vormals eine Getreidemühle. Die Zimmer sind geschmackvoll rustikal eingerichtet. Das Hotel ist umgeben von einer 30 000 m² großen Finca. In der Nebensaison zeigen die Besitzer wie *sidra* und Käse hergestellt werden. €€

## Llanes ▶ 1, L 2

Reizvoll bettet sich **Llanes** (14 000 Einw.) zwischen dem Kantabrischen Meer und der Sierra de Cuera, einem Vorgebirge der Picos de Europa. Der einst bedeutende Walfängerhafen hat sich längst zu einem beliebten Seebad entwickelt. Zu den kulinarischen Spezialitäten von Llanes zählen die leckeren Langustengerichte.

Die noch in Teilen erhaltene **Stadtmauer** aus dem 13. Jh. gewährt Einlass in das historische Zentrum. Aus der gleichen Zeit stammen auch die Überreste des Kastells **El Torreón.**

Das Herz der Altstadt bildet die wehrhafte **Iglesia de Santa María del Conceyu** (13. Jh./17. Jh.). Der flämische Hauptaltar (16. Jh.) der gotischen Kirche berichtet den Gläubigen von den einzelnen Stationen aus dem Leben der Jungfrau Maria. Im historischen Teil von Llanes finden sich zudem einige stattliche Paläste, so gegenüber der Kirche der **Palacio de Posada de Herrera** (17. Jh.), der heute das Kulturzentrum der Stadt beherbergt.

In der lebhaften **Calle Mayor** liegt eine *sidrería* neben der anderen. In dieser Straße logierte Kaiser Karl V. im Jahr 1517, daran erinnert eine Gedenktafel beim Hotel Posada del Rey.

Nicht weit entfernt am Hafen erwartet die Besucher seit dem Jahr 2000 eine neue Attraktion: bunt bemalte Wellenbrecher, die »**Cubos de la Memoria**« (Würfel der Erinnerung) des baskischen Künstlers Agustín Ibarrola. Zu empfehlen ist der romantische Spazierweg **Paseo de San Pedro,** er offeriert herrliche Ausblicke auf die Stadt und die Küstenlandschaft um Llanes.

### Infos

**Oficina de Turismo:** Antigua Lonja, Marqués de Canillejas 1, 33500 Lllanes, Tel. 985 40 01 64, www.llanes.com, 12. Juni–9. Sept. tgl. 10–14, 16.30–19.30, sonst Di–Sa 10–14, 16–18.30 Uhr.

### Übernachten

Gepflegtes Spa-Hotel – **La Hacienda de Don Juan:** Calle Concepción 5, Tel. 985 40 35 58, www.hoteles-silken.com. Der Hotelneubau orientiert sich am Stil der Villen des 19. Jh. Geschmackvolle, komfortable Unterkunft mit freundlichen Zimmern und großem Spa-Bereich. €€–€€€

Rustikal, geschmackvoll – **La Posada del Rey:** Calle Mayor 11, Tel. 985 40 13 32, www.laposadadelrey.es. Das Hotel liegt mitten in der Altstadt von Llanes, acht ordentliche Zimmer, einige sogar mit eingebauter Miniküche. €€

Klein, aber ansprechend – **Pensión La Guía:** Plaza Parres Sobrino 1, Tel. 985 40 25 77, www.pensionlaguia.com. Empfehlenswerte Pension in einem Haus aus dem 18. Jh. mitten im Zentrum. Ansprechend eingerichtete Zimmer. €–€€

Agroturismos – **El Habana:** La Pereda (ca. 3 km südl. von Llanes, über LL-6), Tel. 985 40 25 26, www.elhabana.net. Idylle pur – ruhiges Landhaus mit großzügigen Zimmern. Die Liebe der Besitzer zu Antiquitäten spie-

*Kunst am Beton: Agustín Ibarrolas »Cubos de la Memoria« in Llanes*

## Costa Verde

gelt sich in der Einrichtung wider. Charmantes Restaurant (€€) und große Gartenanlage. €€–€€€ **Arpa de Hierba:** Lugar la Pereda s/n, Llanes, Tel. 985 40 34 56, www.arpadehierba.com. Das komfortable und sehr geschmackvoll eingerichtete Landhotel liegt nur 3 km von Llanes entfernt. €€–€€€ **Hotel Rural Cuartamenteru:** Barrio Anteji s/n, Póo de Llanes (1,5 km westl. von Llanes), Tel. 667 21 48 47, www.cuartamenteru.com. Farbenfroh eingerichtetes Landhotel mit komfortablen Zimmern und netter Frühstücksterrasse. Die freundlichen Betreiber geben ihren Gästen gerne hilfreiche Tipps. Zehn Gehminuten bis zur Playa de Póo. €–€€

Camping – **La Paz:** Playa de Vidiago (ca. 10 km östl. von Llanes), Tel. 985 41 12 35, www.campinglapaz.com. Reizvoll auf einem Hügel oberhalb des Strands von Vidiago gelegener Platz.

### Essen & Trinken

Urige Cidre-Kneipe – **Sidrería Cabañon:** Calle Navas s/n, Llanes (12 km westl. von Llanes), Tel. 985 40 75 50, www.devegatienda.com. Absolut urig: Man sitzt an einfachen Holztischen und blickt auf riesige *sidra*-Fässer. Der Apfelwein wird selbst hergestellt, dazu gibt's leckere Tapas. Auch typisch asturianische Gerichte wie der Bohneneintopf *fabada* werden hier serviert. €€

Für Süßmäuler – **Confitería Vega:** Calle Mercaderes 10, LLanes, Tel. 985 40 08 22, www.confiteriavegallanes.com, Sa, So 8.30–21, Mo–Fr 8–15, 16.30–21 Uhr. Die 1890 gegründete Konditorei bietet eine tolle Auswahl an Pralinés und süßem Gebäck. An der kleinen Theke kann man die Köstlichkeiten bei einer Tasse Kaffee genießen. €

Gemütlich – **El Almacén:** Calle Posada Herrera 17, Llanes, Tel. 985 40 30 07. Bodenständige *sidrería* an der Stadtmauer mit hübschem Innenhof und Terrasse. Zu den Spezialitäten gehören Pilzgerichte, die saisonal angeboten werden. €

### Einkaufen

Markt – Der **Wochenmarkt** von Llanes findet immer Di vormittags statt.

### Aktiv

Baden – Um das Küstenstädtchen gruppieren sich schöne Sandstrände wie die **Playa de Cuevas de Mar** oder die **Playa de Torimbia.**

Surfen – **Llanes Surf School:** Calle Pindal 27, Tel. 650 74 10 82, www.llanessurfschool.com. Surf-Unterricht, Verleih. Im Shop können Bretter und Kleidung erstanden werden.

### Termine

**Fiesta de la Magdalena:** 21./22. Juli. Der Höhepunkt der Fiesta ist die *hoguera,* ein riesiges Holzfeuer, das auf der Plaza de la Magdalena angezündet wird.

**Fiesta de San Roque:** 16. Aug. Fest mit Prozession zu Ehren des Pestheiligen. Vor der Kirche werden traditionelle Tänze aus der Region aufgeführt.

**Fiesta de la Guía:** 8. Sept. Der Legende nach rettete die Jungfrau Seeleute, die in ein Unwetter geraten waren, und führte sie in den sicheren Hafen von Llanes. Während der Prozession zu Wasser werfen die Boote zu Ehren der Jungfrau die Sirenen an.

### Verkehr

**Bahn:** Renfe-Bahnhof, Román Romero s/n, Tel. 912 32 03 20, 4 x tgl. nach Oviedo, 2 x tgl. nach Santander, 4 x tgl. nach Ribadesella.

**Bus:** Busbahnhof, Calle Juan Cuesta 7, Tel. 985 40 24 85. Alsa fährt 13 x tgl. nach Oviedo, 3 x tgl. nach Santander und 10 x tgl. nach Gijón sowie 7 x tgl. nach Ribadesella.

# Ribadesella ▶ 1, K 2

Das attraktive Städtchen **Ribadesella** (6000 Einw.) zählt zu den beliebtesten Ferienorten der Costa Verde. Sein Name verbindet sich wie der keiner anderen Stadt in Spanien mit dem Kanusport. Die Lage an der Mündung des Río Sella unterteilt die Stadt in zwei Ortsteile. Das Bindeglied bildet die schlichte **Betonbrücke** über den Río Sella, ihre stattliche Vorgängerin, eine Eisen-Stahl-Konstruktion aus dem 19. Jh., fiel dem spanischen Bürgerkrieg zum Opfer.

# Ribadesella

## Altstadt

Auf der Ostseite erstreckt sich die quirlige, denkmalgeschützte Altstadt. Auf der **Plaza de la Marina** erhebt sich das älteste Gebäude der Stadt, der **Palacio de Prieto-Cutre** (16. Jh.), in dem heute das Rathaus untergebracht ist. Zu den stimmungsvollsten Plätzen des historischen Zentrums zählen die **Plaza de la Atalaya** und **die Plaza Vieja.**

## Playa de la Marina

Auf der anderen Seite des Flusses befindet sich das gepflegte Wohn- und Villenviertel um die **Playa de la Marina.** Die spanische Upperclass ließ sich zu Beginn des 20. Jh. entlang der Strandpromenade herrliche Villen für ihre Sommerfrische errichten, einige davon wurden inzwischen in schmucke Hotels verwandelt.

## Tito-Bustillo-Höhle

*Tel. 985 18 58 60, 902 30 66 00, www.centro titobustillo.com, Besuch der Höhle: 22. März–29. Okt. Mi–So 10.15–17 Uhr, 1. Augustwochenende geschl., max. 15 Pers. pro Führung, Reservierung erforderlich, wetterfeste Kleidung und festes Schuhwerk erforderlich, Zugang ab 7 J., empfohlen ab 11 J., Eintritt 4,50 €, Mi frei; Ausstellungscenter: Febr., Nov.–Dez. Mi–Fr 10–14.30, Sa, So, Fei 10.30–18, März–Juni, Sept., Okt. Mi–Fr 9.45–17.30, Sa, So, Fei 9.45–18.30, Juli, Aug. Mi–So 9.45–19 Uhr, Eintritt 6 €, Mi frei*

Von der Altstadt kommend findet sich hinter der Brücke der Abzweig zur 300 m entfernten **Cueva de Tito Bustillo.** Die 1968 entdeckte Höhle gehört zu einem weit verzweigten Netz von Sälen, Kammern und Galerien, die bis heute nicht vollständig erforscht sind. Geschaffen wurde das Höhlensystem vom Río de San Miguel, einem Nebenfluss des Río Sella. Auf den Wänden der Höhle hinterließen Steinzeitmenschen eindrucksvolle **Malereien** und **Gravuren.** Die Fachwelt datiert ihre Entstehungszeit zwischen 10 000–25 000 v. Chr. Zu den Motiven gehören in erster Linie Pferde und Jagdtiere wie Hirsche, Rehe und Auerochsen. Weitere Motive zeigen männliche und weibliche Genitalien, sie sind als Symbole der Fruchtbarkeit zu verstehen.

Zur Höhle gehört ein **Museum,** das interessante Informationen zur Entstehung der Höhle, der Grabungsgeschichte sowie zum Leben der Höhlenbewohner bietet.

## Infos

**Oficina de Turismo:** Paseo Princesa Letizia s/n, 33560 Ribadesella, Tel. 985 86 00 38, www.ribadesella.es, Juli, Aug. tgl. 10–14, 16–20, in den übrigen Monaten Di–Sa 10–14, 16–18, So 11–14 Uhr.

## Übernachten

Renommiertes Haus – **Villa Rosario:** Calle Dionisio Ruizsánchez 6, Tel. 985 86 00 90, www.hotelvillarosario.com. Hotel in Traumvilla an der Playa de Santa Marina. Die 17 modern eingerichteten Zimmer laden zum Wohlfühlen ein. €€€

Villa mit Charme – **Ribadesella Playa:** Calle Ricardo Cangas 3, Tel. 985 86 07 15, www.hotelribadesellaplaya.com. Gepflegte Hotelvilla an der Strandpromenade. Die Zimmer in maritimem Blau sind komfortabel, klassisch eingerichtet. Einziges Manko ist das dürftige Frühstücksbuffet. €€€

Solide – **Arbidel:** Calle Oscura 1, Tel. 985 86 06 33, 653 41 93 49, www.arbidelpension.com. Freundliche Pension in der Altstadt. Die Zimmer sind zwar nicht sehr groß, aber nett eingerichtet. Gutes Preis-Leistungs-Verhältnis. €–€€

Agroturismos – **La Biesca:** Lugar Sebreño, (ca. 1,5 km westl. von Ribadesella, über N-632 oder A8 Ausfahrt 333 Pando/El Carmen), Tel. 985 86 00 00, www.labiesca.com. Das Hotel wurde im Stil der asturischen Landhäuser neu errichtet. In den liebevoll eingerichteten Zimmern fühlt man sich wohl. €€ **Foronda:** Lugar Pando (5 km westl. von Ribadesella, A 8 Ausfahrt 333), Tel. 985 86 15 37, www.hotelforonda.com. Das herrlich gelegene Landhotel bietet Ausblicke sowohl auf die Berge als auch auf die Küste. Die Zimmer sind individuell eingerichtet. €–€€

Camping – **Ribadesella:** Sebreño (ca. 2 km westl. von Ribadesella, über N-632 oder A 8

Costa Verde

## WANDERN IN DER SIERRA DEL SUEVE

### Tour-Infos

**Anfahrt:** Von Ribadesella über die A 8 in Richtung Gijón, kurz vor Colunga die Ausfahrt 344 nehmen, weiter in Richtung Arriondas auf der AS-260 bis zum Mirador de Fito (ca. 26 km)
**Start:** Mirador de Fito
**Länge:** Hin und zurück 14 km
**Dauer:** 4–5 Std.
**Höhenunterschied:** 600 m
**Schwierigkeitsgrad:** Mittel
**Infos:** Centro Sueve, Gobiendes, Colunga, Tel. 655 80 97 73, www.sierradelsueve.es

Der Charme von Asturien, das fast unmittelbare Zusammentreffen von Meer und Bergen, lässt sich bei der Wanderung durch das Naturschutzgebiet **Sierra del Sueve** in vollen Zügen genießen. Zudem kann nach der Anstrengung der Tour auf dem Heimweg ein Bad im Meer erfrischen.

Der Ausgangspunkt unserer Tour ist der **Mirador del Fito,** ein Hochsitz aus Beton, der im Jahr 1947 erbaut wurde. Optisch ist er keine Augenweide, dafür eröffnet er fantastische Traumblicke auf das Kantabrische Meer und die Picos de Europa. Gegenüber vom Mirador startet der markierte Wanderweg hinauf zum **Pico de Pienzu,** dem höchsten Gipfel der Sierra del Sueve. Der Weg führt zunächst durch einen Pinienwald und weiter zur **Majada del Bustaco.** Die Hochebene auf 670 m Höhe ist nach ca. 1 Stunde erreicht. Hier sprudelt eine Quelle. Mit etwas Glück hat man die Gelegenheit, *asturcones,* asturische Wildpferde, beim Grasen beobachten zu können.

Ribadesella

Über einen steilen Weg geht es immer weiter bergauf hinauf zur **Majada de Mergullines** (870 m). Dann beginnt der Aufstieg zum Gipfel, das Ziel vor Augen. Denn schon von Weitem ist das 16 m hohe, eiserne Kreuz zu sehen, das den **Pico de Pienzu** (1161 m) bekrönt. Es wurde 1954 erbaut und ersetzte das marode hölzerne Gipfelkreuz. Alle Mühen des Aufstiegs sind angesichts des herrlichen Panoramas schnell vergessen. Wer noch Kraft in den Beinen hat, kann zusätzlich den **Pico de Miruellu** (1138 m Höhe) erklimmen und anschließend in südöstlicher Richtung absteigen. Für alle anderen geht es auf dem gleichen Weg zurück zum Ausgangspunkt.

Auf dem Rückweg lädt bei Colunga die **Playa de la Isla** zum Baden ein. Auch das beschauliche, kleine Küstendorf **La Isla** am Ende der weitläufigen Bucht lohnt einen kurzen Abstecher. Im Ortskern sind noch zahlreiche *hórreos,* die typischen quadratischen Kornspeicher, erhalten geblieben.

Ausfahrt 333 Pando/El Carmen), Tel. 985 85 82 93, www.camping-ribadesella.es, 12. April–22. Sept. geöffnet. Gepflegtes Terrain mit Swimmingpool, Tennisplatz, Fitnessraum, Einkaufsladen und Kinderspielplatz. Es gibt auch Bungalows.

## Essen & Trinken

Kreative, regionale Küche – **La Huertona:** Ctra. de la Piconera s/n (1,5 km südwestl. von Ribadesella), Tel. 985 86 05 53, www.restaurantelahuertona.com, Mi–Mo 13.30–16, Fr, So 21–23.30 Uhr. Aussichtsreiches Restaurant mit hübsch bepflanzter Terrasse. Traditionelle Küche mit frischen, saisonalen Zutaten auf der Höhe der Zeit. €€€

Topadresse – **Arbidel:** Calle Oscura 1, Tel. 985 86 14 40, www.arbidel.com. Das intime Lokal verfügt über eine exquisite Küche. €€€

Angesagte Sidrería – **Carroceu-Sidrería:** Calle Marqueses de Argüelles 25, Tel. 985 86 14 19. Beliebte *sidrería* mit angenehmer Atmosphäre. €

Preiswert – **Meson El Labrador:** Calle Gran Via de Agustín Argüelles 55, Tel. 985 86 01 71, tgl. 12.30–16 Uhr. Das rustikale Restaurant wartet mit solider Küche zu günstigen Preisen auf. €

## Einkaufen

Markt – **Wochenmarkt:** Mi vormittags, um die Calle Gran Vía de Augustín de Argüelles. Käseliebhaber können hier den pikanten Cabrales und den leicht würzigen Gamonéu erstehen, die in den Höhlen von Asturien reifen. Beliebt sind auch die Letizias, ein Mandelgebäck, das nach der spanischen Königin benannt wurde.

Feinkost – **Aramburu:** Gran Vía de Agustín Argüelles 49, Tel. 985 85 76 26, www.aramburu-tienda.es. Das Delikatessgeschäft bietet u. a. köstlichen Käse, Wurst aus der Region und alkoholische Getränke (Weine, Bier, Schnaps) an. Da läuft einem das Wasser im Mund zusammen!

## Aktiv

Outdoor-Aktivitäten – **Surfschule Surf House:** Calle Jesús Delgado »Villa Pilar« Urb. El Pandiello, Ribadesella, Tel. 619 32 70 20, 609 60 72 00, www.surfribadesella.com. Die Surfschule bietet stundenweise Surfkurse und verleiht auch Surfbretter. **Escuela Asturiana de Piragüismo:** Calle Marqueses de Argüelles 23, Tel. 985 85 81 47, www.piraguismo.com. Kajakfahren, Rafting und Mountainbike.

## Termin

**Descenso Internacional del Río Sella:** 1. oder 2. Sa im Aug.

## Verkehr

**Bahn:** Renfe-Bahnhof, Ctra. de la Estación s/n (südli. des Zentrums), Tel. 985 86 15 40, 3 x tgl. Züge nach Oviedo, 2 x tgl. nach Santander, 4 x tgl. nach Llanes.

**Bus**: Busbahnhof, Calle Palacio Valdés s/n, Arriondas (23 km entfernt von Ribadesella), Tel. 985 86 13 04, 699 18 24 23, www.piraguismo.com. Alsa fährt 14 x tgl. nach Oviedo und Llanes, außerdem nach Santander und Gijón.

Costa Verde

# Lastres ▶ 1, K 2

Abenteuerlich staffeln sich die Häuser des reizvollen Fischerorts **Lastres** (900 Einw.) an die felsige Küste. Die hübsche, denkmalgeschützte Altstadt besteht aus einem steilen Gassengewirr. Eine Serpentinenstraße führt hinab zum Hafen. Die wichtigste Einkommensquelle für die Ortschaft bildet nach wie vor die Fischerei. Vor allem Seehecht, Seeaal, Seeteufel und Meerbarben gehen den Fischern in die Netze, versteigert wird der Fang in der **Auktionshalle**.

## Sauriermuseum

*La Rasa de San Telmo, zwischen Lastres und Colunga an der AS-257, Tel. 902 30 66 00, www.museojurasicoasturias.com, Juli, Aug. 10.30–19, März–Juni, Sept., Okt. Mi–Fr 10–17, Sa, So 10.30–18.30, Febr., Nov., Dez. Mi–Fr 10–14.30, Sa, So 10.30–18 Uhr, Zeiten online prüfen, 7,50 €, Mi Eintritt frei*

Ein Anziehungspunkt für Dino-Fans ist das 2004 eröffnete **Muja**, das **Museo del Jurásico de Asturias.** Der originelle, dreigliedrige Museumsbau soll den Fußabdruck eines Dinosauriers nachbilden. Lebensgroße Saurierrepliken repräsentieren in den drei von Kuppeln überwölbten Hallen jeweils ein Zeitalter des Mesozoikums: Trias, Jura und Kreidezeit. Von der Präsenz der Dinosaurier an der asturischen Küste zeugen Abgüsse von Fußspuren, die im Gebiet um Colunga, Villaviciosa und Ribadesella entdeckt wurden.

## Übernachten

Hotel mit persönlicher Note – **Casa Eutimio:** San Antonio s/n, Tel. 985 85 00 12, www.casaeutimio.com. Mitten im Ortszentrum gelegenes charmantes Hotel mit zehn Zimmern und Restaurant (Menü ab 30 €). Von der Terrasse genießen die Gäste einen herrlichen Ausblick über die Küste und auf die Sierra del Sueve. €€
Camping – **Costa Verde:** Playa de la Griega (ca. 2 km südl. von Lastres), Tel. 985 85 63 73, www.campingcostaverde.es. Der einfach ausgestattete Platz liegt direkt an der schönen Playa de la Griega.

## Aktiv

Baden – Die attraktiven Strände von Lastres wie die **Playa de Lastres** und die **Playa de la Griega** laden zum Schwimmen ein.

# Villaviciosa und Umgebung ▶ 1, J 2

## Villaviciosa

Die Stadt **Villaviciosa** (15 000 Einw.) an der gleichnamigen Ría gilt in Asturien als die Metropole des Apfelweins, der *sidra*. In der Umgebung von Villaviciosa breiten sich deshalb die großen Apfelplantagen aus. Der Ruhm des Apfelweins eilt der Stadt weit voraus: Wer die Probe aufs Exempel machen möchte, hat in der schmucken Altstadt angesichts der zahlreichen Apfelweinschänken *(sidrerías)* die Qual der Wahl.

Das Herz der Altstadt bildet die **Plaza Mayor,** die von reizvollen Gassen mit wappengeschmückten Häusern umgeben ist. Die älteste Kirche, die **Iglesia de Santa María del Oliva** (13. Jh.), entstand noch im Geist der Spätromanik.

## Tazones

Im 10 km nördlich gelegenen Fischerort **Tazones** ging der spätere Kaiser Karl V. mit seinen Gefolgsleuten 1517 an Land, um sich in Spanien als König Karl I. krönen zu lassen. Der Schiffskapitän war allerdings etwas vom Kurs abgekommen, ursprünglich sollte der Hafen von Santander angesteuert werden.

## Kirchen um Villaviciosa

Auf einer Anhöhe, rund 7 km südlich von Villaviciosa (von der AS-113 Abzweig links Richtung El Palacio), erhebt sich die wohlproportionierte, romanische **Iglesia San Juan de Amandi** (12. Jh.). Besonders die elegante Gestaltung der Apsis mit ihren filigranen Säulenreihen und die fantastisch gearbeiteten Kapitele ziehen die Blicke der Besucher auf sich.

Ins grüne Tal von **Valdediós** knapp 10 km südwestlich (über die AS-113 zu erreichen, Abzweig ist ausgeschildert) bettet sich die

# Sidra – Asturiens Nationalgetränk

Was der Äppelwoi für die Hessen, das ist die *sidra* für die Asturier. Für den Weinanbau eignete sich das regenreiche Asturien nicht wirklich gut, so verschrieben sich die Einwohner voll und ganz dem Apfelwein. Fast schon Kultstatus besitzt das kunstvolle Ritual des Einschenkens.

*Die Qualität der Sidra wird immer wieder geprüft*

Die Ursprünge der *sidra* verlieren sich im Dunkel der Geschichte. Der Grieche Strabo bekundete bereits im 1. Jh. v. Chr., dass die Asturier gerne ein Getränk zu sich nehmen, das sie *zythos* nennen und aus vergorenen Äpfeln herstellen. Erwiesen ist, dass die Kelten, die sich in der Region niederließen, eine Vorliebe für das berauschende Getränk hegten. Heute werden in Asturien auf einer Fläche von 65 000 ha 22 verschiedene Apfelsorten angebaut. Das Gros der Ernte wird zu *sidra* verarbeitet. 45 Mio. l des Nationalgetränks rinnen pro Jahr durch die Kehlen der Asturier!

Für die Qualität der *sidra*, die durch Zuckergärung des Apfelsaftes entsteht, ist die richtige Mixtur der Apfelsorten entscheidend. Der Alkoholgehalt beträgt 4–6 %. In kleineren Apfelweinkeltern, den *lagares*, entsteht die *sidra* noch auf traditionelle Weise. Die Äpfel werden in einem Bottich mit einem Stößel zermalmt. Danach kommt die breiige Masse in die Presse, um den Saft zu keltern. Der Apfelmost vergärt etwa sechs Monate in Kastanienholzfässern, anschließend wird die so gewonnene *sidra natural* auf Flaschen gezogen. Grundsätzlich werden zwei Arten von *sidra* unterschieden: Die *sidra natural* wird ohne Zugabe von Zusatzstoffen hergestellt. Die Geschmacksnote der naturtrüben *sidra natural* ist herb und säuerlich. Im Gegensatz dazu steht die industriell hergestellte, weit länger haltbare *sidra gasificada*, der Kohlensäure und Zucker zugefügt werden. Der Most reift in großen Edelstahltanks heran. Mehr oder weniger stark gezuckert wird unterschieden zwischen *sidra extra* (halbtrocken), *sidra selecta* (trocken) und *sidra refrescante* (mit viel Kohlensäure). Im Winter finden die legendären *espichas* statt, im Kreise der Familie oder der Freunde wird der erste Fassanstich in den traditionellen Apfelweinkeltern gefeiert.

Zur *sidra* wird Bodenständiges aufgetischt wie Paprikawürstchen, Schinken, Cabrales-Käse und *tortillas*. Meist herrscht eine ausgelassene Stimmung, die natürlich mit dem Konsum der *sidra* steigt. In fröhlicher Runde stimmen die Gäste Lieder an und tauschen Witze aus.

Das ganze Jahr über treffen sich die Asturier in den traditionellen Apfelweinschenken, die *sidrerías* oder *chigres* genannt werden. Das Ausschenken der *sidra* ist eine Kunst für sich! Der *escanciador*, der *sidra*-Kellner, hält die Flasche möglichst hoch über den Kopf und schenkt die *sidra* mit erhobenem Arm in das tief gehaltene Glas ein, sodass der Strahl auf den oberen Glasrand aufschlägt. So wird die *sidra* dekantiert und entfaltet ihre Aromen. Traditionell teilen sich die Gäste ein Glas, deshalb lässt man einen Rest im Glas, der auf den Boden gekippt wird, das auf diese Weise gespülte Glas wird dann weitergereicht. *Sidra* ist somit in jeder Hinsicht eine feucht-fröhliche Angelegenheit!

## Costa Verde

bereits 893 geweihte **Iglesia de San Salvador de Valdediós.** Die Initiative für den Bau der dreischiffigen tonnengewölbten Basilika ging von König Alfons III. dem Großen (866–910) aus. Vor allem die schön gearbeiteten Fenster, die romanischen Kapitelle sowie die Überreste der Wandmalereien machen den Reiz des Gotteshauses aus. Die Kirche, die zum UNESCO-Welterbe zählt, gilt als eines der besten Beispiele der präromanischen Architektur Asturiens.

### Apfelweinmuseum

*Plaza del Príncipe de Asturias s/n, Nava, Tel. 985 71 74 22, www.museodelasidra.com, Mitte Juni–Mitte Sept. Di–Sa 11–14, 16–20, So 12–14, 17–20, sonst Di–Fr 11–14, 16–19, Sa 11–15, 16.30–20, So 11–14 Uhr, 4 €*

Wer sich intensiver mit dem leicht säuerlichen Nationalgetränk Asturiens beschäftigen möchte, ist im **Museo de la Sidra** gut aufgehoben. Das 1996 eingeweihte, interaktiv gestaltete Museum liegt 27 km südlich von Villaviciosa in **Nava.** Das Museum erklärt anschaulich die Bedeutung des Apfelweins für die Kultur der Region. Hier lernen die Besucher die Geschichte der Herstellung der *sidra* von den Anfängen bis in die Gegenwart kennen.

### Infos

**Oficina Municipal de Turismo:** Casa de los Hevia, Calle Agua 29, 33300 Villaviciosa, Tel. 985 89 17 50, www.turismovillaviciosa.es, Frühjahr, Sommer Mi–Sa 10–14.30, 15.30–18, So 10–14.30, sonst Di–Sa 10–14.30, 15.30–18 Uhr.

### Übernachten

Komfortabel – **Hotel Mirador de Moriyón:** Calle Moriyón 2, Villaviciosa, Tel. 985 87 69 13, www.miradordemoriyon.com. Vom Hotel aus bietet sich ein herrlicher Blick über die Ría. Das freundlich geführte Haus verfügt über komfortabel eingerichtete Zimmer, ein gutes Restaurant und eine schöne Aussichtsterrasse. €€–€€€

Agroturismo – **La Corte de Lugás:** Santa María de Lugas (rund 5 km südl. von Villaviciosa, AS-255 in Richtung Infiesto, nach 3 km Abzweig nach links), Tel. 985 89 02 03, www.lacortedelugas.com. Das exklusive Landhotel bietet neben stilsicher eingerichteten Zimmern auch Apartments mit Jacuzzi und offenem Kamin für 2–6 Pers. Abendessen für Hotelgäste. €€–€€€

Sympathisch altmodischer Stil – **Casa España:** Plaza Carlos 1–3, Villaviciosa, Tel. 985 89 20 30, www.hcasaespana.com. Attraktives Hotel in einer Villa vom Anfang des 20. Jh. Die geschmackvollen Zimmer sind mit einer aristokratischen Note gestaltet. €–€€

### Essen & Trinken

Fisch und Meeresfrüchte – Wer kulinarisch Richtung Fisch tendiert, sollte den Weg nach **Tazones** nicht scheuen: Der Ort ist bekannt für seine guten **Fischlokale.**

### Termin

**Fiesta de la Sidra:** Erste Woche im Sept. Apfelweinfest in Villaviciosa.

# Gijón  ▶ 1, J 2

**Gijón,** die mit 272 000 Einwohnern größte Stadt Asturiens, lebt hauptsächlich vom Hafen und der Industrie. Seit der Überwindung der Krise in der Schwerindustrie und im Schiffsbau (Ende der 1970er-/Anfang der 1980er-Jahre) war die Tristesse einer Aufbruchstimmung gewichen. Der Dienstleistungssektor hatte stark zulegt, für neuen Aufwind sorgten Kongresse und der Tourismus.

In der über 2500 Jahre alten Stadt ging vieles an historischer Bausubstanz im Spanischen Bürgerkrieg (1936–1939) verloren. Die Arbeiterstadt lieferte sich schwere Kämpfe mit den aufständischen Truppen Francos. So blieben die Repressionen nach der Machtübernahme Francos nicht aus. Trotzdem boomten der Hafen, der Schiffsbau und die Schwerindustrie. Der Zuzug aus allen Landesteilen war groß. Um die Nachfrage nach günstigem Wohnraum zu stillen, wurde die Stadt regelrecht mit schnell hochgezogenen Neubauten zugepflastert. Dennoch lohnt es sich, der modernen, weltoffenen und ausgesprochen lebendigen Stadt einen Besuch abzustatten. Reizvoll sind die gepflegte Altstadt und die 1,5 km lange Playa de San Lorenzo mit der dazugehörigen Promenade. Außerdem gibt es in Gijón an die 20 Gebäude im Art-déco-Stil (u. a. in der Calle Corrida, Calle Cabrales). Rund 3 km vom Zentrum entfernt findet sich die monumentale Universidad Laboral aus der Franco-Zeit, mit 270 000 m² das größte Gebäude von ganz Spanien. Heute läuft der Komplex unter dem Namen Laboral Cuidad de la Cultura und wird als Universität, Kulturstadt und Forschungszentrum genutzt.

## Halbinsel Santa Catalina

Die felsige, ins Meer vorgeschobene Halbinsel unterteilt die Stadt in zwei Hälften. Im Westen liegen der große Industriehafen El Musel und der schicke Sporthafen. Im Osten findet sich die Playa de San Lorenzo in einer weit geschwungenen Bucht. Der historische Stadtkern **Cimadevilla**, das einst sehr ärmliche Viertel der Fischer und Seeleute, bettet sich malerisch auf die Halbinsel. In den letzten Jahren wurde es herausgeputzt und entwickelte sich so zum In-Viertel. Oben auf der grünen Anhöhe von Santa Catalina verbergen sich die überwucherten Reste der **Festungsanlage**.

### Plastik von Chillida
1990 platzierte der baskische Künstler **Eduardo Chillida** hier vor der Steilküste seine monumentale, abstrakte Plastik »**Elogio del Horizonte**« (Lob des Horizonts). Die 10 m hohe Betonskulptur bringt stolze 500 t auf die Waage. Im offenen Halbrund fängt sich der Wind der Brandung und erzeugt ein ganz eigenes Klangspiel. Vom jungen Wahrzeichen der Stadt bietet sich ein erhabener Ausblick über die Costa Verde und das Meer.

### Geburtshaus von Jovellanos
*Plazoleta Jovellanos 2, Tel. 985 18 51 52, www. museos.gijon.es, Di–Fr 9.30–14, 17–19.30, Sa, So, Fei 10–14, 17–19.30 Uhr, Eintritt frei*
Im unteren Teil des Fischerviertels erblickte der Staatsmann und Schriftsteller der Aufklärung, Gaspar Melchor de Jovellanos (1744–1811), das Licht der Welt. In seiner **Casa Natal de Jovellanos** (16. Jh.) ist heute ein

## GIJÓN CARD

Die **Gijón Card** ist in den Touristenbüros oder online über www.reservagijon.es erhältlich, sie kostet für 1 Tag 17 €, für 2 Tage 25 €, für 3 Tage 30 €. Online kann die Karte über die App »Visit Gijón« bezahlt werden. Mit der Karte ist u. a. der Eintritt in das Aquarium und den botanischen Garten frei, auch die städtischen Verkehrsmittel können kostenlos benutzt werden. Zudem gibt es Preisnachlässe bei einigen Museen, Geschäften sowie beim Guppy (Hop-on-Hop-off-Bus) und bei Stadtführungen. Eine Auflistung aller Ermäßigungen findet sich auf der oben genannten Webseite.

Museum untergebracht. Es widmet sich dem Andenken des wichtigsten Repräsentanten der Aufklärung in Spanien und enthält Kunstwerke asturischer Künstler des 19. Jhs. und 20. Jhs.

### Römische Thermen
*Campo Valdés s/n, Tel. 985 18 51 51, Di–Fr 9.30–14, 17–19.30, Sa, So, Fei 10–14, 17–19.30 Uhr, 2,50 €, So Eintritt frei*
Nahebei erinnern die Ausgrabungen der **Termas Romanas de Campo Valdés** an die raffinierte Badekultur der Römer.

### Plaza del Marqués
Das Bindeglied zwischen dem historischen Zentrum und den später entstandenen Stadtvierteln bildet die **Plaza del Marqués.** In ihrem Zentrum erhebt sich das **Denkmal für den Feldherrn Don Pelayo,** der die Reconquista Spaniens von Asturien aus einleitete. Der Blickfang der Plaza ist jedoch der turmbewehrte **Palacio Revillagigedo** (18. Jh.). Die

# Costa Verde

Sparkasse Cajastur übernahm seinerzeit die Sanierung des Gebäudes und eröffnete bereits 1991 hier ihr **Kunst- und Kulturzentrum** (Plaza del Marqués 2, Tel. 985 34 69 21, Sommer Di–Sa 11–13.30, 16.30–21, So, Fei 12–14.30, sonst Di–Sa 11.30–13.30, 17–20, So, Fei 12–14 Uhr, Öffnungszeiten für Ausstellungen). Direkt daneben erhebt sich die barocke Stiftskirche San Juan de Bautista.

In unmittelbarer Nachbarschaft findet sich die schmucke, lebhafte **Plaza Mayor,** an der das **Rathaus** (19. Jh.) liegt. Unter den Arkaden laden Kneipen und Cafés zum Verweilen ein.

## Vom San-Lorenzo-Strand zum Río Piles

Östlich der Plaza Mayor erstreckt sich der Hausstrand, die 1,5 km lange **Playa de San Lorenzo** vor einer dichten Hochhauskulisse. Die endlos lange Promenade entlang der feinsandigen Bucht bis zur Mündung des Río Piles wurde einer Verschönerungskur unterzogen.

### Freilichtmuseum

*Paseo del Doctor Fleming 877, Tel. 985 18 29 60, 985 18 29 63, April–Sept. Di–Fr 10–19, Sa, So, Fei 10.30–19, Okt.–März Di–Fr 9.30–18.30, Sa, So, Fei 10–18.30 Uhr, Eintritt frei*
Am östlichen Flussufer gegenüber dem Fußballstadion El Molinón liegt das Freilichtmuseum **Pueblo de Asturias.** Zu sehen sind alte Bauern- und Landhäuser sowie die für Asturien typischen, auf Stelzen ruhenden Getreidespeicher *hórreos*. Interessant für Musikliebhaber ist das **Museo de la Gaita,** das Dudelsackmuseum, das im Landhaus de los González de la Vega (18. Jh.) untergebracht wurde. Auf dem Areal steht auch der **Pabellón de Asturias,** der die Region auf der Expo 1992 in Sevilla repräsentierte. Der architektonisch interessante Pavillon dient heute als Museumszentrale. Im Innern des Gebäudes präsentiert eine Ausstellung die Geschichte der Küche sowie des häuslichen Lebens in der Region Asturien zwischen 1800 und 1965.

## Rund um den Sporthafen

Zum Flanieren bietet sich auch die modern gestaltete Meile am **Puerto Deportivo** an, der Anlegestellen für insgesamt 780 Boote bietet.

### Eisenbahnmuseum

*Plaza Estación del Norte s/n,
Tel. 985 18 17 77, April–Sept. Di–Fr 10–19, Sa, So, Fei 10.30–19, Okt.–März Di–Fr 9.30–18.30, Sa, So, Fei 10–18.30 Uhr, 2,50 €, So Eintritt frei*
Am Ende der 1995 eingeweihten Promenade lädt das – nicht nur für eingefleischte Eisenbahnfans – interessante **Museo del Ferrocarril de Asturias** im ehemaligen Nordbahnhof zum Besuch ein. Seine Exponate

beleuchten sowohl die Entwicklung der Eisenbahnen in Asturien als auch deren wirtschaftliche Bedeutung für die Region.

## Aquarium
*Playa de Poniente, Tel. 985 18 52 20, www.acuariodegijon.es, Juli, Aug. tgl. 10–22, sonst Kernzeiten tgl. 10.30–19 Uhr, letzter Einlass 1 Std. vor Schließung, 18 €*

Weiter entlang des Paseo Marítimo de Poniente trifft man auf das erst 2006 eröffnete **Acuario de Gijón.** In 50 Becken, die zwischen 150 und 5000 l Wasser fassen, tummeln sich rund 4000 Fische. Das Aquarium bietet eine Reise durch die Meere der Welt, so lernen die Besucher die Unterwasserwelten des Atlantiks, der Karibik, des Pazifiks und des Roten Meers kennen. Die Sympathieträger des Aquariums sind die drolligen Magellan-Pinguine. Die unangefochtenen Stars sind jedoch die gefürchteten Bullenhaie aus Florida, die sich in ihrem neuen Domizil offensichtlich wohlfühlen.

## Infos
**Oficina de Turismo/Info Gijón:** Casa Paquet, Plaza San Fermin García Bernado, s/n, 33206 Gijón, Tel. 985 34 17 71, www.gijon.es, tgl. 10–14.30, 16.30–19.30 Uhr, Ostern, Aug. durchgängig geöffnet bis 20 Uhr. Zweigstelle: Infogijón Escalerona, Playa de San Lorenzo (escalera 4). Genaue Infos online unter www.gijón.es.

*An der Playa de San Lorenzo in Gijon*

## Costa Verde

### Übernachten

Für Nostalgiker – **Hotel Quinta Duro:** Camino de las Quintas 384, Cabueñes (6 km südöstl. von Gijón), Tel. 985 33 04 43, www.hotelquintaduro.com. Der einstige Sommersitz des Großindustriellen Pedro Duro verströmt den gediegenen Charme des 19. Jh. Umgeben von einem prächtigen Garten. €€–€€€

Gediegen mit Flair – **Parador de Gijón:** Av. Torcuato Fernández Miranda 15, Tel. 985 37 05 11, www.parador.es. Eine ehemalige Mühle im Parque de Isabel la Católica ganz in der Nähe der Playa de San Lorenzo beherbergt den Parador mit gediegener, gemütlicher Einrichtung. Im hübschen Garten fällt das Entspannen leicht. Mit Restaurant. €€–€€€

Design mit klaren Linien – **Hotel Arena:** Calle Dr. Aquilino Hurlé 31, Tel. 985 33 97 00, www.hotelarena.es. Das modern durchgestylte Haus liegt nur 50 m vom Strand entfernt. Es gibt hoteleigene Parkplätze. €€

Familiär – **Hotel Central:** Plaza Humedal 4, Tel. 985 09 86 51, www.hotelcentralasturias.com. Kleines Hotel mit nur neun Zimmern, die hell und freundlich eingerichtet sind. Das Zentrum und die Uferpromenade sind leicht zu Fuß zu erreichen. €–€€

Agroturismos – **LIV Home:** Camino del Reganorio, 33390 Gijón (10 Autominuten entfernt vom Zentrum von Gijón), Tel. 648 95 11 05, www.livhome.es. Die charmante Unterkunft befindet sich in einer ehemaligen Sidrería (Apfelweinstube). Die fünf Zimmer sind individuell mit viel Liebe zum Detail dekoriert. Der Garten ist eine kleine Oase. Das reichhaltige Frühstück ist ein weiterer Pluspunkt. Ein kleiner Laden verkauft Kunstwerke und Möbel. €€€ **Hotel La Ermita de Deva:** Camin del Valliquin, 33391 Gijón (ca. 9 km südöstl. des Zentrums), Tel. 985 33 34 22, www.laermitadeva.com. Stilvolles, komfortables Landhaus mit nur einer Handvoll Zimmern. Mit Frühstück. €€–€€€

Camping – **Deva-Gijón:** Camín de la Pasadiella 85, Deva (ca. 9 km südöstl. des Zentrums), Tel. 985 13 38 48, www.campingdeva-gijon.es. Komfortabler Platz mit Restaurant, Cafeteria, Grill- und Tennisplatz. Personen.

### Essen & Trinken

Bodenständige Küche – **La Pondala:** Av. Dioniso Cifuentes 58, Tel. 985 36 11 60, www.lapondala.com, Do, So abends geschl. 1891 gegründetes Lokal, in attraktiver Lage im Stadtteil Somio. Begehrt sind die Plätze auf der Terrasse. Gute traditionelle Küche. €€–€€€

Klassiker – **Casa Zabala:** Calle Vizconde Campo Grande 2, Tel. 985 34 17 31, bei Facebook, Mo, So abends geschl. Gepflegtes Traditionslokal in der vierten Generation mitten in der Altstadt. Hervorragend zubereitete Fischgerichte wie Thunfisch vom Grill oder Brasse. €€

Gemütlich – **El Cencerro:** Decano Prendes Pando 24, Tel. 984 39 15 67, www.tabernaelcencerro.es, Mo und So abends geschl. Angenehmes Ambiente und aufmerksames Personal. Mit Liebe zum Detail präsentierte Küche. Spezialität: exzellent zubereitete Fleischgerichte. €€

Originell – **La Charrería:** Calle Uria 9, Tel. 984 84 69 83, www.lacharreriagijon.com, Mo, Di geschl. Gemütliches Flair gepaart mit leckeren kulinarischen Kreationen. Empfehlenswert ist der Salat mit *zamburiña* (Kammmuscheln). €–€€

Kaffeehaus – **Dindurra:** P. Begoña 11, Tel. 984 18 18 20, https://dindurra.es, So–Do 9–24, Fr, Sa 9–2 Uhr. Die Geschichte des Art-déco-Cafés geht auf das Jahr 1901 zurück. Im stilvollen Ambiente lässt es sich hier wunderbar frühstücken oder einen Cocktail genießen. Das Café bietet auch diverse Speisen an. €–€€

### Einkaufen

Die **Hauptgeschäftsstraßen** wie die Calles San Bernardo, Los Moros, Corrida, Covadonga oder Menéndez Valdés erstrecken sich südlich der Plaza Mayor.

Markt – **Mercado Ecológico y Artesano:** www.mercadoartesanoyecologico.com. In der Regel jeweils am zweiten Wochenende im Monat (Termine online prüfen) findet auf der Plaza Mayor der Öko- und Kunsthandwerkermarkt statt. Neben Schmuck und Malerei, Waren aus Holz, Leder, Papier oder Ton wird ein breites Spektrum an Bioerzeugnissen und fair gehandelten Produkten angeboten.

## Abends & Nachts

Theater – **Teatro Jovellanos:** Paseo de Begoña 11, Tel. 985 18 29 29, bei Facebook. Theater, Konzerte und Kino.

Kulturstadt – **Laboral Cuidad de Cultura:** Calle Luis Moya Blanco, 261, Tel. 985 18 58 60, www.loboralcuidaddecultura.com. Im Rahmen von 90-min. Führungen kann die Anlage mit dem Turm besichtigt werden. Reservierung und Veranstaltungskalender online (u. a. Theater, Konzerte, Kino).

Livemusik – **La Vida Alegre:** Buen Suceso 8, bei Facebook. Kleines Lokal mit entspannter Atmosphäre. Livekonzerte vor allem am Wochenende (Programm auf Facebook).

## Aktiv

Spazierengehen und Radfahren – Östlich der Mündung des Río Piles beginnt ein 2 km langer Küstenweg, der zur **Playa de Peñarrubia** führt. Skulpturen sorgen für Gesprächsstoff.

## Termine

**Día de Asturias:** Erster So im Aug. An dem farbenprächtigen Umzug nehmen Folkloregruppen aus ganz Asturien teil.

**Festival de la Sidra Natural de Gijón:** Ende Aug. Der Apfelmost, das Nationalgetränk Asturiens, fließt in Strömen. Jedes Jahr versucht die Stadt, ihren eigenen Guinness-Rekord beim synchronen Ausschenken zu toppen.

**Festival Internacional de Cine Gijón:** ca. Mitte–Ende Nov., www.gijonfilmfestival.com. Beim Filmfestival werden Nachwuchskünstler präsentiert.

## Verkehr

**Bahn:** Renfe-Bahnhof, Sanz Crespo s/n, Tel. 912 32 03 20, 912 43 23 43. Verbindungen nach Oviedo 5 x tgl., León 5 x tgl., Barcelona 4 x tgl., Madrid 4 x tgl.; die nordspanische Schmalspurbahn steuert Ziele in Asturien, Galicien, Kantabrien und im Baskenland an.

**Bus:** Busbahnhof, Magnus Blikstad 1, Tel. 985 34 27 13, 902 42 22 42. Alsa unterhält die meisten Buslinien. Ziele in Asturien sind u. a. Oviedo, Ribadesella, Cudillero, Luarca; außerdem werden Santander, Bilbao, San Sebastián, León, Madrid angefahren.

# Avilés und Umgebung

▶ 1, H 2

**Avilés,** die mit 78 000 Einwohnern drittgrößte Stadt in Asturien, ist eine Industrie- und Hafenstadt. Deshalb erschreckt sie zunächst durch ihre tristen Neubauviertel und die rauchenden Schlote der Schwerindustrie. Aber längst hat auch in der einst am stärksten kontaminierten Stadt Spaniens das Umdenken eingesetzt: Der Umweltschutz ist im Vormarsch, viele der schlimmsten Dreckschleudern haben längst ihre Pforten geschlossen. Aviles ist eine Stadt im Wandel.

## Altstadt

Die Altstadt braucht sich nicht zu verstecken, der repräsentative **Rathausplatz** und die von Arkaden gesäumte, lang gestreckte **Plaza de Domingo A. Acebal** bilden schmucke städtebauliche Ensembles. Auf der **Plaza de Hermanos Obrón,** die eingefasst wird von weiß verglasten Häuserfronten, steht die **Markthalle La Plaza,** eine filigrane Eisen-Glas-Konstruktion. Vor allem am Montag, wenn sich rund um die Markthalle ein bunter Wochenmarkt installiert, geht es hier lebhaft zu.

## Kulturzentrum Niemeyer

*Av. del Zinc s/n, Tel. 984 83 50 31, www.niemeyercenter.org, die Außenanlage tgl. 8–24 Uhr zugänglich, der Veranstaltungskalender findet sich online, ca. 45-min. span. Führungen über das Areal, 24. Juni–10. Sept. tgl. 12.30 und 17, 11. Sept.–23. Juni Mi–So 12.30 und 17 Uhr, 3 €*

Für Aufbruchstimmung sorgte im strukturschwachen Avilés das Centro Niemeyer. Nach dreijähriger Bauzeit wurde es im März 2011 auf der künstlich angelegten Isla de la Innovación (Insel der Erneuerung) in der Ría von Avilés eröffnet. Die Planung für das Kulturzentrum übernahm der legendäre brasilianische Stararchitekt Oscar Niemeyer. Entstanden ist ein architektonisches Ensemble in hellem Sichtbeton, das bestens angenommen wird von den Einwohnern und den Besucher von Avilés.

## Costa Verde

Um die große Plaza, das Herz der Anlage, gruppieren sich harmonisch vier Gebäudekomplexe. Vom Auditorium führt ein Laufsteg zur kuppelförmigen Hemisphäre, die als Konferenz- und Ausstellungsgebäude genutzt wird. Ein Mehrzweckgebäude dient Filmvorführungen und Konferenzen. Der 18 m hohe Aussichtsturm mit einer äußeren Wendeltreppe beherbergt ein Restaurant mit Blick auf die Stadt.

Ganz Avilés setzte seine Hoffnung auf einen Niemeyer-Effekt – in Anlehnung an den Guggenheim-Effekt in Bilbao –, der der gebeutelten Industriestadt neues Leben einhauchen sollte. Die Anfangsjahre waren von schweren finanziellen und internen Turbulenzen gekennzeichnet, die kurzfristig sogar zu einer Schließung führten. Mittlerweile läuft alles längst in ruhigeren Bahnen und das Zentrum bietet eine breite Palette von Veranstaltungen und Aktivitäten.

### Wanderung zum Peñas-Kap

*Ab Faro de San Juan de Nieva, 16 km, zu Fuß ca. 3 Std., mit dem Rad ca. 1 Std., leicht*

Das **Cabo de Peñas,** bekrönt von einem Leuchtturm, markiert den nördlichsten Punkt Asturiens. Bis zu 100 m hohe Klippen bestimmen die Szenerie des Naturschutzgebietes 18 km nordöstlich von Avilés. Das Kap und seine vorgelagerten, kleinen Inseln bilden wichtige Refugien für die maritime Vogelwelt.

Um das Kap verläuft ein landschaftlich eindrucksvolles Teilstück des Wander- und Radwegs **Senda Costera** (Küstenweg), der sich zukünftig über die ganze asturische Küste erstrecken soll. Nördlich von Avilés startet die Tour beim Leuchtturm **Faro de San Juan de Nieva.** Unterwegs laden Dünenstrände wie die **Playa Aguilera** und die **Playa de Xagó** zu einem Bad im Meer ein. Die Krönung der Tour sind die Klippen am **Cabo de Peñas** und der weite Panoramablick über die Küste.

### Infos

**Oficina de Turismo:** Calle Ruíz Gómez 21, Tel. 985 54 43 25, www.avilescomarca.info.

## Cudillero ▶ 1, H 2

Wie eine Achterbahn schlängelt sich die Straße durch das Fischerdorf **Cudillero** (5300 Einw.). Die farbenfrohen Häuser der Ortschaft staffeln sich eindrucksvoll an die steilen Hänge. Ein Ort wie aus dem Bilderbuch! Wer sich die Kurverei durch den Ort ersparen möchte, kann den Parkplatz beim Hafen über die Straße CU-3 ansteuern. Einst war für die Bewohner der Fisch-

*In der Markthalle von Avilés: Plausch an der Fischtheke*

# Cudillero

fang die einzige Einkommensquelle, heute finden viele im Tourismus ihr Auskommen. Insbesondere die Gastronomie blüht. Die Einwohner von Cudillero sprechen interessanterweise einen ganz eigenständigen Dialekt, der *pixueto* heißt. So liest man auf einigen Schildern Cuideiru statt Cudillero. Vom alten Hafen führt ein Pfad zum **Leuchtturm,** von dem aus sich ein herrlicher Blick über die 40 m hohen Klippen der Küste von Cudillero bietet.

## Quinta-Palast

*El Pito, Tel. 985 59 01 20, www.selgas-fagalde. com, 24. Juni–10. Sept. Di–So 10.30–20/21 Uhr, 12 €, Ticket beinhaltet Besuch des Palastes, der Gärten, des Pavillons, des Schulmuseums*

In der nahen Gemeinde El Pito findet sich der luxuriöse **Palacio de la Quinta** aus dem 19. Jh., der noch bis 1992 von der Familie Selgas Fagalde bewohnt war, einer der einflussreichsten Familien der Region. Allein schon die 90 000 m² große Gartenanlage mit ihren exotischen Bäumen und Pflanzen lohnt den Besuch. Im Innern verblüfft die exquisite, 200 Gemälde umfassende Sammlung, die Werke von Murillo, Goya, El Greco, Rubens und Tizian bis hin zu Picasso vereint.

## Infos

**Oficina de Turismo:** Puerto del Oeste s/n (direkt beim Hafen), 33150 Cudillero, Tel. 985 59 13 77, www.cudillero.es, Ostern, Juli, Aug. tgl. 10–14, 16–19.30, Juni, Sept., Weihnachten, Brückentage tgl. 11–14, 16–18, sonst Mo–Sa 10–15 Uhr.

## Übernachten

Voller Nostalgie – **Casona de la Paca:** El Pito (1 km südöstl. von Cudillero), Tel. 985 59 13 03, www.casonadelapaca.com. Kleines Traumhotel in einer Villa mit behaglichem Kaminzimmer und kleinem Garten ums Haus. Überzeugend ist auch das Frühstücksbuffet mit frisch gepresstem Saft und selbst gebackenem Kuchen. €€

Rustikal – **La Casona de Pio:** Calle Riofrío, 3, Tel. 985 59 15 12, www.lacasonadepio.com. Hotel mit gediegener Atmosphäre im Zentrum. Kaum zu glauben, dass im Gebäude früher Fische eingepökelt wurden. Ein gutes Frühstück kann dazu gebucht werden. €€

Familiär geführtes Haus – **Hotel Casa Prendes:** San José 4, Tel. 985 59 15 00, www.hotel casaprendes.com. Kleines Hotel mit neun Zimmern, die Ausstattung ist geschmackvoll rustikal. €–€€

Agroturismos – **Casa Vieja del Sastre:** Los Quintos s/n, Soto de Luiña (10 km westl. von Cudillero), Tel. 985 59 61 90, www.casavieja delsastre.com. Hotel in ländlicher Umgebung mit 13 ansprechend eingerichteten Zimmern und einem Restaurant mit bodenständiger Küche. €–€€

Camping – **L'Amuravela:** El Pito (ca. 1 km südöstl. von Cudillero), Tel. 985 59 09 95, www. lamuravela.com. Der komfortable Platz liegt hinter dem Hotel Casona de la Paca. Bungalows, Swimmingpool, Kinderspielplatz, ordentliche Sanitäranlagen, kleiner Supermarkt und Cafeteria.

## Essen & Trinken

Gepflegte Küche – **El Pescador:** Tolombreo de Arriba s/n, El Pito (1 km südöstl. von Cudillero), Tel. 985 59 09 37, www.hotelrestauranteel pescador.com. Das Restaurant des gepflegten

# PLAZA AM MEER

Die stimmungsvolle **Plaza de la Marina** ist das Herz von Cudillero, hier treffen sich Einheimische und Besucher. Oberhalb der Plaza gruppieren sich die farbenfrohen Häuser wie in einem Amphitheater am Hang. Nur ein paar Schritte sind es zum Meer und dem Hafen. In einem der zahlreichen Terrassenlokale lässt sich das bunte Treiben beobachten und man kann die Blicke zum Meer schweifen lassen.

## Costa Verde

Hotels (€€) ist bekannt für seine frischen, gut zubereiteten Fisch- und Fleischgerichte. Die Portionen sind reichhaltig. €€
Familienbetrieb mit guter Küche – **Cabo Vidío:** Oviñana, Cudillero, Ausfahrt 438 von der A8 in Richtung Valdredo, (ca. 10 Min. von Cudillero), Tel. 985 59 61 12, www.cabovidio.com. Exzellente Speisen aus dem Meer. Das dazugehörige Hotel bietet rustikales Flair (€€). €€

### Aktiv

Reiten – **Aventuras a Caballo:** Lamuño (ca. 9 km westl. von Cudillero), Tel. 985 59 73 23, www.aventurasacaballo.com. Veranstaltet Reitausflüge, auch mehrtägige Touren.
Surfen, Stand-up-Paddling – **NS-Experience:** https://ns-experience. com. Surfkurse: San Pedro dela Ribera (Cudillero) und Playa de Salinas (Castrillón, 24 km östl. von Cudillero), SUP-, Rad- und Trekking-Touren.
Baden – Zu den schönsten Stränden in der Umgebung zählen die beliebte feinsandige **Playa de Aguilar,** die sich etwa 3 km östlich von Cudillero erstreckt, sowie die **Playa de la Concha de Artedo,** in einer wunderschönen Bucht ungefähr 4 km westlich von Cudillero gelegen.

### GUTES AUS DEM MEER

Entlang der **Hafenmeile** von Luarca wird bestens für das leibliche Wohl gesorgt: Hier kommt in zahlreichen Fischrestaurants der Fang ganz frisch auf den Teller. Eine üppige Meeresfrüchte-Platte für zwei Personen kostet um die 45 €. Beliebt bei den Einheimischen ist das Lokal **El Barometro** (Paseo del Muelle 5), weitere empfehlenswerte Adressen sind **La Catalana** (Paseo del Muelle 24) und **La Montañesa del Muelle** (Paseo del Muelle 15).

### Verkehr

**Bahn:** Der Renfe-Bahnhof liegt oberhalb der Ortschaft, Estación s/n, Soto de Luiña, Cudillero, Tel. 985 98 14 41, 912 32 03 20. Züge der Linie F 4 verbinden Cudillero mit Avilés und Gijón (ca. 14 x tgl.).
**Bus:** Die Haltestelle liegt 500 m oberhalb des Hafens Calle Juan Antonio Bravo s/n, Alsa (Tel. 902 42 22 42, www.alsa.es) fährt 14 x tgl. nach Gijón, 14 x tgl. nach Oviedo.

## Luarca ▶ 1, G 2

Umschlossen von Klippen bettet sich **Luarca** (5400 Einw.) in eine geschützte Bucht. Durch das Städtchen fließt der von sieben Brücken überspannte Río Negro. Luarca verfügt über ein ansprechendes Stadtbild ohne herausragende Sehenswürdigkeiten. Blickfänge sind einige prächtige Stadthäuser (19./20. Jh.), die sich reich gewordene Lateinamerikaemigranten, die *indianos,* nach ihrer Rückkehr errichten ließen. Zu den Perlen der *indiano*-Architektur zählen in Luarca der **Palacio de Marqués de Ferrara,** der **Palacio de Sierra** und der **Palacio de los Marqueses de Gamoneda.**

Der Hauptplatz mit dem **Rathaus** trägt den Namen des Königs Alfons X. des Weisen, der 1270 Luarca die Stadtrechte verlieh. Ein Bummel durch die verkehrsberuhigte Altstadt führt zum beschaulichen **Hafen,** von dem aus einst die Walfangflotten in See stachen.

### Infos

**Oficina de Turismo:** Calle Ramón Asenjo 25, Tel. 985 64 00 83, www.turismoluarca.es, tgl. 10.30–13.45, 16–18.45 Uhr.

### Übernachten

Für Nostalgiker – **Villa la Argentina:** Villar de Luarca (ca. 1,5 km östl. von Luarca), Tel. 985 64 01 02, www.villalaargentina.com, Nov.–März geschl. Die Villa im Belle-Époque-Stil bietet zwölf komfortable, teilweise noch mit Antikmöbeln eingerichtete Zimmer. Zum Entspannen lädt der Garten ein. €€–€€€.
Design mit warmer Note – **La Colmena:** Calle Uria 2, Tel. 985 64 02 78, www.lacolmena.com.

*Luarca*

Im Zentrum von Luarca, daher etwas laut. Modern, minimalistisch möbliert, wirkt aber dennoch nicht unterkühlt. Bäder mit Hydromassagedusche. €€
Viel Ambiente – **Villa de Luarca:** Calle Álvaro de Albornoz 6, Tel. 985 47 07 03, www.hotelvilladeluarca.com. Die Zimmer dieses edlen Stadthotels sind im Kolonialstil ausgestattet. Einziges Manko ist die Lage an einer viel befahrenen Straße. €–€€
Zum Wohlfühlen – **Casa Manoli:** Almuña (2 km südöstl. von Luarca), Tel. 985 47 07 03, www.hotelluarcarural.com. Von einem großen Garten umgeben. Klassisch eingerichtete Zimmer, moderne Bäder. Kostenloser Radverleih, Minigolf, Tischtennis. €
Camping – **Playa de Otur:** Ctra. Playa de Otur (7 km westl. von Luarca über die N-634), Tel. 985 64 01 17, www.campingotur.com, Nov.–Ostern geschl. Der grüne Platz liegt ca. 500 m von der Playa de Otur entfernt und verfügt über Restaurant, Cafeteria und Supermarkt, Hunde sind erlaubt. € **Playa de Tauran:** 5 km westlich von Luarca über die N-634, Tel. 985 64 12 72, 619 88 43 06, www.campingtauran.com, Okt.–Ostern geschl. Romantisch auf einer Anhöhe über dem Meer gelegen. Restaurant, Pool, Kinderspielplatz, Fahrradverleih. €
**Los Cantiles:** Av. Nené Losada Rico s/n, am nordöstl. Ortsrand von Luarca, Tel. 985 64 09 38, www.campingloscantiles.com. Vor allem die Lage auf einer Felsenklippe besticht mit herrlichen Ausblicken. Alter Baumbestand, schöne Hortensienbüsche. Die Sanitäranlagen sind in Ordnung, wenn auch nicht ganz auf der Höhe der Zeit.

## Essen & Trinken

Fisch und Meeresfrüchte – **Villa Blanca:** Av. Galicia 27, Tel. 985 64 10 76, www.villablancaluarca.es, Mo, Di, So bis 18, sonst bis 23.30 Uhr. Das renommierte Lokal offeriert den Gästen feinste Meeresküche. Attraktiv ist die Terrasse. €–€€
Volkstümlich – **Casa Consuelo:** Ctra. N-634, Santiago–San Sebastián, Km 511, Tel. 985 64 16 96, www.casaconsuelo.com, Mo, Nov. geschl. Das populäre Lokal setzt ganz auf Klassiker, wie Fisch in *sidra*-Soße. €–€€

Lecker und preislich zivil – **La Farola:** Ramón Asenjo 3, Tel. 620 81 00 82. Das familiär geführte Restaurant bietet eine schnörkellose, bodenständige Küche. Hier finden sich noch leckere Eintöpfe auf der Karte und auch die Desserts wie z. B. *flán* sind hausgemacht. €

## Einkaufen

Kunsthandwerksmarkt – **Mercado Artesanal:** Jeden ersten So im Monat bieten Kunsthandwerker ihre Arbeiten an.

## Aktiv

Baden, Surfen, Tauchen – Unter den zahlreichen Stränden in der Umgebung sticht die 6 km westlich von Luarca gelegene **Playa de Otur** hervor. Der 600 m lange, feinsandige Strand lockt auch Surfer und Taucher an.

## Termine

**Semana Santa:** Karwoche. Insbesondere am Gründonnerstag und Karfreitag finden eindrucksvolle Prozessionen statt.
**El Carmen:** 16. Juli. Patronatsfest.
**La Vaqueirada:** Letzter So im Juli. Ausgelassenes Fest der Schäfer in La Braña de Aristébano (15 km südl. von Luarca) mit traditionellen Gesängen und Tänzen.
**El Rosario:** 15. Aug. Die gesamte Fischereiflotte begleitet die Virgen del Rosario auf ihrer Ausfahrt. In der Nacht zuvor werden uralte Seemannslieder, die *habaneras,* gesungen.
**San Timoteo:** 22. Aug. Patronatsfest. Die Wallfahrt zur Ermita de San Timoteo wird begleitet von den Klängen der *gaiteros* (Dudelsackspieler). Am Vorabend gibt es ein Feuerwerk.

## Verkehr

**Bahn:** Renfe-Bahnhof, Av. de la Estación 15, 2 km östl. von Luarca, Tel. 985 98 14 41, 912 32 03 20. Züge nach Oviedo 3 x tgl., El Ferrol 2 x tgl.
**Bus:** García Prieto s/n, Tel. 985 64 01 53, 902 42 22 42. Alsa fährt 10 x tgl. nach Gijón, 6 x tgl. nach Oviedo, 8 x tgl. nach Ribadeo, 2 x tgl. nach La Coruña sowie 2 x tgl. nach Santiago.
**Pkw:** Es empfiehlt sich, das Auto auf dem Besucherparkplatz in Luarca abzustellen.

## Kapitel 3

# Navarra und der Norden Aragóns

**Das ehemalige Königreich Navarra vereint eine erstaunliche Fülle von Landschaftsformen auf kleinstem Raum. Der Bogen spannt sich von den schneebekrönten Gipfeln der Pyrenäen über imposante Schluchten, grüne Hügellandschaften und Flusstäler bis hin zur spektakulären Wüstenlandschaft von Bardenas Reales, die bereits des Öfteren als Kulisse für Kinofilme diente.**

Eine essenzielle Rolle für die Entwicklung Navarras spielte der Jakobsweg – entlang der Route blühten im Mittelalter Städte, Dörfer und Klöster auf. Die navarrische Route des Camino Francés führt über den Ibañetapass und Roncesvalles nach Pamplona. Im 25 km weiter westlich gelegenen Städtchen Puente la Reina vereinen sich die beiden Stränge des Camino Francés, der navarrische trifft auf den aragonesischen Pilgerweg, der über den Somportpass nach Spanien führt. So streift das Kapitel über Navarra auch Pilgerstationen wie Jaca und das Kloster San Juan de la Peña, die bereits in der Nachbarregion Aragón liegen.

Die Schaltzentrale Navarras bildet Pamplona, mit 211 000 Einwohnern die einzige größere Stadt der Autonomen Region. International bekannt ist Pamplona vor allem dank des Schriftstellers Ernest Hemingway. Die Fiestas de San Fermín, in deren Mittelpunkt Freizeit-Torreros Kopf und Kragen riskieren, zogen ihn magisch an. Reizvoll präsentieren sich in Navarra zahlreiche kleine Städte wie Olite, Estella, Tudela und Puente la Reina, die viel von ihrer historischen Bausubstanz bewahren konnten. Besondere Highlights bilden die Kirche Santa María de Eunate in der Nähe von Puente la Reina sowie die Klöster San Juan de la Peña und Leyre, die sich herrlich harmonisch in die Bergwelt einfügen. Lohnende Ausflüge führen u. a. in die Pyrenäentäler Valle de Roncal und Valle de Batzán, deren Dörfer sich als Ausgangspunkte für Outdoor-Aktivitäten anbieten.

*Sich neu zu orientieren ist bei vielen Wanderern*
*das Ziel – dabei helfen Wegweiser*

# Auf einen Blick: Navarra und der Norden Aragóns

## Sehenswert

★ **Pamplona:** Hier lässt sich auf den Spuren Ernest Hemingways wandeln! Hoch her geht es zu bei den Fiestas de San Fermín, tollkühn werden die Stiere durch die Altstadt getrieben. Über das geschichtsträchtige Zentrum der Stadt wacht die Kathedrale, imposant wirken auch die Überreste der Stadtmauern und der Zitadelle (s. S. 233).

**Puente la Reina:** Die elegante Brücke in der gleichnamigen Ortschaft gilt als schönste des Jakobswegs (s. S. 242).

**Sos del Rey Católico:** In dem hübschen mittelalterlichen Städtchen erblickte König Ferdinand von Aragón das Licht der Welt (s. S. 253).

## Schöne Routen

**Aragonesischer Pilgerweg:** Auf der Route vom Samportpass reihen sich einige Perlen des Jakobswegs aneinander – die Klöster San Juan de la Peña (s. S. 248) und San Salvador de Leyre (s. S. 253) sowie die Kirche Santa María de Eunate (s. S. 255).

**Valle de Roncal:** Die Tour durch das grüne Pyrenäental führt zu schönen Bergdörfern wie Roncal oder Isaba. Zu den landschaftlichen Höhepunkten zählt das zerklüftete Karstgebiet Larra-Belagua (s. S. 250).

## Meine Tipps

**Puerto de Ibañeta:** Wenn der Wettergott mitspielt, bietet sich vom Pass eine herrliche Aussicht auf die umliegenden Pyrenäengipfel. Allzu lange hält man es hier jedoch nicht aus, da meist ein recht frischer Wind weht (s. S. 232).

**Café Iruña in Pamplona:** Die Inneneinrichtung von Hemingways Lieblingscafé ist eine Augenweide (s. S. 240).

**Valle de Batzán:** Von Pamplona führt der Ausflug ins pittoreske Pyrenäental. Um das Dorf Zugarramurdi ranken sich Erzählungen von Hexen und Magiern. Unterwegs lohnt sich ein Zwischenstopp beim Herrensitz Señorío de Bértiz, Parkanlage und Naturschutzgebiet laden zum Spaziergang ein (s. S. 241).

**Bodegas Irache:** Kein Witz, sondern eine geniale Marketingidee der Kellerei ist ein Weinbrunnen, an dem sich ermattete Pilger kostenlos ›stärken‹ können (s. S. 246).

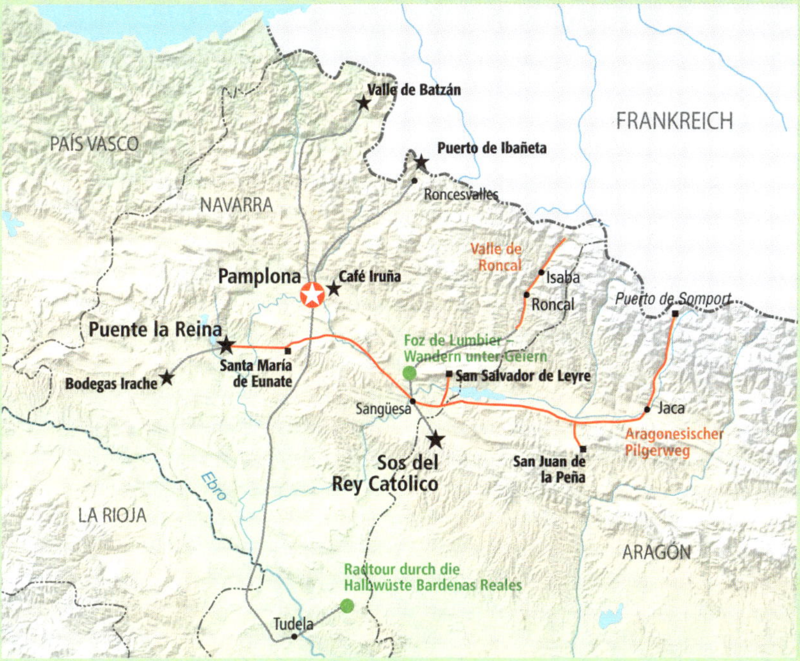

**Foz de Lumbier – Wandern unter Geiern:** Die beiden imposanten Schluchten Foz de Lumbier und Foz de Arbayún werden von großen Geierkolonien bevölkert. Durch die Schlucht von Lumbier, die der Río Irati tief ins Kalksteingebirge der Sierra de Leyre geschnitten hat, führt ein leichter Wanderweg (s. S. 252).

**Radtour durch die Halbwüste Bardenas Reales:** Im grünen Norden Spaniens fällt diese bizarre Mondlandschaft aus dem Rahmen. Der Naturpark lässt sich – wenn es nicht zu heiß ist – mit dem Fahrrad oder zu Fuß erkunden, viele Strecken sind auch für Geländewagen oder Motorräder befahrbar (s. S. 258).

# Der Navarrische Jakobsweg

Zu den großen Herausforderungen des Camino de Santiago gehört die anstrengende Bezwingung der Pyrenäen. Das Gros der Pilger überquert den Ibañetapass und sammelt in Roncesvalles neue Kräfte. Die wichtigste Jakobswegstation in Navarra stellt Pamplona dar, weltberühmt durch die Sanfermines. In Puente la Reina vereint sich dann der navarrische Pilgerweg mit der aragonesischen Route.

## Roncesvalles ▶ 2, S 4

Den Auftakt des Camino Francés in Navarra markiert der **Puerto de Ibañeta** (1057 m), die Pilger kommen vom französischen Städtchen St-Jean-Pied-de-Port, in dem sich drei der vier wichtigsten französischen Pilgerwege vereinen. Auf der aussichtsreichen Passhöhe erinnert ein **Rolandsdenkmal** an die legendäre Schlacht von Roncesvalles (778). Roland, der die Nachhut des Frankenheeres von Karl dem Großen anführte, geriet kurz vor dem Pass mit seinen Mannen in einen tödlichen Hinterhalt. Selbst mit seinem Wunderschwert Durandal konnte der getreue Paladin Karls des Großen gegen die Übermacht der Basken jedoch nichts ausrichten – so erzählt die Legende. 2 km unterhalb des Pyrenäenpasses finden die Pilger Herberge in der Augustinerabtei von **Roncesvalles** (bask. Orreaga), deren Geschichte bis ins 12. Jh. zurückreicht.

### Klosteranlage

*Infotel. 948 76 03 01, www.roncesvalles.es, Klosterkirche tgl. 8–20 Uhr, Pilgermesse Mo–Fr 20, Sa, So, Fei 18 Uhr, Eintritt frei, geführte Tour inkl. Kapitelsaal, Kreuzgang, Schatzkammer und Espíritu-Santo-Kapelle, 6 €*

Die **Klosterkirche Real Colegiata** stammt aus dem 13. Jh., sie wurde nach dem Vorbild der Kathedrale von Notre-Dame in Paris errichtet. Im Inneren birgt sie eine hochverehrte Marienstatue, die von einem Baldachin behütete Virgen de Roncesvalles (13. Jh).

Im **Kapitelsaal** findet sich die Grablege König Sanchos VII. des Starken (1194–1234), des Stifters der Kirche. In die Geschichte ging der König von Navarra als einer der Sieger der Schlacht von Las Navas de Tolosa (1212) ein, die entscheidend für den weiteren Verlauf der Reconquista war.

Das **Museo de Roncesvalles** präsentiert erlesene Kostbarkeiten wie den großen Smaragd, der einst den Turban des Maurenführers Miramolín zierte. Das Glanzlicht der Sammlung verkörpert ein mit Gold und Email verzierter Reliquienbehälter (14. Jh.). Bekannt ist das Reliquiar als ›Schachspiel Karls des Großen‹ *(ajedrez de Carlomagno)*, was wohl an der Gestaltung der Oberfläche mit geometrischen Feldern liegt.

Nahe der Klosteranlage erhebt sich die Grabkapelle **Capilla del Espíritu Santo,** in ihrer Krypta ruhen die Gebeine von Jakobspilgern, die die Kräfte raubende Pyrenäenüberquerung mit ihrem Leben bezahlten.

### Übernachten

Klösterlich – **Hotel Roncesvalles:** Calle Ntra. Sra. de Roncesvalles 14, Roncesvalles, Tel. 948 76 01 05, www.hotelroncesvalles.com. Das Hotel in den Klostermauern bietet gepflegte, geräumige Zimmer. Das schöne Ambiente ist eine tolle Einstimmung auf den Jakobsweg. €€

Mit Historie – **Posada de Roncesvalles:** Calle Nstr. Sra. de Roncesvalles 2, Tel. 948 79 03 22, www.laposada.roncesvalles.es. Das Gasthaus

aus dem 17. Jh. bietet einfache, mit schlichtem Holzmobiliar ausgestattete Zimmer. Im Restaurant sind die Wildgerichte der Renner (€–€€). €€

Solide – **Casa Sabina:** Ctra. N-135 s/n, Orreaga-Roncesvalles, Tel. 948 76 00 12, https://casasabina.roncesvalles.es. Schlichte Unterkunft direkt bei der Klosteranlage. Im stark von Pilgern frequentierten Restaurant wird ein günstiges Menü angeboten. €

Jugendherberge – **Albergue de Peregrinos Orreaga:** Tel. 948 76 00 00, www.albergueder roncesvalles.com. Die in den Klosterkomplex integrierte Jugendherberge steht JH-Mitgliedern sowie Pilgern mit Pilgerausweis offen. €

Camping – **Urrobi:** Aurizberri-Espinal (8 km südwestl. von Roncesvalles in Richtung Pamplona), Tel. 948 76 02 00, 696 46 36 09, www.campingurrobi.com, April–Okt. Gepflegtes Terrain mit zwei Tennisplätzen, Waschmaschinen und Restaurant/Bar.

# Pamplona  2, R 4/5

**Cityplan:** S. 235
Seinen hohen Bekanntheitsgrad verdankt **Pamplona** (bask. Iruña) in erster Linie den Sanfermines, die die Vorlage für Hemingways Roman »Fiesta« lieferten. Im Zentrum des Volksfestes stehen die Stiere, die unter waghalsigen Manövern durch die Gassen Pamplonas in die Arena getrieben werden. Außerhalb dieses kollektiven Ausnahmezustands, der vom 6. bis 14. Juli währt, präsentiert sich die 211 000 Einwohner zählende Hauptstadt von Navarra eher gemächlich ruhig und fast ein wenig provinziell.

Für Leben in der Stadt sorgen vor allem die Studenten. Pamplona ist der Sitz einer privaten **Universität,** die 1952 von der erzkatholischen Organisation Opus Dei gegründet wurde, erst 1987 kam die staatliche Universität hinzu. Einer der wichtigsten Arbeitgeber in der prosperierenden Stadt ist das große **VW-Werk** im Vorort Landaben.

Das alte Pamplona erstreckt sich auf einem 450 m hohen Plateau über dem Tal des Río Arga und bildet einen angenehmen Kontrast zu den Neubau- und Industrievierteln in den Außenbezirken. Durch das alte Stadttor, das **Portal de Francia,** ziehen bis heute die Jakobspilger, die aus dem Stadtbild Pamplonas nicht wegzudenken sind.

## Geschichte

Pamplona blickt auf eine über 2000-jährige Geschichte zurück. Dem römischen Feldherrn Pompejus wird die Gründung der Stadt Pompaelo im Jahr 75 v. Chr. zugeschrieben. Im 5. Jh. übernahmen die Westgoten die Herrschaft. Abgelöst wurden sie von den Mauren (732–750). Im Zuge seines Spanienfeldzuges ließ Kaiser Karl der Große Pamplona 778 besetzen und die Stadtmauern schleifen, um sich den Rückzug zu sichern. Aus Rache rieben die Basken Karls Nachhut unter Führung des legendären Roland im Tal von Roncesvalles auf (s. S. 232). Im 10. Jh. stieg Pamplona zur Hauptstadt des neu konstituierten Königreichs von Navarra auf.

Wirtschaftlichen Auftrieb brachte ab dem 11. Jh. der Strom der Jakobspilger. Interne Konflikte zwischen den alteingesessenen Navarresen und den zugezogenen Franken in den Stadtteilen San Cernín und San Nicolás sorgten bis ins 15. Jh. für Zündstoff. Der Streit ging so weit, dass zwischen den Stadtvierteln *(burgos)* Mauern hochgezogen wurden. Erst Karl III. dem Edelmütigen gelang es, die verfeindeten Parteien im Jahr 1423 miteinander zu versöhnen. Im Jahr 1512 wurde Navarra von den Katholischen Königen, Isabella I. von Kastilien und Ferdinand II. von Aragón, erobert. Die Region konnte sich jedoch etliche Sonderrechte, die sogenannten *fueros,* sichern. Offiziell hatte das Königreich Navarra bis 1841 Bestand.

## Kathedrale und Diözesanmuseum

*Kathedrale/Museum, ab letzter Märzwoche Mo–Sa 10.30–18 Uhr, ab letzter Oktoberwoche Mo–Sa 10.30–16, Turm: Mo–Sa ab 11.15 Uhr, 5 €, Museum: Tel. 948 21 25 94, www.catedraldepamplona.com*
Auf dem höchsten Punkt der Altstadt erhebt sich die **Catedral de Santa María la**

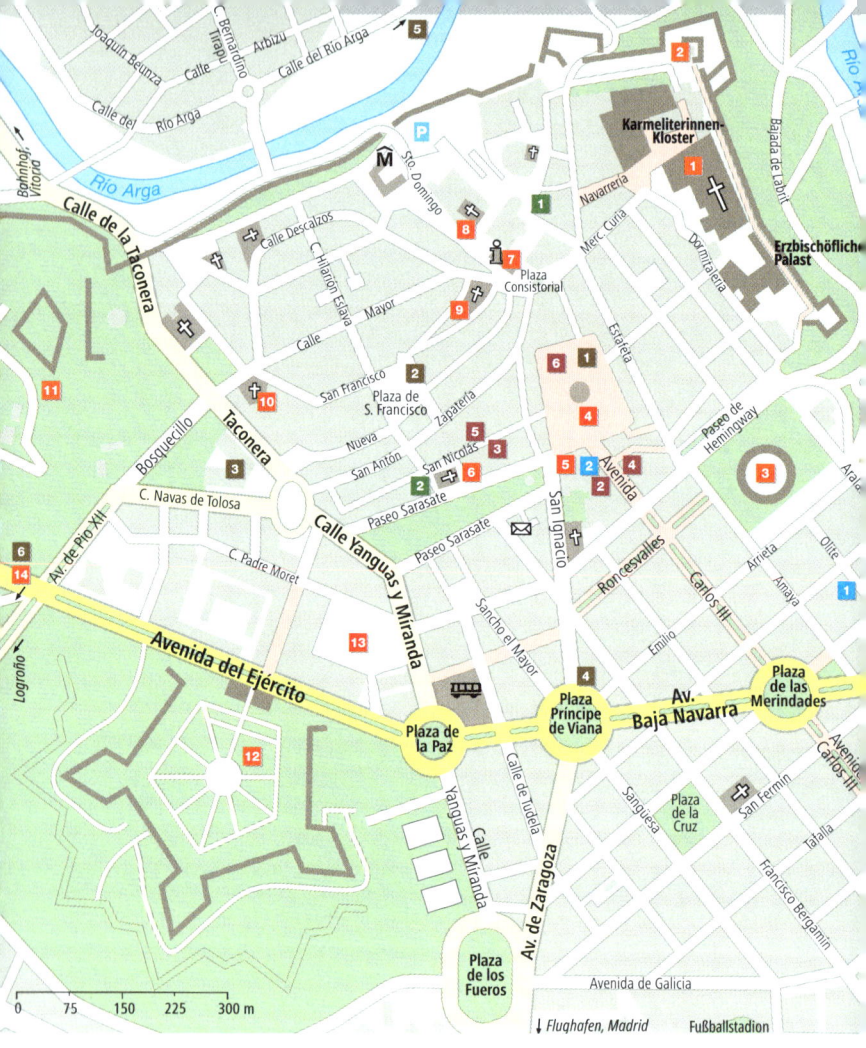

**Real** 1 im Navarrería-Viertel. In der Römerzeit nahm eine Tempelanlage die Stelle der Kathedrale ein. Die vorgeblendete klassizistische Fassade mit ihren 50 m hohen Zwillingstürmen täuscht über das wahre Alter der Kathedrale hinweg. Das dreischiffige Gotteshaus entstand Ende des 14. Jh. auf Initiative Königs Karl III. dem Edelmütigen im gotischen Stil nach französischen Vorbildern. Der Neubau sollte die altersschwache romanische Kirche ersetzen, die in sich zusammengebrochen war. Bis zur Fertigstellung gingen allerdings gut 200 Jahre ins Land. Die Hauptfassade geht auf den klassizistischen Entwurf von Ventura Rodríguez zurück.

Im Chor thront die **romanische Madonna Santa María la Real** (12. Jh.), bekrönt von einem prunkvollen Silberbaldachin. Im Mittelalter wurden vor dem Madonnenbildnis die Könige von Navarra gekrönt.

Im Hauptschiff vor dem prächtigen schmiedeeisernen Renaissancegitter aus dem Jahr 1517, das den Chorbereich abtrennt, liegt das eigentliche Juwel der Ka-

# Pamplona

**Sehenswert**
1. Catedral de Santa María Real
2. Baluarte de Redín
3. Plaza de Toros
4. Plaza del Castillo
5. Palacio de Navarra
6. Iglesia de San Nicolás
7. Casa Constitorial
8. Museo de Navarra
9. Iglesia de San Saturnino
10. Iglesia de San Lorenzo
11. Parque de Taconera
12. Ciudadela
13. Palacio de Congresos y Auditorio de Navarra (El Baluarte)
14. Pamplonetario
15. Fundación Museo Jorge Oteiza

**Übernachten**
1. Gran Hotel La Perla
2. Maisonnave
3. Tres Reyes
4. Yoldi
5. Hostal Pamplona
6. Hostal Acella

**Essen & Trinken**
1. Restaurante Rodero
2. Europa
3. La Mandarra de la Ramos
4. Gaucho
5. Katuzarra
6. Café Iruña

**Einkaufen**
1. Mercado Santo Domingo
2. Vinoteca Murillo

**Abends & Nachts**
1. Rockollection
2. Teatro Gayarre

---

thedrale: das **Alabastergrabmal** von König Karl III. dem Edelmütigen und seiner Gattin Leonor de Trastámara (15. Jh.), ein Werk des flämischen Bildhauers Jehan Lome aus Tournai. Das Grabmal umgibt ein Trauerzug anrührender Figuren, die mit ganz unterschiedlichen Gesten ihrem Schmerz über den Tod des Königspaars Ausdruck verleihen.

In den Räumlichkeiten in und um den Kreuzgang der Kathedrale befindet sich das **Museo Catedralicio Diocesano.** Die modern aufgezogene, interaktive Ausstellung »Occidens« beleuchtet vier Epochen westlicher Zivilisation. Integraler Bestandteil der Ausstellungen sind die Ausgrabungen in der Kathedrale und die Sammlung liturgischer Gold- und Silberschmiedearbeiten, religiöser Skulpturen, Tafelbilder sowie Bücher und Schriften.

Die **Puerta del Amparo** verbindet die Kathedrale mit dem prachtvollen gotischen Kreuzgang. Im farbig gefassten Bogenfeld ist ergreifend der Tod Mariens dargestellt, von der Mittelsäule lächelt hold die Schutzmadonna Virgen del Amparo (12. Jh.).

Im ehemaligen Kapitelsaal steht unter einem Sternengewölbe das **Grabmal des Bischofs Barbazán** (14. Jh.), ein Engel rückt mit Bedacht das Kissen zurecht, auf dem das Haupt des Bischofs ruht.

Über das ehemalige Refektorium, den Speisesaal des Klosters, gelangt man in die Klosterküche mit ihrem imposanten Kamin. Hier wurden früher auch die Mahlzeiten für die Jakobspilger zubereitet, die im Kloster verköstigt wurden.

## Baluarte de Redín 2

Von der Kathedrale führt über die **Plaza de San José** der Weg zu den Stadtmauern und zum Bollwerk **Baluarte de Redín**. Von den Aussichtspunkten ergibt sich ein herrlicher Ausblick in Richtung Pyrenäen und auf das im Tal liegende Portal de Francia, durch das die Jakobspilger seit jeher in die Stadt einziehen.

## Plaza de Toros 3

Auf einem reizvollen Spazierweg entlang der Ronda de Obispo de Barbazán erreicht man die **Plaza de Toros**. Sie zählt mit 19 000 Plätzen zu den größten Arenen der Welt. Das architektonische Erscheinungsbild ist nicht besonders spektakulär, ihren Bekanntheitsgrad verdankt die Arena der Fiesta de San Fermín, die alljährlich im Juli stattfindet und die Stadt in Ausnahmezustand versetzt. Ganz in der Nähe der Arena erinnert ein **Denkmal** an den Schriftsteller und Stierkampffan Ernest Hemingway.

Der Navarrische Jakobsweg

## Plaza del Castillo 4

Den Dreh-und Angelpunkt von Pamplona bildet die **Plaza del Castillo**, einst die Bühne für Turniere und Stierkämpfe. In der nordöstlichen Ecke liegt das Traditionshotel **La Perla** 1, in dem Hemingway vorzugsweise logierte. Das Hotel mit betagtem Charme wurde 2007 in ein luxuriöses 5-Sterne-Haus verwandelt. Seinen Kaffee trank der Schriftsteller am liebsten im prächtigen **Café Iruña** 6 gleich nebenan.

## Regierungssitz 5

*Av. de Carlos III 2, Tel. 848 42 71 27, www. navarra.es, protocolo@navarra.es, Besichtigung nur im Rahmen von seltenen Sonderführungen (auf Spanisch), Termine s. Website*
Die Südwestecke nimmt der repräsentative neoklassizistische **Palacio de Navarra** (19. Jh.) ein, der Sitz der Regierung der Autonomen Region. Im Thronsaal reihen sich die Gemälde von 32 navarresischen Königen. Im Arbeitszimmer des Präsidenten hängt das kostbarste Gemälde, das Porträt des Königs Ferdinand VII. von Francisco de Goya.

## Paseo de Sarasate

Westlich des Regierungsgebäudes verläuft die Flaniermeile **Paseo de Sarasate**, die von Skulpturen der Könige Navarras flankiert wird. Den Auftakt der Promenade bildet das recht pompös geratene **Monumento a los Fueros** (1903), das an den Widerstand gegen die Einschränkung der angestammten Sonderrechte Navarras erinnert. Benannt ist der Paseo nach einem berühmten Sohn der Stadt: Pablo de Sarasate (1844–1908) war ein begnadeter Geigenvirtuose und Komponist.

Auf halber Höhe des Boulevards findet sich rechter Hand die gotische **Iglesia de San Nicolás** 6, die im 13. Jh. als Wehrkirche erbaut wurde. Die romanische Vorgängerin war im Zuge der Auseinandersetzungen zwischen den verfeindeten Stadtteilen einem Brandanschlag zum Opfer gefallen.

## Rathaus 7

Die **Casa Consistorial** steht im Zentrum der Altstadt an der Plaza Consistorial. Um Konflikte zwischen den verfeindeten Stadtvierteln San Nicolás, San Cernín und Navarrería nicht neu aufflammen zu lassen, ließ König Karl III. der Edelmütige das Rathaus im 15. Jh. genau an der Schnittstelle der drei Viertel, im Niemandsland, errichten. Der heutige Rathausbau stammt aus dem 20. Jh., erhalten blieb jedoch die üppig verzierte, barocke Fassade aus dem 18. Jh. Sie folgt in ihrem Aufbau der klassischen Säulenordnung. Löwen präsentieren die Wappen von Navarra und Pamplona. Figuren, die Tugenden wie Gerechtigkeit oder Besonnenheit symbolisieren, sollten den Ratsherren als Vorbild für ihre Politik dienen. Das Rathaus wird alljährlich am 6. Juli zum Schauplatz der Eröffnung der Fiesta de Sanfermines.

## Landeskundliches Museum 8

*Calle Santo Domingo 47, Tel. 848 42 64 92, www.navarra.es, Di–Sa 9.30–14, 17–19, So 11–14 Uhr, 2 €, Sa nachmittags, So Eintritt frei*
Nördlich vom Rathaus trifft man auf einen ehemaligen Spitalbau (16. Jh.), der heute das **Museo de Navarra** beherbergt. Das modern aufbereitete Museum zeigt Exponate von der Frühgeschichte bis hin zur Gegenwart. Zu seinen Glanzlichtern zählt ein filigran geschnitztes maurisches Elfenbeinkästchen (11. Jh.). Unter der Gemäldesammlung sticht das Porträt des Marqués de San Adrián von Francisco de Goya (1804) hervor.

## San Saturnino 9

In unmittelbarer Umgebung des Rathausplatzes steht die älteste Kirche Pamplonas, die trutzige **Iglesia de San Saturnino** (12./13. Jh.), überragt von ihren beiden romanischen Türmen. Sie bildet den Mittelpunkt des einst fränkischen Viertels San Cernín. Vor der Kirche erinnert eine im Boden eingelassene Gedenkplatte an den Brunnen mit dessen Wasser der hl. Saturninus von Toulouse die ersten Christen Pamplonas getauft haben soll.

## San Lorenzo 10

Ein Abstecher führt über die Calle Mayor, in der einige Herrenhäuser stehen, zur **Iglesia**

# Sanfermines

*Mutprobe in Pamplona – den Stier an den Hörnern packen*

Zur Fiesta de San Fermín im Juli herrscht in Pamplona der kollektive Ausnahmezustand. Im Mittelpunkt stehen die ›encierros‹, das Eintreiben der Kampfstiere. Tollkühne Männer riskieren bei der Altstadthatz Kopf und Kragen. International populär geworden sind die Sanfermines durch Ernest Hemingways Roman »Fiesta«.

So reisen jedes Jahr im Hochsommer etliche Amerikaner zum *bullrunning* nach Pamplona, das dann schier aus allen Nähten zu platzen scheint. Die Hotels sind brechend voll, die Preise wahrhaft astronomisch. Fernsehteams und Pressefotografen von nah und fern kämpfen um die besten Plätze, um das Spektakel hautnah einzufangen.

Ursprünglich handelte es sich bei den *encierros* um eine Pflichtübung, schließlich mussten die Stiere aus den Stallungen am Stadtrand in die Arena getrieben werden. Aus der Pflicht entwickelte sich eine sportliche Kür. Eine ideale Gelegenheit für junge Möchtegerntoreros, ihren Mut zur Schau zu stellen und der Damenwelt zu imponieren. Die *mozos* (Stierläufer) kleiden sich ganz in Weiß und tragen blutrote Tücher um die Hüften und den Hals. Wer das Spektakel miterleben möchte, muss früh auf den Beinen sein oder alternativ die Nacht zum Tag machen. Um 7.30 Uhr wird die Strecke abgesperrt, die guten Plätze sind schon lange vorher vergeben. Der Stierlauf startet täglich vom 7. bis zum 14. Juli um 8 Uhr.

»Wir bitten den heiligen Fermín, unseren Schutzpatron, uns beim Stiertreiben beizustehen und uns seinen Segen zu geben.« Dieses Gebet dient als eine Art Countdown. Es wird drei Mal vor dem Start gesungen – um fünf Minuten, drei Minuten und eine Minute vor acht. Punkt acht Uhr verkündet eine Feuerwerksrakete, dass die Stallungen am Ende der Calle Santo Domingo geöffnet wurden. Eine zweite informiert die Läufer, sobald alle Stiere, die von einem Tross Ochsen begleitet werden, sich auf der Strecke befinden. Die edlen Kampfstiere bringen jeder gut 500 kg aufs Pflaster, sind aber enorm schnell und wendig.

Die Hohe Kunst für die Läufer besteht darin, möglichst lange vor den gefährlichen Kraftpaketen herzulaufen. Blessuren sind an der Tagesordnung, nicht selten kommt es zu schweren Verletzungen und auch zu Todesfällen. Gefahrenträchtig ist vor allem die enge Gasse, die in die Stierkampfarena führt. Der 848 m lange Parcours ist genau festgelegt, er verläuft über die Cuesta de Santo Domingo, Calle Mercaderes und Calle Estafeta zur Stierkampfarena. Das ganze Spektakel dauert gerade mal 3 bis 4 Minuten. Zwischen 2000 und 3000 Läufer nehmen jeden Tag teil, und längst sind die *encierros* keine reine Männerdomäne mehr. Am Nachmittag gehört die Bühne den Profis, die stolzen Toreros stellen ihr Können in der Arena unter Beweis! Fester Bestandteil der Fiesta bilden die Prozession zu Ehren von San Fermín am 6. Juli und die Umzüge mit den *gigantes* (Riesen) und *cabezudos* (Großköpfe). Musikgruppen sorgen für Stimmung und der Wein fließt die ganze Woche über in Strömen.

de San Lorenzo am Rande der Altstadt. Von der ursprünglichen Kirche aus dem 13. Jh. ist nicht allzu viel übrig geblieben, die heutige Bausubstanz stammt zum größten Teil aus dem 19. Jh. Das Gotteshaus beherbergt in einer barocken Kapelle die Reliquien von San Fermín (15. Jh.).

### Parque de Taconera 11

*Calle Bosquecillo 2*

Gegenüber der Kirche San Lorenzo liegt eine der grünen Lungen Pamplonas, der **Parque de Taconera.** Die Kulisse für den ältesten Park der Stadt bilden die Überreste der Stadtmauern und Wehranlagen. Zur Freude der Kinder gibt es in dem Park mit uraltem Baumbestand ein Gehege mit Hirschen, Rehen, Ziegen und Hasen.

### Zitadelle 12

*Av. del Ejército 1, Park Mo–Fr 7.30–21.30, Sa 8–21.30, So, Fei 9–21.30 Uhr; Ausstellungen Di–Sa 11.30–13.30, 18.30–21 (im Winter bis 20), So, Fei 11.30–13.30 Uhr*

Noch etwas weiter südwestlich erhebt sich die imposante, sternförmige **Ciudadela,** die auf Anordnung König Philipps II. im Jahr 1571 entstand. Heute dient die einstige militärische Bastion als Parkanlage, die durch eine Skulpturenmeile aufgelockert wird. In den Innenräumen der Zitadelle finden Kunstausstellungen statt.

### Kongresspalast 13

*Plaza del Baluarte s/n, Tel. 948 06 60 66, www.baluarte.com*

Gegenüber dem Parque de la Ciudadela steht der L-förmige, hochmoderne **Palacio de Congreso y Auditorio de Navarra,** kurz auch als **El Baluarte** bezeichnet. Er wurde 2003 nach den Plänen des Architekten Patxi Mangado aus Navarra fertiggestellt. Neben Kongressen bietet er Raum für kulturelle Veranstaltungen wie Konzerte, Opern, Ballett, Theater und Kinofestivals.

*Sanfermines: Traditionell tragen die Stierläufer weißes Hemd, weiße Hose, rotes Halstuch und rote Schärpe*

### Planetarium 14

*Calle Sancho Ramírez s/n, Tel. 948 26 26 28, www.pamplonetario.org, Di, Mi 10–14, Do–Sa 10–14,16.30–20 Uhr, 2.–16. Juli geschl., 5 €*

Südwestlich, im **Parque Yamaguchi,** benannt nach der japanischen Partnerstadt von Pamplona, befindet sich das attraktive **Pamplonetario,** eines der modernsten Planetarien Europas. In der Kuppel mit einem Durchmesser von 20 m können mit 70 Projektoren bis zu 9000 Sterne gezeigt werden.

### Oteiza-Museum 15

*Calle de la Cuesta 7, Alzuza, Tel. 948 33 20 74, www.museooteiza.org, Sommer Di–Sa 11–19, So, Fei 11–15, Winter Di–Fr 10–15, Sa 11–19, So, Fei 11–15 Uhr, 4 €*

Auf einem Hügel über der Ortschaft **Alzuza,** 9 km östlich von Pamplona, thront der moderne Museumsbau der **Fundación Museo Jorge Oteiza.** Das Gebäude errichtete der Architekt Francisco Javier Sáenz de Oiza, ein guter Freund des vielseitigen baskischen Bildhauers Jorge de Oteiza (1908–2003). Das 2003 eröffnete Museum widmet sich dem Schaffen des baskischen Künstlers, einer der großen Pioniere der abstrakten Kunst in Spanien. Oteiza setzte sich in seinem Werk vor allem mit der Interaktion zwischen dem leeren Raum und der Materie auseinander. Von seiner enormen Schöpfungskraft zeugen die 1650 Skulpturen, die zum Fundus des Museums zählen.

### Infos

**Oficina de Turimso:** Calle San Saturnino 2, 31001 Pamplona, Tel. 948 42 07 00, www.pamplona.es, Juli–Mitte Sept. tgl. 10–14, 15–19, Mitte März–Juni, Mitte Sept.–Okt. Mo–Sa 10–14, 15–18, So 10–14, Nov.–Mitte März Mo–Sa 10–14, 15–17, So 10–14 Uhr.

### Übernachten

Das Preisniveau der Hotels ist generell vergleichsweise hoch, zu den Sanfermines steigen die Preise ins Unermessliche.

Hemingway-Hotel – **Gran Hotel La Perla** 1 **:** Plaza del Castillo 1, Tel. 948 22 30 00, www.granhotellaperla.com. Das Hotel direkt am Hauptplatz, in dem schon Hemingway logierte, wurde in eine teure Luxusherberge verwandelt. €€€

Gute Mittelklasse – **Maisonnave 2** : Calle Nueva 20, Tel. 948 22 26 00, www.hotelmaisonnave.es. Im historischen Zentrum gelegenes, modernes Hotel mit hauseigener Garage. €€–€€€

Businesshotel – **Tres Reyes 3** : Jardines de la Taconera s/n, Tel. 948 22 66 00, www.hotel3reyes.com. Von außen keine Augenweide, dafür bilden die Lage nahe der Altstadt sowie die hellen, komfortabel eingerichteten Zimmer Pluspunkte. €€–€€€

Zentral gelegen – **Yoldi 4** : Av. San Ignacio 11, Tel. 948 22 48 00, www.hotelyoldi.com.Nur wenige Minuten zu Fuß vom Hauptplatz entfernt. Die Zimmer sind zeitgemäß ausgestattet, zum Hotel gehört auch ein Restaurant. €€–€€€

Gute Option – **Hostal Pamplona 5** : Calle Berrioplano 2, in 31014 Ansoáin, 2 km nördl. von der Altstadt Pamplonas, Tel. 636 72 23 33, www.pamplonahostal.es. Mit dem Bus erreicht man das Zentrum Pamplonas in 5 Min. Komfortables, sauberes Hotel mit Wifi. Keine Rezeption, mit der Buchungsnummer erhält man die Schlüsselkarte. €–€€

Solide – **Hostal Acella 6** : Travesía Acella 3, bajo, Tel. 948 26 10 00, 689 10 99 20, www.hostalacella.com. Ordentliche Unterkunft nahe dem Parque Yamaguchi. €

## NÄCHTLICHE STREIFZÜGE

Auf das Nachtleben stimmt man sich mit Wein und *pinxtos* bei einem Kneipenbummel durch die Altstadt ein. Beliebt sind die **Calles San Nicolás, San Gregorio, Nueva Jarauta** und **Estafeta.** In der Neustadt, im **Barrio San Juan,** trifft sich die ausgehfreudige Jugend.

## Essen & Trinken

Gourmet-Level – **Restaurante Rodero 1** : Calle Emilio Arrieta 3, Tel. 948 22 80 35, https://restauranterodero.com, So geschl. Eine der Topadressen von Pamplona. Erlesene Küchenkreationen in gepflegtem modernem Ambiente. €€€

Gepflegt – **Europa 2** : Calle Espoz y Mina 11-1, Tel. 948 22 18 00, www.hreuropa.com, Mo, Di abends, So geschl. Das Ambiente präsentiert sich klassisch mit modernem Touch. Die Geschwister Idoate führen das gepflegte Restaurant. Zu den Spezialitäten zählt Lamm aus dem Holzofen. €€–€€€

Angesagt – **La Mandarra de la Ramos 3** : Calle San Nicolás 9, Tel. 948 212 654, www.lamandarra.com, Mo–Fr, So 10–24, Sa 11–24 Uhr. Auf der Theke türmen sich leckere Tapas, von der Decke hängt verführerisch der *jamón serrano* herunter. Im hinteren Bereich befinden sich auch Tische. Um einen Platz zu ergattern, muss man rechtzeitig kommen. Gutes Preis-Leistungs-Verhältnis. €

Tapas – **Gaucho 4** : Calle Espoz y Mina 7, Tel. 948 22 50 73, Di geschl. Bar mit langer Theke, auf der sich die Tapas türmen. €

Tapaeldorado – **Katuzarra 5** : Calle San Nicolás 34–36, Tel. 948 22 46 34. Hier hängen die Schinken über der Theke. Grandiose, stadtbekannte Tapaauswahl. €

Hemingways Lieblings-Kaffeehaus – **Café Iruña 6** : Plaza del Castillo 44, Tel. 948 22 20 64. Herrliches Jugendstilcafé mit Terrasse auf dem Hauptplatz. Versteckt in einem Nebenraum lehnt sich Ernest Hemingway an die Bar.

## Einkaufen

Markt – **Mercado Santo Domingo 1** : Calle Mercado s/n, Mo–Sa 8–14.30, Fr 16.30–20 Uhr. Die Markthalle liegt hinter dem Rathaus. Hier werden Obst, Gemüse, Käse und Wurst feilgeboten.

Wein – **Vinoteca Murillo 2** : Calle San Miguel 16–18, Tel. 948 22 10 15, www.vinotecamurillo.com. Der 1890 gegründete Familienbetrieb bietet edle Tropfen aus Navarra und anderen Anbaugebieten des Landes sowie ein Sortiment von Delikatessen.

Pamplona

## AUSFLUG INS VALLE DE BATZÁN

Von Pamplona führt eine reizvolle Tour über die N-121 A nach Norden ins Baztántal. Nach gut 40 km lohnt beim Doppelort Oronoz-Mugaire ein Abstecher ins Naturparadies **Señorío de Bértiz** am Ufer des Río Bidasoa. Im **Botanischen Garten** aus dem 19. Jh. rund um den ehemaligen Herrensitz (18. Jh.) gedeihen dank des milden, vom Atlantik geprägten Klimas neben einheimischen Gewächsen zahlreiche Pflanzen aus fernen Ländern. Romantische Wege führen vorbei an verträumten Teichen und künstlichen Kaskaden. Um den Botanischen Garten herum erstreckt sich der 2040 ha große **Naturpark Señorío de Bértiz**, auf fünf ausgeschilderten Pfaden lässt sich das Waldgebiet erkunden (Centro de Interpretación de la Naturaleza de Bértiz, Caserío Tenientetxea, Barrio Señorío de Bertiz s/n, 31720 Oieregi, Tel. 948 59 24 21, www.parquedebertiz.es; in direkter Nachbarschaft: Oficina de Turismo Bértiz, Tel. 948 59 23 86, www.visitnavarra.es).
Auf der N-121 B gelangt man weiter ins saftig-grüne **Valle de Batzán** (▶ 2, R 3/4). Das malerische Pyrenäental zählt 15 schmucke Dörfer. Der wichtigste Ort im Tal der Hexen ist das 3000 Einwohner zählende **Elizondo**, im Ortsbild fallen die prachtvollen Villen der *indianos*, der Amerikaheimkehrer, aus dem 19. Jh. ins Auge.
Nahe der Grenze zu Frankreich liegt das beschauliche Bergdorf **Zugarramurdi,** um das Geschichten von Magiern und Hexen kreisen. Ihre Treffen, die *akelarre,* sollen in der **Höhle von Zugarramurdi,** der Kathedrale des Teufels, knapp 500 m westlich vom Dorf, stattgefunden haben (Beitikokarrika 18, Tel. 948 59 93 05, www.turismozugarramurdi.com, Kernzeiten Di–Fr 10.30–17, Sa, So 10.30–17, Mitte Juli–Mitte Sept. tgl. 10.30–19.30 Uhr, genaue Zeiten online, Online-Reservierung ratsam, 5 €). Dies kam 1610 der Inquisition zu Ohren, woraufhin fast das ganze Dorf unter Verdacht stand, den Satan anzubeten. 53 Einwohner wurden nach Logroño verschleppt, sechs von ihnen starben auf dem Scheiterhaufen, weitere fünf erlagen der Folter im Kerker. Dieses dunkle Kapitel der Hexenverfolgung arbeitet das 2007 eröffnete Hexenmuseum **Museo de las Brujas** auf (Calle Beitikokarrika 22, Zugarramurdi, Tel. 948 59 90 04, Kernzeiten Mi–So 10.30–17 Uhr, im Sommer auch Di geöffnet 5 €).

### Abends & Nachts

Cocktails – **Rockollection** 1 : Calle Olite 12, Tel. 616 64 46 90, https://rockollectionbar.com, Do 20–3.30, Fr, Sa 18–4 Uhr, Bar ab 35/40 J. plus mit Musik, in der man gut einen gepflegten Cocktail genießen kann. Ab und an Livekonzerte.
Theater, Konzerte & mehr – **Teatro Gayarre** 2 : Av. Carlos III 1, Tel. 948 20 65 93, www.teatrogayarre.com. Theater-, Musik- und Tanzvorstellungen. **Palacio de Congresos y Auditorio de Navarra (Baluarte)** 13 : s. S. 239

### Termine

**Fiesta de San Fermín:** 6.–14. Juli. Zur achttägigen Fiesta gehören das berühmte Eintreiben der Stiere *(encierros)* und die anschließenden Stierkämpfe sowie ein umfangreiches Festprogramm.

Der Navarrische Jakobsweg

**Fiesta de San Saturnino:** 29. Nov. Fest des Stadtpatrons. Prozession mit Musikkapellen und Riesenfiguren aus Pappmaschee.

### Verkehr

**Flugzeug:** Aeropuerto de Pamplona-Noain, Ctra. Zaragoza, Km 5, 31110 Noain (6 km südl. von Pamplona), Tel. 948 16 87 00, www.aena.es. Flüge nach Madrid, Barcelona, Palma de Mallorca, Lissabon.
**Bahn:** Renfe-Bahnhof, Plaza de la Estación s/n, Tel. 912 32 03 20. Verbindungen nach Madrid, Barcelona, Burgos, San Sebastián, Vitoria-Gasteiz und Logroño.
**Bus:** Busbahnhof, Calle Yanguas y Miranda 2, Tel. 948 20 35 66, www.estaciondeautobusesdepamplona.com. Nach Barcelona, San Sebastián, Vitoria-Gasteiz, Logroño und zu vielen regionalen Zielen wie Estella oder Olite.

## Puente la Reina ▶ 2, R 5

In dem Städtchen **Puente la Reina** (bask. Gares; 2950 Einw.) vereinigen sich die beiden Stränge des Camino Francés: der Camino Navarro und der Camino Aragonés. Nach der anstrengenden Pyrenäenüberquerung sammeln die Pilger hier neue Kräfte, um weiter auf ihr Ziel, Santiago de Compostela, zuzuwandern.

Am Ortseingang treffen die Pilger auf die einstige Templerkirche **Iglesia del Crucifijo** (12. Jh.), die ein Y-förmiges Kruzifix (15. Jh.) enthält. Der Pilgerweg führt entlang der Calle Mayor durch das Städtchen. Einige stattliche Adelspaläste mit Wappen und großen Portalen säumen den Weg.

Fast eingezwängt zwischen der Häuserflucht erhebt sich rechter Hand die mehrfach umgestaltete **Iglesia de Santiago** (12. Jh.) mit ihrem stolz in die Höhe aufragenden Turm. Das romanische Portal mit orientalisch angehauchtem Vielpassbogen und rätselhaft ›aufgespießten‹ Köpfen gewährt Einlass in das Gotteshaus. Im Innern zieht eine eindrucksvolle Jakobusskulptur im Pilgergewand, geschaffen im 14. Jh., die Aufmerksamkeit auf sich.

Vorbei am **Rathausplatz** führt die Hauptstraße geradewegs auf die für die Ortschaft namensstiftende **Puente la Reina** zu. Elegant spannt sich die sechsbogige Brücke der Königin (11. Jh.) über den Río Arga und spiegelt sich malerisch im Fluss. Bis heute ist nicht geklärt, welche Königin die Brücke stiftete, die den Pilgern und den Kaufleuten das Leben immens erleichterte – und bis heute eine reine Fußgängerbrücke ist. Ihr verdankt Ort auf jeden Fall

# Puente la Reina

*Puente la Reina: Die Brücke der Königin gab dem Ort seinen Namen*

seinen Aufstieg zum blühenden Städtchen am Jakobsweg.

## Infos

**Oficina de Turismo:** Puente de los Peregrinos, 1, 31100 Puente la Reina, Tel. 948 34 13 01, www.puentelareina-gares.es, Di–Sa 10–14, 16–19, So 11–14 Uhr. In dem Haus aus dem 17. Jh. ist auch eine Ausstellung zum Thema Brücken untergebracht.

## Übernachten

Geschmackvoll – **Hotel El Cerco:** Calle Rodrigo Ximenez de Rada 36, Tel. 948 34 12 69, www.hotelelcerco.es. Kleines, familiär geführtes Hotel mit geschmackvoll eingerichteten Zimmern und freundlichem Personal. €€

Historisch – **Asador el Fogón de Etayo:** Calle Cerco Viejo 78, Tel. 628 17 57 49, www.asadorelfogondeetayo.com. Spezialität des freundlichen, mit klarer Linie eingerichteten Lokals in historischen Gemäuern sind Fleischgerichte vom Grill. €–€€

## Termin
**Fiestas de Santiago:** 24.–30. Juli. Patronatsfest mit Musik und Tanzdarbietungen. Zur Fiesta zu Ehren des hl. Jakobus gehören auch Stierkämpfe und Stierläufe *(encierros),* ähnlich wie in Pamplona.

## Verkehr
**Bus:** Die Busfirma Estellesa (Tel. 948 32 65 09, www.laestellesa.com) fährt 5 x tgl. von Pamplona nach Puente la Reina und umgekehrt, Sa, So 1 x tgl.

# Estella ▶ 2, Q 5

König Sancho Ramírez protegierte das im Talkessel des Río Ega liegende **Estella** (bask. Lizarra; 14 000 Einw.), indem er im 11. Jh. kurzerhand den Jakobsweg umleiten ließ und fränkische Siedler durch Privilegien anlockte. So entwickelte sich der unbedeutende Marktflecken zu einem wichtigen Handelszentrum und zur Residenzstadt der Könige von Navarra.

Vom damaligen Baufieber zeugen Kirchen, Klöster und Paläste. Im Mittelalter nannten die Pilger die Stadt »Estella la bella« und selbst der ansonsten so kritische Aimeric Picaud, der Autor des Pilgerführers »Codex Calixtinus« schrieb: »Das Brot ist gut, der Wein exzellent, Fleisch und Fisch reichlich und Glückseligkeiten gibt es in Hülle und Fülle.« Damals konkurrierte Estella sogar mit den bedeutenden Pilgerstädten Burgos und Pamplona.

Ab dem 14. Jh. wendete sich das Blatt: 1328 fiel das jüdische Viertel einem Progrom zum Opfer. Der Wegzug der Juden schwächte die Wirtschaftskraft des Ortes merklich. Zudem suchten Überschwemmungen die Stadt heim. Im Zuge des Krieges zwischen Kastilien und Navarra durchlitt Estella 1463 eine lange Belagerungszeit. Erst nach der Vereinigung der beiden Königreiche 1512 kehrte allmählich wieder Ruhe ein.

## Palast der Könige von Navarra
*Plaza San Nicolás 1, Tel. 948 54 60 37, www.museogustavodemaeztu.com, Di–Fr 9.30–13.30, 16–18, Sa, So, Fei 11–14 Uhr, Okt.–1. Mai nur vormittags, Eintritt frei*

Das Herz des fränkischen Viertels bildete die **Plaza de San Martín.** Hier findet sich ein rares Zeugnis romanischer Profanarchitektur, der **Palacio de los Reyes de Navarra** (12. Jh.). Bemerkenswert sind die Kapitele der prachtvollen Fassade des Königspalastes; eines präsentiert den legendären Kampf zwischen dem Helden Roland und dem Riesen Ferragut. Der Palast beherbergt ein **Museum,** das sich dem Werk des Malers **Gustavo de Maetzu y Withney** (1887–1947) widmet, einem der wichtigsten Vertreter der Baskischen Schule.

## San Pedro de la Rúa
*Calle San Nicolás 1, Mo–Sa 10–13.30, 18–19, So 10–12.30 Uhr*

Schräg gegenüber führt eine steile, schweißtreibende Treppe hinauf zur romanischen **Iglesia San Pedro de la Rúa** (12./13. Jh.). Die dreischiffige Kirche bewahrt in der Capilla de San Andrés die kostbaren Reliquien des Stadtpatrons auf. In der Chorscheitelkapelle zieht die Schlangensäule, geformt aus drei sich ineinander verschlungenen Schlangen, das Interesse auf sich. Der stimmungsvolle, romanische Kreuzgang blieb nur in Teilen erhalten, die Sprengung der benachbarten Burg im 16. Jh. zerstörte zwei Flügel der Anlage.

## San Miguel
*Plaza de San Miguel, tgl. 10–13, 17–20 Uhr*

Auf der anderen Seite des Flusses thront die wehrhafte **Iglesia San Miguel** (12.–14. Jh.), einst der Mittelpunkt des navarrischen Viertels. Von der Kirche eröffnet sich ein schöner Blick über die Altstadt. Das figurenreiche Nordportal zählt zu den Perlen der romanischen Steinmetzkunst. Ein eindrucksvolles Relief zeigt den Patron der Kirche, den hl. Michael, im Kampf gegen den Drachen.

## Infos
**Oficina de Turismo:** Plaza San Martín Enparantza 4, Tel. 848 42 04 85, www.estellaturismo.

com, Sommer Mo–Sa 10–14, 16–18, So 10–14, Winter Mo–Sa 10–14, 16–18, So 10–14 Uhr.

## Übernachten

Geschmackvoll – **Hospedería Chapitel:** Calle Chapitel 1, Tel. 948 55 10 90, www.hospederia-chapitel.es. Hotel in historischem Gemäuer. Rustikal-modernes Ambiente. €€–€€€

Stilvoll – **Hotel Palacio dos Olivos:** Plaza Luis Balerdi 2 bajo, 31290 Galdeano, Tel. 948 54 05 45, www.palaciodosolivos.com. Romantisches Hotel in einem Anwesen aus dem 16. Jh. zu Füßen der Sierra de Lóquiz, ca. 10 km von Estella entfernt im Örtchen Galdeano. €€

Ordentlich – **Yerri:** Av. Yerri 35, Tel. 948 54 60 34, www.hotelyerri.es. Das Mittelklassehotel liegt in der Nähe der Stierkampfarena. Die 28 Zimmer fallen nicht allzu groß aus, sind aber solide ausgestattet. Parkplätze vorhanden. €–€€

## Essen & Trinken

Feine Küche – **Casanellas Taller Gastronómico:** Calle Espoz Mina 3, Tel. 676 29 26 15, Mo, So geschl., Mittagsessen, Do–Sa auch abends geöffnet. In der offenen Küche werden regionale Produkte verarbeitet. Das Brot wird selbst hergestellt. Auf der kleinen Karte finden sich Köstlichkeiten wie Lammfleisch oder Entenbrust. €–€€

Regionalküche – **Casanova:** Calle Fray Wenceslao de Onate 7, Tel. 948 55 28 09, Mo geschl. Das Lokal in der Altstadt bietet bodenständige Küche mit ordentlichen Portionen. Lecker das Lammgericht. €

## Einkaufen

Markt – Jeden Do wird auf der Plaza de los Fueros der **Wochenmarkt** abgehalten.

## Termine

**Baile de Era:** 25. Mai. Es werden traditionelle Tänze aus der Region aufgeführt.

*Eine Steintreppe führt hinauf zur Kirche San Pedro de la Rúa in Estella*

Der Navarrische Jakobsweg

**Fiesta Patronal de San Andrés:** 1. Fr im Aug. Zu den Attraktionen des einwöchigen Patronatsfestes zählen die *encierros,* Stierläufe à la Pamplona.

### Verkehr

**Bus:** Busbahnhof, Plaza de la Coronación s/n, Tel. 948 32 65 09, www.laestellesa.com. Die Busfirma Estellesa fährt mehrmals tgl. nach Pamplona, Logroño und San Sebastián.

# Unterwegs nach Viana

## Kloster Irache

*Tel. 948 55 44 64, Mi–So 10–13.30, 16–18, im Sommer bis 19 Uhr, Eintritt frei*

Nur ca. 2 km südwestlich von Estella findet sich zu Füßen des Montejurra (1045 m) die nächste Pilgerstation, das **Monasterio de Irache,** baskisch **Iratxe** (12.–18. Jh.), eines der ältesten Benediktinerklöster Navarras. Im 11. Jh. richtete das Kloster das erste Pilgerhospiz in Navarra ein. Vom 16.–18. Jh. diente Irache auch als Universität.1985 gab der Orden das Kloster mangels Nachwuchs auf. Die mächtige Klosterkirche (12. Jh.) und der Renaissancekreuzgang vermitteln dem Besucher einen Eindruck vom einstigen Glanz des Klosters. Es ist in Planung, Teile der Klosteranlage in ein Paradorhotel zu verwandeln.

Die benachbarten **Bodegas Irache** errichteten kurz vor der Klosterkirche einen Weinbrunnen, aus dem – zur Freude der Pilger kostenlos – ein recht akzeptabler *vino tinto* sprudelt. Das Abfüllen in größeren Mengen schickt sich allerdings nicht!

Kurz hinter dem Monasterio de Irache wachen über dem Ort **Villamayor de Monjardín** auf einem markanten Bergkegel die Überreste der **Festung San Esteban de Monjardín.**

## Torres del Río ▶ 2, Q 5

Die Jakobspilger wandern nun durch eine sanfte Hügellandschaft, die von schier endlosen Weinfeldern überzogen wird. Nach weiteren 17 km lohnt es sich, einen Stopp in dem Dörfchen **Torres del Río** einzulegen, um die Kirche **San Sepulcro** aus dem 12. Jh. einen Besuch abzustatten. Das schlichte Gotteshaus ruht auf einem achteckigen Grundriss und ist genauso geheimnisumwoben wie die ebenfalls oktogonale, berühmte Kirche Santa María de Eunate (s. S. 255). Wer die Kirche erbaute, blieb bislang im Dunkeln der Geschichte verborgen, im Gespräch sind der Templerorden und der Orden des Heiligen Grabes. Eine architektonisch interessante Kuppel, deren Rippen einen achteckigen Stern bilden, überspannt den Innenraum. Vorbilder dafür sind in der islamischen Architektur zu finden, als Inspirationsquelle könnte die Moschee von Córdoba gedient haben.

## Viana ▶ 2, P 5

Nur wenige Kilometer vor Logroño, der Hauptstadt der Rioja, liegt das Städtchen **Viana** (3500 Einw.). König Sancho VII. der Starke gründete die Ortschaft im Jahr 1219, um die Landesgrenze gegen Kastilien zu sichern. Privilegien und die Lage am Jakobsweg sorgten für eine rasche Entwicklung. Im Jahr 1423 schuf König Karl III. der Edelmütige für seinen Enkel und Thronfolger das Fürstentum von Viana. Entsprechend repräsentativ zeigt sich die fünfschiffige Hauptkirche **Iglesia de Santa María** aus dem 13./14. Jh.

Eine schlichte Grabplatte erinnert daran, dass die Kirche einst die sterblichen Überreste des berühmt-berüchtigten Cesare Borgia (1475–1507) barg. Aufgrund seines skandalumwitterten Lebenswandels wurden seine Gebeine jedoch vor dem prächtigen Renaissanceportal der Kirche verscharrt. Der Schwerenöter wurde von Papst Julius II. nach Spanien verbannt. Dort trat er in den Dienst seines Schwiegervaters, des Königs Jean d'Albret von Navarra, und geriet 1507 bei der Belagerung von Viana in einen tödlichen Hinterhalt.

### Übernachten

Stilvoll logieren – **Palacio de Pujadas:** Calle Navarro Villoslada 30, Tel. 948 64 64 64, www.palaciodepujadasbymij.com. Das komfortable und geschmackvoll eingerichtete Hotel im Stadtzentrum von Viana ist in einem schönen Anwesen aus dem 16. Jh. untergebracht. €–€€

# Der Aragonesische Jakobsweg

**Für die Jakobspilger, die über Arles und Toulouse ziehen, führt der Weg gen Süden durch die Pyrenäen über den gefürchteten Somportpass ins Land des Apostelgrabs. Die Aragonesische Route bietet neben eindrucksvollen Kirchen und Klöstern wie San Juan de la Peña und Leyre eine Fülle von Naturerlebnissen. Lohnenswerte Abstecher vom Jakobsweg führen in die Pyrenäentäler Navarras.**

## Über den Somportpass
▶ 2, T/U 4/5

**Karte:** S. 249
Die erste Station am Aragonesischen Jakobsweg bildet der **Puerto de Somport** 1 (1631 m), einer der ältesten Pyrenäenübergänge. Sein Name leitet sich vom Lateinischen *summus portus,* höchster Pass, ab. Seitdem 2003 der 9 km lange Tunnel eröffnet wurde, hält sich der Verkehr auf der Passstraße in Grenzen. Die Pilger, die via Toulouse nach Spanien zogen, erholten sich von den Strapazen des Aufstiegs im unterhalb der Passhöhe gelegenen **Pilgerhospital Santa Cristina de Somport** (11. Jh.). Von dem einst so bedeutenden Hospiz sind nur noch spärliche Mauerreste übrig.

Nahebei liegt der Wintersportort **Candanchú** 2, 1928 wurde hier die erste Skistation Spaniens eingeweiht. Oberhalb von **Canfranc** 3 erinnert der alte Bahnhof (1928) an die Bahnverbindung mit Frankreich, die 1970 eingestellt wurde. 1965 wurden hier Szenen des Filmklassikers »Dr. Schiwago« gedreht. Heute beherbergt der Bahnhof ein Fünf-Sterne-Hotel.

## Jaca ▶ 2, T 5

**Karte:** S. 249
Die Pilgerstadt **Jaca** 4, einst die erste Hauptstadt des aragonesischen Königreichs, dient vielen Urlaubern heute als Ausgangspunkt für Berg- und Skitouren in den Pyrenäen sowie für Wanderungen im Nationalpark Ordesa. Die angenehme Kleinstadt (13 400 Einw.) ist auf einem Plateau oberhalb des Río Aragón gebettet. Ihr nördlicher Teil wird beherrscht von einer mächtigen, fünfeckigen **Zitadelle,** die unter Philipp II. im späten 16. Jh. erbaut wurde, um die Stadt besser vor Übergriffen der Franzosen schützen zu können.

### Kathedrale und Diözesanmuseum
*Plaza de la Catedral, www.museodiocesanodejaca.es, Tel. 974 35 63 78, Juli, Aug, Mo 16–19.30, Di–Sa 10–14, 16–19.30, So 10–14, sonst Di–Sa 10.30–13.30, 16.30–19, So 10.30–13.30 Uhr, Eintritt Kathedrale und Museum 7,50 €*
Die bedeutendste Sehenswürdigkeit von Jaca ist die im 11. Jh. errichtete **Catedral de San Pedro,** eines der ältesten romanischen Gotteshäuser Spaniens. Die reiche Bauplastik des West- und Südportals setzte Maßstäbe für die Kirchenbauten entlang dem Jakobsweg, so taucht z. B. immer wieder der erstmalig in Jaca verwandte Würfelfries als Dekorelement auf. Der Kreuzgang (18. Jh.) beherbergt heute das **Museo Diocesano.** Es enthält eine bemerkenswerte Sammlung von romanischen Fresken, Plastiken und Kruzifixen.

### Kloster der Benediktinerinnen
*Sarkophag Doña Sancha: Calle Mayor 52, nur der Sarkophag ist zu besichtigen, Reservie-*

## Der Aragonesische Jakobsweg

rung unter Tel. 974 36 05 92 (Mo–Fr 10–12 Uhr), Besichtigungstage Di, Do, Sa 11.30–13 Uhr
Ein Abstecher lohnt sich zum **Real Monasterio de Benedictinas.** In einem Saal des Kollegiums steht der kunstvoll gearbeitete romanische **Sarkophag** der 1095 verstorbenen Infantin Doña Sancha, der Tochter des ersten aragonesischen Königs Sancho Ramírez. Ein Highlight der spanischen Romanik.

### Infos
**Oficina de Turismo:** Plaza de San Pedro 11–13, 22700 Jaca, Tel. 974 36 00 98, www.ayto jaca.es, Sommer Mo–Sa 9–13.30, 16–19.30, So, Fei 9–15, Winter Mo–Sa 9–13.30, 16.30–19.30, So 9–13.30 Uhr.

### Essen
Quirlige Tapabar – **La Tasca de Ana:** Calle de Ramiro 3, Tel. 974 36 36 21. Kleine, immer gut besuchte Tapabar. Kreative, leckere Tapas und Raciones zu günstigen Preisen. €

# San Juan de la Peña

▶ 2, T 6

**Karte:** S. 249
*Tel. 974 35 51 19, www.monasteriosanjuan.com, Nov.–Febr. Mo–Fr, So 10–14, Sa 10–17, März–Mai, Sept., Okt. 10–14, 15.30–19, Juni–Aug. 10–14, 15–20 Uhr (für alle Sehenswürdigkeiten gültig), Eintritt eine Sehenswürdigkeit inkl. Santa Cruz de los Seros 7 €, Kombiticket 12 €; Cafetería im Monasterio Nuevo*

Ein steiles Sträßchen windet sich hinauf zum **Kloster San Juan de la Peña** 5 , das sich abenteuerlich unter eine überhängende Felswand aus rötlichem Konglomeratgestein schmiegt. Schon früh entdeckten Einsiedler die Waldeinsamkeit in den Bergen für sich. Im 9. Jh. entstand unter den Benediktinern eine Klosteranlage. In den unruhigen Zeiten der Überfälle der Mauren in Nordspanien diente das Kloster als Zufluchtsstätte und entwickelte sich zu einem Hort des christlichen Widerstandes. Die Könige von Aragón unterstrichen den Rang des Klosters, indem sie es zur ihrer letzten Ruhestätte auserkoren. Im 11. Jh. schloss sich die Abtei schon früh der Kluniazensischen Reform an und trug zu ihrer Verbreitung in Spanien bei. So wich die bislang übliche mozarabische Liturgie dem römisch-katholischen Ritus. Die Klosteranlage besteht aus zwei Gebäudekomplexen auf zwei Ebenen.

### Altes Kloster
Im unteren **Monasterio Viejo** führt der Schlafsaal der Mönche in die **Unterkirche** (920). In den beiden Apsiden, die direkt in den Fels eingearbeitet wurden, sind noch Überreste von Fresken (12. Jh.) zu erkennen. Die linke Apsis zeigt das Martyrium der Heiligen Cosmas und Damian, der Schutzpatrone der Ärzte.

Vor der Oberkirche liegt in einem Vorhof das **Panteón de los Nobles** (11.–14. Jh.) mit den Nischengräbern von Adeligen. Auf den Grabplatten tauchen als Dekor vor allem das Christusmonogramm und das Kleeblatt-

# San Juan de la Peña

## Jakobsweg in Aragón

kreuz von Navarra auf. Unmittelbar dahinter, einsichtig von der Kirche, befindet sich das **Panteón Real,** die Grablege der Könige von Aragón und Navarra, die im 18. Jh. neu gestaltet wurde.

Die hohe, einschiffige **Kirche** (11. Jh.) barg im Mittelalter eine kostbare Reliquie, die viele Pilger des nahen Jakobswegs anlockte. Es handelt sich um den legendenumwobenen Heiligen Gral, den Kelch des letzen Abendmahls, der heute in der Kathedrale von Valencia präsentiert wird. An der Frage nach seiner Authentizität scheiden sich allerdings die Geister.

Ein Hufeisenportal führt ins Freie, in den viel gerühmten **Kreuzgang** des Klosters, der sich unter die vorspringende Felswand bettet. Die romanische Kapitellplastik glänzt durch ihre Finesse und Ausdruckskraft. Das auffälligste Merkmal im Werk des unbekannten Meisters von San Juan de la Peña sind die hervorquellenden Augen seiner biblischen Figuren.

## Neues Kloster

Einige Kehren oberhalb des alten Klosters breitet sich das **Monasterio Nuevo** auf einer Hochebene aus. Nach einem verheerenden Brand ließen die Benediktiner im 17. Jh. das neue Kloster erbauen. 1835 wurde die Anlage aufgegeben und zerfiel zur Ruine. Nach umfassenden Sanierungsmaßnahmen beherbergen die Abteigebäude heute ein modernes **Hotel** und das **Centro de Interpretación del Monasterio de San Juan de la Peña,** eine Ausstellung zur Geschichte des Klosters.

In der barocken Klosterkirche lässt das **Centro de Interpretación del Reino de Aragón** in einer 45 Minuten dauernden audiovisuellen Schau die Geschichte des Königreichs von Aragón Revue passieren.

Ein kurzer Spazierweg führt vom Kloster zum Aussichtspunkt **Mirador de los Pirineos,** der den Blick auf den Hauptkamm der Pyrenäen freigibt.

Der Aragonesische Jakobsweg

## Santa Cruz de la Serós 6
*Öffnungszeiten siehe Monasterio de San Juan de la Peña*
Unten im Tal lohnt sich ein Stopp im Dorf Santa Cruz de la Serós. Das Ortsbild prägen schiefergedeckte Steinhäuser mit ihren typischen runden Kaminen. Den Mittelpunkt bildet die ehemalige **Klosterkirche Santa Cruz de la Serós,** ein weiteres Schmuckstück der Romanik.

# Pyrenäentäler

**Karte:** S. 249
Der Jakobsweg verläuft im Tal des Río Aragón. Kurz nach Erreichen des Stausees von Yesa führt ein Abstecher ins landschaftlich reizvolle **Valle de Roncal.** Das östlichste Pyrenäental Navarras formte der Río Esca. In ganz Spanien ist das Tal bekannt für den *queso de Roncal,* einen leicht pikanten, aus Rohmilch hergestellten Schafskäse.

## Roncal ▶ 2, S/T 5
Das südliche Eingangstor in das Valle de Roncal bildet das kleine Dorf **Burgui** 7 (200 Einw.). Ganz in der Nähe der Ortschaft liegt die unter Naturschutz stehende **Foz de Burgui,** die Schlucht ist ein wichtiges Refugium für Greifvögel.

10 km weiter nördlich trifft man auf das Bergdorf **Roncal** 8 (210 Einw.), das geografische Zentrum des Tales. In den gepflasterten Gassen finden sich einige schmucke Herrenhäuser, bekrönt wird das Dorf von der **Pfarrkirche San Esteban** (16. Jh.).

Von Roncal bieten sich über die NA-176 Ausflüge in die aragonesischen Pyrenäentäler **Valle de Ansó** 9 und **Valle de Hecho** 10 an.

### Museum Gayarre
*Barrio Arana 38, Tel. 948 47 51 80, April–Sept. Di–Sa 11.30–13.30, 17–19, So 11.30–13.30, Okt.–März Sa 11–14, 16–18, So 11–14 Uhr, 3 €*
In der Welt der Musik ist Roncal bekannt als Geburtsort des berühmten Tenors Julián Gayarre (1844–1890). Er stammte aus einfachsten Verhältnissen und verdingte sich, bevor sein Gesangstalent entdeckt wurde, als Schäfer und Schmied. Auskunft über sein Leben und Werk gibt die **Casa-Museo de Julián Gayarre.**

### Infos
**Oficina de Turismo, Centro Interpretación de la Naturaleza:** Carr. Roncal s/n, 31415 Roncal, Tel. 948 47 52 56, 56, www.turismoruralnavarra.com (Oficina de Turismo), Tel. 948 47 53 17 (Centro Interpretación de la Naturaleza), www.cinroncal.es, wechselnde Zeiten online. Eine Ausstellung informiert über die Geografie, Flora, Fauna sowie das Leben und die Traditionen der Bewohner des Roncaltals.

### Termin
**Día de la Almandía:** Erstes Maiwochenende. Die Feierlichkeiten in **Burgui** erinnern an das alte Gewerbe der Flößerei, von dem die Dorfbewohner einst lebten.

### Verkehr
**Bus:** Pamplona–Roncal Mo–Sa 1 x tgl. mit Alsa, Tel. 902 42 22 42, www.alsa.es; Infos im Busbahnhof in Pamplona, Tel. 948 20 35 66.

## Isaba und Larra-Belagua
▶ 2, T 5

8 km weiter nördlich liegt das nette Dorf **Isaba** 11, mit knapp 400 Einwohnern die größte Ortschaft des Roncaltals. Isaba ist der Ausgangspunkt für die Erkundung der bizarren Karstlandschaft von **Larra-Belagua** 12, die nahe der Grenze zu Frankreich liegt. Zerklüftete Felsen, tiefe Schluchten, Höhlen und hoch gelegene Weidegründe bestimmen das Panorama. Zu den botanischen Schätzen zählen seltene Orchideenarten, in den Hochlagen finden sich majestätische Schwarzkiefern.

### Übernachten
Ländlich – **Hostal Lola:** Calle Medigatxa 17, Isaba, Tel. 948 89 30 12, www.hostal-lola.com.

# Burg von Javier

*San Salvador de Leyre: einst das einflussreichste Kloster Navarras*

Das Hostal wird in der dritten Generation geführt. Die Einrichtung ist ausgesprochen gemütlich. Im Restaurant wird auf regionale Küche gesetzt (€–€€). €€
Camping – **Asolaze:** Ctra. de Francia 6, Isaba, Tel. 948 89 30 34, www.asolazecamping.com, Nov. geschl. Reizvoll im Tal von Belagua gelegener Platz, zu dem auch eine Herberge mit Stockbetten gehört.

## Aktiv

Skilanglauf – Das Langlaufskigebiet **Navarraski** (insgesamt Streckennetz von 24 km) liegt im Gemeindegebiet von Isaba in der Gegend von Larra-Belagua in den Pyrenäen von Navarra. Infos unter www.esquilarrabelagua.com.

## Burg von Javier ▶ 2, S 5

**Karte:** S. 249
*Tel. 948 88 40 24, www.castillodejavier.es, März–Okt. tgl. 10–18.30, Nov.–Febr. tgl. 10–16 Uhr, 3,50 €*

Hoch über dem Río Aragón thront das **Castillo de Javier** 13 (bask. Xabier gaztelua). Die Festung wirkt wie einem Bilderbuch entsprungen: Trutzige, von Zinnen bekrönte Türme, Schießscharten und dunkle Verliese lassen die abenteuerlichsten Kinderträume wahr werden.

Die Burg entwickelte sich um einen Wachturm aus dem 10. Jh. Nach der Vereinigung Kastiliens mit Aragon 1516 wurde die nunmehr funktionslose Wehranlage abgerissen, übrig blieb nur ein Adelspalais. Um 1900 wurden Burg und Kirche wieder aufgebaut.

In dieser Burg wurde 1506 der **hl. Francisco Javier** (Franz Xaver), der Mitbegründer des Jesuitenordens geboren. Francisco Javier ging vor allem als Missionar in die Geschichte ein, er wirkte in Indien, Indonesien und Japan. 1552 erlag er schließlich einem Fieber auf der Insel Sancian in der Bucht von Kanton vor China, seine letzte Ruhestätte befindet sich in Goa.

In der Burg veranschaulicht eine **Ausstellung** die verschiedenen Stationen der Vita

## FOZ DE LUMBIER – WANDERN UNTER GEIERN

### Tour-Infos
**Anfahrt:** Von Pamplona auf der N-240 Richtung Jaca bis zum Abzweig nach Lumbier, dort der Ausschilderung Foz de Lumbier folgen

**Start:** Parkplatz Foz de Lumbier
**Länge/Dauer:** Rundweg 6,3 km, 2 Std.
**Markierung:** Grün-weiß
**Schwierigkeitsgrad:** Leicht
**Ausrüstung:** Taschenlampe

Die 1,3 km lange **Foz de Lumbier** 18 bietet ein imposantes Naturschauspiel: Im Laufe von Jahrmillionen grub der Río Irati die Schlucht tief in das Kalksteingebirge der Sierra de Leyre ein. Fast senkrecht türmen sich die Wände in der Klamm bis zu 150 m Höhe auf – an ihnen lässt sich gut erkennen, mit welcher Kraft sich der Fluss seinen Weg bahnte. Eindrucksvoll kreisen die Gänsegeier, die hier ideale Lebensbedingungen haben, über der Schlucht.

Die Schlucht lässt sich auf einem markierten bequemen Weg durchwandern, der parallel zum Fluss einer stillgelegten Bahntrasse folgt. Bis 1955 verkehrte hier ein Zug, der Holz aus den Pyrenäen nach Pamplona beförderte. Unterwegs passiert man einen 206 m langen und einen 160 m langen Tunnel, die beide nicht beleuchtet sind. Am Ende der Schlucht finden sich die Überreste der sogenannten Teufelsbrücke aus dem 16. Jh. Die Legende besagt, dass der Ingenieur bei ihrer Erbauung den Teufel um Hilfe bat. Die Brücke wurde im Spanischen Unabhängigkeitskrieg von den Franzosen zerstört. Von der Brücke führt ein Weg über Hänge um die Schlucht herum zurück zum Ausgangspunkt, wobei 175 Höhenmeter zu überwinden sind. Alternativ geht es auf dem gleichen Weg durch die Klamm zurück.

Ein lohnender Abstecher führt zur 15 km weiter nordwestlich gelegenen Königin der Schluchten von Navarra, der **Foz de Arbayún** 19. Sie erstreckt sich auf einer Länge von knapp 6 km, ihre steilen Wände fallen bis zu 300 m ab. Der Aussichtspunkt **Mirador de Iso** eröffnet einen herrlichen Einblick in die kaum zugängliche Schlucht des Río Salazar und bietet sich auch zur Beobachtung der Gänsegeierkolonie an. Die größten in Europa lebenden Geier besitzen eine Flügelspannweite bis zu 2,80 m. Mit ihren scharfen Augen können sie das Aas noch aus einer Höhe von 3 km erspähen. Doch für die Gänsegeier wird es immer schwerer, Nahrung zu finden, da infolge der BSE-Krise eine EU-Regelung vorschreibt, Tierkadaver zu vernichten.

des Heiligen. Höhepunkt des Besuches ist das vermeintliche **Zimmer Francisco Javiers**, die Habitación del Santo. Im **Christusturm** (Torre del Cristo) findet sich das hochverehrte, Wunder wirkende **Kruzifix von Javier** (14. Jh.), auf den Wänden führen Skelette einen Totentanz auf.

### Übernachten

Freundlich – **Hotel Xabier:** Plaza del Santo s/n, Javier, Tel. 948 88 40 06, www.hotelxabier.com. Das angenehme, aufmerksam geführte Haus bietet ordentliche Zimmer und eine für die Kategorie sehr gute, einfache Küche (€–€€). €–€€

### Termin

**Las Marchas a Javier:** Erstes und zweites oder zweites und drittes Wochenende im März. Jedes Jahr pilgern zur *Novena de la Gracia* Gläubige zur Geburtsstätte des Heiligen, des Schutzpatrons von Navarra. Traditionell werden junge Jesuitenpatres als Missionare verabschiedet.

## San Salvador de Leyre
▶ 2, S 5

**Karte:** S. 249

*Tel. 948 88 41 50, www.monasteriodeleyre.com, tgl. 10–19 Uhr, letzter Einlass 45 Min. vor Schließung, 5 €, in der Saison Voranmeldung ratsam*

Auch das **Monasterio San Salvador de Leyre** 14 liegt nicht direkt am Camino Aragonés, doch es bettet sich eindrucksvoll an den Südhang der schroffen Sierra de Leyre. Die historisch dokumentierten Wurzeln des Benediktinerklosters reichen bis ins frühe Mittelalter zurück.

Vor den Überfällen der Mauren im 9. und 10. Jh. fanden die Könige Navarras und die Bischöfe Pamplonas hier eine sichere Zuflucht. Dem Ansturm der Truppen des Feldherrn Almansor hielt die Abtei jedoch nicht stand. Den Wiederaufbau übernahm König Sancho III. Garcés el Mayor (992–1035) im Jahr 1022. Er protegierte das Kloster und erhob es zur **Grablege der Könige von Navarra.** In der Folge entwickelte sich San Salvador de Leyre rasch zum einflussreichsten geistlichen Zentrum Navarras. Zeitweilig unterstanden der Abtei bis zu 60 Dörfer und 70 Kirchen und Klöster sowie zahlreiche Pilgerherbergen am Jakobsweg. Im Zuge der Säkularisation musste das Kloster 1836 seine Pforten schließen. Seit 1954 wird es wieder von Benediktinermönchen bewohnt.

Das Westportal der **Klosterkirche** (12. Jh.) glänzt durch sein romanisches Dekor. Das Tympanon zeigt Christus im Zentrum, rechts von ihm Maria und Petrus und links Johannes. Den dreifachen Bogenlauf bevölkern furchterregende Monster, sie sollten das Böse abschrecken und die Gläubigen mahnen, nicht vom rechten Weg zu weichen. Den einschiffigen Innenraum versahen die Zisterzienser, die das Kloster 1307 für über 500 Jahre übernahmen, mit einem kühn gespannten gotischen Gewölbe. Von der Vorgängerkirche behielten sie das romanische Chorhaupt mit seinen drei wohlgeformten, wenn auch nicht ganz symmetrischen Apsiden bei.

Die Besucher zieht jedoch vor allem die **Krypta** (11. Jh.), das ehemalige königliche Pantheon, in ihren Bann. Tief in den Boden eingelassene Säulenstümpfe, bekrönt von wuchtigen Kapitellen mit schlichtem Dekor, und Bögen mit mächtigen Steinen formen eine Raumschöpfung von archaischer Monumentalität.

### Stausee von Yesa 15

Unterhalb des Klosters San Salvador de Leyre breitet sich das ›Meer der Pyrenäen‹ aus, der 1959 angelegte **Embalse de Yesa.** In der Francozeit wurde nicht lange gefackelt, 2400 ha Land und etliche Dörfer verschwanden in den Fluten des Río Aragón. Der Stausee fasst 500 Mio. m$^3$ Wasser und dehnt sich auf einer Länge von über 20 km aus. Als Protest gegen den geplanten weiteren Ausbau des Stausees sind überall in den umliegenden Dörfern die Parolen »Yesa-No« zu lesen.

### Übernachten

Klösterlich – **Hospedería de Leyre:** Monasterio de Leyre, Yesa, Tel. 948 39 15 58, www.monasteriodeleyre.com. Das Kloster bietet solide ausgestattete Zimmer. Es gibt auch einige Einzelzimmern mit recht kleinen Bäder. €€

## Sos del Rey Católico
▶ 2, S 5/6

**Karte:** S. 249

Ein weiterer lohnender Abstecher vom Jakobsweg führt gen Süden nach **Sos del Rey Católico** 16 (650 Einw.), das bereits in Aragón liegt. Auf einem Felssporn breitet sich das hübsche, mittelalterliche Städtchen mit seinem steilen Gassengeflecht aus.

## Der Aragonesische Jakobsweg

### Museum Fernando el Católico
*Plaza de la Hispanidad 1, Tel. 948 88 85 24, Di–Fr 10–13, 16–19, Sa, So, Fei 10–14, 16–19 Uhr, 3 €*

Stolz sind die Bewohner darauf, dass hier König Ferdinand der Katholische (1452–1516) geboren wurde. In seinem Geburtshaus, dem **Palacio de Sada**, widmet sich das **Centro de Interpretación de Fernando el Católico** dem Monarchen von Aragón, der 1492 an der Seite seiner Frau Isabella von Kastilien Granada, die letzte Bastion der Mauren, einnahm. Das Museum bietet auch Stadtführungen an.

### San Estebán
Auf dem höchsten Punkt des Ortes liegt die **Iglesia San Estebán** (11./13. Jh.), interessant sind vor allem die romanischen Kapitelle und die gotischen Fresken der Unterkirche. Von der Kirche ergibt sich ein herrlicher Blick auf das umliegende Ackerland und die Pyrenäen in der Ferne.

### Übernachten
Luxus mit Stil – **Parador de Sos del Rey Católico:** Calle Arquitecto Sainz de Vicuña 1, Tel. 948 88 80 11, www.parador.es. Der moderne und komfortabel ausgestattete Parador fügt sich harmonisch in das Stadtbild ein. €€–€€€

## Sangüesa  ▶ 2, S 5

**Karte:** S. 249

Am linken Ufer der Río Aragón erstreckt sich **Sangüesa** 17 (5000 Einw.). Die Grenzlage zu Aragón und insbesondere seine Rolle als Pilgerstation auf dem Jakobsweg prägten die Geschichte des Städtchens. Im 12. Jh. statte-

*Santa María de Eunate: Juwel der Romanik*

te König Alfons I. der Kämpfer Sangüesa mit zahlreichen Privilegien aus und ließ die Stadt weiter zur königlichen Residenz ausbauen. Verschiedene Ordensgemeinschaften etablierten sich hier und trugen dazu bei, das Gemeinwesen erblühen zu lassen.

Entlang der Calle Mayor liegt linker Hand das **Rathaus** (16. Jh.), hinter den Arkaden fällt der Blick auf die schlichte Fassade des **Palacio Real** (13. Jh.), die einstige Residenz der Könige von Navarra. Weiter nordwärts führt rechter Hand der Calle Mayor ein Abzweig zur **Iglesia de Santiago** (12. Jh.). Ein volkstümlicher Jakobus ziert mit seinen beiden Jüngern das Tympanon der Kirche.

Am nördlichen Ende der Calle Mayor befindet sich das **Franziskanerkloster** (13. Jh.), das der hl. Franziskus von Assisi auf seiner Pilgertour 1212 gegründet haben soll. Interessant ist vor allem der Kreuzgang, der eine mittelalterliche Sammlung von Grabstelen enthält.

### Santa María la Real

*Calle Mayor 1, Di–Sa 11–13 Uhr, 2,50 €*

Den Hauptanziehungspunkt von Sangüesa bildet heute die **Iglesia Santa María la Real** (11./13. Jh.) bei der Brücke über den Río Aragón. Genau genommen ist es das romanische **Südportal**, das alle Aufmerksamkeit auf sich zieht und bezüglich seiner Interpretation etliche Rätsel aufgibt.

Im Bogenfeld des Portals erscheint das Jüngste Gericht, wohl ein Werk des burgundischen Meisters Leodegarius. Die Bogenzwickel bevölkern Wesen aus der Fabelwelt und der Mythologie. Außerdem sind Handwerker, Musiker, Ringer und sogar eine Szene der germanischen Sigurdlegende zu erkennen. Über dem Portal wiederholt sich die Szene des Jüngsten Gerichtes, die hervorquellenden Augen der Apostel in der doppelten Arkadenreihe weisen auf die Urheberschaft des Meisters von San Juan de la Peña hin.

Im **Kircheninnern** residiert die gotische Madonna Santa María de Rocamador, vor dem prächtigen Hauptaltar mit Tafelgemälden von Jorge de Flandes (16. Jh.).

### Infos

**Oficina de Turismo:** Calle Mayor 2, 31400 Sangüesa, Tel. 948 87 14 11, www.sanguesa.es, Juli–Mitte Sept. Mo–Sa 10–14, 15.30–18.30, So 10–14, 21. März–Juni, Mitte Sept.–Okt. Mo–Sa 10–14, 15–18, So 10–14, Jan., 20. März, Nov., Dez. 10–14 Uhr.

### Essen & Trinken

Bodenständig – **Asador Mediavilla:** Calle Alfonso El Batallador 15, Tel. 948 87 02 12, Di–So 13.30–15.30, Sa 21–22.30 Uhr, im Winter Mo, Di geschl. Gemütlich rustikales Lokal, das Spezialitäten vom Holzofengrill bietet. Zwei Menüs zur Wahl. €€–€€€

### Einkaufen

Wochenmarkt – Fr vormittags auf dem Platz hinter dem Rathaus.

# Santa María de Eunate

▶ 2, R 5

**Karte:** S. 249

*Carr. de Campanas s/n, 31152 Muruzábal, Tel. 628 87 28 35, www.santamariadeeunate. es, Dez.–März geschl., April–Okt. tgl. 10–14, 15–19 Uhr, Zeiten online prüfen, 2 €*

Einsam inmitten weiter Kornfelder steht das romanische Kirchlein **Santa María de Eunate** [20] (12. Jh.) am Aragonesischen Pilgerweg, kurz vor Puente la Reina. Über das Juwel der Romanik gehen die wissenschaftlichen Meinungen weit auseinander. Aufgrund des oktagonalen Grundrisses vermuten einige Historiker, dass es sich um eine Gründung des Templerordens handelt. Andere glauben, dass Santa María de Eunate als Friedhofskapelle errichtet wurde. Ihre Auffassung stützen die Funde von Pilgergräbern im Umkreis der Kirche.

Um das Kirchlein herum verläuft eine rätselhafte achtseitige **Bogengalerie,** die von einer ebenfalls achtseitigen Mauer umfangen wird. Das Portal schmücken dämonenhafte Fabelwesen. Bemerkenswert im Innern ist das Bandrippengewölbe, das an islamische Architektur erinnert.

# Im Süden Navarras

**Kontrastreich präsentiert sich das Landschaftsbild im Süden Navarras: Der Spannungsbogen reicht von der fruchtbaren Ebro-Region um Tudela bis zur Halbwüste Bardenas Reales. Ortschaften wie Olite, die einstige Residenz der Könige von Navarra, oder das mittelalterlich geprägte Dorf Ujué lohnen einen Ausflug in die vom Tourismus kaum berührte Region.**

## Olite ▶ 2, R 5/6

In dem 4000 Einwohner zählenden **Olite,** ca. 42 km südlich von Pamplona, sind die mittelalterlichen Strukturen noch deutlich zu erkennen. Überragt wird der Ort von einer imposanten Bilderbuchburg.

### Burganlage
*Plaza Carlos III El Noble, Tel. 691 02 6 67, www.palaciorealolite.com, April, Juni, Sept. Mo–Do, So 10–19, Fr, Sa 10–20, Juli, Aug., Ostern tgl. 9–20, Okt.–März tgl. 10–18 Uhr, 4,40 €, Audioguide 4 €*

Der verschachtelte, immer wieder aus- und umgebaute **Palacio Real** geht bis auf das 13. Jh. zurück. König Karl III. der Edelmütige (1361–1425) wählte 1406 Olite zu seiner offiziellen Residenz und ließ die Burg zum prachtvollen königlichen Herrschaftssitz ausbauen. Nur noch wenige Spuren legen Zeugnis ab von der einst kostbaren Ausgestaltung des Palastes. Nach der Vereinigung Navarras mit Kastilien im 16. Jh. verwaiste die Anlage. Zu Beginn des 19. Jh. fiel ein Teil der Burg einem Brand zum Opfer. Ein Rundgang führt durch die weitläufige, restaurierte Burganlage mit ihren Türmen, Höfen, Sälen und filigranen Galerien Im ältesten Teil der Burg befindet sich heute der Parador der Stadt (s. u.).

### Santa María la Real
*Plaza de los Teobaldos*

Neben dem Schloss erhebt sich die gotische **Iglesia de Santa María la Real** (13. Jh.), die ehemalige Palastkapelle. Das Bogenfeld des prächtigen Hauptportals zeigt die Jungfrau mit dem Kind sowie Szenen aus dem Leben der hl. Familie.

### Weinmuseum
*Plaza Teobaldos 4, Tel. 848 42 32 23, www.enozentrum.navarra.es, Juni–Sept. So–Do 10–14, Fr, Sa 10–14, 16–19, Okt.–1. Juni Sa, Weihnachten, Brückentage 10–14, 15–18, So, Fei 10–14 Uhr, Eintritt frei*

Weinliebhaber werden sich in Olite wohlfühlen, schließlich ist die Stadt das Zentrum des Weinanbaus von Navarra. Früher war die Region vor allem bekannt für ihre Roséweine, heute liegt der Schwerpunkt auf der Produktion von edlen Rotweinen. Das **Museo del Vino** präsentiert auf drei Etagen alles Wissenswerte über die Weinkultur Navarras. Einen Einblick in den Ausbau der Weine erlauben etliche **Bodegas,** die ihre Pforten für Besucher öffnen.

### Naturschutzgebiet Laguna de Pitillas
*www.lagunadepitillas.org, Infos zu Zeiten und Führungen unter Tel. 619 46 34 50 oder auf der Website*

Für Vogelliebhaber bietet sich ein Abstecher an zur 12 km südöstlich von Olite gelegenen **Reserva Natural de la Laguna de Pitillas.** Zwei Observatorien ermöglichen hier gute Blicke über das 216 ha große Feuchtgebiet und seine reiche Vogelwelt. Im Herbst gesellen sich zur heimischen Fauna die Zugvögel, die auf ihrer Reise nach Süden hier eine Rast einlegen. Mit etwas Glück lassen sich

Störche, Reiher und verschiedene Wildenten sichten.

### Infos

**Oficina de Turismo:** Plaza de los Teobaldos 10, 31390 Olite, Tel. 848 42 32 22, www.olite.es, 20. März–12. Okt. Mo–Sa 10–14, 16–19, So 10–14.30, 13. Okt.–19. März Mo–Do 10–14, Fr, Sa 10–14, 15–18, So, Fei 10–14 Uhr.

### Übernachten

Gediegene Ausstattung – **Parador de Olite Principe de Viana:** Plaza Teobaldos 2, Tel. 948 74 00 00, www.parador.es. Stilvoll residieren die Gäste im ehemaligen Königspalast. Die Ausstattung ist luxuriös-gediegen. €€€

Rustikal – **Merindad de Olite:** Rúa de la Judería 11, Tel. 948 74 07 35, www.hotel-merindaddeolite.com. Angenehmes, kleines Hotel mit zehn Zimmern, die im rustikalen Stil ausgestattet sind. €€

Gute Option – **Casa Rural Lakoak:** La Fuente 4, 31395 Garínoain (14 km von Olite), Tel. 646 57 41 81, www.casarural-lokoak.com. Ruhige Unterkunft in ehem. Weinkellerei. Komfortable Zimmer mit Liebe zum Detail. €€

Camping – **Ciudad de Olite:** Ctra. Tafalla–Peralta, NA-115, km 2,3, Tel. 948 74 10 14, www.campingdeolite.com. Ganzjährig geöffneter Platz, der sich nur wenige Kilometer westlich von Olite befindet. Es gibt auch Bungalows.

### Essen & Trinken

Traditionelle Küche – **Gambarte:** Rúa Seco 15, Tel. 948 74 01 39, www.restaurante-gambarte.negocio.site, Fr, Sa auch abends. Bodenständige, leckere Küche zu zivilen Preisen. €

### Termine

**Fiestas Medievales:** 27.–29. Aug. Auf dem Mittelalterfest hält König Karl III. Hof. Für Spaß und Spannung sorgt ein Ritterturnier. Auch die Gaumenfreuden entsprechen dem historischen Rahmen.

**Fiesta de la Vendimia:** Erste Septemberhälfte. Fest zum Auftakt der Weinernte.

**Fiestas Patronales:** 13.–19. Sept. Eine ganze Woche lang Patronatsfeiern mit großer Prozession.

### Verkehr

**Bahn:** Calle Estación de Ferrocarril 25, www.renfe.es. Die Regionalzüge nach Pamplona und Castejón fahren 3 x tgl.

**Bus:** Alsa, Tel. 910 2070 07, www.alsa.es, bietet bis zu 5–6 x tgl. Verbindungen nach Pamplona an.

# Ujué ▶ 2, R 5

18 km östlich von Olite thront auf einer Anhöhe von 800 m die strategisch gut positionierte Ortschaft **Ujué.** Das Dorf mit rund 225 Einwohnern entpuppt sich als mittelalterliches Kleinod: Enge, steile Gassen führen hinauf zur trutzigen, romanisch-gotischen **Iglesia Fortaleza de Santa María.** Von der Wehrkirche aus ist es ein Genuss, die Blicke über die Pyrenäengipfel und die Ebene der Ribera schweifen zu lassen. Der Kirchenbau geht auf das 11. Jh. zurück, der Ausbau zur Festung erfolgte unter König Karl II. im 14. Jh. In der romanischen Apsis thront auf einer Säule die Madonna von Ujué (1190), eine der schönsten romanischen Statuen in ganz Navarra. In einer Vitrine direkt neben der Heiligen Jungfrau wird das Herz von König Karl II. verwahrt.

### Essen & Trinken

Köstliche Hausmannskost – **Agrotienda Urrutia:** Calles San Isidro 41, Tel. 948 73 92 57, www.casaurrutia.net, tgl. 10–17, Sa, So bis 18 Uhr. An langen Holzbänken oder auf der Terrasse gibt es den Klassiker, die *migas* (Brotkrumen) oder geschmorte Ochsenbäckchen. Dazu gehört ein Hofladen. €–€€

### Termin

**Romería a la Virgen de Ujué:** Erster So nach dem 25. April, dem Tag des hl. Markus. An der eindrucksvollen Schweigeprozession zur Madonna von Ujué beteiligen sich auch die Bewohner der umliegenden Dörfer. Die Pilger kleiden sich mit einer schwarzen Tunika und tragen zum Zeichen ihrer Buße ein Kreuz oder Ketten auf dem Rücken. Viele legen die Wegstrecke sogar barfuß zurück.

# RADTOUR DURCH DIE HALBWÜSTE BARDENAS REALES

## Tour-Infos

**Start:** Arguedas, ca. 14 km nördl. von Tudela auf der NA-8703 und NA-134
**Länge:** 48 km
**Höhenunterschied:** 300 m
**Ausrüstung:** Wasser und Sonnenschutz
**Fahrradverleih:** Ciclos Martón, Calle Real 31, Arguedas, Tel. 948 83 15 77
**Geführte Touren:** Compañía de las Guías de las Bardenas, Calle Carcastillo s/n, Tudela, Tel. 948 48 76 00, 675 72 26 66, www.turismo bardenas.com. Wandern, Jeep-Touren sowie Bustouren.
**Infos zum Naturpark:** Centro de Información y Acogida de Visitantes del P. N. de Bardenas Reales, Ctra. del Parque Natural, km 6, Tel. 948 83 03 08, www.bardenasreales.es, in der Regel tgl. 9–14, 15–17, im Sommer bis 18 Uhr. Karten der Region erhält man auch im Tourismusbüro in Tudela (s. u.)

Die karge Mondlandschaft der **Bardenas Reales,** geformt aus steppenartigen Hochebenen, trockenen Schluchten und bizarren Felsformationen, übt eine ganz eigene Faszination aus. Die Erosion drückte im Lauf der Jahrhunderte der fast unwirklichen Halbwüstenlandschaft ihren Stempel auf. Diese Szenerie diente bereits mehrfach als Kulisse für Kinodreharbeiten. Die nahezu menschenleere Region wird aber auch militärisch genutzt. Mitten darin unterhält die spanische Luftwaffe einen **Polígono de tiro del ejercito,** der u. a. von der NATO zu Übungs-

zwecken genutzt wird. Spanische Umweltschutzorganisationen fordern seit Jahren vergeblich die Schließung der Basis.
Das 415 km² umfassende Gebiet der Bardenas Reales wurde 1999 zum Naturpark und ein Jahr später von der UNESCO zum Biosphärenreservat deklariert. Es wird von einem weitläufigen Netz von Pisten und Hirtenpfaden durchzogen. Verschiedene Agenturen bieten Wander-, Mountainbike-, Allrad- und Motorradtouren durch den Parque Natural an. Bei Regen sind die lehmigen Pisten und Pfade kaum passierbar!
Als Ausgangspunkt für eine Radtour durch die Bardenas Reales bietet sich die Ortschaft **Arguedas** an, in der es auch einen Mountainbikeverleih gibt. Von hier geht es zunächst auf geteerter Straße zum **Cuartel Militar** am Eingang des Stützpunktes. Hier startet die **Vuelta al Polígono**, die klassische Rundtour, die auf einer Piste um das Militärgelände herumführt. Die Strecke passiert emblematische Formationen, beispielsweise die bizarr geformten Hügel **Cabezo de las Cortinillas, Cabezo de Castildetierra** (Burg aus Erde) und **Pisquera** sowie die **Schlucht des Rallón**. Unterwegs lohnt nach 5 km ein Abstecher von der Route zur imposanten Schlucht **Barranco Grande**.

# Nuestra Señora de La Oliva ▶ 2, R 6

*Ctra. Caparroso–Carcastillo, Km 17,5, Carcastillo, Tel. 948 71 50 55, www.monasteriodelaoliva.org, wegen Restaurierungsarbeiten bis Sommer 2024 geschl., Mo–Sa 9.30–12, 15.30–18, So 9.30–11.30, 16–18 Uhr, 2,50 €*

Die altehrwürdige Abtei **Nuestra Señora de la Oliva** bettet sich einsam in einen abgeschiedenen Landstrich. Gegründet wurde das nahe der Ortschaft Carcastillo gelegene Kloster von König García Ramírez von Navarra im 12. Jh., es war eines der ersten Zisterzienserklöster Spaniens.

Die Abtei entstand noch im Geist der Romanik, wenn auch die frühe Gotik sich ihren Weg bereits bahnte. Die dreischiffige **Klosterkirche** zeigt klar den Übergangsstil. Sie präsentiert sich schlicht und erhaben, wie es typisch ist für die strenge Zisterzienserarchitektur.

Der spätgotische **Kreuzgang** besticht durch sein filigranes Maßwerk. Vom ursprünglichen romanischen Kreuzgang blieb lediglich noch der Kapitelsaal erhalten, das Gleichmaß der Säulen und der Gewölbe bildet hier ein harmonisches Ganzes. Heute leben im Kloster noch 26 Zisterziensermönche, die auch Einkehrsuchende an diesem Ort der Ruhe und Besinnung beherbergen.

### Einkaufen

Wein & Likör – Im **Klostergeschäft** können Sie die hervorragenden Weine und Liköre erstehen, die in den hiesigen *bodegas* hergestellt werden. Außerdem im Sortiment: Käse, Gebäck und Kosmetik.

# Tudela ▶ 2, R 7

Weit im Süden von Navarra liegt die einstige Bischofsstadt **Tudela** direkt am Río Ebro, nahe der Grenze zu Aragon. Die zweitgrößte Stadt Navarras zählt gerade mal um die 38 000 Einwohner. Die fruchtbare Ebro-Landschaft bildet den Lebensquell – ein wahrer Garten Eden! Zu den landesweit geschätzten Produkten zählen vor allem der weiße Spargel und die Salatherzen sowie die Artischocken.

Bis heute prägt die fast 400-jährige Präsenz der Muslime (716–1119), die in friedlicher Koexistenz mit Christen und Juden lebten, das Stadtbild. So blieben zumindest die Strukturen des ehemaligen Maurenviertels *(morería)* und des Judenviertels *(aljama)* erhalten. König Alfons I. der Kämpfer, der im Jahr 1119 die Stadt für die Christen zurückeroberte, ließ noch Toleranz gegenüber den anderen Religionsgruppen walten. Die Moschee (9.–11. Jh.) wurde zur Kathedrale geweiht.

Beim Rundgang durch die Altstadt begegnet man stattlichen **Herrenhäusern** wie dem Palacio del Marqués de Huarte oder dem Palacio de San Adrián. Auf der **Plaza de los Fueros** laufen die Fäden in Tudela zusammen. Einst diente der Platz als Stierkampfarena, heute fungiert er als Bindeglied zwischen Alt- und Neustadt.

## Kathedrale und Museum

*Museum, Calle Roso, 2, Tel. 948 40 21 61, www.museodetudela.com, Mo–Sa 10–13.30, 16–19, So 11–13.30 Uhr, 24.–30. Juli geschl., 4 €*
Erst Ende des 12. Jh. wurde der Bau der heutigen **Kathedrale,** gefördert durch König Sancho VII. (1195–1234), in Angriff genommen. Reich geschmückt präsentiert sich das Westportal, das Portal des Jüngsten Gerichtes. Im Innern ziehen das spätgotische Retabel (15. Jh.) und das kunstvolle, gotische Chorgestühl (16. Jh.) die Aufmerksamkeit auf sich.

Der **Kreuzgang** ist noch der romanischen Formensprache verpflichtet. Er gehört heute mit dem benachbarten **Palacio Decanal** (15. Jh.) zum **Museo de Tudela.** Zu den interessantesten Exponaten zählen die Relikte der Moschee von Tudela, darunter Kapitelle im kalifalen Stil (9.–11. Jh.) und der Brunnen für die rituellen Waschungen (10. Jh.).

## Infos

**Oficina de Turismo:** Plaza de los Fueros 5–6, 31500 Tudela, Tel. 948 84 80 58, www.turismotudela.com, Jan.–15. Okt. Mo–Sa 10–14, 16–19, 16. Okt.–Dez. Mo–Sa 10–17 So, Fei 10–14 Uhr.

## Übernachten

Komfortabel, modern – **AC Ciudad de Tudela:** Calle Misericordía s/n, Tel. 948 40 24 40, www.marriott.com. Die erste Adresse der Stadt! Das zentral gelegene Hotel in historischen Gemäuern (18. Jh.) wartet mit einer eleganten Ausstattung auf. €€–€€€

Zentral – **Santamaría:** Camino San Marcial 14, Tel. 948 82 12 00, www.hotelsantamaria.net. Das Hotel, von außen nicht gerade verlockend, bietet gepflegte, funktionale Zimmer. €€

## Essen & Trinken

Innovative Kreationen – **Restaurante 33:** Calle Pablo Sarasate 7, Tel. 948 82 76 06, www.restaurante33.com. Im Restaurante 33 kommen Gemüseliebhaber auf ihre Kosten, sei es bei Artischockenherzen auf Lauchgemüse oder beim Spargel aus der Region. Sehr zu empfehlen ist das Gemüse-Degustationsmenü. €€

Tudela

*Bardenas Reales: Westernkulisse in Spanien*

## Termine

**Semana Santa:** Traditionsreiche Rituale prägen die Karwoche. Am Samstag wird Judas in Form einer Puppe *(el volatín)* geschmäht. Ostersonntag schwebt ein Kind als Engel verkleidet über der Plaza de los Fueros und verkündet einer Marienskulptur die Auferstehung.
**Fiesta de Santa Ana:** 24.–30. Juli. Patronatsfest mit Stierläufen, Umzügen etc.

## Verkehr

**Bus:** Busbahnhof, Plaza de la Estación s/n (neben dem Bahnhof). Die Busse der Firma Alsa (www.alsa.es) unter Inter-Arriaga (arriagabus.com) fahren mehrmals tgl. nach Pamplona, außerdem nach Zaragoza, Tarazona, Villafranca.
**Bahn:** Renfe-Bahnhof, Plaza Estación Ferrocarril s/n, www.renfe.com. Gute Verbindungen nach Pamplona, Logroño und Zaragoza.

# Kapitel 4

# La Rioja

Die Rioja, mit 5034 km² und knapp 324 000 Einwohnern die kleinste Autonome Region des spanischen Festlandes, ist ein Garten Eden! In aller Munde ist sie aufgrund der edlen Tropfen, die in den vielen Weinkellereien heranreifen. Das Land lebt jedoch nicht vom Wein allein. Eine gewichtige Rolle spielt auch der Anbau von Spargel, Paprika und Artischocken, der die Grundlage für eine florierende Konservenindustrie bildet.

Die Lage am Jakobsweg prägt bis heute die Region. Das wirtschaftliche Herz bildet die quirlige Hauptstadt Logroño, von der sich ein Ausflug in die baskische Rioja Alavesa anbietet. Hier findet sich das schöne, von mittelalterlichen Gassen durchzogene Weinstädtchen Laguardia, das sich vor der Kantabrischen Kordillere imposant auf einem Hügel aufbaut. Im beschaulichen Nachbardorf Elciego schuf der Stararchitekt Frank O. Gehry ein spektakuläres, von einer Titanhaut überzogenes Luxushotel, das wie von einem anderen Stern anmutet. In Haro dreht sich ebenfalls alles um den Wein, schließlich ist die Stadt das Zentrum der Weinproduktion der Oberen Rioja. Viele Weinkellereien öffnen ihre Tore für Besucher. Noch intensiveren Kontakt mit dem Rioja-Wein bietet die alljährlich im Juni stattfindende Weinschlacht, bei der man sich gleich literweise mit dem roten Rebensaft übergießt – aber keine Sorge: Hier wird nur minderwertiger Wein vergeudet!

Südlich von Haro liegt die kleine Pilgerstadt Santo Domingo de la Calzada, bekannt durch das Hühnerwunder. Ein Abstecher, den auch viele Jakobspilger machen, führt nach San Millán de Yuso und San Millán de Suso. Die Klöster gelten als Wiege der spanischen Sprache und wurden zum UNESCO-Welterbe erklärt. Im Hintergrund baut sich die Sierra de la Demanda auf. Als Ausgangspunkt für Touren durch die Gebirgslandschaft bietet sich das hübsche Städtchen Ezcaray an.

*Moderne Architektur verbindet sich in La Rioja mit uralter Weinkultur: Die Bodega López de Heredia ließ z. B. ihren neuen Anbau von der Stararchitektin Zaha Hadid entwerfen und bauen*

# Auf einen Blick: La Rioja

## Sehenswert

⭐ **Laguardia:** Das Weinstädtchen Laguardia glänzt durch seinen mittelalterlichen Charme und seine reizvolle Lage inmitten der Rebhügel der Rioja Alavesa (s. S. 279).

**San Millán de Yuso und und San Millán de Suso:** Idyllisch sind die beiden Klöster in die Landschaft der Sierra de la Demanda eingebettet. Beide wurden 1997 zum UNESCO-Welterbe erklärt– ein Genuss für Kunstliebhaber (s. S. 283).

⭐ **Santo Domingo de la Calzada:** Hühner in einer Kathedrale? Das bietet das Jakobsweg-Städtchen Santo Domingo de la Calzada. Der Hintergrund dafür ist ein legendäres Hühnerwunder (s. S. 284).

## Schöne Routen

**Weinroute:** Logroño ist ein guter Ausgangspunkt für eine Tour durch die Bodegas der Rioja, wo man alles Wissenswerte über den Fassausbau erfährt. Haro, Briones, Laguardia oder Elciego heißen die Weinorte entlang der Route, die man übrigens auch mit dem Vinobús befahren kann – in Anbetracht der ein oder anderen Weinprobe keine schlechte Idee (s. S. 266).

**Route der Dinosaurier:** Abseits der touristischen Hauptstrecke in der Rioja Baja finden sich rund um Enciso einige der weltweit wichtigsten Fundstätten versteinerter Dinosaurierspuren (s. S. 288).

## Meine Tipps

**Calle Laurel in Logroño:** Unzählige Tapabars und kleine Restaurants drängen sich in der berühmten Tapameile – die Spanier schlagen keine Wurzeln, sie ziehen von Kneipe zu Kneipe (s. S. 268).

**Paseo de Collado in Laguardia:** Die Flaniermeile um den Stadtwall bietet herrliche Ausblicke auf das Kantabrische Gebirge. Im Tal fällt der Blick auf die bewegte Dachlandschaft der Bodega Ysios, die der Architekt Santiago Calatrava konzipierte (s. S. 279).

**Keramik in Navarrete:** Die Ortschaft ist bekannt für ihre Töpferwerkstätten (s. S. 281).

**Alfaro – Paradies der Störche:** Ein Schauspiel der Extraklasse bieten die Störche auf dem Dach der Stiftskirche von Alfaro – in jeder erdenklichen Nische findet sich ein Nest (s. S. 288).

*Alfaro gilt als Hauptstadt der Störche in Europa – hier nisten sie am liebsten*

**Wandern oder Radeln entlang dem Río Ebro:** Entdecken Sie die Lebensader der Rioja, den Río Ebro. Galeriewälder und Weinberge säumen die Strecke zwischen Briñas und San Vicente de Sonsierra (s. S. 276).

# Im Herzen des Weinlands

**Bei einer Tour durch die hügelige Landschaft der Rioja gehört es zum angenehmen Pflichtprogramm, einer der zahlreichen Weinkellereien eine Visite abzustatten. Die größte Auswahl an Bodegas bietet Haro. Das stimmungsvollste Weinstädtchen ist zweifellos Laguardia. Logroño, die Hauptstadt der Rioja, verströmt eine quirlige, geschäftige Atmosphäre.**

## Logroño ▶ 2, P 5

**Logroño,** die rund 152 500 Einwohner zählende Hauptstadt der Rioja, breitet sich zu beiden Seiten des Río Ebro aus. Sie ist das aufstrebende politische, wirtschaftliche und kulturelle Zentrum der Rioja.

Sicherlich gehört die Stadt, deren Bild in weiten Teilen von der mitunter recht gesichtslosen modernen Architektur geprägt ist, nicht zu den attraktivsten Städten Nordspaniens, jedoch haben die Stadtväter in den letzten Jahren einiges unternommen, um das Stadtbild aufzupolieren. Die Altstadt wartet nicht mit herausragenden Sehenswürdigkeiten auf, dafür punktet sie durch ihre Lebhaftigkeit und ihren provinziellen Charme. Das Angebot an Kneipen und Lokalen ist ausgesprochen reichhaltig, der Rioja-Wein mundet und die Küche gibt sich bodenständig schmackhaft. Das wussten von jeher auch schon die Jakobspilger zu schätzen.

## Geschichte

Seine Entstehung verdankt Logroño seiner Lage an einer Furt des Río Ebro. Die Ersten, die sich hier niederließen, waren vermutlich die Beronen, ein Keltenstamm. Die Römer errichteten die erste Brücke über den Fluss und bauten einen Hafen am damals noch schiffbaren Ebro. Im 8. Jh. drangen die Mauren nach Logroño vor, doch im Jahr 923 geriet die Stadt durch die vereinten Kräfte der Könige von Navarra und León, Sancho I. Garcés und Ordoño II., endgültig wieder in christliche Hand. 1076 kam die Rioja unter kastilische Vorherrschaft und fungierte als bedeutender Grenzposten. 1092 fiel El Cid, der in dieser Zeit auf der Seite der Mauren stand, in die Stadt ein, die dabei nahezu vollständig zerstört wurde. Tatkräftig ließ König Alfons VI. sie wieder aufbauen. Die damals neu errichtete Brücke über den Ebro machte Logroño zu einer wichtigen Station des Jakobswegs.

## Auf dem Jakobsweg

Am besten nähert man sich der Stadt wie die Jakobspilger von der steinernen **Puente de Piedra** (19. Jh.), die den Río Ebro überspannt. Die Brücke trat die Nachfolge der mittelalterlichen (12. Jh.) an, die der hl. Juan de Ortega errichten ließ, um den Pilgern den Weg zu erleichtern. Die im Boden eingelassenen Jakobsmuscheln weisen Pilgern den Weg durch die Calle de Ruavieja ins Zentrum.

### Santa María del Palacio
*Calle Marqués de San Nicolás*
Die im 11./12. Jh. erbaute **Iglesia de Santa María del Palacio** ist die älteste Kirche von Logroño. Der Name erinnert daran, dass König Alfons VII. seinen Palacio einst dem Orden der Ritter vom Heiligen Grab zu Jerusalem vermachte. Dieser wandelte den Bau Stück für Stück in eine Kirche um. Der 45 m hohe, spitz zulaufende gotische **Kirchturm** wird im Volksmund *aguja* (Nadel) genannt und ist eines der Wahrzeichen der Stadt. Blickpunkt im Innern ist der filigran geschnitzte Hochaltar des Brüsseler Meisters Arnold (16. Jh.).

# Logroño

*In die Calle del Laurel in Logroño pilgern Pintxos-Liebhaber aus dem ganzen Land*

## Santiago el Real
*Calle Barriocepo 8*
Weiter auf den Spuren der Jakobspilger entlang der Calle de Ruavieja trifft man auf die **Iglesia de Santiago el Real** (16. Jh.). Über dem Portal schwingt in barocker Dramatik Santiago als Maurentöter das Schwert, zu seinen Füßen türmen sich die abgeschlagenen Häupter der Mauren. Das Pendant dazu ist auf dem Hauptaltar zu sehen: das Bildnis von Santiago in friedlicher Pilgerpose.

Auf dem Platz vor der Kirche spendet der **Brunnen Fuente de los Peregrinos** den Pilgern erfrischendes Nass. Auf dem Boden befindet sich ein großes Steinmosaik, das die Stationen des Jakobswegs zeigt. Aufgebaut ist das Ganze nach dem Brettspiel *juego de la oca* (Gänsespiel), das in Spanien jedes Kind kennt.

## Revellín-Tor
Die Gasse Barriocepo führt die Pilger aus der Altstadt hinaus zum Pilgertor **Puerta de Revellín.** Kurz davor fällt linker Hand ein Fabrikschlot ins Auge, er ist Teil der alten Tabakfabrik, die heute das **Parlament der Rioja** beherbergt.

# Über die Calle Portales

## Regionalmuseum
*Plaza San Agustín 23, Tel. 941 29 12 59, Di–Sa 10–20.30, So, Fei 10–14 Uhr, Eintritt frei*
Die schmucke, von Arkaden gesäumte Flanier- und Einkaufsmeile **Calle Portales** führt zurück ins Zentrum. Unterwegs liegt rechter Hand das **Museo de la Rioja,** untergebracht in einem pompösen Adelspalast aus dem 18. Jh. Die Sammlung umfasst neben archäologischen

Funden religiöse und profane Kunst der Region. Zu den Highlights zählen gotische Tafelmalereien und ein romanisches Kruzifix aus dem Kloster San Millán de Suso.

### Markthalle

Ein lohnender Abstecher führt über die Calle Capitán Gallarza in die exzellent sortierte Art-déco-Halle des **Mercado Plaza de Abastos,** dessen buntes Treiben in der ehemaligen Kirche San Blas untergebracht ist. Ganz in der Nähe liegt die **Calle Laurel,** die Tapameile von Logroño. Freitags und samstags gibt es hier angesichts der Menschenmassen, die die Bars bevölkern, fast kein Durchkommen mehr.

### Konkathedrale

*Calle Portales 14, Mo–Sa 8–13, 18–20.45, So 8.30–14 Uhr*

Zurück in der Calle Portales weisen die barocken Zwillingstürme den Weg zur **Concatedral de Santa María la Redonda,** auf denen sich in luftiger Höhe die Störche häuslich niedergelassen haben. Die von den Türmen flankierte **Westfassade** ist wie ein römischer Triumphbogen aufgebaut. Besonders stimmungsvoll erscheint die Kathedrale in den Abendstunden bei nächtlicher Beleuchtung.

Das Gotteshaus wurde im 15. Jh. über den Ruinen der romanischen Rundkirche San Lucas errichtet und im 18. Jh. nochmals stark umgebaut. Den Rang einer Bischofskirche erhielt Santa María la Redonda erst im Jahr 1959. Zu den Schätzen der Kathedrale zählt das barocke Hauptretabel sowie ein Michelangelo zugeschriebenes Gemälde, das den Leidensweg Christi zeigt.

## In der Neustadt

Die weitläufige Platzanlage **Paseo de Espolón** ist von der Kathedrale über die Calle Marqués de Vallejo zu erreichen. Zahlreiche Cafés laden zum Ausspannen ein, die ›gute Stube‹ der Stadt ist der Treffpunkt von Jung und Alt. Einen Häuserblock weiter südlich findet sich die **Gran Vía,** die pulsierende Einkaufsmeile der Neustadt.

### Infos

**Oficina de Turismo Municipal:** Calle Portales 50 bajo, 26001 Logroño, Tel. 941 27 70 00, www.logroño.es, Mo–Fr 9–14, 16–19, Sa 10–14, 17–19, So 10–14, im Sommer Mo–Sa 9–14, 17.30–19.30, So 10–14 Uhr.

### Übernachten

Design-Hotel – **Marqués de Vallejo:** Calle Marqués de Vallejo 8, Tel. 941 24 83 33, www.eurostarshotels.de. Wohlfühlhotel mit 51 Zimmern im modernen, warmen Design, im Zentrum. Topadresse in Logroño. €€–€€€

Zentral und komfortabel – **NH Herencia Rioja:** Marqués de Murrieta 14, Tel. 941 21 02 22, www.nhhoteles.es. Nur wenige Gehminuten von der Altstadt entfernt liegt das komfortabel und modern ausgestattete Hotel. Ein dicker Pluspunkt ist das reichhaltige Frühstücksbuffet. €€–€€€

Elegant – **Sercotel Portales:** Portales 85, Tel. 941 50 27 94, www.sercotelhotels.de/hotel-portales. 2007 eröffnetes Hotel im moder-

## WEINFEST SAN MATEO

Alljährlich zum Fest der Weinlese um den 21. September regiert in Logroño der feucht-fröhliche Ausnahmezustand. Der Höhepunkt des einwöchigen Festes ist das Weinstampfen auf der Plaza Espolón. Die Trauben werden mit bloßen Füßen zum ersten Most des Jahres gepresst und der Schutzheiligen der Rioja der Virgen de la Valnavera geweiht. Zum Festreigen gehören ein Umzug in volkstümlichen Trachten, mit Giganten, Stierkämpfe, Konzerte, Theateraufführungen und Feuerwerk. Infos erteilt die Touristeninformation.

# Logroño

nen Design mit 48 hellen, freundlichen Zimmern im Zentrum. €€–€€€
Schlicht, aber sauber – **Hotel-Residencia Isasa:** Doctores Castroviejo 13, Tel. 941 25 65 99, www.hotelisasa.com. Einfache Unterkunft mit überholungsbedürftiger Ausstattung. Großer Pluspunkt ist die zentrale Lage. €–€€
Business-Hotel – **Hotel de Murrieta:** Calle de Marqués de Murieta 1, Tel. 941 22 41 50, www.hotel-murrietalogrono.com. Modernes, sachlich eingerichtetes Hotel, das nur wenige Schritte von der Altstadt entfernt ist. €–€€
Camping – **La Playa:** Av. de la Playa 6, Tel. 941 25 22 53, www.campinglaplaya.com. Der gepflegte Platz liegt am Ebro gegenüber der Altstadt am Sportareal Complejo Deportivo Las Norias. Für Gäste 40 % Preisnachlass auf Sportangebote wie Tennis sowie Gratisnutzung des benachbarten Schwimmbads.

## Essen & Trinken

Rund um die **Plaza del Mercado** vor der Kathedrale drängen sich Caféterrassen und Restaurants, in denen man auch Kleinigkeiten zu sich nehmen kann.
Renommiert – **Mesón Egües:** Calle Campa 3, Tel. 941 22 86 03, www.mesonegues.com, So, Di abends geschl. Gepflegter *asador* (Restaurant mit Holzofengrill), der Küchenchef Fermín Lasa legt Wert auf frische Produkte und beste Zubereitung. €€
Stylisch – **Atiborre:** Calle del Laurel 33, Tel. 941 21 29 95, www.grupopasion.com, Di, Mo abends geschl. Modern minimalistisches Ambiente, frische und ansprechende Präsentation der Gerichte. €€
Historisches Gewölbe – **El Rincón del Vino:** Marqués de San Nicolás 136, Tel. 941 20 53 92, www.rinconesdelvino.es, Mo geschl., Fr, Sa abends geöffnet. Urgemütliches Lokal in einer alten Bodega mitten in der Altstadt. Bodenständige Rioja-Küche und Gegrilltes. €–€€
Gute Option – **Restaurante Iruña:** Calle del Laurel 8, Tel. 941 50 20 44. Bodenständige Küche mit modernem Touch. Köstlich die Lammkoteletts und der Spanferkel und auch der Fisch wird auf den Punkt gegart. Das Gemüse ist ein Gedicht. €–€€

## KUNSTTEMPEL IM WEINLAND

2007 eröffnete in **Algoncillo** (▶ 2, Q 5), 15 km östlich von Logroño, das **Museo Würth La Rioja** seine Tore. Nicht nur die interessanten Wechselausstellungen zur Kunst des 20. und 21. Jh., sondern auch die avantgardistische Architektur und die umliegenden Gärten ziehen Besucher in ihren Bann. Die Initiative zur Gründung des Museums ging von dem schwäbischen Schraubenkönig Reinhold Würth aus, einem passionierten Kunstsammler und Mäzen, zu dessen Kunstimperium zahlreiche Museen zählen (Polígono Industrial Sequeros, Av. Los Cameros Parcelas 86–88, Agoncillo, Tel. 941 01 04 10, www.museowurth.es, Di–Sa 11–19, So 10–14.30 Uhr, Eintritt frei).

Viel Tradition – **Txebiko/Cachetero:** Laurel 3, Tel. 941 22 84 63, www.txebiko.com, Di, So abends geschl. Eines der renommiertesten Lokale der Stadt, mittlerweile in der dritten Generation geführt. Das Restaurant steht für raffinierte Küche und tadellosen Service. €–€€
Relikt – **Bar Ángel:** Calle Laurel 12, Tel. 941 20 63 55. Noch eine Tapabar im alten Stil. Lassen Sie sich nicht von den Servietten auf dem Boden abschrecken. Der Renner ist neben den Champignon-Türmchen der russische Salat (Kartoffelsalat). €
Pilztürmchen – **Bar Soriano:** Travesía de Laurel 2, Tel. 941 22 88 07, Di, Mi geschl. Ein Klassiker in der Calle Laurel, unprätentiöse Bar, günstige Getränke dazu gibt es aufeinandergetürmte Champignons mit einem Shrimp. Am besten gegen 12 Uhr oder abends um

# La Rioja – ein Eldorado für Weinliebhaber

Weltweites Aushängeschild für die spanischen Rotweine sind nach wie vor die edlen Tropfen aus der Rioja. Das milde Klima im Tal des Ebro bietet ideale Voraussetzungen für den Weinanbau. Im Norden schützt die Sierra de Cantabria vor kalten Seewinden und Regenschauern, im Süden bildet das Massiv der Sierra de la Demanda einen Schutzwall gegen allzu große Hitze und heftige Stürme vom Mesetahochland.

Der Río Ebro ist der Lebensquell der Rioja, wo außer Wein auch Obst und Gemüse gut gedeihen. Der Strom und seine Nebenflüsse sorgten in den Flusstälern für fruchtbare Schwemmböden, die gut 50 % der Anbaufläche einnehmen, daneben finden sich Lehm-, Kalk- und eisenhaltige Böden. Die Weinfläche beläuft sich auf rund 60 000 ha und verteilt sich auf die drei Subregionen: die Rioja Alta im Westen, die im Baskenland liegende Rioja Alavesa und die Rioja Baja, die sich östlich von Logroño bis nach Navarra erstreckt.

In über 250 Bodegas werden gut 250 Mio. l Wein pro Jahr produziert. 85 % davon entfallen auf Rotweine, die restlichen 15 % auf Weiß- und Roséweine. Sieben verschiedene Rebsorten reifen auf den Böden der Rioja heran, darunter die Edelsorte Spaniens schlechthin, die Tempranillo-Traube, die mittlerweile rund 61 % der Anbaufläche einnimmt. Sie verleiht dem Wein sein kräftiges Rückgrat und seinen fruchtbetonten Charakter.

Der Weinbau verläuft weitgehend noch in traditionellen Bahnen. Viele kleine Familienbetriebe und einige Kooperativen produzieren die Trauben, die sie später an die Weinkellereien verkaufen. Es ist ein recht mühsames Geschäft, zumal der Großteil der Rebflächen mit niedrigen Weinstöcken bepflanzt und die Lese somit meist noch reine Handarbeit ist.

Von essenzieller Bedeutung für das feine, edle Bouquet der Rioja-Weine ist der Reifeprozess in Eichenholzfässern, die jeweils 225 l Wein fassen. Über 900 000 solcher Fässer verteilen sich auf die Bodegas der Rioja! Je nach Reifezeit – zunächst im Barriquefass, dann in der Flasche – wird der Wein unterschiedlichen Qualitätskategorien zugeordnet, die vom Kontrollrat der Rioja D.O.C. genau festgelegt wurden. Die Rioja-Weine werden in die folgenden Qualitätsstufen eingeteilt:

*Vino Joven:* Der junge Rioja-Wein, egal ob rot, weiß oder rosé, trägt auf dem Etikett lediglich die Herkunftsgarantie. Es handelt sich um ein- bis zweijährige Weine, die gar keine oder nur eine kurze Zeit im Fass zubrachten.

*Crianza:* Die Weine dieser Kategorie müssen zwei Jahre gereift sein, davon mindestens ein Jahr im Eichenfass. Sechs Monate Fasslagerung ist Pflicht für Weiß- und Roséweine.

*Reserva:* Nur sehr gute oder herausragende Jahrgänge erhalten das Prädikat Reserva, in den Handel kommen diese Weine erst nach drei Jahren. Die Reservaweine müssen mindestens ein Jahr im Fass gelagert werden. Weiß- und Roséweine werden zwei Jahre lang ausgebaut, davon sechs Monate im Fass.

*Gran Reserva:* Ausschließlich Weine herausragender Jahrgänge tragen auf dem Etikett das Gütesiegel Gran Reserva. Sie lagern mindestens zwei Jahre im Eichenfass und noch weitere drei Jahre

*Weinlese in der baskischen Rioja Alavesa: größtenteils noch in Handarbeit*

in der Flasche. Für den Weißwein ist eine Lagerung von vier Jahren vorgesehen, davon mindestens sechs Monate im Fass.

Stolz blickt die Region auf eine Weinbautradition, deren Wurzeln tatsächlich bis in die Römerzeit zurückreichen. Im Mittelalter verfasste der gebildete Mönch Gonzalo de Berceo, wohl beflügelt von einem guten Glas Rioja-Wein, im Kloster San Millán de Suso die ersten Verse, die je auf Spanisch geschrieben wurden: »Ich möchte nunmehr eine einfache Prosa erschaffen – genau so, wie das Volk mit seinen Nachbarn spricht. Denn die Leute sind nicht so belesen, dass sie ein anderes Latein beherrschen. Bestens taugt zu diesem Zwecke, wie ich glaube, ein Glas voll guten Weines.«

Lange Zeit waren die Klöster die wichtigsten Hüter der Kultur des Weines. Bereits im Jahr 1560 konstituierte sich in der Region der erste Winzerverband, der bereits ein Gütesiegel für die Rioja-Weine kreierte. Ende des 18. Jh. starteten die ersten Experimente des Fassausbaus nach französischem Vorbild. Doch erst die Reblaus, die in Frankreich ihr Unwesen trieb, verhalf dem Fassausbau in Spanien ein Jahrhundert später zum endgültigen Durchbruch und führte letztlich zum internationalen Renommee der Rioja-Weine.

Die Trendsetter auf dem Gebiet des Fassausbaus waren der Marqués de Riscal und der Marqués de Murrieta, die beide dem Weinbaugebiet von Bordeaux den Rücken kehrten, um in der Rioja ihr Glück zu versuchen. Ihr Mut wurde belohnt, die Bodegas der beiden Weinpioniere zählen bis heute zur Crème de la Crème der Weinkellereien Spaniens.

Fans der Rioja-Weine finden weitere interessante Hinweise auf der Website www.riojawine.com. Infos zu den verschiedenen Weinreben und Weinanbauregionen in ganz Spanien sowie zur Rioja im Speziellen liefern die kommerziellen Websites www.vinos.de sowie www.espavino.com.

## Im Herzen des Weinlands

19.15 Uhr besuchen, danach wird es brechend voll. €

Schokotempel – **Cafetería Pastelería Viena:** Calle Muro de la Mata 6, Tel. 941 20 10 49. Hervorragende Auswahl an Pralinés, Gebäck und Kuchen. Zur Konditorei gehört ein Café mit Terrasse (€€).

### Abends & Nachts

Für die Nacht stärkt man sich bei Wein und Tapas in der quirligen Tapameile **Calle Laurel**, der etwas ruhigeren **Calle San Juan** oder in der **Calle Marqués de San Nicolás** (in Logroño wird sie La Mayor genannt).

Discos – Die Jugend vertreibt sich an den Wochenenden die Nacht in der **Disco Aural**, Av. Navarra, 7, die bis gegen 6 Uhr früh geöffnet hat. Musikbegeisterte ab 40 schwingen in der **Disco Sarao**, Calle Siervas de Jesús 3, das Tanzbein.

### Aktiv

Besichtigung einer Weinkellerei – **Bodegas Marqués de Murrieta:** Crta. N-232 Logroño-Zaragoza km 402, Tel. 941 27 13 80, www.marquesdemurrieta.com. Die 1852 gegründete Traditions-Bodega liegt mitten in einem 300 ha großen Weingut. Besichtigung nach Vereinbarung Mo–Sa (span., engl., deutsch).

### Termine

**San Bernabé:** 11. Juni. Das große Stadtfest erinnert an den heroischen Widerstand gegen die französichen Belagerung im Jahre 1521.

**San Mateo:** Ab 20./21. Sept. Das Weinfest der Stadt dauert eine ganze Woche, eine der Attraktionen ist das große Traubentreten auf dem Paseo de Espolón, zur Fiesta gehören auch Stierkämpfe, Umzüge und Feuerwerke.

### Verkehr

**Flugzeug:** Aeropuerto Logroño-Agoncillo, Ctra. Nacional 232 Logroño–Zaragoza, Tel. 913 21 10 00, www.aena.es. Der 2003 eingeweihte Flughafen verbindet Logroño mit Madrid. Die Flüge werden durchgeführt von der **Iberia und Vueling.** Vom Stadtzentrum von Logroño erreicht man den 12 km entfernten Flughafen bei Agoncillo über die A68 oder die Nationalstraße 232. Keine öffentl. Verkehrsmittel, wer kein Auto hat, muss ein Taxi nehmen.

**Bahn:** Bahnhof Estación de Renfe, Av. de Colón 83, Tel. 912 32 03 20, www.renfe.es. Verbindungen u. a. nach León 1 x, Burgos 2 x, Bilbao 17 x, Zaragoza 3 x tägl.

**Bus:** Estación de Autobuses, Av. España 1, Tel. 941 23 59 83, Verbindungen u. a. nach Haro 4 x, Santo Domingo de la Calzada 6 x, Nájera 12 x, Bilbao 9 x, Pamplona 6 x, Vitoria-Gasteiz 4 x tgl., am Wochenende fahren die Busse nicht ganz so häufig.

## Clavijo ▸ 2, P 6

Der Ort **Clavijo**, um den der Mythos der Erscheinung des hl. Santiago kreist, liegt nur 16 km südlich von Logroño. Ob die berühmte Schlacht von Clavijo gegen die Mauren jemals stattgefunden hat, steht in den Sternen, historisch konnte sie jedenfalls bis dato nicht nachgewiesen werden.

Über dem einsam gelegenen Dorf thronen die Überreste einer stattlichen **Burganlage** aus dem 10. Jh. Die Überlieferung berichtet von einer blutigen Schlacht im Jahr 844 zwischen den Christen unter Führung des asturischen Königs Ramiro I. und dem Heer des Omijadenherrschers Abd-ar-Rahman II. aus Córdoba. Den Sieg errangen seinerzeit die Christen der Legende nach nur dank des persönlichen Eingreifens des hl. Santiago: Er preschte geschwind hoch zu Ross heran und schlug mit seinem Schwert den Mauren reihenweise die Köpfe ab. Fortan lautete der Schlachtruf der Christen *Santiago matamoros* (Santiago Maurentöter). Der Auslöser für die Schlacht soll die Weigerung von König Ramiro I. gewesen sein, den jährlichen Tribut von 100 Jungfrauen an die Mauren zu entrichten.

### Übernachten

Charmantes Landhaus – **Casa Rural Tila:** Calle Don Marcial 8, Tel. 655 24 57 53, www.casatila.es. Im Zentrum von Clavijo liegt das über

## MUSEUM DER WEINKULTUR IN BRIONES

2004 eröffnete der ehemalige spanische König Juan Carlos höchstpersönlich im Örtchen **Briones** das 9000 m² große **Museo de la Cultura del Vino Dinastía Vivanco** (▶ 2, P 5), das auf die Privatinitiative der Familie Vivanco zurückgeht. Besonders die hervorragende Präsentation der Objekte rund um die Weinkultur und die didaktische Aufbereitung begeistern die Besucher. Neben der Geschichte des Weinanbaus und der Weinverarbeitung werden auch ganz besondere Liebhaberthemen wie »Der Wein in der Kunst und in der Archäologie« oder »Die Bedeutung des Weines in der Literatur« behandelt.
Außerhalb des Museums findet sich ein weiteres Highlight: der **Bacchus-Garten,** in dem über 200 verschiedene Rebsorten zu sehen sind.
Wer noch Lust hat, kann den Besuch des Museums mit der Besichtigung der technisch perfekt ausgestatteten **Weinkellerei Dinastia Vivanco** abrunden. Das Unternehmen ist ein mittlerweile in der vierten Generation geführter Familienbetrieb, zum Besitz der Familie zählen auch 300 ha Rebland. Zum Areal der Weinkellerei gehören außerdem Konferenzsäle, Räumlichkeiten für Weinverkostungen, eine Weinbibliothek, eine Weinboutique sowie ein Restaurant (Ctra. N-232, km 442, Tel. 941 32 23 23, www.vivancoculturadevino.es, die Öffnungs- und Führungszeiten wechseln fast monatlich, informieren Sie sich vorab telefonisch oder über die Website; Museum und Bodega 25 €, Audioguides auf Deutsch vorhanden, Führungen auf Deutsch möglich).
**Anfahrt:** Vom Busbahnhof in Haro, Plaza Castañares de Rioja 4, fahren Busse nach Briones, aktuelle Fahrplaninformationen erteilt das Touristenbüro.

200 Jahre alte Haus, das unter großem Aufwand restauriert wurde. Es bietet sechs solide Zimmer und ein ansprechendes kleines Restaurant (€). €

## Haro ▶ 2, O 5

Weinstöcke soweit das Auge reicht – und mittendrin ragt aus dem fruchtbaren Ebro-Tal das Städtchen **Haro** empor. Seit dem 19. Jh. ist der Weinan- und -ausbau of der Wirtschaftsfaktor Nummer 1 in dieser 11 700 Einwohner zählenden Weinmetropole der Rioja Alta (Obere Rioja). Davon zeugen die zahlreichen **Bodegas** der Stadt, von denen etliche Besuchern für Führungen und Verkostungen ihre Pforten öffnen.

Berühmt ist Haro für seine friedliche **Weinschlacht,** die alljährlich am 29. Juni stattfindet, bei der sich die Teilnehmer literweise mit Wein begießen. Der Ursprung der Fiesta liegt in einem Streit mit dem Nachbarort Miranda del Ebro. Die Stadt zählt nicht zu den attraktivsten der Rioja. Dennoch lohnt sich ein Bummel durch die Altstadt. Der ideale Ausgangspunkt dafür ist die **Plaza de la Paz**. Hier erhebt sich das stattliche **Rathaus.** Hinter dem Rathausplatz entdeckt man den **Palacio de Paternia** (16. Jh.; Calle San Martín 1), eines der historischen Herrenhäuser von Haro.

# Im Herzen des Weinlands

## Santo Tomás Apóstol
*Plaza de la Iglesia*

Den Weg zur **Iglesia Santo Tomás Apóstol** (15.–17. Jh.) weist der barocke Glockenturm. Wie eine prächtige Altarwand gestaltete der Architekt und Bildhauer Felipe Vigarny die **Fassade des Südportals.** Die Nischen geben einzelne Stationen des Leidens Christi wieder. Unverkennbar ist die Handschrift der Renaissance in der Stimmigkeit von Proportionen, Anatomie und Perspektive. Den Kirchenraum überwölbt ein prächtiges gotisches Sternengewölbe. Die Glanzstücke der Kirche sind der üppige **barocke Hochaltar** und die **barocke Orgel.**

Neben der Kirche beeindruckt der **Palacio Conde de Haro** (17. Jh.; Plaza de la Iglesia 3).

## Nuestra Señora de la Vega

Über die Plaza de San Agustín, benannt nach dem **Augustinerkonvent** (14. Jh.), das nach seiner Auflösung als Hospital, Schule und Gefängnis diente und heute das beste Hotel der Stadt beherbergt, gelangt man zur **Basílica Nuestra Señora de la Vega** (18. Jh.), dem Sitz der Schutzpatronin von Haro. Die Madonna mit dem Jesuskind (14. Jh.) residiert in der zentralen Nische des barocken Hauptaltars.

## Infos

**Oficina de Turismo:** Plaza de la Paz 1, 26200 Haro, Tel. 941 30 35 80, Juli–Okt., Karwoche, Fei Di–Sa 10–14, 16–19, Mo, So 10–14, Nov.–Mai Di–Do, So 10–14, Fr, Sa 10–14, 16–19 Uhr. Hier sind Infos über die Besichtigung von Weinkellereien erhältlich.

## Übernachten

Klosterhotel – **Hotel Los Augustinos:** San Agustín 2, Tel. 941 31 13 08, www.eurostarshotels.de. Das komfortable Hotel ist in einer ehemaligen Klosteranlage aus dem 14. Jh. untergebracht. Ein besonderes Highlight ist der Kreuzgang, der ein Glasdach besitzt. Viel Stoff in Form von farblich abgestimmte Bettdecken, Überwürfen und Gardinen verleihen den unterschiedlich eingerichteten Zimmern eine besondere Atmosphäre. €€€

Charmant – **Arrope:** Calle Virgen de la Vega 31, Tel. 941 30 40 25, www.hotelarrope.com. Hotel in zentraler Lage. Geschmackvoll, modern ausgestattete Zimmer. Restaurant/Cafeteria mit gemütlicher Terrasse. €€–€€€

Camping – **Camping de Haro:** Ctra. Vieja de Miranda 1, Tel. 941 31 27 37, www.campingdeharo.com, geöffnet 10. Jan.–10. Dez. Der solide, schattige Platz liegt am Ufer des Río Tirón. Pool, Cafeteria und ordentliche Sanitäranlagen.

## Essen & Trinken

Traditionslokal – **Terete:** Lucrecia Arana 17, Tel. 941 31 00 23. Mo, So abends geschl. Klassiker in fünfter Generation. Spezialitäten des Hauses sind lecker zubereitetes Lammfleisch und der Gemüseteller mit frischen Produkten aus der Region. €–€€

Klassische Küche – **Beethoven II:** Santo Tomás 4, Tel. 941 31 11 81. Empfehlenswert ist das Lammfleisch aus dem Ofen. €

## Aktiv

Bodega-Besichtigungen – **R. López Heredia – Viña Tondonia, S. A.:** Av. de Vizcaya 3, Tel. 941 31 02 44, www.lopezdeheredia.com. Tradition wird hier noch großgeschrieben, fast schon museal mutet die Weinherstellung an. In den Eichenfässern reift neben dem Rotwein ein sehr empfehlenswerter Weißwein heran. Besichtigung nach Vereinbarung. **La Rioja Alta:** Av. de Vizcaya 8, Tel. 941 31 03 46, www.riojaalta.com. 1890 gegründetes Unternehmen, die Weine gehören zu den herausragenden Klassikern der Rioja. Besichtigung nach Vereinbarung. **CVNE, Compañía Vinícola del Norte de España:** Barrio de la Estación s/n, Tel. 941 30 48 09, www.cvne.com. 1879 wurde das Stammhaus des angesehenen Traditionsunternehmens Cune in Haro gegründet, zwei weitere Bodegas in der Rioja gehören zu dem Konsortium. Besichtigung tgl., Voranmeldung erforderlich. **Bodegas Muga, S. A.:** Avda. Vizcaya 2, Barrio de la Estación, Tel. 941 31 18 25, www.bodegas

*Besucher werden in der Rioja freundlich empfangen*

Im Herzen des Weinlands

# WANDERN ODER RADELN ENTLANG DEM RÍO EBRO

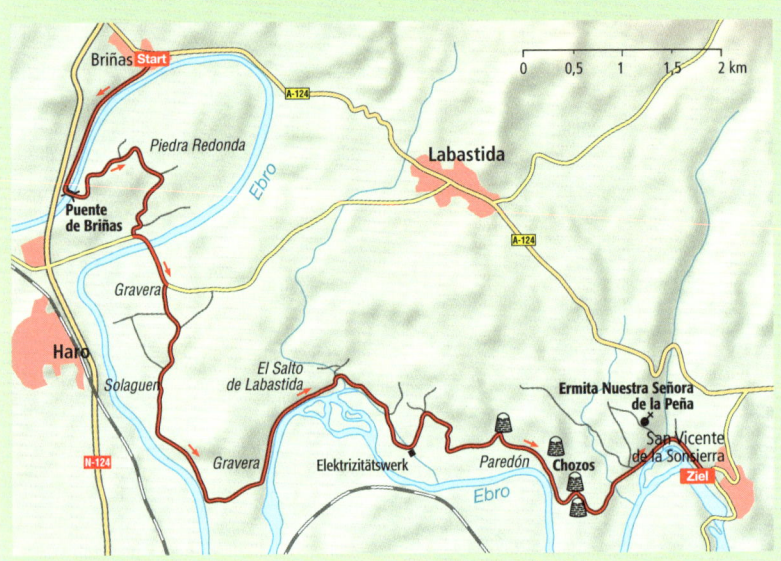

**Tour-Infos**
**Start/Ziel:** Briñas/San Vincente de la Sonsierra
**Markierung:** PR LR 52
**Länge:** 16 km
**Dauer:** 4 Std. Wanderung, 1,5 Std. Radtour
**Höhenunterschied:** 40 m

**Schwierigkeitsgrad:** Leicht
**Einkehr: Casa Toni,** Calle Zumacarregui 27, San Vincente de la Sonsierra, Tel. 941 33 40 01, www.casatoni.es, Mo und abends geschl., Hauptgerichte €–€€; **La Tercera Estacion,** Calle Remedio 12 A, San Vincente de la Sonsierra, Tel. 941 33 45 01. Tapas und Wein. €

Die Wanderung bzw. der Radweg entlang des Río Ebro ist ein Teilstück des insgesamt 1280 km langen **Camino Natural del Ebro** (GR 99), der von der Quelle des Ebro in Fontibre (Kantabrien) bis zu seinem Mündungsdelta in Ruimar (Tarragona) verläuft. Der markierte Weg (PR LR 52) verbindet die beiden Weindörfer Briñas und San Vincente de la Sonsierra. Der überwiegende Teil der 16 km langen Strecke verläuft parallel zum Ufer des Río Ebro und weist kaum Höhenunterschiede auf.

Briñas

Von **Briñas** folgt die Route dem Jakobsweg entlang dem Ebro bis zur mittelalterlichen **Puente de Briñas,** die überquert wird. Vorbei an einer markanten runden Steinformation quert man den Ebro auf einer weiteren Brücke. Nach ca. 2,5 Stunden führt der Weg an einem Elektrizitätswerk vorbei und verläuft dann zwischen Weinbergen. Ins Auge fallen eiförmige Steingebilde, die *chozos,* die früher den Landarbeitern und Schäfern als Unterschlupf dienten. Vorbei an der Ruine der **Ermita Nuestra Señora de la Peña** führt das letzte Stück auf einem alten Römerweg nach **San Vicente de la Sonsierra.** Ganz in der Nähe der Plaza Mayor liegt die Casa Toni, das gastronomische Aushängeschild der Ortschaft. Wer Lust auf Tapas hat, kann sich in der Bar Acuario stärken.

muga.com. 1932 wurde die Bodega von Isaac Muga und seiner Frau Aurora Caño gegründet. Die Fässer aus amerikanischem oder französischem Eichenholz werden hier noch selbst hergestellt. Besichtigung Mo–Sa nach Vereinbarung. **Bodegas Gómez Cruzado:** Av. Vizcaya 6, Tel. 941 31 25 02, www.gomezcruzado.com. Kleine, aber feine Bodega mit einer langen Geschichte, die auf das Jahr 1886 zurückgeht. Die Bodega unter der Leitung der Önologen David González und Juan Antonio Leza baut sehr gute Rot- und Weißweine aus. Der Besuch der Bodega kann auf Spanisch oder Englisch gebucht werden, am Ende werden vier Weine verkostet. Tgl. engl. und span. Führungen 11 Uhr, Preis pro Person 27 €.

### Termin

**Fiesta de San Pedro:** Jedes Jahr am 29. Juni findet die feuchtfröhliche Weinschlacht **Batalla del Vino** statt. Auf dem Monte de Bilbio, einem Hügel nahe der Stadt, versammeln sich Tausende weiß gekleideter Menschen und Punkt 8 Uhr wird die Weinschlacht eröffnet. Im wilden Getümmel bespritzen sich die Kombatanten mit ihrer Weinmunition aus Schläuchen, Kanistern und Eimern. Rund 100 000 l Rotwein, selbstverständlich nicht die edelsten Tropfen, werden dabei vergossen. Am Ende der wilden Spritzerei steht ein friedliches gemeinsames Mahl. Hintergrund für die Weinschlacht ist ein historischer Zwist mit dem benachbarten Miranda de Ebro um die Ansprüche auf einige Hügel, die Montes Obarenes, die genau zwischen den beiden Ortschaften liegen.

## Briñas ▶ 2, O 5

Wer es gerne etwas geruhsamer mag als in Haro, dem sei das gerade mal 3 km von Haro entfernt liegende Weindörfchen **Briñas** empfohlen. Der Mittelpunkt des 249 Seelen zählenden aparten Dorfes ist die barocke Pfarrkirche **Santa María de la Asunción.** Briñas ist ein idealer Standort, um die Weinkellereien der Rioja zu erkunden.

### Übernachten

Zum Wohlfühlen – **Torre de Briñas Private Resort:** Travesía Real 4, Tel. 941 05 14 55, www.torredebrinas.com. Angenehm, aufmerksam geführtes Hotel mit komfortabel ausgestatteten Zimmern. Klasse Frühstück. Garten mit Blick auf den Weingarten und einem beheizten Außenpool. €€€

Top-Adresse – **Hospedería Señorío de Briñas:** Calle Travesía de la Calle Real 3, Tel. 941 30 42 24, www.hospederiadebrinas.com. Das Hotel ist in einem liebevoll restaurierten Palast aus dem 18. Jh. untergebracht, die Zimmer sind mit schönen antiken Möbeln eingerichtet. Das atmosphärische Hotel bietet seinen Gästen zahlreiche Aktivitäten an wie Weinseminare und Bodegabesuche, aber auch Wanderungen durch die Weingärten sowie gesundheitsfördernde Behandlungen auf Basis der Weintherapie. €€

Schick rustikal – **Casa de Legarda:** Calle Real 7, Tel. 653 87 43 94, 683 24 48 17, www.casadelegarda.com. Unterkunft für den kleineren Geldbeutel, aber ebenfalls in historischem Gemäuer aus dem 17. Jh. Mit liebevoller Hand eingerichtete Zimmer. €

Im Herzen des Weinlands

## GEHRY-HOTEL UND BODEGABESUCH IN ELCIEGO

Der traditionsreichen Bodega Marqués de Riscal, die im nur 6 km von Laguardia entfernten, einst verschlafenen Weindorf Elciego liegt, gelang ein architektonischer Coup: Man beauftragte den Stararchitekten und Erbauer des Guggenheim-Museums in Bilbao, Frank O. Gehry, im Rahmen der Modernisierung der **Ciudad del Vino de Marqués de Riscal** (Stadt des Weins), zu dem die Weinkellerei und ein Weinmuseum gehören, mit einem spektakulären Hotelneubau. Dem Vernehmen nach wurde der Architekt mit einer Flasche des hauseigenen Weins von 1929, seinem Geburtsjahrgang, für das Projekt gewonnen.

Im Jahr 2006 öffnete das außergewöhnliche Haus, dessen Titanhaut schon von Weitem leuchtet, seine Pforten. Die Farben der bewegten Dachlandschaft spielen auf die Weinflaschen der Kellerei Marqués de Riscal an: rot und rosa wie der Rebensaft, gold wie das Netz, das die Rioja-Flasche überspannt, und silbern

*Spektakulär: das von Frank O. Gehry entworfene Luxushotel Marqués de Riscal*

wie das Etikett. Das **5-Sterne-Hotel Marqués de Riscal** gehört zur Marriott-Kette und bietet allen nur erdenklichen Komfort. Besonderheit ist das Vinotherapie-Spa: Hier können sich die Gäste bei diversen Weintherapien verwöhnen lassen (Ciudad del Vino, Calle Torre 1, Elciego, www.marriott.com, €€€).

Ein Erlebnis, das man sich auf keinen Fall entgehen lassen sollte, ist ein Besuch der ältesten Bodega der Rioja. Der Graf von Riscal gründete die **Weinkellerei Marqués de Riscal** im Jahr 1858. Er hatte eine Zeit lang in der Bordeaux-Region gelebt und führte in der Rioja den Ausbau des Weins in 225-Liter-Eichenfässern nach französischem Vorbild ein. Der gut gehütete Schatz der Bodega ist eine Sammlung aller Weine, die das Unternehmen seit der Gründungszeit produziert hat. Qualität steht hier nach wie vor an oberster Stelle: Es werden ausschließlich Reserva- und Gran-Reserva-Weine hergestellt (Ciudad del Vino, Calle Torrea 1, Elciego, Tel. 945 18 08 88, www.marquesderiscal.com, Führung durch die Weinkellerei – auch auf Deutsch – mit anschließender Verkostung von zwei Weinsorten, tgl. nur mit Reservierung, Dauer 60–90 Min., Erw. 22 €, Kinder unter 10 J. frei, 11–17 J. 11 €).

Spitzenkoch Francis Paniego führt das Restaurant.

## ✪ Laguardia ▶ 2, P 5

Mittelalterliche Stadtmauern umgürten das hübsche, auf einem Hügel gelegene Weinstädtchen mit 1500 Einwohnern. Nomen est omen, denn Laguardia, das übersetzt die Wache heißt, wurde zu Beginn des 10. Jh. als Grenzfeste Navarras gegen Kastilien angelegt. Laguardia ist Hauptstadt der Rioja Alavesa und gehört somit, wie die ganze Region, zum Baskenland. Unterirdisch gleicht die Stadt einem Schweizer Käse, die bis zu 6 m tiefen Tunnels, die die Stadt durchziehen, wurden vermutlich aus verteidigungstechnischen Gründen angelegt. Heute dienen sie als Weinkeller oder Lagerräume. Einblicke in die Unter- und Weinwelt bieten einige der Bodegas von Laguardia.

Das mittelalterliche Stadttor **Puerta Nueva** gewährt im Osten Einlass in das schmucke Städtchen. In den Gassen laden nette Restaurants und Weinlokale zum längeren Verweilen ein. Auf der rechteckigen **Plaza Mayor** erhebt sich das **Neue Rathaus,** dessen Attraktion ein kleines Glockenspiel ist: Um 12, 14, 17 und 20 Uhr tanzen Püppchen in lokaler Tracht. An der Stirnseite findet sich das **Alte Rathaus,** auf dem das Wappen von Karl V. prunkt. In südlicher Richtung trifft man auf die wehrhafte gotische **Kirche San Juan** (14. Jh.).

Am anderen Ende der Stadt erhebt sich auf dem höchsten Punkt die **Hauptkirche** von Laguardia **Santa María de los Reyes** (14.–16. Jh.). Tiefen Eindruck hinterlässt vor allem das Kirchenportal (14. Jh.), das reich mit Figuren geschmückt ist und noch die farbige Fassung aus dem 17. Jh. aufweist. (Informationen/Online-Reservierung über die Oficina de Turismo). Linker Hand von der Kirche, vorbei an einladenden Caféterrassen, erblickt man die wehrhafte **Torre Abacial** aus dem 13. Jh., nördlich davon befand sich das heute nicht mehr existierende Kastell, die Keimzelle von Laguardia.

Unbedingt empfehlenswert ist ein Spaziergang entlang der grünen Meile, dem **Paseo de Collado**, um den nördlichen Teil der Stadtumwallung herum. Der Paseo gewährt fantastische Ausblicke auf die erhabene Gebirgswelt der Sierra Cantabria. Im Tal wird das Auge gefesselt von der gewellten Dachlandschaft der **Bodegas Ysios** – eine Referenz des Architekten Santiago Calatrava an die Bergkette der Sierra de Cantabria.

### Infos

**Oficina de Turismo:** in der Casa Garcetas, Calle Mayor 52, 01300 Laguardia, Tel. 945 60 08 45, www.laguardia-alava.com, Mo–Fr 10–14, 16–19, Sa 10–14, 17–19, So, Fei 10.45–14 Uhr.

# Im Herzen des Weinlands

## Übernachten

Außergewöhnliche Verwöhnadresse in spektakulärem Gebäude – **Hotel Marqués de Riscal:** El Ciego, s. Tipp S. 279

Stattlich – **Hospederia de los Parajes:** Mayor 46–48, Tel. 945 62 11 30, www.hospederiade losparajes.com. Schmuckes Altstadthotel, das mit viel Liebe zum Detail ausgestattet wurde. Die Einrichtung der Zimmer ist luxuriös und geschmackvoll. Im hauseigenen Weinkeller (15. Jh.) kann der Rioja-Wein gekostet werden. €€€

Opulent – **Castillo el Collado:** Paseo El Collado 1, Tel. 945 60 05 19, www.hotelcollado.com. Das Hotel ist in einer neuzeitlichen Burg untergebracht. Die prachtvoll und opulent eingerichteten acht Zimmer geben fantastische Panoramablicke auf die Sierra de Cantabria und das umliegende Weinland frei. €€€

Design-Hotel – **Villa de Laguardia:** Paseo de San Raimundo 15, Tel. 945 60 05 60, www.hoteles-silken.com. Zu Füßen von Laguardia liegt das moderne Hotelgebäude mit 84 Zimmern. Die Ausstattung verbindet schickes Design mit klassischer Moderne. Mit Pool, Garten und Fitnesscenter. €€€

Klassisch – **Posada Mayor de Migueloa:** Calle Mayor de Migueloa 20, Tel. 647 21 29 47, www.mayordemigueloa.com. Charme-Hotel mit sieben Zimmern, Bar mit lauschigem Innenhof. €€

Schönes Landhaus – **Carpe Diem:** Calle Enrique Privado 7, Navaridas, 5 km westl. von Laguardia, Tel. 945 60 51 37, 618 57 46 59, www.nekatur.net/carpediem. Das Anwesen aus dem 18. Jh. bietet fünf schöne ansprechend und individuell gestaltete Gästezimmer. Die Eigentümer öffnen auch gerne die Pforte zur hauseigenen Bodega, wer selbst aktiv werden möchte, kann bei der Weinlese mithelfen. €€–€€€

Ordentlich – **Marixa:** Calle Sanco Abarca 8, Tel. 945 60 01 65, www.hotelmarixa.com. Solides Mittelklassehotel, das mit zu den kleineren Häusern zählt, das Hauptgeschäft wird mit dem großen Restaurant gemacht, das auf bodenständige Küche setzt. €€

## Essen & Trinken

Rustikales Traditionslokal – **El Bodegon:** Travesia Santa Engracia 3, Tel. 945 60 07 93. Gemütliches Lokal mit solider Hausmannskost. €–€€

Schöne Terrasse – **El Pórtico:** Calle Mayor 2, Tel. 945 60 07 34, Di geschl. Das Restaurant liegt neben der Kirche Santa María de los Reyes, der beste Platz ist die Außenterrasse, im Angebot sind auch leckere, frische Salate. €

## Einkaufen

Wein – **Mejor con Vino:** Kalea Mayor 41, Tel. 627 37 40 43. Hier findet der Besucher eine gut sortierte Weinauswahl und viele Artikel rund um den Weingenuss.

## Aktiv

Bodega-Besichtigungen – **Bodegas Ysios:** Camino de la Hoya s/n, Tel. 945 60 06 40, www.bodegasysios.com, tgl., Voranmeldung ist erforderlich. Die hochmoderne Bodega wurde vom Stararchitekten Santiago Calatrava entworfen. **Vinos de los Herederos del Marqués de Riscal:** s. Tipp S. 279 (s. auch Abb. S. 263). **Bodegas Carlos San Pedro Pérez de Viñaspre:** Calle Páganos 44 bajo, Tel. 609 32 16 49, www.bodegascarlossam pedro.com. Die kleine Weinkellerei in der Altstadt von Laguardia ist ein Familienbetrieb. Die Führungen (Spanisch, Englisch) werden von der Familie selbst mit viel Herzblut durchgeführt. Voranmeldung erwünscht, Eintritt 5 €.

## Termin

**Fiesta de San Juan y San Pedro:** 23.–29. Juni. Den Auftakt des Patronatsfests bildet ein großer Umzug mit Tanzeinlagen in historischen Kostümen. Außerdem stehen Prozessionen, Messen, Stierauftriebe sowie spezielle Darbietungen für Kinder auf dem Programm.

## Verkehr

**Bus:** Von der Haltestelle Plaza Nueva s/n fahren Mo–Fr 15 x tgl., Sa, So 11 x tgl. Busse nach Logroño. Infos über die aktuellen Fahrpläne erteilt die Touristeninformation.

# Auf dem Jakobsweg und im Südosten der Rioja

**Die benachbarten Klöster San Millán de Suso und San Millán de Yuso, die beide 1997 von der UNESCO zum Welterbe erklärt wurden, lohnen einen Abstecher gen Süden. Im Südosten führt ein Ausflug nach Enciso in die Welt der Dinosaurier und nach Alfaro, dem Mekka der Störche, die dort zu Dutzenden auf dem Dach der Kirche San Miguel nisten.**

## Navarrete ▶ 2, P 6

Das geschichtsträchtige Städtchen **Navarrete** (3200 Einw.) war einst eine wichtige Station am Pilgerweg. Bis auf ein paar kümmerliche Überreste ist von dem einst bedeutenden Pilgerhospital, das eine Dame namens Doña María Ramírez im 12. Jh. gestiftet hatte, nur noch das schmucke **romanische Portal** geblieben. Das Portal wurde im 19. Jh. abgetragen und bildet heute den Zugang zum örtlichen Friedhof, der sich linker Hand am Ortsausgang in Richtung Nájera befindet. Die gezackten Bogenläufe erinnern an islamische Kunst, über dem Bogen schmückt eine schlichte Rosette das Portal. Das Zentrum von Navarrete zieren einige prächtige Herrenhäuser und die Pfarrkirche **Santa María de la Asunción** (16. Jh.). Außer für guten Rioja-Wein ist die Ortschaft auch bekannt für ihre **Töpferwaren.**

### Übernachten

Klosterhotel – **Hotel San Camilo:** Ctra. de Fuenmayor 4, Tel. 941 44 11 11, www.hotelsancamilo.es. Das angenehme Mittelklassehotel umgibt eine großzügige Gartenanlage. Die Zimmer sind ansprechend und freundlich eingerichtet. €–€€

Camping – **Navarrete:** Ctra. de la Entrena s/n (1 km außerhalb von Navarrete), Tel. 941 44 01 69, www.campingnavarette.com, 12. Dez.– 12. Jan. geschl. Gepflegter kinderfreundlicher Platz mit Swimmingpool, Supermarkt und Restaurant.

### Einkaufen

Töpferkunst – **Alfarería Naharro:** Ctra. Burgos, Km 11, Tel. 941 44 01 57, www.alfareri anaharro.com. Antonio Naharro ist einer der renommiertesten Töpfer von Navarrete. Zu seinem Repertoire gehört neben der traditionellen Töpferkunst der Rioja auch die Fertigung von Kunst- und Gebrauchsgegenständen in modernem Design.

## Nájera ▶ 2, P 6

Die Kleinstadt **Nájera** (9000 Einw.) blickt auf eine stolze Vergangenheit zurück, war sie doch zeitweilig der Sitz der Könige von Navarra und Residenz der Könige von Kastilien. Der historische Teil der Stadt bettet sich zwischen dem Fluss Najerilla und einem markanten Felshang aus rotem Sandstein. Unmittelbar an diese Felswand lehnt sich das **Monasterio de Santa María la Real** an. Die Wahl des Bauplatzes für das einstige Kluniazenserkloster geht auf ein Grottenwunder zurück. Die Entstehungslegende berichtet, dass König García Sánchez III. auf einer Beizjagd ein Rebhuhn entdeckte und seinen Jagdfalken auf das Tier losließ, doch der Falke tauchte mit seiner Beute nicht mehr auf. Nach langer Suche entdeckte der König die beiden

Auf dem Jakobsweg und im Südosten der Rioja

Vögel friedlich vereint in einer Höhle des Felsenmassivs vor einem Madonnenbildnis. Das Ereignis wurde als Wunder gedeutet und der König ordnete 1032 den Bau des Klosters an, das später zum Pantheon der Könige von Navarra und Kastilien wurde.

### Kloster Santa María la Real
*Plaza de Santa María, Tel. 941 36 10 83, www.santamarialareal.net, Sommer Di–Sa 10–13.30 (Juli–Sept. auch Mo), 16–19, So 10–13.30, 16–18, Winter Di–Sa 10–13.30, 16–17.30, So 10–13.30, 16–17.30 Uhr (Jan.–Mitte März So nachmittags geschl.), 4 €*

Von der ursprünglich romanischen Klosteranlage ist nichts mehr übriggeblieben, das heutige Kloster wurde im Stil der Gotik zwischen 1422–1453 erbaut. Ein Tor mit dem Wappen Karls V. gewährt Einlass in den spätgotischen Kreuzgang, dessen Arkaden bereits filigran durchbrochene Renaissanceornamente zieren. Die **Klosterkirche** (15. Jh.) besitzt drei hoch aufragendene Schiffe, die von feingliedrigen Sternengewölben bekrönt werden. Mitten im Langhaus findet sich das geschnitzte **Chorgestühl** (15. Jh.) der Brüder Andrés und Nicolás de Nájera. Den Mittelpunkt der Kirche bildet die romanische **Madonna de Nájera** (12. Jh.) im Zentrum der barocken Altarwand. Angeblich handelt es sich um das Marienbildnis, das König García Sánchez III. in der Grotte vorfand.

Der Ort des Wunders, die **Mariengrotte**, liegt am anderen Ende der Kirche. Die meiste Aufmerksamkeit zieht hier das **Grabmal der Doña Blanca de Navarra** auf sich, dessen romanischer Reliefschmuck noch vollständig erhalten ist. Sie war mit König Sancho III. von Kastilien verheiratet und starb bei der Geburt ihres Sohnes Alfons 1156.

### Infos
**Oficina de Turismo:** Paseo de San Julián 4, 26300 Nájera, Tel. 941 74 11 84, www.najeraturismo.es, Juni–Okt. tgl. 10–14, Di–Sa 16–19, Nov.–Mai Di–So 10–14, Fr, Sa 16–19 Uhr.

### Übernachten
Angenehm – **Hostal Ciudad de Nájera:** Calleja San Miguel 14, Tel. 941 36 06 60. www.ciudaddenajera.com. Ordentliches Altstadthostal mit geräumigen Zimmern. €–€€

Farbenfrohes Charme-Hotel – **Hotel Duques de Nájera:** Calle Carmen 7, Tel. 941 41 04 21, www.hotelduquesdenajera.com. In der Altstadt, in der Nähe des Flusses gelegen. Die Zimmer im ehemaligen Herrenhaus aus dem 17. Jh. sind liebevoll eingerichtet. €

### Essen & Trinken
Charmant – **La Mercería:** Calle Mayor 41, Tel. 941 36 30 28. Liebevoll eingerichtetes Lokal mit Retro-Touch im ehemaligen Kurzwarengeschäft der Großeltern. Die Küche bietet etliche Klassiker aus der Rioja wie Stockfisch oder gefüllte Paprika. €

### Termin
**Fiesta de San Juan y San Pedro:** 24.–29. Juni. Populärstes Fest der Stadt. Am Tag des hl. Johannes und des hl. Petrus wird zuerst ausführlich am Flussufer gefrühstückt, danach tanzen und singen die Einwohner auf der Straße zum Rhythmus einer *charanga* bis spät in den Nachmittag.

## San Millán de la Cogolla ▶ 2, O 6

Die ca. 210 Einwohner zählende Ortschaft **San Millán de la Cogolla** liegt zwar nicht direkt am Jakobsweg, dennoch nehmen viele Pilger den Umweg in Kauf. Ihr Ziel sind die beiden Klöster **San Millán de Suso** und **San Millán de Yuso,** die sich idyllisch in die Landschaft am Fuße bzw. oberhalb des grünen Cardeñas-Tals am Nordhang der Sierra de la Demanda einbetten. Ihre Existenz verdanken die Klöster, die beide 1997 zum UNESCO-Welterbe ernannt wurden, dem hl. Millán (lat. Aemilianus), der im Nachbarort Berceo im Jahr 473 n. Chr. das Licht der Welt erblickte.

Die ersten 20 Lebensjahre verdingte sich der Heilige als Hirte. Nach Lehrjahren unter dem Eremiten Felix (San Felices) zog er sich in die Einsamkeit der Berge zurück und widmete sich ganz dem Gebet und der Buße. Schon zu seinen Lebzeiten verbreiteten sich die Berichte über seine Wunder wie ein Lauffeuer. Der Heilige verstarb im wahrhaft biblischen Alter von 101 Jahren. Seine Grabstätte entwickelte sich rasch zu einem wichtigen Wallfahrtsziel des Mittelalters, zu dem auch viele Jakobspilger einen Abstecher machten.

## Kloster San Millán de Yuso

*Tel. 941 37 30 49 (50 Min.-Besichtigungen mit Führung in der Regel auf span., unter der Telefonnummer erfahren Sie, wann engl. Führungen stattfinden), www.monasteriodesan millan.com, Karwoche–Sept. Di–Sa 10–13.30, 16–18.30, So 10–13.30, Aug. tgl., Okt.–Ostern Di–Sa 10–13, 15.30–17.30, So 10–13 Uhr, 7 €*

Im Tal breitet sich die Klosteranlage aus. Streng im Stil der Renaissance errichtet, wird sie mitunter etwas vollmundig als der ›Escorial der Rioja‹ bezeichnet. Zwischen dem 16. und 18. Jh. wurde das ursprünglich romanische Kloster, das auf Betreiben von König García Sánchez im Jahr 1053 entstand, neu erbaut. Das von den Benediktinern gegründete Kloster wird seit 1878 von Augustinermönchen geführt.

Einlass in das Kloster gewährt ein barockes Portal, ein Relief zeigt San Millán hoch zu Ross als Maurentöter. Die dreischiffige **Klosterkirche** geht auf das 16. Jh. zurück. Der Benediktinermönch Juan de Rizzi schuf die Gemälde für den **Hauptaltar,** im Zentrum steht der hl. Millán in der Schlacht von Hacinas (17. Jh.). Die Sakristei birgt die beiden größten Kostbarkeiten des Klosters: die **Reliquien-Schreine** des hl. Millán und seines Lehrers, des hl. Felix. Beide Schreine stammen aus dem 11. Jh. und zeigen auf herrlich geschnitzten Elfenbeintafeln Szenen aus der Vita der Heiligen. Unter den Kreuzgängen sticht der klassizistische **Claustro de San Augstín** hervor, die prunkvolle Königstreppe mit ihren Alabastergeländern führt hinauf zum Königssaal *(Salón de los Reyes),* zur Bibliothek und ins Archiv.

## Kloster San Millán de Suso

*Anfahrt nur mit dem Minibus ab dem Kloster Yuso (2 km), Besichtigung nur im Rahmen von Führungen, Sommer Di–So 9.55–13.25, 15.55–17.55, Winter Di–So 9.55–13.25, 15.55–17.25 Uhr, 4 €, obligatorische Reservierung unter Tel. 941 37 30 82, 9.30–13.30, 15.30–18.30, Winter bis 17.30 Uhr*

Das Ursprungskloster Suso (altkastilisch obere), das an der Stelle der Einsiedelei des hl. Millán erbaut wurde, liegt einsam in den Wäldern. Schon allein der weite Blick über Berge und Ebenen der Rioja lohnt den Besuch. Das Kloster barg die Gebeine des Heiligen, bis sie im Jahr 1053 ins neue, am Fuße des Tals errichtete Kloster Yuso (altkastilisch untere) überführt wurden. Von der einstigen Klosteranlage blieb nur die schlichte **Kirche,** die 984 geweiht wurde, erhalten. Das Gotteshaus vereint Elemente des westgotischen, mozarabischen und romanischen Stils. Hufeisenbögen, typisch für die mozarabische Kunst, unterteilen den Kirchenraum in zwei getrennte Schiffe.

In den Bau des Gotteshauses wurde die Felsenhöhle, in der der Heilige und seine Schüler lebten, integriert. An dieser Stelle findet sich heute der leere, steinerne Sarkophag (11. Jh.) des frommen Mannes. Ein Hufeisenportal verbindet die Kirche mit der Vorhalle, die die Grabmäler von drei Königinnen aus Navarra sowie die der Infanten des Hauses Lara und eine westgotische Tumba birgt. Berühmt ist das Kloster auch als Wiege der spanischen Sprache. Im Scriptorium versah ein unbekannter Schreiber im 10. Jh. den lateinisch abgefassten Kodex »Glosas Emilianenses« mit Notizen in Spanisch. Es sind die ersten geschriebenen Worte, die in spanischer Sprache erhalten sind.

## Übernachten

Im Kloster – **Hotel Hostería del Monasterio de San Millán:** Monasterio de Yuso s/n, Tel. 941 37 32 77, www.hosteriasanmillan.com. 25 edel und geschmackvoll eingerichtete Zimmer in der Klosteranlage San Millán Yuso, dazu kommt ein gutes Restaurant (€€). €–€€

Camping – **Berceo:** Término el Molino s/n, Berceo (500 m außerhalb von San Millán), Tel. 941 37 32 27, ganzjährig geöffnet. Ruhiger, familiär geführter Campingplatz mit Pool, Supermarkt, Restaurant, saubere Sanitäranlagen.

#  Santo Domingo de la Calzada ▶ 2, O 5

Ein kräftiges Kikeriki in der Kathedrale sorgt dafür, dass bei den Reisenden das Städtchen am Jakobsweg nicht so schnell in Vergessenheit gerät. Die Kleinstadt **Santo Domingo de la Calzada** (6700 Einw.) liegt am Río Oja, einem Nebenfluss des Ebro.

## Geschichte

Seinen Namen verdankt der Ort dem heiligen Domingo de la Calzada (1019–1109). Von den Jakobspilgern hörte der Eremit von der schlechten Beschaffenheit der Wege und den damit verbundenen Anstrengungen. So machte er es sich zur Aufgabe, den Pilgern das Leben zu erleichtern, indem er die Infrastruktur verbesserte. Er befestigte die Wege neu und schuf in der Nähe einer verfallenen Römerbrücke eine neue **Brücke** mit 24 Bögen über den Río Oja, die bis heute in Funktion ist. Außerdem ließ er eine **Herberge** und ein **Spital** für die Pilger errichten. Im ehemaligen Spital ist heute der Parador der Stadt untergebracht. Um diese Einrichtungen herum entwickelte sich ein Marktflecken, der zunächst jedoch den Namen Burgo de Santo Domingo trug. Nach dem Tod des Heiligen erhielt die Stadt den Namen Santo Domingo de la Calzada und erinnert somit an die Leistungen des hl. Domingo auf dem Gebiet der Infrastruktur, denn *calzada* bedeutet gepflasterter Weg.

## Kathedrale

*Zugang über den Kreuzgang in der Calle de Cristo, Tel. 941 34 00 33, www.catedralsantodomingo.org, Mo–Fr, So 9–20, So 9–19 Uhr, 9 €*
1098 stiftete König Alfons VI. von Kastilien eine Kirche, die 1106 geweiht werden konnte. In dieser Kirche fand der schon zu Lebzeiten verehrte hl. Domingo seine letzte Ruhestätte. Im Zuge der Erhebung zum Bistum 1158 wurde das Gotteshaus zur Kathedrale ausgebaut. 1956 wurde das Bistum nach Logroño verlegt, dem Gotteshaus blieb jedoch der Status einer Konkathedrale erhalten.

Über den **Kreuzgang** (15. Jh.), in dem sakrale Kunstobjekte gut in Szene gesetzt sind, führt der Weg ins Innere der Kathedrale. Der freie Blick durch das Gotteshaus ist, wie üblich in spanischen Kathedralen, zunächst versperrt durch das Chorgestühl, das mitten im Langhaus platziert ist. Dafür rückte der mächtige **Hauptaltar,** 1540 im Stil der Renaissance von Damian Forment erschaffen, 1994 in das linke Querhaus, und so kommt der romanische Chorumgang wieder voll zur Geltung. Im rechten Teil des Querschiffes findet sich, bekrönt von einem Baldachin, die **Grabstätte des hl. Santo Domingo de la Calzada** mit einer liegenden Alabasterskulptur des Heiligen (12. Jh.). Seine sterblichen Überreste werden in einem schlichten Sarg in der unterhalb liegenden Krypta aufbewahrt.

Gegenüber der Grabstätte, hoch oben an der Wand befindet sich der wohl edelste **Hühnerkäfig** der Welt. Mitunter leitet das Krähen des Hahns die Besucher direkt zu dieser Attraktion des Gotteshauses, unter den Pilgern wird das Krähen in der Regel als gutes Omen für ihren weiteren Weg nach Santiago erachtet. Der gotische Hühnerkäfig beherbergt einen Hahn und eine Henne, die von einer frommen Bruderschaft betreut und regelmäßig ausgetauscht werden.

Die Hühnerhaltung in der Kathedrale geht auf eine **mittelalterliche Legende** zurück: Von Xanten aus brach ein deutsches Ehepaar mit ihrem Sohn Hugonell zur Pilgerfahrt nach Santiago de Compostela auf. In Santo Domingo de la Calzada quartierte sich die Pilgerfamilie in eine Herberge ein. Die Tochter des Wirtes verliebte sich unsterblich in den hübschen Jüngling, doch der fromme Hugonell erwiderte die Gefühle des Mädchens nicht. Das verschmähte Mädchen rächte sich, indem sie ihm einen Silberbecher aus der Schankstube ihres Vaters ins Gepäck steckte. Der Vater bemerkte gleich am nächsten Tag den Verlust und schickte der Pilgerfamilie die Polizei hinterher. Die fand den Silberbecher im Gepäck von Hugonell und bereits am nächsten Tag hing der Junge am Galgen. In tiefer Trauer vollendeten die Eltern ihre Wallfahrt nach Santiago de Compostela.

# Santo Domingo dela Calzada

Auf dem Rückweg geschah das Wunder: Sie fanden ihren Sohn lebendig am Galgen hängend. Er erzählte, dass Santo Domingo ihn die ganze Zeit über gestützt habe. Nachdem sie Hugonell vom Strick befreit hatten, ging die ganze Familie zum Richter, um ihm von dem Wunder zu berichten, das die Unschuld ihres Sohnes bewies. Der Richter, dem gerade ein knuspriges Huhn serviert wurde, lachte und sagte: »So wahr dieses Huhn nie wieder fliegt, so wenig ist euer Sohn unschuldig.« Schwups ereignete sich das zweite Wunder: Das gebratene Huhn erhob sich vom Teller und flog auf und davon. So galt die Unschuld des jungen Mannes als definitiv erwiesen.

## Infos
**Oficina de Turismo:** Calle Mayor 33, 26250 Santo Domingo de la Calzada, Tel. 941 34 12 38, www.santodomingoturismo.org, Juli–Okt., Karwoche Di–Sa 10–14, 15–19, So 10–14, Nov.–Juni Di–So 10–14, Sa 16–19 Uhr.

*Der prachtvolle Altar ist das letzte Werk von Damian Forment*

Auf dem Jakobsweg und im Südosten der Rioja

## Übernachten

Ehemaliges Pilgerhospital – **Parador de Santo Domingo de la Calzada:** Plaza del Santo 3, Tel. 941 34 00 30, www.parador.es. Das ehemalige Pilgerhospiz befindet sich direkt gegenüber der Kathedrale. Mittelalterlicher Charme paart sich hier mit Komfort und Eleganz. €€

Gute Option – **El Molino de Floren:** Calle Margubete 5, Tel. 941 34 29 31, www.elmolinodefloren.com. Gepflegtes, kleines Hotel in einer ehemaligen Mühle. Dazu gehört ein rustikales Lokal mit landestypischer Küche. In der Nähe der Kathedrale gelegen. €€

Klösterlich schlicht – **Hospedería Cisterciense:** Calle Pinar 2, Tel. 941 34 07 00, www.cister-lacalzada.com. Innerhalb seiner preisgünstigen Kategorie ist das Hostal ein recht ordentlich geführtes Haus unter klösterlicher Leitung. €

## Essen & Trinken

Gepflegte Küche – **Los Caballeros:** Calle Mayor 58, Tel. 941 34 27 89, www.restauranteloscaballeros.com, Mo, So abends geschl. Im Herzen der Stadt liegt das gepflegte Restaurant mit schönem rustikalem Ambiente. Spezialität des Hauses ist Stockfisch, der in diversen Varianten serviert wird. €€

Cocktails – **Tertulia:** Av. Juan Carlos I, 44, Tel. 647 28 01 60, www.cafetertulia.com, Mo–Fr 15–2, Sa, So 12–2 Uhr. In relaxter Atmosphäre im Café oder auf der Terrasse lässt sich hier wunderbar ein Cocktail, ein Smoothie, ein Wermut oder ein gepflegtes Bier genießen. Auch der Kaffee aus 100 % Arabica schmeckt wunderbar. Ab und an gibt es auch Livemusik. €

## Termin

**Día de Santo Domingo de la Calzada:** 10.–15. Mai, Patronatsfest zu Ehren des Santo Domingo de la Calzada. Am 11. Mai findet der sehenswerte Umzug der *doncellas* statt, weiß gekleidete junge Frauen, die einen großen weißen, mit Blumendekor geschmückten Korb auf dem Kopf tragen. Darin befindet sich Brot als Symbol für die Mildtätigkeit des hl. Domingo.

# Ezcaray und Sierra de la Demanda ▶ 2, O 6

Im Süden der Rioja liegt das Gebirge **Sierra de la Demanda,** das Höhen von über 2000 m erreicht. Die verkarstete Berglandschaft mit ihren ausgedehnten Wäldern teilt sich zwischen der Rioja und Kastilien auf. Mittendrin findet sich das kleine Städtchen **Ezcaray** (2100 Einw.) im Tal des Río Oja. Seinen Charme machen die Gassen mit ihren Säulengängen, die schmucken Fachwerkhäuser und die stattlichen Herrenhäuser aus.

Früher war das Gebiet um Ezcaray einmal königliches Jagdrevier, heute bietet sich der Ort als Ausgangspunkt für Naturliebhaber und Erholungsuchende an. Markierte Wanderwege erschließen das Gebiet, das auch bei Jägern und Anglern beliebt ist. Im Winter füllt sich die Ortschaft mit Wintersportlern, nur 12 km entfernt liegt **Valdezcaray,** das einzige Skigebiet der Rioja. Es erstreckt sich an den Hängen des 2270 m hohen San Lorenzo, dem höchsten Gipfel der Sierra de la Demanda.

## Infos

**Oficina de Turismo:** Calle Sagastía 1, 26280 Ezcaray, Tel. 941 35 46 79, www.ezcaray.org, Di–Fr 10–13.30, 16–18.30, Sa 10–14, 16–19, So 10–14 Uhr.

## Übernachten

Alteingesessen – **Echaurren:** Calle Padre José García 19, Tel. 941 35 40 47, www.echaurren.com. Familienbetrieb in fünfter Generation, die Zimmer sind liebevoll eingerichtet. Auch das Restaurant, El Portal (Menü 150 €), genießt einen sehr guten Ruf. €€€

Mit Liebe zum Detail – **Hotel Pura Vida:** Calle Real 7, 26288 Valgañón (8 km von Ezcaray entfernt), Tel. 941 42 75 30, www.hotelpuravida.es. Angenehmes, kleines Hotel, das geschmackvoll und mit Liebe zum Detail ausgestattet wurde. Die Besitzer sind sehr freundlich und hilfsbereit. €€€

Opulente Ausstattung – **Palacio de Azcárate:** Padre José García 17, Tel. 941 42 72 82, www.palacioazcarate.com. Ehemaliges Herrenhaus aus dem 18. Jh. mit gemütlichen, etwas barock ausgestatteten Zimmern und einem angenehmen Restaurant. €€–€€€

Charme-Hotel – **Casa Masip:** Av. Academia Militar 6, Tel. 941 35 43 27, www.casamasip.com, Di geschl., Abendessen Fr, Sa. Das kleine Wohlfühlhotel verfügt über zwölf Zimmer mit einer hellen, heiteren Note und ein renommiertes Restaurant (€). €€–€€€

### Einkaufen

Gewebtes – **Hijos Cecilio Valgañon:** Calle González Gallarza 12, Tel. 941 35 40 34, www.mantasezcaray.com. Der Familienbetrieb stellt auf großen Webstühlen herrlich verarbeitete Mohairdecken und Schals her – schöne Souvenirs für Zuhause.

### Aktiv

Skifahren – Infos zum Skigebiet unter Tel. 902 35 02 35, www.valdezcaray.es.

# Calahorra ▶ 2, Q/R 6

Im Südosten der Rioja, an der Einmündung des Río Cidaco in den Ebro, liegt die gerade mal 24 900 Einwohner zählende Hauptstadt der Rioja Baja. Die wichtigsten wirtschaftlichen Standbeine von **Calahorra** sind der Gemüseanbau und die Konservenindustrie. Touristisch führt die Stadt eher ein Schattendasein, trotz ihrer langen Geschichte, die auf die Römerzeit zurückgeht. Im römischen Calagurris erblickte Quintilian (35–ca. 96 n. Chr.), ein berühmter Rhetoriker der römischen Antike, das Licht der Welt. Die Altstadt konzentriert sich um die **Plaza el Raso,** wo sich früher das römische Forum befand.

### Stadtmuseum

*Calle Ángel Oliván 8, Tel. 941 10 50 63, Di–Fr 11–13.30, 18–20.30, Sa 11–14, 18–20.30, So 12–14 Uhr, Eintritt frei*

Das **Museo Municipal** birgt zahlreiche Funde aus der Römerzeit. Das spektakulärste Exponat ist zweifellos die Marmorbüste der eleganten »Dame von Calagurris« aus dem 5. Jh. v. Chr.

### Kathedrale

*Plaza Cardenal Cascajares, Museum tgl. 9–13, 17– 20, im Winter 10–13, 16–18 Uhr*

Dreh-und Angelpunkt der Altstadt ist die gotische **Catedral de Santa María**. Das angeschlossene **Diözesanmuseum** beherbergt beachtliche Kunstschätze, darunter eine Gemäldesammlung mit Werken von berühmten Meistern wie Tizian, Ribera und Zubarán. Eine weitere Kostbarkeit stellt die **Monstranz** dar, die unter dem Namen El Ciprés (Zypresse) bekannt ist. Sie wurde von König Heinrich IV. von Kastilien dem Gotteshaus gestiftet.

### Infos

**Oficina de Turismo:** Plaza del Raso 16, 26500 Calahorra, Tel. 941 10 50 61, www.calahorra.es, Sommer Mo–Fr 10.30–13.30, 17–19, Sa 10–14, 17–19.30, So 10–14, Winter Mo–Fr 10.30–13.30, 16–18.30, Sa 10–14, 16–18.30, So 10–14 Uhr.

### Übernachten

Komfortabel – **Parador Marco Fabiano Quintiliano:** Paseo Mercadal s/n, Tel. 941 13 03 58, www.parador.es. Parador mit im kastilischen Stil eingerichtete Zimmern. Dazu gehört ein Restaurant, das Spezialitäten der Rioja anbietet (€–€€). €€–€€€

Geschmackvoll – **Apartamentos Roseta:** Calle Santiago 5, Tel. 647 09 21 39, www.atroseta.com. In der Altstadt von Calahorra findet sich dieses charmant, mit viel Liebe zum Detail ausgestattete Apartment mit Küche. Für die Gäste stehen kostenfreie Parkplätze zur Verfügung. €€

### Essen & Trinken

Exquisit – **Coliceo 29:** Travesía Coliceo 29, Tel. 941 12 98 10, www.coliceo29.com, Di, Mi und Mo, Do, So abends geschl. Kleines Lokal mit entspannter Atmosphäre und kreativer Küche. Platz lassen für eines der leckeren Desserts. €–€€

### Termin

**Fiestas Patronales:** Letzte Augustwoche. Patronatsfest zu Ehren der Märtyrer San Celedonio und San Emeterio. Auf dem Festprogramm

## Alfaro ▶ 2, R 6

Störche auf Kirchtürmen sind in Spanien durchaus kein seltener Anblick, ist es doch nach Polen das Land mit der größten Weißstorchpopulation in Europa. Aber was sich auf dem Dach der **Stiftskirche San Miguel** (16. Jh.) in dem beschaulichen Städtchen **Alfaro** (9500 Einw.) abspielt, sucht Seinesgleichen und lockt daher auch immer wieder Presse- und Filmteams aus aller Welt an.

Rund 250 Nester schufen sich die **Klapperstörche** auf dem 3000 m² großen Dach der Kirche. Bis zu 500 Exemplare, die Jungtiere eingerechnet, nisten hier. In der Nähe von Alfaro gibt es ein geschütztes Feuchtgebiet, in dem die Störche eine reich gedeckte Tafel vorfinden. Dennoch rätseln die Zoologen, warum ausgerechnet Alfaro bei ihnen so hoch im Kurs steht. Darüber hinaus umgibt ein weiteres Rätsel die Stadt: Es ist die Kommune mit der höchsten Zwillingsgeburtenrate im ganzen Land. Sollten hier etwa die Störche beim Kindersegen gleich im Doppelpack nachhelfen?

### Infos
**Oficina de Turismo:** Plaza de España 1, 26540 Alfaro, Tel. 941 18 01 33, www.alfaro.es/turismo, Sommer Di–Sa 10–14, 17–19.30, So 10–14, Winter Di–Fr, So 10–14, Sa 10–14, 16.30–19, So 10–14 Uhr.

## Rund um Enciso
▶ 2, Q 6

Vor gut 120 Mio. Jahren bevölkerten Dinosaurier die Rioja – davon künden heute noch rund 5000 Fußspuren. Sie verteilen sich auf 20 Fundstellen im Südosten der Region. In Europa findet sich kein vergleichbar ergiebiges Areal mit Spurenfossilien der Riesenechsen. Die Vielzahl der erhaltenen fossilen Spuren in der Rioja erklärt sich durch das damals sumpfige Terrain, in dem die Dinosaurier ihre Fährten hinterließen. Im Laufe der Zeit wurde der Boden von Sedimentschichten überlagert, später wurden die Spuren dank der Erosion wieder freigelegt. Anhand der Fährten können Wissenschaftler interessante Rückschlüsse auf die Art der Fortbewegung und die Lebensweise der uns heute so faszinierenden Tiere ziehen. Ihre Blütezeit hatten die Dinosaurier in der Jura- und Kreidezeit, vor etwa 65 Mio. Jahren verschwanden sie von unserem Planeten.

### Paläontologisches Museum
*Portillo 3, Tel. 941 39 60 93, Juli–Mitte Sept. Di–Sa 11–15, 16.30–18.30, So 11–15, sonst Di–Fr 11–15, Sa 11–15, 16.30–18.30, So 11–15 Uhr, 6 €*

Es empfiehlt sich, als Ausgangspunkt für einen Ausflug in die Vergangenheit **Enciso** zu wählen. Das dortige **Centro Paleontológico Enciso** bietet mit Abgüssen und Schautafeln eine gute Einführung in die Welt der Dinosaurier. Im Museum ist eine Karte erhältlich, die die Spurensuche in der Umgebung erleichtert. Auch auf der Website findet sich der Lageplan zu den Fundstellen.

### Route der Dinosaurier
Die Tour ist als **Ruta de los Dinosaurios** ausgeschildert und an den Fundstellen gibt es Schautafeln mit Erklärungen. Die eindrucksvollsten Spuren finden sich im **Barranco de la Canal** mit insgesamt 33 Fährten. Die größte Fundstätte in **Peña Portillo** hat neben Fußspuren auch einen Schwanzabdruck zu bieten. In **Valdecevillo** erkennt man die Spuren einer ganzen Dinofamilie. In der **Era del Peladillo** bei Igea konnten die einzigen Spuren der Saurierart *Hadrosaurichnoide igeenis* lokalisiert werden.

*In Alfaro fühlen sich Störche besonders wohl – die Stadt gilt als Hauptstadt der Störche in Europa*

# Kapitel 5

# Kastilien-León

**Kastilien-León stellt die Jakobspilger auf eine harte Probe! Sie durchschreiten schier endlose Weiten, bis zum flirrenden Horizont nichts als Getreide- und Sonnenblumenfelder. Im Sommer brennt die Sonne erbarmungslos vom Himmel herab. Im Winter ist es dagegen bitterkalt. Kaum ein Baum, der Schatten spendet. Die Dörfer liegen in der dünn besiedelten Region weit auseinander. Karg, einsam und still präsentiert sich die Landschaft. Vielleicht liegt gerade darin die spirituelle Kraft der Meseta, sie gibt den Raum zur Besinnung auf das Wesentliche.**

Die Hochebene prägt in weiten Teilen das Landschaftsbild des einstigen Königreichs. Altkastilien ist das historische und geistige Kernland Spaniens. In dieser Region wurden wichtige Weichen für die Entwicklung der spanischen Geschichte gestellt. Die beiden Königreiche Kastilien und León, die sich 1230 vereinten, waren treibende Kräfte der Reconquista. Der Nationalheld El Cid (1043–1099), der große Feldherr dieser Epoche, erblickte in der Nähe von Burgos das Licht der Welt.

Eine Tour durch Altkastilien auf den Spuren der Jakobspilger birgt etliche kunsthistorische Kleinode wie den romanischen Kreuzgang von Santo Domingo de los Silos, das westgotische Kirchlein Santa María de Lara oder die mozarabische Kirche San Miguel de la Escalada. Daneben auch Kurioses wie die rätselhaften romanischen Sparrenköpfe der Kirche San Martín de Frómista. Die Städte Burgos und León warten mit prächtigen Kathedralbauten und lebendigen Altstädten auf. Ganz im Westen, hinter Astorga, wandelt sich dann das Landschaftsbild: Die Pilger wandern durch die Montes de León hinauf zum Cruz de Ferro, dem Dach des Jakobswegs. Danach geht es hinab in die fruchtbare Region El Bierzo, die schon an Galicien grenzt.

*Als eines der bedeutendsten Gotteshäuser Spaniens steht die Kathedrale von Burgos unter dem Schutz der UNESCO*

# Auf einen Blick: Kastilien-León

## Sehenswert

★ **Burgos:** Die Wiege Kastiliens und Heimat des Heroen El Cid glänzt mit seiner filigranen gotischen Kathedrale und einer quicklebendigen Altstadt (s. S. 294).

★ **Santo Domingo de Silos:** Ein Highlight der Romanik sind die kunstvoll gearbeiteten Reliefs des Kreuzgangs (s. S. 310).

★ **León:** Ein Meer aus Licht und Farben durchflutet die Kathedrale von León. Die gotischen Glasfenster sind zweifellos die schönsten von ganz Spanien (s. S. 323).

## Schöne Route

**Ausflug in den Süden von Burgos:** Die Tour führt durch die abgeschiedene Berglandschaft der Sierra de las Mamblas. Mitten in der Einsamkeit steht das westgotische Kirchlein Santa María de Lara. Das Städtchen Covarrubias mit seinen Fachwerkbauten hat sich längst zu einem beliebten Ausflugsort gemausert, Architekturen im Stil der Renaissance und des Barock zeugen in Lerma von einstiger Prachtentfaltung, kunsthistorisches Highlight ist zweifellos das Kloster Santo Domingo de Silos mit seinem stimmungsvollen romanischen Kreuzgang (s. S. 307).

## Meine Tipps

**Tapas und Wein:** Meine Lieblingsbar in Burgos heißt La Favorita. Hier werden Ihnen verführerische Tapas serviert, die Sie aus den Vitrinen an der Bar aussuchen können. Lassen Sie sich dazu einen guten Rotwein aus Kastilien munden (s. S. 306).

**Mönchsgesänge:** Die gregorianischen Gesänge der Mönche vom Kloster Santo Domingo de Silos landeten in den Pop-Charts – wer die Gelegenheit hat, sollte sich einen Live-Auftritt nicht entgehen lassen (s. S. 310).

**Cruz de Ferro:** Mischen Sie sich unter die Jakobspilger und wandern Sie von Foncebadón zum Eisenkreuz auf dem Monte Irago, dem Dach des Spanischen Jakobswegs (s. S. 341).

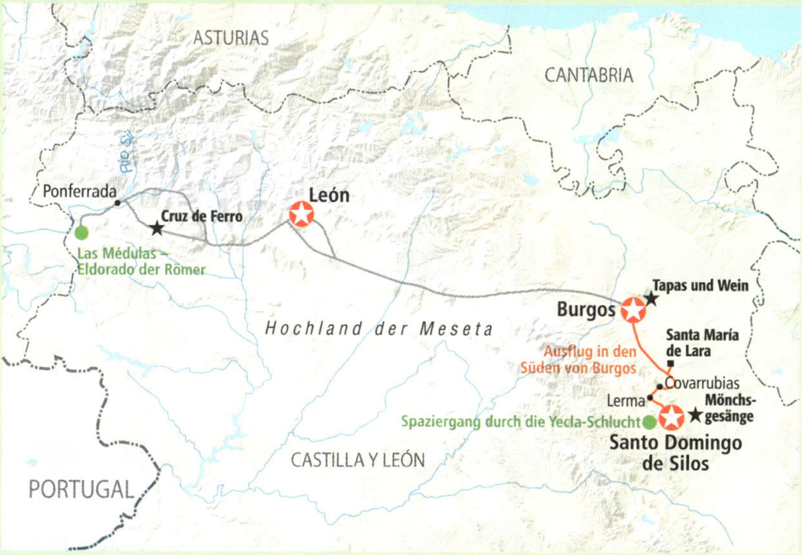

*Die Dämmerung taucht die Getreidefelder der Hochebene Meseta in ein warmes Licht*

## Aktiv

**Spaziergang durch die Yecla-Schlucht:** Nur einen Katzensprung vom Kloster Santo Domingo de Silos entfernt liegt die eindrucksvolle Klamm, über der eine ganze Kolonie von Gänsegeiern kreist (s. S. 312).

**Las Médulas – Eldorado der Römer:** Die größte Tagebaugoldmine des römischen Imperiums hinterließ eine ungewöhnliche Kunstlandschaft. Auf einer Rundwanderung kann man das Gebiet in Augenschein nehmen (s. S. 346).

# ★ Burgos

▶ 1, M/N 6

**Das geschichtsträchtige Burgos gilt als die Wiege Kastiliens. Die angenehm grüne Stadt am Río Arlanzón wartet mit einer gepflegten Altstadt auf. Ihr Juwel ist zweifelsohne die gotische Kathedrale, die zu den größten und prachtvollsten Manifestationen des katholischen Glaubens in Spanien zählt. Vor den Toren von Burgos finden sich die beiden sehenswerten Klöster Las Huelgas und Miraflores.**

**Burgos** – das ist Kastilien in Reinkultur! Hier schlug die Geburtsstunde des Königreichs Kastilien; hier wird das Erbe von El Cid (1043–1099), dem heroischen Kämpfer gegen die Mauren, bis heute hochgehalten. Der Ritter gilt geradezu als der Inbegriff von Stolz und Edelmut; dass er zwischendurch die Seiten wechselte und auf der Seite der maurischen Heiden kämpfte, tut seinem Mythos keinen Abbruch.

In Spanien eilt den Burgalesern der Ruf voraus, sie seien sehr traditionsbewusst und mitunter erzkonservativ. Klischees hin oder her, zu Recht sind die Einwohner von Burgos stolz auf ihre imposante gotische Kathedrale, die in der ersten Riege der spanischen Glaubensburgen spielt.

Die Stadt (176 000 Einw.) ist keineswegs museal verstaubt, im Gegenteil: Sie ist quicklebendig und für spanische Verhältnisse angenehm grün. Längs des Río Arlanzón erstrecken sich gepflegte Promenaden und erholsame Grünanlagen.

Allerdings ist Burgos berühmt-berüchtigt für seine Klimaausschläge! Kein Wunder, liegt die Stadt doch auf einer Höhe von 900 m auf der nordkastilischen Hochebene. Eine Redensart besagt, der Sommer währe vom Tag des hl. Jakobus, dem 25. Juli, bis zum Tag der hl. Ana, dem 26. Juli. Ganz so schlimm ist es glücklicherweise nicht. Eine zweite Wetterweisheit kommt der Wahrheit näher. Sie besagt, dass in Burgos der Winter neun Monate dauert und darauf drei Monate sommerliche Hölle folgen.

## Historische Entwicklung

Der kastilische Graf Diego Porcelos gründete die Stadt im 9. Jh. als Bastion gegen die Mauren am Nordufer des Río Arlanzón. Ein Jahrhundert darauf erhob der Graf Fernán González Burgos zur Hauptstadt seiner Grafschaft Kastilien. Im Zuge der Reconquista dehnte sich das Territorium beständig aus. König Ferdinand I. verwandelte Kastilien im Jahr 1035 zu einem eigenständigen Königreich, nur zwei Jahre später vereinigte er sein Königreich mit dem von León. Burgos stieg somit zur Hauptstadt des christlichen Spanien auf.

Im Jahr 1085 vertrieb König Alfons VI. der Tapfere die Muslime aus Toledo und verlegte seine Residenz in die einstige Metropole des Westgotenreichs. Burgos blieb jedoch weiterhin Krönungsstadt der Könige von Kastilien. Die Wirtschaft florierte und Burgos entwickelte sich zum Hauptumschlagplatz für den lukrativen Wollhandel. Für Wohlstand sorgte auch der Pilgerstrom, denn mit bis zu 35 Pilgerhospizen war Burgos die wichtigste Station auf dem Weg nach Santiago de Compostela und noch immer prägen die Pilgerscharen das Gesicht der Stadt.

Im Spanischen Bürgerkrieg (1936–39) richtete General Franco in Burgos den Sitz seiner nationalen Gegenregierung ein und verkündete vom Palacio de la Isla am 1. August 1939 das Ende des Krieges. Die Prozesse von

Burgos, in denen 16 Mitglieder der baskischen Untergrundorganisation ETA 1971 zum Tode verurteilt wurden, sorgten für weltweites Medieninteresse. Erst durch den Druck der Weltöffentlichkeit wurden die Todesurteile wieder aufgehoben.

# Kathedrale Santa María 1

**Cityplan:** S. 297
*Plaza de Santa María s/n, www.catedraldeburgos.es, Tel. 947 20 47 12, 19, Mitte März–Okt. tgl. 9.30–18.30, Nov.–Mitte März 10–18 Uhr, 10 €, Audioguides über Handy herunterladbar*

Über den Dächern der Altstadt blitzen die filigranen Turmspitzen der Kathedrale auf. Nach Sevilla und Toledo ist die **Catedral de Santa María** das drittgrößte gotische Gotteshaus in Spanien und steht als Welterbe unter dem Schutz der UNESCO. Auf den ersten Blick fällt der Niveauunterschied des Terrains von bis zu 15 m nicht besonders auf. Erst der Weg über die Treppen hinauf zum Westportal und um das Gotteshaus herum zeigt, wie geschickt die Architekten mit der problematischen Lage des Baus am Fuß des Burghügels umzugehen wussten.

## Fassaden und Portale

### Westfassade

Die imposante Westfassade wird von den gotischen **Türmen** des Meister Hans von Köln (span. Juan de Colonia) beherrscht, der sich von den Plänen für die Kölner Kathedraltürme inspirieren ließ, die dort allerdings erst im 19. Jh. fertiggestellt wurden. Das harmonische Bild der Westfassade mit der prächtigen **Rosette,** die das Siegel des Salomon zeigt, und der Königsgalerie wird nur durchbrochen von der neoklassizistischen Umgestaltung im Bereich der **Portale.**

Die Initiatoren für den Bau der Kathedrale waren Ferdinand III. und seine Frau Beatrix von Schwaben. Gemeinsam legten sie mit Bischof Mauricio 1221 den Grundstein für den Neubau im ›französischen‹ Stil. Das Königspaar hatte sich noch im romanischen Dom von Burgos das Jawort gegeben und war unzufrieden mit dem ›altmodischen‹ Gotteshaus, das sie als zu plump und düster im Vergleich zu den modernen, himmelstürmenden gotischen Kathedralen in Frankreich und Deutschland empfanden. 1260 fand die Weihe der Kirche statt, bis zur endgültigen Fertigstellung gingen jedoch über 300 Jahre ins Land.

### Südportal

Der Weg ins Kircheninnere führt über die Plaza del Rey Fernando die Stufen hinauf zur **Puerta del Sarmental** an der Südseite der Kathedrale. Im Bogenfeld erscheint in romanischer Bildsprache Christus als Weltenrichter umgeben von den Symbolen der Evangelisten und den Evangelisten selbst, die als Schreiber dargestellt sind. Unter einer fein ausgestalteten Bordüre reihen sich die zwölf Apostel auf, vertieft in rege Gespräche. Auf dem Mittelpfeiler grüßt Bischof Mauricio die Gläubigen.

## Im Kircheninnern

### Vierung

Magische Anziehungskraft übt im Inneren das **Kuppelgewölbe** der Vierung aus, das Philipp II. mit den Worten kommentiert haben soll, dass es besser wäre, die Kuppel in eine Schmucktruhe zu legen und sie nur an hohen Festtagen zu präsentieren, denn sie gleiche eher einer Himmelsgabe als einem menschlichen Werk. Voller Poesie bricht sich das Licht durch das feingliedrig gewebte Sternengewölbe seine Bahnen – Erinnerungen an die märchenhaften Kuppeln der Alhambra von Granada werden wach. Das Meisterwerk im platereken Stil schuf Hans von Köln, allerdings stürzte diese Kuppel 1537 ein. Den Wiederaufbau übernahm Juan de Vallejo.

Genau unter der Vierung findet sich im Boden eingelassen eine schlichte **Grabplatte** aus rotem Marmor. Hier ruhen seit 1921 die sterblichen Überreste des Nationalhelden **El Cid** und seiner Gemahlin Doña Jimena.

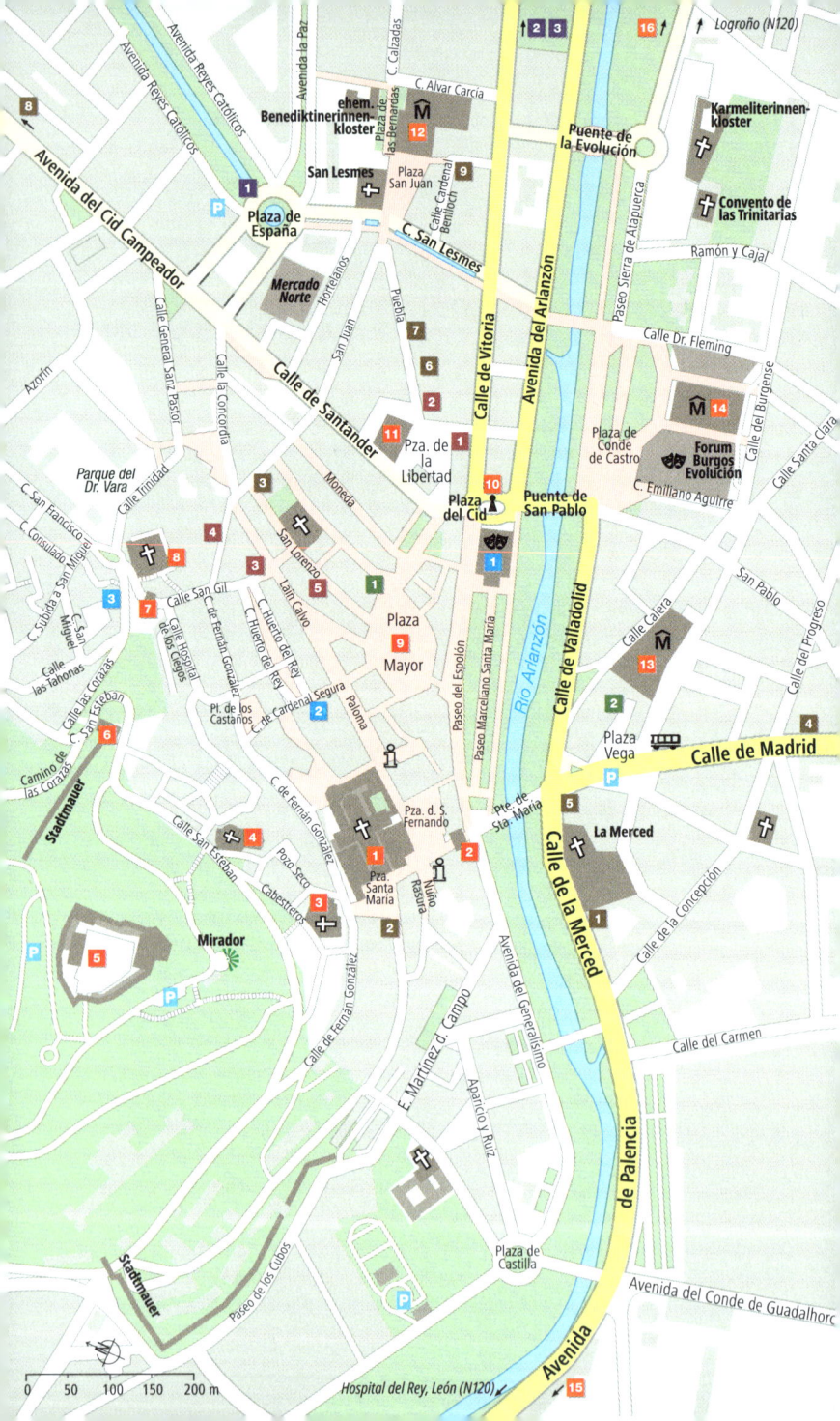

# Burgos

## Sehenswert

1. Catedral de Santa María
2. Arco de Santa María
3. San Nicolás de Bari
4. San Estebán/ Museo del Retablo
5. Castillo
6. Arco de San Estebán
7. Arco de San Gil
8. Iglesia de San Gil
9. Plaza Mayor
10. Cid-Denkmal
11. Casa del Cordón
12. Museo Marceliano Santa María
13. Museo de Burgos
14. Museo de la Evolución Humana
15. Monasterio de Santa María la Real de las Huelgas
16. Cartuja de Miraflores

## Übernachten

1. NH Collection Palacio de Burgos
2. Crisol Mesón del Cid
3. Hotel Norte y Londres
4. Corona de Castilla
5. Hotel Vía Gótica
6. Hotel Cordon
7. La Puebla
8. Rice María Luisa
9. Hostal Lar

## Essen & Trinken

1. Ojeda
2. Cobo Tradición
3. Los Finos Gastrobar
4. La Favorita
5. La Quinta del Monje

## Einkaufen

1. Juarreño
2. Mercado Sur

## Abends & Nachts

1. Teatro Principal
2. La Boveda Burgos
3. Bar San Francisco 7

## Aktiv

1. Oficina de Movilidad
2. BikeXtrem
3. Balneario Bienestar

---

## Chor und Chorgestühl

Der Chor wird beherrscht von dem **Hochaltar** im Stil der Renaissance, ein Werk der Brüder Rodrigo und Martín de la Haya. Im Zentrum thront die in Silber gearbeitete Skulptur Santa María la Mayor, der Schutzpatronin von Burgos. Hinter dem Prunkgitter verbirgt sich ein herrliches **Chorgestühl** aus Nussbaumholz, das Felipe de Vigarny um 1500 erschuf – wie in spanischen Kathedralen üblich befindet es sich im Mittelschiff gegenüber dem Hochaltar. Eine besondere Ehre wurde Bischof Mauricio als Gründer der Kathedrale zuteil, dessen Grabmal sich im Eingangsbereich des *coro* befindet. Das liegende Abbild des 1240 verstorbenen Bischofs ist von emailliertem Kupferblech überzogen.

## Vergoldete Treppe

Für einen effektvollen Einzug der Könige in die Kathedrale sorgte einst die prunkvolle **Escalera dorada,** opulent verziert und doppelläufig, ein platereskes Kunstwerk von Diego de Siloé. Sie überbrückt elegant den immensen Höhenunterschied zwischen dem Nordportal und dem Niveau der Kathedrale.

## Kapelle des Kronfeldherrn

Die dreischiffige Kathedrale umkränzen 19 aufwendig ausgestattete Kapellen. Die Perle darunter ist zweifellos die **Capilla del Condestable,** die über den Chorumgang zu erreichen ist. Von 1482 bis 1494 arbeitete Simon von Köln, der Sohn des Dombaumeisters Hans von Köln, an der Fertigstellung der Kapelle im filigran-verspielten Stil der Flamboyantgotik.

Unter dem prächtigen Sternengewölbe steht das **Grabmal des Kronfeldherrn** und Vizekönigs von Kastilien Pedro Fernández de Velasco und seiner Gemahlin Doña Mencía de Mendoza y Figueroa. Die Ebenbilder des Paares, lebensnah, wenn auch etwas geschönt, wurden in Carraramarmor gemeißelt. Ihre Blicke richten sich auf das figurenreiche **Renaissanceretabel** von Felipe Vigarny, dessen zentrales Thema die Präsentation Jesu im Tempel vergegenwärtigt. Bemerkenswert in der Kapelle sind auch die wunderschönen **Glasfenster** aus der Werkstatt von Arnao de Flandes, die einzigen originalen Glasfenster, die in der Kathedrale erhalten geblieben sind.

## Burgos

### Christus-Kapelle

Hohe Verehrung bei den Gläubigen der Region genießt der **Santo Cristo de Burgos,** ein Kruzifix aus dem 13. Jh., das in der ersten Kapelle des südlichen Seitenschiffes präsentiert wird. Voller Dramatik, geradezu erschreckend realistisch ist das Bildnis des gekreuzigten Heilands in Holz gearbeitet, überzogen mit Büffelhaut und mit Echthaar versehen. Die großen Straußeneier zu seinen Füßen symbolisieren die Auferstehung. Angeblich soll das Kruzifix von Nikodemus nach der Kreuzabnahme geschaffen worden sein. Eine weitere Legende berichtet, dass der Christus alljährlich am Karfreitag geblutet haben soll.

### Papamoscas

Eine profan-heitere Attraktion der Kathedrale findet sich in der oberen nördlichen Ecke gleich hinter dem Hauptportal Puerta de Santa María. Es handelt sich um den **Papamoscas,** den skurrilen Fliegenschnapper, eine Blechfigur, die bei jedem Glockenschlag den Mund weit aufreißt, als wolle sie Insekten verspeisen, und kleine und große Besucher in Staunen versetzt.

### Kreuzgang

Die Räume rund um den Kreuzgang (13. Jh.) beherbergen den reichen **Domschatz** der Kathedrale. In der **Capilla del Corpus Cristi** hängt die berühmte Truhe des Cids hoch an der Wand: Der Überlieferung nach soll der pfiffige Feldherr einen finanziellen Engpass überbrückt haben, indem er zwei jüdischen Geldverleihern die Truhe als Pfand hinterließ. Er erzählte ihnen von den angeblich großen Reichtümern in der Truhe, die aber nur mit Sand und Steinen gefüllt war. Allerdings machte er es zur Auflage, dass die Truhe erst nach einem Jahr geöffnet werden dürfte. Dem Ehrenmann Cid gelang es aber vor Ablauf des Jahres, seine Schulden zurückzuzahlen und so sein Gesicht zu wahren. Für klare Verhältnisse mit seiner Frau sorgte der Cid in einem Ehevertrag, der in der **Capilla de Santa Catalina** ausgestellt ist.

## Rund um die Kathedrale

**Cityplan:** S. 297

Das Stadttor **Arco de Santa María** 2 wurde im 16. Jh. zu Ehren Kaiser Karls V. zum Triumphtor umgestaltet. In der Skulpturengalerie findet sich Karl V. flankiert von Fernán González, Gründer der Grafschaft Kastilien, und Nationalheld El Cid. In der Reihe darunter erkennt man Diego Porcelos, den Stadtgründer von Burgos.

Rund um die Kathedrale

*Blick über die Altstadt von Burgos: Kastilien in Reinkultur*

### San Nicolás de Bari 3
*Calle de Fernán González 60, Mitte März–Okt. tgl. 11–14, 17–20, sonst Mo, Mi–So 11.30–13.30, 17–19 Uhr, 2 €*
Vorbei an der Westfassade der Kathedrale gelangt man über eine Treppe hinauf zur spätgotischen **Iglesia San Nicolás de Bari** (15. Jh.). Von außen wenig spektakulär, birgt das Innere ein kunsthistorisches Juwel: die imposante Alabasteraltarwand, die Franz von Köln um 1505 schuf. 465 Figuren bevölkern den Altar. Sie verkörpern Szenen um die Vita des hl. Nikolaus von Bari, des Patrons der Kirche, und Begebenheiten aus dem Neuen Testament.

### Museum der Altäre 4
*Calle San Esteban s/n, Mitte März–Okt. Di–So 10–14, 17–20, Juli–Sept. auch Mo, Nov.–Mitte März Fr, Sa 10–14, 16–19, So 10–14 Uhr, 3 €*
Etwas weiter oberhalb steht die **Iglesia de San Esteban** (13. Jh.), die das **Museo del Retablo** beherbergt. Altäre aus der Provinz Burgos vom Mittelalter bis zur Barockzeit sowie liturgische Gerätschaften finden hier eine neue Heimat.

Burgos

# Altstadt

**Cityplan:** S. 297

### Kastell 5

*Cerro de San Miguel, Tel. 947 20 38 57, wegen Restaurierungsarbeiten bis voraussichtlich Sommer 2024 geschl., aktuelle Infos bietet die Tourismusinformation*

Wer den Anstieg nicht scheut, kann den Burghügel erklimmen. Der Lohn ist eine herrliche Aussicht über die Dächer von Burgos. Vom ehemaligen **Castillo** aus dem 9. Jh., Keimzelle der Stadtentwicklung von Burgos, sind nach einem Brand im Jahr 1739 nur noch spärliche Überreste erhalten geblieben. Nach einer Restaurierung steht das Kastell wieder zur Besichtigung offen, ein Infozentrum wartet mit Wissenswertem auf. Besucher können auch einen 20 m langen Tunnel erkunden, der früher wohl als Fluchtweg (Höhe ca. 1,78 m) in die Stadt diente. Etwas unterhalb liegt der **Mirador de Burgos,** der einen tollen Blick auf die Kathedrale bietet. Zurück in die Stadt geht es durch den **Arco de San Esteban** 6 (13. Jh.), einen Torbau im Mudéjarstil.

### Stadttor und Kirche San Gil

Hinter dem mittelalterlichen **Arco de San Gil** 7, der im 16. Jh. erneuert wurde, erhebt sich die äußerlich schlichte **Iglesia de San Gil** 8 (14. Jh.). Prächtige Altarwände jedoch schmücken das Innere, darunter ein spätgotisches Retabel von Gil de Siloé in der Marienkapelle und ein Renaissanceretabel von Felipe de Vigarny. Außerdem wird hier ein *santísimo cristo,* ein Christusbildnis, verehrt, das im 14. Jh. 14 Blutstropfen ausgeschieden haben soll, die sorgsam in einem Reliquiar gehütet werden.

### Plaza Mayor und Plaza del Cid

Über die einladende **Plaza Mayor** 9 mit ihren Cafés und Bars führt der Weg nun durch einen Torbogen zur lauschigen Flaniermeile **Paseo del Espolón,** der parallel zum Río Arlanzón verläuft. Stattliche Platanen bilden ein schattiges Dach, Bänke laden zum Verweilen ein. Am Ende erhebt sich das stattliche **Teatro Principal** 1 aus dem 19. Jh. Auf der dahinterliegenden **Plaza del Cid** befindet sich das **Cid-Denkmal** 10. Es stellt den Nationalhelden mit wildem Bartwuchs in voller Aktion mit gezücktem Schwert und wehendem Umhang dar. In Burgos erhielt das Denkmal den Spitznamen *El murciélago* (die Fledermaus).

### Cordón-Haus 11

Ein paar Schritte weiter steht an der **Plaza de la Libertad** der Stadtpalast **Casa del Cordón** (15. Jh.). Das Anwesen ließen sich der Kronfeldherr von Kastilien, Don Pedro Fernández de Velasco, und seine Gemahlin Doña Mencía de Mendoza 1487 erbauen. Die Familienwappen des Ehepaares an der Fassade werden von Franziskanerkordeln gerahmt, daher Name Casa del Cordón – Haus der Kordel.

Seine Geschichte verknüpft sich mit Ereignissen der spanischen Geschichte. Hier ein kleiner Auszug: Die Katholischen Könige Isabella I. und Ferdinand II. empfingen hier Christoph Kolumbus nach seiner Rückkehr von der zweiten Amerikareise 1496; ihr Schwiegersohn Philipp der Schöne verstarb 1506 in der Casa del Cordón, nachdem er sich eine Erkältung beim Pelotaspiel zugezogen hatte; seine Frau Johanna kam über den Tod ihres Mann nie hinweg und ging als Johanna die Wahnsinnige in die Geschichte ein; der französische König Franz I. wurde nach der Schlacht von Pavia 1525 hier dem siegreichen Kaiser Karl V. vorgeführt.

Heute ist das Anwesen im Besitz einer Bank und befindet sich dank umfassender Sanierungsmaßnahmen in einem ausgesprochen guten Zustand. Zu den Geschäftszeiten ist es möglich, einen Blick in den Innenhof zu werfen.

# Museen

**Cityplan:** S. 297

### Museum Marceliano Santa María 12

*Plaza de San Juan s/n, Tel. 947 20 56 87, Di–Sa 11–13.50, 17–21, So 11–13.50 Uhr, Eintritt frei*

Über die Calle de la Puebla führt der Weg zum altehrwürdigen **Kloster San Juan,** dessen Gründung auf das 11. Jh. zurückgeht. Das hier untergebrachte **Museo Marceliano Santa María** widmet sich dem aus Burgos stammenden Künstler Marceliano Santa María (1866–1952). Sein Können zeigt sich vor allem in den Gemälden mit landschaftlichen Impressionen.

## Museum von Burgos 13

*Calle Miranda 13, Tel. 947 26 58 75, www.museodeburgos.com, Juli–Sept. Di–Sa 10–14, 17–20, So, Fei 10–14, Okt.–Juni Di–Sa 10–14, 16–19, So, Fei 10–14 Uhr, 1,20 €, Eintritt frei Sa, So*

Auf der Südseite des Río Arlanzón, in der Nähe des Busbahnhofs, liegt das **Museo de Burgos**, das in drei ehemaligen Herrenhäusern untergebracht ist. Das **Archäologische Museum** mit Sitz in der **Casa de Miranda** präsentiert u. a. Fundstücke aus Atapuerca sowie der Römerstadt Clunia. In der benachbarten **Casa de Angulo** residiert das **Museum der Schönen Künste.** Zu den Highlights der breit gefächerten Sammlung zählen die romanische Altarfront von Santo Domingo de Silos und das Grabmal von Juan de Padilla, dem 1521 hingerichteten Führer des Comuneros-Aufstands gegen Kaiser Karl V., ein Werk von Gil de Siloé. Das Museum für **Angewandte Künste und für Moderne Kunst** befindet sich in der **Casa Melgosa**.

## Museum der Menschheitsgeschichte 14

*Paseo Sierra de Atapuerca s/n, www.museoevolucionhumana.com; Museum Di–Fr 10–14.30, 16.30–18, Sa 10–20, So 10–15 Uhr; Besuch der Ausgrabungsstätte Atapuerca, Termine und Infos online, Reservierung obligatorisch unter Tel. 947 42 10 00 oder reservas@museodelaevolucionhumana.com, 6 €*

Das **Museo de la Evolución Humana (MEH)** 14 wurde 2010 eröffnet, um die spektakulären Funde aus der Sierra de Atapuerca, 20 km östlich von Burgos, angemessen präsentieren zu können. Der Entwurf des spanischen Architekten Juan Navarro Baldeweg soll an die Topografie der Sierra erinnern.

An die 200 Originalfossile aus Atapuerca, darunter Überreste des *Homo antecessor* und *Homo heidelbergensis*, fügen sich in der Ausstellung zu einem Gesamtbild zusammen. Das Museum versteht sich aber lediglich als »virtueller Vorsaal der Ausgrabungsstätte« und gibt den Besuchern die Möglichkeit, an Führungen durch die Ausgrabungen teilzunehmen (s. S. 313).

# Die Klöster von Burgos

**Cityplan:** S. 297

## Kloster Las Huelgas 15

*Calle de los Compases s/n, Tel. 947 20 16 30, www.patrimonionacional.es/real-sitio/palacios/6256, Stadtbus Linie 7 ab Calle Merced (Höhe Puente de Santa María), Di–Sa 10–14, 16–18.30, So, Fei 10.30–15 Uhr, letzter Eintritt 1 Std. vor Schließung, 6 €, Mi/Do nachmittags freier Eintritt für EU-Bürger*

Rund 1,5 km westlich der Altstadt von Burgos liegt das **Monasterio de Santa María la Real de las Huelgas.** Der zunächst etwas irritierende Name Königliches Kloster der Mußestunden *(huelgas)* geht auf das Lustschloss zurück, das sich König Alfons VIII. 1180 an der Stelle errichten ließ, wo sich heute das Kloster erhebt. Sieben Jahre später wandelte er es auf Wunsch seiner Frau Leonor von England in ein Zisterzienserinnenstift um, das zugleich als königliches Pantheon diente.

Das Kloster unter königlichem Schutz erhielt zahlreiche Privilegien und war nur gegenüber dem Papst und der Abtei von Citeaux rechenschaftspflichtig. So errang es rasch eine enorme Machtposition in geistlichen und weltlichen Belangen, zumal die Äbtissinnen meist aus der Königsfamilie und die Nonnen aus den vornehmsten Adelsfamilien des Landes stammten. Dem Stift unterstanden in den Hochzeiten über 50 Ortschaften, riesige Ländereien und etliche andere Klöster. Der Kardinal Aldobrandini äußerte sich im 17. Jh. treffend scherzhaft: »Wenn der Papst heiraten müsste, wäre keine Braut würdiger als die Äbtissin von Las Huelgas.« Im 19. Jh. wurden

# El Cid – Held mit Ecken und Kanten

Das altspanische Heldenepos »El Cantar de Mio Cid« aus dem 13. Jh. verherrlicht den Cid als die Idealfigur des spanischen Rittertums. Man verklärt und instrumentalisiert seine Person als Vorreiter und Verfechter der Kreuzzugsidee. Geflissentlich wird darüber hinweggesehen, dass der christliche Held lange Jahre im Dienste eines maurischen Fürsten stand.

Der 1961 gedrehte Abenteuer- und Historienfilm mit Charlton Heston und Sophia Loren in den Hauptrollen verfestigte den Heldenmythos um den Feldherrn Rodrigo Díaz de Vivar, genannt El Cid. Regie führte der amerikanische Regisseur Anthony Mann. Die jüngste Verfilmung, der spanische Zeichentrickfilm »El Cid – Die Legende« (2005), schlägt in die gleiche Kerbe.

Mythos und Historie klaffen allerdings weit auseinander. Zu Lebenszeiten des Cid (1043–1099), der mit bürgerlichem Namen Rodrigo Díaz de Vivar hieß, beherrschten die Mauren den Süden und das Zentrum Spaniens. Das einstige Großreich der Omajaden war in Teilkönigreiche, taifas, zerfallen. Die maurischen Fürsten bekämpften sich gegenseitig. Im Norden hatten sich die christlichen Königreiche zwar formiert, von Einigkeit konnte allerdings auch bei ihnen nicht die Rede sein. Nicht immer standen deswegen die Christen den Muslimen feindlich gegenüber, es gab durchaus wechselnde Allianzen!

Rodrigo Díaz de Vivar, der wenige Kilometer von Burgos in der Ortschaft Vivar geboren wurde, kam als Halbwaise an den Hof von König Ferdinand I. und wurde gemeinsam mit dessen Söhnen Sancho und Alfons aufgezogen. Nach dem Tod des Königs 1065 wurde sein Reich unter seinen drei Söhnen aufgeteilt. Rodrigo trat in den Dienst von Sancho II., der ihn als König von Kastilien in den Ritterstand und zum Bannerträger erhob. In dieser Zeit verdiente er sich seine ersten Meriten auf dem Schlachtfeld und erhielt den Beinamen El Campeador, der siegreiche Kämpfer.

Bald entbrannte unter den drei Söhnen Ferdinands ein Bruderkrieg, aus dem Sancho II. 1071 siegreich hervorging. Nicht einmal ein Jahr später wurde König Sancho bei der Belagerung von Zamora in einen Hinterhalt gelockt und rücklings gemeuchelt. Sein Bruder folgte ihm als Alfons VI. auf den Thron – ob er der Drahtzieher des Attentats auf seinen Bruder war, konnte nie geklärt werden. Rodrigo verlangte einen öffentlichen Eid vom neuen König, in dem er beteuern sollte, dass er nichts mit der Ermordung seines Bruders zu tun hatte. Der König leistete den Schwur, fühlte sich jedoch zutiefst gedemütigt.

Rodrigo blieb zunächst im Dienste der kastilischen Krone, obwohl er von seiner Position als führender Schwertträger abgesetzt wurde. Eigenmächtige Eroberungszüge führten zur Verbannung des eigenwilligen Kastiliers. So wechselte er mit seinen Gefolgsleuten in den Dienst des Emirs al Mutamir von Zaragoza. Angesichts seiner Erfolge auf den Schlachtfeldern nannten ihn die Mauren respektvoll El Cid (aus dem Arabischen: as-sayyid, der Herr).

Im Zuge der Reconquista konnte sein einstiger Dienstherr König Alfons VI. ebenfalls große Erfolge für sich verbuchen. 1085 gelang es ihm sogar, die alte Hauptstadt Toledo einzunehmen. Die bedrängten Taifakönige entschlossen sich, für eine Gegenoffensive die Almoraviden, einen fana-

*Legendär: Mut und Siegeswille des Cid – ob auf dem Schlachtfeld oder als Stierkämpfer wie auf dem Gemälde von Francisco Goya*

tischen Berberstamm aus Nordafrika, zu Hilfe zu rufen. In der Schlacht von Sagrajas (1068) fügten die Almoraviden dem kastilischen Heer eine bittere Niederlage zu. In seiner Not sah sich König Alfons gezwungen, den genialen Heerführer Rodrigo Díaz de Vivar in seine Reihen zurückzuholen. Er lockte ihn mit dem Versprechen, dass er alle Gebiete, die er von den Mauren zurückeroberte, als sein erbliches Lehen betrachten könnte. Im Juni 1094 konnte Rodrigo für die Christen Valencia erobern. Er herrschte wie ein König mit eiserner Hand in der reichen Stadt.

Die Gegenoffensive der Almoraviden ließ jedoch nicht lange auf sich warten. Im Oktober 1094 stand ein gewaltiges Heer vor den Toren Valencias. Dank einer geschickten Kriegslist schlug Rodrigo die feindliche Übermacht erfolgreich in die Flucht. Fünf Jahre später verstarb der Ritter sanft im weichen Bett. Noch drei Jahre gelang es seiner Frau Doña Jimena, Valencia zu verteidigen.

Die Legendenbildung machte jedoch selbst vor dem Tod des Helden nicht Halt! So soll Rodrigo einem gemeinen Hinterhalt zum Opfer gefallen sein. Mit letzter Kraft habe er seinen Getreuen das Versprechen abgenommen, erneut mit ihm an der Spitze die Mauren anzugreifen. Seinen Leichnam sollten sie auf sein treues Pferd Babieca binden. Das Versprechen wurde eingelöst und verfehlte seine Wirkung nicht. Die Präsenz des Cid flößte den christlichen Truppen Siegesgewissheit ein, während die Mauren glaubten, einen Geist zu erblicken, und voller Panik die Flucht ergriffen.

## Burgos

dem Kloster die Privilegien von Papst Pius IX. entzogen.

Heute leben noch 36 Zisterziensernonnen in dem Kloster. Den Unterhalt finanzieren sie sich durch ihre Arbeit in der Wäscherei – Auftraggeber sind in erster Linie die Hotels von Burgos. Außerdem verkaufen sie im Klosterladen selbstbemaltes Porzellan. Für Frauen besteht die Möglichkeit, im Kloster Unterkunft bzw. Rückzug zur inneren Einkehr zu finden; für die Beherbergung wird eine Spende gerne entgegengenommen.

In der **Klosterkirche** (12./13. Jh.) knien neben dem Hochaltar das Stifterpaar Alfons VIII. und seine Gattin Leonor von England, ihr Grabmal findet sich beim Chorgestühl im Hauptschiff. Weitere Mitglieder des Königshauses ruhen im nördlichen Seitenschiff und in der Vorhalle wurden Ritter des Santiago-Ordens beigesetzt. Die Capilla Mayor zieren edle Beauvais-Gobelins (17. Jh.).

Über den **gotischen Kreuzgang San Fernando** (13.–15. Jh.) mit Deckenstuck im Mudéjarstil führt der Weg in den eleganten **Kapitelsaal,** wo die kostbare Trophäe El Pendón ausgestellt wird. Dabei handelt es sich um die Standarte der Mauren, die die Christen der Überlieferung nach in der Schlacht von Las Navas de Tolosa 1212 erbeuteten. Den **romanischen Kreuzgang** (12. Jh.) schmücken elegante Zwillingssäulen und filigran bearbeitete Kapitelle mit Pflanzenmotiven. In der **Capilla de Santiago** findet sich eine Holzskulptur des hl. Jakobus mit beweglichen Armen. Vermutlich erteilte der Apostel den Anwärtern für die Aufnahme in den Santiago-Orden den Ritterschlag.

Der einstige **Kornspeicher** des Klosters dient heute als **Textilmuseum** (Museo de Telas Medievales). Die hervorragende Sammlung zeigt Stoffe, Kleidungsstücke und Accesoires aus dem Mittelalter. Das prächtigste Outfit gehörte dem Infanten Fernando de la Cerda (geb. 1272), dem Sohn von Alfons dem Weisen. Sein Grabmal wurde von den napoleonischen Soldaten übersehen und als einziges nicht geplündert. Das Gewand ist mit kostbaren Seiden- und Silberfäden bestickt, seine Kopfbedeckung *(birrete)* besetzen Perlen und Edelsteine.

## Kartäuserkloster Miraflores [16]

*Ctra. de Fuentes Blancas, km 3,5, 4 km östlich von Burgos, Tel. 947 25 25 86, Linienbus Nr. 17 im Sommer, Nr. 27 im Winter ab Plaza de España, Mo–Sa 10.15–15, 16–18, So, Fei 11–15, 16–18 Uhr, Eintritt frei*

Entlang dem Río Arlanzón führt ein reizvoller Fußweg durch gepflegte Grünanlagen in 40 Minuten von Burgos zur **Cartuja de Miraflores.** Sie thront, umgeben von einem schattigen Wäldchen, auf einem Hügel. König Juan II. stiftete das Kloster und wählte es als Grabstätte für sich und seine Gemahlin Isabella von Portugal. 1452 brannte die erste Klosteranlage ab und wurde unter der Regie des Meisters Hans von Köln und seines Sohnes Simon neu errichtet.

Die schlichte, einschiffige **Klosterkirche** im Stil der Gotik überwältigt durch ihre prachtvolle Innenausstattung. Der aufwendig gestaltete Hochaltar ist ein Meisterwerk von Gil de Siloé (15. Jh.). Es heißt, dass der Altar mit dem ersten Gold verziert worden wäre, das aus der Neuen Welt mitgebracht wurde. Interessant ist vor allem die Komposition der Altarwand: Statt in den üblichen viereckigen Feldern spielen sich die einzelnen Szenen aus dem Leben Christi in Kreisen ab, die sich um das zentrale Thema der Kreuzigung gruppieren. Im rechten, unteren Bereich findet sich eine besonders liebenswerte, in sich ruhende Jakobusstatue im Pilgergewand. Ein Poster dieser Figur ist im Kloster erhältlich.

Vor dem Altar bettet sich das prächtige, sternförmig angelegte **Alabastergrabmal** des Stifterpaares (1493), das die Tochter Isabella, die Katholische Königin, bei Gil de Siloé in Auftrag gab. Dieses Grabmal im verspielten Stil der Isabellinischen Gotik gilt als eines der schönsten von ganz Spanien. Angesichts der Detailfülle und dem überbordenden Pflanzenwerk, das das liegende Königspaar umrankt, fällt es schwer, sich wieder loszureißen.

Ergreifend ist auch das Grabmal des früh verstorbenen Sohnes von Alfons, ebenfalls

Adressen

eine Arbeit aus der Werkstatt von Siloé. An seiner Stelle bestieg Schwester Isabella den Thron von Kastilien, die gemeinsam mit ihrem Mann Ferdinand von Aragón mit der Eroberung von Granada 1492 das Kapitel der Reconquista abschloss.

## Infos

**Oficina Municipal d e Turismo:** Centro de Información Turística CITUR, Calle Nuño Rasura 7, Tel. 947 28 88 74, 23. Juni–Sept., Karwoche tgl. 9–20, sonst Mo–Sa 9.30–14, 16–19.30, So 9.30–17.30 Uhr.

**Oficina de Información Turística de la Junta Castilla y León:** Plaza Alonso Martínez 7, Tel. 947 20 31 25, www.turismocastillayleon.com, Mo–Sa 9.30–14, 17–19, So 9.30–17 Uhr. Informationsbüro der Autonomen Gemeinschaft Kastilien-León.

## Übernachten

Schickes Design – **NH Collection Palacio de Burgos** 1 : Calle de la Merced 13, Tel. 947 47 99 00, www.nh-hotels.de. Eines der Tophotels von Burgos direkt am Ufer des Río Arlanzón gegenüber der Altstadt gelegen. Modernes, ansprechendes Design, die Küche glänzt durch innovative Kreationen. €€–€€€

Traditionshaus – **Crisol Mesón del Cid** 2 : Plaza Santa María 8, Tel. 947 20 87 15, www.eurostarshotels.de. Direkt bei der Kathedrale in Toplage, die Zimmer sind ansprechend neu gestaltet worden. Die schönsten finden sich im Hotelanbau. €€–€€€

Ordentlich – **Hotel Norte y Londres** 3 : Plaza de Alonso Martinez 10, Tel. 947 26 41 25, www.hotelnorteylondres.com. Das 3-Sterne-Hotel liegt ebenfalls in der Altstadt von Burgos. Die Zimmer sind etwas altmodisch, aber komfortabel und sauber. €€–€€€

Solide – **Corona de Castilla** 4 : Madrid 15, Tel. 947 26 21 42, www.hotelcoronadecastilla.com. 400 m vom Zentrum entfernt, ganz in der Nähe der Busstation. Moderne, freundliche Zimmer. Den Hotelgästen steht eine Tiefgarage zur Verfügung. €

Gute Lage – **Hotel Vía Gótica** 5 : Plaza Vega 3, Tel. 947 24 44 44, www.hotelviagotica.com. Von dem kleinen Hotel sind es nur wenige Schritte bis zur Kathedrale. Die Zimmer sind modern und funktional eingerichtet. €–€€

Zentral – **Hotel Cordon** 6 : Calle La Puebla 6, Tel. 947 26 50 00, www.hotelcordon.com. Das 3-Sterne-Haus liegt im Herzen der Altstadt. Zimmer solide, wenn auch nicht ganz auf der Höhe der Zeit. €–€€

Geschmackvoll – **Cuéntame La Puebla** 7 : Calle La Puebla 20, Tel. 947 25 09 00, www.hotelescuentame.com. Kleines, komfortables Hotel in zentraler Lage, die Zimmer sind nicht sehr groß, aber modern eingerichtet. €–€€

Klassisch – **Rice María Luisa** 8 : Av. del Cid Campeador 42, Tel. 947 22 80 00, www.hotelmarialuisa.com. Gut ausgestattete Zimmer im klassischen Stil, ca. 15 Gehminuten von der Kathedrale. €€

Sauber & günstig – **Hostal Lar** 9 : Calle Cardenal Benlloch 1, Tel. 947 20 96 55, www.hostallar.es. Funktional, modern eingerichtet. Freundliches, hilfreiches Personal. Nur ca. zehn Gehminuten von der Kathedrale entfernt. €–€€

## Essen & Trinken

Viele kleine Bars und Restaurants finden sich in der **Calle San Lorenzo** und in der **Calle Sombrería** ganz in der Nähe der Plaza Mayor.

Schlemmerlokal – **Casa Ojeda** 1 : Calle de Vitoria 5, Tel. 947 20 90 52, www.restauranteojeda.com, So abends geschl. Renommiertes Restaurant im rustikalen kastilischen Stil mit Cafeteria und einem angeschlossenen, hervorragendem Delikatessengeschäft. €€–€€€

Feine Küche – **Cobo Tradición** 2 : Plaza de la Libertad 9, Tel. 947 02 75 81, https://coboestratos.com. Der junge, ambitionierte Küchenchef Miguel Cobo kreiert Traditionelles auf raffinierte Art. Das Restaurant verströmt ein angenehm ungezwungenes Ambiente. Eine gute Option sind die gerillten Fisch- und Fleischgerichte oder der Klassiker in Burgos: Blutwurst *(morcilla)*. Empfehlenswert sind auch die schön präsentierten und leckeren Desserts. €€

Jamón y Queso – **Los Finos Gastrobar** 3 : Calle Arco del Pilar 8, So abends geschl. Die nett eingerichtete Bar mit Terrasse bietet eine tolle Weinauswahl, besten Bello-

## Burgos

ta-Schinken und feinen Käse. Ein weiterer kulinarischer Leckerbissen ist Dörrfleisch *(cecina)*. €–€€

Kreative Tapas – **La Favorita** 4 : Calle Avellanos 8, Tel. 947 20 59 49, https://lafavorita burgos.com, Mi geschl. Abseits der Touristenmeile, ansprechende Bar mit grandiosem Tapasortiment und vorzüglicher Weinauswahl. Wer gemütlicher als an der Theke sitzen möchte, kann sich ein Gericht à la carte auswählen. €–€€

Feine Leckereien – **La Quinta del Monje** 5 : Calle San Lorenzo 19–21, Tel. 947 20 87 68. Trendiges Tapalokal mit liebevoll zubereiteten Häppchen. Trauen Sie sich an den Stockfisch. €

### Einkaufen

Delikatessen – **Ojeda:** 1 : Calle Vitoria 5/ Plaza del Cordón, Tel. 947 20 48 32, www. delicatessenojeda.com. In dem traditionsreichen Feinkostgeschäft werden Spezialitäten aus der Region sowie aus ganz Spanien angeboten.

Süßes – **Juarreño** 1 : Plaza Mayor 25, Tel. 947 21 34 90. Konditorei mit leckerer Auswahl an Kuchen und Törtchen.

Markt – **Mercado Sur** 2 : Calle Miranda 10, Mo–Mi 8.30–15, Do, Fr 8.30–15, 18–20, Sa 7.30–15 Uhr. Moderne Markthalle mit reichhaltigem Sortiment. Zu den örtlichen Spezialitäten zählen Blutwurst *(morcilla)* und der *queso* de Burgos, ein Frischkäse.

### Abends & Nachts

Theater – **Teatro Principal** 1 : Plaza del Mío Cid, Tel. 947 28 88 73. Theater, Ballett und Konzerte. Informationen und aktuellen Spielplan unter www.aytoburgos.es.

Retro-Bar – **La Boveda Burgos** 2 : Calle de Cardenal Segura 19. Hippe Kneipe im angesagten Retrolook, gute Adresse zum Kaffee- oder Teetrinken, für eine Tapa, aber auch abends zum Ausgehen. Im Trend liegt ein Gläschen Wermuth.

Zum Chillen – **Bar San Francisco 7** 3 : Calle San Francisco 7, Tel. 947 07 33 20, auf Facebook, tgl. außer So ab 18 Uhr. Alternatives, entspanntes Ambiente mit Tischen im Freien. Am Abend gibt es oft kleine Gigs oder es legen DJs auf.

### Aktiv

Fahrradverleih – **Oficina de Movilidad** 1 : Plaza Espana s/n (bajos del Mercado Norte), Tel. 947 28 88 00, www.aytoburgos.es. Städtischer Fahrradverleih, 20 verschiedene Verleihstellen. Nähere Informationen erteilt auch das Tourismusamt in der Nähe der Kathedrale in der Calle Nuño Rasura 7. **Bike Xtrem** 2 : Calle Vitoria 258, Tel. 947 24 00 03, www.bikextrem.com, Mo–Fr 10–14, 16–20, Sa 10–14 Uhr. Gut sortiertes Fahrradgeschäft, das alles rundum das Rad anbietet. Reparaturservice.

Wellness – **Balneario Bienestar** 3 : Av. Cantabria 69, Tel. 947 22 07 62, www.bal neariobienestar.com, Mo–Fr 10–14, 16–20 Uhr. Die Therme bietet Rundum-Verwöhnprogramme.

### Termin

**Fiestas de San Pedro y San Pablo:** Ende Juni–8. Juli; bedeutendstes Fest von Burgos, zu den Höhepunkten der Fiesta zählen die Blumenspenden zu Ehren der Jungfrau Santa María la Mayor (29. Juni) sowie die große Prozession mit reich geschmückten Wagen und Riesenpuppen (8. Juli). Begleitet wird das Fest von Konzerten, Theateraufführungen, Stierkämpfen und Feuerwerken – ein abwechslungsreiches Kulturprogramm.

### Verkehr

**Bahn:** Bahnhof, Av. Príncipes de Asturias s/n, Renfe Tel. 912 32 03 20. Ticketverkauf auch in der Altstadt beim Renfe-Büro, Calle Moneda 21, Tel. 947 20 91 31. Burgos liegt gut angebunden an der Strecke von der Grenzstadt Irún nach Madrid. Von Burgos sind Städte wie Bilbao, San Sebastián und Pamplona, Logroño, Zaragoza, Vigo und La Coruña gut zu erreichen.

**Bus:** Busbahnhof, Calle Miranda 4–6, Tel. 947 28 88 55, 947 26 55 65. Die aktuellen Fahrpläne sowie die Websites der Busgesellschaften finden sich unter www.busbud.com/es/ estacion-de-autobuses-de-burgos/s/59.

# Die Umgebung von Burgos

Ein reizvoller Ausflug führt zum Kloster Santo Domingo de Silos in den Süden von Burgos. Kleinode am Rande sind das einsame, westgotische Kirchlein Santa María de Lara und das mittelalterlich geprägte Dorf Covarrubias. Im Kloster Santo Domingo de Silos verzaubert der romanische Kreuzgang die Besucher. Östlich von Burgos finden sich das Kloster San Juan de Ortega und die archäologische Ausgrabungsstätte von Atapuerca.

## Von Burgos nach Covarrubias ▶ 1, N 6

**Karte:** S. 309

Obwohl Santo Domingo de Silos etwas abseits der klassischen Pilgerroute des Camino Francés liegt, nehmen auch heute noch viele Pilger den Umweg auf sich, um das Kloster des berühmten Heiligen aufzusuchen. Auf dem Weg dorthin über die Nationalstraße N-234 Richtung Soria gelangt man in den Bergen der **Sierra de las Mamblas** zum Dörflein **Quintanilla de las Viñas**.

### Santa María de Lara 1

*Carr. Burgos, Quintanilla de las Viñas, an der Straße Richtung Lara de los Infantes, Tel. 947 39 20 49 (Rathaus), Mai–Sept. Mi–So 10–14 und 16–20, erstes Wochenende im Monat geschl., sonst kürzer, Eintritt frei*

Ein schmales Sträßchen führt hinauf zum oberhalb des Dorfes gelegenen, einsamen **Kirchlein Santa María de Lara,** auch unter dem Namen **Iglesia de Quintanilla de las Viñas** bekannt. Das frühchristliche Gotteshaus aus dem 7. Jh. ist eines der wenigen Zeugnisse westgotischer Kultur, die in Spanien erhalten geblieben sind. Von der Basilika stehen heute nur noch Querhaus und Chor. Die bei archäologischen Grabungen freigelegten Mauerreste lassen die ursprüngliche Größe noch ganz gut erahnen.

Beim Gang um die Kirche herum fällt der Blick auf die Reliefbänder mit stilisierten Pflanzen- und Tiermotiven wie Trauben, Blättern und Vögel, die an eine byzantinische Formensprache erinnern. Auf der Höhe der Apsis sind drei Monogramme in den Stein gemeißelt worden. Sie werden als Namenskürzel der Kirchenstifterin gedeutet.

Im Inneren bildet ein westgotischer Hufeisenbogen den Zugang zum Chor, oberhalb des Bogens befindet sich eine der ältesten erhalten gebliebenen Darstellungen von Christus als Weltenherrscher. Auf den beiden Kragsteinen des Hufeisenbogens sind Sonne und Mond zu erkennen, ursprünglich heidnische Symbole, die in die Formensprache des Christentums übernommen wurden. Die Sonne steht für Christus, der Mond wird mit der Kirche bzw. mit Maria in Verbindung gebracht. Ungewöhnlich für mediterrane Kulturen ist hier die Allegorie des Mondes mit einem bärtigen Männergesicht.

In Sichtweite auf der Bergkuppe erblickt man die spärlichen Überreste der Burg von **Lara de los Infantes,** wo Fernán González, der Gründer der Grafschaft Kastilien, das Licht der Welt erblickte.

### San Pedro de Arlanza 2

*Infos zu Besichtigungsmöglichkeiten: www.hortiguela.es/noticias/horario-visitas-al-monasterio-de-san-pedro-de-arlanza, frei*

Weiter entlang der N-234 folgt nach Hortigüela der Abzweig zum mittelalterlichen Covarrubias. Das Sträßchen führt parallel zum Río Arlanza durch eine bukolische

Landschaft. Nach wenigen Kilometern tauchen die beachtlichen Ruinen des ehemaligen **Benediktinerklosters San Pedro de Arlanza** auf. Die Gründung des Klosters im 10. Jh. geht vermutlich auf die Eltern von Fernán González zurück, dank dessen Förderung es sich über die Jahre zum einflussreichsten Kloster der Grafschaft Kastilien entwickelte.

# Covarrubias ▶ 1, N 6

**Karte:** S. 309

Das malerische **Covarrubias** 3 (span. *cuevas rojas,* rote Höhlen) im Tal des Río Arlanza gilt als Wiege der Grafschaft Kastilien. Fernán González, der die unabhängige Grafschaft Kastilien gründete, residierte in einem Palast am Hauptplatz, der heute das Rathaus beherbergt. Der 540-Einwohner-Flecken ist in weiten Teilen noch von alten, trutzigen Stadtmauern umgeben. Die heimeligen Plätze und die zahlreichen Fachwerkhäuser verleihen der Ortschaft ihren mittelalterlichen Charme.

## San Cosmas y San Damián

*Tel. 947 40 63 11, Mo, Mi–So 10.30–14, 16.30–18.30 Uhr, 4 €; Mo–Fr 19 Uhr hl. Messe mit Orgelmusik*

Die wichtigste Sehenswürdigkeit von Covarrubias ist die Stiftskirche, die **Colegiata de San Cosmas y San Damián.** Sie geht auf das 10. Jh. zurück und wurde in den nachfolgenden Jahrhunderten mehrfach umgestaltet. Das Gotteshaus birgt die Gräber des Grafen Fernán González (923–970) und seiner Frau Doña Sancha. Eine Legende berichtet, dass die Gebeine des großen Kämpfers gegen die Mauren bei den entscheidenden Schlachten der Reconquista laut vernehmbar im Sarg herumklapperten.

Im **Kreuzgang** fand die kinderlose, mit nur 28 Jahren verstorbene Prinzessin Christina von Norwegen (1234–62), die erste Frau des Infanten Don Felipe, ihre letzte Ruhestätte. Vor der Kirche steht eine Statue der Prinzessin, die einst als Denkmal von der norwegischen Küstenstadt Tønsberg gestiftet wurde.

Überraschend vielseitig und umfangreich präsentiert sich die Sammlung des **Museums** der Stiftskirche. Zu den Highlights zählen das Dreikönigstriptychon von Gil de Siloé (15. Jh.) und das Gemälde von Pedro Berruguete (15. Jh.), das die Kirchenpatrone, die Ärzte San Cosmos und San Damián, bei einer Beinamputation zeigt.

## Infos

**Oficina de Turismo:** Calle Monseñor Vargas s/n, 09346 Covarrubias, Tel. 947 40 64 61, www.covarrubias.es, Di–Fr 10–13.30, Sa 10–14, 16–18, So 10–14.40 Uhr, 31. Aug.–9. Sept. geschl.

## Übernachten

Hotel mit Charme – **Hotel Nuevo Arlanza:** Plaza Doña Urraca 11, Tel. 947 40 05 11, www.hotelnuevoarlanza.com. Das wiedereröffnete Haus erstrahlt in neuem Glanz. Modernes, freundliches Design ist in die 45 Zimmer des Hotels eingezogen. €€€

Kokett – **Hotel Doña Sancha:** Av. de Victor Barbadillo 31, Tel. 947 40 64 00, www.hotel donasancha.es. Das nette, kleine Hotel liegt oberhalb der Stadt. Die Zimmer sind charmant eingerichtet. Im Garten lässt man gerne die Seele baumeln. Morgens erwartet die Gäste ein reichhaltiges, gutes Frühstücksbuffet. €–€€

Modern, rustikal – **Rey Chindasvinto:** Plaza Rey Chindasvinto 5, Tel. 947 40 65 60, www. hotelreychindasvinto.com. Im Zentrum gelegen, die Zimmer wurden ansprechend eingerichtet, mit Restaurant, Bar sowie eigenen Parkplätzen für die Gäste. Mit Frühstück. €

## Essen & Trinken

Gepflegte Regionalküche – **Restaurante de Galo:** Calle Monseñor Vargas 10, Tel. 947 40 63 93, www.degalo.com. Gemütliches, rustikales Restaurant, die Spezialität des Hauses ist Lammfleisch aus dem Holzofen. €

Bodenständig – **Restaurante Bar Tiky:** Plaza Doña Urraca 9, Tel. 947 40 65 05, www.restaurantetiky.com. In der Bar herrscht oft Hoch-

Covarrubias

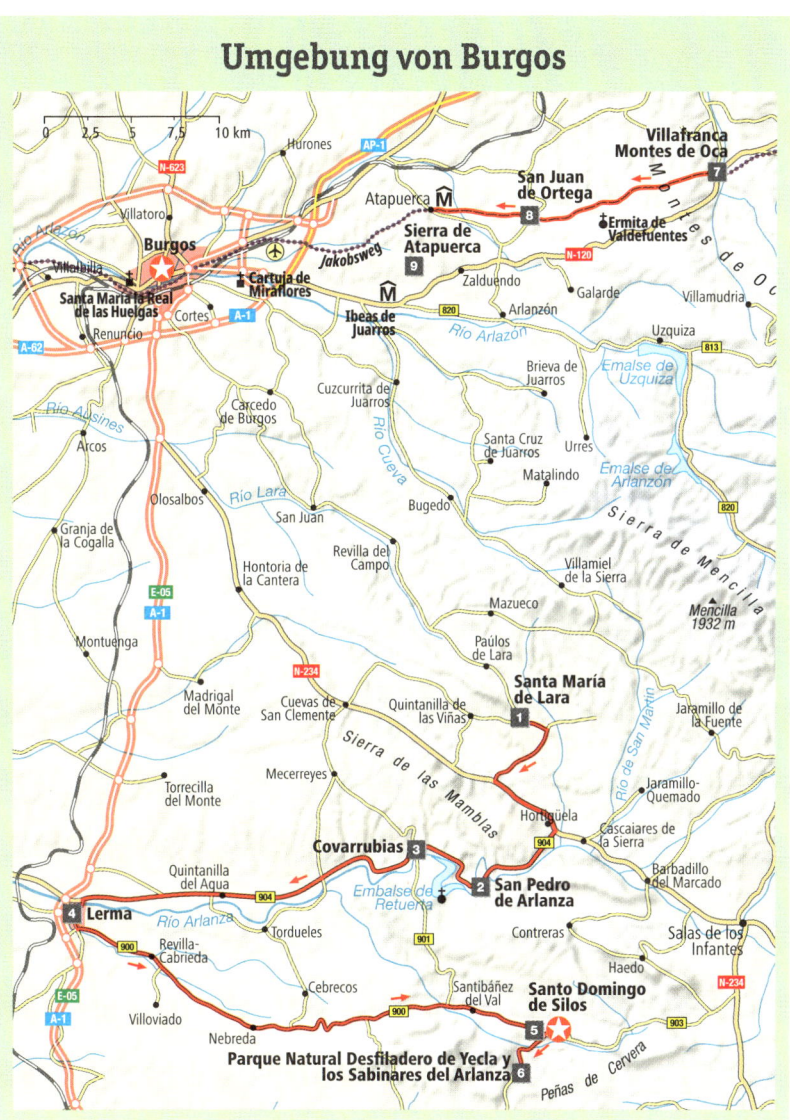

betrieb, angesichts des leckeren Tapasortiments kein Wunder. €

## Termine

**Fiesta Medieval y de la Cereza:** Zweites Juliwochenende. Fast ganz Covarrubias präsentiert sich in mittelalterlichen Gewändern, da das Fest mit der Kirschernte einhergeht, werden die Besucher mit Kirschen beschenkt. Mit Umzügen und Mittelaltermarkt.

**San Cosmas y Damián:** Letztes Septemberwochenende. Patronatsfest.

Die Umgebung von Burgos

## Lerma ▶ 1, M 7

**Karte:** S. 309

Das Gesicht der Kleinstadt **Lerma** 4 prägte der erste Herzog von Lerma, Don Francisco Gómez de Sandoval y Rojas, der Günstling des Königs Philipp III., der alle Fäden in der Hand hielt und berüchtigt war für seine Raffgier. Auf der höchsten Erhebung ließ sich der Herzog nach Plänen des Architekten Francisco de Mora seinen stattlichen **Palast** (1601–17) im strengen Renaissancestil errichten, heute ist in dem Herzogspalast ein Luxushotel untergebracht (s. u.). Zahlreiche Adelspaläste, Kirchen und Klöster zeugen noch immer in der Kleinstadt von der barocken Prachtentfaltung unter dem Herzog von Lerma.

### Übernachten

Gediegen logieren – **Parador de Lerma:** Plaza Mayor 1, Lerma, Tel. 947 17 71 10, www.paradores.es. Der ehemalige Herzogspalast mit großem Innenhof besitzt 70 elegant ausgestattete Gästeräume und ein Hallenbad. €€–€€€
Charme-Hotel – **Posada de Eufrasio:** Paseo de Vista Alegre 9, Tel. 947 17 02 57, www.posadadeeufrasio.com. Das 10-Zimmer-Haus mit gepflegt-rustikalem Restaurant und Bar besitzt viel Charme. €€

### Essen & Trinken

Traditionshaus – **Asador La Fonda Caracoles:** Calle Luis Cervera Vera 10, Tel. 947 17 05 63, www.asadorcaracoles.es. Über 100 Jahre altes Traditionslokal, das sich der kastilischen Küche verschrieben hat. Spezialitäten: Lamm aus dem Holzofen, Schmor- und Pilzgerichte. €

## Santo Domingo de Silos ▶ 1, N 7

**Karte:** S. 309

*Calle Santo Domingo 2, Tel. 947 39 00 68, www.abadiadesilos.es, Kreuzgang Di–Sa 10–13, 16.30–18, So, Fei 12–13, 16–18 Uhr, 4 €; Mo–Fr 9, So, Fei 11 Uhr Messe*

Eine landschaftlich schöne Strecke führt von Lerma vorbei an einsamen, teilweise verlassenen Dörfern zum **Kloster Santo Domingo de Silos** 5, dessen grandioser Kreuzgang die Herzen von Liebhabern der romanischen Kunst höherschlagen lässt! Das Kloster, bereits im 6. Jh. zur Zeit der Westgoten gegründet, blickt auf eine wechselhafte Geschichte zurück. Die erste Klosteranlage fiel dem Ansturm der Mauren zum Opfer und wurde von Fernán González, dem Graf von Kastilien, 954 wieder aufgebaut. Die Truppen Almansors zerstörten die Abtei Ende des 10. Jh. erneut, aber schon kurz darauf wurde sie neu errichtet. Seine Blütezeit erlebte das Benediktinerkloster unter dem Abt Santo Domingo de Silos, der von 1047 bis 1073 hier wirkte. Die Kunde von seiner Mildtätigkeit und seinen vielen Wundern sprach sich herum und zog die Pilger in Scharen an. So entwickelte es sich zu einer wichtigen Station auf dem Camino de Santiago.

Noch heute wird das Kloster von Benediktinermönchen bewohnt, die weit über die Klostermauern hinweg durch ihre **gregorianischen Gesänge** berühmt geworden sind. Mit ihrer Doppel-CD »Canto Gregoriano« stürmten sie 1994 sogar die US-amerikanischen Pop-Charts, was nicht nur die Musikwelt, sondern auch die Mönche in Erstaunen versetzte. Im Klosterladen sind die CDs mit den Gesängen der Mönche erhältlich. Live erleben kann man die himmlischen Klänge in der Abendmesse in der **Klosterkirche** (18. Jh.), die sich in kühler, klassizistischer Strenge präsentiert. Weitere Highlights sind die **Klosterapotheke** aus dem 18. Jh. sowie das an Schätzen reiche **Museum** (Zugang vom Kreuzgang).

### Kreuzgang

Im Mittelpunkt des Interesses steht jedoch der Kreuzgang aus dem 11./12. Jh. Gäbe es eine Hitliste der spanischen Romanik, stünde Santo Domingo de Silos ganz weit oben. Die fantasievolle Bildsprache dieser Epoche entfaltet ihre ganze Pracht auf den Kapitellen: Unbekannte Steinmetze schmückten sie mit wollüstigen Affen und Harpyien – einer Entlehnung aus der griechischen Mythologie. Es handelt sich dabei um hässliche Riesenvögel mit Frauenköpfen,

*Elegant verdreht: Mittelsäule an der Nordseite im Kreuzgang von Santo Domingo de Silos*

die vor der Habsucht warnen. Ferner tauchen immer wieder verzerrte Fratzen auf, deren Aufgabe es ist, die bösen Mächte abzuschrecken, zugleich die Gläubigen vor dem Bösen zu warnen und an die Scheidung der Geister in Gut und Böse zu erinnern. Löwen symbolisieren die Auferstehung Christi. Außerdem zieren Ranken-, Blätter- und Blütenwerk die Kapitele.

An den Ecken des Kreuzgangs finden sich in Kalkstein gemeißelte Reliefs, die an Elfenbeinschnitzereien erinnern, mit Motiven aus dem Neuen Testament. Sie waren früher farbig gefasst, bei genauerer Betrachtung sind noch Farbspuren zu erkennen. Die Augen der Figuren waren ursprünglich mit Pechkohle ausgelegt. Besonders symbolträchtig ist die Szene der Nordwestecke, die Christus in Emmaus zeigt. Christus, der die Jünger an Größe weit überragt, tritt als Jakobspilger auf. Eine Erinnerung an die Mönche, in jedem Pilger den Herrn zu sehen – eine Hommage an alle Jakobspilger!

Es lohnt außerdem, auch mal einen Blick an die **Decke des Kreuzgangs** (14. Jh.) zu werfen, die mittelalterliche Alltags- und Festszenerien im Mudéjarstil zieren. Im Nordflügel steht der von Löwen gestützte **Sarkophag des hl. Domingo.**

## Übernachten

Rustikal, geschmackvoll – **Hotel Restaurante Tres Coronas de Silos:** Plaza Mayor 6, Tel. 947 39 00 47, www.hoteltrescoronasdesilos.com. Ehemaliges Herrenhaus mit geschmackvoll eingerichteten Zimmern im kastilischen Stil. €€

Klösterlich – **Convento San Francisco:** Las Eras s/n, Tel. 947 39 00 10, www.conventosanfrancisco.es. Das ehemalige Kloster liegt am Ortsrand. In den Zimmern weht noch der franziskanische Geist, sie sind komfortabel, aber ohne Schnickschnack ausgestattet. Das Restaurant bietet bodenständige kastilische Küche (€). €€

# Durch die Montes de Oca ▶ 1, N 5/6

**Karte:** S. 309

Wer sich auf dem Jakobsweg Burgos nähert, passiert die **Montes de Oca,** einen nordwestlichen Ausläufer der Sierra de la Demanda, und das Kloster San Juan de Ortega. Die Jakobspilger im Mittelalter fürchteten den Aufstieg

## SPAZIERGANG DURCH DIE YECLA-SCHLUCHT

**Tour-Infos**
**Anfahrt:** Kurz vor der Ortseinfahrt nach Santo Domingo de Silos führt ein Abzweig nach Süden in Richtung Aranda de Duero (BU-910), nach 3 km ist die Yecla-Schlucht erreicht.
**Länge:** 1,2 km

**Dauer:** Ca. 20 Min.
**Schwierigkeitsgrad:** Leicht
**Infos:** Oficina de Información Turística de la Junta Castilla y León (s. S. 305) und unter www.sierradelademanda.com

Das Gebiet um die Yecla-Schlucht gehört zum 26 055 ha großen Naturpark **Desfiladero de Yecla y los Sabinares del Arlanza** 6 . Neben der Yecla-Schlucht zählt ein Zedernwald *(sabino albar)* mit Bäumen, die über 2000 Jahre alt sind, zu den Schätzen des Naturparks!
Gegenüber vom Parkplatz führen Treppen hinab in die enge Klamm, in die stellenweise kaum noch das Tageslicht vordringt. Tief hat sich der kleine Bach, ein Zufluss des Matavejas, in den Kalkstein der Peñas de Cervera eingegraben. Die imposanten Wände der Yecla-Schlucht ragen bis zu 100 m empor. Dank der angelegten Stege und Brücken ist die Schlucht passierbar. Die Klamm wurde zwar gut abgesichert, trotzdem empfiehlt sich solides, rutschfestes Schuhwerk.
Über der Schlucht ziehen Gänsegeier ihre Kreise, die stattliche Kolonie ist bereits auf 100 Paare angewachsen! Die ausgesprochen geselligen Tiere zählen zu den größten Greifvögeln der Erde. Ihre Flügelspannweite reicht bis zu 2,80 m. Ihr Kopf fällt dagegen recht klein aus. Den gänseartigen Hals der ausgewachsenen Vögel ziert eine weiße Halskrause. Hoch oben auf den Felsen richten sie ihre Nester ein, Männchen und Weibchen wechseln sich beim Ausbrüten ihres Eis ab. Nach 48 bis 54 Tagen schlüpft das Junge, nach 110 bis 115 Tagen startet der Nachwuchs die ersten Flugversuche. Die Gänsegeier ernähren sich ausschließlich vom Aas. Ihre Vorliebe gilt Muskelfleisch und Eingeweiden, Sehnen, Haut und Knochen dagegen verschmähen sie.

durch die dicht bewaldete Berglandschaft, da Räuber in der einsamen und unwegsamen Gegend ein leichtes Spiel hatten und immer wieder fromme Wanderer überfielen. Zudem hatten die Pilger Angst, wilden Tieren zu begegnen. So sammelten die Pilger Kräfte und Mut im einst von Franken gegründeten Dorf **Villafranca Montes de Oca** 7 im Hospital de San Antón de Abad. Die Herberge war im Jahr 1380 von Doña Juana, der Witwe von König Heinrich II. von Kastilien, für die Jakobspilger gestiftet worden.

Hinter der höchsten Erhebung der Montes de Oca, dem 1130 m hohen **Pedrajapass,** geht es vorbei an der **Einsiedelei Valdefuentes,** dem Überbleibsel eines Zisterzienserklosters aus dem 13. Jh. Über eine ausgedehnte Hochebene führt der Camino nach **San Juan de Ortega** 8 , dessen Kirche die Pilger schon von Weitem erblicken.

### Kloster San Juan de Ortega
*Tel. 947 56 99 13, 635 74 20 60, 12. Juni–11. Sept. 11–13.30, 17–19 Uhr, Eintritt frei*

Der Stifter der Kirche (12. Jh.) und des Pilgerhospitals war San Juan de Ortega (1080–1163), der sein Leben nach einer Wallfahrt ins Heilige Land ganz den Jakobspilgern verschrieb. Er erleichterte ihnen den Pilgerweg durch den Bau von Kirchen, Herbergen, Wegen und vor allem Brücken – genau wie sein Vorbild Santo Domingo de la Calzada, dessen Schüler er war.

Oberhalb der **Krypta** liegt das spätgotische **Schaugrab,** auf dem der Heilige in Alabaster gemeißelt verewigt wurde. Rund um den Sockel erzählen Reliefs von den Wundern des San Juan de Ortega. Den filigran gearbeiteten Baldachin über dem Grabmonument stiftete Isabella die Katholische 1474. Zweimal im Jahr, zur Tagundnachtgleiche am 21. März bzw. am 22. September, ereignet sich gegen 17 Uhr in der Kirche ein Lichtwunder: Dann erleuchten Sonnenstrahlen die Kapitele rechts vom Altarraum mit Szenen rund um die Geburt Jesu in der richtigen Abfolge.

## Übernachten, Essen

Unprätentiös – Bei der Klosterkirche von San Juan de Ortega gibt es die kleine **Bar Marcela.**
Preisgünstig – **La Alpargatería:** Calle Mayor 2, Villafranca Montes de Oca, Tel. 636 75 16 56, www.casaruralalpargateria.es. Angenehme Unterkunft, für Pilger eine gute Alternative! €

# Sierra de Atapuerca

▶ 1, N 6

**Karte:** S. 309

In der **Sierra de Atapuerca** 9 , knapp 20 km östlich von Burgos, sprengten im 19. Jh. die Eisenbahnbauer den Weg für die heute aufgelassene Bergwerksbahn, die Eisenerz und Kohle der Sierra de la Demanda nach Burgos beförderte. Dabei wurde ein ausgedehntes Höhlensystem freigelegt, das sich rasch als eine unerschöpfliche Goldgrube für die Paläontologen erwies. Forscher entdeckten hier die ältesten Spuren menschlicher Präsenz in ganz Europa. Die Funde sind zwischen 200 000 und 1,2 Mio. Jahre alt. 2001 wurde die Stätte zum UNESCO-Welterbe deklariert.

Der letzte Sensationsfund geht auf das Jahr 2007 zurück, ein rund 1,2 Mio. alter vorderer Backenzahn. Bereits 1994 brachten Grabungen in der Gran Dolina die Überreste des *Homo antecessor* ans Tageslicht, die auf ein Alter von rund 850 000 Jahren geschätzt werden. Ob der weitaus ältere Zahnfund einem Urmenschen dieser Gattung oder womöglich einem seiner Vorfahren zuzuordnen ist, gibt den spanischen Wissenschaftlern noch immer ein Rätsel auf.

## Grabungsgelände

*Ctra. de Logroño, km 97, N 120, Ibeas de Juarros, Führungen (Spanisch, Englisch) nur mit Reservierung unter Tel. 947 42 10 00, www.atapuerca.org, reservasatapuerca@fundacionatapuerca.es, Bustransfer zu den Ausgrabungen ab Besucherzentrum CAYAC oder Centro de Arqueología Experimental (CAREX), 6 €*
Die **Yacimientos de Atapuerca** (Grabungen) können nur im Rahmen einer ca. 90-minütigen Führung besucht werden. Die Besichtigung konzentriert sich auf die drei Fundstätten **Sima del Elefante, Galería** und **Gran Dolina.**

## Besucherzentrum CAYAC

*Ctra. de Logroño, km 97, N-120, Ibeas de Juarros, Tel. 947 42 10 00, www.atapuerca.org, Di–Fr 9.30–15, Sa 9.30–14, 15–17.30 Uhr*
Das **Centro de Acceso a los Yacimientos (CAYAC)** bietet einen Überblick über die verschiedenen Grabungskampagnen, das Leben der Hominiden und zeigt originale Fundstücke sowie Rekonstruktionen von menschlichen Fossilien und Werkzeugen. Zu sehen sind auch ein Modell der Sierra de Atapuerca sowie im Untergeschoss eine Ausstellung über die Bergwerksbahn.

## Archäologisches Zentrum CAREX

*Atapuerca, ca. 700 m östlich des Ortszentrums, Führungen nur mit Reservierung unter Tel. 947 42 10 00, www.atapuerca.org, Di–Sa 9.30–17.30, So 9.30–15 Uhr, 5 €*

## Die Umgebung von Burgos

Das **Centro de Arqueología Experimental (CAREX,** auch bekannt als Parque Arqueológico) öffnete 2001 seine Pforten. Den Besuchern bietet die 10 000 m² große Anlage eine Zeitreise in die Frühgeschichte der Menschheit. Die interaktive Ausstellung bietet einen guten Einblick in die damalige Lebens- und Arbeitswelt. Anhand der Rekonstruktionen von Steinzeitdörfern, Repliken von Urmenschen und Tieren sowie Unterweisungen im Feuermachen und dem Herstellen von Werkzeugen, Jagdwaffen und Keramik wird die Steinzeit wieder lebendig. Umfangreich ist das Angebot für Kinder, sogar eine Steinzeit-Geburtstagsparty kann hier organisiert werden.

*Archäologen bei der Arbeit: auf dem Grabungsgelände in Atapuerca*

# Auf dem Jakobsweg durch die Meseta

**Kastilien par excellence! Westlich von Burgos erstreckt sich die schier endlose Weite der nördlichen Meseta, nur einige sanfte Hügelketten lockern die beeindruckende Szenerie auf. Die herbe Landschaft ist extremen Temperaturen ausgesetzt, es herrscht sengende Hitze im Sommer und bittere Kälte im Winter.**

Schon die Römer nutzten die **Tierra de Campos** als Kornkammer. Nach wie vor wird in erster Linie Getreide angebaut, für die Bewässerung sorgt der im 18. Jh. angelegte Canal de Castilla. Die Abwanderung während der 1960er-Jahre hat in der Region tiefe Narben hinterlassen. Viele der Dörfer sind hoffnungslos überaltert und es herrscht die Tristesse der Armut. Die in traditioneller Lehmbauweise errichteten Häuser sind nur zum Teil noch bewohnt. Wären da nicht die mitunter stattlichen Kirchenbauten, würden die Dörfer wohl völlig in Vergessenheit geraten. Ein Hoffnungsschimmer für diese Dörfer ist die wiedererwachte Popularität des Jakobswegs.

In der Literatur hat die Tierra de Campos längst einen festen Platz erobert, die herbe Schönheit der Landschaft wurde von Dichtern immer wieder besungen. Einer der bekanntesten Verse stammt aus der Feder von Miguel de Unamuno (1864–1936), in seinem Gedicht »Castilla« schrieb er: »An des Himmels Wiesengewölbe grenzen rings im Umkreis deine verarmten Felder, bist der Sonne Wiege und bist ihr Grab auch, Kirche und Wallfahrt.«

# Castrojeriz ▶ 1, M 6

Auf dem Weg nach León ist das 760 Seelen zählende **Castrojeriz** die erste größere Ortschaft. Schon von Weitem sind die Überreste des **Kastells,** das durch das Erdbeben von Lissabon 1755 stark in Mitleidenschaft gezogen wurde, auf dem gut 900 m hohen Burgberg zu erkennen. Die Station auf dem Jakobsweg versorgte im Mittelalter die Wallfahrer in vier Pilgerhospitälern.

## Kloster San Antón

Ca. 3 km vor dem Ortseingang finden sich die Ruinen des einst imposanten **Convento de San Antón,** der von den Antonitern geführt wurde. Auf dem Wappen ist das Taukreuz zu erkennen, das Symbol des Ordens. San Antón nahm sich vor allem der am Antoniusfeuer erkrankten Pilger an. Die häufig tödlich verlaufende Krankheit wird auch als Mutterkornbrand (mediz. *ergotismus gangraenosus)* bezeichnet und wurde durch den Genuss von pilzbefallenem Getreide ausgelöst.

## Santa María del Manzano

*Av. Virgen del Manzano 2, Besichtigung nach Vereinbarung, Tel. 947 37 70 36, 12. Juli– 26. Sept. Mo–Sa 10–14, 17–20, sonst tgl., 2 €*
Das wichtigste Gotteshaus vor Ort ist die Stiftskirche **Santa María del Manzano** (13. Jh.), deren Bau von Königin Doña Berenguela gefördert wurde. Ihr wundertätiges Marienbild (13. Jh.) mit dem poetischen Namen Heilige Maria vom Apfelbaum lockte die Pilger in Scharen an und erfreut sich auch heute noch großer Verehrung. Die Tafelgemälde des Hauptaltars – zentrales Thema ist die Himmelfahrt Mariens – stammen von dem deutschen Künstler Anton

Raphael Mengs (1728–79), der einst Maler am Hof von Karl III. war.

### Übernachten

Gastfreundlich – **Emebed Posada:** Plaza Mayor 5, Tel. 947 37 72 68, www.emebedposada.com. Die Unterkunft bietet helle, freundliche und modern gestaltete Zimmer. Genießen Sie auf der schönen Terrasse Ihr Frühstück. €€

Pilgerluft schnuppern – **A Cien Leguas:** Calle Real de Ote 78, Tel. 947 56 23 05, www.acienleguas.es. Die Pilgerherberge verfügt neben Stockbetten auch über fünf ordentliche DZ und bietet ein günstiges Pilgermenü an (€). €

### Essen & Trinken

Bodenständige Küche – **El Mesón:** Calle del Cordón 1, Tel. 947 37 86 10, www.laposadadecastrojeriz.es. Das Traditionslokal bietet regionale Küche. Zum Lokal gehört ein kleines Hostal mit sieben Zimmern (DZ 36 €) sowie das ganz in der Nähe gelegene Hotel La Posada (€). Mittagsmenü €

# Frómista ▸ 1, L 6

Kurz vor Frómista trifft der Jakobsweg auf den **Canal de Castilla,** ein über 200 km langes Wassersystem, das unter König Ferdinand VI. im 18. Jh. zum Transport von Getreide angelegt wurde. Heute dient der Kanal zur Bewässerung der endlosen Getreidefelder der Meseta. Entlang dem naturnahen Wasserverlauf entstanden wichtige Vogelhabitate, die parallel zum Kanal verlaufenden Wege laden zum Wandern und Rad fahren ein. Auf die zentrale Rolle des Getreideanbaus in der Region spielt auch der Name von Frómista an, der sich vom lateinischen *frumentum* (Weizen) ableitet.

Im Mittelalter gedieh **Frómista** als wichtige Schnittstelle des Camino de Santiago und der Nord-Süd-Achse von Palencia zur Hafenstadt Santander. Heute macht die 1500 Einwohner zählende Ortschaft eher einen verschlafenen, spröden Eindruck.

### San Martín

*Plaza San Martín, Tel. 979 81 01 28, Juni–Sept. tgl. 9.30–14, 16.30–20, Okt.–April 10–14, 15.30–18.30 Uhr, 1,50 €*

Im Zentrum des Interesses steht die **Iglesia San Martín,** eines der Highlights der romanischen Baukunst am Jakobsweg. Die Kirche war einst das Herz einer heute nicht mehr existenten Klosteranlage, die die Königin Doña Mayor, die Witwe von König Sancho III., um das Jahr 1066 stiftete.

Runde, schlanke Türme bewachen das Westportal, über der Vierung der dreischiffigen Hallenkirche thront ein oktogonaler Turm. Hingucker sind die 315 individuell gestalteten **Sparrenköpfe,** darunter befinden sich Fratzen, Tierköpfe, Fabelwesen und Gaukler. Zum Suchspiel lädt der Phallusmann ein, der versteckt hoch am Giebel des nördlichen Querhauses platziert wurde. Außerdem schmücken das Gotteshaus außen und innen Würfelfriese, ein Dekorelement, das sich von der Kathedrale von Jaca ausgehend an den Gotteshäusern entlang dem Jakobsweg Verbreitung fand.

Der **Innenraum** beeindruckt durch seine mithilfe von harmonischen Proportionen und geschickter Lichtführung erzielte Erhabenheit. Der Bauschmuck konzentriert sich auf die Kapitele, die biblische Szenen wie Adam und Eva beim Sündenfall wiedergeben, andere warnen vor Habsucht und Wollust oder erinnern an die Handwerker, die dieses fantastische Gotteshaus im Schweiße ihres Angesichts erschaffen haben.

### San Pedro

*Av. del Ingeniero Rivera 41, tgl. 10–13.30, 16–19 Uhr*

Im Schatten von San Martín finden die anderen Kirchen von Frómista wie die gotische **Iglesia de San Pedro** (15. Jh.) wenig Beachtung. Gegenüber der Kirche steht ein dem berühmtesten Sohn der Stadt gewidmetes Denkmal, **San Telmo** (ca. 1190–1245), der als Patron der Seefahrer gilt. Nach ihm benannte man das Elmsfeuer, bei dem es sich um Funkenentladungen auf den Mastspitzen von

Schiffen handelt, die bei Gewitter die Gefahr eines Blitzeinschlages ankündigen sollen.

### Infos

**Oficina de Turismo:** Crta. Astudillo s/n, 34440 Frómista, Tel. 672 14 69 94, www.fromista.com, im Sommer tgl. 10–14, 16.30–20, im Winter tgl. 10–13.30, 16–18.30 Uhr.

### Übernachten

Ordentlich – **San Martín:** Plaza San Martín 7, Tel. 979 81 00 00, www.hotelsanmartin.es. Das familiär geführte Mittelklassehotel befindet sich gleich gegenüber der Kirche San Martín. Die Möblierung ist einfach, aber solide und die Bäder sind auf der Höhe der Zeit. €–€€

### Essen & Trinken

Für Nostalgiker – **Hostería de los Palmeros:** Plaza San Telmo 4, Tel. 979 81 00 67, Di außer an Feiertagen geschl. In dem ehemaligen Pilgerhospiz ist heute ein Restaurant eingerichtet, das kastilische Küche serviert. Zu den Spezialitäten gehören Wildgerichte wie Hase oder Rebhuhn. Zum Restaurant gehören auch ein Café und eine Terrasse für laue Sommerabende im Innenhof. €€–€€€

# Villalcázar de Sirga

▶ 1, L 5/6

*Kirche: Plaza Mayor s/n, Tel. 646 98 30 94, Juli–Okt. Di–So 11–14, 17–20, Nov., Dez. Sa, So 11–14, 16–18 Uhr, 2,50 €*

Im Herzen des Dorfes (165 Einw.) erhebt sich die mächtige Templerkirche **Santa María la Blanca** (13. Jh.), die eine außergewöhnliche Statue der Heiligen birgt. Wie ein Lauffeuer verbreitete sich im 13. Jh. die Kunde von den zahlreichen Wundern, die die Virgen Santa María la Blanca bewirkt haben soll. Zu den Wundern, die ihr zugeschrieben werden, zählen die Heilung von Blinden, Lahmen und Leprakranken. König Alfons X. der Weise (1252–84) pries die Jungfrau in seinen berühmten »Cantigas«, den Lobgesängen auf die Gottesmutter. So entwickelte sich die kleine Ortschaft in Windeseile zu einem der wichtigsten Zentren der Marienverehrung in der Region. Die **Marienfigur** wird heute in der Jakobuskapelle aus dem 16. Jh. angebetet.

In der gleichen Kapelle befinden sich drei **Sarkophage,** die als Meisterwerke der gotischen Bildhauerkunst angesehen werden. Die Gebeine des Infanten Don Felipe, dem jüngeren Bruder Alfons X., fanden hier ihre letzte Ruhestätte. Don Felipe schlug zunächst mit großem Erfolg die geistliche Laufbahn ein, er war Abt in Covarrubias und Valladolid, Bischof von Osma und Erzbischof von Sevilla. Sein Leben nahm jedoch einen anderen Verlauf, als er sich in Christina von Norwegen verliebte, die Braut seines Bruders, und er sich, um sie zu ehelichen, in den Laienstand zurückversetzen ließ. Das Verhältnis zwischen den beiden Brüdern war dadurch lebenslang vergiftet. Christina verstarb bald nach der Hochzeit und wurde in Covarrubias beigesetzt. Erst Jahre später ehelichte Don Felipe seine zweite Frau Doña Leonora Ruiz de Castro, die an seiner Seite bestattet wurde. Das dritte Grabmal birgt die Überreste eines Ritters des Santiago-Ordens.

### Übernachten

Klassische Note – **Hostal Infanta Doña Leonor:** Condes de Toreno 1, Tel. 979 88 81 18, www.hostalinfantaleonor.com. Freundliches Hostal mit gutem Preis-Leistungs-Verhältnis, gepflegte Unterkunft. Mit Frühstück. €

### Essen & Trinken

Beliebtes Ausflugslokal – **Mesón los Templarios y Villasirga:** Plaza Mayor s/n, Tel. 979 88 80 22, Weihnachten und Jan. geschl. Die Zeiten, in denen das urige Restaurant in einem ehemaligen Getreidespeicher ein Geheimtipp war, sind längst vorbei. Bekannt geworden ist es vor allem durch sein sogenanntes Mittelalteressen, bei dem ein Pilger auftritt – ein Angebot, das gerne von Gruppen wahrgenommen wird. Die Spezialitäten des Lokals sind der Milchlammbraten und Eintöpfe. €–€€

*Die Meseta: Kastiliens Kornkammer versprüht herbe Schönheit*

Auf dem Jakobsweg durch die Meseta

# Carrión de los Condes

▶ 1, K/L 5/6

Die Ortschaft **Carrión de los Condes** zählt gerade einmal 2000 Einwohner und liegt in der nordkastilischen Meseta umgeben von ausgedehnten Getreidefeldern. Eine leise Ahnung von ihrer einstigen Bedeutung vermitteln am ehesten noch die Kirchen und das gewaltige Benediktinerkloster San Zoilo am Stadtrand.

Die Blütezeit der Ortschaft liegt im Hochmittelalter, als in der einst wohlhabenden Stadt um die 10 000 Menschen gelebt haben sollen. Damals fanden hier Reichstage und Synoden statt. Der Pilgerführer »Liber Sancti Jacobi« erwähnt einen besonderen Reichtum an Brot und Wein. Im altspanischen Heldenepos »El Cantar del Mio Cid« fand Carrión de los Condes Eingang in die Literaturgeschichte.

Eine Episode, die wohl ins Reich der Legenden verweist, kreist um die Geschichte der beiden feigen, hinterhältigen Söhne des Grafen von Carrión. Sie heirateten die beiden Töchter des Cid, Doña Elvira und Doña Sol, aus reiner Habgier. Ihr Interesse galt einzig der verlockenden Mitgift. Statt an der Seite des Schwiegervaters El Cid Valencia gegen die Mauren zu verteidigen, flüchteten die beiden Grafensöhne mit der Mitgift, schlugen ihre Frauen und setzten sie schutzlos in der Einsamkeit aus, in der Hoffnung, dass wilde Tiere ihnen den Garaus machen. Wie durch ein Wunder wurden sie gerettet, die Schwiegersöhne des Cid kamen durch ein gerechtes Gottesurteil ums Leben. Die Töchter heirateten in die Königsfamilien von Navarra und Aragón ein.

## Benediktinerkloster

*Calle San Zoila 23, Tel. 979 88 09 02, April–Juli Di–So 10.30–14, 16.30–19.30, ab 2. Sept.–März Di–Sa 10.30–14, 16.30–19.30, So 10–14 Uhr, 2,50 €*

Am Rande der Stadt findet sich jenseits des Río Carrión das ehemalige **Monasterio de San Zoilo,** dessen Errichtung auf das 10. Jh. zurückgeht und das im 16. und 17. Jh. radikal umgestaltet wurde. Die pompöse, barocke Klosterkirche birgt die prunkvollen Gräber der Grafensöhne. Bei den schon seit Jahren andauernden Restaurierungsarbeiten wurde 1993 das romanische Kirchenportal sichergestellt. Heute beherbergt das Kloster, in dem lange Zeit ein Priesterseminar untergebracht war, das exklusive **Hotel Real Monasterio San Zoilo**, dessen Herzstück der spätgotische Kreuzgang des ehemaligen Klosters bildet (s. u.).

## Santa María del Camino

*Plaza de Santa María 1*

Im Stadtkern trifft der Pilger auf die **Iglesia Santa María del Camino** (12. Jh.), deren Südportal die Geschichte der Heiligen Drei Könige erzählt. Die Stierköpfe links und rechts des Portals greifen eine Legende auf, nach der die Mauren, als sie ihren Tribut von 100 Jungfrauen einfordern wollten, von einer Stierherde vertrieben wurden.

## Jakobuskirche

*Plaza Mayor*

Von der ursprünglich romanischen **Iglesia de Santiago el Mayor** blieb nur das eindrucksvolle Westportal (12. Jh.) erhalten, dessen Skulpturenschmuck sich durch hohe Kunstfertigkeit auszeichnet. Im Zentrum thront Christus als Weltenrichter, in den Bogenläufen spielen die 24 Ältesten auf ihren Musikinstrumenten auf und einige Handwerker wie Schafscherer oder Töpfer geben Einblick in die Alltagswelt des Mittelalters.

## Übernachten

Klosterhotel – **Real Monasterio San Zoilo:** Calle San Zoilo 23, Tel. 979 88 00 49, www.sanzoilo.com. Das Hotel im ehemaligen Kloster birgt geschmackvoll, komfortabel ausgestattete Zimmer. Das Restaurant Las Vigas, das allen Besuchern offen steht, bietet typische kastilische Küche (€–€€). €€

Solide – **Hostal La Corte:** Calle Santa María 36, Tel. 979 88 01 38, www.hostallacorte.com. Ordentliche Zimmer. Das dazugehörige Restaurant bietet günstige Tagesmenüs. €

Camping – **El Eden:** Calle Tenerías 11, Tel. 979 88 07 14, bei Facebook, April–Okt., schattiger Platz, nicht weit entfernt vom Ort mit Pool, familiär geführt, ohne großen Luxus.

# Sahagún ▶ K 5

Das Städtchen **Sahagún** (2400 Einw.), dessen Name sich von dem frühchristlichen Märtyrer San Facundo ableitet, ist eingebettet in die endlose Weite der Getreidefelder. Hauptanziehungspunkte sind die beiden interessanten Backsteinkirchen im Mudéjarstil. Dagegen gibt das Stadtbild von Sahagún wenig her, ein Hauch von Schwermut und Kargheit liegt über dem ehemals so bedeutenden Ort am Jakobsweg.

Einst entwickelte sich der Ort um die mächtige Kluniazenserabtei San Facundo y San Primitivo, deren Geschichte bis ins 9. Jh. zurückgeht. Zwei Brände und die Säkularisation versetzten dem Kloster den Todesstoß, übrig geblieben sind nur ein Torbogen und eine Turmruine. Die Blütezeit erlebte die Abtei in der zweiten Hälfte des 11. Jh. unter König Alfons VI., der das Kloster mit zahlreichen Privilegien ausstattete. Bis zu 90 Klöster und Kirchen waren von der mächtigen Benediktinerabtei abhängig. Von ihr ausgehend wurde die landesweite Verbreitung der römischen Liturgie betrieben.

## San Tirso

*Plaza San Tirso 1, Tel. 987 78 21 17, Okt.–März Mi–Sa 10.40–17.50, So 10.40–14, April–Sept. Mi–Sa 10.15–14, 16.30–20, So 10.15–14 Uhr*

In unmittelbarer Nachbarschaft der Ruinen der Klosteranlage erhebt sich die im 12. Jh. errichtete **Iglesia de San Tirso,** eine der ersten romanischen Kirchen im Mudéjarstil. Die in schlichter Eleganz gegliederten Apsiden sowie der Vierungsturm mit seinen filigranen Arkaden fallen jedem Betrachter sofort ins Auge. Als Inspirationsquellen dürften den Steinmetzen die Minarette der Almohaden in Südspanien und Marokko gedient haben. Der dreischiffige Kirchenraum ruht auf Hufeisenbögen und ist mit hölzernen Flachdecken bedeckt.

## Benediktinermuseum

*Calle Doctores Bermejo y Calderón 10, Tel. 987 78 00 78, Di–Sa 10–13, 16–18, So, Fei 10–13 Uhr, Eintritt 2 €*

Unweit der Iglesia de San Tirso lohnt sich für Kunstinteressierte eine Stippvisite des **Museo de las Benedictinas.** Zu den Glanzstücken der Ausstellung zählen das Grabmal des Königs Alfons VI., dem großen Förderer von Sahagún, und eine kostbare, filigran gearbeitete Monstranz des Meisters Enrique de Arfe (16. Jh.).

## San Lorenzo

*Plaza San Lorenzo, Tel. 987 78 08 84, Mitte Juni–Mitte Sept. Di–Sa 10.30–13.30, 16–18, So 10–15, Mitte Sept.–Mitte Juni So 12–14 Uhr*

In der Nähe der Plaza Mayor steht die zweite Mudéjarkirche, die **Iglesia de San Lorenzo,** die im frühen 13. Jh. entstanden ist. Hier finden sich viele Parallelen zu San Tirso, wie z. B. der dominante Vierungsturm. Die Fusion zwischen christlichen und maurischen Bautraditionen ist hier ebenfalls aufs Beste geglückt.

## La Peregrina

*Calle Arco de San Francisco*

Auf einer 843 m hohen Anhöhe westlich von Sahagún wurde im 13. Jh. noch im Stil der Romanik das **Santuario de la Peregrina** errichtet, als andernorts bereits die Gotik in Mode war. Die Kirche gehörte ehemals zu einem Franziskanerkloster. In einer Kapelle im Inneren blieben von maurischen Handwerkern angefertigte Stuckaturen erhalten.

## Infos

**Oficina de Turismo:** Calle del Arco 87, 24320 Sahagún, Tel. 987 78 10 15, www.turismosahagun.com, tgl. 9–14, 16–19, im Sommer 9–21 Uhr.

## Übernachten

Günstig – **Hostal Restaurante El Ruedo II:** Plaza Mayor 1, Tel 987 78 18 34, www.restauranteelruedo.com. Im Herzen von Sahagun gelegenes, kleines Hostal mit ordentlichen, geräumigen Zimmern. Das Restaurant bietet herzhafte Küche (€). €

Familiär – **La Codorniz:** Av. de la Constitución 97, Tel. 987 78 02 76, www.hostallacodorniz.com. Das familiär geführte Hostal ist einfach, aber sauber und mit solide eingerichteten Zimmern ausgestattet. Dazu gehören eine gute Cafeteria sowie ein Restaurant. €
Ordentlicher Standard – **Casa de Turismo Rural Arturo:** Calle del Arco 72, Tel. 686 78 91 37, www.ctrarturo.es. Das gepflegte Haus für fünf Personen kann komplett gemietet werden, die Preise variieren saisonal. €
Pilgeratmosphäre – **Albergue La Morena:** Carretera 3, 34347 Ledigos, Tel. 626 97 21 18, www.alberguelamorena.com. Außer dem Schlafsaal bietet die Unterkunft auch sehr ordentliche und saubere Doppelzimmer. Es gibt auch ein Restaurant und einen Waschsalon. €

## Essen & Trinken

Regionales – **San Facundo:** Av. de la Constitución 97, Tel. 987 78 02 76, www.hostallacordoniz.com. Restaurant und Hotel mit rustikalem Ambiente. Spezialität des Hauses sind leckere Wild- und Lammgerichte (€). €

## Verkehr

**Bahn:** Calle Tras la Estación s/n, Tel. 912 32 03 20, www.renfe.es. Ca. alle 2 Std. fährt ein Zug nach León, 4 x tgl. nach Madrid, 1 x tgl. nach Palencia.

# San Miguel de la Escalada ▶ 1, J 5

*Von der N 601 in Richtung León knapp hinter der Ortschaft Mansilla de las Mulas nach Nordosten abzweigen auf die kleine Landstraße Ctra. de San Miguel de la Escalada (LE-5625) – nicht die N 625 in Richtung Villafale nehmen! – und der Ausschilderung »Monasterio de San Miguel de la Escalada« folgen, Tel. 681 22 05 48, Juni–Okt. Di–So 10.30–14, 17–20, sonst Do–So 10.30–14.30 Uhr, 20 Min. vor Schließung letzter Einlass, eine telefonische Bestätigung der Öffnungszeiten ist empfehlenswert, 3 €*

Abgeschieden bettet sich die **Klosterkirche San Miguel de la Escalada** auf einer Anhöhe oberhalb des Tales des Río Esla wunderbar in die Landschaft ein. Der etwa 20 km lange Abstecher vom Camino de Santiago lohnt sich, gilt die kleine Klosterkirche doch zu Recht als eines der schönsten und besterhaltenen Bauwerke der mozarabischen Architekturkunst in Spanien.

Das bereits unter den Westgoten gegründete Kloster, war nach dem Einfall der Mauren 711 zunächst dem Verfall preisgegeben, bis König Alfons III. hier zu Beginn des 10. Jh. aus Córdoba emigrierte Mönche ansiedelte. Die Mönche legten selbst Hand an und errichteten laut einer heute verlorenen Weiheinschrift innerhalb von nur zwölf Monaten ein neues Gotteshaus, das im Jahr 913 geweiht werden konnte. Beim Bau der Klosterkirche ließen sich die Mönche von der Kunst des Kalifats von Córdoba inspirieren, was sich deutlich in ihrer Anlage und ihrem Dekor widerspiegelt.

Über die elegante **Vorhalle,** die sich auf filigrane, untereinander durch Hufeisenbögen verbundene Säulen stützt, führt der Weg ins **Innere der Kirche**. Nachdem sich die Augen an das Halbdunkel gewöhnt haben, erschließt sich dem Betrachter ihr Gleichmaß und die schlichte Erhabenheit. Die dreischiffige Kirche wird von zwei Säulenreihen unterteilt, die wie in der Vorhalle durch Hufeisenbögen miteinander verbunden sind. Bei den Säulen handelt es sich um Spolien, die weit älter sind als die Kirche selbst. Ihre unterschiedliche Höhe wurde, wie in der Moschee von Córdoba, durch verschieden hohe Basen ausgeglichen.

Die Trennung in den Bereich Laien und Geistlichkeit markieren ein dreibogiger **Triumphbogen** sowie die **Chorschranken** in den Seitenschiffen. Diese halbhohen Brüstungen werden geziert von filigranen Reliefs aus Blätterwerk, Weinranken und Vögeln, dahinter öffnen sich drei hufeisenförmige Apsiden.

Auf der Rückseite der Kirche förderten Ausgrabungen die Fundamente der Klosteranlage zutage.

#  León

▶ 1, H/J 5

**Nach der Fahrt über die Dörfer der Meseta sorgt die Stadt León für Abwechslung. Cafés, Geschäfte und die unzähligen Bars im ›feuchten Viertel‹ laden zum Verweilen ein. Kulturelle Highlights der Stadt sind die fantastischen Buntglasfenster der Kathedrale und die ausdrucksstarken Wandmalereien im Pantheon der Stiftskirche San Isidoro.**

Die alte **Königsstadt León** (122 000 Einw.) liegt am Zusammenfluss des Río Bernesga und des Río Torío im Nordwesten der Hochebene von Kastilien. Die Altstadt dehnt sich hauptsächlich innerhalb der einstigen römischen Stadtmauern aus. Auf der Plaza Mayor sowie im umliegenden Kneipenviertel, dem Barrio Húmedo, pulsiert das Leben. Die Gassen versprühen einen lebhaften und noch recht provinziellen Charme. Unübersehbar bröckeln Fassaden, auch wenn die Stadtväter viel Geld in die Sanierung der Altstadt stecken.

Die erste Stadterweiterung bilden hauptsächlich Bauten aus der Gründerzeit. Der Weg zum Río Bernesga führt durch dieses Viertel, wo sich ein großer Teil des städtischen Lebens abspielt. Direkt beim Fluss liegt das eindrucksvolle ehemalige Pilgerhospital San Marcos. In unmittelbarer Nachbarschaft wurden neue architektonische Akzente mit dem Museum für Zeitgenössische Kunst MUSAC, dem Auditorium und dem Sitz des Rats von Castilla und León eingebracht.

Wenig ansehnlich ist dagegen die Peripherie der Stadt mit ihren schnell hochgezogenen mehrgeschossigen Wohnblocks und Gewerbegebieten.

## Geschichte

León ging aus einem römischen Heerlager hervor. 68 n. Chr. stationierte Kaiser Galba hier die VII. Legion Gemina Pia Felix, um die aufständischen Bergbewohner von Asturien und Kantabrien unter Kontrolle zu bekommen. Außerdem sorgten die Truppen für den sicheren Abtransport der Goldfunde aus den Minen Las Médulas. Nach dem Zusammenbruch des Römischen Reichs etablierten sich die Westgoten an der Macht. Der erste Vorstoß der Muslime nach León erfolgte im Jahr 711, sie konnten jedoch relativ rasch wieder zurückgedrängt werden.

Der asturische König Ordoño II. erkor León 914 zur Hauptstadt des gleichnamigen Königreichs und erhob sie damit für über 200 Jahre zur wichtigsten christlichen Stadt Spaniens. Ein herber Rückschlag war die Eroberung und Verwüstung der Stadt durch die Truppen Almansors im Jahr 988. Mit dem Wiederaufbau wurde León zu einem der bedeutendsten Stützpunkte der Reconquista ausgebaut. Die Vereinigung der Königreiche von Kastilien und León 1230 warf die Stadt erneut zurück, da in der Folge Kastilien die politische Führungsrolle übernahm. León verlor seinen Status als Königsresidenz zugunsten von Toledo. Wirtschaftlich konnte sich die Stadt jedoch behaupten, nicht zuletzt dank der Pilgerströme des Jakobswegs florierte der Handel das ganze Mittelalter hindurch.

Danach folgten wechselvolle Zeiten. Wieder richtig bergauf ging es dann zur Zeit der Industrialisierung. León verwandelte sich in ein bedeutendes Kohlerevier. Heute spielt der Tourismus die wichtigste Rolle im Wirtschaftsgefüge der Stadt, die das Wirtschafts-, Kultur- und Verkehrszentrum der gesamten Region bildet.

León

# Kathedrale Santa María de Regla [1]

**Cityplan:** S. 326
*Plaza Regla 4, Tel. 987 87 57 70, www.catedraldeleon.org, Kathedrale: Mai–Sept. Mo–Sa 9.30–13.30, 16–20, So 9.30–11.30, 15–20, Okt.–April Mo–Sa 9.30–13.30, 16–19, So 9.30–14 Uhr, 7 €, Kassenschluss 30 Min. vorher; Museum und Kreuzgang: Mai–Sept. Di–Sa 9.30–13.30, 16–20, So 10–15, Okt.–April Di–Sa 9.30–13.30, 16–19, So 10–15 Uhr, Kassenschluss 1 Std. vorher; mitunter gibt es Abweichungen von den Öffnungszeiten, bitte online prüfen, 5 €, Kombiticket 10 €*

Zweifellos ist die **Catedral de León** eines der schönsten Gotteshäuser Spaniens! Außer Konkurrenz im Lande sind die prachtvollen gotischen Buntglasfenster, die die Besucher unwillkürlich in ihren Bann ziehen. Eine Symphonie von Licht und Farben erfüllt die Kirche, die Vorstellung vom himmlischen Jerusalem scheint sich hier zu materialisieren.

Erbaut wurde die gotische Kathedrale unter König Alfons X. im Jahr 1253. Der romanische Vorgängerbau entsprach nicht mehr dem Geschmack der Zeit und musste weichen. Bei der Konzeption der Kathedrale ließ sich Meister Enrique von den eleganten Kathedralen Frankreichs wie Reims, Chartres und Amiens inspirieren.

*Nicht nur für die Pilger interessant: die gotische Kathedrale Santa María de Regla von León*

## Westfassade

Man betritt die Kathedrale durch das Tor der Westfassade, die von zwei hoch aufragenden **Türmen** flankiert wird – sie grüßen die Pilger schon von Weitem. Reicher Skulpturenschmuck ziert die drei Portale, darüber findet sich im Zentrum eine filigran gearbeitete Rosette. Im Bogenfeld des **zentralen Portals** blickt Christus als Weltenrichter herab, umgeben von der Jungfrau Maria und dem Erzengel Michael, an den Seiten knien demütig der Stifter König Alfons X. und seine Gemahlin. Ein holdes Lächeln umspielt den Mund der ›aristokratischen‹ Gottesmutter Nuestra Señora la Blanca (die originale Madonnenskulptur befindet sich heute im Inneren der Kathedrale), die von der **Mittelsäule** des zentralen Portals gestützt wird. Das Bogenfeld des **linken Portals** schildert Szenen aus dem Leben Christi, das auf der **rechten Seite** zeigt den Tod und die Krönung Mariä. Links vom Hauptportal steht eine gedrungene Säule aus Marmor mit der Inschrift »Locus Apellationis« und dem Wappen von Kastilien und León, dahinter thront an der Kirchenfassade der weise **König Salomon**. Früher wurden wohl an dieser Stelle Gerichtsurteile gefällt.

## Buntglasfenster

Im Innern sorgen die prächtigen Buntglasfenster, die wie Edelsteine glitzern, für ein einmaliges Lichtspektakel. Die Fenster nehmen eine Fläche von 1800 m² (13.–20. Jh.) ein. Zu den ältesten zählen die der zentralen **Chorkapellen** und die **Rosette der Westfassade.** Die Motive der Fenster kann man in verschiedene Bedeutungsebenen aufteilen: Die oberen Sphären sind heilsgeschichtlichen Themen vorbehalten, im mittleren Bereich sind historische Persönlichkeiten und Wappen zu erkennen, im unteren Niveau finden sich Darstellungen der Wissenschaften und der freien Künste, der Tugenden und Laster sowie aus der Pflanzen- und Mineralienwelt.

Brillant auch die Lichtregie: Auf der **Nordseite**, durch die am wenigsten Licht einfällt, sind die Farben der Fenster in dunklen Tönen gehalten. Hier wird das Alte Testament präsentiert. Auf der lichtdurchfluteten, farbenfrohen **Südseite** finden sich Szenen aus dem Neuen Testament. Symbolisch wird hier angespielt auf die Überwindung des Alten Testaments durch das Neue. In den Morgenstunden erstrahlen im Osten die Maßwerkfenster der **Apsis**, sie sind Christus, dem Erlöser der Menschheit, gewidmet.

## Chorraum

Opulent wie ein Triumphbogen gestaltet präsentiert sich die **Außenwand des Chors** aus dem 16. Jh., die mit goldverzierten Alabasterreliefs besetzt ist. Eine gläserne Öffnung gibt den Blick auf das kunstvoll aus Nussbaumholz geschnitzte **Chorgestühl** (15. Jh.) frei. Vor dem Hauptaltar ruhen in einem kostbaren **Silberschrein** (1506), den Enrique de Arfe entwarf, die Reliquien des hl. Froilán, des Schutzpatrons von León. Die Tafelgemälde (15. Jh.) des neuzeitlichen Retabels stammen von Nicolás Francés.

Über den **Kreuzgang** erreicht man das mit Handschriften, Skulpturen und Goldschmiedearbeiten bestückte **Museum.**

## Römische Spuren

Auf den Spuren der Römer finden sich auf der Südseite der Kathedrale unter Glas die Überreste der alten **römischen Thermen** 2 , nördlich der Kathedrale verläuft entlang der Avenida de los Cubos die von den Römern (3. Jh. n. Chr.) angelegte **Stadtmauer.**

# Spaziergang durch die Altstadt

**Cityplan:** S. 326

## An der Plaza Mayor

Südlich der Kathedrale führen beschauliche Gassen zur großzügig angelegten **Plaza Mayor** 3 . An Markttagen, wenn die Händler aus der Region ihre frischen Produkte anbieten, pulsiert hier das Leben. Das imposanteste Gebäude der von Arkaden eingefassten Plaza ist das **Alte Rathaus** 4 (Consistorio Viejo, 17. Jh.), das von zwei Türmen bekrönt wird.

# León

## Sehenswert
1. Santa María de Regla
2. Termas Romanas
3. Plaza Mayor
4. Consistorio Viejo
5. Palacio de los Guzmanes
6. Casa Botines
7. Museo de León
8. Colegiata de San Isidoro
9. San Marcos
10. Auditorio Ciudad de León
11. MUSAC

## Übernachten
1. Parador San Marcos
2. NH Plaza Mayor
3. Real C. de San Isidoro
4. Palacete Colonial
5. QH Centro León
6. La Posada Regia
7. Hostal Albany
8. Hostal Aida C. Antiguo
9. Hostal Quevedo
10. Camping Ciudad de León

## Essen & Trinken
1. Cocinandos
2. Nuevo Racimo de Oro
3. Cenador Rúa Nova
4. Prada a Tope
5. Fornos
6. La Otra Abacería
7. Bar El Altar

## Einkaufen
1. Quesos Tori Don Queso

## Abends & Nachts
1. Plaza San Martín

Hinter dem ehemaligen Rathaus erstreckt sich der **Barrio Húmedo,** die feuchtfröhliche Ausgehmeile von León mit zahllosen Kneipen und Restaurants.

Das Herzstück des Viertels ist die **Plaza San Martín** 1.

### An der Plaza San Marcelo
Schlendert man von der Kathedrale die umtriebige Hauptstraße der Altstadt, die Calle Ancha, hinab, findet sich am Ende rechter Hand der imposante Renaissancepalast **Palacio de los Guzmanes** 5 (1560). Bischof

Juan Quiñones y Guzmán gab den Bau bei dem renommierten Architekt Rodrigo Gil de Hontañón in Auftrag, der auch am Bau der Kathedrale von Salamanca mitwirkte. Heute residiert die Provinzverwaltung von León in dem Gebäude. Es lohnt sich auf alle Fälle, einen Blick in den eleganten Innenhof zu werfen.

Schräg gegenüber erhebt sich die **Casa Botines** 6, die der katalanische Architekt Antoni Gaudí 1894 noch verhältnismäßig konventionell im neogotischen Stil konzipierte.

Über dem Portal wacht der Schutzpatron von Katalonien, der drachentötende hl. Georg – ein Motiv, das im Werk von Gaudí immer wieder auftaucht. Er erhielt den Auftrag dank der Vermittlung seines Mäzens Eusebi Güell, der über beste Kontakte in der Geschäftswelt verfügte. Ursprünglich beherbergte das Gebäude ein Textilhandelsgeschäft und Mietwohnungen, heute ist es der Sitz einer Sparkasse.

Seit einigen Jahren sitzt Gaudí entspannt auf einer Bank vor seinem Werk: Die **Bronzeskulptur** von José Luis Fernández avancierte rasch zu einem der begehrtesten Fotomotive der Stadt.

## Stadtmuseum

*Plaza de Santo Domingo 8, Tel. 987 23 64 05, Di–Sa 10–14, 16–19, So, Fei 10–14, Juli–Sept. Di–Sa 10–14, 17–20, So, Fei 10–14 Uhr, 1 €*
An der lebhaften Plaza de Santo Domingo befindet sich das breit gefächerte **Museo de León** 7 . Es spannt den Bogen von der Frühgeschichte bis in die Moderne. Von der obersten Etage bieten sich schöne Ausblicke auf die Altstadt von León. Zu den Highlights der Sammlung zählen zweifellos das romanische Kruzifix vom Christus von Carrizo aus Elfenbein (11. Jh.) und das mozarabische Kreuz von Santiago de Penalba aus dem 10. Jh.

## Stiftskirche San Isidoro 8

*Museo Panteón, Plaza San Isidoro 4, Tel. 987 87 61 61, www.museosanisidorodele on.com, 3. April–15. Okt. Di–Sa 10–14, 17–20, So 10–14, Jan.–4. April, 16. Okt.–Dez. Di–Sa 10–14, 16–19, So 10–14 Uhr, 5 €*
Die Geschichte der **Real Colegiata de San Isidoro** geht bis ins 9. Jh. zurück, als die erste Anlage eines Nonnenklosters 983 dem Ansturm der Truppen von Almansor zum Opfer fiel. König Alfons V. der Edle setzte die Kirche wenige Jahre später wieder instand. Seine Tochter Doña Sancha und Ferdinand I., ihr Gatte und erster König von León und Kastilien, ordneten den Neubau der Stiftskirche an. Das Königspaar ließ 1063 die Reliquien des hl. Isidor (560–636), dem Erzbischof von Sevilla und bedeutendsten westgotischen Kirchenlehrer, aus dem muslimisch beherrschten Sevilla ins christliche León überführen. Hinzu kamen die Reliquien des hl. Vinzenz aus Ávila. Die kostbaren Reliquien steigerten das Ansehen der Kirche enorm, sie wurde zu einem ›nationalen Schrein‹. Im 11. und im 12. Jh. erweiterte man die Stiftskirche in beträchtlichem Maße.

In der dreischiffigen, romanischen Kirche präsentiert man die Reliquien des hl. Isidor, der jüngst auch zum Patron des Internets auserkoren wurde, in einem silbernen **Schrein** vor dem Hauptaltar. Beachtung verdient auch das romanische **Taufbecken** (11. Jh.) links vom Eingang. Einen Bruch mit der romanischen Architektur bildet der **Chor,** der erst im 16. Jh. angefügt wurde. Bemerkenswert sind vor allem die beiden romanischen Portale auf der Südseite, die im 12. Jh. entstanden sind. Die westliche **Puerta del Cordero** zeigt im Bogenfeld das Opfer Abrahams und darüber in einem Kreis das Lamm Gottes *(el cordero).* Im Giebel taucht der hl. Isidor (18. Jh.) in der Gestalt des *matamoros* (Maurentöters) auf. Die **Puerta del Perdón** (Tor der Vergebung) zeigt Szenen aus der Passion Christi.

Hauptanziehungspunkt der Stiftskirche ist das berühmte **Panteón de los Reyes.** Ein separater Zugang führt zur Grablege der Könige von Kastilien und León. Die Gruft entstand als westliche Vorhalle einer Vorgängerkirche 1054–1066, somit ist sie der älteste Teil des Gebäudekomplexes. In schlichten, steinernen Sarkophagen, die 1808 von den napoleonischen Truppen geplündert wurden, fanden 23 Könige und Königinnen sowie zahlreiche Infanten ihre letzte Ruhestätte.

Alle Aufmerksamkeit ziehen die farbenprächtigen **Decken- und Wandmalereien** auf sich, die zu den kostbarsten Zeugnissen der romanischen Kunst Spaniens zählen und dem Pantheon den Beinamen ›Sixtinische Kapelle der romanischen Kunst‹ einbrachten. Die an byzantinische Vorbilder erinnernden Fresken entstanden unter König Ferdinand II. (1157–1188). Es dominieren Blau-, Grau-, Rot- und Brauntöne in herrlich intensiv leuchtenden Farben. Der Betrachter erkennt biblische Motive wie Christus als Weltenrichter, Christus der Apokalypse, das Letzte Abendmahl, die Passion Christi und den Kindermord zu Bethlehem. Von besonderem Reiz ist die Darstellung der Verkündigung der Hirten: Viel Lokalkolorit ließ der Künstler in die Darstellung von Gesichtszügen und Kleidung der Hirten sowie in netten Details einfließen – man sieht Iberische Schweine, die genüsslich Eicheln verzehren. Einblick in die Alltagskultur gewähren auch die Monatsbilder, die Bauern bei der Arbeit zeigen.

In der **Schatzkammer** werden kostbare Artefakte wie der Reliquienschrein des hl. Isidor (11. Jh.) und das Prozessionskreuz von Juan de Arfe (16. Jh.) präsentiert. Der **Achatkelch der Doña Urraca** (11 Jh.), der ältesten Tochter von König Ferdinand I. von León-Kastilien, wird mittlerweile effektvoll in einem eigenen Raum präsentiert. Bei der Schale soll es sich um den Heiligen Gral handeln, aus dem Jesus von Nazareth beim letzten Abendmahl getrunken habe. Allerdings ist diese These natürlich nicht unumstritten. Die **Klosterbibliothek** zeigt u. a. eine wunderbar illustrierte mozarabische Bibel, die um das Jahr 960 entstanden ist.

# Am Río Bernesga

**Cityplan:** S. 326

## San Marcos 9

*Museo de León, Plaza San Marcos s/n,*
*Tel. 987 24 50 61, Di–Sa 10–14, 16–19, So*
*10–14 Uhr, Eintritt frei*

Die Katholischen Könige stifteten zu Beginn des 16. Jh. dem Santiago-Ritterorden für seine Verdienste bei der Reconquista das **Kloster San Marcos**. Die gewaltige Anlage liegt an den Ufern des Bernesga, unmittelbar am Pilgerweg. Das Mutterhaus des Ordens wurde gleichzeitig als Kloster und Pilgerhospiz genutzt.

Der heutige Bau geht im Wesentlichen auf das 16.–18. Jh. zurück. Die gut 100 m lange **Fassade** ist reich mit platereskem Schmuck verziert. Sie gilt als eine der bedeutendsten Schöpfungen der spanischen Renaissance. Auf dem barocken **Portal** schwingt der Maurentöter, Santiago Matamoros, sein Schwert. Vor dem ehemaligen Pilgerhospital hat sich ein völlig erschöpfter Bronzepilger niedergelassen, den der Künstler José María Acuña schuf. Unzählige Jakobsmuscheln zieren die Fassade der **Kirche** San Marcos (16. Jh.).

Zum Gebäudekomplex gehört auch eine Zweigstelle des **Museo de León**. Der Schwerpunkt der Ausstellung liegt auf sakraler Kunst. Vor allem lohnt es sich, einen Blick in den **Kreuzgang** zu werfen, der heute zu einem exklusiven 5-Sterne-**Parador 1** gehört.

## Konzertsaal und Museum für Zeitgenössische Kunst

*Auditorio, Av. de los Reyes Leoneses 4,*
*Tel. 987 24 46 63, www.auditorioleon.es; MUSAC,*
*Av. de los Reyes Leoneses 24, Tel. 987 09 00 00,*
*www.musac.es, Di–So 11–14, 17–20, Juni–Sept.*
*Di–Fr 11–14, 17–20, Sa, So 11–15, 17–21 Uhr, 3 €*

In unmittelbarer Umgebung des einstigen Pilgerhospitals San Marcos hat die Moderne Einzug gehalten. Neue Akzente im Stadtbild setzten die Architekten Luis Mansilla und Emilio Tuñón mit der Eröffnung des ganz in Weiß gestalteten **Auditorio Ciudad de León 10** im Jahr 2001 und des **Museo de Arte Contemporaneo de Castilla y León (MUSAC) 11** im Jahr 2005. Im Auditorio finden u. a. Konzerte, Tanz- und Theatervorstellungen, Ausstellungen und Kongresse statt.

Beide Gebäude wurden mit Architekturpreisen prämiert, das MUSAC erhielt 2007 den prestigeträchtigen Mies van der Rohe Award. Für die künstlerische Gestaltung des Museums analysierten die Architekten die Buntglasfenster der Kathedrale und übertrugen die Farbwerte auf seine vordere Glasfassade. So entstand ein herrliches Farbenmeer.

## Infos

**Oficina de Información y Turismo:** Plaza de Regla 2, Tel. 987 23 70 82, www.leon.es, Juli–15. Sept. Mo–Fr 9.15–14, 17–19.30, Sa 9.30–14, 17–19.30, So 9.30–14.30, sonst Mo–Fr 9.15–14, 16–18.30, So 9.30–14.30 Uhr.

## Übernachten

In historischem Gemäuer – **Parador Hostal San Marcos 1 :** Plaza San Marcos 7, Tel. 987 23 73 00, www.parador.es. Zweifellos die stilvollste Unterkunft in León. Zur Entspannung bietet sich der Kreuzgang an. Die meisten der

*Die »Verkündigung der Hirten« ist eines der prächtigsten Deckenfresken in San Isidoro*

sehr komfortabel ausgestatteten Zimmer liegen jedoch im angeschlossenen Neubau. Im eleganten Speisesaal lässt es sich vorzüglich dinieren. €€€

Design-Hotel – **NH Plaza Mayor 2 :** Plaza Mayor 15, Tel. 987 34 43 57, www.nh-hotels.de. Direkt am Hauptplatz gelegen. Das Haus ist im modernen, edlen Design der Hotelkette ausgestattet und verfügt praktischerweise über ein eigenes Parkhaus. €€–€€€

Klösterlich – **Real Colegiata de San Isidoro 3 :** Plaza de Santo Martino 5, Tel. 987 87 50 88, www.hotelrealcolegiata.com. Das im Kloster untergebrachte Hotel hat einen ganz

# Adressen

Geschmackvoll – **Palacete Colonial** 4 **:** Avenida Ordoño II 24, Tel. 987 49 99 69, www.palacetecolonial.com. Exquisites Hotel mit zwölf geräumigen Zimmern in ehemaligem Herrschaftshaus. Zehn Gehminuten von der Altstadt entfernt. Zu den Annehmlichkeiten gehören Indoorpool und Fitnessraum. €€–€€€

Zeitgemäß – **Hotel Spa QH Centro León** 5 **:** Av. de los Cubos 6, Tel. 987 87 55 80, www.hotelqhcentroleon.com. Mitten im Zentrum von León gelegen. Die modernen Zimmer sind nicht sehr groß, vom Balkon bietet sich jedoch ein Blick auf die Kathedrale. Spa-Nutzung und Parkmöglichkeit gegen Gebühr. €€–€€€

Rustikal – **La Posada Regia** 6 **:** Calle Regidores 9–11, Tel. 987 21 31 73, www.regialeon.com. Charmantes Hotel in der Altstadt, die Zimmer sind individuell, geschmackvoll mit rustikaler Note ausgestattet, wenn auch unterschiedlich geräumig, einige haben nur eine Dachluke. €–€€

Modern – **Hostal Albany** 7 **:** Calle La Paloma 11–13, Tel. 987 26 46 00, www.grupoalbany.com. Sehr ordentliches Hostal, kleine Zimmer in modernem Design. Direkt am Kathedralplatz. €–€€

Ordentlich – **Hostal Alda Casco Antiguo** 8 **:** Calle Cardenal Landázuri 11, Tel. 987 62 00 50, www.aldahotels.es. Eine gute Option! Das 2006 eröffnete Hostal in 1a-Lage ist nur ein paar Schritte von der Kathedrale entfernt. Saubere, gepflegte Zimmer. Es wird auch Deutsch gesprochen. €–€€

Gut geführt – **Hostal Quevedo** 9 **:** Av. Quevedo 13, Tel. 987 24 29 75, www.hostalquevedoleon.com. Das Hostal hat noch nicht viele Jahre auf dem Buckel. Es liegt in der Nähe der Zugstation, nicht weit entfernt vom Quevedopark. In den farbenfroh gestrichenen Zimmern mit solidem Mobiliar fühlt sich der Gast wohl. Alle Zimmer verfügen über eigene Bäder bzw. Duschen. €

Camping – **Ciudad de León** 10 **:** Ctra. N-601 León–Valladolid, Ausfahrt Golpejar, Golpejar de la Sobarriba–León, Tel. 987 26 90 86, www.campingleon.com, Juni–Sept., 3 km außerhalb der Stadt gelegener 1,7 ha großer Platz der zweiten Kategorie. Ausgestattet mit Pool, Shop, Bar und Cafeteria.

besonderen Charme. Die Ausstattung ist modern und freundlich. Im schlicht eingerichteten Speisesaal teilen die Gäste den Tisch mit den Domherren. Die Qual der Wahl entfällt, es gibt ein bodenständiges Gericht wie z. B. einen Eintopf. Nicht-Hotelgäste können sich unter der Woche für das Essen anmelden. €€–€€€

# León

## Essen & Trinken

Kreative Küche – **Cocinandos 1 :** Plaza de San Marcos 5, Tel. 987 07 13 78, www.cocinandos.com, So, Mo geschl., Mittagessen ab 13.45 Uhr, Abendessen erst ab 21.30 Uhr. Angesagtes, modernes Restaurant mit origineller, hübsch angerichteter Gourmetküche. €€€

Rustikal gediegen – **Nuevo Racimo de Oro 2 :** Plaza de San Martín 8, Tel. 987 21 47 67, www.racimodeoro.com. Rustikales und dennoch stilvolles Lokal mit leckerer leonesischer Küche. Zu empfehlen sind besonders das Schweinefilet *(solomillo racimo)*, die Knoblauchsuppe *(sopa de ajo leonesa)* und der Salat nach Art des Hauses mit Spinat *(ensalada racimo)*. €–€€

Mit Terrasse – **Cenador Rúa Nova 3 :** Renueva 17, Tel. 987 24 74 61, www.cenadorruanova.com. Interieur mit zurückhaltendem Design gestaltet, schön sitzt man auf der Innenterrasse. Das Preis-Leistungs-Verhältnis ist gut. Probieren Sie das Iberische Schweinefleisch mit Dattelfüllung. Köstlich! €–€€

Gemütlich und rustikal – **Prada a Tope 4 :** Calle Alfonso IX 9, Tel. 987 25 72 21, Mo, Sa und So abends geschl. Bodenständige, leckere Köstlichkeiten aus der Bierzo-Region. Toll sind die Rippchen *(costillas)* oder die Zitronencreme mit Esskastanien *(crema de limón con castañas)*. Hervorragend auch das Angebot an Weinen aus dem Bierzo. €–€€

Gepflegte Tapabar – **Fornos 5 :** Calle del Cid 8, Tel. 680 85 75 44. Lokale Spezialitäten wie Zunge stehen auf der Speisekarte, hervorragend ist das Weinsortiment. Probieren Sie einen Bierzo-Wein. €–€€

Für Weinliebhaber – **La Otra Abacería 6 :** Ruiz de Salazar 14, Tel. 640 32 64 49. Das kleine Lokal mit Terrasse bietet eine gute Weinauswahl, lecker dazu ein Tapa mit Käse oder Schinken. €

Gute Option – **Bar El Altar 7 :** Calle Plegarias 10. Tel. 665 65 51 40. Nettes Lokal mit Terrasse und einigen Plätzen im Innenraum. Köstlich sind die Schweinemedaillons mit Cabarales-Käse-Soße und auch die gegrillte Schweinshaxe. Im Angebot finden sich belegte Brötchen. €

## Einkaufen

Käse – **Quesos Tori Don Queso 1 :** Calle Azabachería 20, Tel. 987 20 94 31. Das winzige Geschäft lässt die Herzen vieler Käseliebhaber höherschlagen.

## Abends & Nachts

Wer ausgehen möchte, ist mit dem feuchtfröhlichen Viertel **Barrio Húmedo** (Feuchtes Viertel) richtig bedient. Rund um die **Plaza San Martín 1** finden sich zahlreiche Kneipen und Restaurants; hier pulsiert das Nachtleben.

## Termine

**Semana Santa:** In der Karwoche richten 16 Bruderschaften etwa 30 feierliche Prozessionen aus.

**San Juan y San Pedro:** 20.–30. Juni. Die wichtigste Fiesta von León fällt mit der Sommersonnenwende zusammen. Zu dem Stadtfest gehören das Johannisfeuer, Umzüge mit Riesenpuppen, außerdem Konzerte, Straßentheater und spektakuläre Feuerwerke.

**San Froilán:** 5. Okt. Patronatsfest, im Gedenken an die Schlacht von Clavijo, mit Stierkämpfen.

**Festival keltischer Musik und Wettbewerb der Dudelsackspieler:** die beiden musikalischen Events finden im Oktober statt.

## Verkehr

**Flugzeug:** Flughafen, La Ermita s/n, Tel. 913 21 10 00. Der kleine Flughafen liegt 6 km außerhalb von León. Die Fluggesellschaften Iberia, Vueling und Air Nostrum bieten Verbindungen nach Barcelona, Madrid, Ibiza, Menorca und Palma de Mallorca an.

**Bahn:** Bahnhof, Calle Astorga s/n, Infos und Reservierungen Tel. 912 32 03 20, www.renfe.com. Verbindungen 11 x tgl. nach Madrid, 11 x tgl. nach Barcelona, 5 x tgl. nach Oviedo, 4 x tgl. nach Bilbao, 4 x tgl. nach Astorga und 2 x tgl. nach Santiago de Compostela.

**Bus:** Busbahnhof, Av. Ingeniero Saenz de Miera s/n, Tel. 987 21 10 00. Alsa und Flixbus sind vertreten. Verbindungen 12 x Astorga, 15 x Ponferrada, 27x Madrid, 16 x Bilbao und 17 x Gijón.

# Von León nach Galicien

**Auf den Spuren der Jakobspilger geht es über die Montes de León zum eisernen Kreuz auf dem Monte Irago – dem Dach des Camino de Santiago. Die Straße windet sich hinab in die fruchtbare Region El Bierzo nach Ponferrada. Ein lohnender Abstecher führt in die Berge von Las Médulas, eine bizarre Kunstlandschaft aus römischen Abraumhalden. Die nächste Station auf dem Jakobsweg ist die schmucke Kleinstadt Villafranca del Bierzo.**

## La Virgen del Camino

▶ 1, H/J 5

Ungefähr 6 km westlich von León befindet sich die Ortschaft **La Virgen del Camino** mit der gleichnamigen **Wallfahrtskirche.** Eine Legende berichtet, dass im Jahr 1505 einem Hirten hier die Gottesmutter erschienen sein soll. Heute erinnert die moderne, 1961 erbaute Kirche an das Wunder. Die Virgen del Camino (die Jungfrau des Weges) ist die Patronin von León. Ins Auge fallen sofort die 13 gewaltigen, expressionistischen Bronzeskulpturen der Fassade oberhalb des Portals. Sie verkörpern Maria und die zwölf Apostel. Die eigenwilligen, sehr asketisch wirkenden 6 m hohen und je 700 kg schweren Skulpturen stammen vom katalanischen Bildhauer Josep María Subirach, der auch die bis heute umstrittene Westfassade der Sagrada Familia in Barcelona gestaltete.

## Hospital de Órbigo

▶ 1, H 5

Um das beschauliche Städtchen **Hospital de Órbigo** mit seiner mittelalterlichen, steinernen **Brücke** kreist die abenteuerliche Geschichte des tollkühnen Ritters Don Suero de Quiñones. Der Überlieferung nach verliebte er sich im Heiligen Jahr 1434 unsterblich in eine Dame, die jedoch seine Liebe nicht erwiderte. Um ihr Herz zu erweichen, gelobte Don Suero jeden Donnerstag eine Halsfessel als Zeichen seiner Liebe zu tragen, und zwar so lange bis die Dame ihn erhöre. Um sich letztlich von diesem recht unpraktischen Gelübde zu befreien und um seiner Angebeteten doch noch zu imponieren, schwor er, mit neun Getreuen alle über die Puente de Órbigo ziehenden Ritter zum Kampf herauszufordern.

Rasch sprach sich das Ansinnen des Ritters herum! Gegen die unglaubliche Zahl von 300 Rittern nahm es Don Suero auf und ging stets siegreich aus den Kämpfen hervor. Mit den unterlegenen Rittern pilgerte er gemeinsam nach Santiago de Compostela. Dort gelobten sie, sich fortan für die Sicherheit der Pilger einzusetzen. Ob sich die angebetete Dame angesichts der Heldentaten des Ritters Don Suero doch noch erweichen ließ, darüber schweigt sich die Geschichte aus. Seine ›Auferstehung‹ erlebt Don Suero alljährlich beim Mittelalterfest Anfang Juni.

### Übernachten

Einstige Pilgerherberge – **Posada del Marqués:** Plaza Mayor 4, Carrizo de la Ribera, Tel. 987 35 71 71, www.posadadelmarques.com. Rund 16 km von Hospital de Órbigo entfernt, die Abzweigung in Richtung Benavides nehmend erreicht man dieses charmante Hotel, das von einer gepflegten Gartenanlage umgeben ist. Die Zimmer sind mit rustikalen kastilischen Holzmöbeln eingerichtet. €€

*Familiär geführt* – **El Caminero:** Calle Sierra Pambley 56, Tel. 987 38 90 20, 619 87 00 69, www.elcaminero.es. Gemütliche Bed-&-Breakfast-Unterkunft mit nur fünf Zimmern, alle mit eigenem Bad. Rechtzeitig reservieren! €

### Essen & Trinken

*Forellen* – **La Encomienda:** Calle Álvarez de la Vega 30, Tel. 987 38 82 11, www.restaurantelaencomienda.es. Hier werden Forellen *(truchas)*, die Spezialität der Ortschaft, in verschiedenen Zubereitungsformen serviert, z. B. mit Schinken, als Suppe oder *tortilla*. €–€€
*Bodenständig* – **Los Angeles:** Calle Dr. Santos Olivera 6, Tel. 987 38 82 50. Das einfache Lokal bietet landestypische, solide Hausmannskost zu günstigen Preisen. Zu empfehlen ist die Forellensuppe. €

### Termin

**Justas Medievales:** Erstes Juniwochenende. Das Fest erinnert an die Heldentaten des Don Suero de Quiñónes, der Höhepunkt der Fiesta ist das Ritterturnier. Fast die ganze Ortschaft schlüpft in ein mittelalterliches Gewand. Mittelaltermarkt und Festgelage runden die Feierlichkeiten ab.

# Astorga ▶ 1, H 5

Nur 55 km westlich von León liegt die alte **Römerstadt Astorga.** Schon von Weitem grüßen die Türme der Kathedrale und des Bischofspalastes. Vor dem Hintergrund der Montes de León, die zum Gebirgszug der Kantabrischen Kordillere gehören, bettet sich das 11 000 Einwohner zählende Städtchen in eine Hochebene über dem Tal des Río Tuerto. Noch weite Teile des alten Stadtkerns werden von der Stadtmauer umschlossen, die auf die Römerzeit zurückgeht und im Mittelalter mehrfach ausgebessert wurde.

## Geschichte

Der traditionsreiche Handelsplatz an der Via de la Plata, der Silberstraße, die Astorga mit Mérida verband, wurde von Plinius dem Älteren als *urbs magnifica* (prächtige Stadt) bezeichnet. Für den Wohlstand des römischen Astúrica Augusta sorgten in erster Linie die Goldminen in den Montes de León und im Bierzo (Las Médulas). In Astorga wurde ein guter Anteil der Goldfunde gehandelt und auch weiterverarbeitet.

Im Mittelalter belebten die Jakobspilger die Wirtschaft, die einmal auf dem Camino Francés, der Ost-West-Verbindung, aber auch aus dem Süden des Landes über die Via de la Plata kommend in Astorga Station machten. Damals zählte die Stadt gut 25 Herbergen und Hospitäler, die die Pilger an der Schnittstelle der beiden Pilgerwege versorgten. Häufig waren die Pilger gezwungen, länger als beabsichtigt in Astorga zu verweilen, da bei Schnee- und Kälteeinbrüchen der Weg zum Cruz de Ferro, dem Dach des Pilgerwegs, zu gefährlich war.

Noch immer ist die Stadt das Markt- und Handelszentrum für die umliegende Region. Eine wichtige Rolle spielt die Nahrungsmittelindustrie: Insbesondere für die Herstellung von süßen Leckereien wie die *mantecadas* (Schmalzplätzchen), *hojaladres* (Blätterteiggebäck) und *chocolate* (Schokolade) ist Astorga bekannt.

## An der Plaza de la Catedral

Seine städtebauliche Schokoladenseite zeigt Astorga von der Promenade um die Stadtmauern, der **Avendia de las Murallas** mit dem Postkartenblick auf die Kathedrale und den Bischofspalast.

### Kathedrale

*Plaza de la Catedral, Tel. 987 61 58 20, April–Okt. tgl. 10–20.30, Nov.–März tgl. 10.30–18 Uhr, Eintritt mit Audioguide 7 €*

Die **Catedral de Santa María de Astorga** wurde im spätgotischen Stil 1471 begonnen. Ihre lange Bauzeit bis ins 18. Jh. hinein sorgte für einen Stilmix. Üppiger Barock mit reichem Dekor- und Figurenschmuck ziert die Hauptfassade, die drei Portale im plateresken Stil umfasst. Die Spätgotik herrscht im Inneren des Gotteshauses vor, mächtige Bündel-

# Astorga

*Bischofspalast als Märchenschloss: Antoni Gaudí ließ seine Fantasie spielen*

pfeiler tragen die feinen Sternen- und Netzgewölbe. Kunstvoll geschnitzte Szenen aus dem Marienleben, die Gaspar Becerra im 16. Jh. erschuf, schmücken den Hauptaltar. Eine weitere Perle der Kathedrale ist das Chorgestühl (Ende des 15. Jh.), das zum größten Teil aus der Werkstatt des Hans von Köln (Juan de Colonia) stammt. In der nördlichen Apsiskapelle thront das romanische Meisterwerk der Virgen de la Majestad aus dem 11. Jh.

## Diözesanmuseum

*Plaza de la Catedral s/n, Tel. 987 61 58 20, April–Okt. tgl. 10–20.30, Nov.–März tgl. 10.30–18 Uhr, 5 €*

Neben der Westfassade der Kathedrale liegt der Zugang zum **Museo Catedralicio,** in dem der Kirchenschatz präsentiert wird. Zu den Juwelen zählen vor allem ein Reliquienkasten, der von König Alfons III. im 10. Jh. gestiftet wurde, sowie ein Kristallkelch aus dem 11. Jh.

## Pilgermuseum

*Plaza Eduardo de Castro s/n, Tel. 987 61 68 82, www.palaciodegaudi.es, Mai–Okt. tgl. 10–14, 16–20, Nov.–April tgl. 10.30–14, 16–18.30 Uhr (letzter Eintritt 30 Min. vor Schließung), 6 €*

In unmittelbarer Nachbarschaft erhebt sich der ungewöhnliche **Bischofspalast** von Astorga. Er mutet eher wie ein französisches Märchenschloss an. Der Jugendstilarchitekt Antoni Gaudí entwarf den Bau 1889 für die traditionsreiche Bischofsstadt im neogotischen Stil – wenn auch lange nicht in so fantasiereichen Formen wie denen der Bauten des Architekten in Barcelona. Gaudí zerstritt sich mit dem Domkapitel und so wurde der Bau erst 1913 von einem anderen Architekten vollendet.

Kein Bischof residierte je in diesem Bauwerk, das heute als **Palacio de Gaudí** das **Museo de los Caminos** beherbergt. Allein schon die Räumlichkeiten, die Gaudí konzipierte, lohnen den Besuch. Die Ausstellung zeigt den Apostel Jakobus einmal kriegerisch als *matamoros* (Maurentöter), aber auch als friedlichen Pilger, sowie Karten mit den Jakobswegen und die Ausstattung der Jakobspilger. Darüber hinaus werden archäologische Funde der Region und eine Gemäldesammlung gezeigt.

*Von León nach Galicien*

## Durch die Altstadt

Auf dem Weg zum Hauptplatz locken die verführerischen Auslagen der Konditoreien. Auf der von Arkaden gesäumten Plaza de España nimmt das barocke **Rathaus** die Stirnseite ein. Zwei Bronzefiguren in der regionalen Tracht der Maragatos schlagen die Stunden seiner Uhr (18. Jh.).

### Römisches Museum
*Plaza de San Bartolomé, Tel. 987 61 69 37, Juli–Sept. Di–Sa 10.30–14, 16.30–19, So 10.30–14, Okt.–Juni Di–Sa 10.30–14, 16–18, So 10.30–14 Uhr, 3 €, Kombiticket mit Schokoladenmuseum 4 €*
An der Plaza de San Bartolomé befindet sich das **Museo Romano,** das sich über einem 50 m langen römischen Tunnel erstreckt, der vermutlich als Gefängnis diente. Die Ausstellung zeigt anschaulich, wie sich das Leben in der Römerzeit in Astorga abspielte.

### Schokoladenmuseum
*Av. de la Estación 16, Tel. 987 61 62 20, Di–Sa 10.30–14, 16.30–19, So, Fei 10.30–14 Uhr, 2,50 €*
Für Schokoladenfans lohnt ein Abstecher Richtung Bahnhof zum **Museo del Chocolate.** Das im Jahr 1994 gegründete Museum erinnert an die Blütezeit der Schokoladenherstellung von Astorga im 18. und 19. Jh. Der Bogen spannt sich von der Kakaobohne bis zur fertigen Schokolade. Süße Erinnerungen bietet der **Museumsladen.**

### Infos
**Oficina de Turismo:** Plaza Eduardo de Castro 5, gegenüber dem Bischofspalast, 24700 Astorga, Tel. 987 61 82 22, www.turismoastorga.es, Juli–Sept. tgl. 10–14, 16–19, Okt.–Juni Di–Sa 10–14, 16–18.30, So 10–14 Uhr.

### Übernachten
Geschmackvoll – **Hotel Casa de Tepa:** Calle Santiago 2, Tel. 987 60 32 99, www.casadetepa.com. Wohlfühlhotel in einem Stadtpalast aus dem 18. Jh. mit gerade mal zehn Zimmern und herrlichem Innenhof. Nur wenige Schritte von der Kathedrale entfernt. €€

Etwas antiquiert – **Gaudí:** Plaza Eduardo de Castro 6, Tel. 987 61 56 54, www.gaudihotel.es. 3-Sterne-Hotel mit klassisch eingerichteten Zimmern. Top ist die Lage in der Nähe zur Kathedrale und dem Bischofspalast. Beliebtes Restaurant Gaudí mit gehobener Küche zu verhältnismäßig moderaten Preisen. €€

### Essen & Trinken
Herzhafte Küche – **Las Termas:** Calle Santiago 1, Tel. 987 60 22 12. Rustikales Restaurant, das berühmt ist für den typischen, nicht ganz leichten Eintopf der Region, den *cocido maragato*. Gutes Preis-Leistungs-Verhältnis. €–€€

Klassisch – **Astur Plaza:** Plaza de España 2, Tel. 987 61 76 65, www.eurostarshotels.com. Direkt am Rathausplatz gelegen, elegant modern eingerichtete Zimmer. Angeschlossen ist das empfehlenswerte Lokal Taberna Cervecería Plaza Mayor. €–€€

Traditionsgasthaus – **La Peseta:** Plaza de San Bartolomé 3, Tel. 987 61 72 75, www.restaurantelapeseta.com. So, Di abends geschl. Das alteingesessene Lokal ist eine Institution und berühmt für seine schmackhaft zubereitete Hausmannskost. €

### Verkehr
**Bahn:** Bahnhof, Av. de la Estación s/n, Tel. 902 32 03 20. Astorga liegt an der wichtigsten Bahnstrecke im Norden, gute Verbindungen, u. a. 10 x tgl. nach León und Ponferrada, Madrid, Bilbao, Vigo und La Coruña.
**Bus:** Busbahnhof, Av. de las Murallas 52–54, Tel. 987 61 91 00, in der Nähe der Kathedrale. Die Busgesellschaft Alsa verbindet Astorga etwa stündlich mit León und Ponferrada.

# Bergauf zum Cruz de Ferro ▶ 1, G/H 5

Um von Astorga nach Ponferrada zu gelangen, bieten sich dem Reisenden zwei Optionen: Wer es eilig hat, nimmt die Strecke über den **Puerto del Manzanal** (1225 m) auf der Schnellstraße A 6.

# Die Maragatos – Volk der Händler und Fuhrleute

Raue Schönheit prägt den gebirgigen Landstrich der Maragatería. Entlang der Etappe des Camino de Santiago hinauf zum Cruz de Ferro reihen sich urwüchsige, halbverlassene Dörfer. Dank dem wiedererwachten Interesse am Jakobsweg kehrte hier neues Leben ein.

*Urtümliche Häuser finden sich in den Dörfern der Maragatería*

Unzählige Theorien kreisen um die Herkunft der Bewohner der Maragatería. Es wird gerätselt, ob es sich um Nachfahren der Berber oder gar um ein Mischvolk zwischen Mauren und Goten *(moros, godos)* handelt. Aufgrund der kargen Böden verdingten sich die Maragatos früher in erster Linie als Fuhrleute und Händler. So glauben einige, dass sich ihr Name von *mercatores* (Händler) ableitet. Vor allem in dem schmuck restaurierten Dorf Castrillo de los Polvazares zeugen noch etliche stattliche Häuser entlang der Hauptstraße vom Wohlstand der Fuhrleute. Auf ihren Karren transportierten sie gepökelten oder gebeizten Fisch von den galicischen Küsten ins Landesinnere, zeitweilig besaßen sie sogar das Monopol dafür.

Die Maragatos wurden allerorts für ihre Zuverlässigkeit und den sorgsamen Umgang mit den Waren geschätzt, die ihnen zum Transport anvertraut waren. Die Einführung der Eisenbahn brachte Ende des 19. Jh. den Fuhrverkehr zum Erliegen. Die Region verfiel in eine tiefe Agonie, viele Maragatos suchten ihr Glück in den großen Städten Spaniens oder emigrierten nach Lateinamerika. Bis heute gibt es noch jeweils eine Kolonie von Maragatos in Argentinien und Uruguay. Diejenigen, die nach Madrid auswanderten, brachten dort fast den gesamten Fischhandel unter ihre Kontrolle. Etliche Dörfer der Maragatería verwandelten sich in Geisterdörfer.

Der Jakobsweg und das wachsende Interesse der Spanier an der Natur sorgten in den letzten Jahren für eine gewisse Wiederbelebung der Dörfer. So wurden Pilgerherbergen hergerichtet, im Gefolge entstanden für anspruchsvolle Reisende Posadas und private Unterkünfte. Kneipen und Restaurants sorgen für das leibliche Wohl der Reisenden. Zu Patronatsfesten oder Hochzeitsfeiern präsentieren die Maragatos stolz ihre Tracht. Die Männer tragen schwarze Pluderhosen und Jacken, darunter ein rotes Hemd, die Frauen schwarze Gewänder mit schönen Stickereien, ihr Haupt bedecken sie mit bunten Spitzenkopftüchern. Bei ihren Festen führen die Maragatos noch gerne ihre traditionellen Tänze auf, deren Rhythmus von einem Tamborínspieler vorgegeben und von Flötenklängen untermalt wird. Der populärste Tanz ist die Liebesromanze »La Peregina« (Die Pilgerin), die fast so etwas wie die Hymne der Maragatos ist.

Das gastronomische Aushängeschild der Region ist der *cocido maragato,* ein Gericht für wahre Fleischliebhaber. Zur Rezeptur gehören Schweineohren und -füße, Blutwurst, Huhn, Speck, Paprikawurst, Zunge, Rinderrippchen. Hinzu kommen Kichererbsen und Gemüse. Auch eine Genussreihenfolge ist festgelegt: Zuerst sollte man die Schlachtplatte vertilgen, dann Kichererbsen und Gemüse und zum Schluss die Brühe trinken. Nach dem gehaltvollen ›3-Gänge-Menü‹ benötigt man einen Schnaps oder eine Siesta!

*Ein Dorf ist schöner als das andere – ganz vorne dabei das urtümliche Castrillo de los Polvazares*

*Von León nach Galicien*

Die interessantere Alternative folgt einem der schönsten Abschnitte des Jakobswegs durch die **Montes de León** über den Monte Irago. Das kurvenreiche Sträßchen LE-142 schlängelt sich durch die urtümlichen Dörfer der Maragatería (s. S. 337) hinauf zum Cruz de Ferro. Die Landschaft präsentiert sich im späten Frühjahr, im Mai bis in den Juni hinein, am schönsten: Ein regelrechter Farben- und Blütenrausch überzieht dann die Berge und Hänge. Besonders die lila blühende Baumheide setzt farbliche Akzente, hinzu kommen Lavendel, Erika, Cistrose und Ginster.

## Castrillo de los Polvazares
▶ 1, G 5

Auf jeden Fall sollte man einen Stopp in dem schmucken Dorf **Castrillo de los Polvazares** einplanen, das nur 6 km von Astorga entfernt liegt. Das Fahrzeug parkt man auf dem Parkplatz oberhalb des Dorfes. Eine kleine Brücke führt in die **Calle Real.** Die stattlichen Häuser erinnern daran, dass die Maragatos, die sich traditionell als Fuhrleute verdingten, es in ihrem Gewerbe zu Wohlstand gebracht haben. Viele der Steinhäuser besitzen große Portale, wodurch erst die Fuhrwerke in den Innenhof zu den Stallungen für die Maultiere gelangen konnten. Der Wohnbereich lag im oberen Stockwerk.

Ein Pilgerritual ist es, sich einen Stein aus dem Flussbett des Río Meruelo zu angeln, um ihn beim Cruz de Ferro auf dem Monte Irago abzulegen.

### Übernachten

Einladend-gemütliches Landhotel – **Casa Pepa:** Calle Mayor 2, Santa Colomba de Somoza (9 km westl. von Castrillo de los Polvazares), Tel. 679 33 97 74, www.casapepa.com. Sechs liebevoll eingerichtete Zimmer in einem typischen Maragato-Haus, Innenhof, gepflegtes, rustikales Restaurant (€–€€). €€

Individuelle Note – **Hostería y Restaurante Cuca La Vaina:** Calle Jardín s/n, Castrillo de los Polvazares, Tel. 987 69 10 34, 649 98 82 54, www.cucalavaina.es. In den sieben individuell eingerichteten Zimmern findet sich Dekor aus unterschiedlichen Handwerkszweigen der Maragatos. Im Restaurant bodenständige Küche für hungrige Ausflügler, u. a. *lechazo* (Babylamm) oder *bacalao al estilo arriero* (Stockfisch nach Art der Maultiertreiber). Spezialität Eintopf *cocido maragato*. €–€€

### Essen & Trinken
Leckerer Eintopf – **Mesón La Magdalena:** Calle Real 21, Castrillo de los Polvazares, Tel. 987 69 10 67, www.mesonlamagdalena.com. Berühmt für den Eintopf *cocido maragato*. €–€€

## Von der Maragatería ins Bierzo ▶ 1, G 5

### Rabanal de Camino
Allmählich windet sich das Bergsträßchen hinauf und passiert das rustikale Pilgerdorf **Rabanal de Camino,** den Ausgangspunkt für die zehnte Etappe des Camino de Santiago gemäß dem mittelalterlichen Pilgerführer »Codex Calixtinus«. Hier sammelten Pilger ihre Kräfte für den beschwerlichen Aufstieg zum Cruz de Ferro auf dem Monte Irago. Das Herz der Ortschaft ist die romanische Kirche **Santa María.**

### Foncebadón
In **Foncebadón,** dem letzten Dorf der Maragatería, sind etliche Häuser verfallen, aber mit EU-Mitteln und Spenden von Pilgern geht es allmählich wieder bergauf. Die Kirche wurde bereits restauriert, daneben steht eine wiedererrichtete Pilgerherberge. Die Socken und T-Shirts auf den Wäscheleinen weisen dem Pilger den Weg.

Am Ortseingang von Foncebadón kreuzt der Pilgerweg die Autostraße und führt auf einem herrlichen Pfad hinauf zum **Cruz de Ferro** auf dem **Monte Irago.** Das eiserne Kreuz markiert nicht nur die Grenze zur Nachbarregion El Bierzo, sondern steht auch am höchsten Punkt des Spanischen Jakobswegs auf 1504 m, nur der Puerto de Somport in den Pyrenäen ist noch etwas höher (s. auch Tipp rechts).

## Bergab nach El Acebo

Allmählich geht es wieder bergab, nach wenigen Kilometern passiert man den verlassenen Weiler **Manjarín** mit der wohl kuriosesten Pilgerherberge des Camino: Das abenteuerlich zusammengezimmerte Refugio erinnert an eine Piratenburg! Die nächste Ortschaft **El Acebo** zittert um ihre Balkone, wenn Busse oder Lkws die sehr enge Hauptstraße passieren. In der Pfarrkirche **San Miguel** findet sich eine anrührende, romanische Jakobusstatue.

Von Acebo lohnt ein Abstecher zum 5 km entfernten Dorf **Compludo,** wo man die **Herrería de Compludo,** eine uralte, immer noch funktionstüchtige Schmiede aus dem 7. Jh. besuchen kann (Mi–So 11–14, 16–20 Uhr, 5 €, prüfen Sie die Eintrittszeiten bei der Touristeninformation Ponferrada, Tel. 987 42 42 36).

## Molinaseca

Für eine Erholungspause nach der kurvenreichen Abfahrt bietet sich das lebendige Dorf **Molinaseca** an. Eine mittelalterliche Steinbrücke überquert den aufgestauten Río Meruelo. Viele Pilger und Besucher lassen auf der Terrasse am Fluss bei einem Café oder einem kühlen Bier die Seele baumeln.

In der Hauptstraße, der Straße der Pilger, finden sich etliche Unterkünfte und Lokale. Die Hauptkirche **San Nicolás** im neoklassizistischen Stil stammt aus dem 18. Jh. Die Ortsausfahrt markieren ein **steinernes Wegkreuz** und eine moderne **Jakobusskulptur,** die den Pilgern den Weg in Richtung Ponferrada weist.

## Übernachten

Gute Adresse – **Hostal El Horno:** Calle Rañadero 3, Tel. 987 45 32 03, www.hostalelhorno.com. Mitten im Ort liegt das ruhige, kleine, Hostal. Saubere, gepflegte Zimmer. Der freundliche Gastgeber bereitet für die Gäste ein reichhaltiges Frühstück. €

Nette Gastgeber – **Hotel Rural Virgen del Carmen:** Calle Real 14, Tel. 616 54 34 98. Im Zentrum von Molinaseca gelegene Unterkunft mit drei Zimmern. Drei saubere und modern eingerichtete Zimmer. €

## Tipp

### PILGERRITUAL AM CRUZ DE FERRO

Eine wunderschöne und leichte Wandertour folgt einer kurzen Etappe des Jakobswegs von **Foncebadón** auf den 1504 m hohen **Monte Irago,** das Dach der Pilgerroute. Unterwegs bieten sich immer wieder herrliche Ausblicke auf die Berglandschaft. Nach einem uralten Ritual legen die Wallfahrer hier ihren Stein aus dem Flussbett des Río Meruelo ab und befreien sich auf diese Weise von Lasten und Sorgen. Auf dem gewaltigen Steinhaufen prunkt auf einem hohen Holzstamm ein einfaches eisernes Kreuz, das **Cruz de Ferro** (auch Cruz de Hierro). Unterhalb findet sich auch allerlei Kurioses wie BHs, Socken, Fahrradschläuche, Fotos etc. (2,2 km, 45 Min., 85 Höhenmeter).

## Ponferrada ▶ 1, F/G 4/5

**Ponferrada** (63 500 Einw.) blickt auf eine lange Bergbautradition zurück, deren Pioniere einst die Römer waren. Bis heute spielt in der Industriestadt der Abbau von Eisenerz eine wichtige Rolle. Sie liegt am Zusammenfluss von Río Boeza und Río Sil und ist Zentrum der äußerst fruchtbaren Region des El Bierzo.

Das Stadtbild gibt keinen Anlass zu überschwänglicher Begeisterung. Es ist geprägt von wenig reizvollen Wohnvierteln und Gewerbegebieten. Einen wohltuenden Kontrast dazu bildet die überschaubare **Altstadt** um den **Rathausplatz** mit der **Basilika La Encina** (16. Jh.), der Kirche der Schutzpatronin.

## Von León nach Galicien

### Templerburg
*Av. el Castillo s/n, Tel. 987 40 22 44, www.castillodelostemplarios.com, April–Sept. Di–So 10–14, 16.30–20.30, März, Okt. Di–So 10–14, 16–19, Nov.–Febr. Di–So 10–14, 16–18 Uhr, 6 €, Mi Eintritt frei*

Die wichtigste Attraktion der Stadt ist das **Castillo de los Templarios,** eine Ritterburg wie aus dem Bilderbuch, die hoch über dem südlichen Ufer des Río Síl thront. Sie wurde im 12. Jh. zur Sicherung des Jakobswegs erbaut. Durch umfangreiche Restaurierungsarbeiten rettete man die Burganlage vor dem drohenden Verfall und öffnete sie zur Besichtigung. Von den Türmen bieten sich wunderschöne Ausblicke. Anfang Juli findet die Noche Templaria mit einem Mittelaltermarkt statt, der Höhepunkt ist der Umzug der Tempelritter.

### Regionalmuseum
*Calle del Reloj 5, Tel. 987 41 41 41, April–Sept. Di–Sa 10–14, 16.30–20.30, So 10–14, sonst Di–Sa 10–14, 16–18 Uhr (im März, Okt. bis 19), So 10–14 Uhr, 3 €*

Einen guten Überblick über die regionale Geschichte liefert das in der Altstadt gelegene **Museo Del Bierzo**.

### Eisenbahnmuseum
*Via Nueva 7, Tel. 987 40 57 38, April–Sept. Di–Sa 10–14, 16.30–20.30, So 10–14, sonst Di–Sa 10–14, 16–18, So 10–14 Uhr, 3 €*

Von Interesse für Liebhaber alter Lokomotiven ist das **Museo del Ferrocarril,** das in der ehemaligen Zugstation untergebracht ist. Auf den stillgelegten Gleisen stehen vor allem Züge, die für den Abtransport von Eisenerz und Kohle genutzt wurden.

### Infos
**Oficina de Turismo:** Calle Gil y Carasco 4, 24400 Ponferrada, Tel. 987 42 42 36, www.ponferrada.org, Mo–Sa 10–14, 16.30–18.30, So 10–14 Uhr.

### Übernachten
Zentral, modern – **Aroi Bierzo Plaza:** Plaza del Ayuntamiento 4, Tel. 987 40 90 01, www. aroiho teles.com. Angenehmes kleines 3-Sterne-Hotel auf dem Hauptplatz, die Zimmer sind modern und funktional eingerichtet. In einer ehemaligen Bodega findet sich die zum Hotel gehörige urige Taberna Los Arcos. €€

Gepflegtes Hostal – **Virgen de la Encina:** Calle Comendador 4, Tel. 987 40 96 32, www.hostallaencina.net. Das Hostal liegt mitten in der Altstadt, in der Nähe der Templerburg. Die 13 Zimmer sind ansprechend rustikal mit schönen Holzmöbeln eingerichtet. Zum Haus gehört eine Bar mit gutem Weinsortiment. €

Camping – **El Bierzo:** Ctra. Nacional N-Vi, km 399, Villamartín, Tel. 987 56 25 15, www.campingbierzo.com, zweite Kategorie, April–Sept. Der ruhige Platz liegt bei der Ortschaft Villamartín de la Abadía, 12 km westlich von Ponferrada. Badefreuden bietet ein kleiner Fluss, für das leibliche Wohl sorgt ein nettes Restaurant mit Bar.

### Essen & Trinken
Mit Stern – **Restaurante Muna:** Calle Gil y Carrasco 27, Tel. 639 76 23 70, Mo geschl., Do–Sa auch abends geöffnet. Moderne Gourmetküche auf der Basis der Produkte der Region. Exzellente Weinauswahl. Jahreszeitlich wechselnde Menüs. Gerichte werden kunstfertig präsentiert. Reservierung ratsam. €€€

Urig – **Las Cuadras:** Calle Tras la Cava 2, Tel. 987 41 93 73, Mi. geschl. Zentral in der Altstadt gelegen setzt das gemütliche Lokal mit viel Holz und Steinwänden auf die hiesige Küche. An der Theke gibt es köstliche Tapas und ein gutes Weinsortiment. €€

Klassiker – **Vinomio Bar & Botánico:** Calle Aceiterías 9, Tel. 987 40 60 00, Mo, So abends geschl. Mitten in der Altstadt findet sich in einem historischen Gebäude dieses nette Restaurant mit gemütlicher Bar. Aufgetischt wird frische, regionale Küche. Lauschige Terrasse. €–€€

### Verkehr
**Bahn:** Bahnhof, Av. del Ferrocarril 15, Tel. 902 43 23 43, Renfe Tel. 912 32 03 20 . Gute Anbindung an León (4 x tgl.) und nach Galicien.

**Bus:** Busbahnhof, Av. Libertad 15, Tel. 987 40 10 65. Mehrfach tgl. nach León, Santiago etc.

# Peñalba de Santiago
▶ 1, G 5

Rund 20 km südlich von Ponferrada liegt das idyllisch abgeschiedene Bergdorf **Peñalba de Santiago** in den Montes Aquilianos. Das hübsche Dorf mit seinen schiefergedeckten Steinhäusern birgt ein Kleinod der mozarabischen Kunst, das Kirchlein **Santiago de Peñalba**. Hufeisenbögen zieren die Kirchenfassade, die schönsten finden sich am Südportal. Zu der im 10. Jh. errichteten Kirche gehörte einst eine Klosteranlage, die heute nicht mehr existiert. Das Bergdorf bietet sich auch als Ausgangspunkt für kleine Wanderungen oder Spaziergänge an.

# Villafranca del Bierzo
▶ 1, F 4

Wein- und Obstanbau prägen die Region um **Villafranca del Bierzo** (300 Einw.). Die letzte Station auf dem Jakobsweg durch die Provinz León wurde von Alfons VI. (1065–1109) gefördert. Er siedelte Mönche aus dem französischen Kloster Cluny an, um die Jakobspilger zu betreuen. Im Gefolge der Mönche zogen zahlreiche Franzosen in die Stadt – daher rührt auch der Name Villa Francorum, Stadt der Franzosen. Eine schöne Hügellandschaft mit Weinanbau durchwandernd erreichen die Jakobspilger die Stadt.

## Stadtrundgang

Der erste Gang führt zur **Iglesia de Santiago** (12. Jh.), einer schlichten romanischen Kirche. Pilger, die zu schwach sind, um ihren Weg nach Santiago fortzusetzen, erhalten an der Puerta del Perdón ausnahmsweise die Vergebung all ihrer Sünden – ein Privileg, das sonst nur Santiago de Compostela vorbehalten ist.

Auf dem örtlichen Friedhof hinter der Kirche fand über viele Jahrhunderte auch so mancher Pilger seine letzte Ruhestätte.

Ein paar Meter weiter erhebt sich die wuchtige **Burg der Markgrafen von Villafranca** (16. Jh.), die sich heute im Besitz des renommierten spanischen Komponisten Cristóbal Halffter befindet.

Steil hinab geht es zur **Plaza Mayor,** dem Herzen von Villafranca. Oberhalb liegt die **Kirche San Francisco,** die vermutlich 1213 auf Initiative der Königin Doña Urraca errichtet wurde. Nicht weit von der Plaza entfernt verläuft die **Calle del Agua,** die Hauptstraße der Altstadt mit einigen stattlichen Adelspalästen, von denen sich einige leider in einem bedauerlichen Zustand befinden.

Weiter nördlich dehnt sich der **Alameda Park** aus und schräg gegenüber hat die **Colegiata de Santa María** (16. Jh.) die Nachfolge der Kluniazenserkirche angetreten.

## Infos
**Oficina de Turismo:** Av. Diez Ovelar 10, 24500 Villafranca del Bierzo, Tel. 987 54 00 28, www.villafrancadelbierzo.org, Mo–Sa 10–14, 16–18.30, So 10–14 Uhr.

## Übernachten
4-Sterne-Hotel-Niveau – **Parador de Villafranca del Bierzo:** Av. Calvo Sotelo 28, Tel. 987 54 01 75, www.parador.es. In einem neuen Gebäude, das sich aber gut an die regionale Architektur anpasst. Gemütlich, aber verhältnismäßig kleine Zimmer, reichhaltiges Frühstücksbuffet. €€–€€€

Geschmackvoll – **Hotel Plaza:** Plaza Mayor 4, Tel. 987 54 06 20, www.villafrancaplaza.com. Neues Haus am Hauptplatz mit 15 modernen, schnörkellosen Zimmern und Cafeteria in modernem Design. Außerdem findet sich eine sehenswert ausgestattete, alte Apotheke im Haus. €€

Ordentlich – **Casa Méndez:** Calle Espíritu Santo 1, Tel. 987 54 00 55, www.restaurantemendez.com/hostal. Kleines, familiär geführtes Hostal, die soliden Zimmer wurden jüngst renoviert. Dazu gehört ein Restaurant mit preisgünstigen Tagesgerichten. €

*Indem die Römer die Berge aushöhlten und zum Einsturz brachten, schufen sie die bizarr wirkende Landschaft von Las Médulas*

# LAS MÉDULAS – ELDORADO DER RÖMER

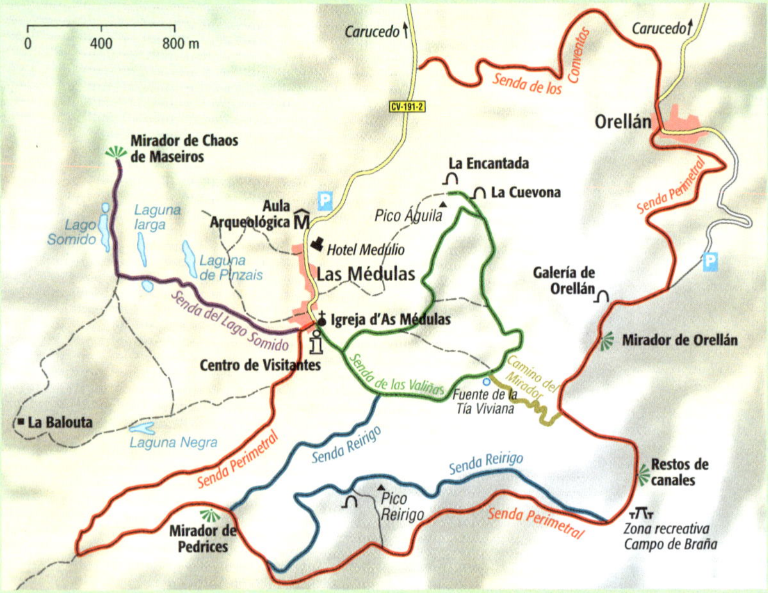

## Tour-Infos

**Anfahrt:** Von Ponferrada auf der N-536 bis nach Carucedo und weiter auf der CV-191-2 bis Las Médulas

**Im Internet:** www.fundacionlasmedulas.info, Infos zu Las Médulas, Wanderwege inkl. Karten, Bergbaugeschichte, Unterkünften. Unter www.turismodelbierzo.es finden sich nützliche Infos zu dem Gebiet

**Aula Arqueológica:** Las Médulas-Carucedo, direkt am Ortseingang, Tel. 987 42 28 48, April–Sept. tgl. 10–13.30, 16–20, Okt.–März Mo–Fr 10–14, Sa 10–13.30, 15.30–18, So 10–14 Uhr, 2 €, Organisation von verschiedenen Touren auf Anfrage

**Centro de Recepción de Visitantes de Las Médulas:** Las Médulas-Carucedo, 400 m vom Parkplatz, nahe der Kirche, Tel. 619 25 83 55, 987 42 07 08, Kernzeit tgl. 10.45–14 Uhr, variierende Zeiten nachmittags, 17. Dez.–1. Jan. geschl., Eintritt frei, audiovisuelle Ausstellung über den Goldabbau; Tour ca. 2 Std. (3 km, meist span.) zu den Stollen La Cuevona und La Encantada (Infos und Reservierung unter medulas@ccbierzo.com, Touren ab 6 Pers., 7 €), Anmeldung unerlässlich; auch Fahrradverleih

**Galería de Orellán:** Beim Mirador de Orellán, Tel. 620 24 93 06, Mo, Mi–So 11–14, Mitte Sept.–Okt., April–Juni 16–19, Juli–Mitte Sept. 16–20, Nov.–März 16–18 Uhr, 3 €

**Unterkunft/Einkehr:** O Palleiro do pe do Forno, Calle San Pablo 2, Orellán, Tel. 649 71 14 39, www.opalleiro.com. €

Ein Meer aus roten eigentümlichen Gesteinsformationen ragt aus dem dichten Grün der Vegetation empor. Nicht Mutter Natur schuf diese bizarre, zerklüftete, fast unwirklich anmutende Landschaft von Las Médulas. Als Landschaftsarchitekten betätigten sich hier die Römer, die im großen Stil auf mehr als 1000 ha gut zwei Jahrhunderte lang Gold abbauen ließen. Dabei nutzten sie das Verfahren der *ruina montanium* (Einsturz der Berge).

Die geschätzte Zahl der Arbeiter und Sklaven, die in der größten Tagebaumine des römischen Imperiums schufteten, schwankt zwischen 4000 und 120 000. Sie gruben Schächte und Gänge und höhlten die Berge dadurch regelrecht aus. Danach fluteten sie das Stollensystem, sodass die Berge wie Kartenhäuser in sich zusammenbrachen. Die Unmengen von Wasser, die hierfür vonnöten waren, wurden über ein mehr als 100 km langes Kanalsystem herangeführt, Teile davon sind erhalten geblieben. Mithilfe von Goldwaschrinnen filterten die Arbeiter das Edelmetall heraus.

Das lohnende Ausflugsziel, das 1997 zum UNESCO-Welterbe deklariert wurde, liegt rund 25 km südwestlich von Ponferrada. Zunächst sollte man die Ortschaft **Las Médulas** ansteuern. Hier geben ein **Archäologisches Museum** (Aula Arqueológica) und das **Besucherzentrum** (Centro de Recepción) Auskunft über die Geschichte der Goldgewinnung und über die Arbeitsbedingungen in der Mine. Außerdem ist eine Broschüre mit Wandervorschlägen erhältlich und es werden auch geführte Touren durch das Gebiet angeboten.

Bei der Ortschaft **Orellán** bietet der **Mirador de Orellán** einen spektakulären Panoramablick über die rot gefärbte Kunstlandschaft. Vom Parkplatz führt der asphaltierte Weg zum Aussichtspunkt. Beim Mirador kann man in der **Galería de Orellán** einen Einblick in die Welt unter Tage gewinnen. Hier startet auch der 11,5 km lange Rundweg **Senda Perimetral** (Höhenunterschied 200 m, Dauer ca. 3 Std. 20 Min.). Auf einem breiten, gut erschlossenen Pfad werden sechs Informationspunkte angesteuert. Die Tafeln, die leider nur auf Spanisch beschriftet sind, geben Auskunft über die verschiedenen Aspekte des Goldabbaus in der Mine. Am Weg liegen einige Höhlen und Stollen, deren Besichtigung allerdings nur mit fachkundiger Führung unternommen werden sollte. Im südlichen Teil der Senda Perimetral verläuft parallel der aussichtsreiche, wenn auch etwas schwierig zu gehende Weg Senda Reirigo (Gesamtlänge 5,4 km, 3–3,5 Std.).

Wer etwas länger in diesem einzigartigen Gebiet verweilen möchte, findet sechs freundlich eingerichtete Zimmer im familiär geführten Gasthof **O Palleiro do pe do Forno.** Im rustikalen Lokal wird schmackhafte ländliche Küche serviert.

# Sierra de Ancares

▶ 1, F 3/4

*Infos zum Naturschutz- und Wandergebiet:*
www.ancares.info oder in Villafranca del Bierzo

Der **Espacio Natural Sierra de Ancares** dehnt sich über die Regionen Kastilien-León, Galicien und Asturien aus. Das 67 280 ha große Gebiet wurde jüngst zum Biosphärenreservat der UNESCO deklariert. Bis zu 2000 m Höhe schwingt sich das Gebirge auf. Herrliche Laubwälder, die atlantische und mediterrane Charakteristika vereinen, prägen das Landschaftsbild. Es ist ein Rückzugsgebiet für Marder, Otter, Wölfe, Wildschweine und Auerhähne. Die einst traditionelle Hausbauweise der Region *(pallozas)* findet sich noch in den Dörfern Piornedo, O Cebreirio und Campo del Agua. Dabei handelt es sich um einfache Hütten auf rundem oder ovalem Grundriss aus Bruchstein mit einem Reisigdach. Naturliebhaber können auf einsamen Wanderwegen das Gebiet für sich erschließen.

# Kapitel 6
# Galicien

Galicien, die grüne Ecke im Nordwesten Spaniens, umspannt ein Gebiet, das mit 29 575 km² fast so groß ist wie Belgien. Die Region wird geprägt von einer starken kulturellen Eigenständigkeit, angefangen bei der Sprache, dem ›galego‹, das mit dem Portugiesischen eng verwandt ist.

Über das Erscheinungsbild der gut 1500 km langen Küste kursiert der Mythos, dass der liebe Gott sich an seinem letzten Arbeitstag ausruhte und nebenbei die fünf Rías, fjordähnliche Meeresbuchten, schuf. Er soll sich mit einer Hand auf Galicien gestützt haben, dabei gruben sich die Finger tief ins Erdreich ein – so entstanden die markanten Talzungen. Nüchtern betrachtet erklärt sich die Entstehung der Rías durch den Landhunger des Atlantik, der die Flusstäler überflutete. Die Rías Altas im Norden sind durch schroffe Steilwände und Klippen geprägt. Wilde, herbe Schönheit charakterisiert auch die zerklüftete Costa da Morte (Todesküste) um das Kap Fisterra. Im Südwesten grenzen die touristisch gut erschlossenen, sanfteren Rías Baixas an, die sich bis zur portugiesischen Küste erstrecken.

Im Mittelalter zog es Pilger aus allen Ecken und Enden Europas nach Santiago de Compostela zum Grab des Apostels Jakobus. Neben Rom und Jerusalem stieg Santiago zum dritten großen Wallfahrtsort der Christenheit auf. Sehenswert sind auch die uralten Keltensiedlungen, die *castros,* auf dem Monte de Santa Tecla oder in Baroña, die sich fantastisch in die Küstenlandschaft einbetten. Ein weiteres reizvolles Ausflugsziel bilden die Illas Cíes, eine Inselgruppe, die Teil eines Nationalparks ist. Einen Schönheitswettbewerb unter den Küstenstädten würde zweifelsfrei Pontevedra mit seiner intakten Altstadt gewinnen. Das Binnenland bietet abgeschiedene Naturschönheiten wie den imposanten Cañón del Río Sil.

*Etwas skeptisch schaut der Fischhändler im Mercado de Abastos in Santiago de Compostela in die Runde. Dabei laufen seine Geschäfte gut: Die Galicier lieben frischen Fisch!*

# Auf einen Blick: Galicien

## Sehenswert

⭐ **Santiago de Compostela:** Die Pilgermetropole glänzt durch ihre intakte Altstadt, die sich um die Kathedrale gruppiert (s. S. 354).

⭐ **Pontevedra:** Die schönste Küstenstadt Galiciens besticht durch ihr malerisches Stadtbild, das vor allem durch die vielen schmucken Plätze geprägt wird (s. S. 410).

🍀 **Illas Cíes:** Die Inselgruppe, die 2002 zum Teil eines Nationalparks erklärt wurde, bildet ein faszinierendes Ökosystem (s. S. 419).

🍀 **Monte de Santa Tecla:** Der Berg bietet einen grandiosen Ausblick auf die Mündung des Río Miño. Unterhalb des Gipfels liegt die eindrucksvolle Keltensiedlung Castro Monte de Santa Tecla (s. S. 423).

---

## Schöne Routen

**Serra da Capelada:** Die gebirgige Halbinsel, auf der Wildpferde grasen, hat atemberaubende Steilküsten und Klippen (s. S. 376).

**Serra de Barbanza:** Eine reizvolle Tour führt zur traumhaft gelegenen keltischen Siedlung Castro de Baroña. Weitere Highlights bilden die große Wanderdüne des Naturparks von Corrubedo und der schier endlose Strand Praia de Laeira (s. S. 401).

---

## Meine Tipps

**Studentengesänge:** In lauen Sommernächten kann man auf der Praza do Obradoiro in Santiago häufig studentische *tuna*-Gruppen beim Musizieren erleben (s. S. 359).

**Pilgermesse:** Jeden Mittag um 12 Uhr findet die Pilgermesse in der Kathedrale von Santiago statt – wer einen guten Platz ergattern möchte, sollte rechtzeitig da sein (s. S. 359).

**Cabo Fisterra:** Das mythenumwobene Kap entfaltet bei Sonnenuntergang seine volle Magie (s. S. 395).

**Übernachten im Monasterio San Clodio:** Mitten im Weinanbaugebiet liegt das herrschaftliche Kloster, heute umgewandelt in eines der schönsten Hotels Galiciens. Hier kann man sich erholen und von der galicischen Küche verwöhnen lassen (s. S. 429).

*Blick auf das Ziel der Jakobspilger – die Kathedrale in Santiago*

### Aktiv

**Wandern auf dem Mühlenpfad bei Santa Tecla:** Die Tour krönen herrliche Ausblicke auf das Tal des Río Miños. Die zweistündige Rundwanderung führt an 67 Mühlen vorbei (s. S. 422).

**Bootstour durch die Schlucht des Río Sil:** Die Tour führt durch einen spektakulären Cañon mit steil aufragenden Felswänden (s. S. 436).

# Auf den Spuren der Pilger nach Santiago

**Das letzte Stück des Jakobswegs führt durch eine atemberaubende Berglandschaft und passiert mehrere Pilgerstationen mit besichtigenswerten Klöstern und Kirchen. Angekommen am Ziel, offenbart sich Santiago de Compostela als wahres Schatzkästchen aus Granit, in dem nach wie vor der Apostel Jakobus die Besucherströme steuert.**

## O Cebreiro ▶ 1, E/F 4

Hinter Villafranca steht den Pilgern ein hartes Stück Arbeit bevor: der Aufstieg auf den 1300 m hohen **Puerto de Pedrafita do Cebreiro,** erste Station des Jakobswegs in Galicien. Hier thront das uralte kleine Bergdorf **O Cebreiro** (span. El Cebreiro), das seit der Wiederbelebung des Jakobswegs aufgeblüht ist. Pilgerherbergen, Gasthäuser und Souvenirgeschäfte sorgen für Einkünfte. In den urigen Kneipen stärken sich die Pilger bei einer galicischen Kohlsuppe.

### Ethnografisches Museum

*Info unter Tel. 982 82 87 30, 15. Juni–15. Sept. Di–Sa 8.30–14.30, 16. Sept.–14. Juni Di–Sa 11–18 Uhr, Eintritt frei*

Den Reiz der Örtchens macht die Bauweise der *pallozas* genannten Häuser aus, die auf die Kelten zurückgeht. Sie sind aus Bruchsteinen aufgebaut und werden von weit nach unten gezogenen, mit Ginster oder Roggenstroh bedeckten Dächern geschützt. Eine *palloza* ist als **Museo Etnográfico** hergerichtet.

### Santa María

Über das Dorf wacht die ehemalige **Klosterkirche Santa María** aus dem 9. Jh., die älteste Pilgerkirche am Jakobsweg. Allerdings wurde sie im Laufe der Jahrhunderte nach Bränden mehrfach restauriert. Im Zentrum der Verehrung der Gläubigen steht die **Madonna Santa María la Real** (12. Jh.). In der rechten Apsis erinnert die **Capilla del Milagro** (Wunderkapelle) an ein **Hostienwunder,** das sich hier um das Jahr 1300 zugetragen haben soll: Ein frommer Bauer kam trotz stürmischen Wetters zur heiligen Messe, doch der Priester warf ihm vor, dass er nur für Brot und Wein gekommen sei. Daraufhin verwandelte sich die Hostie in Fleisch, der Wein wurde zu Blut. In der Vitrine erinnern die Patene (Hostienteller) und ein Kelch an das Wunder.

Hinter dem Bergdorf taucht linker Hand an der Straße bald ein imposantes **Pilgerdenkmal** auf, das den hl. Rochus als gegen Wind und Kälte ankämpfenden Pilger darstellt.

### Übernachten

Gemütlich – **As Miguinos do Cebreiro:** Rúa Via Romana 16, Pedrafita do Cebreiro (4 km von O Cebreiro), Tel. 982 36 71 16, 626 51 78 76. Kleines Hotel mit blitzsauberen, freundlich eingerichteten Zimmern. Die netten Gastgeber breiten ein reichhaltiges Frühstück zu. €

Bodenständig – **CTR Ambasmestas:** Antigua Nacional VI s/n, Vega de Valcarce, Tel. 987 54 32 47, www.ctrambasmestas.com. Kleines, solides Hotel am Jakobsweg, 18 km östlich vom Cebreiro-Pass. Das Restaurant setzt auf ordentliche Hausmannskost für hungrige Pilger (Menü €). €

### Essen & Trinken

Nette Kneipe – **Venta Celta:** Tel. 667 55 30 06. Das urige Lokal mit alten Holzbalken liegt im unteren Bereich des Dorfes. Keine große Auswahl, dafür aber eine leckere Kohlsuppe, *empanadas* (Teigtaschen) und köstlicher Käse. Dazu passt der galicische Hauswein. €

### Termin

**Marienwallfahrt:** 8. Sept. Die Wallfahrt zieht bis zu 30 000 Pilger an.

## Samos und Sarria

▶ 1, E 4

Weiter auf den Spuren der Jakobspilger durch die fantastische Berglandschaft wandernd, passiert man auf dem Weg zum Kloster Samos die Ortschaft **Tricastela**. Im Mittelalter schützten drei Burgen die Pilgerstation, zahlreiche Herbergen boten den Jakobspilgern Schutz. Für die Wallfahrer, die vom ›rechten Weg‹ abkamen, wurde eigens ein Pilgerkarzer, ein Gefängnis, eingerichtet.

### Benediktinerkloster San Xulián

*Tel. 982 54 60 46, Besuch im Rahmen von Führungen (40 Min.), Mo–Sa 10, 11, 12, 16.30, 17.30, 18,30, So, Fei 12.45, 16.30, 17.30, 18.30 Uhr, Spende erwünscht*

Als Nächstes führt der Weg den Wanderer zum mächtigen **Monasterio de San Xulián,** um das sich die Ortschaft **Samos** entwickelt hat. Die Geschichte des Klosters geht bis ins 7. Jh. zurück, von der ursprünglichen Anlage ist allerdings nur die Capilla de San Salvador erhalten geblieben. Die imposante Klosterkirche erhielt 1604 die Weihe, Ende des 18. Jh. wurden die Barockfassade und der pompöse Treppenaufgang gestaltet. Unter den beiden Kreuzgängen sticht der klassizistische Kreuzgang vor allem durch seine immensen Dimensionen (54 x 54 m) hervor.

### Sarria

12 km weiter liegt das Städtchen **Sarria** (13 000 Einw.), das aus einem römischen Lager entstand. Noch etwas Flair verströmt in dem heute eher modern geprägten Ort die Oberstadt. An der Rúa Maior, der Hauptstraße der Altstadt, finden sich die Überreste einer **Burganlage** (13. Jh.), etwas schräg gegenüber die romanische Kirche **San Salvador.** Ganz in der Nähe trifft man auf das Kloster **Convento de las Magdalenas** (12. Jh.).

### Übernachten

Angenehmes Landhaus – **Casa de Díaz:** Vilachá 4, Vilachá (5 km nordöstl. von Samos), Pfarrgemeinde Castroncán, Tel. 982 54 70 70, www.casadediaz.com. Landhaus mit viel Charme. Gepflegte Einrichtung mit Antiquitäten. €

Ordentlich – **Hotel A Veiga:** Av. Compostela 61, Samos, Tel. 982 54 60 52, www.hotelaveiga.com. Das Hotel bietet für zivile Preise einen guten Komfort. €

## Portomarín  ▶ 1, D 4

Das alte **Portomarín**, das unten im Tal lag, wurde 1963 Opfer der Aufstauung des Río Miño, die wichtigsten historischen Gebäude blieben jedoch von den Wassermassen verschont. Sie wurden Stein für Stein abgetragen und im neuen Portomarín auf einer Anhöhe oberhalb des **Embalse de Belesar** wieder errichtet. Beim Wiederaufbau erhielt die neue Ortschaft (1500 Einw.) ein mittelalterliches Gepräge – ein Unterfangen, das erstaunlich gut gelungen ist.

Das Zentrum ist um die schmucke Praza Maior angelegt. Hier erhebt sich die wieder aufgebaute **Iglesia de San Nicolás** (12. Jh., ehemals San Juan). Das wehrhaft von Zinnen bekrönte Gotteshaus sicherte einst die alte Pilgerbrücke, die bei niedrigem Wasserstand gespenstisch aus dem Miño hervorragt. Zwei große Rosetten, an der Westfassade und oberhalb der Altarapsis versorgen das schlichte, einschiffige Gotteshaus mit Licht.

### Übernachten

Antiquierte Einrichtung – **Pousada de Portomarín:** Av. de Sarria s/n, Tel. 982 54 52 00, www.pousadadeportomarin.es. Durchaus gepflegtes Hotel, das Mobiliar wirkt jedoch etwas altbacken. €–€€

Sportliche Aktivitäten – **Santa Mariña:** Rúa Santa Mariña 1, Tel. 982 54 51 05, www.casaruralsantamaria.com. Das einfach ausgestattete Landhaus liegt 800 m vom Zentrum entfernt. Zimmer sauber, aber sehr nüchtern und funktional. Im Angebot Ausflüge zu Pferd, im Kanu oder Jeep. €

### Essen & Trinken

An der Praza Maior – Unter den Arkaden finden sich etliche Restaurants und Bars.

# Von Portomarín nach Santiago ▸ 1, D 4–B/C 3

## Vilar de Donas

Ab Portomarín trennen die Pilger nur noch rund 90 km von ihrem ersehnten Ziel. Rund 6 km vor Palas de Rei bietet sich für kunsthistorisch Interessierte ein kleiner Abstecher von der N-547 zum Weiler **Vilar de Donas** an. Von der ehemaligen Klosteranlage, einer Gründung des Santiago-Ritterordens, ist noch die romanische **Kirche San Salvador** (12. Jh.) übrig geblieben. Sie diente als Grabkirche für die galicischen Ritter des Ordens, die im Kampf gegen die Mauren ihr Leben verloren. Durch das prächtig verzierte romanische Portal mit seinen herrlichen alten Beschlägen gelangt man ins einschiffige Kircheninnere, wo gotische Wandmalereien (15. Jh.) und zwei Rittergräber zu sehen sind.

## Mélide

Vorbei an dem ursprünglichen Dorf **Leboreiro** führt der Camino weiter nach **Mélide** (7500 Einw.), der letzten größeren Pilgerstation vor Santiago. Als Erstes trifft man am Ortseingang auf das romanische Kirchlein **San Pedro** (12. Jh.), das von einem typisch galicischen Steinkreuz bewacht wird.

Die **Praza do Convento** bildet mit dem Rathaus das Zentrum der Ortschaft. Auf dem Platz informiert das in in einem ehemaligen Pilgerhospiz untergebrachte volkskundliche **Museo da Terra de Mélide** über den Alltag vergangener Zeiten (2. Mai–Dez. Mo–Fr 10.30–13.30, 17–20 Uhr, Eintritt frei).

Am Ortsausgang in Richtung Santiago verabschiedet den Pilger die **Kirche Santa María** (12. Jh.), die in ihrem Innern interessante Wandmalereien aus dem 15. Jh. birgt.

## Monte de Gozo

Für die Pilger läuft nun der Countdown: **Lavacolla** ist die letzte Station vor Santiago. Im gleichnamigen Fluss unterzogen sich die Pilger im Mittelalter einer gründlichen Reinigung von Kopf bis Fuß. Heute liegt die Ortschaft direkt in der Einflugschneise des Flughafens von Santiago de Compostela. Die letzte Hürde für die Pilger ist der 368 m hohe **Monte de Gozo,** der Berg der Freude. Von hier aus erblicken sie zum ersten Mal Santiago, das Jerusalem des Westens – noch immer ein ergreifender Moment nach der Mühsal des langen Marsches. Beim Einzug in Santiago de Compostela singen viele Pilger das traditionelle Pilgerlied »Ultreya« aus Flandern oder das »Te Deum«.

# Santiago de Compostela ▸ 3, B 3

**Cityplan:** S. 356

Stimmungsvolle Plätze, schmucke Gassen mit Laubengängen, unzählige Kirchen, Klöster und Herrenhäuser bilden in der Altstadt von **Santiago** ein eindrucksvolles Gesamtkunstwerk. Fußgänger haben hier Vorfahrt, denn Autos sind längst aus der Innenstadt verbannt. 1985 adelte die UNESCO die Stadt mit der Auszeichnung als Welterbe, dennoch haftet ihr nichts Museales an. Im Gegenteil: Santiago ist eine quicklebendige Stadt mit einem regen kulturellen Leben und noch regerem Nachtleben. Dafür sorgen schon allein die 45 000 Studenten der traditionsreichen Universität, die auf eine über 500-jährige Geschichte zurückblickt. Gegenüber der modernen Architektur zeigt sich die Stadt aufgeschlossen: Rund um die Altstadt

# Santiago de Compostela

*Souvenirs aus Santiago: Pilgerstöcke mit Jakobsmuscheln*

sind neue architektonische Wahrzeichen entstanden wie das Auditorio de Galicia, das Centro Galego de Arte Contemporánea (CGAC, Zentrum für Zeitgenössische Kunst) oder die noch im Entstehen begriffene Cidade da Cultura (Kulturstadt) unter der Regie von Peter Eisenman.

Seit 1980 bildet die knapp 100 000 Einwohner zählende Stadt das politische Zentrum von Galicien, sie ist Sitz der Regierung und des Parlaments der Autonomen Gemeinschaft. Ein Manko haftet Santiago allerdings an: Sie ist die regenreichste Stadt von ganz Spanien.

## Geschichte

Am Anfang der Geschichte von Santiago de Compostela steht eine rätselhafte Lichterscheinung. Sterne und himmlische Klänge wiesen dem Eremiten Pelagius in der ersten Hälfte des 9. Jh. den Weg zu einem Feld, das die Gebeine des Apostels Jakobus barg. Diesem Wunder verdankt die Stadt ihre Geburtsstunde und ihren wohlklingenden Namen Santiago de Compostela (lat. *campus stellae*, Jakobus vom Sternenfeld). Der Bischof Teodomiro verbreitete die Kunde von der Entdeckung der Gebeine und König Alfons II. von Asturien (791–842) ließ über dem Grab des Apostels eine Kirche errichten. Rasch stieg Santiago zur Bischofsstadt auf; das Nachsehen hatte das Bistum Iria Flavia, das heutige Padrón.

Den Impuls für den wahrhaft kometenhaften Aufstieg der Stadt zum Jerusalem des Westens lieferte eine weitere Legende, die sich um Santiagos Rolle in der Schlacht von Clavijo im Jahr 844 rankt (s. S. 272). So entwickelte sich Santiago de Compostela als Hüterin der Gebeine des Apostels zur Pilgermetropole der Christenheit. 997 legte Almansor, der mächtige Feldherr des Kalifen Hischam II., Santiago in Schutt und Asche. Christliche Gefangene mussten die Glocken von Compostela nach Córdoba schleppen, dort wurden sie eingeschmolzen und in Moscheelampen verwandelt. Doch die Stadt stand auf wie Phoenix aus der Asche. Bereits 1188 ersetzte die romanische Kathedrale mit ihrem fantastischen Portal, dem Pórtico de la Gloria, das zerstörte Gotteshaus. Die Pilger strömten aus allen Ecken und Enden Europas herbei und im

# Santiago de Compostela

## Sehenswert

1. Praza do Obradoiro
2. Pazo de Xelmíres
3. Hostal dos Reis Católicos
4. Pazo de Raxoi
5. Colexio de San Xerome
6. Catedral de Santiago
7. Convento de San Francisco
8. Mosteiro de San Martiño Pinario
9. Praza da Quintana
10. Convento San Paio de Antealtares
11. Casa da Parra
12. Casa da Conga
13. Praza das Praterías
14. Museo das Peregrinaciónes
15. Colexio de Fonseca
16. Casa do Deán
17. Pazo do Bendaña
18. Parque de Alameda
19. Santa María Salomé
20. Teatro Principal
21. Alte Universität
22. San Fiz de Solovio
23. Mercado de Abastos
24. Museo do Pobo Galego
25. Centro Galego de Arte Contemporánea
26. Colexiata Santa María do Sar
27. Cidade da Cultura
28. Pazo de Oca

## Übernachten

1. Parador de Santiago
2. Hotel Monumento San Francisco
3. Hotel Virxe da Cerca
4. Hotel Rúa Vilar
5. Hotel As Sete Artes
6. Casa Grande do Bachao
7. Hotel Costa Vella
8. Hostal Restaurante Suso

## Essen & Trinken

1. A Curtidoría
2. O Curro da Parra
3. Abastos 2.0
4. Cotolay
5. La Jefatura
6. O Dezaséis
7. A Tafona
8. Bodega Abrigadoiro
9. La Bodeguilla de San Roque
10. El Papatorio

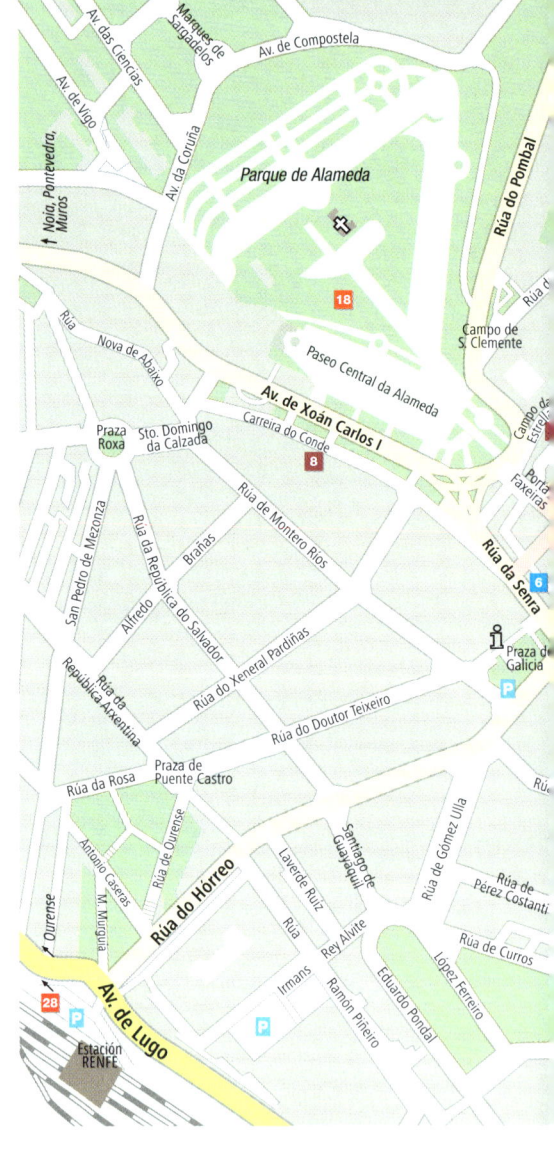

| | |
|---|---|
| 11 | A Taberna do Bispo |
| 12 | Café Casino |

## Einkaufen
1. Rodmayer-Museo de Azabache
2. Pedras de Santiago
3. Sargadelos
4. De Cotío
5. Sombrerería Iglesias
6. As Monxas

## Abends & Nachts
1. Borriquita de Belém
2. Casa das Crechas
3. In Metate
4. Momo
5. Modus Vivendi
6. Rock Café O Cum
7. Club Riquela
8. Auditorio de Galica

13. Jh. wurde die Wallfahrt nach Santiago der nach Jerusalem und nach Rom gleichgestellt. Zwei Jahrhunderte später zogen mehr Pilger zum Jakobusgrab als nach Rom und ins Heilige Land. Im Zuge der Reformation (16. Jh.) wurde es still um das Apostelgrab. Luther und seine Anhänger kritisierten den katholischen Reliquienkult und stellten die Frage nach dem ›wahren Jakob‹ in den Raum. Santiago sank zu einem regionalen Pilgerziel herab. Seit den 1990er-Jahren geht es jedoch wieder sprunghaft bergauf mit den Pilgerzahlen – Santiago und der Jakobsweg liegen eindeutig im Trend. Davon kündet nicht zuletzt die lange Liste der Prominenten wie Shirley MacLaine, Paulo Coelho oder Hape Kerkeling, die ihre Erfahrungen auf dem Pilgerweg niedergeschrieben und erfolgreich veröffentlicht haben.

# Rund um die Praza do Obradoiro

Magischer Anziehungspunkt für alle Santiago-Besucher ist die Kathedrale, die über dem Grab des Apostels Jakobus errichtet wurde. Alle Wege kreuzen sich zunächst auf der **Praza do Obradoiro** 1, dem weitläufigen Vorplatz, der gesäumt ist von altehrwürdigen Gebäuden. Der Name rührt vermutlich von den Werkstätten der Steinmetze, die einst hier angesiedelt waren. Das Geviert ist die Schaubühne der Stadt: Es wimmelt nur so von Touristen, fliegenden Händlern, Straßenmusikanten, Studenten und – nicht zu vergessen – Pilgern. Viele werden von ihren Emotionen regelrecht übermannt, sind sie doch nach einer langen, entbehrungsreichen Pilgerschaft endlich am Ziel ihrer Reise angelangt. Gleichermaßen ermattet und ergriffen, lassen sie sich auf dem Platz nieder und blicken auf die imposante Fassade der Kathedrale.

## Erzbischöflicher Palast 2

*Tgl. 10–20, 1. Juni–15. Sept. tgl. 9–20 Uhr, Eintrittspreise s. Kathedrale*
Links von der Kathedrale steht der mächtige **Pazo de Xelmírez** (12./13. Jh.). Als Bauherr fungierte der ehrgeizige, nicht unumstrittene Erzbischof Diego de Gelmírez (1098–1149). Er spielte eine Schlüsselrolle für die Entwicklung der Stadt: Auf sein Betreiben stieg Santiago zum Erzbistum auf und erhielt zahlreiche Privilegien wie das Recht, Münzen zu prägen. Mit den Einnahmen des Erzbistums trieb er tatkräftig den Bau der Kathedrale und des Bischofspalastes voran.

Der Palast gilt als das bedeutendste profane Bauwerk der spanischen Romanik. Der **große Festsaal** im Obergeschoss bildete einen prunkvollen Rahmen für Synoden, Besprechungen und opulente Festmähler. Amüsante Szenen, eingemeißelt in die Kapitelle und die Kragsteine, zeigen ein Königspaar beim Tafeln mit seinen Gästen.

## Pilgerhospiz der Katholischen Könige 3

Die Nordseite der Praza do Obradoiro nimmt der monumentale Komplex des einstigen **Hostal dos Reis Católicos** ein. Gestiftet wurde das Pilgerhospiz im Jahr 1492 von den Katholischen Königen Ferdinand und Isabella. Im gleichen Jahr setzte das Paar mit der Einnahme von Granada den Schlussstein der Reconquista, und Kolumbus entdeckte für Spanien die Neue Welt. Mit dem Bau des Hospizes betraute das Königspaar den Hofbaumeister Enrique de Egas. Das prächtige **Portal** im plateresken Stil zieren Medaillons mit den Büsten der beiden Stifter, ihre Wappen flankieren das Portal. Das Gebäude gruppiert sich um vier herrlich gearbeitete **Kreuzgänge**, die Schnittstelle nimmt die gotische **Hospizkapelle** ein.

Seit 1958 beherbergt der stimmungsvolle Bau den exklusiven **Parador de Santiago de Compostela** 1. Die ersten zehn Pilger des Tages erhalten im Parador kostenlos ein Frühstück, Mittag- und Abendessen.

## Raxoi-Palast 4

Gegenüber der Kathedrale beherrscht der 87 m lange **Pazo de Raxoi** (1777) die Szenerie. Das Giebelfeld präsentiert die legendäre Schlacht von Clavijo. Das Gebäude wurde im Laufe der Zeit vielfältig genutzt: Zunächst als Residenz für Chorknaben und Seminaristen, später diente es sogar als Gefängnis. Heute sind in dem Palast das **Rathaus** und die

**Xunta do Galicia,** die Regierung von Galicien, untergebracht.

In den Sommernächten spielen unter den Arkaden des Rathauses gegen 22 Uhr häufig die studentischen **Tuna-Gruppen** auf. Die Tradition der *tunas* (lat. *tunare*, ein Instrument stimmen) lässt sich bis ins Mittelalter zurückverfolgen. Einst verdienten sich arme Studenten durch das Singen und Spielen von Liedern eine Suppe oder ein kleines Trinkgeld oder brachten der Angebeteten ein Ständchen unter ihrem Balkon dar. Heute steht die Freude an der Musik und am geselligen Beisammensein im Vordergrund.

## Kollegium San Xerome 5

An der Südseite des Platzes schließt sich das bescheiden anmutende **Colexio de San Xerome** (17. Jh.) an. Einst Wohnheim für arme Studenten, ist es heute Sitz des Rektorats der Universität. Das romanische Portal (13. Jh.) stammt ursprünglich von einem Hospital an der Rúa da Acibechería, das jedoch der Erweiterung des Kloster San Martín Pinario zum Opfer fiel.

## Kathedrale 6

*www.catedraldesantiago.es, tgl. 10–20 Uhr, Eintritt frei; Pilgermesse tgl. 12 Uhr (mind. 1 Std. früher da sein), 19.30 Uhr, Kombiticket Glorienportal, Ausstellungen 12 €, Kombiticket Glorienportal, Turm, Dachbesteigung, Ausstellungen 20 €; Zeit auf Ticket gilt für Besichtigung des Glorienportals (max. 30 Min.), Museum 6 €*

Sämtliche repräsentative Gebäude des Obradoiro-Platzes werden von der prächtigen, reich verzierten Barockfassade der **Catedral de Santiago,** die 1738–1747 erbaut wurde, förmlich in den Schatten gestellt. Ihre eleganten, himmelstürmenden Türme (74 m) bilden den Rahmen für das Zentrum der **Fassade,** das an einen monumentalen Altaraufsatz erinnert. Von weit oben grüßt der Apostel Jakobus im Pilgergewand die Gläubigen.

Genau genommen ist die Westfassade jedoch nur Blendwerk, denn hinter der barocken Herrlichkeit verbirgt sich die grandiose romanische Kathedrale, die zwischen 1075 und 1211 errichtet wurde. Man baute

## AUF DEN DÄCHERN DER KATHEDRALE

Erleben Sie die Kathedrale einmal aus einer anderen Perspektive! Vom Besucherzentrum in der **Cripta del Pórtico de la Gloria** aus besteht die Möglichkeit, auf das Dach der Kathedrale zu steigen (84 Stufen). In luftiger Höhe bieten sich fantastische Rundblicke über die Stadt (Infos siehe Kathedrale; aufgrund von Bauarbeiten können die Dächer der Kathedrale evtl. nicht zu besichtigen sein).

sie auf den Trümmern der Basilika, die der maurische Feldherr Almansor nach seinem Einfall in Santiago de Compostela 977 hinterlassen hatte – immerhin respektierte er die Gebeine des Apostels, sie sind unversehrt geblieben.

Um das abschüssige Terrain auszugleichen, erhielt der Neubau des 11./12. Jh. eine solide Unterkonstruktion; so konnte die Kathedrale zur Praza do Obradoiro hin verlängert werden. Der Zugang zur **Catedral Vieja** (Alte Kathedrale), wie der Unterbau irreführenderweise bezeichnet wird, liegt unterhalb der barocken, doppelläufigen Freitreppe.

## Pórtico de la Gloria

Geschützt durch die barocke Fassade blieb das Juwel der Kathedrale, das ehemalige Hauptportal, der **Pórtico de la Gloria** 1, hervorragend erhalten. Das Meisterwerk der Romanik stammt aus der Hand des Maestro Mateo. Gemeinsam mit seiner Werkstatt arbeitete er über 20 Jahre lang, von 1166 bis 1188, an dem dreiteiligen Glorienportal. Der geniale Meister hauchte den gut 200 bibli-

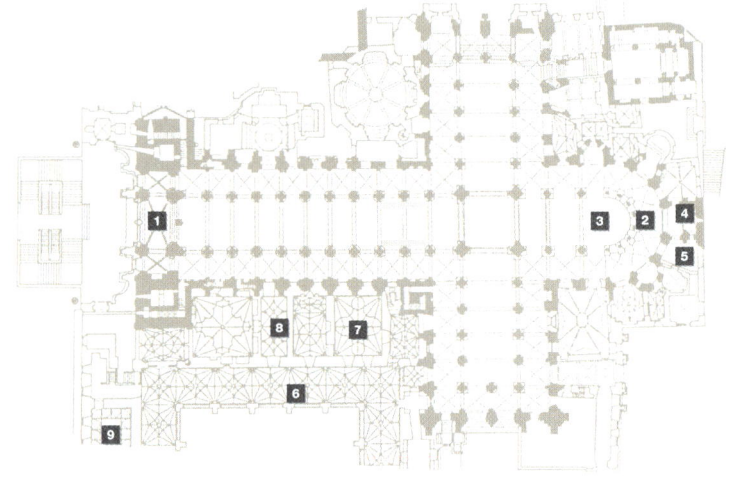

## Catedral de Santiago

1. Pórtico de la Gloria
2. Hauptaltar
3. Capilla Mayor
4. Capilla del Salvador
5. Porta Santa
6. Kreuzgang
7. Sakristei
8. Museo Catedral
9. Bibliothek-Archiv

---

schen Figuren aus dem Alten und Neuen Testament Leben ein – er löste die Skulpturen aus der Starre und der Frontalität, die für die frühe Romanik so charakteristisch waren. Farbreste deuten heute noch die Farbenpracht der ursprünglichen Fassung an.

Im **zentralen Tympanon** thront Christus der Erlöser, umgeben von den vier Evangelisten. Im Bogenlauf reihen sich die 24 Ältesten auf, ihre detailgetreu gearbeiteten Instrumente bilden ein einzigartiges Zeugnis für die Musikgeschichte des Mittelalters.

Auf dem **Mittelpfeiler** empfängt der hl. Jakobus die Pilger. Darunter, tief eingegraben in die Wurzel Jesse, finden sich die Vertiefungen, die die Hände von Millionen von Jakobspilgern hinterlassen haben. Auf der Rückseite des Pfeilers kniet, gemäß der Überlieferung, der Meister Mateo. In der Hoffnung, dass etwas von seiner Genialität auf den Nachwuchs übergeht, drücken Eltern die Köpfe ihrer Kinder dreimal an seine Stirn.

### Im Inneren der Kathedrale

Hinter dem Pórtico de la Gloria öffnet sich auf dem Grundriss eines lateinischen Kreuzes der erhabene Kirchenraum, der allein schon durch seine Dimensionen beeindruckt. Das dreischiffige **Langhaus** misst 97 m in der Länge, das ebenfalls dreischiffige **Querhaus** 65 m. Elegante Rundbögen tragen die bis zu 24 m hohen Gewölbe.

Eine **Empore** umläuft den gesamten Raum der Kathedrale, im Mittelalter diente sie den Pilgern, die nicht mehr in den Herbergen Platz fanden, als Schlafstätte. Gegen die Ausdünstungen der Pilgermassen half der *botafumeiro*, ein 53 kg schweres und 1,5 m ho-

## Santiago de Compostela

hes Weihrauchfass. Auch heute noch wird er am Jakobstag (25. Juli) und anderen hohen Festtagen in der Vierung aufgehängt und von acht Männern, den *tiraboleiros,* mit einer Geschwindigkeit von bis zu 68 km/h durch das Querhaus geschwenkt. Ein wahrhaft eindrucksvolles Spektakel!

Magischer Anziehungspunkt der Pilgerkirche bildet der bühnenhaft inszenierte, reichlich mit Gold beladene, barocke **Hauptaltar** 2 (17. Jh.). Im Zentrum thront die romanische **Skulptur des hl. Jakobus** (13. Jh.), gewandet mit einer kostbaren silbernen, mit Edelsteinen besetzten Pelerine. Über eine Treppe hinter dem Altar nähern sich die Pilger dem Apostel und ehren ihn mit einer Umarmung und einem Kuss auf die Schulter. Dieses Ritual symbolisiert für sie das Erreichen ihres Zieles, den erfolgreichen Abschluss der Pilgerfahrt. Von dieser Kammer eröffnet sich ein herrlicher Blick in den Kirchenraum mit seinen zahlreichen Kapellen.

Am Ausgang führt eine Treppe hinab zur **Krypta** unterhalb des Hauptaltars: Sie birgt den Schrein mit den Gebeinen des hl. Jakobus. An der Frage, ob es sich tatsächlich um die sterblichen Überreste des Heiligen handelt, scheiden sich bis heute die Geister.

Im Kapellenkranz um die **Capilla Mayor** 3 findet sich in der Scheitelkapelle die **Capilla del Salvador** 4 (Erlöserkapelle). Hier wurde 1075 mit dem Bau der Kathedrale begonnen. Im Mittelalter nahm man in dieser Kapelle den Pilgern die Beichte ab und händigte ihnen das Dokument, die *compostelana,* aus, die die vollbrachte Pilgerfahrt bestätigte. Gleich daneben liegt die modern gestaltete Innenseite des Heiligen Tors, der **Porta Santa** 5 (s. auch S. 364), die in Bronze gegossene Szenen aus der Vita des hl. Jakobus zeigt.

### Kreuzgang

*Museum, www.catedraldesantiago.es, tgl. 10–20 Uhr, 6 €*

Um den im 16. Jh. gestalteten **Kreuzgang** 6 ranken sich die **Sakristei** 7 und die Säle des **Museo Catedral** 8 mit dem **Domschatz** *(tesoro).* Dieser birgt auch eine kostbare Reliquiensammlung; das Glanzstück bildet die Monstranz von Antonio de Arfe (16. Jh.). Die **archäologische Sammlung** widmet sich der Entstehungsgeschichte der Kathedrale. Mit hochkarätigen Gobelins nach Entwürfen von Goya und Rubens wartet die **Teppichsammlung** auf. Vom Balkon im obersten Stockwerk bietet sich ein herrlicher Blick über die Praza do Obradoiro. In der **Bibliothek** 9 wird der *botafumeiro* (1851) verwahrt. Das **Archiv** (nicht zugänglich) hütet das älteste Exemplar des mittelalterlichen Pilgerführers »Codex Calixtinus«.

## Nördlich der Kathedrale

Linker Hand vom Bischofspalast führen Stufen hinauf zur **Praza da Inmaculada,** wo sich im Mittelalter die fliegenden Händler nur so tummelten. Sie hofften auf ein gutes Geschäft mit den Pilgern, denn deren Weg führte über den Platz durch das Nordportal, die **Porta da Acibechería** (18. Jh.), in die Kathedrale.

Von hier aus bietet sich ein kleiner Abstecher nach Norden zum mächtigen **Convento de San Francisco** 7 an. Das Kloster aus dem 17. Jh. ist noch in Betrieb, der Großteil des Gebäudes wird aber inzwischen von einem Hotel eingenommen.

### Kloster San Martiño Pinario

An der Praza da Inmaculada erhebt sich das mächtige ehemalige Benediktinerkloster **Mosteiro de San Martiño Pinario** 8 . Mit einer Grundfläche von 20 000 m² ist es das zweitgrößte Kloster Spaniens nach dem El Escorial in Madrid. Die Gründung des Klosters geht bereits auf das 10. Jh. zurück, der heutige Gebäudekomplex entstand jedoch erst zwischen dem 16. und dem 18. Jh. Hoch zu Ross thront der hl. Martin über dem aufwendig gearbeiteten Hauptportal. Heute dient das Kloster als Priesterseminar und beherbergt auch ein Studentenwohnheim, das außerhalb der Studienzeiten im Sommer als Gästehaus genutzt wird. Die angebaute gleichnamige barocke Klosterkirche (17. Jh.) besitzt eine großartige Fassade, die wie ein Altarbild aufgebaut ist. Der prächtige Hochaltar, gestaltet von Fer-

*Blick vom Miradoiro da Catedral im Parque da Alameda auf die imposante Kathedrale von Santiago de Compostela*

nando de Casas y Novoa, gilt als Meisterwerk des galicischen Barocks.

Die Praza da Inmaculada geht über in die **Rúa da Acibechería.** Ihr Name rührt von den Werkstätten und Geschäften her, in denen bis heute das Kohlegestein Gagat (span. *azabache*), das ›schwarze Gold von Galicien‹, angeboten wird.

# Östlich der Kathedrale

Auf der Ostseite der Kathedrale erstreckt sich die weitläufige, eine kühle Strenge verströmende **Praza da Quintana** 9 . Ihr vollständiger Name Praza da Quintana do Mortos erinnert daran, dass sich bis zum 18. Jh. auf dem Areal ein Friedhof befand.

## Kloster San Paio 10

Gegenüber dem Chorhaupt der Kathedrale leben hinter den schlichten Mauern des **Monasterio San Paio de Antealtares** (17./18. Jh.) bis heute 38 Nonnen in strenger Klausur. In Santiago de Compostela heißt es, dass aus ihrer Backstube die besten Mandelkuchen, die berühmten *tartas de Santiago,* kommen. Das im 9. Jh. zum Schutz des Apostelgrabs ins Leben gerufene Kloster ist San Paio gewidmet, der in jungen Jahren unter dem Kalifen Abderramán III. in Córdoba den Märtyrertod erlitt.

## Haus Parra und Haus Conga

Oberhalb der Treppenstufen bildet die **Casa da Parra** 11 (17. Jh.), deren Fassade in Stein gemeißelte Weintrauben zieren, einen heiteren Kontrapunkt zur strengen Klosterarchitektur. Die **Casa da Conga** 12 (18. Jh.), die einstige Residenz der Kanoniker der Kathedrale, schließt den Platz in Richtung Süden ab. Heute hat das Architektenkolleg von Galicien hier seinen Sitz und nutzt das Gebäude auch für interessante Wechselausstellungen.

## Heiliges Tor

Die **Porta Santa** der Kathedrale von Santiago de Compostela weist auf die Praza da Quintana. Sie wird nur in heiligen Jahren geöffnet, wenn der Tag des Apostels (25. Juli) auf einen Sonntag fällt. Am Vortag des heiligen Jahres, am 31. Dezember, zerschlägt der Erzbischof mit einem silbernen Hammer symbolisch das Tor. Der Apostel Santiago im Pilgergewand, flankiert von seinen beiden Jüngern, bewacht das Portal. Die 24 Propheten, Patriarchen und Apostel, die das Portal rahmen, stammen aus der Werkstatt des Meisters Mateos, ursprünglich schmückten sie das romanische Chorgestühl der Kathedrale.

## Tor der Silberschmiede

Im Schatten des 72 m hohen **Uhrturmes** ziert das älteste noch erhaltene Kirchenportal, die romanische **Porta das Platerías** (um 1103) die Südflanke der Kathedrale. Die Plastiken stammen von verschiedenen Portalen des Gotteshauses und wurden in Form einer Collage hier neu arrangiert. Das rechte Tympanon des Doppelportals zeigt Stationen der Passion Christi. Das linke Tympanon berichtet von den Versuchungen Christi in der Wüste und warnt vor dem Ehebruch; eine der Versuchung erlegene Frau küsst zur Strafe das abgeschlagene Haupt ihres Liebhabers. Auf der linken Seite des Portals blickt der anmutige König David mit seiner Fiedel in weite Ferne.

Die Freitreppe vor dem Portal führt hinab zur stimmungsvollen **Praza das Praterías** 13 , dem Platz der Silberschmiede, in dessen Mitte ein hübscher romantischer Brunnen mit wasserspeienden Pferden die Blicke der Touristen auf sich zieht.

## Pilgermuseum 14

*Praza das Praterías 2, Tel. 881 86 74 01, Di–Fr 9.30–20.30, Sa 11–19.30, So, Fei 10.15– 14.45 Uhr, Eintritt frei*

Das **Museo das Peregrinaciónes** widmet sich der Geschichte des Jakobswegs und seiner Bedeutung für Santiago de Compostela und ganz Europa. Die Pilgerwege, die von vielen Orten auf dem Kontinent nach Santiago de Compostela verliefen, werden aufgezeigt sowie die Pilgerrituale, die sich mit dem Camino verbinden. Die unterschiedlichen Darstellungen des Apostels im Wandel der Zeit, sein Weg nach Santiago sowie die Geschichte des Grabmals werden erläutert. Dank des Zustroms der Pilger florierte das Kunsthand-

# Santiago de Compostela

werk in Santiago, Exponate zeigen die Arbeit der Gagatkünstler, der Silberschmiede und der Kupferstecher.

# Streifzug durch die Altstadt

Südlich der Kathedrale verlaufen in paralleler Richtung die am meisten frequentierten Gassen der Altstadt: die **Rúa do Franco**, die **Rúa do Vilar** und die **Rúa Nova.**

## Rúa do Franco

Dichtes Gedränge herrscht in der **Rúa do Franco.** Hier sorgen unzählige Restaurants und Bars für das leibliche Wohl, die eine oder andere Touristenfalle miteingeschlossen. Der Name der Straße hat übrigens nichts mit dem Diktator Franco zu tun, er erinnert vielmehr an die fränkischen Händler, die sich einst hier niederließen. Kunsthistorischen Genuss bietet das **Colexio de Fonseca** 15 (16. Jh.) am Beginn der Straße. Die heutige Unibibliothek birgt einen stimmungsvollen Innenhof im Stil der Renaissance, der auf einen Entwurf von Gil de Hontañón zurückgeht.

## Dekanatshaus 16

Die **Rúa do Vilar** geht von der Praza das Praterías ab. Gleich linker Hand taucht die **Casa do Deán** (18. Jh.) auf. In dem Adelspalais nächtigten einst die Bischöfe, die Santiago einen Besuch abstatteten. Heute holen sich die Jakobspilger im Pilgerbüro die heiß ersehnte *compostelana* ab, also ihre Pilgerurkunde.

## Museum Eugenio Granell 17

*www.fundacion-granell.org, Sommer Di–Do 11–14, 16–20, Fr 11–14, 17–20, Sa 11–14.30, Winter Di–Fr 11–14, 16–20, Sa 11–14 Uhr, 2 €*
Am Ende der Rúa do Vilar trifft man auf die lebhafte **Praza do Toural,** die vom **Pazo do Bendaña,** dem Palast der Markgrafen von Bendaña (18. Jh.), dominiert wird. Mittlerweile beherbergt der Palast eine Stiftung und ein Museum, die sich dem Werk des surrealistischen Künstlers Eugenio Granell (1912–2001) widmen. Außerdem sind auch interessante Wechselausstellungen zu sehen.

## Alameda-Park 18

*Colexio de San Clemente, www.parquealamedasantiago.com*
Ein kleiner, sehr lohnender Abstecher führt am Rande der Altstadt über die Rúa da Porta Faxeira zum **Parque de Alameda,** der grünen Lunge von Santiago. An seinem Eingang trifft man auf die Skulptur der **Dos Marias.** Die exzentrischen Schwestern gingen um Punkt 14 Uhr zum Spazieren in den Park und flirteten gerne mit den jungen Studenten. Von der Flaniermeile **Paseo de la Herradura** eröffnet sich der Postkartenblick auf die Kathedrale von Santiago – ein Erlebnis auch in den Abendstunden, wenn das Gotteshaus von Scheinwerfern effektvoll ins richtige Licht gesetzt wird.

## Rúa Nova

Über die **Rúa Nova** geht es zurück Richtung Kathedrale. Für eine Kaffeepause empfiehlt sich das traditionsreiche **Café Casino** aus dem Jahr 1873 (Nr. 35, https://cafecasino.gal). Ein paar Meter weiter steht die kleine Kirche **Santa María Salomé** 19 (17. Jh.), die der Mutter des Apostels Jakobus geweiht ist. Die Initiative für den Kirchenbau ging von dem bauwütigen Erzbischof Diego Gelmírez aus, das einzige Relikt aus dieser Zeit ist das romanische Eingangsportal (12. Jh.). Ein Hort der Kultur ist das **Teatro Principal** 20, in dem seit 1841 Theateraufführungen stattfinden.

## Alte Universität 21

*Praza da Universidade 1*
In unmittelbarer Nähe steht das **alte Hauptgebäude der Universität** (18. Jh.; Facultade de Xeografia e Historia), in dem sich ursprünglich eine Jesuitenschule befand. Heute sind in dem Gebäude die Fakultäten für Geschichte und Geografie untergebracht. Die restlichen Fakultäten der über 500 Jahre alten Universität verteilen sich über die ganze Stadt.

## Altstadtmarkt

*Rúa das Ameas s/n, Mo–Sa 8–14 Uhr*
Zwischen Universität und Markt stößt man auf das Kirchlein **San Fiz de Solovio** 22 (18. Jh.), dessen Ursprung um das Jahr 900 datiert wird. Der Überlieferung nach wurde die Kirche über

dem Ort errichtet, wo sich einst die Einsiedelei des hl. Pelagius, dem ›Entdecker‹ des Apostelgrabs, befand. In und um die Markthallen des **Mercado de Abastos** 23 bieten Händler die Spezialitäten Galiciens feil.

## Am Rande der Altstadt

### Museum des Galicischen Volkes 24

*Rúa de Bonaval, www.museodopobo.gal, Di–Sa 11–18, So, Fei 11–14 Uhr, 4 €*

Ganz in der Nähe der **Porta do Camino,** durch die die Pilger in die Stadt einziehen, liegt auf einer kleinen Anhöhe das ehemalige Kloster **Santo Domingo de Bonaval** (14.–17. Jh.). Der Überlieferung nach gründete der hl. Dominikus das Kloster im Jahr 1220 höchstpersönlich. In den Räumen um den Kreuzgang wurde das **Museo do Pobo Galego** eingerichtet. Das volkskundliche Museum befasst sich facettenreich mit den unterschiedlichen Aspekten der Kultur und der Arbeitswelt der Galicier.

Allein schon die originelle, dreifach gewundene Wendeltreppe des Kreuzgangs, die der Architekt Domingo de Andrade entwarf, lohnt den Besuch des Klosters. In der **Klosterkirche** (14.–16. Jh.) ist in einer Seitenkapelle das **Pantheon berühmter Galicier** untergebracht. Hier ruhen u. a. die sterblichen Überreste der Dichterin **Rosalía de Castro** (1837–1885): Sie verfasste ihre melancholischen Gedichte überwiegend in galicischer Sprache und gab so wichtige Impulse für das Wiedererblühen der galicischen Literatur.

### Galicisches Zentrum für Zeitgenössische Kunst 25

*Rúa Valle Inclán 2, Tel. 981 54 66 19, www.cgac.xunta.gal, Di–So 11–20 Uhr, Eintritt frei*

Mit dem modernen Gebäude des **Centro Galego de Arte Contemporánea** schuf der portugiesische Architekt Álvaro Siza Vieira einen interessanten Kontrast zur Architektur des benachbarten Dominikanerklosters. Das Museum bietet außer der Dauerausstellung, deren Schwerpunkt auf dem Schaffen galicischer Künstler liegt, interessante temporäre Ausstellungen, die sich mit den neuesten Tendenzen in der internationalen Kunst befassen.

*Endlich am Ziel angelangt: fröhliche Pilger vor der Kathedrale in Santiago*

Santiago de Compostela

# Außerhalb des Zentrums

## Santa María do Sar 26

*Rúa do Sar s/n, Tel. 981 56 28 91, www.catedral santiago.es, Mo–Fr 10–14, 16–18 Uhr, 2 €*

Etwa 1 km südöstlich der Altstadt bettet sich an das Ufer des Río Sar die **Colexiata Santa María do Sar**. Ins Auge fallen zunächst die robusten Strebepfeiler, die das romanische Gotteshaus (12. Jh.) vor dem Einsturz bewahren. Im Innern beschleicht den Besucher angesichts der Schieflage der Pfeiler ein ungutes Gefühl. Ist dieses überwunden, lässt sich der wunderbar proportionierte Innenraum genießen. Über die möglichen Ursachen für die Neigung der Stiftskirche wird unter den Fachleuten noch diskutiert. Vom alten romanischen Kreuzgang ist noch ein Flügel erhalten; fantasievolle florale Motive – vermutlich von Meister Mateo und seiner Werkstatt – zieren die Kapitele.

## Stadt der Kultur 27

*Monte Gaiás s/n, www.cidadedacultura.gal, Besichtigung des Areals tgl. 8–22 Uhr, architektonische Führungen auf Spanisch und Englisch, Reservierung unter Tel. 881 99 75 84, o.informacion@cidadedacultura*

Santiago de Compostelas architektonisches Aushängeschild ist die **Cidade da Cultura de Galicia** auf dem Monte Gaiás. Architekt ist der US-Amerikaner Peter Eisenman, der in Berlin das Holocaust-Mahnmal entwarf. Das gigantische Bauprojekt überstieg die geplanten Kosten um ein Vielfaches. So hat sich, nachdem die ersten Bauten fertiggestellt waren, erstmal nicht viel getan. Mittlerweile sind neben der **Biblioteca e Arquivo de Galicia** und **dem Museo Centro Gaiás** (Wechselausstellungen, Di–So 11–20 Uhr, Eintritt frei) weitere Bauten, Skulpturen und Parkanlagen hinzugekommen. Eindrucksvoll illuminiert werden in der Nacht die Türme **Torre de Cristal** und **Torre de Piedra,** die 1992 vom New Yorker Architekten John Hejduk entworfen und nach dessen Tod von Peter Eisenman realisiert wurden.

## Pazo de Oca 28

*Pazo de Oca, A Estrada, Tel. 986 58 74 35, www.fundacionmedinaceli.org, Anfahrt über die N-525 in Richtung Ourense oder AP-53, Ausfahrt 15, nur der Park ist zugänglich, April–Okt. tgl. 10–14, 16–20, Nov.–März tgl. 10–14, 15–19 Uhr, 10 €*

Für Gartenliebhaber lohnt sich ein Ausflug zum 30 km südöstlich gelegenen Gutshof **Pazo de Oca**. Der Palast der Gans und seine herrlichen Gärten entstanden im 18. Jh. Etwas hochtrabend wird der Park als das Versailles Galiciens bezeichnet, dennoch lässt der verwunschene Garten mit seinen Teichen die Herzen romantischer Seelen höherschlagen.

### Infos

**Oficina Central de Información Turística Municipal:** Rúa do Vilar 63, 15705 Santiago, Tel. 981 55 51 29, www.santiagoturismo.com, Mai–Okt. tgl. 9–19, Nov.–April tgl. 10–18 Uhr. Zweigstelle: Aeropuerto de Santiago, Tel. 981 89 71 94, Ankunftsbereich.

**Oficina de Turismo de Galicia:** Plaza Mazarelos 15, bajo, Tel. 881 86 63 97, www.turismo.gal, Mo–Fr 10–16, Fei, 10–14.30 Uhr. Das Büro erteilt Auskünfte zu ganz Galicien. Die Website ist gut aufgebaut und sehr hilfreich bei der Suche nach Hotels, Pensionen und ländlichen Unterkünften.

### Übernachten

Gediegen, exklusiv – **Parador de Santiago de Compostela** 1 **:** Plaza del Obradoiro 1, Tel. 981 58 22 00, www.parador.es. Luxushotel direkt neben der Kathedrale. Das ehemalige Pilgerhospiz der Katholischen Könige glänzt mit noblem, ritterlichem Ambiente. €€€

Design-Klosterhotel – **Hotel Monumento San Francisco** 2 **:** Campillo de San Francisco 3, Tel. 981 58 16 34, www.sanfranciscohm.com. Das Hotel befindet sich im Franziskanerkloster und kann es durchaus mit dem Komfort des Paradors aufnehmen. Modernes, elegantes, zurückhaltendes Design. Unschlagbar das Ambiente des Speisesaals im Refektorium. €€€

Charmant – **Hotel Virxe da Cerca** 3 **:** Virxe da Cerca 27, Tel. 981 56 93 50, www.pousadas decompostela.com. Das Hotel in historischem Gemäuer aus dem 18. Jh., einst Bankhaus, später Residenz der Jesuiten, liegt gegenüber dem Markt. Hoher Standard gepaart mit Charme und Geschichte. Zum Entspannen nach anstrengenden Stadttouren bietet sich die Terrasse im Garten an. €€–€€€

Geschmackvoll – **Hotel Rúa Vilar** 4 : Rúa do Vilar 8–10, Tel. 981 51 98 58, www.hotelruavilar.com. Gediegen eingerichtetes Hotel, schön gelegen, mitten in der Altstadt. €€–€€€

Familiär geführt – **Hotel As Sete Artes** 5 : Travesía das Dúas Portas 2, Tel. 881 97 97 97, www.comoencasa.info. Das kleine Hotel liegt nur 50 m von der Kathedrale entfernt. Die Zimmer sind charmant eingerichtet, variieren allerdings stark im Hinblick auf ihre Größe. €€

Mitten im Grünen – **Casa Grande do Bachao** 6 : Monte Bachao s/n, Santa Cristina de Fecha, Tel. 981 55 87 05, www.bachao.es. 15 km nördlich von Santiago liegt das alte Bauernhaus, das in ein charmantes Hotel umgewandelt wurde. Das rustikal-gemütliche Restaurant bietet eine tolle galicische Küche. Etwas für Naturliebhaber und Ruhesuchende. €€

Stimmungsvoll – **Hotel Costa Vella** 7 : Calle Porta da Pena 17, Tel. 981 56 95 30, www.costavella.com. Romantisches kleines Hotel mit zauberhaftem kleinem Garten, liebevoll möblierten Zimmern und sehr aufmerksamem Personal. €€

Günstig – **Hostal Restaurante Suso** 8 : Rúa do Vilar 65, Tel. 981 58 66 11, www.hostalsuso.com. Zentral gelegenes Hostal in der Nähe der Touristeninformation, nur wenige Zimmer, es empfiehlt sich, in der Saison frühzeitig zu reservieren. €€

## Essen & Trinken

In der Rúa do Franco und in den Parallelstraßen finden sich zahlreiche Bars und Restaurants, darunter auch die eine oder andere Touristenfalle.

Gute Option – **A Curtidoría** 1 : Rúa da Conga 2–3, Tel. 981 55 43 42, www.acurtidoria.com, Mi abends geschl. Im Herzen der Altstadt mit Blick auf die Kathedrale. Nettes Ambiente. Die Spezialität des Hauses sind Reisgerichte. €€€

Kreative Küche – **O Curro da Parra** 2 : Rúa Travesa 20 baixo/Rúa do Curro da Parra 7, Tel. 981 55 60 59, www.ocurrodaparra.com. Das etwas versteckt gelegene, gemütliche kleine Restaurant bietet eine innovative Küche zu zivilen Preisen. Probieren Sie den Seeteufel mit getrüffeltem Erbsenpüree oder den frischen Thunfisch. €€–€€€

Frisch vom Markt – **Abastos 2.0** 3 : Rúa das Ameas, Castelas 13–18, Tel. 981 57 61 45, www.abastosdouspuntocero.es, Mo–Sa 13.30–15.30, 20–23 Uhr. Das Abastos 2.0 liegt direkt an den Markthallen in Santiago. Kleine, exquisite Tapaauswahl mit frischen Marktprodukten. In der offenen Küche kann man zusehen, wie die Köstlichkeiten zubereitet werden. Reservierung empfohlen. €–€€

Schmackhaft – **Cotolay** 4 : Rúa de San Clemente 8, Tel 981 57 30 14, www.restaurante cotolay.com, Mo, So abends geschl. Beliebtes, bodenständiges Lokal mit Terrasse. Lecker sind die Jakobsmuscheln und die hausgemachten Kroketten. €

Preisgünstig – **La Jefatura** 5 : Av. Figueroa 1, Tel. 981 57 38 34, Mo, So abends geschl. Schlichtes, kleines Lokal mit bodenständiger galicischer Küche. Empfehlenswert der *pulpo* oder die Steaks. €

Regionale Speisen – **O Dezaséis** 6 : Rúa de San Pedro 16, Tel. 981 57 76 33, So geschl. Typisch galicisches Lokal, das sich vor allem auf die regionale Küche spezialisiert hat. Leckere *tortillas, empanadas* (Teigtaschen) und *pulpos* (Tintenfische), dazu mundet der galicische Hauswein. €

Mit Pfiff – **A Tafona** 7 : Rúa da Virxe da Cerca 7, Tel. 981 56 23 14, www.restaurantecovermanager.com, So, Mo geschl. In der Nähe des Marktes gelegenes Restaurant mit angenehmem, modernem Ambiente und einem Michelin-Stern. Küche mit Liebe zum Detail. €

Eine Institution – **Bodega Abrigadoiro** 8 : Carreira do Conde 5, Tel. 981 56 31 63. In der urigen Bodega versammeln sich die Gäste um die Holzfässer, die Käse-, Wurst- und Schinkenhäppchen werden auf einem Papier gereicht. Mitten im Lokal rauscht das Wasser eines Mühlrads. *Media ración* (kleiner Teller) €, Flasche Wein €–€€

# Santiago de Compostela

Reiche Auswahl – **La Bodeguilla de San Roque** 9 **:** San Roque 13, Tel. 981 56 43 79, So abends geschl. Stadtbekannt für seine köstlichen Tapas und *raciones*. Gute Weinauswahl! Speisesaal im ersten Stock. €

Offene Küche – **El Papatorio** 10 **:** Rúa do Franco 20, Tel. 981 06 83 01. Stylisches Pintxo-Lokal mit offener Küche, hier sieht man, wie die Leckereien frisch für die Tapatheke zubereitet werden. Gute Weinauswahl. €

Tapafreuden – **A Taberna do Bispo** 11 **:** Rúa do Franco 37, Tel. 981 58 60 45. Beliebte Tapabar mit tollem Sortiment an Leckereien. An der Theke türmen sich die kleinen Köstlichkeiten, die dort an den Vitrinen ausgewählt werden können. €

Kaffeehaus-Ambiente – **Café Casino** 12 **:** Rúa do Vilar 35, Tel. 981 57 75 03. Das altehrwürdige Café besteht seit 1873.

## Einkaufen

Sowohl in der **Rúa do Vilar** als auch in der **Rúa Nova** unter den Arkaden findet man zahlreiche Geschäfte. Das Sortiment reicht von edlem Kunsthandwerk bis hin zu typisch touristischem Nippes.

Markt – **Mercado de Abastos** 23 **:** Praza de Abastos s/n (am östlichen Rand der Altstadt), Mo–Sa 8–14 Uhr. Besonders üppig sind die Auslagen der Fischhändler: Auf ihren Theken türmen sich Entenmuscheln, Tintenfische, Seespinnen etc. Um die Markthalle herum vertreiben die Bauern aus dem Umland Obst, Gemüse und den leckeren galicischen Käse.

Schmuck – In Santiago gibt es zahlreiche Juweliergeschäfte, in der Altstadt vor allem um die **Praza das Praterías,** die **Rúa Fonseca** und die **Rúa do Vilar.** Begehrtes Mitbringsel sind Anhänger oder Ohrringe mit der typischen Jakobusmuschel in Gold oder Silber. Typisch für Santiago ist der Schmuck aus dem tiefschwarzen Gagat, er wird in fast allen Juweliergeschäften angeboten. Das Geschäft des **Rodmayer-Museo del Azabache** 1 **,** Rúa da Acibechería 15, gibt einen guten Überblick über das Kunsthandwerk.

Süßes – **Pedras de Santiago** 2 **:** Confitería La Perla, Rúa San Francisco 30. Das kleine Geschäft ist sehr erfolgreich mit den leckeren Schokoladensteinen *(pedras de Santiago),* hervorragend schmeckt die *tarta de Santiago,* der traditionelle Mandelkuchen von Santiago. **Kloster San Paio** 10 **:** Rúa San Paio de Antealtares s/n. Ein Gedicht sind die *tarta de Santiago* und die Mandelplätzchen.

Porzellan – **Sargadelos** 3 **:** Rúa Nova 16. Das Fachgeschäft verkauft die traditionelle galicische Keramik der Firma Sargadelos, deren Geschichte auf das 19. Jh. zurückgeht. Das Dekor ist meist in schlichten Blautönen gehalten. Neben Geschirr finden sich Amulette gegen den bösen Blick.

Originelles – **De Cotío** 4 **:** Rúa Xelmirez 26, Tel. 981 56 07 96, www.decotio.com. Origineller Schmuck und eine bunte Palette an Accessoires, Klamotten und eine Abteilung im hinteren Teil des Ladens mit Trachten aus der Region.

Hüte – **Sombrerería Iglesias** 5 **:** Rúa Villar 34, Tel. 981 58 13 94, www.sombrereriaiglesias.es. Das Fachgeschäft bietet Hüte für sie und für ihn.

Süßes – **As Monxas** 6 **:** Rúa Xelmírez 15–17. Hier werden süße Köstlichkeiten verkauft wie die berühmte Mandeltorte und anderes Gebäck, die in den Klöstern der Stadt nach traditionellen Rezepten hergestellt werden. Im Angebot findet sich auch Käse, Weine und Liköre aus Galicien.

## Abends & Nachts

Santiago hat als Studentenstadt ein sehr reges Nachtleben, dessen Epizentrum zwischen der **Rúa de Santiago de Chile** und **der Rúa de San Pedro de Mezonzo** in der Neustadt liegt. Beliebt bei Studenten sind Bars in der **Rúa Nova de Abaixo.** Etliche Diskotheken befinden sich in der **Rúa Arxentina.** Ein Verzeichnis von Pubs und Diskotheken sowie das aktuelle Konzert- und Theaterprogramm finden sich auf der Website www.santiagoturismo.com unter den Stichworten Kulturkalender und Abendsausgehen.

Livemusik – **Borriquita de Belém** 1 **:** Rúa de San Paio de Antealtares 22, Programm bei Facebook, Mo–Sa 21–3 Uhr. Jazz, Blues, Rock und mehr in chilliger Atmosphäre.

## Auf den Spuren der Pilger nach Santiago

Folk-Kneipe – **Casa das Crechas** 2 : Vía Sacra 3, Ecke Rúa da Acibechería, bei Facebook. Treffpunkt für Liebhaber keltischer Folkmusik.
Angesagt – **In Metate** 3 : Rúa do Preguntoiro 12. Heiße Schokolade und *churros* (Kringel) in ehemaliger Schokoladenfabrik.
Im Trend – **Momo** 4 : Virxe da Cerca 23, www.pubmomo.com. Szenekneipe mit guter Cocktail-Auswahl. Ab und an Livemusik und Zaubershows, das Programm findet sich auf der Website.
Angesagte Kellerkneipe – **Modus Vivendi** 5 : Praza Feixoo 1 soto (UG), bei Facebook. Ab und zu Livemusik im Kellergewölbe.
Rockige Töne – **Rock Café O Cum** 6 : Rúa da Fonte de San Antonio 17, Tel. 630 01 52 74, bei Facebook. Nette Kneipe mit relaxter Atmosphäre und rockiger Livemusik.
Abfeiern – **Club Riquela** 7 : Rúa do Preguntoiro 35, www.riquela.com. Live-Konzerte: Rock, Soul, Jazz, Blues und andere Genres. Angeschlossen ist eine Bar mit Cocktails und kleinen Speisen.
Theater, Konzerte, Kino und mehr – **Teatro Principal** 20 : Rúa Nova 21, Tel. 981 54 23 47. Neben Theateraufführungen werden auch Kinofestivals gezeigt. **Auditorio de Galica** 8 : Av. do Burgo das Naciòns s/n, Tel. 981 57 41 52, www.compostelacultura.gal. Die 1989 eingeweihte Konzerthalle an der nördlichen Peripherie der Stadt ist eines der modernen Embleme von Santiago de Compostela. Hier tritt die Real Filharmonía de Galica auf. Programm bei der Touristeninformation erhältlich.

## Termin

**Entroido:** Febr./März, die drei Tage vor Aschermittwoch. Auf Galicisch heißt Fasching Antroido oder *entroido,* was soviel wie Eingang bedeutet, Eingang in die Fastenzeit, versteht sich. Höhepunkt ist in Santiago der Umzug am Karnevalsdienstag, an dem die Karnevalsvereine teilnehmen.
**Fiestas del Apóstol Santiago:** 15.–31. Juli. Fest zu Ehren des hl. Jakobus, Höhepunkt ist der Tag des Apostels am 25. Juli, es findet eine Prozession mit anschließender Messe in der Kathedrale statt. Am Vorabend steigt auf der Praza do Obradoiro ein großes Feuerwerk. Zum Rahmenprogramm gehören Folklorefestival, Konzert- und Theateraufführungen.
**Semana Santa:** Ein besonderes Erlebnis sind die eindrucksvollen Prozessionen in der Karwoche.

## Verkehr

**Flugzeug:** Aeropuerto de Santiago de Compostela, Lavacolla, 14 km vom Stadtzentrum, Tel. 913 21 10 00, www.aena.es. Die Zufahrt zum Flughafen erfolgt in östlicher Richtung über die Autovía A54 oder über die Nationalstraße N-643a in Richtung Lugo, bereits nach 14 km erreicht man die Abfahrt zum Flughafen. Die Busse der Firma Tussa (Tel. 981 58 18 15, www.tussa.org) fahren von der Innenstadt zum Flughafen. Haltestellen sind u. a.: Plaza Galicia, Rúa da Rosa 8 und Estación de Autobuses. Die Busse fahren im 30-Min.-Takt zum Flughafen bzw. umgekehrt. **Iberia-Büro:** Rúa Dr. Teixeiro 13, Tel. 981 57 49 96, www.iberia.com. **Flugverbindungen:** Gute Inlandsverbindungen zu diversen spanischen Städten wie Barcelona, Madrid und Bilbao. Vor allem die spanischen Gesellschaften Iberia, Vueling sowie Ryanair sind präsent. Der Flughafen wird von folgenden Fluggesellschaften und Orten angeflogen: easyJet Switzerland fliegt ab Genf, Lufthansa ab Frankfurt, Ryanair ab Memmingen. Für viele Touristen ist der Flughafen von Porto mit seinen guten Lufthansa-Verbindungen (in Portugal, Zeitunterschied beachten!) eine Alternative.
**Bahn:** Bahnhof, Calle Hórreo 75 A, Tel. 912 32 03 20, www.renfe.es. Direktzüge nach Madrid 4 x tgl., Bilbao 1 x tgl. Regionalzüge stdl. nach A Coruña, Pontevedra, Vigo, Ourense.
**Bus:** Busbahnhof, Rúa Clara Campoamor s/n, Tel. 981 54 24 16, www.tussa.org. Die Busfirma **Alsa** (Tel. 902 42 22 42, www.alsa.es) übernimmt die Reiseverbindungen nach Madrid, Gijón und Bilbao sowie nach Portugal. **Flixbus** fährt nach Portugal, Frankreich, Belgien und nach Deutschland. Die Firma **Monbus** (Tel. 902 92 91 92, www.monbus.es) steuert folgende Ziele innerhalb Galiciens an: Fisterra, A Coruña, Vigo, Pontevedra, O Grove, A Toxa, Noia, Muros, Ourense, Padrón und Rianxo.

# Rías Altas

**Die Rías Altas ziehen sich von Ribadeo an der Grenze zu Asturien bis hin zur Hafenstadt A Coruña im Westen. Die Küstenlandschaft ist sowohl von schroffen Klippen als von herrlichen Stränden geprägt. Vor allem die wilde Schönheit der Halbinsel Serra da Capelada lässt das Herz höherschlagen. Im Kontrast dazu ist A Coruña eine urbane Metropole mit reichhaltigem kulturellem Angebot.**

## Ribadeo ▶ 1, F 2

Die 9000 Einwohner zählende Stadt **Ribadeo** wird durch den Río Eo von Asturien getrennt. Die Keimzelle der Ortschaft war das alte Fischerviertel am heutigen Sporthafen, das einer umfassenden Sanierung harrt – erste hoffnungsvolle Ansätze sind bereits im Gange. Das Leben von Ribadeo spielt sich heute in der Oberstadt rund um die **Plaza de España** ab. Der liebevoll begrünte Platz wird von dem neoklassizistischen Rathaus gesäumt, das im ehemaligen Herrenhaus **Pazo del Marqués de Sargadelos** (18. Jh.) untergebracht ist. Dominiert wird der Platz jedoch von dem benachbarten, herrlich verspielten Zuckerbäckerpalast **Torre dos Morenos** aus dem 19. Jh.

### Strände

Im Sommer lockt die Stadt viele Urlauber an, die die herrlichen unverbauten Strände der Umgebung zu schätzen wissen. Ein Naturschauspiel, allerdings nur bei Ebbe, bietet die rund 10 km westlich von Ribadeo liegende **Praia das Catedrais** (Kathedralenstrand), während der Sommermonate (Juli–Sept.) und Ostern muss man eine Genehmigung für den Besuch des Strandes beantragen. Diese ist kostenlos und man kann sie unter www.ascatedrais.xunta.gal erhalten. Besuchen Sie den Strand bei Ebbe!). Bizarr ausgewaschene Felsformationen bilden über 30 m hohe Felstore, die sich wie gotische Strebebögen an die Küste lehnen.

Östlich des Kathedralenstrandes finden sich die 1500 m lange **Praia das Illas**, der Miniaturinseln vorgelagert sind, sowie die geschützte **Praia de Esteiro**, die bei Ebbe eine Lagune formt und so besonders für Kinder einen sicheren Badeplatz bildet. Am nächsten an Ribadeo liegt die muschelförmige, bildschöne **Praia de Os Castros**. Sie ist der windigste Strand und lockt mit ihrem häufig recht hohen Wellengang viele Surfer an.

### Infos

**Oficina de Turismo:** Calle Dionisio Gamallo Fierros 7, 27700 Ribadeo, Tel. 982 12 86 89, www.ribadeo.gal, Di–Sa 10–14, 16–19, Sommer tgl. 10–14, 16–19 Uhr.

### Übernachten

Stilvoll – **Hotel Gastronómico Arraucaria:** Rúa Carlos III 33, Tel. 982 12 81 92, www.araucariahotel.com. Das nostalgische Hotel bietet komfortable, geschmackvoll eingerichtete Zimmer. Zum Haus gehören ein gepflegtes Restaurant und ein Garten. €€–€€€

Mit Charme – **A Cortiña de Cantalarrana:** Calle Paco Lanza 3, Tel. 982 13 01 87, www.cantalarrana.com. Der Künstler Neno Selá und seine Familie führen das Landhaus mit viel Engagement, die Zimmer sind mit Gemälden und anderen Details dekoriert. €€

Familiär geführt – **Hotel Mediante:** Plaza de España 16, Tel. 982 13 04 53, www.hotelmediante.com. Das aufmerksam von Mutter und Tochter geführte kleine Hotel liegt direkt am

*Rías Altas*

verkehrsberuhigten Hauptplatz von Ribadeo. Bei der Einrichtung der Zimmer fällt die Liebe zum Detail auf. Gutes Preis-Leistungs-Verhältnis. €–€€

### Essen & Trinken
Volkstümlich – **Casa Villaronta:** Rúa San Francisco 11, in der Nähe der Plaza de España, Tel. 982 12 86 09. Das urige kleine Lokal mit langen Holztischen hat keine lange Speisekarte, aber was auf den Tisch kommt ist lecker und frisch. Die Spezialitäten des Hauses sind Krake *(pulpo)*, Calamares und Miesmuscheln *(mejillones)*. Moderate Preise, die Teller *(raciones)* mit den Köstlichkeiten kosten. €

### Termine
**Nuestra Señora do Carme:** 16. Juli. Seeprozession zu Ehren der Schutzpatronin der Seeleute. Zur Erinnerung an die Ertrunkenen werden Blumen ins Meer geworfen.
**Xira de Santa Cruz y el dia de la Gaita:** Erster So im Aug. Wallfahrt zum Monte Santa Cruz, gleichzeitig ist es der Tag der *gaiteros* (Dudelsackspieler).

# Landeinwärts nach Mondoñedo ▶ 1, E 1/2

Nur 6 km landeinwärts von der Industrie- und Hafenstadt **Foz** findet sich mitten auf dem Lande die romanische **Basílica de San Martín de Mondoñedo** (12. Jh.). Die einstige Klosterkirche blickt auf eine lange Geschichte zurück, vermutlich stand bereits im 6. Jh. eine präromanische Kirche an dieser Stelle. Bis 1112 war San Martín sogar Sitz eines Bistums, die Sorge vor Überfällen der Normannen und der Wikinger führte jedoch dazu, dass der Bischofssitz rund 25 km weiter ins Landesinnere – ins heutige Mondoñedo – verlegt wurde. Nach außen hin präsentiert sich die Kirche recht wehrhaft. Im Innern begeistern die kunstvoll herausgemeißelten **Szenen der Kapitelle** wie z. B. das Gastmahl des Herodes oder das Gleichnis vom reichen Mann und dem armen Lazarus.

Von Foz über die N-634 zur alten Bischofsstadt lohnt unterwegs ein Halt an der ehemaligen **Klosterkirche San Salvador** (18. Jh.) in **Vilanova de Lorenzana.** Der Architekt Fernando de Casas y Novoa, der die barocke Westfassade der Kathedrale von Santiago de Compostela entwarf, schuf das monumentale Gotteshaus.

9 km weiter ist das 7000 Einwohner zählende Städtchen **Mondoñedo** erreicht, das bereits im 12. Jh. Bischofssitz wurde und die Stadtrechte erhielt. Weiß getünchte Häuser mit Glasveranden und Arkadengängen prägen das Stadtbild. Das kulinarische Aushän-

# Landeinwärts nach Mondoñedo

*Die Kraft der Elemente hat die Küste gestaltet: Die Felsformationen der Praia das Catedrais westlich von Ribadeo ergeben canyonartige Durchgänge*

geschild der Stadt ist die *tarta de Mondoñedo*, eine klebrig-süße Angelegenheit, die aus Blätterteig, Kürbiskonfitüre und Mandeln hergestellt wird.

## Kathedrale und Diözesanmuseum

*Kathedrale: Tel. 683 16 67 03, www.catedral mondoñedo.com, Kathedrale und Diözesanmuseum Mo, Mi–Sa 9.30–18.30, Di 9.30–14.30, 15.30–18.30, So 13.30–15, 15.30–20 Uhr, inkl. Audioguide, 6 €*

Den Mittelpunkt der Stadt bildet die **Catedral de La Asunción,** die auf das frühe 13. Jh. zurückgeht. Begonnen wurde im romanischen Baustil, später schwenkte man auf den gotischen Stil um. Nach einem Brand im Jahr 1458 erfolgte der Wiederaufbau. So erklärt sich, dass die Fassade ein romanisches Portal, eine wunderschöne gotische Rosette und barocke Türme aufweist. In einer Kapelle im Chorumgang steht die weit gereiste Madonna Nuestra Señora la Inglesa. Die spätgotische Gottesmutter im Tudorstil stammt ursprünglich aus der Sankt-Pauls-Kathedrale in London. Sie wurde zur Zeit der Kirchenspaltung unter Heinrich VIII. von britischen Katholiken in Sicherheit gebracht.

Rías Altas

Zur Kathedrale gehört das breit gefächerte **Diözesanmuseum.** Zur Sammlung zählen eine römische Getreidemühle, ein Taufstein aus dem 8. Jh. sowie eine Urne von den Philippinen. Unter den Gemälden stechen besonders ein Bild des hl. Augustin von El Greco und eines des hl. Franziskus von Zurbarán hervor.

# Porzellanmanufaktur von Sargadelos ▶ 1, E 1

*Estrada Paraño s/n, Cervo, Tel. 982 55 78 41, www.sargadelos.com; Fabrikbesuch (Anmeldung unter cac@sargadelos.com) Mo–Fr 9–14 Uhr, Führungen span./engl. (ca. 40 Min.), Audioguides, Eintritt frei; Ausstellung, Sa 10–14 Uhr, 3 €*

Die Ursprünge der traditionsreichenManufaktur **Fábrica de Cerámica de Sargadelos** am Ortsrand von **Cervo** gehen bis ins 19. Jh. zurück. Heute produziert das Unternehmen, das 245 Mitarbeiter beschäftigt, auch an einem weiteren Standort in der Provinz A Coruña.

Bei einem Rundgang durch die Manufaktur und die Porzellanausstellung erfährt man viel Wissenswertes über die Herstellung der edlen Porzellanwaren. Typisch für das Porzellan ist seine grafische Gestaltung: Häufig tauchen maritime Elemente auf, der dominierende Farbton ist Ultramarin-Blau. Die Manufaktur stellt auch eine ganze Bandbreite von Amuletten gegen den bösen Blick und andere Eventualitäten her. Im Museumsshop kann man sie neben Tafelgeschirr und Kerzenleuchtern erwerben.

## Historisches Museum

*Estrada Paraño s/n, Tel. 670 26 72 23, Juni–Sept. Mo–Fr 12–18, Okt.–Mai Mo–Fr 12–18, Eintritt frei*

Über die Geschichte der Porzellanmanufaktur informiert das **Museo Histórico de Sargadelos,** das etwa 1 km nördlich im ehemaligen Verwaltungsgebäude untergebracht ist.

# Viveiro ▶ 1, E 1

Das Küstenstädtchen **Viveiro** (span. Vivero; 15 500 Einw.) liegt geschützt in einer tief eingeschnittenen Ría an der Mündung des Río Landró. Im Sommer bevölkern Urlauber die Strände um Vivero, wie den gepflegten **Hausstrand Praia de Covas** oder die 3 km entfernte weitläufige **Praia de Area.** Um der touristischen Nachfrage Herr zu werden, entstanden mehr oder weniger architektonisch geglückte Apartmentanlagen, Hotels und Ferienvillen in den Außenbezirken.

## Altstadt

Auf der Ostseite der Ría schmiegt sich an einen Hügel die charmante Altstadt von Viveiro. Einlass in die noch in Teilen von Mauern umgürtete Stadt gewährt die **Puerta de Carlos V** (16. Jh.). Die Häuser der **Praza Maior** und viele der umliegenden Gassen schmücken die für Galicien so typischen Glasveranden.

Im oberen Teil der Altstadt erhebt sich das älteste Gotteshaus von Viveiro, die Kirche **Santa María del Campo** (12. Jh.; Rúa Felipe Prieto s/n); der Glockenturm und Uhrturm, die wie Fremdkörper wirken, sind Beigaben des 18./19. Jh. Noch ein paar Meter höher trifft man im **Garten des Convento de las Concepcionistas** (Av. de Lourdes) eine maßstabsgetreue Imitation der Grotte von Lourdes. Die zahlreichen Votivtafeln zeugen von dem Glauben an die Heilkräfte der Madonna von Lourdes.

## Aussichtsberg San Roque

Nördlich des Altstadtkerns erhebt sich die Kirche **San Francisco** (14. Jh.; Av. de Cervantes s/n), von der aus eine steile Straße hinauf zum Gipfel des Monte des San Roque führt. Die dem Pestheiligen gewidmete **Kapelle San Roque** bietet eine herrliche Aussicht über die Ría. Jedes Jahr ist sie der Schauplatz der Patronatsfeste.

## Infos

**Oficina de Turismo:** Av. Ramón Canosa s/n, 27850 Viviero, Tel. 982 56 08 79, www.viveiro.

es, Sommer Mo–Fr 9.30–20.30, Sa 10.30–13.30, 17–19, So 11–13.30, sonst Mo–Fr 10–14, 16.30–19, Sa 11–13.30 Uhr.

### Übernachten

Design-Hotel – **Hotel Ego:** Playa de Area 1, Faro (N-642, 4 km nördl. von Viviero), Tel. 982 56 09 87, www.hotelego.com. Das 4-Sterne-Haus liegt an der Playa de Area. Schickes, schnörkelloses, etwas kühles Design. €€€

Oase der Ruhe – **Pazo da Trave:** Calle Trabe s/n, 27850 Viveiro, Tel. 982 59 81 63, www.pazodatrave.com. 3,5 km südlich von Viveiro liegt dieses stilvolle, ruhige Landhotel mit einem herrlich idyllischen Garten. Die komfortablen Zimmer sind im Landhausstil ausgestattet. €€–€€€

Zentral – **A&L Center:** Rúa Almirante Chicarro 1, Tel. 656 39 24 17 oder über Booking. Hell und freundlich eingerichtetes Appartement mit zwei Schlafzimmern und einem Bad. Blick aufs Meer. Nur wenige Gehminuten zum Hauptplatz. Bis zum Strand von Covas sind es 1,5 km und 3,5 km zum Strand von Sacido. €–€€

### Essen & Trinken

Gepflegt – **O'Asador:** Calle Melitón Cortiñas 15, Tel. 982 55 18 65, www.oasador.com. Hell und freundlich eingerichtetes Restaurant. Galicische Produkte. Gute Auswahl an Lammgerichten, zu den Fischspezialitäten zählen Thunfisch, Seeteufel und Stockfisch nach Art des Hauses. €€

### Aktiv

Baden – 4 km östlich von Viveiro liegt die **Praia de Area,** die in den letzten Jahren stets die blaue Umweltflagge erhielt.

### Termine

**Semana Santa:** Die Karwoche wird mit ergreifenden Prozessionen gefeiert.
**Festa de San Roque:** 15.–16. Aug. Patronatsfest mit Wallfahrt zur Capilla de San Roque und internationalen Folkloredarbietungen. Für das leibliche Wohl ist auch gesorgt: Es werden Sardinen gegrillt, die mit Kartoffeln gereicht werden.

### Verkehr

**Bahn:** Feve-Bahnhof, Camiño Altamira s/n, Viveiro, Tel. 912 32 03 20. Verbindungen nach Ferrol, Oviedo und Ribadeo.
**Bus:** Busstation von Viveiro, Av. Ramón Canosa 1. Die meisten Linien bedient die Busfirma Arriva, Tel. 981 31 12 13, www.arriva.es. Sie fährt u. a. nach A Coruña, Ferrol, Lugo und Santiago de Compostela.

# Zum Kap von Estaca de Bares ▶ 1, D/E 1

Auf der Fahrt Richtung Westen lohnen einige hübsche Fischerdörfer einen Stopp wie **Porto de Barqueiro** und **O Porto de Espasante.** Bei der **Punta dos Prados** liegen die Überreste einer Keltensiedlung.

Der nördlichste Punkt Galiciens und damit der gesamten Iberischen Halbinsel ist die **Punta de Estaca de Bares.** Hier trifft das Kantabrische Meer im Osten auf den Atlantik im Westen. Ungestüm brechen sich die Wellen an der windumtosten Steilküste des Kaps. Romantisch Gesinnte schätzen den Sonnenuntergang. Der große **Windpark** von Estaca de Bares war der erste, der in Galicien in Betrieb genommen wurde.

Das Städtchen **Ortigueira** (span. Ortigueira; 5450 Einw.) präsentiert sich sehr gepflegt und herausgeputzt. Ortigueira wird als die »Perle der Rías Altas« gehandelt. Verstreut am Hafen und im Ortskern finden sich verschiedene Statuen, z. B. ein Gaita-Spieler (Dudelsackspieler) oder ein Fischer bei der Arbeit. Mitte Juli treffen sich in Ortigueira Folkmusik-Fans zu einem großen Festival (www.festivalortigueira.com).

### Übernachten

Reizvolles Landhaus – **O Vilar:** Calle O Vilar 8A, Pfarrgemeinde Mera de Arriba (10 km südöstl. von Ortogueira), Tel. 628 61 32 51, 646 67 56 92, www.turismoruralovilar.com. Das gepflegte Landhaus liegt in der Bucht von Ortigueira, die ideale Unterkunft für Erholungsuchende. €€–€€€

Rías Altas

### Aktiv
Baden – Südöstlich der Kapspitze liegt der idyllische winzige Fischerhafen **Porto de Bares,** dessen geschwungener Sandstrand selbst im Sommer nicht überbevölkert ist.

Vogelbeobachtung – Für Freunde der Ornithologie ist das Kap **Estaca de Bares** ein idealer Standpunkt, um den alljährlichen Flug der Zugvögel, darunter Wanderfalken, Kormorane und Basstölpel, zu ihren Winterquartieren zu beobachten.

### Termin
**Folkfestival von Ortigueira:** Juli. Hoch her geht es bei diesem internationalen, hochkarätig besetzten Festival, in dessen Mittelpunkt die keltische Musik steht. Mittlerweile lockt das Festival jedes Jahr an die 100 000 Folkfans in die Stadt.

## Serra da Capelada
▶ 1, D 1

Zwischen der Ría de Ortigueira und der Ría de Cedeira schiebt sich die gebirgige Halbinsel **Serra da Capelada** ins Meer, ein Landstrich, der von uralten Mythen und Legenden durchzogen wird.

Als Ausgangspunkt für die Erkundung der Serra da Capelada eignet sich das Fischerdorf **Cedeira** (7500 Einw.). Der Ruhm seiner Meeresfrüchte, insbesondere der Entenmuscheln, eilt dem Ort voraus. In den zahlreichen Tavernen entlang der beschaulichen Uferpromenade kann man sie verkosten. Vor allem im August beleben spanische Urlauber die Ortschaft. Sie schätzen die beiden relativ windgeschützten Hausstrände Praia Magadalena und Area Longa.

### Teixido
Von Cedeira führt ein kleines, steiles Sträßchen zum Örtchen **Teixido** und zur **Wallfahrtskirche San Andrés de Teixido** (16. Jh.), die erhaben oberhalb der zerklüfteten Steilküste thront. Ein galicisches Sprichwort besagt: »Wer nicht als Lebender nach San Anrés de Teixido gepilgert ist, wird es als Toter tun«. Dies beruht auf einer Legende, wonach der hl. Andrés sich beklagte, dass kaum Pilger ihren Weg in die unwirtliche, abgelegene Region fänden und die Wallfahrer dem hl. Jakobus in Santiago de Compostela den Vorrang gäben. Da erschien ihm der liebe Gott höchstpersönlich und hatte ein Einsehen: Er beschloss, dass keiner ins Himmelreich gelangen solle, ohne vorher San Andrés lebendig oder tot besucht zu haben.

### Aussichtspunkt Herbeira
Einige Kilometer nördlich von Teixido erreicht die Serra da Capelada ihren höchsten Punkt am 620 m hohen Aussichtspunkt **Vixia de Herbeira.** Atemberaubend steil, fast senkrecht fallen hier die Klippen ins Meer, die mit 612 m die höchsten Europas sind. Die dramatische Szenerie hat Polanski in seinen Film »Der Tod und das Mädchen« eingebaut. Einen eigentümlichen Kontrast bieten der benachbarte **Windpark** und die urtümlichen **wilden Pferde,** die friedlich auf den Weiden grasen.

### Übernachten
Gutes Preis-Leistungs-Verhältnis – **Hostal Leira Antiga:** Rúa Mosende 49, Pfarrgemeinde Piñeiro, Cedeira, Tel. 981 48 24 84, www.leiraantiga.es. Das moderne Haus bietet gut eingerichtete, aber nicht allzu große Zimmer. DZ inkl. Frühstück und Nutzung Spa-Bereich. €€

Familiär geführt – **Hospedería Cordobelas:** Cordobelas-Esteiro (2 km südl. von Cedeira in Richtung El Ferrol), Tel. 981 48 06 07, www.cordobelas.es. Die ländliche Unterkunft ist geschmackvoll im ländlichen Stil eingerichtet, viele der alten Möbel wurden liebevoll von den Besitzern restauriert. Schöner Blick über die Ría Cedeira. €–€€

Landhaus mit rustikalem Charme – **Casa A Pasada:** Lugar de Pasada 15, Pfarrgemeinde San Ramón de Montoxo, 5 km östl. von Cedeira, Tel. 981 48 36 23, 659 33 08 92, www.apasada.com, Jan.–Mitte März geschl. Das rustikale Steinhaus im Grünen war früher eine Mädchenschule. Vier ordentlich möblierte Zimmer. €–€€

El Ferrol

### Essen & Trinken
Für Fischliebhaber – **Badulaque:** Area Longa 1, Cedeira, Tel. 981 49 22 65, nur Mittagessen, im Sommer auch Abendessen. Restaurant in der Nähe des Hafens mit herrlichem Blick über die Ría. Spezialitäten sind fangfrischer Fisch und Meeresfrüchte. €€

### Termine
**Curro da Capelada:** Letzter So im Juni. Nur einmal im Jahr werden die Wildpferde bei den traditionellen *curros* auf dem Berg Peña Toxosa in der Nähe von San Andrés de Teixido zusammengetrieben. An diesem Festtag erhalten die Fohlen mit einem Brenneisen ihre Markierung.
**Wallfahrten nach San Andrés de Teixido:** 5. Aug. und 29. Sept.

# El Ferrol ▶ 1, C 1

Die in einer Bucht gelegene Hafen- und Industriestadt **El Ferrol** (64 000 Einw.) war der Geburtsort des Diktators Francisco Franco (1892–1975). Bis Anfang der 1980er-Jahre trug die Stadt noch den Beinamen ›El Ferrol del Caudillo‹ (El Ferrol des Führers). Die Bevölkerung ist stark zurückgegangen zugunsten der umtriebigen Nachbarstadt Narón. Die Schwerindustrie hat kaum noch Gewicht, die einst so wichtige Militärbasis kommt mit einem weit geringeren Personalstand aus. Dennoch ist der im 18. Jh. gegründete Militärhafen der wichtigste Marinestützpunkt Spaniens. Zum Schutz des Hafens wurde an der Ría de Ferrol das **Castelo de San Felipe** (frei zugänglich 10 Uhr bis Sonnenuntergang, im Sommer bis 21 Uhr) errichtet. Die Stadt ist sicherlich keine große Touristenattraktion, aber auf den zweiten Blick besticht sie mit schönen Plätzen mit viel Lokalkolorit und einigen schönen Jugendstilfassaden.

### Stadtviertel La Magdalena
Der attraktivste Stadtteil ist das **Barrio de la Magdalena,** dessen Hauptstraßen Igrexa, Magdalena, Real und María sich zwischen der Altstadt (Ferrol Viejo) und dem Arbeiterviertel Esteiro parallel zum großen Militärhafen erstrecken. Das Viertel ist ein typisches Beispiel für die Städteplanung des 18. und 19. Jh. In den stattlichen Bauten wohnte die bessere Gesellschaft: Marineoffiziere, Schiffskonstrukteure und reiche Händler. Hier befinden sich auch die Markthalle, das Theater und und die im 18. Jh. erbaute **Concatedral de San Xiao** (Rúa dos Irmandiños).

### Schiffsarsenal
*Im Rahmen von Führungen kann das Schiffsarsenal besichtigt werden, Tel. 696 53 10 70, www.ferrolguias.com, Reservierung erforderlich, 4 €; Museo Naval, Av. Irmandiños s/n, http://fundacionmuseonaval.com/museo-naval-de-ferrol, Di–Fr 9.30–13.30, Sa, So, Fei 10.30–13.30 Uhr, Eintritt frei; EXPONAV, www.exponav.org, Mitte Juni–Mitte Sept. Mo–Fr 10–19, Sa 10–20, So 10–14.30 Uhr, sonstige Zeiten online, 2 €*
Der Bedeutung, die El Ferrol im 18. Jh. als Flottenstützpunkt und als Standort für den Schiffsbau erlangte, kann man im ehemaligen **Schiffsarsenal (Arsenal Ferrol)** nachspüren. Die beeindruckende historische Militäranlage beherbergt sowohl die Ausstellung der Marine im **Museo Naval** als auch das Schiffsbaumuseum **EXPONAV.**

### Infos
**Oficina de Turismo:** Praza de España s/n, Tel. 981 94 42 51, 15402 El Ferrol, https://visitferrol.com, Kernzeiten tgl. 10–13, 17–18.30 Uhr, Zweigstelle am Kreuzfahrthafen.

### Übernachten
Komfortabel – **Hotel Alda El Suizo:** Calle Dolores 67, Tel. 881 09 02 08, www.aldahotels.es. Das Hotel in einem schönen Altbau liegt rund 100 m von der Concatedral de San Xiao entfernt und verfügt über eine eigene Garage. Die 32 Zimmer sind angenehm eingerichtet. Zum Hotel gehört eine Bar, die auch Kleinigkeiten zum Essen anbietet. €€
Stilvolles Herrenhaus – **Parador de Ferrol:** Calle Almirante Fernández Martín s/n, Tel. 981 35 67 20, www.parador.es. Recht zentral gelegener Parador in einem ehemaligen Herren-

Rías Altas

haus. Das Mobiliar ist klassisch, etwas altmodisch. €–€€

# Betanzos ▶ 1, C 2

Umspült von den zwei Flüssen Mandeo und Mendo erstreckt sich die Stadt **Betanzos** (13 500 Einw.) auf einem Hügel oberhalb der gleichnamigen Ría. Die vorteilhafte Lage wussten schon die Kelten zu nutzen: Sie legten auf dem Hügel ihre Siedlung Untia an. Von der Römerzeit bis in die frühe Neuzeit war der Hafen die Basis für den Wohlstand der Stadt. Mit seiner Versandung, die sich im 17. Jh. abzeichnete, setzte der schleichende Niedergang ein. Seine Blütezeit erlebte Betanzos im späten Mittelalter. Einflussreiche Adelsgeschlechter ließen sich in der Stadt nieder, allen voran die mächtige Familie Andrade, die die Stadt mit Kirchen, Klöstern und Hospitälern bedachte. So trägt die Stadt auch heute noch stolz ihren Beinamen Betanzos de los caballeros (Ritter).

Die historische **Altstadt** konnte ihren mittelalterlichen Charme bewahren. Historische Adelspaläste, charmante Plätze, atemberaubend steile Gassen, eindrucksvolle Kirchen und Klöster bilden ein reizvolles städtebauliches Ensemble.

Am Hauptplatz **Praza da Constitución** steht gegenüber vom **Rathaus** (16. Jh.) die **Iglesia de Santiago** (14. Jh.). Im Tympanon des Hauptportals schwingt Jakobus als *matamoros* (Maurentöter) sein Schwert. Im Inneren ist vor allem das platereske Retabel (16. Jh.) von Cornelis de Holanda bemerkenswert. Es schmückt die Capilla San Pedro y San Pablo.

## San Francisco
*Plaza de Fernán Pérez Andrade s/n*
Viele *caballeros* (Ritter) fanden ihre letzte Ruhestätte im **Kloster San Francisco** (14. Jh.). Einen Ehrenplatz erhielt der Stifter des Klosters, Graf Pérez de Andrade, unter der Chorempore der Klosterkirche. Er ist in voller Rittermontur nachgebildet, zu seinen Füßen lagern seine Jagdhunde. Der Bär und das Wildschwein, die Wappentiere der Familie, tragen auf ihren breiten Rücken das Grabmal. Vom Kloster selbst, das einst ein wichtiges Zentrum für theologische und humanistische Studien war, sind nur noch spärliche Überreste erhalten.

## Santa Maria do Azogue
*Plaza de Fernán Pérez Andrade s/n*
In unmittelbarer Nachbarschaft zum Kloster erhebt sich die **Iglesia Santa María do Azogue.** Über einer romanischen Vorgängerkirche ließ Fernán Pérez de Andrade diese Kirche Ende des 14. Jh. errichten. Von der alten Kirche stammt noch das Hauptportal (12. Jh.), dessen sanierungsbedürftiges Tympanon die Anbetung der Heiligen Drei Könige und die Verkündigung zeigt. In die Schlagzeilen geriet die Kirche 1981: Damals wurden 14 kostbare flämische Skulpturen des Hauptaltars geraubt. Vermutlich steckte der legendäre Kunstdieb René Alphonse van den Berghe, in Spanien besser bekannt als ›Erik el Belga‹ (Erik der Belgier), hinter dem Kunstraub. Mittlerweile sind die Figuren, bis auf zwei, jedoch glücklicherweise wieder aufgetaucht und an ihren angestammten Platz zurückgekehrt.

## Pasatiempo-Park
*Av. de Fraga Iribarne 63*
Außerhalb des Stadtzentrums liegt der gartenhistorisch interessante **Parque del Pasatiempo.** Der Stifter der Anlage, der Philantrop Juan García Naveira (1849–1933), wollte in seinem Park den großen und kleinen Besuchern neue Welten eröffnen. Zu den Themenbereichen gehörten die neuen Errungenschaften der Technik wie der Zeppelin oder das Telefon sowie exotische Pflanzen und Tiere. 265 Papstbüsten gruppierten sich einst um einen Teich, hinzu kamen Bildnisse von Kaisern und berühmten Schriftstellern. Nach dem Tod von Juan García Naveira blieb der Park seinem Schicksal überlassen und verfiel zusehends. 1995 wurde die Anlage wieder instand gesetzt, allerdings konnte nur noch der obere Teil des einst 90 000 m$^2$ großen Geländes gerettet werden.

## Infos

**Oficina de Turismo:** Praza Galicia 1, 15300 Betanzos, www.turismo.betanzos.es, Mo–Fr 9.30–14, 16–18.30, Sa, Fei 11–13.30 Uhr.

## Übernachten

Komfortabel – **Hotel Villa de Betanzos:** Ctra. de Castilla 38, Tel. 981 77 66 82, www.hotel villadebetanzos.com. Geradliniges, modernes, aber nicht unterkühltes Design. €€

## Essen & Trinken

Tortilla-Experten – **Meson O'Pote:** Travesía do Progreso 9, Tel. 981 77 48 22, Mo, So abends geschl. Weithin bekannt für seine *tortillas,* die mit Kartoffeln aus der Region mit viel Liebe zubereitet werden. Mit Außenterrasse. €–€€

Wie bei Muttern – **La Casilla:** Av. Castilla 90, Tel. 981 77 01 61, Mo geschl. Auf der Karte steht neben leckeren *tortillas,* Eintöpfen und Kutteln auch eine gute Auswahl an Fischgerichten. €

## Einkaufen

Markt – Di, Do und Sa ist Markttag auf der Praza Irmáns García Naveira.

## Termine

**Feria Franca Medieval:** Zweites Juniwochenende. Mittelalterfest mit kulinarischem und kunsthandwerklichem Markt, Ritterturnier und Hexenverbrennung.

**Festa do San Roque:** 14.–25. Aug. Zu den Höhepunkten des Patronatsfestes zählen der riesige Papierglobus, der am 16. Aug. in die Lüfte steigt, und die Korsos mit geschmückten Booten auf dem Río Mandeo.

## Verkehr

**Bahn:** In der Stadt gibt es zwei Renfe-Bahnhöfe: Betanzos Cidade, Rúa Argentina s/n und Betanzos Infesta, Camino Real de Infesta s/n. Vom Bahnhof Betanzos Cidade fahren Züge nach Santiago de Compostela, A Coruña, El Ferrol und von Betanzos Infesta nach Madrid, A Coruña, Monforte de Lemos und Ferrol.

**Bus:** Die meisten Busse gehen von der Praza Irmáns García Naveira 35 (u. a. Alsa, Tel. 902 42 22 42, www.alsa.es, Arriva, Tel. 916 41 60 11, www.arriva.es) ab. Nach A Coruña fährt jede halbe bis volle Std. ein Bus, nach Santiago fahren die Busse 2–3 x tgl. Infos erteilt die Tourismusinformation s. links.

# A Coruña ▶ 1, C 2

**Cityplan:** S. 381

Nach Vigo ist **A Coruña** (span. La Coruña) mit 246 000 Einwohnern die zweitgrößte Stadt Galiciens. Die geschäftige Hafenstadt im äußersten Nordwesten Spaniens liegt, umspült von den Wellen des Atlantiks, attraktiv auf einer felsigen Landzunge. Im Laufe ihrer Geschichte wurde die Stadt immer wieder zerstört. So kann A Coruña nicht mit großen Sehenswürdigkeiten im klassischen Sinne aufwarten. Das Stadtbild weist viele Brüche auf, denn Bauland ist seit jeher ein knappes Gut, was zu viel Bodenspekulation und urbanem Wildwuchs führte.

Die kleine Altstadt bildet eine beschauliche Insel in der Großstadt. Elegantes, großbürgerliches Flair verströmen dagegen die typischen Glasveranden in der Neustadt. Die im 19. Jh. entstandenen *galerías* brachten der Stadt den Beinnamen *la ciudad de cristal* (gläserne Stadt) ein.

In den letzten Jahren wurden etliche Anstrengungen unternommen, um die Attraktivität und Lebensqualität in der Stadt zu steigern. Rings um die Halbinsel wurde eine grüne Promenade angelegt, der Paseo Marítimo. Neue Umgehungsstraßen sowie zahlreiche Parkhäuser wurden ausgehoben, um das Verkehrschaos zu lindern. Museumsbauten wie die Casa de Domus fanden internationale Anerkennung. Die Verlegung des Industriehafens nach Arteixo, in eine Industriestadt, die 13 km von A Coruña entfernt liegt, war ein Großprojekt, das 2023 abgeschlossen wurde. In Arteixo befindet sich auch der Sitz von Inditex, einem der größten Textilunternehmen der Welt (u. a. Zara, Bershka, Massimo Dutti).

Im wirtschaftlichen Gefüge der Stadt spielt von jeher der Hafen die zentrale Rolle: Knapp 20 Mio. t Güter werden in guten Jahren umgeschlagen, u. a. Erdöl, Bioethanol, Kohle, Koks, Zink und Zement. Der Fischereibetrieb und die Konservenindustrie zählen zu den bedeutendsten des Landes. Finanz- und Dienstleistungssektor spielen eine gewichtige Rolle im Wirtschaftsgefüge. Der Tourismus konnte dank der Kreuzfahrtschiffe in den letzten Jahren deutlich zulegen. Das wirtschaftliche Rückgrat der Region bilden 600 Unternehmen, darunter der Textilkonzern Inditex mit Sitz in Arteixo, einem Vorort von A Coruña, dessen bekanntestes Aushängeschild die Modekette Zara ist.

# Geschichte

A Coruña blickt auf eine lange Geschichte zurück. Der Vorteil der Stadt ist der geschützte Naturhafen, den bereits Iberer, Phönizier, Kelten und Römer nutzten. Im 5. Jh. war die Stadt zeitweise die Hauptstadt des Königreiches der Sueben. Der muslimische Feldherr Almansor ließ sie im 10. Jh. zerstören, doch sie erholte sich wieder und erlebte im 14. und 15. Jh. ihre Blütezeit; in dieser Periode entwickelte sich die Stadt zum Zielhafen der Jakobspilger aus England.

Im Jahr 1588 stach die als unbesiegbar geltende spanische Armada mit 130 Kriegsschiffen und 29 000 Soldaten vom Hafen in A Coruña in See, um die englische Flotte herauszufordern und zu vernichten. In der Seeschlacht im Ärmelkanal erwies sich, dass die schwerfälligen, auf Entertaktik eingestellten spanischen Galeonen der Artillerie der kleinen, wendigen englischen Schiffe unterlegen waren. Auf dem Rückzug geriet die geschlagene spanische Flotte in schwere Herbststürme und erlitt weitere schwere Verluste. Die Vorherrschaft der Spanier auf See war damit endgültig gebrochen.

Im Jahr darauf schickten die Briten Sir Francis Drake nach A Coruña, der die Stadt in Schutt und Asche legte. Dennoch missglückte dem ehemaligen Piraten und seinen Mannen die Einnahme der Stadt dank des heroischen Widerstands der Bevölkerung, angeführt von María Pita, einer furchtlosen Frau aus dem Volk. Das Andenken an die Heldin der Stadt wird bis heute in Ehren gehalten – der Hauptplatz von A Coruña trägt ebenso wie das große Stadtfest im August ihren Namen.

# Entlang dem Paseo Marítimo

Lange Zeit lebte die Stadt gewissermaßen mit dem Rücken zum Meer, ab 1986 nahm man das Projekt des **Paseo Marítimo** in Angriff. Die grüne Promenade umrundet die Halbinsel und setzt sich entlang der beiden Hausstrände Orzán und Riazor fort. Die 13 km lange Meile ist ein Eldorado für Spaziergänger, Radfahrer und Jogger. Der Betrieb der nostalgischen Straßenbahnen, die aus Lissabon und Zaragoza stammen, entlang der Promenade ist leider vorübergehend aus Kostengründen eingestellt.

## Museum für Archäologie und Geschichte [1]

*Paseo Marítimo Alcalde Francisco Vázquez 2, Sept.–Juni Di–Sa 10–19.30, So, Fei 10–14.30, Juli–Aug. Di–Sa 10–21, So, Fei 10–15 Uhr, 2 €*

Den Auftakt des Paseo bildet das **Castillo de San Antón,** das heute das **Museo Arqueológico e Histórico** beherbergt. Zuvor wurde die Hafenfeste aus dem 16. Jh. als Leprosenheim und Gefängnis genutzt. Das Museum veranschaulicht die Geschichte der keltischen Siedlungen *(castros)* und der Römerzeit.

Gegenüber dem Kastell befinden sich der **Sportboothafen** und der modern designte **Meereskontrollturm.**

## Herkulesturm [2]

*Av. de Navarra s/n, Tel. 981 22 37 30, Mitte Juni–Mitte Sept. tgl. 9.45–21 Uhr, sonst kürzer, letzter Einlass 30 Min. vor Schließung, 3 €*

Die nächste Station ist die **Torre de Hercules,** das Wahrzeichen der Stadt, die unter dem römischen Kaiser Trajan um 100 n. Chr. entstand. Seit über 2000 Jahren versieht sie ihren Dienst als Leuchtturm. Ursprünglich führte eine Außenrampe hinauf, bei der Restaurierung Ende des 18. Jh. wurde diese durch eine Innentreppe mit 242 Stufen er-

A Coruña

setzt. Um den Turm rankt sich die Legende, dass Herkules hier den Giganten Gerion besiegte und dessen Schädel als Fundament für den Leuchtturm nutzte. Wer die Mühen des Aufstiegs nicht scheut, wird aus 58 m Höhe mit einem **Panoramablick** über die Stadt, den Hafen und das Meer belohnt. Um den Leuchtturm herum wurde ein Netz von Spazierwegen inklusive einer Skulpturenmeile angelegt.

## Aquarium 3

*Paseo Alcalde Francisco Vázquez 34, www.coruna.gal/mc2/es/aquarium-finisterrae, Juli, Aug. tgl. 10–20, März–Juni, Sept.–Dez. tgl. 10–19, Juli–Aug. tgl. 10–20, Jan.–Febr. Mo–Fr 10–18, Sa, So, Fei 11–19 Uhr, 10 €*

Nicht weit entfernt befindet sich das **Aquarium Finisterrae.** Das attraktive, interaktive Museum entführt die Besucher in die geheimnisvolle Unterwasserwelt Galiciens; moderne klassische Musik, die Luis Delgado eigens für das Aquarium komponierte, sorgt für die atmosphärische Untermalung. Im **Nautilius-Becken,** einem rundum einsichtigen Aquarium, tummeln sich in 4,4 Mio. l Wasser an die 700 Meeresbewohner. In dem größten Becken lassen sich u. a. Haie, Rochen, Brassen, Meerspinnen und Seekraken beobachten. Der unangefochtene König unter den Fischen ist der Stierhai Gastón: Er bringt es auf eine Länge von 2,5 m und ein Gewicht von 120 kg, Gesellschaft leistet ihm die Haidame Hermosa (die Schöne).

Auf spielerische Weise werden im **Maremagnum-Saal** große und kleine Besucher mit dem Ozean und seinen Bewohnern, der Fischerei, modernen Aquakulturen sowie dem Leben der Matrosen und Fischer vertraut gemacht. In einem Außenbecken sind die Publikumslieblinge des Aquariums, die Robben, zu Hause. Ein **Streichelzoo** erlaubt die direkte Kontaktaufnahme mit Rochen oder Seesternen. Der **botanische Garten** stellt die Küstenflora Galiciens vor. Der große Anker des Öltankers Mar Egeo, der 1992 vor der Küste von A Coruña Schiffbruch erlitt, erinnert an die Gefährdung des Ökosystems des Meeres.

## Museum Domus 4

*Calle Ángel Rebollo 91, www.coruna.gal/mc2/es/domus, Mo–Fr 10–18, Sa, So, Fei 11–19, Juli, Aug. bis 20, Sa, So, Fei 11–19 Uhr, 2 €*

Rund zehn Gehminuten vom Aquarium entfernt thront das architektonisch spektakuläre **Domus – La Casa del Hombre** auf einer Anhöhe. Davor wacht ein massiger römischer Krieger, ein Werk des Kolumbianers Fernando Botero. Bei der Umsetzung des Museumsgebäudes griff der japanische Stararchitekt Arata Isozaki auf die typisch galicischen Bau-

# A Coruña

(Karte S. 382–383)

## Sehenswert

1. Museo Arqueológico e Histórico/Castillo de San Antón
2. Torre de Hercules
3. Aquarium Finisterrae
4. Museo Domus – La Casa del Hombre
5. Casa de la Ciencias
6. Museo de Bellas Artes
7. Kiosco Alfonso
8. Plaza María Pita
9. Rathaus
10. Iglesia de Santiago
11. Jardín de San Carlos
12. Santa María del Campo
13. Convento de las Bárbaras
14. Iglesia de Santo Domingo

## Übernachten

1. NH Collection A Coruña
2. Pazo do Souto
3. Hotel Lois
4. Alda Orzán
5. Camping Los Manzanos

## Essen & Trinken

1. Árbore da Veira
2. El de Alberto
3. Deabejas
4. Taberna O Secreto
5. Sucre Coffee & Bakery

## Einkaufen

1. Kina Fernández
2. Purificación García
3. Markthalle
4. Plaza de Lugo
5. Casa Claudio

Punta de Adormideras
Punta Herminia
Paseo dos Menhires
Rúa Juan Sebastián Elcano
Rúa Regata Cutty Sark
Playa de S. Amaro
Paseo Alcalde Francisco Vázquez
Cementerio Municipal
Golfplatz
Area Deportiva La Torre
Av. de Navarra
Calle Orillamar
Dr. Vázques Iglesias
Calle Parque
Rúa Touro
Calle San Antonio
Calle Faro
Calle Marola
Calle Santo Tomás
Vereda del Polvorín
Estrada da Torre de Hércules
Herkulesturm
Calle Suevia
Calle Arenal
Calle Monte Alto
Calle Colón
Calle Dr. Ferant
Ronda de Monte Alto
Rúa Pedro Galán Calvete
Av. de Hércules
Rúa Vigía
Rúa Ángel Rebollo
Rúa Adelaida Muro
Punta del Orzán
Paseo Marítimo
Calle al Sanjurjo
Calle Forcarey
Calle Washington
Calle Villa de Carral
Calle Alcalde Abella
Rúa Faro Finisterre
Ctra. Circunvalación
Breogán
Calle Matadero
Ensenada del Orzan
0
100
200
300
400 m

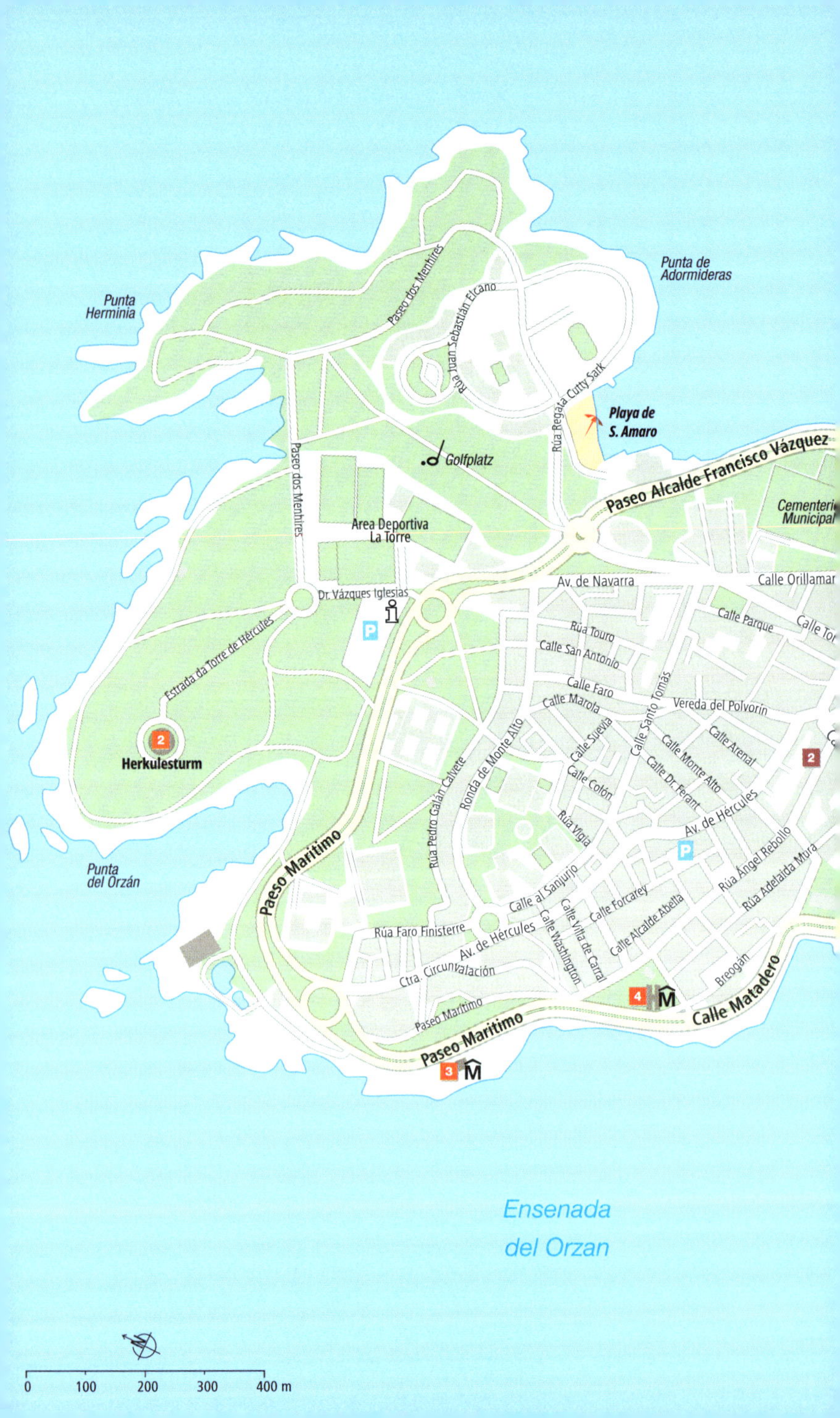

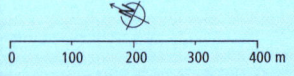

materialien Granit und Schiefer zurück. Wie ein aufgeblähtes Segel präsentiert sich die Fassade, die mit 6600 einzeln von Hand justierten Schieferplatten verkleidet wurde.

Das 1995 eingeweihte **interaktive wissenschaftliche Museum** widmet sich den Geheimnissen der menschlichen Existenz. Es kreist um Themen wie die menschliche Identität, Genetik, Fortpflanzung, die Sinne, die Evolution, das Herz oder das Gehirn. In der ersten Etage findet sich ein eindrucksvolles überdimensionales Papiermodell der genetischen Struktur eines Menschen, die sich aus 17 730 Elementen zusammensetzt. Leuchttafeln illustrieren die Entwicklung des menschlichen Embryos. Das Pochen, das im ganzen Museum zu vernehmen ist, sind die Herzschläge des Menschen. Ein riesiges Modell veranschaulicht die Funktion des Herzens. Schade nur, dass die Erklärungen bis dato nur auf Spanisch und Galicisch abgefasst sind.

## Strände

In der breiten Bucht erstrecken sich die ausgedehnten Hausstrände von A Coruña, die **Playa del Orzán** und die **Playa de Riazor,** allerdings vor der gesichtslosen, aus dem Boden gestampften Architektur der 1960er- und 1970er-Jahre. Ganz am Ende der Bucht leuchtet in den Abendstunden der 50 m hohe **Obelisco Millenium.** Die gläserne Pyramide steht im Dialog mit dem Herkulesturm.

# Neustadt

## Haus der Wissenschaften 5

*Parque Santa Margarita s/n, www.corunga. gal/mc2, Juli, Aug. tgl. 10–20, März–Juni, Sept.–Dez. tgl. 10–19, Jan.–Febr. Mo–Fr 10–18, Sa, So, Fei 11–19 Uhr, 2 €*

Auf einer Anhöhe am westlichen Rande der Neustadt steht im Parque de Santa Margarita die **Casa de la Ciencias.** Das Museum widmet sich mit interessanten Wechselausstellungen den Naturwissenschaften und der Technik, dazu gehört auch ein modernes **Planetarium.**

Gegenüber dem Wissenschaftsmuseum liegt das imposante, halbrunde **Opernhaus** von A Coruña.

## Kunstmuseum 6

*Calle Zalaeta s/n, museobelasartescoruna. xunta.gal, Di–Fr 10–20, Sa 10–14, 16.30–20, So 10–14 Uhr, 2,40 €, Sa nachmittags, So morgens Eintritt frei*

Im Zentrum lockt das **Museo de Bellas Artes** Kunstinteressierte an. Der architektonisch interessante Bau aus Aluminium und Glas des Architekten Manuel Gallego Jorreto ist verbunden mit einem ehemaligen Kapuzinerkloster. Die sehenswerte Sammlung vereint Werke der spanischen und europäischen Malerei des 16. bis 20. Jh. mit Werken von Murillo, Ribera, Vélazquez, Rubens, Tintoretto und Grafiken von Goya.

*Der Möwenbrunnen an der kilometerlangen Strandpromenade von A Coruña*

## Avenida del Marina

Südöstlich davon verläuft die **Avenida del Marina** mit ihren attraktiven **Glasveranden.** Die Bürgerhäuser entstanden Ende des 19. Jh. an der Stelle, wo sich einst ärmliche Fischerhäuser aneinanderreihten. Direkt vor den prächtigen Fassaden erstreckt sich die Flaniermeile der **Méndez-Núñez-Gärten:** Stolze Palmen sorgen hier für exotisches Flair. Im Zentrum der Flaniermeile findet sich der schöne **Kiosco Alfonso** 7 , ein Pavillon im Jugendstil, der für Ausstellungen genutzt wird. Unmittelbar davor breitet sich der weitläufige **Hafen** aus. Die Maßnahmen zur Verschönerung des Areals sind im Gange, mit der zukünftigen Verlagerung des Industriehafens werden riesige Freiflächen entstehen, die Raum geben für eine zukunftsweisende Stadtplanung.

## Rund um die Plaza María Pita

Der **Hauptplatz María Pita** 8 ist der Dreh- und Angelpunkt von A Coruña. Dominiert wird der weitläufige Platz vom imposanten, 1917 erbauten **Rathaus** 9 mit seinen markanten Kupferkuppeln. Der in sich geschlossene, von Arkaden gesäumte Platz wird umgeben von Häusern, die die typischen Glasveranden zieren. Auf dem Platz steht die Statue der wagemutigen María Pita, der legendären Heldin im Kampf gegen den Piraten der englischen Königin, Sir Francis Drake, im Jahr 1589. Für Atmosphäre sorgen die zahlreichen Cafés und Restaurants.

Von der Plaza gehen die belebten Gassen **Calle de la Franja** und **Calle de Riego de Agua** ab. Die Einkaufsmeilen warten mit Boutiquen sowie Schuh- und Schmuckgeschäften auf. Für das leibliche Wohl sorgen etliche Bars und Restaurants, deren Vitrinen mit frischem Fisch, Muscheln und Meeresfrüchten locken.

# Altstadt

Nordöstlich des Hauptplatzes María Pita erstreckt sich die beschauliche Ciudad Vieja jenseits des Großstadtrubels auf einer Anhöhe. Überreste der alten Stadtmauern umgürten die Altstadt mit ihren stillen Gassen und romantischen Plätzen. Volkstümliche Kneipen, Cafés und einige Antiquitätengeschäfte sowie alteingesessene Handwerksbetriebe beleben das Viertel.

### Jakobskirche 10
*Rúa Santiago*
Den Mittelpunkt des historischen Zentrums bildet die **Iglesia de Santiago** (12. Jh.), die älteste romanische Kirche von A Coruña. Im Bogenfeld der Hauptfassade erinnert Santiago Matamoros daran, dass der Camino Inglés (Englischer Weg), der die englischen Jakobspilger über den Atlantik führte, in A Coruña seinen Anfang nahm. Den einschiffigen Kirchenraum mit seinen drei Apsiden zeichnet eine schlichte Eleganz aus.

### Parkanlage San Carlos 11
*Bastión de San Carlos*
Die grüne Oase der Altstadt ist der **Jardín de San Carlos,** an dessen Stelle sich ursprünglich ein Kastell befand. Im Zentrum des hübschen Parks stößt man auf ein Grabmonument, das an den englischen General John Moore erinnert. An der Seite der Galicier kämpfend verlor er 1809 im Kampf um die Stadt gegen die napoleonischen Truppen sein Leben.

### Rund um die Plazuela de Santa Barbara
Auf der höchsten Stelle der Altstadt thront die Kollegiatskirche **Santa María del Campo** 12. Sie entstand ab 1256 im romanischen Stil und wurde später in gotischer Manier vollendet. Finanziert wurde das Gotteshaus vom einflussreichen Gremium der Seeleute. Das Tympanon der Westfassade zeigt die Heiligen Drei Könige. Auf dem Platz vor der Kirche steht eine schmucke Betsäule aus dem 15. Jh.

Östlich der Kollegiatskirche findet sich die reizvolle kleine **Plazuela de Santa Bárbara** mit dem **Convento de las Bárbaras** 13 (15. Jh.). Ein paar Schritte weiter steht die imposante **Iglesia de Santo Domingo** 14, die im 18. Jh. im Barockstil erbaut wurde.

### Infos
**Oficina de Turismo Municipal:** Plaza María Pita 6, 15001 A Coruña, Tel. 661 68 78 78, www.visitcoruna.com. Nov.–Jan. Mo–Fr 9–17.30, Sa 10–17, So, Fei 10–15, Febr.–Okt. Mo–Fr 9–18.30, Sa 10–17, So, Fei 10–15 Uhr. Interessant für Museumsbesucher ist das Angebot der Coruña Card (24 Std. 11 €).
**Oficina de Turismo:** Torre de Hércules, Doctor Vázquez Iglesias, 1, 15002 A Coruña, www.visitcoruna.com, tgl. 10–20.30 Uhr.

### Übernachten
Luxus pur – **NH Collection A Coruña Finisterre: 1 :** Paseo del Parrote 2–4, Tel. 916 00 81 46, www.nh-hotels.com. Die erste Adresse von A Coruña wartet mit viel Luxus und Komfort auf. Zur Hotelanlage gehören Tennisplätze sowie ein Swimmingpool. €€€
Agroturismo – **Pazo do Souto 2 :** Calle La Torre 1, Sisama-Carballo (40 km südwestl. von A Coruña, Autopista A Coruña–Carballo AG 55), Tel. 981 75 60 65, www.pazodosouto.com. Hübsches steinernes Herrenhaus in der Umgebung des Dorfs Sisama. Die elf Zimmer, einige davon mit Hydromassage im Bad, sorgen für einen erholsamen Urlaub, herrlich ist auch der Garten. €€€
Perfekte Lage – **Hotel Lois 3 :** Rúa Estrella 40, Tel. 981 21 22 69, https://linktr.ee/Lois

# A Coruña

*Der Schinkenkönig: El Rey de Jamón im Zentrum von A Coruña*

coru. Kleines, familiär geführtes Hotel mit flottem, minimalistischem Design. Im Restaurant kommt Hausmannskost auf den Tisch. €€
Sehr ordentlich – **Alda Orzán** 4 : Rúa Sol 10, Tel. 981 21 03 62, Tel. 881 24 02 59, www.aldahotels.es. 39 freundliche Zimmer zählendes Hostal, das nur 100 m vom Paseo Marítimo und den Stränden Orzán und Riazor entfernt liegt. Parkplätze vorhanden. €€
Camping – **Los Manzanos** 5 : Ctra. Meirás, Santa Cruz de Oleiros (10 km südöstl. von A Coruña), Tel. 981 61 48 25, www.campinglosmanzanos.com. Stilvoller Platz mit schönem, schattenspendendem Baumbestand, einem guten Restaurant, einem Schwimmbad und ansprechenden Bungalows. 800 m bis zur Playa Santa Cruz.

## Essen & Trinken

Etliche Tapabars und Tavernen finden sich um die Plaza Pita und in den Gassen Franja, Estrella, Real Olmos und Barrera.
Schlemmen mit Ausblick – **Árbore da Veira** 1 : Estrada Os Fortes s/n, Tel. 981 07 89 14,

# Rías Altas

www.arboredaveira.com, Do–Mo 13.30–16, Fr, Sa 21–23 Uhr, Reservierung ratsam, Cafeteria 11.30–21 Uhr. Vom Restaurant auf dem Hügel San Pedro liegen einem die Stadt und das Meer zu Füßen. Die Einrichtung ist minimalistisch, stylish gehalten. Die Kreationen aus der Küche sind innovativ und schick präsentiert. €€–€€€

Mit Pfiff – **El de Alberto** 2 : Rúa Angel Rebollo 18, Tel. 981 90 74 11, So abends, Mo geschl. Hell und modern das Ambiente, freundlich und kompetent der Service. Das Fleisch wird auf den Punkt gebraten, der frische Fisch perfekt zubereitet. €€

Tapas – **Deabejas** 3 : Calle Olmos 2, Tel. 881 96 65 75, www.restaurante-deabejas.eatbu.com. Das Lokal bietet lecker zubereitete Tapas, besonders gut sind die Patatas Bravas, dazu Pimientos de Padrón und zum Dessert einer der leckeren Kuchen. €

Für Weinliebhaber – **Taberna O Secreto** 4 : Alameda 18, Tel. 981 91 60 10, www.tabernaosecreto.com, So geschl. Die Taverne ist ein kleiner Weintempel, zum Wein empfiehlt sich eine Schinkenplatte oder in Olivenöl eingelegter Schafskäse. Tellergerichte *(raciones)* €

Süßes – **Sucre Coffee & Bakery** 5 : Calle Franja 54, Tel. 981 97 01 22. Das nette kleine Café bietet neben superleckerem Kaffee eine gute Auswahl an süßen, liebevoll dekorierten kleinen Küchlein. Ein Gedicht sind das Maracuja-Mousse und das Zitronen-Baiser-Törtchen. €

## Einkaufen

Designer-Mode – In der **Calle Real** befinden sich die angesagten Geschäfte der galicischen Modelabels wie Roberto Verino, Adolfo Dominguez, Kina Fernández, Purificación García und Zara. **Kina Fernández** 1 : Calle Real 58, www.kinafernandez.es. Galicische Stardesignerin, schicke Mode für Sie. **Purificación García** 2 : Rúa Fonseca 7, www.purificaciongarcia.com. Schnörkellose, schicke Mode für sie und für ihn.

Märkte – An der Plaza de San Agustín liegt die größte **Markthalle** 3 der Stadt. Lebhaft und bunt ist der moderne Markt an der **Plaza de Lugo** 4 .

Feinkost – **Casa Claudio** 5 : Rúa San Andrés 113. Das Traditionshaus bietet eine reiche Auswahl an Delikatessen und Weinen.

## Abends & Nachts

Zahlreiche Bars und Musiklokale finden sich in der **Rúa Orzán**, ein weiteres Ausgehviertel ist **Juan Flórez**. In den Klubs an der **Playa Riazor** tobt das Leben erst nach Mitternacht.

## Termine

**Noite da Queima, Hogueras de San Juan:** Nacht vom 23. auf 24. Juni. Die Sommersonnenwendefeier spielt sich auf der Promenade und am Strand ab, das größte Feuer wird auf der Playa Riazor abgefackelt. Zum Programm gehören Hexenumzüge, typisch sind auch die Sardinen, die am Strand gegrillt werden.

**Nuestra Señora del Carmen:** 16. Juli. Schiffsprozession zu Ehren der Schutzpatronin der Fischer und Seeleute.

**Fiesta de María Pita:** 1.–31. Aug. Fest zu Ehren der Stadtheldin mit Rahmenprogramm, darunter Konzerte am Strand, Theater- und Sportveranstaltungen. Das detaillierte Programm ist bei der Touristeninformation erhältlich.

## Verkehr

**Flugzeug:** Aeropuerto de Alvedro, Av. Hermida s/n, 15174 Rutis, 9 km südlich vom Zentrum, Tel. 913 21 10 00. Tgl. Flüge nach Madrid, Barcelona, Bilbao und Valencia. Busverbindungen in die Innenstadt und zum Busterminal (im 30-Minuten-Takt, Sa, So 60-Minuten-Takt).

**Bahn:** Estación de Tren A Coruña, Av. Ferrocarril 2, Tel. 912 32 03 20. Tgl. mehrere Renfe-Züge in alle größeren Städte Galiciens wie Santiago und Vigo sowie Ourense, El Ferrol und Madrid.

**Bus:** Busbahnhof, Calle Caballeros 21, Tel. 981 18 43 35. Stdl. nach Santiago, Ponferrada, Gijón, Oviedo und Madrid. Ziele in der Umgebung wie Betzanos. Von der Porta Real Bus Nr. 1 A zum Busbahnhof.

**Schiff:** Vom Hafen (Dársena de la Marina) fährt stdl. ein Schiff zum Strand Santa Cristina.

# Moda Gallega

In der Fachwelt ist es längst kein Geheimnis mehr, dass in dem einst so ärmlichen Galicien neue Modetrends gesetzt werden. Die Zugpferde der Moda Gallega sind namhafte Modeschöpfer wie Adolfo Domínguez und Roberto Verino.

*Galicien wird Mode gemacht*

Der kometenhafte Aufstieg der galicischen Textilindustrie begann in den 1980er- und 1990er-Jahren. Heute beschäftigen über 760 Firmen rund 30 000 Menschen und stellen einen wichtigen Wirtschaftsfaktor dar. Die galicischen Unternehmen lassen ihre Mode weitgehend vor Ort produzieren und fordern mit ihren günstigen Preisen die Konkurrenz heraus.

Etliche der heute längst etablierten Designer verließen in den trostlosen Jahren der Franco-Diktatur das Land. Sie lernten ihr Handwerk von der Pike auf bei den großen Pariser Modehäusern und kehrten als erfahrene Designer in ihre Heimat zurück. Zu den Pionieren des galicischen Modewunders zählt Adolfo Domínguez. Nach einem Studium in Paris übernahm er Anfang der 1970er-Jahre das Modegeschäft seiner Eltern in Ourense. 1981 gelang ihm mit der Präsentation seiner ersten Kollektion in Madrid der Durchbruch. Mit seinem Slogan »La arruga es bella« (die Falte ist schön) brach er eine Lanze für den knitterfreudigen Leinenstoff. Der Minimalist unter den spanischen Modeschöpfern ist mittlerweile mit 140 Geschäften in elf Ländern vertreten.

Neben Domínguez zählt Manuel Roberto Mariño zu den großen Vorreitern auf dem galicischen Modeparkett. Der Modeschöpfer startete seinen Aufstieg zum international gefragten Designer in Paris. Er kreierte den Markennamen Roberto Verino und ist inzwischen seit über 25 Jahren im Geschäft. Neben der Mode kreierte er Parfüms und seine eigene Brillenkollektion. Seine durchweg tragbaren, funktionalen Modelle zeichnen sich durch qualitativ hochwertige Stoffe aus.

Die Zentrale des Branchenprimus, die Firmengruppe Inditex, liegt in Arteixo bei A Coruña. Zur Gruppe gehören neben der Modekette Zara, heute eine der weltweit beliebtesten Marken bei jungen Frauen, u. a. die Marken Massimo Dutti und Pull & Bear. Der Gründer von Zara, Amancio Ortega, der sich mittlerweile aus dem aktiven Geschäft zurückgezogen hat, legte eine steile Karriere hin: Er stieg vom Laufburschen in einem Kurzwarengeschäft zum Modemilliardär auf. Gemeinsam mit Familienmitgliedern gründete er eine kleine Näherei in A Coruña, woraus 1975 der erste Zara-Modeladen entstand. Das börsennotierte Unternehmen Inditex ist heute weltweit der umsatzstärkste Textilkonzern und hat Branchenriesen wie den schwedischen Konzern H & M oder den amerikanischen GAP hinter sich gelassen. Das Erfolgsgeheimnis von Inditex liegt in seiner Schnelligkeit und Flexibilität: Innerhalb von nur elf Tagen schafft es das Designerteam von Zara, neue Modetrends in die Läden zu bringen. Für große Marketingkampagnen verschwendet der Konzern kein Geld. Die durchgestylten Zara-Läden in Toplagen und natürlich die Ware sollen die Kundschaft überzeugen. Bisher ging das Konzept auf, das Unternehmen ist in vielen Ländern Europas und weltweit weiterhin auf Expansionskurs.

# Costa da Morte

**Die berühmt-berüchtigte Todesküste erstreckt sich zwischen dem Kap Fisterra und dem Kap Roncudo bis hin nach Malpica de Bergantiños. Die steilen Klippen und schroffen Kaps formte der ungestüme Atlantik. Entlang der Küste reihen sich hübsche Fischerdörfer. Das Meer ist die nicht immer ungefährliche Lebensgrundlage ihrer Bewohner.**

Unzählige Schiffe zerschellten vor der gefährlichen, häufig sturmumtosten Küste. Für Schlagzeilen sorgte im November 2002 der Untergang des Öltankers Prestige vor dem Cabo Touriñán, der die schwerste Umweltkatastrophe in der Geschichte Spaniens auslöste. Mittlerweile sind zumindest die sichtbaren Spuren des Unglücks so gut wie beseitigt und Baden ist an der Costa da Morte wieder möglich. Angesichts der gefährlichen Brandungen ist jedoch vielerorts Vorsicht geboten.

## Malpica de Bergantiños
▶ 3, B 2

Mit 5500 Einwohnern zählt **Malpica de Bergantiños** zu den größeren Ortschaften der Todesküste. Wie in so vielen Ortschaften an der nordspanischen Küste lebten die Menschen einst auch hier vom Walfang in fernen Meeresgefilden. Heute ist der Radius der Fischer enger, aber nach wie vor ist die Fischerei in der Region ein gefährliches Unterfangen. Das Meer ist unberechenbar, vor allem im Winter treten häufig Stürme auf. Der Fang wird in der großen **Auktionshalle** versteigert. In den Tavernen kommt der Fisch hier noch zu halbwegs zivilen Preisen auf den Tisch. Neben den kulinarischen Vorzügen verfügt die Stadt über einen ansehnlichen Sandstrand.

### Cabo de San Adrián
Ein kurzer Abstecher führt von Malpica zum **Cabo de San Adrián**. Auf dem felsigen Kap trotzt die kleine Kirche **Ermita de Santo Hadrián do Mar** (14. Jh.) den Wetterkapriolen. Von September bis Oktober geben sich viele Hobby-Ornithologen auf dem Kap ein Stelldichein, um die Formationen der Zugvögel zu beobachten. Eine Zuflucht für Seevögel, darunter etliche bedrohte Arten wie die Iberische Trottellumme, sind die drei vorgelagerten Inseln **Illas de Sisargas**, die allerdings für Besucher nicht zugänglich sind.

### Buño
Rund 10 km südöstlich von Malpica liegt der traditionsreiche Töpferort **Buño**. Die Werkstätten arbeiten ihre Gefäße zum Teil noch nach uralten Mustern.

### Übernachten
Klares Design – **Hostal Restaurante As Garzas:** Porto Barizo 40 (7 km westl. von Malpica), Tel. 981 72 17 65, www.asgarzas.com. In Porto Barizo, 100 m von der Küste entfernt. Helle, freundliche Zimmer mit Atlantikblick und gutes Restaurant, Spezialität sind Entenmuscheln (€€–€€€). €€
Ordentliches Strandhotel – **Hotel Fonte do Fraile:** Playa de Canido s/n, Tel. 981 72 07 32, www.fontedofraile.com. Komfortables Hotel in Strandnähe mit einem 1500 m² großen Garten. €€
Meerblick – **Casa da Vasca:** Barizo Puerto 42, (7 km westl. von Malpica), Tel. 981 72 19 60, 608 58 36 54, www.casadavasca.com. Oase der Ruhe in der Nähe vom Strand Seiruga. Ansprechend, modern gestaltete Zimmer, zum Haus gehört ein gepflegtes Restauraunt (€–€€). €–€€

Camping – **Sisgars:** Calle Filgueira 12, (km 14 auf der A9 von Carballo nach Malpica), Tel. 981 72 17 02, www.campingsisargas.com, 15. Juni–4. Sept. Komfortabler, schattiger Platz mit 146 Stellplätzen, außerdem kann man Bungalows und kanadische Hütten buchen. Supermarkt, Swimmingpool, Tennisplatz, Restaurant.

# Corme ▶ 3, B 2

Das abgeschiedene kleine Fischernest **Corme** am nördlichen Ufer der Ría de Corme y Laxe ist eine kulinarische Hochburg. Geradezu legendär sind die Entenmuscheln von Corme. Kein Wunder also, dass das jährliche Entenmuschelfest regen Zuspruch hat. Das Dorf ist auch bekannt für seine Sardinen. Frisch vom Grill sind sie eine Köstlichkeit, die im Gegensatz zu den Entenmuscheln erschwinglich ist.

## Termine

**Festa do Percebe:** Erster Sa im Juli. Das Entenmuschelfest zieht Besucher aus ganz Galicien an.
**Festa da Sardina:** Juli. Selbstverständlich veranstalten die Bewohner von Corme alljährlich auch ein kulinarisches Fest rund um die Sardine.

# Laxe ▶ 3, B 2

Hauptattraktion des 3200 Seelen zählenden Fischerorts **Laxe** in der Bucht Ría de Corme y Laxe ist der 2 km lange feine, kristallweiße Dünenstrand. In der Umgebung gibt es noch einige versteckte, ruhige Strände. Den Mittelpunkt von Laxe bilden der geschäftige **Fischerhafen** und die **Fischauktionshalle.** Auf einer Anhöhe steht die trutzige Kirche **Santa María de Atalaya** (14. Jh.). Auf dem Vorplatz waren einst Kanonen positioniert, um die Stadt und ihren Hafen zu verteidigen. Nichtsdestotrotz gelang es englischen Piraten im 18. Jh., Laxe einzunehmen und zu plündern.

## Infos

**Oficina de Turismo:** Av. Cesáreo Pondal 26, 15117 Laxe, Tel. 981 72 83 13, www.turismolaxe.gal, Mo, Di, Do–So 10–14, 16–18 Uhr.

## Übernachten

Klares, modernes Design – **Hotel Boutique O Náutico:** Rúa Rosalía de Castro 46, Tel. 689 94 52 31, www.hotelnauticolaxe.com. Am Strand von Laxe gelegen. Für den Standard ein gutes Preis-Leistungs-Verhältnis. Das Frühstück ist reichhaltig. €€

Komfortables Strandhotel – **Hotel Playa de Laxe:** Av. Cesáreo Pondal 27, Tel. 981 73 90 00, www.playadelaxe.com. Direkt an der ausgedehnten Playa de Laxe. Modern, aber etwas nüchtern. €–€€

## Essen & Trinken

Fischlokal – **Zurich:** Isidro Parag Pondal 8, Tel. 981 72 80 81, Mo geschl., außer im Aug. Beliebt sind die Platten mit gegrilltem Fisch und mit Meeresfrüchten. €€–€€€

Aussichtsreich – **A Ventana:** Calle Real 14, Tel. 981 72 83 19, bei Facebook. Ideal zum Frühstücken oder für einen Kaffee mit Blick auf den Strand von Laxe. Abends gibt es Brettchen mit Käse- oder Wurstspezialitäten, dazu häufig Livemusik. €

## Verkehr

**Bus:** Die nächste Busstation findet sich in Carballo, Calle de Vicente Risco s/n, Tel. 981 70 01 95, gute Verbindungen nach Santiago de Compostela und A Coruña.

# Camelle ▶ 3, A 2

In dem abgeschiedenen Fischerdorf **Camelle** ließ sich in den 1960er-Jahren der Aussteiger Manfred Gnädiger (1936–2002) aus dem Schwarzwald nieder. Er hinterließ um seine Behausung direkt am Meer einen bizarren, verwahrlosten Skulpturenpark mit aus Steinen und allerlei Treibgut gefertigten, fantasievollen Kunstwerken. Aufgrund seines Engagements in der Zeit der Ölpest 2002 wurde Gnädiger zur Symbolfigur in Galicien. Mittlerweile wurde

# Costa da Morte

*Lebensfreude auf Galicisch: Viele Orte veranstalten Feste zu Ehren ihrer Schutzpatrone*

dem Aussteiger ein kleines, kurioses Museum unter dem Namen **Casa do Alemán** (Peirao de Camelle s/n, Tel. 981 73 60 00, www.mandecamelle.com) gewidmet.

## Kap Tosto

Auf der Höhe des Cabo do Tosto liegt der schlichte **Cementerio de los Ingleses** (Friedhof der Engländer). Er erinnert an die 172 ertrunkenen Seeleute, überwiegend blutjunge Matrosen, des Schulschiffs der britischen Marine The Serpent, das 1890 in einem schweren Sturm vor der Küste versank.

# Camariñas ▶ 3, A 2

Landschaftlich reizvoll bettet sich **Camariñas** in die gleichnamige Ría ein. Seinen Bekanntheitsgrad verdankt das Fischerstädtchen seinen Frauen, die mit viel Hingabe in unzähligen Arbeitsstunden filigrane Spitzenklöppeleien anfertigen. In den Geschäften längs der Hafenpromenade vertreiben sie ihre Arbeiten, darunter Decken, Läufer, Duftkissen, Fächer und Taufkleider.

## Spitzenmuseum
*Praza de Insuela 57, Tel. 981 73 63 40, Di–So Sommer 11–14, 17–20, Winter 11–14, 16–19 Uhr, 2 €*
An der Ortseinfahrt findet sich neben dem steinernen Denkmal für die Spitzenklöpplerinnen das **Museo do Encaixe**, das auf zwei Ebenen wunderschöne Klöppeleiarbeiten aus verschiedenen Jahrhunderten präsentiert.

## Kap Vilán

Herbe Schönheit strahlt die zerklüftete Felsküste der Costa da Morte rund um das nur 5 km entfernte **Cabo Vilán** aus. Auf dem Kap sendet der **älteste elektrische Leuchtturm Spaniens** seine Signale bis zu 30 Seemeilen weit ins Meer. Ein Windpark und eine gewaltige **Fischfarm** mit riesigen schwarzen Zuchttanks trüben das landschaftliche Bild. Ober-

Muxía

halb vom Leuchtturm führt entlang der Küste eine ruppige Piste zu einsamen **Stränden.** Die Tour bietet sich auch für Mountainbiker oder Wanderer an.

### Übernachten

Land-Oase – **Hotel Rústico Lugar do Cotariño:** Lugar do Cotariño, Tel. 629 21 43 79, www.docotarino.com. 1 km von Camariñas entfernt in der Nähe des Cabo Vilán. Charmantes, ruhiges Hotel, das aus drei ehemaligen Landhäusern besteht, liebevoll eingerichtete Zimmer. Das Restaurant bietet leckere galicische Gerichte. €€

Gemütlich rustikal – **Hotel Rústico Puerto Arnela:** Praza do Carmen 20, Tel. 981 73 72 40, www.hotelpuertoarnela.com. Charmantes, kleines Hotel direkt an der Hafenmeile. €–€€

Gute Option – **Hotel Puerto Arnela:** Calle Carmen 20, Tel. 981 73 72 40, www.hotelpuertoarnela.com. Nettes, kleines Hotel mit Blick auf den Hafen. Dazu gehört ein empfehlenswertes Restaurant, hier wird auch das gute Frühstück serviert. €–€€

### Essen & Trinken

Günstig – **Catro Ventos:** Calle Muíño do Vento 71 (oberhalb der Ortszufahrt), Tel. 981 73 60 64, www.catroventos.net. Bei Einheimischen ist das Lokal sehr beliebt, Tipps: Fischtopf *(caldeiradas),* Tintenfisch *(pulpo a Camariñas),* Wolfsbarsch *(lubina).* Mit einfachem Hostal. €

### Einkaufen

Klöppeleien – **Asociación Palillada de Camariñas:** Rúa San Miguel 7, Tel. 666 68 06 56. Verein von 15 leidenschaftlichen Spitzenklöpplerinnen, die ihre filigranen Werke zum Verkauf anbieten und sich bei der Arbeit über die Schultern schauen lassen.

# Muxía ▶ 3, A 2

Das kleine Fischerstädtchen **Muxía** (span. Mugia), das im 12. Jh. auf Initiative der Mönche vom Kloster Moraime gegründet wurde, liegt auf einer häufig vom Sturm geplagten Landzunge der Ría de Camariñas. Vieles an historischer Bausubstanz ging durch das Wüten der napoleonischen Truppen zu Beginn des 19. Jh. verloren.

### Punta da Barca

Im Rampenlicht steht Muxía in der zweiten Septemberhälfte, wenn Wallfahrer aus ganz Galicien die **Kirche Nosa Señora de la Barca** ansteuern. Die blockhafte Wallfahrtskirche thront auf der Landzunge Punta da Barca. Ihr heutiges Erscheinungsbild geht weitgehend auf das 17. Jh. zurück, der Ursprung ist aber romanisch. Eine Legende berichtet, dass hier die Muttergottes anlegte, um Jakobus für seine Missionierungsarbeit Mut zuzusprechen. Vertaut wurde das Boot an einem tonnenschweren Stein, der **Pedra da Abalar.** Es heißt, wer es schafft, den Stein ins Wanken zu bringen, dessen Wünsche gehen in Erfüllung, Voraussetzung ist jedoch ein reines Gewissen. Kein leichtes Unterfangen! Andere vertrauen da lieber auf den Steinkoloss **Pedra do Carrises** – ihm werden Heilkräfte zugeschrieben.

### Infos

**Oficina de Turismo:** Casa das Beiras, Calle Real 35, 15124 Muxía, Tel. 981 74 25 65, www.concellomuxia.com, Mo–Sa 9.30–13.30, 16–19, So 10–13.30, 16–19 Uhr.

### Übernachten

Geschmackvoll – **Casa de Lema:** Aldea de Morpeguite 85, 15124 Morpeguite (7 km südl. von Muxía), Tel. 981 72 98 13, www.casadelema.com. Das Haus mit sechs Zimmern, umgeben von einem gepflegten Garten, wurde mit viel Liebe zum Detail und einem nostalgischen Touch eingerichtet. Inkl. Frühstück. €€

Erstklassig – **Casa de Trillo:** Lugar Santa Mariña 1 (12 km südl. von Muxía in Richtung Villarmide), Tel. 634 75 95 57, www.casadetrillo.com. Im Weiler Santa Mariña liegt das galicische Landhaus (16. Jh.). Die Einrichtung ist geschmackvoll, das Personal sehr zuvorkommend. Inkl. Frühstück. €€

### Essen & Trinken

Galizische Küche – **Lonxa D'Alvaro:** Calle de la Rúa Marina 22, Tel. 981 74 25 01, www.

# Im Land der Hexen und Wunderheiler

Galicien ist eine Region voller Mythen und Legenden. In den Wäldern tummeln sich die ›meigas‹, die Hexen. In den Dörfern kursieren immer noch Geschichten über den bösen Blick und die ›santa compaña‹, eine schaurige Prozession von ruhelosen Seelen oder Geistern.

Die Abgeschiedenheit vieler Dörfer und die häufig von Nebel und Regen verhangene Landschaft bilden den Nährboden für den noch weit verbreiteten Glauben an Hexen und allerlei geheimnisvolle Rituale. Übernatürliche Kräfte werden auch dem Meer, den Winden und den Steinen zugesprochen. Viele alte Bräuche und Riten gehen auf vorchristliche Kulte zurück.

Ein uralter galicischer Brauch ist die Zubereitung einer *queimada,* eine Art Feuerzangenbowle. Der Schwur, der währenddessen aufgesagt wird, soll die bösen Geister abschrecken. Auch das Johannisfeuer, das in der Nacht vor dem Johannistag (24. Juni) an fast allen Stränden entfacht wird, soll böse Dämonen abwehren. Häufig sichern sich die *gallegos* nach zwei Seiten ab: So lassen die Fischer in Combarro ihre Boote zunächst vom Pfarrer und anschließend von einer guten *meiga* (lat. *magia,* Hexe) segnen. Auf den Maisspeichern in den Dörfern Galiciens steht das christliche Kreuz neben der *fica,* einem keltischen Fruchtbarkeitssymbol. Hilft die Schulmedizin nicht weiter, so wendet man sich in vielen Ortschaften noch an eine *curandera,* eine Heilerin. Ihre Fähigkeiten beruhen auf der Kenntnis von Kräutern und deren Wirkung.

Das Bild der *meiga* entspricht unserer Hexenvorstellung – eine runzlige Alte mit Hakennase und Zauberbesen. In den galicischen Märchen spielen die Zauberkundigen eine zentrale Rolle. Allgegenwärtig sind sie auch in den Souvenirgeschäften; einige mit eingebauten Bewegungsmeldern jagen ahnungslosen Touristen einen Schrecken ein. Moderne *meigas* bieten ihre Dienste auch in den Städten an: Sie sagen die Zukunft voraus und legen die Karten. Gegen die Zaubersprüche der Hexen, die *meigallos,* helfen laut Volksglaube die unterschiedlichsten Amulette. Ein bewährtes Amulett ist die *figa,* ein Anhänger in Form einer geschlossenen Hand, der gegen den bösen Blick, Neid und Eifersucht schützt.

Weit verbreitet im ländlichen Galicien ist der Glaube an die *santa compaña* (hl. Gefolgschaft), eine Prozession von rastlosen Seelen, die besonders häufig in der Johannisnacht umherzieht und die Häuser aufsucht, in denen demnächst ein Toter zu beklagen sein wird. Angeführt wird der unheimliche Zug von einem Hauptgeist *(estadea).* Dabei handelt es sich um einen Lebendigen, der sich seines nächtlichen Treibens nicht bewusst ist. Er trägt ein Kreuz und ein Weihrauchfass. Zu erkennen sind die so Gestraften an ihren fahlen Gesichtszügen. Ihnen wird keine Ruhe gegönnt und so sterben sie an Entkräftung, ohne dass die tatsächliche Todesursache bekannt wird. Nur wenige Sterbliche, heißt es, haben die Fähigkeit, die *santa compaña* zu sehen; die meisten spüren nur einen kalten Windhauch und nehmen den Geruch von Kerzenwachs wahr.

alonxadalvaro.com. Restaurant mit Terrasse, auf der man während des Essens den Blick aufs Meer genießen kann. Spezialitäten des Hauses sind der flambierte *pulpo* (Krake) sowie Fisch- und Meeresfrüchteplatten. Hauptgerichte €–€€, Meeresfrüchteplatte für zwei Personen €€€

### Termine

**O Carme:** Letztes Juliwochenende. Seeprozession zur Ehren der Schutzpatronin der Fischer und Seeleute.

**A Virxe da Barca:** Sonntag nach dem 8. Sept. Große Wallfahrt zu Ehren der Jungfrau. Tanz und Musik zu den melancholischen Klängen der *gaitas,* großes Feuerwerk. Für das leibliche Wohl sorgt die *caldeirada,* ein Gericht aus Fisch und Kartoffeln.

# Cabo Fisterra ▸ 3, A 3

Kurz vor dem Kap Fisterra liegt das gleichnamige Hafenstädtchen **Fisterra**. Allzu viel Atmosphäre versprüht der Ort nicht, Dreh- und Angelpunkt ist der Hafen. Etliche Tavernen sorgen für das leibliche Wohl der Besucher. An der Ortsausfahrt zum Kap liegt rechter Hand die romanische **Kirche Santa María das Áreas,** die letzte Kirche auf dem Jakobsweg.

Nach rund 4 km ist das ›Ende der Welt‹ an der Costa da Morte erreicht: das von Mythen umwobene **Cabo Fisterra** (span. Cabo de Finisterre). Dieser Ort, an dem die Sonne ›stirbt‹, ließ schon Kelten, Römer und Jakobspilger erschaudern. Tatsächlich schiebt sich das etwas weiter nördlich gelegene **Kap Touriñán** noch tiefer in den Atlantischen Ozean vor. Eine der zahlreichen Legenden um das Kap Fisterra besagt, dass bei Vollmondnächten die im Meer versunkene Stadt Duxo auftaucht. Doch zurück zu den Fakten: Das Kap bietet eine imposante Szenerie aus bis zu 600 m steil abfallenden Felsklippen – häufig vom Wind umpeitscht oder im Nebel versunken. Ohrenbetäubend erklingt bei schlechten Sichtverhältnissen das Nebelhorn. Bis heute ereignen sich trotz modernster Technik immer wieder Schiffsunglücke vor dem Kap mit seinen gefährlichen Strömungen.

Bei guter Sicht versprechen die Sonnenuntergänge Romantik pur! Allerdings muss man sich in den Sommermonaten nicht auf einsame Idylle, sondern auf recht viel Trubel einstellen. Vor dem **Leuchtturm** führt eine Treppe hinauf zu zwei ausrangierten Wanderstiefeln aus Bronze, ein **Denkmal** für die unzähligen Jakobspilger, die hier auf die unendliche Weite des Ozeans blickten. Nach alter Tradition verbrennen etliche Pilger hier ihre Klamotten, obwohl dies verboten ist.

### Infos

**Oficina Municipal de Turismo:** Praza da Constitución s/n, 15155 Fisterra, Tel. 627 23 97 31, www.concellofisterra.gal, im Sommer tgl. 10.30–14, 15.30–18.30, im Winter So 10.30–14 Uhr.

### Übernachten

Edel rustikal – **Dugium:** Rúa San Salvador 1, Fisterra, Tel. 981 74 07 80, 683 15 42 54, www.dugium.com. Ruhiges, 400 m² großes Landhaus mit fünf Zimmern im Tal von Duio wenige Kilometer nördlich der Ortschaft Fisterra. Inkl. Frühstück. €€€

Meerblick – **Hotel Mar Da Ardora:** Calle de la Potiña 15, Playa de Mar de Fora, Fisterra, Tel. 667 641 304, www.hotelmardaardora.com. Modernes, stylisches Hotel mit Blick auf den Sonnenuntergang der Todesküste. Aufmerksames, freundliches Personal. €€

Modernes Design – **Hotel Alen do Mar:** Calle Mar de Fora 17, Playa Langosteira, Fisterra, Tel. 667 64 13 04, www.hotelalendomar.com. Kleines, recht junges Hotel. Reichhaltiges Frühstück, ein weiterer Pluspunkt ist die Nähe zur Playa Langosteira. €€

Strandhotel – **Playa Langosteira:** Av. de la Anchoa 49, Tel. 981 70 68 30, www.hotelplayalangosteira.com, März–Okt. Das kleine Hotel liegt wenige Meter vom weiten Sandstrand Langosteira entfernt. Die Zimmer sind freundlich und funktional ausgestattet. Buchen Sie ein Zimmer mit Terrasse und Meerblick. €–€€

## Costa da Morte

### Essen & Trinken
Eine gute Auswahl an günstigen Fischlokalen und Bars findet sich am **Hafen** und an den beiden **Stränden Langosteira** und **O Sardinero**.
Klassiker – **O' Centolo:** Avda. del Puerto s/n, Fisterra, Tel. 981 74 04 52, www.centolo.com. Das klassisch eingerichtete Lokal mit Bar serviert schmackhafte Fisch- und Meeresfrüchtegerichte. Vom Speisesaal im ersten Stock überblickt man den Fischerhafen. €€–€€€
Fangfrischer Fisch – **Tira do Cordel:** Praia de San Roque 2, Tel. 981 74 06 97, www.tiradocordel.com, Mo, So abends geschl., Reservierung empfehlenswert. Das Fischrestaurant liegt am Strand Langosteiro. María Carmen führt hier Regie und zaubert köstliche Gerichte. €€–€€€

# Cée und Corcubión
▶ 3, A 3

In der tief eingeschnittenen Ría de Corcubión liegen die beiden benachbarten, fast schon miteinander verschmolzenen Orte Cée und Corcubión. In **Cée** prägt in erster Linie die Industrie das Bild.

Gefälliger präsentiert sich **Corcubión** auf der gegenüberliegenden Seite der Bucht. Der knapp 2000 Einwohner zählende Ort verfügt noch über eine weitgehend intakte Altstadt mit einigen schlichten Herren- und Bürgerhäusern.

Zu den schönsten Gotteshäusern von Corcubión zählt die gotische **Kirche San Marcos,** deren Turm im 19. Jh. gleich von drei Blitzeinschlägen heimgesucht wurde. Etwas abseits vom Ortskern liegt die schlichte, romanische Kirche **San Pedro de Redonda** mit angeschlossenem Friedhof. Auf einer Anhöhe wacht das **Kastell Castillo del Cardenal** (17. Jh.) gemeinsam mit dem gegenüberliegenden Castillo del Cardenal in Cée über den Zugang zur Bucht.

### Infos
**Oficina de Turismo:** Peirao s/n, 15130 Corcubión, Tel. 981 70 61 63, www.turismo.corbucion.gal, Sommer tgl., Fei 10.30–14, 16.30–20 Uhr, Winter Mo geschl.

### Übernachten
Idyllisch – **Hostal Playa de Estorde:** Playa de Estorde 217 (5 km südwestl. von Cée), Tel. 666 29 69 35, www.restauranteplayadeestorde.wordpress.com. Hübsch gelegen oberhalb der Playa de Estorde, Café-Terrasse mit Palmen, Restaurant, funktionale Zimmer. €€
Ordentliches Landhaus – **Casa Lourido:** Aldea Campo da Cruz 16, 15169 Carnodeo-Sada (10 km nördl. von Corcubión), Tel. 981 74 82 03, www.casalourido.es. Zur familiär geführten Unterkunft gehört ein Garten mit Schaukel und Rutschbahn. €€
Camping – **Ruta Finisterre:** Playa de Estorde 216, Cée, Tel. 981 74 63 02, www.rutafinisterre.com. Pinien bieten viel Schatten, direkter Zugang zum Strand.

### Aktiv
Baden – Die beiden kleinen, geschützten Hausstrände heißen **Praia de Quenxe** und **Praia de Estorde** und sind auch sehr gut für Familien mit Kindern geeignet.

### Verkehr
**Bus:** Busbahnhof, Rúa Estatuto de Autonomía de Galicia, Cée. Monbus (Tel. 900 92 91 92, www.monbus.es) fährt ca. 7 x nach Santiago.

# Carnota ▶ 3, A 3

Von Corcubión geht es die Küstenstraße entlang nach Carnota. Bei der Ortschaft Ézaro lohnt sich ein kurzer Abstecher zum Wasserfall **Cascada de Ézaro,** der Fluss Xallas ergießt sich aus einer Höhe von 40 m in die Tiefe und mündet kurz darauf ins Meer. Heute wird der Wasserstrom allerdings kontrolliert über den oberhalb gelegenen Stausee. Eine steile Bergstraße windet sich hinauf zum Aussichtspunkt **Mirador de Ézaro** (247 m). Bei **O Pindo** kann man einen weiteren Zwischenstopp einlegen, denn hier ragt der legendenumwobene Olymp der Kelten, der **Monte A Moa** (641 m), empor. Die einstige keltische Kultstätte weist rätselhaft geformte Gesteinsformationen auf und bietet einen herrlichen Blick über die Küstenlandschaft. Für den Aufstieg ist gutes Schuhwerk vonnöten. Hinter der Kirche Pindos beginnt der markierte Weg, der rund 1,5 Stunden in Anspruch nimmt.

## Getreidespeicher von Carnota

Das Küstendorf **Carnota** lockt viele Neugierige an. Der Grund dafür ist ein *hórreo* der Extraklasse. An sich sind Vorratsspeicher, die wie Steinkreuze zum Bild eines galicischen Dorfes gehören, nichts Ungewöhnliches. Doch der 1768 erbaute **Hórreo de Carnota** kommt auf eine stolze Länge von knapp 35 m! Mit diesen Ausmaßen kann nur noch der *hórreo* im Nachbardorf **Lira** konkurrieren. Der Speicher ruht auf 22 Stelzenpaaren: So werden gierige Nager ferngehalten und die Ernte wird vor Fäulnis geschützt. Die Ursprünge der *hórreos* gehen auf die Zeit der Kelten zurück. Deshalb findet sich auf fast allen Speichern neben dem christlichen Kreuz, das die Ernte schützen soll, auch eine pyramidenförmige *fica*, ein keltisches Fruchtbarkeitssymbol. Heute wird vor allem Mais in den Speichern gelagert. Der *hórreo* steht auf einer grünen Wiese nur wenige Schritte entfernt von der Kirche Santa Colomba.

## Infos

**Oficina de Turismo:** Praza de Galicia s/n, 15293 Carnota, Tel. 610 22 80 83, www.carnoturismo.com, Sommer tgl. 11–14, 16.30–19, sonst tgl. 9–11 Uhr.

## Übernachten

Familiär geführt – **O Prouso:** Plaza de San Gregorio 17, 15293 Carnota, Tel. 981 85 70 83, bei Facebook. Der Besitzer Pedro kümmert sich liebevoll um seine Gäste. Wer guten Komfort sucht, ist in dieser gepflegten Pension richtig. Im Restaurant werden die Gäste bekocht. €€

Gepflegt rustikal – **Casa Rural San Cibrán:** Aldea San Cibrán (10 km nördl. von Carnota), Pfarrgemeinde San Mamede de Carnota, Tel. 627 27 73 61, www.sancibranrural.com. Landhaus mit neun liebevoll eingerichteten Zimmern in schöner Umgebung, idealer Ausgangspunkt für Wanderungen. €

## Aktiv

Baden – Einen Abstecher lohnt der 7 km lange, unverbaute Traumstrand von Carnota.

*Der Hórreo von Carnota rivalisiert in seiner Länge mit dem Speicher im benachbarten Lira*

# Rías Baixas

**Die Rías Baixas umfassen vier tief ins Land reichende Meeresbuchten im Südwesten Galiciens. Sie erstrecken sich vom Kap Fisterra bis zur portugiesischen Grenze. Zu den fjordähnlichen Rías gehören von Norden nach Süden: die Ría de Muros y Noia, die Ría de Arousa, die Ría de Pontevedra und die Ría de Vigo.**

Die Küsten der **Rías Baixas** (span. Rías Bajas) sind weit sanfter als die der Rías Altas oder der Costa da Morte. Der Atlantik verhält sich hier vergleichsweise zahm, und in den geschützten Buchten laden herrliche Sandstrände zum Baden ein. Entsprechend gut ist es um die touristische Infrastruktur bestellt, zumal die Badeorte der Küste an den Wochenenden von den Einwohnern von Vigo und Pontevedra aufgesucht werden.

## Muros  ▶ 3, A 3

**Muros** (8800 Einw.) ist ein hübscher, beschaulicher Fischerort mit einem betriebsamen Hafen und einer netten Altstadt. In der Ría de Muros e Noia finden sich zahlreiche Muschelbänke, die immer wichtiger werden für die Wirtschaft der Region. Interessant zu beobachten ist, wie das reiche Sortiment an Fisch und Meeresfrüchten in der **Auktionshalle** *(lonxa, span. lonja)* angepriesen wird. Die Delikatessen gelangen von dort auf direktem Weg auf die Teller der Tavernen an der Hafenpromenade. Auf dem Weg zum Cabo Fisterra legen Pilger und Ausflügler hier gerne eine Rast ein. Im Sommer locken die nahe gelegenen, feinsandigen Strände wie die Playa del Ancoradoiro oder die Playa de San Francisco.

Die **Altstadt** von Muros versprüht Charme. Sie besteht aus soliden Granithäusern, gestützt auf mittelalterliche Arkaden, sowie einem Geflecht von Gassen und schmucken Plätzen. Entlang des von Tamarisken gesäumten **Paseo Marítimo** lässt es sich wunderbar flanieren.

### Stiftskirche San Pedro
*Calle Rosalia de Castro*
Vom Rathausplatz führt eine steile Gasse hinauf zur ehemaligen **Colexiata de San Pedro,** die über einem romanischen Vorgängerbau im 15. Jh. erbaut wurde. Der barocke Turm wurde im 18. Jh. hinzugefügt. Das einschiffige Gotteshaus, dessen Gewölbe rustikale Gurtbogen tragen, strahlt Harmonie und schlichte Eleganz aus. Für Rätsel und Legendenbildung sorgt die sich in Form einer Schlange windende Säule des Weihwasserbeckens.

### Virxe do Camiño
*A Virxe do Camiño*
Gut ein Jahrhundert älter als die Iglesia San Pedro ist das **Santuario da Virxe do Camiño** an der Ortsausfahrt in Richtung Noia. Einst gehörte das Kirchlein zu einem Hospital für Aussätzige. Die Madonna wird von den Fischern verehrt: Um ihren Schutz zu erhalten, bringen sie ihr kleine Fischerboote als Votivgaben dar.

### Infos
**Oficina de Turismo:** Curro da Praza 1, 15250 Muros, Tel. 981 82 60 50, www.murosturismo.gal, Sommer tgl., Fei 10–14, 16.30–19, Winter Mo–Fr 8–15 Uhr.

### Übernachten
Familiär geführt – **Jallambau Rural:** Miraflores 51, Tel. 981 82 60 83, 605 94 02 34, www.jallambaurural.com. Oberhalb von Muros liegt das stilvolle Landhaus mit Blick auf die

Bucht und den Hafen. Die vier Zimmer sind schön eingerichtet, die Besitzer bemühen sich sehr um ihre Gäste. €€

Gepflegtes, kleines Hotel – **Hotel Rústico Punta Uía:** Punta Uía s/n, Pfarrgemeinde Esteiro (12 km östl. von Muros), Tel. 981 85 50 05, www.hotelpuntauia.com. Das im Dorf Uía gelegene Hotel ist von einer schönen Gartenanlage mit drei alten Getreidespeichern umgeben, ein Aussichtspunkt bietet einen herrlichen Ausblick über die Ría. Zehn große, geschmackvolle Zimmer, drei davon mit Balkon. Zum Haus gehören außerdem zwei Restaurants (€–€€). €–€€

Klösterlich schlicht – **Convento Padres Franciscanos:** Rúa do Convento 21, Louro (4 km westl. von Muros), Tel. 981 82 61 46, ofmlouro@yahoo.es, Okt.–Mai geschl. Das bis heute von Franziskanermönchen bewohnte Kloster in Louro öffnet seine Pforten in den Sommermonaten für Gäste. Es gibt 25 schlicht eingerichtete Zimmer. Wer Ruhe und Erholung sucht, ist hier gut aufgehoben. €–€€

Camping – Innerhalb der Klostermauern des **Convento Padres Franciscano** (s. o.) liegt ein idyllischer Campingplatz, Tel. 881 02 89 26, www.campingsanfrancisco.com.

### Essen & Trinken

Rustikal, urig – **Don Bodegon:** Rúa da Porta da Vila 20, Tel. 981 82 78 02, bei Facebook. Das urige Restaurant war früher eine Fischpökelei. €–€€

### Aktiv

Baden – Wenige Kilometer westlich von Muros finden sich attraktive, feinsandige Strände wie die **Praia de Louro** und die windgeschützte **Praia de San Francisco.**

### Termine

**Virgen del Carmen:** 16. Juli. Seeprozession zur Ehren der Patronin der Fischer und Seefahrer. Begleitet wird die Jungfrau von gut 50 festlich geschmückten Booten.
**San Pedro:** 29. Juli. Fest des Schutzheiligen der Fischer mit Umzügen und diversen folkloristischen Darbietungen.

### Verkehr

**Bus**: Die Bushaltestelle liegt an der Praza Galicia 9. Die Firma Monbus (Tel. 900 92 91 82, www.monbus.es) bedient die Strecke Santiago de Compostela, Noia, Cée und Fisterra. Alsa (www.alsa.es) fährt nach A Coruña, Gijón, Ribadeo, Oviedo und Aviles.

# Noia ▶ 3, B 3

Die Kleinstadt **Noia** (span. Noya; 15 000 Einw.) liegt in der idyllischen Bucht der Ría de Muros e Noia. Der Hafen, der einst das wirtschaftliche Rückgrat bildete, ist heute fast vollkommen versandet. Seine Glanzzeiten erlebte das Städtchen im Mittelalter als Bischofssitz; die günstige Lage an Handelsrouten und vor allem der Hafen sorgten für wirtschaftliche Prosperität.

## Altstadt

Vorbei an der Flaniermeile **Alameda,** die vom **Rathaus** und dem benachbarten **Franziskanerkloster** (16. Jh.) geprägt wird, führt der Weg ins Zentrum der beschaulichen Altstadt. Einige stattliche, wappengeschmückte Häuser aus dem Mittelalter wie der **Pazo Dacosta,** die **Casa da Xouba** oder der **Pazo do Bispo** setzen Akzente.

## San Martiño

*Praza do Tepal*

Das Herz der Altstadt bildet die **Iglesia San Martiño** (15. Jh.) am großzügig bemessenen Tepal-Platz. Von ihrem romanischen Vorgängerbau ist noch das prächtige Hauptportal erhalten geblieben, auf dem die 24 Ältesten des Jüngsten Gerichts musizierend dargestellt sind – ein ganz klarer Bezug zum Pórtico de la Gloria der Kathedrale von Santiago de Compostela. Über dem Portal prunkt eine prächtige Rosette. Zur Zeit wird das Kircheninnere einer Generalsanierung unterzogen.

## Santa María de Nova

Etwas weiter nördlich des Altstadtkerns steht die gotische Kirche **Santa María de Nova** umgeben von einem romantischen Friedhof.

Rías Baixas

*Das erwartet man nicht unbedingt in Galicien: Palmen an der Stadtpromenade von Noia*

Eine einzigartige Sammlung von Grabsteinen (der älteste geht auf das 10. Jh. zurück) befindet sich in der Kirche und um sie herum. Die Grabsteine schmücken Figurenreliefs und Wappen, alte Zunftzeichen und mitunter auch Jakobsmuscheln, die die Verstorbenen als Pilger ausweisen.

## Infos

**Oficina de Turismo:** Rúa Galícia 8, 15200 Noia, Tel. 981 82 15 98, www.noiaturismo.com, Di–Sa 10–15 Uhr.

## Übernachten

Mit Schnickschnack – **Casa do Zuleiro:** Brión de Arriba 11, Outes (14 km nördl. von Noia), Tel. 981 76 55 31, www.casadozuleiro.com. Komfortables restauriertes Landhaus mit Garten, kleinem Shop, Hydromassage-Bädern und Sauna. Inkl. Frühstück €€€

Originell – **Pesqueria del Tambre:** Santa María Roo s/n, 4 km nördl. von Noia, Abzweigung von der C-543 bei km 26, Tel. 981 76 93 46, www.pesqueriadeltambre.es. Das nahe der Mündung des Río Tambre gelegene Hotel besteht aus vier ausgesprochen geschmackvoll eingerichteten Häusern, die um ein ehemaliges E-Werk im Jugendstil errichtet wurden. €€–€€€

Komfortabel – **Hotel Noia:** Calle de Curros Enríquez 27, Noia, Tel. 981 82 25 52, www.hotelnoia.com. Fünf Minuten sind es zu Fuß bis in die Altstadt von Noia. Modernes Haus mit komfortabel eingerichteten Zimmern. €€–€€€

Gemütliches Landhaus – **Casa do Torno:** Lugar do Torno 1, 1 km südl. von Noia, Tel. 647 46 83 07, 981 84 23 76, www.casadotorno.es. Im ländlichen Stil eingerichtet, vom Garten aus herrlicher Ausblick auf die Ría de Noia. €€

Camping – **Punta Batuda:** Playa Hornanda – Miñortos, Porto do Son (6 km südl. von Noia),

Tel. 981 76 65 42, www.puntabatuda.com, ganzjährig. Gut ausgestattet.

### Essen & Trinken

Einfach lecker – **Ferrador:** Costa do Ferrador 11, Tel. 981 82 00 80, Mo geschl. Restaurant mit angenehmer Atmosphäre und einer sehr guten Küche. Besonders empfehlenswert sind der Seeteufel oder die köstliche Paella. €–€€
Klassiker – **Mesón O Forno:** Rúa Mazacañamos 13–15, Tel. 981 82 16 04, 658 03 14 86, Mi geschl. Bodenständiges, rustikales Restaurant mitten in der Altstadt. Beliebt bei den Einheimischen, das Preisniveau ist zivil. Lecker die Meeresfrüchtesuppe, die Calamares a la plancha und die zarten Lammkoteletts. €
Beliebt – **Café Babilonia:** Rúa do Cantón 8, Tel. 881 98 78 63. Café mit Terrasse an einem netten Platz in der Altstadt.

### Aktiv

Baden – Südwestlich von Noia finden sich einige attraktive Strände.

### Termin

**San Bartolomé:** 24.–28. Aug. Fest zu Ehren des Stadtpatrons, eine der Attraktionen ist ein Pasteten-Wettbewerb.
**Harfen-Festival:** im August. Aufführungsorte sind die Kirche Santa María, das Teatro Coliseo Noela und die Praza do Tapal.

### Verkehr

**Bus:** Der Busbahnhof liegt gegenüber der Alameda, Calle Pedra Sartaña 9, Tel. 981 82 47 80. Es fahren tgl. 3–5 x Busse (www.monbus.es) nach Santiago de Compostela und Muros.

# Halbinsel Serra de Barbanza ▶ 3, A/B 3/4

Auf einer landschaftlich reizvollen Strecke führt die C-550 von Noia um die **Halbinsel der Serra de Barbanza,** die sich zwischen der Ría de Muros y Noia und der Ría Arousa ins Meer schiebt.

### Castro de Baroña

*Centro de Interpretación, Fernando Fariñas s/n, Porto do Son, Tel. 981 76 77 58, 618 73 10 05, www.portodoson.gal, Di–So 10.30–14, 19.30–21 Uhr, prüfen Sie die Öffnungszeiten*

Ungefähr 5 km hinter dem lebhaften Hafen- und Badeort **Porto do Son** taucht rechter Hand die Abzweigung zur keltischen Siedlung **Castro de Baroña** auf. Hinter dem Wirtshaus O'Castro führt ein Pfad durch einen Pinienwald hinab zum Keltendorf und zum benachbarten, im Sommer gut besuchten Badestrand **Praia de Arealonga.** Wahrlich traumhaft thront das antike Dorf auf einen Felsvorsprung. Noch gut zu erkennen sind die Fundamente der Hütten, die auf runden Grundrissen basieren, und die Mauern, die die Siedlung vor Angreifern schützte. Die Lebensgrundlage der Kelten, die sich hier um 2500 v. Chr. niederließen, war in erster Linie der Fischfang, aber sie betrieben auch Ackerbau und Viehzucht. Die Siedlung, die bis ins 5. Jh. n. Chr. bewohnt war, wurde 1933 freigelegt. Im alten Rathaus in Porto do Son veranschaulicht das **Centro de Interpretación do Castro de Baroña** anhand von Fundstücken und Rekonstruktionen das Leben in dem Keltendorf.

### Dolmen de Axeitos

Kurz vor der Ortschaft Oleiros an der Straße nach Corrubedo führt ein ausgeschilderter Abstecher zum **Dolmen de Axeitos** in die Zeit der Megalithkultur. In einem Pinienwald formen tonnenschwere, etwas windschiefe Steinplatten ein gut erhaltenes Ganggrab. Vor rund 4000 Jahren fand hier vermutlich eine hochgestellte Persönlichkeit ihre letzte Ruhestätte.

### Naturpark von Corrubedo

*Centro de Recepción de Visitantes, Casa da Costa, Ctra. O Vilar–Carreira s/n, Corrubedo (Ribeira), Tel. 881 86 76 45, https://patrimonio natural.xunta.gal, Mai–Sept. Di–So 10.30–14, 16–19.30, Okt.– April bis 18.30 Uhr, Infopunkt Parkplatz La Duna, Mitte Juni–Mitte Sept. Di–So 10.30–14, 16–19.30 Uhr (Zeiten können variieren)*

Rías Baixas

Südlich des Fischerdorfes Corrubedo beim gleichnamigen Kap erstreckt sich die **Praia de Ladeira,** der größte Dünenstrand Galiciens. Das Gebiet um die Dünen und die Lagunen von Carregal und Vixán wurde 1992 als **Parque Natural Dunar de Corrubedo** ausgewiesen, der gut 1000 ha umfasst. Die Königin unter den meist von der Vegetation gezähmten Dünen ist eine vor 2900 Jahren entstandene Wanderdüne. Sie ist 1300 m lang, 250 m breit und bis zu 20 m hoch. Von einem ausgewiesenen Parkplatz kurz vor Corrubedo führt ein Bohlenweg (15 Min.) zur Düne. Fünf ausgeschilderte Wege führen durch die fantastische Dünenlandschaft, die Wanderdauer liegt zwischen 30 Min. und 2 Std. Ausgangspunkt für die Wanderungen ist das Infozentrum, dort erhalten Sie weitere Auskünfte.

# Padrón ▶ 3, B 3

Die Geschichte des Apostels Jakobus ist aufs Engste mit der Kleinstadt **Padrón** (8500 Einw.) verknüpft. Sie liegt rund 25 km südwestlich von Santiago de Compostela an der Mündung des Río Sar in den Río Ulla. Padrón blickt auf eine lange Historie zurück. Schon die Phönizier steuerten den Binnenhafen an, um das Gold und Silber der galicischen Minen zu verschiffen. Die Römer machten die Ortschaft zu ihrem wichtigsten Stützpunkt in Galicien und nannten den heute verlandeten Flusshafen Iria Flavia.

Das kulinarische Aushängeschild sind die *pimientos de Padrón*, wofür die Ortschaft in ganz Spanien bekannt ist. Die grünen Mini-Paprikaschoten brachten Franziskanermönche im 16. Jh. aus Mexiko mit. Die Zubereitung des schmackhaften Gerichtes ist denkbar einfach: Die Schoten werden in Olivenöl in der Pfanne angebraten und mit grobem Meersalz gewürzt. Zu Ehren der Schote findet jedes Jahr Anfang August ein großes Erntefest statt.

Zum Bekanntheitsgrad der Stadt tragen auch zwei literarische Größen bei: der Nobelpreisträger **Camilo José Cela** (1916–2002) und **Rosalía de Castro** (1837–85), die bekannteste Dichterin Galiciens.

## Jakobuskirche und Altstadt

Auch heutzutage statten Jakobspilger Padrón einen Besuch ab, schließlich ist das Städtchen der Ausgangspunkt der Heiligenlegende. So führt der Weg der Wallfahrer als Erstes entlang der schönen Platanenallee, die parallel zum Río Sar verläuft, geradewegs zur **Iglesia de Santiago.** Ein Messdiener empfängt die Besucher und zeigt ihnen die berühmte römische Säule unterhalb des Hauptaltares. An dieser Säule *(pedrón)* soll das Boot mit dem Leichnam des Apostels Jakobus vertäut worden sein. Aus *pedrón* leitet sich der heutige Name der Stadt ab. Die Legende berichtet, dass seine Jünger Jakobus nach seinem Märtyrertod im Jahre 44 n. Chr. in Jerusalem in ein steuerloses Schiff legten, das von Engeln an die galicische Küste geleitet wurde.

Die lebhafte **Altstadt** von Padrón erstreckt sich rechter Hand der Jakobskirche, nette Geschäfte sowie ansprechende Restaurants und Kneipen warten auf Kundschaft.

Auf der anderen Seite des Río Sar erhebt sich auf einem Hügel die Kirche des Dominikanerklosters **Santa María del Carmen** (17. Jh.).

## Stiftung Rosalía de Castro

*A Matanza s/n, Tel. 981 81 12 04, www. rosalia.gal, Juli–Sept. Di–Sa 10–14, 16–20, So 10–13.30, Okt.–Juni 10–13.30, 16–19, So, Fei 10–13.30 Uhr, 3 €*

Schräg gegenüber dem Bahnhof von Padrón liegt das kleine, behagliche Landhaus, in dem die Dichterin Rosalía de Castro, die Stimme Galiciens, die letzten Jahre ihres Lebens zubrachte. Heute beherbergt das Anwesen die **Fundación Rosalía de Castro** und das **Casa Museo.** Das Museum macht den Besucher vertraut mit der bewegten Biografie der Autorin, die in ihren Gedichten die galicische Sprache zu neuem Leben erweckte. In ihren Werken beschwört sie die Melancholie und Einsamkeit Galiciens herauf, zentrale Themen sind Liebe und Tod.

## Stiftung Camilo José Cela

*Calle Santa María 22, Iria Flavia, Tel. 981 81 24 25, www.fundacioncela.gal,*

*Sept.–Juni Di–Sa 10–14, 16–19, Juli–Aug. Di–Sa 10–14, 16.30–20 Uhr, Besuche im Rahmen von Führungen, 3 €*

Im Spanischen Bürgerkrieg kämpfte Cela auf der Seite Francos, später distanzierte er sich immer mehr von der Diktatur und geriet zusehends in Konflikt mit der Zensur. Sein bekanntester Roman »La Colmena« (Der Bienenkorb, 1951) beleuchtet die Madrider Nachkriegsjahre. 2001, ein Jahr vor seinem Tod, eröffnete Cela in seiner Heimatstadt die Stiftung **Fundación Camilo José Cela.** Sie liegt nördlich vom Stadtzentrum in Iria Flavia, genau gegenüber der Stiftskirche **Santa María de Adina** (18. Jh.) mit romanischem Hauptportal (11. Jh.). Untergebracht ist die Stiftung in der einstigen Residenz der Stiftsherren (18. Jh.). In den stattlichen Räumen liegen Manuskripte, Erstausgaben und Korrespondenz des Autors. Außerdem gehört zum Erbe Celas eine umfangreiche Bibliothek und eine interessante Gemäldesammlung mit Werken von Picasso, Miró und Zabaleta.

### Infos

**Oficina Municipal de Turismo:** Av. Compostela s/n, 15900 Padrón, Tel. 646 59 33 19, www.padronturismo.gal, Mitte Juni–Mitte Sept. Di–Fr 9–21, Sa 10–20, Fei 9–15, ansonsten Di–Sa 10–14, 16.15–19, Fei 10–13.30 Uhr.

### Übernachten

Ländliche Idylle – **Os Lambráns:** Aldea de Lamas 81, 15910 Padron, Tel. 881 09 32 04, www.oslambrans.com. Die ruhige Hotelanlage besteht aus mehreren alten, restaurierten Steinhäusern. Das Interieur ist harmonisch, modern gestaltet. 5 Fahrminuten sind es bis Padrón, nach Santiago sind es 25 Minuten. €€–€€€

Geschmackvoll – **Casa Antiga do Monte:** Boca do Monte, Lestrove-Dordro, Tel. 981 81 24 00, www.acasaantigadomonte.com. Das von einer schönen Gartenanlage umgebene Anwesen liegt 4 km von Padrón entfernt in Richtung Lestrove. Elegant und mit Liebe zum Detail eingerichtet. €€–€€€

Modern & funktionell – **Hotel Rosalía:** Rúa Maruxa Villanueva s/n, Tel. 981 81 24 90, www.hotelrosalia.es. Die zweckmäßige, moderne Unterkunft liegt neben der Casa Museo de Rosalía de Castro. Nur das Vorbeirauschen der Züge durchbricht ab und an die Ruhe. €

Schönes Ambiente – **Pension Jardín:** Av. de la Estación 3, Tel. 981 81 09 50, www.pensionjardin.com. Einfache kleine Pension in einem hübschen Steinhaus direkt am Stadtpark. €

### Essen & Trinken

Günstige Restaurants und Cafés finden sich in der Altstadt von Padrón.

Ausgezeichneter Klassiker – **Chef Rivera:** Enlace Parque 7, Tel. 981 81 04 13, www.chefrivera.com, So abends, Mo geschl. Weithin bekannt für seine gehobene Küche, die ihren Preis hat. Die Spezialität ist der Seeteufel mit *pimientos de Padrón*. €€

Gute Küche – **A Casa dos Martínez:** Rúa Longa 7, Tel. 634 98 05 36, So abends, Mo geschl. Gemütliches Lokal im Herzen der Altstadt mit frischer Küche. Gute Weinauswahl. €

### Termine

**Semana Santa:** In der Karwoche stehen feierliche Prozessionen auf dem Programm.

**Festa do Pemento:** Erstes Augustwochenende. Kulinarisches Fest rund um die berühmten kleinen Paprikaschoten aus Padrón.

### Verkehr

**Bahn:** Der Bahnhof, Camiño Luans 45, Padrón, Tel. 912 32 03 20, liegt östlich vom Zentrum in der Nähe der Casa Museo von Rosalía de Castro. Gute Verbindungen 12 x tgl. nach Santiago und 13 x tgl. nach Vigo. Info: Tel. 912 43 23 43.
**Bus:** Busbahnhof, Av. Camilo José Cela s/n, Tel. 981 81 24 52. Die Busgesellschaft Monbus (www.monbus.es) fährt nach Santiago de Compostela sowie A Coruña und steuert Ziele in der Umgebung von Padrón an.

# Catoira ▶ 3, B 4

Die kleine, südwestlich von Padrón liegende, eher unscheinbare Ortschaft **Catoira** am Ufer des Río Ulla gerät einmal im Jahr ins Rampenlicht. Alljährlich am ersten Sonntag im August

Rías Baixas

findet hier ein großes **Wikingerfest** statt. Das zunächst nur lokal bekannte Fest zog rasch immer größere Kreise. Mittlerweile pilgern jedes Jahr um die 20 000 Wikingerfans nach Catoira. Wilde Nordmänner, zumeist Studenten aus Santiago, bekleidet mit Fellen und den typischen Wikingerhelmen, treffen unter ohrenbetäubendem Getöse mit einem nachgebauten Wikingerschiff am Hafen ein. Den Schauplatz für das darauf folgende Schlachtengetümmel liefert die Festungsruine **Torres do Oeste**, die der Erzbischof Gelmírez einst im 12. Jh. zur Sicherung des Hafens von Padrón errichten ließ. Einen versöhnlichen Abschluss bildet das anschließende große Festgelage.

### Termin
**La Batalla de Catoira:** Erster So im Aug. Die nachgestellte Landung der Wikinger ist ein Spaß für kleine und größere Kinder!

## Illa de Arousa ▶ 3, B 4

Um zu der Insel zu gelangen, passiert man zunächst das wirtschaftliche Zentrum der Ría de Arousa, die Hafenstadt **Vilagracía de Arousa** (37 000 Einw.), und den hübschen Fischerort **Vilanova de Arousa**, den Geburtsort des sozialkritisch-satirischen Schriftstellers Valle Inclán (1866–1936). Seit einigen Jahren verbindet eine 2 km lange Brücke die **Illa de Arousa** (span. Isla de Arosa) mit dem Festland. Die feinen Sandstrände des etwa 7 km² großen Eilands ziehen die Sonnenhungrigen in den Sommermonaten in Scharen an, der Campingplatz ist dann nicht selten ausgebucht. Nach den betriebsamen Sommermonaten kehrt die Ruhe zurück und Erholungssuchende kommen bei einsamen Inselspaziergängen auf ihre Kosten. Im Süden der Insel liegt der **Parque Natural de Carreirón.** Das geschützte Areal mit seinen Buchten, Dünen und Lagunen ist ein Refugium für Vögel.

### Infos
**Oficina de Turismo:** Illa de Arousa, Rúa Palmeira 25, 36626 Illa de Arousa, Tel. 986 52 70 80, www.ailladearousa.es.

### Übernachten
Camping – **Eden:** Barrio As Aceñas 37, Illa de Arousa, Tel. 986 52 73 78, www.eledencampingplaya.com, reservieren Sie rechtzeitig. Der Platz liegt reizvoll am Strand, eine Bar und ein kleiner Supermarkt stehen für Camper bereit.

### Essen & Trinken
Fischlokal – **O Novo Tuno:** Paseo do Cantiño 21, Tel. 986 52 74 46. Beliebtes, einfaches Lokal mit regionaler Küche und kleiner Terrasse. Zu den Spezialitäten zählen die Reisgerichte, fangfrischer Fisch und eine gute Auswahl an verschiedenen Muschelsorten. €

## Cambados ▶ 3, B 4

Die kleine Hafenstadt **Cambados** (14 000 Einw.) ist das Herz des Albariño-Weinanbaugebietes. Der leicht fruchtige, frische Weißwein passt wunderbar zu Fisch und Meeresfrüchten und erfreut sich in ganz Spanien großer Beliebtheit. Kluniazensermönche führten die edlen Reben im 17. Jh. aus dem Rheinland ein. Zahlreiche Bodegas öffnen ihre Pforten für Besucher. Am ersten Sonntag im August findet jedes Jahr ein rauschendes Weinfest statt. Wichtige wirtschaftliche Standbeine sind neben der Weinherstellung und dem Tourismus der große Fischereihafen im Norden der Stadt sowie die Aufzucht von Muscheln.

### Altstadt
Außer dem Rebsaft lockt in Cambados eine nette Altstadt mit beschaulichen Plätzen und etlichen Herrenhäusern Ausflügler an. Eine der ersten Anlaufstellen für Besucher ist die **Praza de Fefiñáns** mit der **Kirche San Benito** (18. Jh.). Ins Auge fällt das wuchtige Herrenhaus **Pazo Fefiñáns** mit seinen zinnenbekrönten Ecktürmen. Erbaut wurde es von José Pardo de Figueroa, der im 17. Jh. spanischer Botschafter am russischen Zarenhof war. Die Weinkellerei des Anwesens kann besichtigt werden. Gegenüber dem *pazo* warten etliche Weinhandlungen auf Kundschaft.

# Muschelparadies

Galicien gehört zu den führenden Muschelproduzenten der Welt. Im verhältnismäßig ruhigen Wasser der Rías können viele Arten hervorragend gedeihen. Die Entenmuscheln, eine kostspielige, optisch wenig ansehnliche Delikatesse, werden von den steilen Klippen der Costa da Morte geerntet.

*Entenmuscheln gelten als eine besondere Delikatesse*

In den Flussmündungen der Rías Baixas finden Miesmuscheln, die *mejilliones,* ideale Lebensbedingungen, denn das Phytoplankton, von dem sie sich ernähren, ist hier reichlich vorhanden. Die Grundlage der Aquakultur bilden die *bateas,* Flöße aus Eukalyptusholz, die auf dem Grund des Meeres verankert sind. Bis zu 500 10–15 m lange Seile hängen unterhalb eines solchen Floßes ins Wasser. Die Muschelbrut, *mejilla* genannt, wird in Netzen an den Seilen fixiert. Nach einer Weile bilden die Muscheln ihren Bart aus und können sich so selbst am Seil festhalten. Nach 4–6 Monaten haben sie ihr Gewicht bereits verzehnfacht und können nach 15–18 Monaten geerntet werden. Bis zu 200 kg Miesmuscheln hängen dann an einem Seil – nur mithilfe eines Schiffskrans können die Fischer die schweren Seile aus dem Meer ziehen. Noch auf den Schiffen werden die Muscheln gereinigt und sortiert.

Jedes Jahr werden auf diese Art und Weise um die 250 000 t Miesmuscheln geerntet. Galicien ist damit der größte Produzent von Miesmuscheln in Europa. Die köstlichen Weichtiere erhielten 2006 als einziges Zuchtmeeresprodukt Spaniens eine geschützte Herkunftsbezeichnung. Alljährlich Ende Juli findet auf der Illa de Arousa ein großes Miesmuschelfest statt. Hier wetteifern die Köche um das beste Miesmuschel-Rezept, Nutznießer sind die Besucher der Fiesta. Auch die edlen Austern reifen mittlerweile an den *bateas* heran. In Galicien wird die Sorte *ostrea edulis* gezüchtet. Wer sie im volkstümlichen Ambiente zu ausgesprochen zivilen Preisen genießen möchte, sollte die ›Austernmeile‹ von Vigo aufsuchen (s. S. 418). Ebenfalls kultiviert werden in Galicien die kleinen, delikaten Herzmuscheln *(berberechos),* die würzigen Venusmuscheln *(almejas)* und die großen von Feinschmeckern sehr geschätzten Jakobsmuscheln *(vieiras).*

Eine weitere Delikatesse sind die Schwertmuscheln *(navajas),* die auch Messermuscheln genannt werden. Ihre Ernte ist recht mühsam und nicht ungefährlich. Ohne Sauerstoff tauchen die *navalleiros,* die Schwertmuschel-Sammler, bis zu 10 m in die Tiefe und graben mit bloßen Händen die länglichen Muscheln aus, die sich tief in den Sand eingegraben haben. 15 kg darf ein *navalleiro* pro Tag ernten; dafür muss er bis zu vier Stunden Arbeit investieren. Noch weit riskanter ist die Ernte der Entenmuscheln *(percebes),* die eigentlich keine Muscheln, sondern Krebse sind. Die *percebeiros* an der Todesküste, der Costa da Morte, lösen inmitten der starken Brandung die Tierchen mit einem Spatel von den steilen Klippen ab. Für die hochgeschätzte Delikatesse riskieren sie ihr Leben, denn ständig besteht die Gefahr, dass sie von der starken Brandung gegen die Felsen geschleudert werden. Gekocht werden die *percebes* nur in Wasser mit einem Lorbeerblatt und anschließend warm oder kalt verspeist. Dabei beißt man das feste rosige Fleisch einfach von der Schale ab, die die Form eines Entenschnabels hat – daher der Name.

Rías Baixas

## Pozo Bazán
*Praza da Calzada s/n*

An der Uferpromenade findet sich der ehemalige Adelspalasts **Pozo Bazán** (17. Jh.), in dem heute der Parador untergebracht ist. Das Herrenhaus war einst im Besitz der Familie Bazán, aus der die renommierte spanische Schriftstellerin **Emilia Pardo Bazán** (1851–1921) stammt. Sie erhielt als erste Frau in ganz Spanien einen Lehrstuhl für Literaturwissenschaft an der Madrider Universität. Sie gilt als Pionierin des Naturalismus und engagierte sich für die Gleichberechtigung der Frauen, vor allem im Bildungsbereich. Ihr bekanntester Roman trägt den Titel »Los Pazos de Ulloa«.

In der Nachbarschaft zeigt das auf Initiative der Regionalregierung eingerichtete **Centro Comarcal Expo Salnés** eine interessante Wechselausstellung zur galicischen Kultur und Lebensweise der Region (Paseo de la Calzada s/n, Tel. 986 52 07 86, Mo–Fr 10–14, 16.30–19.30, So 10.30–14 Uhr, Eintritt frei).

## Santa Mariña de Dozo und Weinmuseum
*Museum: Av. da Pastora 104, Tel. 986 52 61 19, Juni–Okt. Di–Sa 10–14, 17–20, So, Fei 10–14, Nov.–Mai Di–Sa 10–14, 16.30–19.30, So, Fei 10–14 Uhr, 3,50 €*

Ein Abstecher führt über die Avenida da Pastora zu den südwestlich vom Zentrum gelegenen Überresten der **Kirche Santa Mariña de Dozo** (15. Jh.). Mitten in einem Friedhof trotzen hier romantisch-verwunschen einige Gewölbebogen, die Apsis sowie die Überreste von sechs Kapellen dem Verfall. Bei genauer Betrachtung sind noch die Spuren von verblichenen spätgotischen Wandmalereien zu erkennen.

Unmittelbar neben dem Friedhof befindet sich das **Museo Etnográfico do Viño,** das sich mit der Geschichte und der Herstellung des Albariño-Weins befasst.

## Infos
**Oficina de Turismo:** Paseo de la Calzada s/n, 36630 Cambados, Tel. 986 52 07 86, www.cambados.es, Mo–Fr 10–14, 16.30–19.30, Sa, Fei 10.30–14, 16.30–19, So 10.30–14 Uhr.

## Übernachten
Luxushotel – **Parador de Cambados:** Paseo Calzada s/n, Tel. 986 54 22 50, www.parador.es. Hell und komfortabel eingerichtet, schöner Pool und Garten (s. o. Pozo Bazán). €€–€€€

Stilvoll – **Pazo A Capitana:** Rúa Sabugeiro 46, Tel. 986 52 05 13, www.pazoacapitana.com. Wunderbar restauriertes ehemaliges Herrenhaus, die Besitzer sprechen Englisch und Französisch. Die Einrichtung folgt klassisch-aristokratischen Linien. €€

Mitten im Albariño-Weinanbaugebiet – **Pazo Carrasqueira:** Calle Lugar Carrasqueira s/n, in Ribadumia (3 km südöstl. von Cambados), Tel. 986 71 00 32, www.pazocarrasqueira.com. Das Anwesen liegt im Salnés-Tal im Örtchen Sisán. Ländlich-charmant eingerichtete Zimmer, Pool und eigene Bodega. Ideal für Ruhesuchende und Weinliebhaber. €€

Solide – **Casa Rosita:** O Ribeiro 8, Corvillón (Cambados), Tel. 986 54 28 78, www.hrosita.com. Das Hotel liegt etwas außerhalb des Zentrums, bietet aber ordentlichen Komfort und dazu ein recht gutes Restaurant (So abends geschl., €–€€). €€

## Essen & Trinken
Familiär geführtes Fischlokal – **Posta do Sol:** Ribeira de Fefiñáns 22, Tel. 986 54 22 85. Zu den Spezialitäten des sympathischen Familienbetriebs gehören Fisch- und Meeresfrüchtegerichte. Sehr gut zubereitet werden aber auch die *empanadas* (Teigtaschen). €€

Terrasse mit Garten – **Taperia a dos Piñeiros:** Av. da Pastora 53, Tel. 664 56 39 95, bei Facebook. Nettes Lokal mit bodenständigen und reichhaltigen Gerichten. Probieren Sie die Krake mit Tetilla-Käse gratiniert oder die Kammmuscheln. €–€€

Tapalokal – **A Casa da Leña:** Praza Rodas 1, Tel. 986 52 10 71. Im Herzen der Altstadt von Cambados gelegene rustikale Tapabar mit einer großen Bandbreite an warmen und kalten Tapas in der Theke. €

## Aktiv
Weintouren – Im Touristenbüro von Cambados bekommt man Informationen über die

Weingüter, die Besucher empfangen. Für alle, die nicht auf eigene Faust starten möchten, werden auch organisierte Weintouren angeboten. Empfehlenswert ist beispielsweise der Besuch der **Bodega Palacio de Fefiñanes,** Praza de Fefiñanes s/n, Tel. 986 54 22 04, www.fefinanes.com.

Bootstouren – Im Sommer starten vom Hafen aus Touren mit dem Katamaran durch die Ría Arousa.

### Termin

**Fiesta del Vino Albariño:** Erstes Augustwochenende. Im Zentrum des Weinfestes steht der gute weiße Tropfen der Region. Konzerte und Feuerwerk sorgen zusätzlich für tolle Stimmung.

### Verkehr

**Bus:** Busbahnhof Cambados, Av. Galicia 6, Tel. 986 86 63 60. Die Busgesellschaft Monbus (Tel. 900 92 91 92, www.monbus.es) steuert unter der Woche 3–4 x tgl. Santiago de Compostela an, an den Wochenden 2 x tgl., nach Vilagracía de Arousa 3 x tgl. Nach Pontevedra fährt die Firma Autocares Cuiña (www.autocaresriasbaixas.com) 2 x tgl., am Wochenende ca. 3 x tgl. Verbindungen.

# O Grove ▶ 3, A/B 4

Der Charmefaktor von **O Grove** (span. El Grove; 10 900 Einw.), dem Hauptort der Halbinsel **Peninsula del Grove,** ist bis auf einige wenige Ecken nicht allzu hoch anzusetzen. Der Touristenort ist einfach zu schnell und ohne übergreifendes Konzept gewachsen. Bekannt ist O Grove für seinen zahlreichen guten Fischlokale. In der *lonxa* (Fischauktionshalle, span. *lonja*) kann man immer wochentags zwischen 15.30 und 17.30 Uhr erleben, wie der Tagesfang der Fischer versteigert wird.

## Insel Toxa

Die kleine **Illa da Toxa** (span. Isla de la Toja), die durch eine in edlem Weiß gehaltene Brücke mit O Grove verbunden ist, stellt eine Welt für sich dar. Hier verbringen die Reichen und Schönen ihren Sommerurlaub. Die Liste der Prominenten, die mit ihrem Besuch für einen gewissen Glamoureffekt sorgten, ist lang, darunter finden sich so klangvolle Namen wie der Baron Hans von Thyssen mit seiner Frau Carmen Cervera, der Schnulzensänger Julia Iglesias oder der Literaturnobelpreisträger Gabriel García Marquéz.

Edle Hotels mit breit gefächertem Spa-Angebot, ein Golfplatz und ein Casino bieten Zerstreuung und Erholung. Die ganze Insel mutet wie eine herausgeputzte Parkanlage mit Hotels und Villen an, mitten darin findet sich die etwas kitschige **Kapelle San Caralampio,** die von oben bis unten mit Jakobsmuscheln verkleidet ist. Viel mehr hat das Inselreich nicht zu bieten.

## Aquarium

*Punta Moreiras, Tel. 686 95 04 25, www.acuariodogrove.es, tgl. 11–14, 16–20, Mitte Sept. –Okt. bis 19 Uhr, Erw. 15 €, Kinder 11 €*

Ohne Arbeitsaufwand kann man seine Kenntnisse über die Welt der Meerestiere im **Acuario do Grove** vertiefen. Rund 15 000 Meerestiere tummeln sich in 18 Becken, die ihren natürlichen Habitaten nachempfunden sind. In gläsernen Zuchttanks wird dem Laien die Funktionsweise der Muschelbänke nahegebracht.

## Infos

**Oficina de Turismo:** Praza do Corgo 1, 36980 O Grove, Tel. 986 73 14 15, www.turismogrove.com, Mo–Sa 10–14, 16–20, So, Fei 11–14 Uhr.

## Übernachten

Das Angebot an Hotels ist ausgesprochen groß. Auf der **Illa da Toxa** gibt es vor allem Luxushotels im 4- bis 5-Sterne-Bereich. In **O Grove** finden sich auch Unterkünfte für den kleineren Geldbeutel.

Design-Hotel – **Eurostars Isla de la Toja:** Isla de la Toja s/n, Tel. 986 73 00 50, www.eurostarshotels.com/eurostars-isla-de-la-toja.html. Modernes Hotel mit dem typisch minimalistischen, gediegenen Design der Hotelkette. In- und Outdoor-Pool, Spa-Bereich. €€–€€€

Rías Baixas

*Schöne Aussichten: auf dem Weg zur Praia da Lanzada*

Komfortabel – **Hotel Bosque Mar:** Reboredo 93 (3 km südwestl. von O Grove), Tel. 986 73 10 55, www.bosquemar.com. Sympathisches Hotel, die Zimmer sind freundlich eingerichtet. Zum Hotel gehören zwei Swimmingpools (einer davon überdacht) und ein liebevoll angelegter Garten. 400 m trennen das Hotel von den Sandbuchten. €€–€€€

Zum Entspannen – **Abeiras:** Ensenada de O Bao, Tel. 986 73 51 34, www.hotelabeiras.com. Das charmante, ruhige Hotel liegt 4 km südlich von O Grove nahe der Playa de la Lanzada. Freundliches Personal, üppiges Frühstücksbuffet, Pool. €–€€€

Camping – **Paisaxe II:** Lugar da Igrexa 11, Praia de Area Grande, San Vicente de O Grove (7 km südwestl. von O Grove), Tel. 986 73 83 31, www.campingplayapaisaxe.com, Ostern–Okt. Gepflegter Platz in Meeresnähe. € **Moreiras C.B.:** Rúa Robedero 26 (3 km südwestl. von O Grove), Tel. 986 73 16 91, www.campingmoreiras.com. Ein angenehm schattiger Platz neben dem Aquarium, auch zum Strand ist es nicht weit, Restaurant mit Terrasse.

## Essen & Trinken

Finesse – **Culler de Pau:** Reboredo 73, Tel. 986 73 22 75, www.cullerdepau.com, Mo, Do abends (Juli/Aug. geöffnet), Di geschl. Küche mit guten regionalen Produkten, die mit Rafinesse zubereitet werden. Opulentes Degustationsmenü. €€€

Klassiker – **O Cruceiro:** Rúa do Cruceiro 17, Tel. 986 73 16 40. Das Restaurant in der Nähe des Hafens verfügt über eine Terrasse. Spezialitäten sind Fisch und Meeresfrüchte. Meeresfrüchte-Platte für zwei Pers. ist opulent. €€

Entspannte Atmosphäre – **Tapería Adrede:** Rúa Monte da Vila 47, Tel. 600 44 29 66. Kleines Lokal mit überdachter Terrasse. Leckere

Auswahl an *raciones,* Tapas und guten Weinen zu fairen Preisen. €

### Abends & Nachts

Kasino – **Casino de A Toxa:** Isla de la Toja s/n, Tel. 986 73 10 00, www.casinolatoja.com. Roulette, Black Jack, Poker … Mit Cocktailbar und Restaurant.

### Aktiv

Baden – Im Sommer locken die attraktiven Strände der Halbinsel sonnenhungrige Spanier in Scharen an. Die Perle unter den Stränden ist zweifellos die rund 7 km lange, feinsandige **Praia da Lanzada.** Sie erstreckt sich entlang der Meerenge, die die Halbinsel mit dem Festland verbindet, und wird alljährlich aufs Neue mit der blauen Umweltflagge ausgezeichnet.

Bootsausflüge – **Cruceros Pelegrín:** Carballeira 1, Puerto O Grove, Tel. 608 18 22 74, www.crucerospelegrin.com. Per Boot auf der Ruta O Grove geht die Fahrt zu den Miesmuschel- und Austernkulturen. Verkostung von Miesmuscheln, dazu wird Wein der Region gereicht (Ausfahrten, 1 Std., 18 €). **Cruceros Rías Baixas:** Reboredo 76, O Grove, Tel. 986 73 13 43, 670 51 86 69, http://crucerosrias baixas.com. Ausflüge durch die Ría de Arousa zu den Muschelbänken und Verkostung von Miesmuscheln (1 Std.,18 €).

Golf – **La Toja:** Isla de la Toja, O Grove, Pontevedra, Tel. 986 73 01 58, www.latojagolf.com. 18-Loch-Platz.

### Termine

**Nuestra Señora do Carmen:** 16. Juli. Fest mit Prozession in O Grove zu Ehren der Patronin der Fischer.

**Romería da Nosa Señora da Lanzada:** Letzter Sa im Aug. Wallfahrt zur kleinen, auf einem Kap am südlichen Ende der Praia Lanzada liegenden Kapelle Santa María de la Lanzada. Ein äußerst ungewöhnliches Schauspiel ereignet sich an dieser Stelle um Mitternacht bei Mondschein: Frauen, die bisher vergeblich auf Nachwuchs hofften, nehmen ein Bad im Meer. Neun Wellen sollen den gewünschten fruchtbarkeitsfördernden Effekt bringen. Die Wurzeln des Rituals gehen wohl auf heidnische Fruchtbarkeitskulte zurück.

**Festa do Marisco:** Am zweiten Oktoberwochenende findet ein kulinarisches Fest zu Ehren der Meeresfrüchte statt, wobei der Albariño-Wein nicht fehlen darf. Hinzu kommen Musik- und Tanzveranstaltungen.

### Verkehr

**Bus:** Die Busstation liegt in Hafennähe in der Avenida de Beiramar s/n. Die Busse der Firma Monbus (Tel. 900 92 91 92, www.monbus.es) fahren nach Pontevedra, Santiago de Compostela und Vigo.

**Schiff:** Vom Hafen legen Schiffe nach Cambados und Ribeira ab.

# Sanxenxo ▶ 3, B 4

Nachtschwärmer werden sich in **Sanxenxo** (17 900 Einw.) nicht langweilen, das breite Spektrum an Bars, Restaurants und Diskotheken stellt sogar die nahe Provinzhauptstadt Pontevedra in den Schatten.

Einst wurde der Ort als das Marbella des Nordens bezeichnet, mittlerweile hat jedoch weitgehend der Pauschaltourismus die Oberhand gewonnen. Baulich erinnert die Touristenhochburg an die Auswüchse der Badeorte der Costa del Sol in Südspanien. Dicht an dicht drängen sich hier die überwiegend gesichtslosen Hotel- und Apartmentbauten. Die Geschmäcker sind jedoch bekanntlich verschieden. Wer Sonne, Strand und Nightlife sucht, ist in Sanxenxo gut aufgehoben.

### Übernachten

Gepflegt – **Hotel Carlos I Silgar:** Rúa Vigo s/n, Tel. 986 72 70 36, www.hotelcarlos.es. Komfortables, modernes 4-Sterne-Haus in der Nähe der Playa Silgar. Mit Spa-Bereich, Fitnessraum und hauseigenem Pool. Üppiges Frühstücksbuffet. €–€€€

Solides Landhaus – **Casa O Outeiro:** Lugar de Outeiro 6, in der Pfarrgemeinde Dorrón (3,5 km nordöstl. von Sanxenxo), Tel. 986 74 16 64, 625 22 58 76, www.casaruralouteiro. com. Die ländliche Unterkunft liegt abseits vom Trubel im Dorf Outeiro, zum Haus gehört ein rustikales Restaurant mit Terrasse. Die Besitzer sprechen Deutsch. DZ inkl. Frühstück. €–€€

# Illa de Ons ▶ 3, A 4

*www.parquenacionalillasatlanticas.com*
Die **Illa de Ons** (span. Isla de Ons) liegt am Anfang der Ría de Pontevedra und stellt so für die Bucht ein natürliches Schutzschild dar. Gemeinsam mit den etwas weiter südlich gelegenen Illas Cíes und einigen weiteren kleinen Inseln bildet die Insel den noch jungen Nationalpark **Parque Nacional Marítimo Terrestre de las Islas Atlánticas de Galicia** (S. 419). In den Sommermonaten herrscht ein reger Ausflugsverkehr, von den Häfen von Sanxenxo, Bueu, Marín und Portonovo steuern Schiffe mehrmals täglich das Eiland an.

An der östlichen Küste, die der Ría zugewandt ist, liegen die Strände und die nur dünn besiedelte Ortschaft **Ons,** die sich aus mehreren Weilern zusammensetzt. Kontrastreich dazu die westliche Küste, die aufs offene Meer gerichtet ist: Sie prägt eine wilde, steile, von der See zerfurchte Felsküste. Die nährstoffreiche Küste ist ein Refugium für die unterschiedlichsten Meeresbewohner wie Krustentiere, Weichtiere und Fische. Ausgesprochen vielfältig präsentiert sich auch die Vogelwelt: Große Möwenkolonien, Komorane und die seltene Trottellumme zählen zu den Inselbewohnern, etliche Zugvögel legen auf dem Archipel ein Gastspiel ein.

Der **Leuchtturm** wurde auf dem höchsten Punkt der Insel (128 m) errichtet und verschafft einen guten Überblick über das 414 ha große Eiland. Im Süden der Insel bietet die **Buraco do Inferno** (Höhle der Hölle) mit ihrem dumpfen Meeresrauschen ein beeindruckendes Naturschauspiel.

### Aktiv

Wandern – Die Insel lässt sich auf verschiedenen Wanderwegen erkunden, fast schon obligatorisch ist der Weg zum Leuchtturm.

### Verkehr

**Fähre:** Vom Hafen in Sanxenxo fahren von Ostern (Do–So), 1. Juni–22. Juni Sa, So, 22. Juni–15. Sept. tgl. mehrere Boote zur Illa de Ons. Frühzeitig reservieren, alternativ gibt es Fahrten von der Ría de Vigo und Ría de Pontevedra zur Illa de Ons. Der Anbieter heißt Naviera Mar de Ons, Tel. 986 22 52 72, www.mardeons.es.

# Combarro ▶ 3, B 4

Der kleine, nur runde 10 km von Pontevedra entfernte Fischerort **Combarro** ist ein wirklich lohnendes Ausflugsziel. Hinter dem großen Platz am Hafen führt eine hölzerne Treppe zum alten Kern der Ortschaft. Die große Attraktion von Combarro sind die sogenannten *hórreos* (Maisspeicher).

Das Gros der rund 30 **Speicher** reiht sich direkt am Ufer der Ría aneinander – nirgendwo sonst in Galicien findet sich solch eine Ansammlung. Zwischen den Speichern drängen sich Bars und Restaurants mit Meerblick. In den Souvenirgeschäften werden *hórreos* sowie die berühmten *meigas*, galicische Hexen, im Miniaturformat feilgeboten. Hübsche Gassen und eine **Fischerkirche** runden das Ortsbild ab. Ein kleiner Wehrmutstropfen ist allerdings der starke Besucheransturm. Wer es einrichten kann, sollte deshalb besser in der Woche und nicht am Wochenende hierher kommen.

### Übernachten

Gute Option – **Hotel Combarro:** Av. de la Pinela s/n, Tel. 986 77 21 31, www.hotelcambarro.es. Das kleine Hotel liegt 15 Gehminuten von Combarro entfernt. Gepflegte, geräumige Zimmer, Pool und Gartenbereich. €€–€€€

#  Pontevedra ▶ 3, B 4

Neben Santiago de Compostela zählt **Pontevedra** zu den städtischen Perlen Galiciens. Im Schutz der gleichnamigen Ría liegt die 83 000 Einwohner zählende Provinzhauptstadt im Mündungsbereich des Río Lérez. Was die Touristenzahlen anbelangt, steht Ponte-

Pontevedra

vedra zu Unrecht ganz im Schatten der großen Pilgermetropole. Der alte Kern von Pontevedra versprüht mit seinen lauschigen Gassen und stimmungsvollen Plätzen viel Charme.

Um die Entstehung der Stadt rankt sich, wie so häufig in diesen Gefilden, eine Legende: Als Gründer wird der griechische Held Teucros genannt, der wie Odysseus nach dem Trojanischen Krieg (um 1200 v. Chr.) übers Meer irrte und schließlich vor der galicischen Westküste vor Anker gegangen sein soll. Gesichert ist dagegen die Präsenz der Römer. Sie tauften die Stadt auf den Namen *Ad Duo Pontes* (zu den zwei Brücken), im Mittelalter wurde daraus *Pontis veteris* (Alte Brücke), woraus sich der heutige Name der Stadt ableitet.

Im Mittelalter erlebte die Hafen- und Fischerstadt als aufstrebende Handelsmetropole ihre Blütezeit. Die einflussreiche jüdische Gemeinde trug entscheidend zum Wohlstand der Stadt bei. Im 16. Jh. liefen von der Werft von Pontevedra prächtige Karavellen vom Stapel, etliche Expeditionen in die Neue Welt starteten vom Hafen. Seine allmähliche Versandung im 18./19. Jh. läutete den wirtschaftlichen Niedergang ein. Zwar entstand westlich der Stadt der **Ausweichhafen Marín,** aber an die großen Zeiten als Hafenstadt konnte Pontevedra trotzdem nicht mehr anknüpfen.

## La Peregrina

Den Übergang zwischen dem historischen Stadtkern und den neueren Vierteln markiert die **Praza da Peregrina.** Die elegant geschwungene barocke Fassade der **Iglesia de la Peregrina** (18. Jh.) ist das optische Herzstück des Platzes. Die Kirche ruht originell auf dem Grundriss einer Jakobsmuschel. Eine kunstvoll inszenierte Treppe führt ins Innere des Gotteshauses, wo vom Hauptaltar voller Anmut die Virgen Peregrina (Pilgerin Maria), die Schutzpatronin von Pontevedra, auf die Gläubigen herabblickt. Sie trägt die typischen Pilgerinsignien: den Pilgermantel mit fein besticktem Jakobsmuscheln, den Pilgerstab mit Kalabasse und den dazugehörigen Pilgerhut.

## San Francisco

Nur ein paar Meter weiter liegt die großzügig angelegte **Praza da Ferrería** (Platz der Schmiede). Den beliebten Treffpunkt säumen einige Cafés und Restaurants, unter Magnolienbäumen laden schicke weiße Bänke zum Ausruhen ein.

Die Westseite des Platzes nimmt die **Iglesia de San Francisco** (14./15. Jh.) ein, die gegenüber der eleganten, verspielten Iglesia de Peregrina fast etwas schwerfällig wirkt. Das Portal (1229), ein Relikt des Vorgängerbaus, ziert eine prachtvolle Rosette. In der Apsis erinnert ein Grabmal an Don Payo Gómez Chariño. Der Admiral und Dichter ging als Kämpfer gegen die Mauren in die Geschichte ein, er war maßgeblich beteiligt an der Rückeroberung von Sevilla im Jahr 1248.

## Provinzmuseum

*Rúa Padre Amoedo Carballo 3, Tel. 986 80 41 00, www.museo.depo.es, Di–Sa 10–21, So, Fei 11–14 Uhr, Eintritt frei*

Von der Praza führt die Wein- und Tapagasse Figueroa geradewegs zur heimeligen **Praza da Leña.** Der Name des Platzes erinnert daran, dass hier früher Reisigbündel und Brennholz *(leña)* verkauft wurden. Den Mittelpunkt des Bilderbuch-Platzes markiert ein barockes **Wegekreuz.**

Gegenüber liegen einige der historischen Gebäude des wirklich sehenswerten **Museo Provincial de Pontevedra,** der Zugang zum Museum befindet sich in der Rúa da Pasantería 2–12. Das Museum brilliert mit einer breit gefächerten Sammlung, darunter herrliche Goldschmiedearbeiten aus der Keltenzeit und maritime Exponate. Die umfangreiche Azabache-Sammlung (dabei handelt es sich um tiefschwarze, stark polierte Gagatkohle) zeigt Heiligenstatuen, Schiffsmodelle und Schmuckstücke. Die interessante Gemäldegalerie des Museums präsentiert ein breites Spektrum von Kunstwerken, vertreten sind auch große spanische Meister wie El Greco, Francisco de Goya, José de Ribera, Bartolomé Esteban Murillo und Francisco de Zurbarán. Eine Abteilung ist dem galicischen Karikaturisten und Zeichner Alfonso Daniel

*Der Entroido, der galicische Karneval, wird allerorten groß gefeiert. Die Karnevalsgruppe Damas e Galáns aus Cobres geht hier beim Umzug von Pontevedra mit.*

Rodríguez Castelao (1886–1950) gewidmet. Mit spitzer Feder zeigte er die Missstände in seiner Heimat auf und entlarvte das verkrustete Kazikentum. In seinen Alben hielt er die Schrecken des Spanischen Bürgerkrieges fest. Castelao gilt auch als der Begründer des galicischen Nationalismus.

## Santa María la Mayor

Hinter der Praza da Leña taucht gleich der nächste attraktive Platz auf: die lang gestreckte **Praza de Verduras,** wo einst Obst und Gemüse gehandelt wurden. Über die Calle Isabella II führt der Weg zur **Basilika Santa María la Mayor.** Ende des 15. Jh. stiftete die Bruderschaft der Seeleute das Gotteshaus im Herzen des alten Fischerviertels. Die reich dekorierte Hauptfassade mutet wie ein überdimensioniertes Retabel an, sie wird dem Meister Cornelis de Holanda (Cornelius von Holland) zugeschrieben.

## Ruine Kirche Santo Domingo

*Ruinas de Santo Domingo, Av. de Montero Ríos 1, Tel. 986 80 41 00, 15. März–Okt. Di–Sa 10–14, 16–19.30, So, Fei 11–14 Uhr, Dependance des Museo Provincial de Galicia*

Etwas weiter südlich, knapp außerhalb des Altstadtbezirks, ragen an der neuzeitlich geprägten **Praza de España** die Überreste der **Kirche Santo Domingo** (14. Jh.) auf. Heute beherbergt das Areal archäologische Fundstücke. In der Dependance des Museo Provincial sind Funde aus der Vorgeschichte, der Römerzeit und dem Mittelalter ausgestellt.

## Infos

**Oficina de Turismo:** Plaza de España s/n, 36002 Pontevedra, Tel. 986 09 08 90, www.visit-pontevedra.com, Mo–Sa 9.30–14, 16.30–19, So 10–14, Mitte Juni–Mitte Sept. zusätzlich 17–20 Uhr.

## Übernachten

Stilvolles Herrenhaus mit Terrasse – **Parador de Pontevedra Casa del Barón:** Rúa Barón 19, Tel. 986 85 58 00, www.parador.es. Mitten im Zentrum, in einer verkehrsberuhigten Zone, liegt der in einem ehemaligen Adelspalast aus dem 16. Jh. untergebrachte Parador. Stilvolle Einrichtung mit aristokratischem Flair. €€–€€€

Ordentlich – **Hotel Rúas:** Rúa Sarmiento 20, Tel. 986 84 58 39, www.hotelruas.es. Das kleine, zentral gelegene Hotel in der Altstadt bietet einfache, solide Zimmer. Korrektes Preis-Leistungs-Verhältnis. €€

Ansprechend – **Hotel Room:** Profesor Filgueira Valver de 10, Tel. 986 86 95 50, www.hotelroompontevedra.com. Das kleine Design-Hotel liegt zehn Gehminuten von der Altstadt entfernt und bietet ansprechende Zimmer für einen relativ günstigen Preis. €–€€

Gepflegtes Landhaus – **Casa Rural O'Pozo:** Arnaiz Alonso C. B., A Graña 23, Borela (13 km nordöstl. von Pontevedra), Tel. 986 76 32 50, www.opozo.com. Ruhiges Landhaus mitten im Grünen, man fährt in Richtung Carballedo, dann nach Borela und folgt der Ausschilderung. Für die Gäste steht ein Salon zur Verfügung, die Zimmer sind mit schönen Holzmöbeln ausgestattet. Fahrradverleih. €

## Essen & Trinken

Die **Tapameilen** von Pontevedra erstrecken sich zwischen der Praza Peregrina und der Praza Leña, eine gute Auswahl findet man in den Gassen Figueroa und San Sebastián sowie in der Calle San Nicolás in der Nähe des Paradors.

Kreative Gourmetküche – **Casa Solla:** Av. Siniero 7, San Salvador de Poio (2,5 km westl. von Pontevedra), Tel. 986 87 28 84, www.restaurantesolla.com, Mo, So geschl. Modernes Design mit klaren, eleganten Linien machen den Reiz des unter Leitung von Pepe Solla stehenden Gourmetlokals mit innovativer Küche aus. Mehrgängiges Gourmetmenü. €€€

Klassiker – **Alameda 10:** Av. de la Alameda 10, Tel. 986 85 74 12, So, Di abends geschl. Das Lokal ist eines der gastronomischen Aushängeschilder von Pontevedra. Es bietet Spezialitäten der galicischen Küche wie Enten- oder Jakobsmuscheln. Lecker auch die Desserts, besonders der Zitronenkuchen. €–€€

Weinlokal – **Viñoteca Bagos:** Michelena 20, Tel. 986 85 24 60, Mo und So geschl. Das modern eingerichtete Lokal bietet eine hervorragende Weinauswahl und eine kleine Speisekarte mit leckeren Gerichten. €

Charmant – **Loaira:** Plaza da Leña 2, Tel. 986 85 88 15, Di, So abends geschl. Das adrette, charmante Restaurant mit Terrasse liegt an einem der idyllischsten Plätze im Herzen der Altstadt. Probieren Sie die Rippchen *(costillas)*, die Meeresfrüchteplatte oder die Venusmuscheln *(almejas).* €

Pulpo-König – **Casa Fidel O'Pulpeiro:** Rúa San Nicolás 7, Tel. 986 85 12 34, www.opulpeiro.es, Mo, So abends geschl. Das schlichte Lokal steht hoch im Kurs bei den Einheimischen. Bodenständige, galicische Küche (Fisch & Fleisch) und zivile Preise sind hier das Erfolgsrezept. Die Spezialität des Hauses ist die Krake *(pulpo).* €

## Einkaufen

Die Haupteinkaufsmeile von Pontevedra ist die lebhafte **Calle de Michelena.** Hier finden sich Boutiquen und Schuhgeschäfte.

Markt – **Mercado:** Calle de la Sierra 4. Die Markthalle liegt in Flussnähe und hat vormittags bis gegen 14 Uhr geöffnet. Besonders eindrucksvoll sind die Auslagen mit Fisch und Meeresfrüchten.

## Abends & Nachts

Das Nachtleben spielt sich in Pontevedra um die Praza Herrería ab. Angesagt bei der Jugend sind die Klubs im Urlaubsort Sanxenxo. Nachtbusse pendeln zwischen Pontevedra und Sanxenxo.

## Termine

**Romería de San Benitiño de Lérez:** 11. Juli. Wallfahrt zu Ehren des hl. Beitiño de Lérez, der bei Ausschlägen und Geschwüren helfen soll.
**FestiClown:** 14.–20. Juli. Farbenfrohes Festival der Clowns und Komiker.
**Fiesta de la Peregrina:** Am zweiten Sonntag im Aug. startet das einwöchige Fest zu Ehren der Stadtpatronin. Auf dem Programm stehen Konzerte, Theatervorführungen, Feuerwerke und Stierkämpfe. Karten für die Veranstaltungen werden an der Kasse im Teatro Principal verkauft. Den Prozessionszug der Peregrina begleiten *cabezudos,* Kostümierte mit riesigem Kopf. Sie stellen Figuren dar, die mit der Stadtgeschichte zu tun haben.

### Verkehr

**Bahn:** Bahnhof, Rúa de la Estación s/n, Info: Renfe Tel. 912 32 03 20. Gute Verbindungen nach Santiago, La Coruña und Vigo.
**Bus:** Busbahnhof, Rúa de la Estación s/n, Tel. 986 85 24 08, www.autobusespontevedra.com. Busse 10 x tgl. nach Sanxenxo, stdl. nach Vigo und 10 x tgl. nach Santiago.

# Halbinsel Morrazo

▶ 3, B 4/5

Die bergige **Península de Morrazo** ist zwischen die Ría de Pontevedra und die Ría de Vigo gebettet. Die 60 km lange Tour entlang der Küste lohnt sich schon wegen des **Cabo de Home,** der Naturschönheit Nummer eins der Halbinsel. Neben dem herrlichen Ausblick

**BLÜTENZAUBER**

Ein großartiges Naturspektakel bieten die rund 8000 Kameliensorten in Galiciens Parkanlagen und in den Gärten der alten Herrenhäuser (Pazos) in den Wintermonaten. Die ursprünglich aus Ostasien stammenden Kamelien lieben das feuchte Klima und die sauren Granitböden Galiciens. In einigen Pazos lässt sich der Gartenbesuch mit einer Weinprobe verbinden. Informationen zur **Kamelienroute** finden Sie auf der Webseite des Tourismusverbandes Turgalicia (www.turismo.gal/que-facer/ruta-da-camelia?langId=de_DE).

Rías Baixas

auf die **Cíes-Inseln** befinden sich entlang der Strecke auch einige paradiesische Strände.

## Marín

Kurz hinter Pontevedra taucht die 25 000-Einwohner-Stadt **Marín** auf. Ihren Aufstieg als Hafenstadt verdankt sie der Versandung des Hafens von Pontevedra (ab dem 17. Jh.). Marín ist mittlerweile die drittwichtigste Hafenstadt Galiciens. Im Stadtbild geben die Neubauten den Ton an, noch etwas Fischerviertel-Flair weht um die bescheidene Barockkirche **Santa María do Porto.** In Marín trifft man auf viele schnittige Kadetten, sie erhalten ihre Ausbildung in der 1943 gegründeten **Marineschule.**

## Bueu und Beluso

*Museo Massó, Montero Ríos s/n,*
*Tel. 886 15 10 01, https://museos.xunta.gal/es/*
*masso, Di–Sa 10–21, Juni–Sept. Di–Sa 9–21.30,*
*So 10–14 Uhr, Eintritt frei*
Von der Ortschaft **Bueu** starten Ausflugsboote zur Isla de Ons. Der Ort selbst hat bis auf eine ehemalige Konservenfabrik, die heute das **Museo Massó** beherbergt, nicht allzu viel zu bieten. Die permanente Ausstellung ist der Eroberung der Meere und ihrer wirtschaftlichen Nutzung gewidmet. Vorbei am kleinen, schmucken Fischerhafen von **Beluso** erreicht man über eine Stichstraße das unter Naturschutz stehende **Cabo de Udra.**

## Hío

Ein Abstecher von der Hauptroute führt hinauf in die kleine Ortschaft **Hío.** Der Stolz des Dorfes ist das filigran gearbeitete, steinerne **Wegekreuz** *(cruceiro)* vor der romanischen Kirche San Andrés. Der Bildhauer Ignacio meißelte es Ende des 19. Jh. aus einem einzigen Granitblock heraus. Unter Kunstkennern gilt es als das prächtigste in ganz Galicien.

## Von Donón zum Cabo de Home

Weiter in Richtung Cabo de Home passiert man die Ortschaft **Donón.** Am Parkplatz an der Ortsausfahrt beginnt rechter Hand ein Wanderweg (20 Min.) hinauf zum Aussichtsberg **Monte do Facho;** der kurze, aber knackige Aufstieg wird mit einem herrlichen Blick über die Ría de Pontevedra und die Illas Cíes belohnt.

Zum Scheitelpunkt der Halbinsel, dem **Cabo de Home,** das gleich von zwei Leuchttürmen bekrönt wird, führt eine ungeteerte Piste. Diese reizvolle Ecke lässt sich gut mit dem Fahrrad erkunden. Idyllisch breiten sich die Illas Cíes zum Greifen nah vor dem Kap aus. Weniger reizvoll ist der Weg über **Cangas de Morrazo** gen Osten, denn die Nordküste der Ría de Vigo ist stark verbaut.

### Aktiv

Baden – Hinter Marín reihen sich die Strände bis zum Cabo de Udra förmlich aneinander. In einer kleinen Bucht mit Yachthafen liegt die attraktive, feinsandige **Praia de Aguete,** noch etwas weiter südlich erstreckt sich die familienfreundliche **Praia de Loira (Loureiro).** Das Wasser ist hier an vielen Stellen recht flach, sodass Kinder sich nach Herzenslust austoben können. Östlich vom Cabo de Home liegt der für Nudisten zugelassene Dünenstrand **Praia de Nerga y Barra.**
Bootsfahrten – Von der Ortschaft Bueu starten Ausflugsboote (Nabia Naviera, Tel. 986 32 00 48, www.piratasdenabia.com) zur **Isla de Ons.**

# Vigo ▶ 3, B 5

Die touristische Attraktivität der Industrie- und Hafenstadt **Vigo** hält sich in Grenzen. Auf den ersten Blick schockiert der bauliche Wildwuchs, der in weiten Teilen das Stadtbild beherrscht. Dennoch findet man in der Altstadt einige reizvolle Plätze, eine gepflegte Flaniermeile am Hafen und etliche Straßenzüge mit stattlichen Bauten aus der Wende zum 20. Jh. Aus der Vogelperspektive kann man die Stadt und den Hafen von der Verteidigungsanlage **Castelo do Castro** (17. Jh.; Paseo Rosalía de Castro) aus betrachten. Als Pluspunkt kann die Stadt auch die reizvolle Lage am südlichen Ufer der Ría de Vigo für sich verbuchen. Vom Hafen bietet sich ein Ausflug zu den Cíes-Inseln (s. S. 419) an.

Vigo

## Wirtschaft

Vigo ist mit 300 000 Einwohnern die größte Stadt Galiciens. Politisch hatte sie sowohl gegenüber der Provinzhauptstadt Pontevedra als auch gegenüber der galicischen Hauptstadt Santiago das Nachsehen. Dafür ist Vigo ein ökonomisches Schwergewicht. Die Stadt besitzt den größten **Fischereihafen** Spaniens, hinzu kommt die dazugehörige verarbeitende Industrie. Eine gewichtige Rolle im Wirtschaftsgefüge spielt auch die **Automobilindustrie** mit einer großen Niederlassung der Firma Peugeot Citroën. Doch die Zeiten waren nicht immer so rosig, die Krise der **Werftindustrie** (1975–85) traf Vigo besonders schwer. Der Kinofilm von Fernando León de Aranoa »Los lunes al sol« mit Javier Bardem in der Hauptrolle schilderte sehr eindrucksvoll die ausweglose Lage der Werftarbeiter. Ende der 1980er-Jahre erholte sich die Stadt und blickt heute wieder hoffnungsvoller in die Zukunft.

## Altstadt

Als Ausgangspunkt für einen Spaziergang durch die Altstadt oder eine Shoppingtour bietet sich die **Praza Porta do Sol** an, sie bildet das Bindeglied zwischen der Altstadt und der Neustadt. Ihr Erkennungszeichen: die Skulptur »**El Sireno**« des Bildhauers Francisco Leiro (1991). Das hybride Wesen, halb Mensch, halb Fisch, löste heftige Diskussionen aus. Östlich des Denkmals verläuft die verkehrsberuhigte Einkaufsmeile **Calle del Príncipe**.

In entgegengesetzter Richtung führt der Weg in die Altstadt über die Praza de Princesa zur **Praza da Constitución.** Der intime kleine Platz lädt mit seinen Cafés und Restaurants unter den Arkaden zum Verweilen ein. Am Platz liegt das **alte Rathaus,** das heute als Kulturzentrum genutzt wird.

Eine enge Gasse, die **Rúa dos Cesteiros** (Gasse der Korbflechter) geht von der Praza ab. Hier scheint die Zeit stehengeblieben zu sein: Vor den Geschäften sitzen die Frauen und flechten solide Körbe. Zum Flair der Gasse tragen auch einige kleine unprätentiöse Kneipen bei. Wenige Schritte entfernt erhebt sich eher unspektakulär die **Concatedral Santa María,** ein klassizistischer Bau aus dem 19. Jh.

Nicht verschwiegen werden soll, dass etliche Gassen der Altstadt und des Fischerviertels Berbés ein ziemlich trostloses Bild bieten. Viele der Häuser sind heruntergekommen, teilweise sogar komplett verlassen. Weite Teile des Ufers sind durch den riesigen Industrie- und Fischereihafen sowie die Werften verbaut.

## Am Sporthafen

Von seiner Schokoladenseite zeigt sich Vigo zwischen der grünen Uferpromenade **As Avenidas** mit Blick auf den attraktiven Sporthafen und der mit Kamelien und Magnolien bepflanzten Flaniermeile **La Alameda** (Praza da Compostela). Die besten Hotels der Stadt, Restaurants und Cafés befinden sich hier.

## Stadtmuseum

*Parque de Castrelos s/n, www.museodevigo.org, Di–Fr 10–14, Sa 17–20, So 11–14 Uhr, Eintritt frei*

Im Süden der Neustadt liegt der **Parque de Castrelos,** die grüne Oase der Stadt. Am Rande des Parks wurde in einem Herrenhaus aus dem 17. Jh. das **Museo Municipal Quiñones de León** untergebracht, das archäologische Funde der Region und eine exzellente Sammlung zeitgenössischer galicischer Kunst zeigt.

## Meeresmuseum

*Av. Atlantida 160, http://museodomar.xunta.gal, 16. Sept.–20. Juni Di–Fr 10–14, 16–19, Sa, So, Fei 11–14, 17–20, 21. Juni–15. Sept. Di–So 11–14, 16.30–20.30 Uhr, 5 €*

Südwestlich vom Zentrum in Richtung des gepflegten Hausstrands von Vigo **Praia Samil** liegt das 2002 eröffnete **Museo do Mar de Galicia**. Thematisch befasst sich das Museum, zu dem auch ein Aquarium gehört, mit der Geschichte der Fischerei und der Seefahrt.

## Infos

**Oficina de Información turística de Vigo:** López de Neira 8, Tel. 986 22 47 57, www.turismodevigo.org, tgl. 10–17 Uhr.

## Übernachten

Luxus pur – **AC Palacio Universal:** Av. Cánovas del Castillo 28, Tel. 986 44 92 50, www.

mariott.com. 2006 eröffnetes Haus. Elegantes Design bestimmt das Ambiente in dem ehemaligen Adelspalast aus dem 19. Jh. Ein Pluspunkt ist die Lage direkt gegenüber dem grünen Paseo Marítímo. €€€

Modern – **Maroa:** Rúa Palbo Morillo 6, Tel. 986 43 89 22, www.maroahotel.com. Angenehmes Hotel mit moderner Ausstattung. Besonders reizvoll ist das Frühstück auf der Terrasse mit Blick über die Ría von Vigo. Inkl. Frühstück €€–€€€

Angenehmes, kleines Hotel – **Puerta del Sol:** Porta do Sol 14, Tel. 886 30 00 26, www.aldahotels.es. Sympathisches Hotel in zentraler Lage, Zimmer mit mediterranem Touch, allerdings nicht sehr großzügig geschnitten. €–€€

Solide – **Pantón:** Lepanto 8, Tel. 986 22 42 70, www.hotelpanton.com. Zentrale Lage. Die Zimmer sind nicht allzu groß, funktional eingerichtet. Garage kann gemietet werden. €–€€

## Essen & Trinken

Urige Lokale, wie die Bar Chavolas, Taberna Ramón oder A'Curuxa, liegen in der **Rúa dos Cesteiros.** Eine gute Auswahl an Restaurants und Kneipen gibt es auch in der **Rúa Real,** der Hauptachse des Fischerviertels Berbés.

Aussichtslokal – **Soriano:** Rúa dos 25, Bembrive, Tel. 986 48 13 73, www.asadorsoriano.com, So abends geschl. 6 km oberhalb des Stadtzentrums von Vigo gelegen. Bekannt ist das Restaurant vor allem für die hervorragende Zubereitung von Fleisch und den gut sortierten Weinkeller. Menü nach Vorbestellung. €€–€€€

Aus dem Meer – **Casa Marco:** Av. García Barbón 123, Tel. 986 22 51 10, www.restaurantecasamarco.es, So geschl. Beliebtes Restaurant mit klassisch-schicker Linie und freundlichem Service. Bekannt für Paella, Fisch- und Meeresfrüchtegerichte. €–€€

Urige Kneipe – **Bar Chavolas:** Rúa do Cesteiros 3, Tel. 986 22 50 02. Volkstümliche Taverne. Hier sitzt man an einfachen Holztischen, lässt sich einen Ribeiro-Wein und die traditionelle, galicische Küche schmecken. Probieren Sie Pulpo (Krake). €–€€

Vegetarisch – **Cúrcuma:** Rúa do Brasil 4, Tel. 986 41 11 27, www.curcumavigo.com, So geschl. Nettes, kleines Lokal mit fantasievollen vegetarischen Gerichten. Gut geschmeckt haben der gebratene Kürbis mit Avocado an Minz-Dressing und der cremige Käsekuchen zum Dessert. €

Tapas satt – **Tapas Areal:** Calle México 36, Tel. 986 41 86 43, So geschl. Das Tapalokal steht bei den Einheimischen hoch im Kurs. Das Preis-Leistungs-Verhältnis stimmt. Die traditionellen Tapas werden mit modernem Touch serviert. €

## Tipp

### AUSTERN SCHLÜRFEN

Ein Muss in Vigo ist die **Rúa da Pescadería,** eine Gasse parallel zum Hafen. Hier preisen die ostreiras (Austernverkäuferinnen) an ihren Stände, die bis gegen 15 Uhr geöffnet sind, frische, quicklebendige Austern an. Die Preise sind sehr zivil, die Austern werden vor Ort ausgeschlürft, dazu mundet ein Glas Albariño. Welch angenehm volkstümlicher Rahmen für die ansonsten so exklusive Delikatesse!

## Einkaufen

Haupteinkaufsstraße ist die verkehrsberuhigte **Rúa Principe,** weitere Shoppingmeilen sind die Rúa María Berdiales und die Gran Vía.

Korbflechtereien – In der **Rúa do Cesteiros** (Straße der Korbflechter) reihen sich kleine Geschäfte mit traditionellen handgefertigten galicischen Korb- und Flechtarbeiten.

Wein – **El Buen Vivir:** Alfonso XIII 31, Tel. 986 43 57 59. Vinothek mit der gesamten Bandbreite des galicischen Rebensaftes.

Klöppelarbeiten – **Faro Vilano:** Plaza de la Iglesia 1, Tel. 986 43 24 87. Neben den berühm-

## Abends & Nachts

Im Sommer tobt das Nachtleben von Vigo vor allem in den Klubs und Pubs der Playa Samil. In Vigo selbst trifft sich die Jugend in den Vierteln **Arenal** und **Berbés** sowie in der **Calle Lepanto.**

## Aktiv

Baden – Südlich des Zentrums von Vigo liegt der beliebte Hausstrand **Samil,** der von einer 3 km langen Uferpromenade gesäumt wird. An diesen Strand grenzt die kleinere **Praia O Bao.**
Tauchen – Tauchkurse und Tauchexkursionen bietet das Unternehmen **Buceo Islas Cíes** an (Muelle de Bouzas, local 49-A, Tel. 986 29 05 89, https://buceoislascies.es.

## Verkehr

**Flugzeug:** Flughafen, Av. del Aeropuerto s/n, 10 km östlich von Vigo, Tel. 986 26 82 00, 913 21 10 00. Gute Inlandsverbindungen u. a. nach Madrid, Barcelona und Palma de Mallorca. **Iberia-Büro:** Flughafen, Tel. 986 26 82 28.
**Bahn:** Estación Guixar, Estación Urzáiz (AVE), beide Zugstationen befinden sich in der Calle Areal s/n. Renfe Tel. 912 32 03 20. Der Schnellzug AVE verbindet Vigo über Pontevedra, Santiago de Compostela mit A Coruña in 1.23 Std.
**Bus:** Plaza de la Estación 1, Tel. 986 37 34 11, https://estacionautobusesvigo.es. Stdl. Busse nach Santiago, Pontevedra, Baiona 4 x tgl., A Guarda 1 x tgl. Die städtische Buslinie L 12 B fährt von der Gran Vía zum Busbahnhof.
**Fähre:** Estación Marítima de la Ría, Rúa Cánovas del Castillo 5. Die Schiffe von Mar de Ons (www.mardeons.com) fahren zu den Cies-Inseln und der Isla de Ons (Fahrtzeit 45 Min., frühzeitig reservieren!). Es gibt ca. 18 Verbindungen nach Cangas pro Tag.

# Illas Cíes ▶ 3, A 5

Die drei **Cíes-Inseln** und ihre Unterwasserwelt bilden ein faszinierendes Ökosystem. Seit 2002 formen sie gemeinsam mit den Inselgruppen von Sálvora, Cortegada und Ons den **Parque Nacional Marítimo Terrestre de las Islas Atlánticas de Galicia.** Im Westen der Inseln bestimmen Steilküsten von bis zu 100 m Höhe das Bild, auf der windgeschützten Seite finden sich Kiefer- und Eukalyptuswälder sowie herrliche Dünenstrände. Von Vigo, Baiona und Cangas de Morrazo legen in den Sommermonaten die Fähren zu den Cíes-Inseln ab. Allerdings ist der Zugang beschränkt, pro Tag dürfen nur 2200 Personen die Inselgruppe besuchen.

Die kleinste Insel **San Martiño** (oder Illa Sur) ist für Besucher gesperrt, damit die hier lebenden Vögel nicht gestört werden. Die **Illa del Faro** (oder Illa del Medio) und **Illa de Monteagudo** verbindet die **Praia da Rodas.** Bei Flut bahnt sich das Wasser einen Weg zwischen den Inseln und überflutet so Teile des ausgedehnten Strands.

Die meisten Ausflüger zieht es direkt zu den herrlichen Stränden. Wer die **Vogelobservatorien** oder die **Leuchttürme** der Inseln aufsuchen möchte, erhält am **Info-Punkt** in der Nähe der Bootsanlegestelle Rodas auf der Isla de Monteagudo eine Karte zur Orientierung. Etwa 1,2 km vom Anleger entfernt wurde auf der Illa del Faro in einem ehemaligen Militärmagazin aus dem 19. Jh. ein **Besucherzentrum** eingerichtet. Ursprünglich befand sich an dieser Stelle das Kloster San Esteban (11. Jh.).

## Infos

**Centro de Visitantes – Edificio Cambón:** Rúa Palma 4, Vigo, Tel 886 21 80 82, www.illasatlanticas.gal, Mitte Sept.–Mitte Mai Di–Sa 10–14, 16.30–20, Mitte Mai–Mitte Sept. Mo–Do 10–14, Fr, Sa 10–14, 16.30–19.30 Uhr. Infos sowie Ausstellung auf drei Ebenen zum Nationalpark Islas Atlánticas.

## Übernachten

Camping – **Islas Cíes:** Tel. 986 43 83 58, www.campingislascies.com, Juni–Sept. geöffnet. Achtung, nur mit Reservierung! Ca. 2 km entfernt von der Anlegestelle in einem Pinienwald oberhalb des Lago de Cíes, ganz in der Nähe der Praia da Rodas. Die einzige Möglichkeit, auf der Insel zu übernachten. Es empfiehlt sich,

Rías Baixas

beim Ticketkauf für die Fähre einen Platz zu reservieren. Der kleine Laden des Campingplatzes bietet nicht allzu viel Auswahl.

### Aktiv

Baden – Auf der Ostseite der Inseln finden sich wunderschöne Dünenstrände mit feinem weißem Sand. Der längste ist der 1300 m lange Traumstrand **Praia da Rodas,** der bei Flut allerdings z. T. unter Wasser steht.

### Verkehr

**Fähre:** Infos auf den Websites der Schifffahrtsgesellschaften (u. a. www.crucerosriasbaixas.com, www.mardeons.com und www.piratasdenabia.com). Hier können Sie auch die Fähre zu den Inseln Monteagudo und Faro reservieren, was ratsam ist, da die Besucherzahlen für den Inselbesuch begrenzt sind.

# Baiona ▶ 3, A/B 5

Die liebenswürdige Küstenstadt **Baiona** (span. Bayona; 12 500 Einw.) lebt heute in erster Linie vom Tourismus. Sie liegt geschützt in einer weiten Bucht, die zwischen dem Monte Ferro und dem Monte Real verläuft. Für Badefreuden sorgt in der Bucht die lang gestreckte, feinsandige **Praia de América.**

Die Gassen und Plätze der seit 1993 unter Denkmalschutz stehenden **Altstadt** verströmen viel Atmosphäre. Auf der **Halbinsel Monterreal** wachte einst eine mittelalterliche Burg über Baiona. Im 16. Jh. errichtete der Conde de Gondómar auf den Ruinen des Kastells ein vornehmes Herrenhaus – heute logieren die Gäste des **Paradors** in dem Anwesen mit Blick auf die Bucht von Baiona. Die trutzigen Mauern, die das frei zugängliche Areal des Paradors umgeben, sind begehbar. Um die Fortaleza verläuft der **Paseo Monte Boi** (2 km), ein aussichtsreicher Spaziergang.

## Karavella La Pinta

*Muelle de Baiona, Rúa Alfonso IX s/n,*
*Tel. 986 35 68 88, Di–Fr 10–13, 16.30–19, Sa, So*
*10.30–13, 16.30–19 Uhr, 3 €*

1493 lief im Hafen Baiona die **Carabela Pinta** ein. So erfuhren die Einwohner von Baiona als Erste in Europa, dass Kolumbus Amerika entdeckt hatte. Anlässlich der 500-Jahr-Feier der Entdeckung Amerikas wurde das alte Segelschiff nachgebaut. Es liegt nahe dem Kastell vor Anker und ist zu besichtigen.

### Infos

**Oficina de Turismo:** Arquitecto Jesús Valverde s/n, 36300 Baiona, Tel. 986 68 70 67, www.turismobaiona.com, tgl. 10–14, 16–20 Uhr.

### Übernachten

Imposant – **Parador de Baiona:** Arquitecto Jesús Valverde s/n, Tel. 986 35 50 00, www.parador.es. Auf der Halbinsel Monterreal umgeben von alten Festungsmauern. Genuss pur bietet die herrliche Aussicht aufs Meer und die Illas Cíes. Fitnessraum, Tennisplatz, Swimmingpool. €€–€€€

Familiär geführtes Haus – **Casa do Marqués:** Rúa das Areas 13, Tel. 986 35 31 50, www.casadomarques.es. Nur wenige Schritte von der Playa Ladeira entfernt. Charmantes, gemütliches Hotel, einige der Zimmer haben Meerblick. Gutes Frühstück mit hausgemachtem Gebäck. €€

Herrenhaus mit Charme – **Pazo de Mendoza:** Rúa Elduayen 1, Tel. 986 35 81 98, www.pazodemendoza.com. Im Herzen von Baiona mit Blick auf die Uferpromenade. Modern gestaltete Zimmer im alten Gemäuer. €–€€

Camping – **Bayona Playa:** Ctra. Vigo–Baiona, Km 19, Playa Ladeira, Tel. 986 35 00 35, www.campingbayona.com, April–Okt. Komfortabler, weitläufiger Platz direkt am Strand. Ausgestattet mit großem Pool, Supermarkt und Bar-Restaurant. Etwas sehr gedrängt wurden allerdings die Holzbungalows aufgestellt.

### Essen & Trinken

Etliche günstige Lokale gibt es in der **Calle Ventura Misa.**

Zivile Preise – **Mesón Fidalgo Jamonería:** Av. Julián Varverde 79, Tel. 986 35 45 30, Mo–Fr ab 19.30, Sa, So ab 12 Uhr. Rustikales Lokal mit gutem Tapasortiment und super Weinauswahl. Köstliche Schinken- und Käseteller, le-

cker auch der Pulpo und die Gambas im Teigmantel. €€
Gediegen – **Paco Durán:** Rúa da Igrexa 60, Tel. 986 35 50 17, Mo geschl. Das stilvolle Restaurant auf einem Hügel mit herrlicher Aussicht über die Bucht von Baiona bietet galicische Traditionsküche auf hohem Niveau und eine tolle Weinauswahl. €–€€
Mit Pfiff – **O'Rizón:** Rúa das Areas 75, Tel. 986 35 20 29. Angenehmes Restaurant mit schöner Terrasse und Garten. Besonders empfehlenswert ist der Fischeintopf *(guiso de pescado)* oder Reis mit Meeresfrüchten *(arroz con mariscos)*. €–€€

### Termine

**Arribada de la Carabela Pinta:** 1. März. Feier zum Gedenken an die Rückkehr des Kolumbus-Schiffes La Pinta nach der Entdeckung Amerikas.

**Auftrieb der Wildpferde:** Ende Mai/Juni bietet sich ein besonderes Schauspiel in den umliegenden Bergen von Baiona. Am letzten Maiwochenende in Valga bei Oia, am ersten Juniwochenende in Torroña und am zweiten Juniwochenende in Mougás.

**Corpus Cristi:** Fronleichnamsfest (Ende Mai/Anfang Juni). In mühevoller Kleinarbeit werden die Gassen der Altstadt mit bunten Blumenteppichen für die Prozession geschmückt.

### Verkehr

**Bus:** Von Baiona fahren Busse nach Vigo 5–8 x tgl. (www.bus.gal) und nach A Guarda 1–2 x tgl. (Tel. 646 34 92 24, www.lugove.gal). Informationen erteilt die Tourimusinformation von Baiona.

**Schiff:** Naviera Mar de Ons, Tel. 986 22 52 72, www.mardeons.com. Von der Hafenmole fahren im Sommer und an Ostern 4–6 x tgl. Boote zu den Cíes-Inseln, Fahrtdauer 45 Min. Rechtzeitig reservieren!

# A Guarda ▶ 3, A 6

**A Guarda** (span. La Guardia; 10 000 Einw.) bedeutet übersetzt Wache. Das Städtchen kontrollierte einst als südlichste Grenzfeste Spaniens die Zufahrt zum Río Miño, der die Grenze zu Portugal markiert. Heute herrscht ein reger Austausch mit dem Nachbarland, Grenzstreitigkeiten wurden längst ad acta gelegt. A Guarda bietet sich als Ausgangspunkt für die Fahrt auf den Monte Santa Tecla an, auf dem sich die Überreste der **Siedlung Castro de Santa Telca** befinden.

Das sehr überschaubare alte Zentrum liegt hoch über dem Hafen rund um die Kirche **Santa María de Asunción** (16. Jh.). In Hafennähe steht der **Convento de San Benito** (16. Jh.), der heute als Hotel fortlebt. Am **Hafen** mit seinen bunten, teilweise gekachelten Fischerhäusern reihen sich die Bars und Tavernen aneinander. Berühmt ist A Guarda für seine köstlichen Langusten, dazu passt der Rosal-Wein aus der Region.

### Infos

**Oficina de Turismo:** Praza do Reló 1, 36780 A Guarda, Tel. 986 61 45 46, www.turismoaguarda.es, Mai–Sept. Mo–Fr 10–14, 16.30–19.30, Okt. Mo–Fr 10–14, 16.30–18.30, Sa 10–14, Nov.–April Mo–Fr 10–14 Uhr.

### Übernachten

Klosterhotel mit viel Charme – **Convento de San Benito:** Plaza de San Benito s/n, Tel. 986 61 11 66, www.hotelsanbenito.es. Die Adresse für Nostalgie-Fans! Klösterliche Atmosphäre durchstreift noch immer die ehemalige Benediktinerabtei. Zum Charme des gediegenen Hotels tragen Antiquitäten, Gemälde und Heiligenstatuen bei. Hinzu kommen ein lauschiger Innenhof, eine Keramikausstellung und eine Bibliothek mit kostbarem Bestand. €–€€

Camping – **Santa Tecla:** Bajada al Río Miño 90 (2 km östl. von A Garda), Tel. 986 61 30 11, www.campingsantatecla.es, ganzjährig geöffnet. Großzügiger, bestens ausgestatteter Platz mit großem Pool, Supermarkt, Restaurant-Bar, Disco, Fahrradverleih.

### Essen & Trinken

Klassiker – **Riveiriña:** Av. del Puerto 28, Tel. 986 61 03 56. Das helle, freundlich geführte Restaurant liegt direkt am Hafen. Es bietet

Rías Baixas

# WANDERN AUF DEM MÜHLENPFAD BEI SANTA TECLA

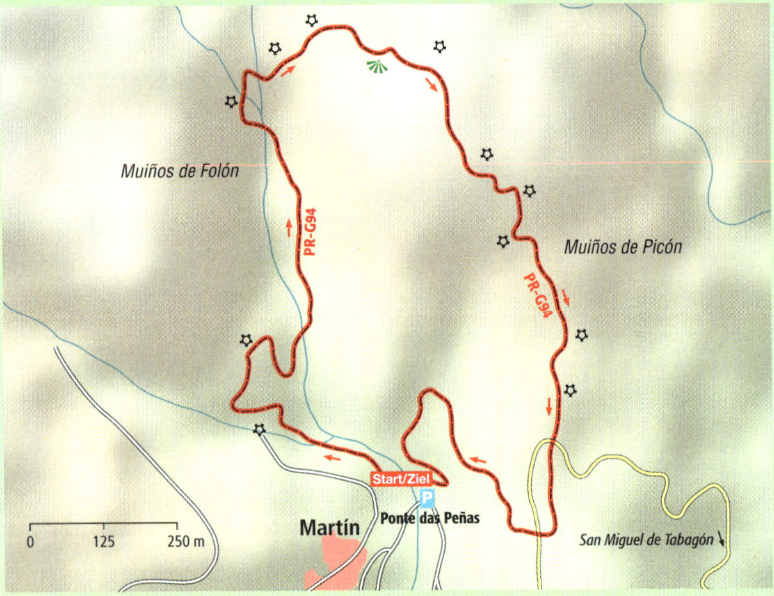

## Tour-Infos

**Anfahrt:** Von Tui auf der N-550 Richtung A Guarda, in **San Miguel de Tabagón** dem Hinweisschild nach **Muiños de Folón** folgen (aus A Guarda kommend gibt es noch eine weitere ausgeschilderte Zufahrt in El Rosal); weiter der Ausschilderung nach auf kurviger Straße langsam durch Gärten und Dörfer in ca. 15 Min. aufwärts bis zu einem kleinen schattigen Parkplatz linker Hand
**Start:** Parkplatz oberhalb von San Miguel de Tabagón
**Markierung:** Rundwanderung PR-G 94
**Länge:** 4,5 km
**Dauer:** 2 Std.
**Schwierigkeitsgrad:** Mittel

Kurz vor Santa Tecla bietet sich die Gelegenheit für eine kurze, aber spektakuläre Rundwanderung auf einem durchgehend gut zweifarbig ausgeschilderten Weg. Die erste Hälfte der Wanderung geht bergauf und ist deshalb etwas schweißtreibend. Sie führt zunächst durch einen kühlen Eukalyptuswald und dann an kleinen **Wassermühlen** entlang, an denen auch im Hochsommer das klare Wasser aus den Bergen vorbeiplätschert. Für den Aufstieg belohnt wird man mit einem grandiosen Ausblick über das Mündungsgebiet des Miño, der sich bis nach Portugal erstreckt. Insgesamt passiert man auf diesem einzigartigen Mühlenpfad 67 Mühlen, die bis ins 19. Jh. in Betrieb waren. Die ersten Mühlen wurden im 12. Jh. gebaut, die älteste, heute noch erhaltene Mühle stammt aus dem Jahr 1702. 1996 wurden alle verfallenen Steinhäuschen restauriert; sie stehen seitdem unter Denkmalschutz.

Hauptsächlich wurde hier Korn zu Mehl verarbeitet, aber manche der Mühlen waren auch Walkmühlen für Leinen und Wolle. Lasttiere transportierten über Zickzackpfade die Rohstoffe. Dafür wurden domestizierte Wildpferde aus den galicischen Bergen eingespannt – die Karrenspuren sind noch heute zu sehen. Der langsame Prozess des Mahlens hatte zur Folge, dass die Menschen viel Zeit an den Mühlen verbrachten, wovon zahlreiche Lieder Zeugnis ablegen. Die bekannteste traditionelle Liedform ist die *muiñera*, die das galicische Wort für Mühle, *muiño*, im Namen trägt.

Reizvolles bietet auf dieser Tour auch die Flora: Während das fruchtbare Miño-Tal u. a. für seine Mirabellen bekannt ist, gedeihen in dem mit Pinien und Eukalyptus wieder aufgeforsteten Berggebiet auch botanische Besonderheiten, z. B. die im Sommer blühende Wimpernheide *(Erica ciliaris)* mit ihren großen dunkelrosafarbenen Einzelblüten, aber auch insektenfressende Pflanzen, die kalkfreien und nassen Boden bevorzugen, wie der Mittlere Sonnentau *(Drosera intermedia)* oder der Rundblättrige Sonnentau *(Drosera rotundifolia)*. Letzterer wurde schon im Mittelalter in den Klosterapotheken gegen Reizhusten eingesetzt. Auch das blassrosa blühende Fettkraut *Pinguicula lusitanica* gehört zu den karnivoren Pflanzen, die sich am Wegesrand finden.

leckere Meeresspezialitäten wie etwa gratinierte Jakobsmuscheln, Tintenfische auf galicische Art zubereitet, Langusten und vieles mehr. *Mariscada* (Meeresfrüchteplatte) für zwei Personen. €€

### Termine

**Festa da Lagosta:** Erstes Juliwochenende. Das kulinarische Fest lockt mit Langusten in unterschiedlicher Zubereitung und einem umfangreichen Rahmenprogramm.

**Romería de Santa Tecla:** Zweites Augustwochenende und 23. Sept. Wallfahrten zur Kapelle Santa Tecla. Die Augustwallfahrt ist verbunden mit farbenfrohen Trachtenumzügen, die Septemberwallfahrt findet ihren Abschluss mit einem großen Sardinenfest im Park Cancelón.

### Verkehr

**Bus:** Die Busfirma Lugove (www.lugove.gal) fährt 2 x tgl. nach Baiona und 1 x tgl. nach Tui. Informationen über aktuelle Busverbindungen erteilt auch die Tourismusinformation.

##  Monte de Santa Tecla ▶ 1, A 6

*Museum: Sommer Di–So 10–20, Winter Di–So 11–17 Uhr, 1 €, Jan. geschl., für die Auffahrt mit dem Auto werden 3 € verlangt, jede weitere Person zahlt 1,50 € (der Eintritt ins Museum ist eingeschl.)*

Der Zufall half: Straßenbauarbeiten förderten im Jahr 1913 eine der bedeutendsten keltischen Siedlungen Spaniens ans Tageslicht. Die archäologische Grabungsstätte liegt auf halbem Weg hinauf zum 350 m hohen **Monte de Santa Tecla.** In dieser strategisch geschickten Position hoch über der Mündung des Río Miño errichteten die Kelten im 1. Jh. v. Chr. ihre gut mit Mauern gesicherte Siedlung. Anhand der zahlreichen archäologischen Funde konnte nachgewiesen werden, dass der Berg bereits in der Jungsteinzeit besiedelt war. Auf dem Areal von 700 x 300 m, das erst zu rund 50 % freigelegt wurde, stehen dicht gedrängt die

*Bereits im 1. Jh. v. Chr. bauten Kelten Rundhütten auf dem Monte de Santa Tecla*

Grundmauern der kleinen keltischen Hütten. Die Anlage wirkt wie ein großes Labyrinth. Die meisten Behausungen basieren auf einem runden Grundriss. Aber auch ovale und quadratische Konstruktionen römischen Einflusses sind vorhanden. Klar zu erkennen ist die Begrenzungsmauer des Dorfes und die Überreste der Kanalisation.

Um das Leben der Kelten greifbarer zu machen, rekonstruierten die Archäologen eine strohbedeckte **Rundhütte.** Im Zentrum der Hütte befand sich die Feuerstelle, geschlafen wurde auf Steinbänken oder Hängematten. Die Kelten lebten von der Landwirtschaft, betrieben aber auch Fischfang. Die Archäologen vermuten, dass in der Siedlung bis zu 3000 Menschen gelebt haben.

Auf dem Gipfel des Berges präsentiert das **Museo Arqueológico Castro de Santa Tecla** die Grabungsfunde. Neben Exponaten aus der keltischen Zeit, finden sich auch Funde aus der Steinzeit und der Römerzeit. Am Ende der Souvenirmeile führt rechter Hand der Weg ein paar Schritte hinab zur urtümlichen **Kapelle der Santa Tecla** aus dem 16. Jh. Zweimal im Jahr nehmen Pilger aus Spanien und Portugal den schweißtreibenden Aufstieg dorthin auf sich.

Die kurvenreiche Fahrt zum **Gipfel** des Monte de Santa Tecla lohnt allein schon wegen des fantastischen Ausblicks über die Mündung des Miño und den Atlantik. In den Morgenstunden hängen häufig noch dichte Nebelschwaden über dem Fluss – umso größer der Aha-Effekt, wenn sie sich verziehen.

# Galiciens Binnenland

**Auf ausländische Touristen trifft man im Binnenland von Galicien abseits des Jakobswegs eher selten. Dabei ist das Gebiet mit der imposanten Schlucht des Río Sil, den vielen abgeschiedenen Klöstern und Weilern und den pittoresken Altstädten von Tui, Ribadavia und Lugo ausgeprochen vielseitig.**

## Tui ▶ 1, B 5

Das alte Städtchen **Tui** (span. Tuy; 17 400 Einw.) liegt auf einem Hügel oberhalb des Río Miño. Auf dem höchsten Punkt thront die Kathedrale, darunter breitet sich die hübsche Altstadt mit ihren kachelverzierten Häusern aus, ein Geflecht von steilen Gassen und Treppen. Vieles vom heutigen Leben der Stadt spielt sich in der Neustadt ab, aber der Trend, in die autofreundlichen, gesichtslosen Neubauten abzuwandern, scheint mittlerweile gebremst. Hoch her geht es in der Altstadt immer donnerstags, an den Markttagen, Parkplätze sind dann eine Rarität. Nette Restaurants, Kneipen und Cafés sorgen für Leben. Zu den lokalen Spezialitäten zählen Forellen *(trucha)*, Glasaale *(anguila)* und Neunaugen *(lamprea)* aus dem Miño.

### Geschichte

Der Legende nach soll Tui von dem Griechen Diomedes, einem Wegbegleiter von Odysseus und Helden von Troja, gegründet worden sein. Bis dato fanden sich jedoch keinerlei archäologische Anhaltspunkte für die Präsenz der Griechen in der Region. Namensgeber für Tui waren die Kelten. Unter den Römern blühte der Handel dank der Errichtung der Römerstraße auf, die Braga mit Astorga verband.

Im Mittelalter nutzten die portugiesischen Jakobspilger diese Route, um nach Santiago zu gelangen. Bereits im 4. Jh. etablierte sich Tui als einer der frühsten Bischofssitze des Landes. Nach dem Zerfall des römischen Imperiums erhoben sich im 5. Jh. die Sueben Tui zu ihrer Hauptstadt. Unter dem vorletzten Westgotenkönig Witiza (702–710) genoss die Stadt erneut den Status einer Königsresidenz. Die wiederholten Invasionen der Mauren (8. Jh.) und der Wikinger (11. Jh.) setzten ihr jedoch schwer zu. Erst Dank der Förderung von Doña Urraca (1065–1109), der Schwester von König Alfons VI., blühte sie durch zahlreiche Schenkungen wieder auf.

Aufgrund der Grenzlage zwischen Kastilien und Portugal am Río Miño wurde Tui immer wieder Schauplatz von kriegerischen Auseinandersetzungen. Heute gehört dieses Kapitel längst der Vergangenheit an. Seit 1884 überspannt eine Brücke den Miño und verbindet so Tui mit dem portugiesischen Nachbarort Valença do Minho. Mit der EU-Mitgliedschaft der beiden Länder sind die Grenzen gefallen, zwischen den beiden Städten herrscht auf vielen Ebenen ein reger Austausch. Lange Zeit war es für die Spanier aufgrund der günstigeren Preise interessant, bei den portugiesischen Nachbarn einzukaufen, mittlerweile hat sich das Preisniveau jedoch weitgehend angeglichen.

### Kathedrale

*Praza San Fernando, Mo–Sa 10.45–14, 16–19, So 9–12.30, 16–19, 10. Juni–Sept. Mo–Sa 10.45–20, So 9–12.30, 16–20 Uhr, Eintritt inkl. Kreuzgang und Turm 5 €*

Die Hauptattraktion von Tui ist zweifellos die imposante **Catedral de Santa María.** Ihr wehrhafter Charakter mit Zinnen, Wehrgängen und Türmen erklärt sich durch die Geschichte als Grenzfeste zu Portugal. Die Bau-

## Galiciens Binnenland

arbeiten begannen im Jahr 1120 und waren Mitte des 13. Jh. weitgehend abgeschlossen. Allerdings führte das Erdbeben von Lissabon im Jahr 1755 zu schweren Schäden, sodass im Inneren des Gotteshauses Stützbögen eingezogen werden mussten, um das Gebäude zu stabilisieren.

Die Schauseite der Kathedrale gilt als eines der großen Glanzlichter der spanischen Gotik. Das reich skulptierte **Hauptportal** zeigt unter einem schützenden Portikus im Tympanon die Anbetung der Könige und der Hirten. Noch im Stil der Romanik präsentiert sich dagegen das schlichte Nordportal.

Ganz nach dem Vorbild der Kathedrale von Santiago de Compostela basiert die Kathedrale von Tui auf einem Längs- und einem Querhaus mit drei Schiffen. Bei der Ausstattung sticht das kunstvoll gearbeitete **Chorgestühl** (17. Jh.) in der Capilla Mayor hervor. Auf den Rückenlehnen zeigen Reliefs Szenen aus dem Leben des Patrons der Seefahrer San Telmo.

Die **Kapelle des Stadtpatrons San Telmo** versteckt sich rechts hinter der Capilla Mayor. Sie birgt neben zahlreichen Reliquien des Heiligen die sterblichen Überreste des Bischofs Diego de Torquemada (1564–82), der lediglich den gleichen Nachnamen trägt wie der erste Großinquisitor von Spanien. Die **Capilla de Santa Catalina** fungiert heute als **Museum** der Kathedrale, unter den Preziosen sind einige Barockaltäre, eine Jungfrau mit Kind von Juan de Juani (16. Jh.) und ein interessanter Kelch (15. Jh.), der aus einer Kokosnussschale gefertigt wurde.

Der **gotische Kreuzgang** wurde zwischen dem 13. und 15. Jh. hinzugefügt. Von hier aus führt der Weg hinauf auf den **Turm Soutomaior,** oben wartet ein interessanter Ausblick über die Stadt und den Miño bis nach Portugal. Wer die Stufen scheut, kann den Ausblick auch von dem hübschen Garten aus genießen, der vom Kreuzgang aus zugänglich ist.

### Museum und Archiv der Diözese
*Praza San Fernando, Tel. 986 60 08 79, Mo–Fr 11–14, 16–20 Uhr, 2 €*
In unmittelbarer Nachbarschaft der Kathedrale befindet sich das **Museo Diocesano y Archivo Histórico Diocesano,** das in einem ehemaligen Pilgerhospital untergebracht ist. Neben sakraler Kunst umfasst das Museum auch eine bemerkenswerte archäologische Sammlung, deren interessantestes Exponat ein Bronzehelm aus keltischer Zeit ist.

### San Telmo
An den Platz vor der Kathedrale schließt die Praza do Concello mit dem **Rathaus** an. Von hier führt eine steile Gasse (Rúa Pároco Ródriguez Vázquez) hinab zur **Capela de San Telmo** (18. Jh.), die im heiteren portugiesischen Barockstil gehalten ist. Die Überlieferung berichtet, dass die Kapelle über dem Wohn- und Sterbehaus des Schutzheiligen Telmo erbaut wurde.

### San Bartolomé de Rebordáns
*Rúa San Bartolomeu*
Schon in den Feldern nördlich des Zentrums stößt man auf das Kirchlein **San Bartolomé de Rebordáns.** Erstmals urkundlich erwähnt wurde es bereits im 10. Jh. und gilt somit als die älteste erhalten gebliebene Kirche Galiciens. Grandios sind vor allem die archaischen Kapitelle, die in der prä- und frühromanischen Formensprache gehalten sind.

### Valença do Minho
Ein lohnender Spaziergang (knapp 3 km) führt vom Stadtzentrum zur 1844 von Gustave Eiffel konstruierten **Eisengitterbrücke** und über den Río Miño in die portugiesische Nachbarstadt **Valença do Minho.** Um sich vor den spanischen Nachbarn zu schützen, ließen die Stadtväter die Ortschaft im 17. Jh. von Sébastien Le Prestre de Vauban, dem Militärbaumeister von Ludwig XIV., befestigen. In der Altstadt schmücken hübsche kachelverzierte Häuser die Gassen.

### Naturpark Monte Aloia
*Centro de Interpretación da Natureza: Casa Forestal Enxeñeiro Areses, Frinxo 37, Pazos de Rei, Tel. 986 67 50 95, Informationen zum Naturpark und seinen Wanderwegen*
Eine Chance, Wildpferde zu sichten, besteht im **Parque Natural del Monte Aloia,** dem

Tui

ältesten Naturpark Galiciens. Der saftig-grüne Park liegt rund 8 km nordwestlich von Tui. Lohnend ist der Aufstieg zum **Gipfel Pico San Xiao** (631 m), er bietet einen großartigen Panoramablick über das spanisch-portugiesische Tal des Miño. Sechs markierte Wanderwege mit unterschiedlichem Schwierigkeitsgrad durchziehen das 746 ha große Areal.

## Infos
**Oficina de Turismo:** Paseo da Corredoira 16, 36700 Tui, Tel. 677 41 84 05, www.tui.gal, tgl. 9.30–13.30, 16–19 Uhr.

## Übernachten
Gediegen – **Parador de Tui:** Av. de Portúgal s/n, Tel. 986 60 03 00, www.parador.es. Die Architektur ist eine gelungene Imitation eines typisch galicischen Herrenhauses. Das oberhalb des Miño-Ufers gelegene Luxushotel bietet komfortable, großzügig geschnittene Zimmer. Eine grüne Oase bildet der Garten des Hauses. €€–€€€

Stadthotel – **Hotel Villa Blanca:** Rúa Augusto González Besada 5, Tel. 986 60 35 25. Das zweite Sternehaus im Herzen von Tui bietet moderne, hell eingerichtete Zimmer. Die Bäder sind komfortabel und blitzsauber. Das Personal ist freundlich und hilfsbereit. €€

Beim Pfarrer – **Casa Recotoral de Areas:** Adro 1 Areas, 3,5 km südl. von Tui, Tel. 687 09 91 61, www.rectoralareas.com. Das ländliche Gästehaus in Areas, einst ein Pfarrhaus aus dem 17. Jh., steht direkt neben der kleinen Pfarrkirche. Die Zimmer sind funktional eingerichtet. Der Pfarrer, der das Gästehaus betreut, kümmert sich liebevoll um die Gäste. €–€€

## Essen & Trinken
Rustikaler Klassiker – **O Novo Cabalo Furado:** Praza do Concello 3, Tel. 698 18 82 01, So abends geschl. Die Küche liegt gleich im Eingangsbereich, so können die Gäste den Köchen bei der Arbeit über die Schulter schauen. Das schlicht eingerichtete Lokal ist der Klassiker von Tui, zu den Spezialitäten gehören Aal *(angulas)* aus dem Miño und Neunaugen *(lampreas)*. Angeschlossen ist eine günstige Pension (€, www.aparthotelnovocabalofurado.com). €–€€

Angesagt – **Taperia la de Manu:** Paseo Calvo Sotelo 40, Tel. 674 54 94 94. Das Restaurant mit Aussicht wartet mit einer guten Küche zu zivilen Preisen auf. Köstlich sind die Kammmuscheln *(zamburiñas)* und die Schweinebäckchen vom Rind *(carrilleras de ternera)*. Unbedingt für ein Dessert Platz lassen, lecker ist z. B. der hausgemachte Zitronenkuchen. €

Für Süßmäuler – **Taller de dulces Oscar Romero:** Mondoñedo 4, Tel. 661 42 10 58. Die Konditorei mit ruhigem, nett eingerichtetem Café bietet eine köstliche Auswahl an Kuchen und kleinen Leckereien. Herrlich saftig ist der Karottenkuchen und der Brownie ein Gedicht. €

## Einkaufen
Markt – Do ist Markttag, 9–14 Uhr. Die Händler bieten entlang der **Calle Casal Aboy** und **Avenida de Concordia** Textilien, CDs, Unterhaltungselektronik etc. an. Der Obst- und Gemüsemarkt wird nur ein paar Meter weiter abgehalten.

Marzipanfischchen – **Convento Monjas Clarisas:** Rúa Monxas s/n, Tel. 986 60 04 22. Aus der Backstube der Nonnen kommen leckere Marzipanfischchen *(pececitos de almendra de las monjas encerradas)*.

## Aktiv
Outdoor-Sport – **Arrepions:** Tel. 986 60 30 09, 608 98 43 50, www.arrepions.com. Das Unternehmen veranstaltet Kanu- und Raftingtouren auf dem Miño sowie Kletter- und Wanderexkursionen.

Wassersport – **Club Náutico San Telmo:** Baixada ao Embarcadoiro 2, Tel. 986 60 24 64, www.cnsantelmo.com. Der Klub bietet verschiedene Freizeitaktivitäten im Bereich Wassersport, u. a. Wasserski und Segeln.

## Termin
**Fiestas de San Telmo:** Eine Woche nach Ostern startet das zehntägige Patronatsfest von Tui. Auf dem Programm stehen neben der Prozession auch Gottesdienste, Konzerte, Theateraufführungen, ein Feuerwerk etc.

Galiciens Binnenland

Am Sonntag nach dem Ostersonntag wird der kulinarischen Spezialität von Tui, dem Aal aus dem Miño, mit einem Fest gehuldigt.

### Verkehr

**Bahn:** Estación Guillarei, Renfe Tel. 912 32 03 20. Der Bahnhof liegt 3 km entfernt vom Stadtzentrum in Richtung Vigo, von hier fahren tgl. 3 Züge nach Ourense, 1 Zug nach Ribadavia, 4 Züge nach Vigo.

**Bus:** Die Busse fahren ab der Haltestelle an der Calle Calvo Sotelo 33 nach Vigo. Informationen über Busverbindungen beim Tourismusbüro.

# Ribadavia ▶ 1, C 5

Das Städtchen **Ribadavia** (5000 Einw.) ist das Zentrum der Weinanbauregion Ribeiro. Es liegt am Zusammenfluss des Río Avia mit dem großen galicischen Strom, dem Río Miño. Ist man erst in der Altstadt angekommen, wo noch Teile der Ummauerung, drei Stadttore und die Ruinen des **Castillo de los Condes de Ribadavia** (15. Jh.), erhalten geblieben sind, ist die etwas ernüchternde Zufahrt rasch vergessen. Das Mittelalter lebt hier fort, es war die Blütezeit des heute recht ruhigen und beschaulichen Ortes.

Damals lebte in Ribadavia eine der einflussreichsten jüdischen Gemeinden Spaniens. Die Juden ließen sich im Gefolge des Königs García I. in Ribadavia nieder, der die Stadt im 11. Jh. zur Hauptstadt des Königreichs von Galicien machte. Im 14. Jh. stellte die jüdische Gemeinde fast die Hälfte der Einwohnerschaft, ihre Domäne war der Weinhandel. Pioniere im Bereich des Weinanbaus waren die umliegenden Klöster Oseiro, Melón und San Clodio.

Endgültig vorbei mit dem friedlichen Zusammenleben der Kulturen war es jedoch spätestens mit dem Vertreibungsedikt der Katholischen Könige im Jahr 1492. In ihrer Not konvertierten viele Juden von Ribadavia zum katholischen Glauben – die einzige Möglichkeit, in der Heimat verbleiben zu können.

### Rund um die Praza Maior

Als Ausgangspunkt für eine Stadterkundung bietet sich der weitläufige Platz vor dem **Rathaus** an. Hier erhebt sich auch der einstige **Pazo de los Condes de Ribadavia** (18. Jh.). Im Erdgeschoss des Palais befindet sich das Büro der Touristeninformation, darüber das **Centro de Información Sefardí** (Mo–Sa 10–14, 17–19.30, So, Fei 10.30–14 Uhr, 3,50 € inkl. Besichtigung der Überreste der Burg), ein Museum, das Aufschluss über das Leben der Juden von Ribadavía gibt.

Vom Rathaus führt eine Gasse hinab zur romanischen **Iglesia de San Juan** (12. Jh.), einst gehörte sie zum Ritterorden Los Caballeros Hospitalarios de San Juan de Jerusalem. Der Orden betreute in einem nahe gelegenen Hospital die Jakobspilger, die von der portugiesischen Stadt Braga nach Santiago aufbrachen.

### Rund um die Praza Magdalena

Östlich des Rathausplatzes erstreckt sich um die Iglesia de la Magdalena die ehemalige **Judería,** das jüdische Viertel. Hier befand sich vermutlich auch die Synagoge der jüdischen Gemeinde.

Nur ein paar Schritte weiter trifft man auf die **Iglesia de Santiago** (12. Jh.), die älteste Pfarrei von Ribadavia. Im Inneren birgt sie eine aus Stein gemeißelte Jakobusfigur, die der Schule des Meisters Mateo zugerechnet wird.

Unterhalb der Kirche liegt das thematisch breit gefächerte **Museo Etnolóxico**. Mittels historischer Trachten, Werkzeugen und anderen Gebrauchsgegenständen dokumentiert das Volkskundemuseum das alltägliche Leben in Galicien zur Zeit der Urgroßväter (Di–Sa 10–16 Uhr, Eintritt frei).

### Infos

**Oficina de Turismo:** Praza Maior 7, 32400 Ribadavia, Tel. 988 47 12 75, www.turismoribadavia.gal, Fr 9.30–15.30, Sa 10.30–14.30, 16–19, So 10.30–14 Uhr.

### Übernachten

Mitten im Weinberg – **Casal de Armán:** O Cotiño, San Andrés, 32415 Ribadavia, Tel. 680 97

Ribadavia

## ÜBERNACHTEN IM KLOSTER SAN CLODIO

Spiritualität und Ruhe durchziehen noch immer die Gemäuer des **Klosters San Clodio,** obwohl es längst weltlichen Zwecken zugeführt wurde. Mitten im Ribeiro-Weinanbaugebiet, auf halber Strecke zwischen Ribadavia und Carballiño, versteckt sich die mächtige Klosteranlage in dem noch ganz mittelalterlich geprägten Weiler San Clodio.
Die historischen Ursprünge des Klosters verlieren sich im frühen Mittelalter, die erste schriftliche Erwähnung der Abtei geht bereits auf das Jahr 928 n. Chr. zurück. Im 12. Jh. übernahmen dann die **Benediktiner** die Abtei. Sie engagierten sich, getreu ihrem Motto *ora et labora* (Bete und arbeite!) in der Landwirtschaft und der Viehzucht und verwandelten so das Tal des Río Avia in einen Garten Eden. Ein gutes Jahrhundert später ging das Kloster auf den **Zisterzienserorden** über. Die Lebensgrundlage des Klosters bildete fortan der **Weinanbau.** Für das gesamte Ribeiro-Anbaugebiet leistete der Orden wichtige Pionierarbeit. Heute erinnern die frisch gesetzten Weinstöcke im ehemaligen Klostergarten an den guten Klostertropfen der Zisterzienser.
Seit 1999 fungiert das Kloster, nach einer umfassenden Sanierung durch die Regierung von Galicien als komfortables **4-Sterne-Hotel.** Die klösterlichen Gemächer zeichnet eine zurückhaltende Eleganz aus. Zum Lustwandeln stehen die beiden großzügig dimensionierten **Kreuzgänge** im Barock- und Renaissancestil zur Verfügung, die Küche verwöhnt den Gaumen der Gäste mit einer innovativen Küche und den guten Weinen der Region (Hotel Eurostars Monumento Monasterio de San Clodio, San Clodio, Leiro, Tel. 988 48 56 01, www.eurostarshotels.de/eurostars-monumento-monasterio-de-san-clodio.html, €€€).

97 63, www.casaldearman.net. Kleines Hotel mit sechs charmant-rustikalen Zimmern, 6 km nordöstlich von Ribadavia gelegen. Dazu gehören ein hübsches Restaurant und eine eigene Weinkellerei. Ideal zum Entspannen. €€
Liebevoll geführt – **Pazo dos Ulloa:** OU-211, 3,2 km, 32415 Esposende, Tel. 988 49 18 93, 629 87 38 40, www.pazodosulloa.com. 6 km entfernt von Ribadavia liegt das ruhige, gemütliche Landhotel. Die nostalgisch eingerichteten Zimmer sind geräumig und rustikal. Reichhaltiges Frühstück! €–€€
Solide & preiswert – **Plaza:** Praza Maior s/n, Tel. 988 47 05 76. Einfaches Hotel direkt am Hauptplatz, dazu gehört ein Lokal, das günstige Menüs anbietet. €

### Essen & Trinken
Taverne mit viel Patina – **Taberna Papuxa:** Porta Nova de Arriba 5, Tel. 609 96 09 61, Di–Fr ab 19, Sa, So 12–15, 19–2 Uhr, Mo geschl. Uriges Weinlokal in der Altstadt, in der Nähe der Praza Magdalena. Zum guten Ribeiro-Wein werden bodenständige Tapas angeboten. €

### Einkaufen
Jüdisches Gebäck – **Dulces As Nisas:** Calle Santiago 11.

### Aktiv
Bodega-Besichtigungen – In der Weinregion öffnen zahlreiche Kellereien ihre Tore für Besucher. Eine Liste ist über das Tourismus-

## Galiciens Binnenland

amt von Ribadavia erhältlich. **Bodega Castro Rei:** Sampaio Ribadavia, Tel. 988 47 20 69, www.bodegacastrorei.com. Das liebevoll geführte Familienweingut produziert sehr gute Ribeiro-Weine. Das Gut liegt 2,8 km von Ribadavia entfernt. Im Angebot sind die Besichtigung der Weinkellerei mit Weinverkostung, 5 €, oder inklusive der Weinberge, 7 €. **Viña Costeira:** Val de Pereira s/n, Riabadavia, Tel. 648 23 73 85, www.costeira.wine. Die größte Bodega in der Region, Führungen nach Voranmeldung.

### Termine
**Feria do Viño do Ribeiro:** Ende April/Anfang Mai. Fröhliches **Weinfest** und **Weinmesse**.
**Festa da Istoria:** Letzter Sa im Aug. Fest der Geschichte, auf dem die Bewohner von Ribadavia das Mittelalter wiederaufleben lassen. Sie verkleiden sich in historischen Kostümen, christliche und jüdische Traditionen werden gleichermaßen gewürdigt. Zum Festprogramm gehören u. a. ein Markt mit Kunsthandwerk, ein Ritterturnier, eine nachgestellte jüdische Hochzeit und koschere sowie unkoschere Festgelage.
**Virgen del Portal:** Mitte Sept. Patronatsfest zu Ehren der Schutzpatronin.

### Verkehr
**Bahn:** Der Bahnhof liegt etwas außerhalb vom Stadtzentrum in der Rúa Baixada o Consello s/n, Tel. Renfe 912 32 02 20. Es fahren tgl. 1 x Züge nach Ourense und Vigo.
**Bus:** Der Busbahnhof befindet sich an der Carr. de Sampaio 2. Die Gesellschaft Monbus (Tel. 900 92 91 92, www.monbus.es) fährt 3 x tgl. nach Ourense und 3 x tgl. nach Vigo.

# Ourense ▶ 1, D 5

Die lebhafte Provinzhauptstadt **Ourense** (span. Orense) ist mit 106 000 Einwohnern nach Vigo und A Coruña die drittgrößte Stadt in Galicien. Einen Kontrast zur reizvollen landschaftlichen Umgebung am Rio Miño bilden die wuchernden Neubauviertel, die sich um die schmucke Altstadt legen.

Allzu viele Fremde zieht es nicht in die weit im Hinterland gelegene Stadt. Dafür begegnet man manchen Gallegos, die in den 1960er- und 70er-Jahren in Deutschland oder in der Schweiz gearbeitet haben. Heute ist auch in dieser einst so ärmlichen Region niemand mehr gezwungen, sein Auskommen im Ausland zu suchen. Subventionen halfen der Stadt und der Region, wieder auf die Beine zu kommen. Wichtig für das Wirtschaftsleben ist vor allem die Nahrungsmittel- und die Weinindustrie. Außerdem hat sich die Stadt in der Welt der Mode, vor allem dank des hier geborenen Designers Adolfo Domínguez, einen Namen gemacht.

### Geschichte
Die Römer lockten das Gold des Río Miño und die wohltuenden heißen Schwefelquellen in das galicische Hinterland. Sie tauften die neu gegründete Stadt auf den vielversprechenden Namen Auriense (lat. *aurum),* die goldene Stadt. Die wichtigste Hinterlassenschaft aus der Römerzeit ist für Ourense die siebenbogige **Ponte Vello** (im 13. und 17. Jh. erneuert) über den Río Miño.

Als Hauptstadt des Königreichs der Sueben erlebte die Stadt im 5. und 6. Jh. ihre Blütezeit. Schwer gebeutelt wurde sie durch die wiederholten Einfälle der Mauren. Im späten Mittelalter stieg Ourense wieder zu einer blühenden Handelsstadt auf, nicht zuletzt dank ihrer großen jüdischen Gemeinde. Mit der Vertreibung der Juden Ende des 15. Jh. ging jedoch der erneute wirtschaftliche Niedergang einher.

### Praza Maior
Die kommunikative Mitte von Ourense bildet die **Praza Maior.** Das Rathaus und stattliche Bürgerhäuser mit Arkadengängen säumen den unregelmäßig geschnittenen Platz. Der ehemalige Bischofspalast (12. Jh.) am Platz beherbergt das **Museo Arqueológico Provincial,** das allerdings leider bis auf Weiteres wegen Renovierungsarbeiten geschlossen ist.

### Kathedrale und Diözesanmuseum
*Praza do Trigo; Tel. 608 50 55 31, Kathedrale Mo 10–15, 16–18.30, Di–Sa 10–19.30, So*

*13.30–19 Uhr, 6 € inkl. Audioguide; Museum 10–14, 15–18, April–Sept. 10–19 Uhr, 6 €*

Nur ein paar Meter weiter liegt die **Catedral de San Martiño** (12./13. Jh.). Ihre ältesten Bauelemente gehen auf die Zeit der Romanik zurück, sie wurde im Laufe der Jahrhunderte jedoch mehrfach umgestaltet. Im Kirchenneren verbirgt sich auf der Westseite das **Paradiestor** (Pórtico del Paraíso, 12. Jh.), eine exzellente Nachbildung des Pórtico de la Gloria der Kathedrale von Santiago de Compostela. Im zentralen Bogen finden sich die 24 Ältesten der Apokalypse mit den zeitgenössischen Musikinstrumenten. Im Gegensatz zum Vorbild blieb hier der Farbauftrag noch weitgehend erhalten, allerdings wurde im 19. Jh. stark nachgeholfen. Der reich skulptierte **Hauptaltar** (16. Jh.) stammt vom Meister Cornelis de Holanda, er vereint Elemente der Gotik mit denen der Renaissance. Im Zentrum des **Retabels** ist der Patron der Kathedrale, der hl. Martin von Tours, abgebildet.

Aufmerksamkeit verdient auch die barocke **Capilla del Santo Cristo.** Sie birgt eine sehr lebensnah gestaltete, gotische Christusfigur: Der geöffnete Mund und die extrem ausgemergelten Arme unterstreichen das Leiden Christi. Der Volksmund behauptet, dass der Bart und die Haare, beide aus Echthaar, nachwachsen würden. Im angeschlossenen **Museo Catedralicio** wird der Kirchenschatz präsentiert. Zu den kostbarsten Exponaten zählen ein Bischofsstab aus Elfenbein (12. Jh.) sowie ein Prozessionskreuz (16. Jh.), das dem Meister Enrique de Arfe zugeschrieben wird.

## Rund um die Kathedrale

Um die Kathedrale herum winden sich hübsche Gassen mit kleinen Geschäften, für das leibliche Wohl sorgen die zahlreichen Tapabars. Stimmungsvolle Plätze wie die **Praza do Trigo** oder die **Praza da Magdalena** laden zum Ausspannen ein.

## Am Rande der Altstadt

Westlich der Praza Maior nahe der Alameda-Promenade liegt der bunte **Mercado de Abastos** mit einem Gewirr an Blumen-, Brot-, Obst- und Gemüseständen. An einigen Ständen werden leckere *empanadas* (Teigtaschen gefüllt mit Stockfisch oder Fleisch) verkauft.

Einige Schritte stadtauswärts auf der Calle del Progreso trifft man in der Rúa Burgas auf die **Fonte das Burgas.** Schon die Römer wussten diese Schwefelquellen zu schätzen. Das 67 °C heiße Wasser sprudelt aus einem schlichten Brunnen und soll gegen Rheuma, Arthritis und diverse Hautkrankheiten helfen.

### Infos

**Oficina de Turismo de Ourense:** Rúa Isabel la Católica – Xardinillos Padre Feijóo 2, 32005 Ourense, Tel. 988 36 60 64, www.turis modeourense.gal, Mo–Fr 9–14, 16–20, Sa, So und Fei 11–14 Uhr.

**Oficina de Turismo de la Xunta de Galicia:** Rúa do Concello 4, Tel. 988 78 82 36, oficina. turismo.ourense@xunta.gal.

### Übernachten

Exklusives Landhotel – **Pazo de Bentraces:** Rúa do Eiro 9, in Bentraces (5 km südl. von Ourense an der N-540), Tel. 988 38 33 81, www. pazodebentraces.com. In der einstigen Sommerfrische der Bischöfe (15.–18. Jh.) lässt es sich fürstlich logieren. Herrliche alte Holzdecken und gediegenes Mobiliar vereinen sich mit modernem Komfort. €€€

Modern – **Carris Cardenal Quevedo:** Calle Cardenal Quevedo 28–30, Tel. 988 37 55 23, www.carrishoteles.com. Das Hotel liegt nicht weit vom Altstadtkern entfernt, die Zimmer sind modern und freundlich. €€

Solide – **Zarampallao:** Calle Hermanos Villar 19, Tel. 988 23 00 08, 988 23 08 19, www. zarampallo.es, So abends geschl. Gutes Mittelklassehotel mit empfehlenswertem Restaurant (€). €

### Essen & Trinken

Kreative Küche – **Restaurante Nova:** Valle Inclan 5, Tel. 988 21 79 33, www.novarestauran te.com, Mo, abends Di, Mi, So geschl., Juli–Mitte Sept. So, Mo geschl. Trendiges Lokal mit moderner, frischer Küche. Gute Auswahl an galicischen Weinen. Drei Menüs. €€–€€€

*Der Cigarrón de Verín ist eine wichtige Karnevalsfigur in der Region Ourense – das Tragen des bis zu 25 kg schweren Kostüms ist eine Ehre*

Gemütlich – **A Taberna:** Calle de Julio Prieto Nespereira 32, Tel. 988 24 33 32, www.ataberna.com, Mo abends, Mo geschl. Das Lokal ist heimelig und bietet bodenständige Küche auf gutem Niveau. Für Suppenfreunde empfiehlt sich die Kohlsuppe *(caldo gallego)*, Süßmäuler sollten Platz für ein Dessert lassen. €€

Geschmackvoll im Retrolook – **Restaurante Pingallo:** Rúa San Miguel 4, Tel. 988 68 69 05, www.pingallo.es, Mo, So abends geschl. Das helle, freundlich eingerichtete Lokal mit Außenbereich bietet eine niveauvolle, galicische Küche zu zivilen Preisen. Probieren Sie den Heilbutt *(rodaballo)* oder Krake *(pulpo)*. €–€€

Originelle ›Schweine‹-Kneipe – **Bar Orellas:** Rúa Santo Domingo 2, Tel. 988 37 25 59. In der populären, einfach eingerichteten Bar dreht sich alles ums Schwein – sei es als Dekoration oder auf der Speisekarte. Sie können hier beispielsweise Schweinsöhrchen oder Schweinsfüßchen probieren. €

# Im Süden von Ourense

### Termine
**Os Maios:** 3. Mai. Frühlingsfest mit viel Gesang und Tanz.
**Fiestas de Ourense:** Zweite Junihälfte. Stadtfest mit breit gefächertem Programm.
**El Magosto:** 11. Nov. Tag des Schutzpatrons San Martiño. An diesem Tag sammeln Familie Esskastanien *(magostos)*. Sie werden geröstet und bei einem Glas Wein verzehrt.

### Verkehr
**Bahn:** Renfe-Bahnhof, Av. Marin s/n, Tel. 912 32 03 20. Etwa 4 x tgl. nach Vigo, stdl. nach Santiago, bis zu 4 x tgl. nach Lugo und stdl. nach A Coruña.
**Bus:** Busbahnhof, Ctra. Nacional Vigo–Madrid 1, Tel. 988 21 60 27. 6 x tgl. nach Santiago, 1–3 x tgl. nach Pontevedra und 4 x tgl. nach Lugo. Weitere Verbindungen nach A Coruña, Madrid und Barcelona.

## Im Süden von Ourense

▶ 1, D 5/6

### Kloster San Salvador
*Mo–Sa 11, 12, 16.30, 18, So 12.30 Uhr, 2 €, Infos zu Besichtigungsmöglichkeiten erteilen das Kloster (Tel. 988 43 14 87) und die Touristeninformation von Celanova (Tel. 988 43 22 01)*

Das kleine Dorf **Celanova** 26 km südlich von Ourense entwickelte sich um das **Mosteiro de San Salvador**. 936 gründete der hl. Rosendo gemeinsam mit Mönchen des Klosters von Ribas de Sil die Benediktinerabtei. Von der ursprünglichen Klosteranlage ist im Klostergarten noch die stimmungsvolle mozarabische Kapelle San Miguel erhalten geblieben. Die heutige Abtei geht auf das 16. und 17. Jh. zurück. Opulente spätbarocke Altäre zieren die Klosterkirche. In silbernen Schreinen werden die **Reliquien** des hl. Rosendo und des hl. Torcuato gehütet.

### Santa Comba de Bande
*Besuch nur nach vorheriger Anmeldung, Tel. 675 18 23 44, 988 44 30 01, www.concello bande.com, Eintritt frei*

### Einkaufen
Kopfputz – **Félix de Martín:** Rúa García Mosquera 15, Tel. 699 94 35 90, www.felixdemartin. com. Schicke Hüte und Fascinators für Damen, für jeden Anlass.
Mode – **Adolfo Dominguez:** Rúa do Paseo 3. Der bekannte Designer hat hier seine Wurzeln, seine Mode zeichnet eine klassische Linie aus.
Feinkost – **Queixería RS Delicatessen:** Rúa do Paseo 3. Rúa Ramón Cabanillas 24. Gute Käseauswahl, reiches Wein- und Likörsortiment.

Beim **Embalse de las Conchas,** einem Stausee rund 25 km südlich von Celanova, findet sich das Kirchlein **Santa Comba de Bande** – eines der interessantesten Bauwerke westgotischer Architektur in Spanien. Im 7. Jh. erbaut, wurde es nach Zerstörungen durch die Mauren zwei Jahrhunderte später erneuert. Das Kirchlein basiert auf dem Grundriss eines griechischen Kreuzes und zeichnet sich aus durch ein raffiniertes Spiel mit dem Raum. Als typisches Bauelement der westgotischen Kunst tauchen Hufeisenbogen als stützende Elemente der Vierungskuppel auf, die Säulen schließen mit römischen und westgotischen Kapitellen ab.

# Kloster Santa María de Oseira ▶ 1, D 4

*Oseira, San Cristovo de Cea, Tel. 988 28 20 04, www.mosteirodeoseira.org, von Ourense auf der N-525 Richtung Santiago und nach ca. 24 km rechts nach Oseira, Besichtigung nur im Rahmen von Führungen, tgl. 10.30, 11, 12, 15.30, 17, 18.30, So und Fei 12.45, 15.30, 17, 18.30 Uhr, Dauer der Führung ca. 45 Min., 3,50 €*

Das altehrwürdige **Mosteiro de Santa María de Oseira** wird aufgrund seiner Dimensionen als der Escorial Galiciens bezeichnet. Benediktinermönche gründeten im Jahr 1137 die abgelegene Abtei, die wenige Jahre später dem Zisterzienserorden unterstellt wurde. Nach einem verheerenden Brand wurde das älteste Zisterzienserkloster Galiciens in weit größerem Maßstab wiederaufgebaut.

Die zweitürmige Fassade der Klosterkirche präsentiert ein barockes Antlitz, im Innern weht dagegen der Geist der Zisterzienser: Erhabene Dimensionen ohne überflüssigen Bauschmuck zeichnen das frühgotische Gotteshaus aus. Der **Chor** und sein Umgang erinnern an die Kathedrale von Santiago. Säulen, die sich wie Palmen auffächern, zeichnen die elegante **Sakristei** aus. Auf den geführten Rundgängen durch das Kloster stehen des Weiteren die drei **Kreuzgänge** (16.–18. Jh.), die **Bibliothek** und das **Klostermuseum** auf dem Programm. Ein beliebtes Mitbringsel ist der Eukalyptuslikör der Mönche, der bei Erkältungskrankheiten wahre Wunder bewirken soll.

# Durch die Ribeira Sacra ▶ 1, D 4/5

Die faszinierende Naturlandschaft der **Ribeira Sacra,** ein Areal von gut 700 km$^2$, teilt sich zwischen den Provinzen Ourense und Lugo auf. Die beiden wasserreichsten Flüsse Galiciens fließen hier zusammen: der Sil und der Miño. Tektonische Verschiebungen und die Kraft des Flusses formten den imposanten **Cañón del Río Sil,** dessen Wände bis zu 500 m steil abfallen. Schon früh lockte die abgeschiedene, schwer zugängliche Region Eremiten und Mönche an. Sie errichteten im Laufe der Zeit blühende Klöster wie San Estevo, Santa Cristina de Ribas de Sil, San Pedro de Rocas, Santa María de Xunqueira und Santa María de Montederramo. Diesem Umstand verdankt die Region ihren Namen: Ribeira Sacra (hl. Ufer).

Ein enges, kurvenreiches Sträßchen (C-536) führt von Os Peares, an der Mündung des Río Sil in den Río Miño, gen Osten. Die Tour durch die Ribeira Sacra nimmt gut ein bis zwei Tage in Anspruch und ist nichts für Eilige.

## Kloster San Estevo de Ribas de Sil

*Tgl. 10–19 Uhr, s. auch Übernachten S. 435*

Erste Station ist das verborgene, reizvoll auf einer Terrasse oberhalb der Schlucht des Río Sil liegende **Mosteiro Santo Estevo de Ribas de Sil**. Mitte des 6. Jh. gründeten Benediktinermönche hier eine der ältesten Klosteranlagen Galiciens. Im 10. Jh. suchten neun Bischöfe in der abgeschiedenen Abtei Zuflucht vor den Mauren, daran erinnern die neun Mitren auf dem Klosterwappen. Im gleichen Jahrhundert trieb der Abt Franquila die Erneuerung der Abtei voran.

Die romanische Klosterkirche geht auf das 12./13. Jh. zurück, wurde im Laufe der Jahrhunderte jedoch mehrfach umgewandelt. So präsentiert sich die Fassade im barocken Gewand, die Apsiden hingegen in feinster Romanik. Von den drei Kreuzgängen besticht vor allem der **Claustro de los Obispos** (Kreuzgang der Bischöfe). Romanik prägt die untere Ebene, während das obere Stockwerk im gotischen Stil erbaut wurde. Gut erhalten geblieben ist die Klosterküche mit einer eindrucksvollen Feuerstelle.

Nach umfangreichen Sanierungsarbeiten beherbergt das Kloster seit 2004 einen **Parador.** Er bietet sich als Ausgangspunkt für Erkundungstouren in die Ribeira Sacra an.

## Parada do Sil

*Kloster: Tel. 988 20 80 10, 689 68 37 13, tgl. 11– 14, 16–19.30 Uhr, 1 €*

Weiter auf der Straße oberhalb der Schlucht gewährt nach ca. 13 km der **Mirador de Cabezoas** einen herrlichen Panoramablick. Bald darauf ist die Ortschaft **Parada do Sil** erreicht, die das Zentrum für die umliegenden Weiler bildet. Von hier weisen Schilder zu den **Balcóns de Madrid,** einem spektakulären Aussichtspunkt oberhalb des Cañón del Río Sil.

4 km unterhalb von Parada Do Sil verbirgt sich in einem Kastanienwald das sehenswerte kleine Kloster **Mosteiro Santa Cristina de Ribas do Sil.** Benediktiner gründeten im 9. Jh. das Kloster, das an Bedeutung für die Region nur vom Kloster San Estevo de Ribas do Sil übertroffen wurde. Neben der romanischen **Klosterkirche** (12. Jh.) sind auch noch Teile der Klosteranlage erhalten geblieben. Das **Portal** der Kirche brilliert mit einer kunstvollen romanischen Rosette. Der originelle pyramidale Abschluss des **Turms** erinnert an die Türme des Kreuzgangs der Kathedrale von Santiago de Compostela.

## Von Parada do Sil nach Manzaneda

Gut 22 km hinter Parada do Sil führt eine Abzweigung nach **Doade** am nördlichen Flussufer und weiter nach Monforte de Lemos. Auf der C-536 südlich des Río Sil gelangt man über das Weinanbaugebiet **Teixeira** in den Ort **Castro Caldelas,** der von einer Burg aus dem 12. Jh. überragt wird. Schon außerhalb der Ribeira Sacra liegt die lebhafte Ortschaft **A Pobra de Trives,** die Hotels werden vor allem im Winter von Skifahrern belegt. Südwestlich auf einer Höhe von 1778 m liegt Galiciens einzige Wintersportstation, die **Cabeza de Manzaneda.**

## Übernachten

Kloster-Flair – **Parador de Santo Estevo:** Santo Estevo de Ribas de Sil 1, Tel. 988 01 01 10, www.parador.es. Komfortables, klösterliches Ambiente in Kombination mit modernem Design. Herrlich ist der Ausblick von einigen Zimmern über die Schlucht des Río Sil. €€–€€€

Stilvolles Landhaus – **A Casa da Eira:** Alberguería 31 y 33, 32164 Cerreda, Tel. 988 20 15 95, 696 74 94 93, www.acasadaeira.com. Das sympathische Landhaus liegt auf halber Strecke zwischen Luintra und Parada do Sil an der CV-323, die bei Km 7 von der C-536 abgeht. Die Zimmer sind hell und freundlich. Das Wirtspaar – Frau Susanne ist Deutsche – ist sehr aufmerksam. Auf Wunsch kochen sie für die Gäste mit Zutaten aus eigenem Anbau. Das Frühstück ist üppig. €

Camping – **Cañon do Sil:** Rúa Castro s/n, Parada do Sil (ca. 2,5 km westlich von Parada do Sil), Tel. 608 53 70 17, www.canondosilcamping.com, ganzjährig geöffnet. Der freundliche Platz bietet einige schlicht ausgestattete Bungalows, außerdem eine Bar und ein Restaurant. Verleih von Mountainbikes, Reitstunden möglich.

## Aktiv

Outdoor-Sport – **Siltrips Kayaks:** Anlegestelle/Embarcadero de Os Chancís, Sober (Prov. Lugo), Tel. 982 46 07 14, 627 77 75 40, www.siltrip.com. Es werden Kayaks für zwei Personen vermietet. Vorab ist eine Reservierung notwendig.

Skifahren – **Estación Invernal de Cabeza de Manzaneda:** Tel. 988 30 90 90, www.manzaneda.com. Einzige Skistation Galiciens bei A Pobra de Trives.

## BOOTSTOUR DURCH DIE SCHLUCHT DES RÍO SIL

**Bootstour ab Embarcadero de Santo Estevo:** Hemisferios, Tel. 626 79 32 28, www.hemisferios.org (Reservierung). Bis zu zehn Touren tgl. 10.30–19.30 Uhr, Dauer 1,5 Std., Erw. 12 €, Kinder 6 €
**Bootstour ab Embarcadero de Abeleda:** Adega Algueira, Ctra. de Castro Caldelas a Monforte, Km 18, Tel. 982 41 02 99, www.adegaalgueira.com, Reservierung, tgl. außer Mi 11, 13, 17 und 19 Uhr, Dauer 1,5 Std., Erw. 20 €
**Anfahrt zur Anlegestelle San Estevo von Ourense (32 km):** OU 536 in Richtung Castro Caldelas, Trives, Manzaneda. Bei km 7 am Rondell in Richtung Parador de Santo Estevo, Luintra und Catamarán fahren. Vom Zentrum von Loureiro geht es links hinab zur Anlegestelle.

Eine Alternative zur kurvenreichen Autotour durch die Ribeira Sacra bietet eine Bootsfahrt auf dem Río Sil, wobei die Fahrt zur Anlegestelle Embarcadero de Santo Estevo, die über ein enges spektakuläres Sträßchen steil bergab führt, auch schon ein kleines Abenteuer ist.
Die Lebensader der Ribeira Sacra entspringt im Kantabrischen Gebirge und mündet bei Os Peares in den Río Miño. Der wasserreiche Río Sil ist der wichtigste Zufluss des Río Miño.
Von März bis Ende November starten ab **Embarcadero de Santo Estevo** Ausflugsboote flussaufwärts zu einer 90-minütigen Tour durch den **Cañón del Río Sil,** der mit seinen bis zu 500 m steil abfallenden Wänden ein einzigartiges Naturschauspiel bietet. Die einsame Gegend zog schon früh Eremiten und Mönche an. Vom Boot aus ist u. a. das Kloster **Santa Cristina de Ribas**

Monforte de Lemos

**do Sil** zu erkennen, das majestätisch oberhalb des Flusses thront. Eindrucksvoll staffeln sich die Terrassen der Weinbauern an den steilen Hängen. Von den kleinen Anlegestellen an den Ufern, vielfach der einzige Zugang zu den Parzellen, transportieren sie die geernteten Trauben ab. Aus den *mencía*-Trauben wird der Wein der Ribeira Sacra gekeltert. Daneben säumen Wälder mit Kastanien, Eichen, Birken und Erlen die Hänge. Unterwegs ziehen kurios erodierte Felsformationen wie das ›Indianergesicht‹ oder der ›Araber‹ die Aufmerksamkeit auf sich.

Persönlicher sind die Touren, die in kleineren Booten am **Embarcadero Ponte do Río Sil** beim Dorf **Doade** starten. Auch die Weinkellerei **Adega Algueira** bietet auf ihrem Boot Brandán eine 90-minütige Tour auf dem Río Sil an. Es besteht ebenso die Möglichkeit, die Weinkellerei, zu der auch ein Restaurant gehört, zu besuchen.

# Monforte de Lemos
▶ 1, D/E 4

Die 19 000 Einwohner zählende Stadt **Monforte de Lemos** liegt 45 km nordöstlich von Ourense, am Río Cabe, einem Nebenfluss des Sil und hat einiges an historischer Bausubstanz zu bieten.

## Burgberg

Das weltliche und geistliche Zentrum der Stadt bildete einst der **Burgberg San Vicente**, von dem aus die umliegende weite Ebene kontrolliert wurde. Von der Festung existiert noch die 30 m hohe **Torre da Homenaxe.** Imposant thronen auf dem Hügel das neoklassizistische Benediktinerkloster **Mosteiro de San Vicente do Pino** (17. Jh.) mit seinem herrschaftlichen Kreuzgang und der einstige **Palast der Grafen von Lemos** (16. Jh., nach einem Brand im 18. Jh. restauriert). Beide Gebäude wurden 2003 in einen Parador umgewandelt.

## Ehemaliges Jesuitenkolleg

*Campo Compañía 50, Tel. 982 02 34 95, Besuch im Rahmen von Führungen möglich, Okt.–Juni Di–Fr 17, Sa 11.30, 12.45, 16.30, So 11.30, 12.45, Juli–Sept. Di–Sa 11.30, 12.45, 17, 18.15, So 11.30, 12.45 Uhr, 5 €*

In der Unterstadt, südwestlich vom Burgberg, befindet sich das großzügig dimensionierte ehemalige **Colegio de Nuestra Señora de Antigua** (16. Jh.) Es wird heute als Schule genutzt, die von der katholischen Ordensgemeinschaft der Padres Escolapios geführt wird. Das Gebäude, das im strengen Renaissancestil in Anlehnung an das Kloster El Escorial erbaut wurde, enthält eine Gemäldesammlung mit zwei Ölgemälden von El Greco und Tafelbildern von Andrea del Sarto.

## Museum für sakrale Kunst

*Calle Santa Clara 26, Tel. 606 54 80 44, Besichtigung ist individuell oder im Rahmen von Führungen möglich, Öffnungszeiten bei der Tourismusinformation erfragen, 4 €, mit Führung 7 €*

Im **Convento de Santa Clara** (17. Jh.) am rechten Ufer des Río Cabe befindet sich ein **Museo de Arte Sacro de las Clarisas de Monteforte,** eines der wichtigsten seiner Art in Galicien. Der Grundstock der Sammlung geht zurück auf den Grafen von Lemos. Er hat die Objekte während seiner Herrschaft in Neapel von 1610 bis 1616 zusammengetragen.

## Übernachten

Klosterhotel mit modernem Design – **Parador de Monforte de Lemos:** Plaza Luis de Gógora y Argote s/n, Tel. 982 41 84 84, www. parador.es. Topadresse auf dem Burghügel im ehemaligen Kloster San Vicente. Große, luxuriöse Zimmer, die sich um den Kreuzgang reihen. Restaurant mit guter regionaler Küche. €€–€€€

Landhotel – **Rectoral de Castillón:** Lugar Castillón 37, 10 km nordwestlich von Montforte de Lemos, Tel. 982 45 54 15, http://rectoraldecastillon.com. Etwas abgelegen, großzügig geschnittene Zimmer und ansprechendes Restaurant. Ideal für Erholungsuchende. €€

Galiciens Binnenland

# Lugo und Umgebung
▶ 1, D/E 3

Der Stolz von **Lugo** sind die **römischen Stadtmauern**. Die Römer errichteten das Bollwerk im 3. Jh. n. Chr., um die Stadt Lucus Augusti vor dem Ansturm der Germanen zu schützen. 2005 adelte die UNESCO die imposante Militärfestung zum Welterbe.

Etwas abseits der Hauptroute des Jakobswegs liegt die Provinzhauptstadt Lugo inmitten des galicischen Berglandes. Die 97 300 Einwohner zählende Stadt am Fluss Miño ist ein wichtiger Verkehrsknotenpunkt mit exzellenten Verbindungen nach A Coruña und Madrid. Sie bildet den lebendigen Mittelpunkt des noch immer weitgehend landwirtschaftlich geprägten Umlands. Dynamik verleihen der Stadt der Handel, der Ausbau des Dienstleistungssektors und die Universität. Das Herz von Lugo schlägt in der fest von den Mauern umgürteten Altstadt, deren Erscheinungsbild heute gehegt und gepflegt wird. Außerhalb der Stadtmauern herrscht dagegen weitgehend städtebaulicher Wildwuchs vor.

## Römische Stadtmauer

Nicht entgehen lassen sollten sich Besucher einen Spaziergang auf der Krone der **Murallas Romanas.** Aus der Vogelperspektive lässt sich das Treiben in den Gassen, den Hinterhöfen und auf den Plätzen bestens verfolgen. Für viele Lugenser ist der rund 2 km lange aussichtsreiche Panoramaweg längst zum sonntäglichen Ritual geworden. Von der **Porta de Santiago,** von der der Apostel die Pilger als *matamoros* begrüßt, führt eine Rampe hinauf zur Stadtmauer.

Die Höhe der Mauern schwankt zwischen 8 und 12 m, von den 85 Türmen sind immerhin noch rund 50 erhalten geblieben. Zehn Stadttore gewähren heute Einlass in die Altstadt, von denen fünf allerdings erst Mitte des 19. Jh. geschaffen wurden, um die Stadt durchlässiger zu gestalten.

Pläne für die Stadterweiterung, die 1930 in Angriff genommen wurden, sahen den Abriss der Mauern vor – Gott sei Dank blieb es bei Gedankenspielen. Im Laufe der Jahrhunderte verschwand die Mauer jedoch zusehends aus dem Blickfeld, da viele Einwohner ihre Häuser direkt daran anbauten, um Baumaterial zu sparen. Die Stadtväter griffen 1973 mit dem Programm »Muralla Limpia« (saubere, befreite Mauern) durch und ließen die Anbauten wieder entfernen. So präsentieren sie sich längst wieder in ihrer vollen Pracht.

## Kathedrale
*Praza Santa María, Mo–Sa 9.30–19.30, So 10–18.30 Uhr, 6 €*

Wenige Schritte vom Santiago-Tor entfernt erhebt sich die prächtige **Catedral de Santa María** von Lugo. Für den Auftraggeber Bischof Pedro Peregrino war damals das Maß aller Dinge die Kathedrale von Santiago de Compostela. Er wollte, dass das Gotteshaus von Lugo sich an Glanz und Würde mit diesem Heiligtum messen konnte, und betraute 1129 den Architekten Raimundo de Monforte mit dem Bau der Kathedrale.

Monforte orientierte sich am Grundriss der Kathedrale von Santiago und schuf ein dreischiffiges Gotteshaus auf der Basis eines lateinischen Kreuzes. Immer wieder auftretende finanzielle Engpässe führten dazu, dass sich die Bauarbeiten bis in die zweite Hälfte des 18. Jh. hinzogen, auf der Strecke blieb dabei die gestalterische Einheit des Bauwerks.

Eine Zeitreise in die Romanik bietet das **Nordportal** (12. Jh.). Geschützt durch einen Portikus thront auf dem Bogenfeld ein hoheitsvoller Christus in der Mandorla, darunter findet sich eine Konsole in der höchst filigran die Abendmahlsszene eingemeißelt wurde. Im Kontrast dazu steht die kühle, **klassizistische Hauptfassade** der Kathedrale. Im Inneren der dreischiffigen Bischofskirche dominiert der **Barock.** Der frühere, platereske Hauptaltar des Holländers Cornelis de Holanda (1534) musste dem Zeitgeschmack weichen, der französische Architekt Charles de Lemaur gestaltete die Capilla Mayor im üppigen Barockstil um. Der alte, prächtige **Al-**

*Auf der römischen Mauer kann man um die Altstadt von Lugo spazieren*

*Galiciens Binnenland*

tar wurde verteilt auf die beiden Flügel des Querhauses.

Hinter der Capilla Mayor im Chorhaupt thront in einer barocken Kapelle die Schutzpatronin von Lugo, **Nosa Señora dos Ollos Grandes,** eine Marienstatue aus Alabaster aus dem 12. Jh. Ihr Beiname Unsere Liebe Frau mit den großen Augen leitet sich von den großen mandelförmigen Augen ab. Die Ausgestaltung der Kapelle nahm Fernando Casa y Nova vor.

### Plätze im Stadtzentrum

Auf der Nordseite der Kathedrale dominiert der wohlproportionierte spätbarocke **Bischofspalast,** ein einstöckiger Quaderbau des 18. Jh., die **Praza Santa María,** die sich in den Sommermonaten in eine Kulisse für Freilichtaufführungen verwandelt.

Über die Rúa Bispo Basulto erreicht man den wohl stimmungsvollsten Platz von Lugo, die dreieckige **Praza de Campo,** die umgeben wird von mit Arkaden gesäumten Häusern. Im Mittelalter fungierte sie als Marktplatz. Der ruhende Pool im Zentrum des Platzes ist ein kleiner Brunnen aus dem 18. Jh. In den Gassen rings um den Platz laden nette Bars zu einem Glas Wein und Tapas ein.

Die großzügige, lebhafte **Praza Maior** östlich der Kathedrale ist die Seele des städtischen Lebens. Gedenktafeln erinnern an die großen galicischen Schriftsteller wie Rosalía de Castro, Camilo José Cela oder Castelao. Für Atmosphäre sorgen zahlreiche Straßencafés und Restaurants, beherrscht wird der Platz vom fotogenen spätbarocken **Rathaus.**

Von dort führt die Rúa da Raiña zur **Praza Santo Domingo,** in deren Mittelpunkt eine hohe Adlersäule an die Gründung der Stadt durch Kaiser Augustus erinnert.

### Provinzmuseum

*Prazada Soidade, www.comunidadermpl.gal, Di–Sa 10–13.30, 16–20.30, So, Fei 10–16 Uhr, Eintritt frei*

Einige Schritte entfernt steht das ehemalige Franziskanerkonvent, das heute das **Museo Provincial** beherbergt. Die interessante, breit gefächerte Sammlung des Museums bietet im Kreuzgang eine Ausstellung von römischen und mittelalterlichen Grabsteinen, römischen Mosaiken, Sonnenuhren und sakraler Kunst. Ein Höhepunkt ist die original erhalten gebliebene Küche des Konvents. Zu den Glanzlichtern im oberen Stockwerk des Kreuzgangs zählen die Vitrinen, in denen Goldschmiedekunst der Castrokultur und der Bronzezeit präsentiert wird. Der Stolz des Museums sind die wohlgeformten, keltischen *torques* – offene Halsreifen mit markanten Abschlüssen. Interessant ist auch die Ausstellung des Porzellans aus der Königlichen Manufaktur Sargadelos.

## Santa Eulalia

*Santalla de Bóveda de Mera s/n, 27233 Bóveda, Tel. 982 82 92 55, 672 67 64 88, monumento santaeulalia.patrimonio@xunta.gal, Di–Sa 10–15 Uhr, bitte anmelden, Eintritt frei*

14 km westlich in Richtung Santiago und weiter auf der Landstraße nach Friol führt der Weg durch Wiesen und Äcker in das noch sehr urtümliche **Dorf Santa Eulalia.** Granithäuser und Maisspeicher bestimmen das Bild. Die eigentliche Attraktion ist jedoch das **Kirchlein Santa Eulalia de Bóveda.** Bevor es als christliche Kirche genutzt wurde, fungierte es vermutlich als Nymphäum, allerdings sind sich die Historiker bis heute über die ursprüngliche Funktion nicht ganz einig.

Unterhalb der Kirche wurde 1924 ein rechteckiger Raum mit einem Tonnengewölbe über einer Quelle freigelegt. So liegt die Interpretation als **Quellenheiligtum** nahe. Kunstvolle Malereien vor allem von Vögeln, die in einem geometrischen Pflanzengeflecht platziert sind, zieren die Wände und das Gewölbe.

### Infos

**Oficina de Turismo Municipal:** Praza do Campo 11, 27001 Lugo, Tel. 982 25 16 58, bei Facebook, Juni–14. Okt. tgl. 10–20, sonst tgl. 10–18 Uhr.

### Übernachten

Spa-Hotel – **Balneario y Termas de Lugo:** Camino del Balneario s/n, Tel. 982 22 12 28,

## Lugo und Umgebung

www.balneariodelugo.com. Kurhotel mit großer Gartenanlage am Ufer des Río Miño. Die Zimmer sind funktional eingerichtet. €€
Klassiker – **Méndez Núñez:** Rúa Raiña 1, Tel. 982 23 07 11, www.hotelmendeznunez.com. Hotelklassiker im Herzen von Lugo, ein absoluter Pluspunkt ist die Dachterrasse für einen Aperitif oder fürs Frühstück. €–€€€
Solide – **Hostal Brios:** Pintor Laxeiro 6, Tel. 982 24 14 08, www.hostalbrios.com. Ordentliche Pension, 15 Gehminuten vom Zentrum entfernt. €–€€
Agroturismos – **Pazo de Vilabade:** Vilabade (25 km westl. von Lugo auf der C-630 in Richtung Fonsagrada), Castroverde, Tel. 637 77 67 37, www.elpazo.com. Das gepflegte Landhaus war vermutlich mal eine Pilgerherberge. Nur fünf Zimmer, auf Wunsch wird auch aufgetischt. Viele Antiquitäten. €€€ **Casa Grande de Camposo:** Rúa Camposo 7, O Corgo (18 km südöstl. von Lugo, über die Autovia A6 in Richtung Ponferrada), Tel. 982 54 38 00, bei Facebook. Liebevoll eingerichtetes Landhaus mit hübschem rustikalem Restaurant (€–€€). €€
Camping – **Beira Río:** Ctra. Lugo–Santiago, Km 0,4, Tel. 982 21 15 51. Kleiner Platz in einem ruhigen Wohnviertel. Ins Zentrum benötigt man knapp 30 Minuten zu Fuß. Ordentliche Sanitäranlagen.

### Essen & Trinken

Im Umkreis der Kathedrale finden sich günstige **Tapalokale.**
Kreative Küche – **España:** Rúa Teatro 10, Tel. 982 24 27 17, www.restespana.es, So geschl. Modernes Lokal, der Küchenchef Héctor López bringt Gerichte wie Rebhuhn-Taschen mit Feigensoße auf den Tisch. €€
Biologische Produkte – **Paprica:** Calle Noreas 10, Tel. 982 25 58 24, www.paprica.es, So, Di abends, Mo geschl. Angenehm modern gestaltetes Lokal mit kreativen Speisen aus biologischen Produkten. €€
Mehrfach ausgezeichnet – **Mesón de Alberto:** Rúa Cruz 4, Tel. 982 22 83 10, bei Facebook, So, Mo abends, Di geschl. Das Restaurant bietet galicische Küche. Leckere Kleinigkeiten bekommt man an der Bar. €–€€

Für Fleischliebhaber – **Parrillada Fonsagrada:** Rúa Río Chamoso 2, Tel. 982 24 65 62, www.parrilladafonsagrada.com, Mo, So abends geschl. Schlichtes kleines Lokal. Die Spezialität ist Fleisch vom Grill. Gute Qualität zu zivilen Preisen. Probieren Sie das Churrasco (Rindersteak). €–€€
Tapas – **Curruncho A Nosa Terra:** Rúa Nova, 8, Tel. 982 22 92 35, www.currunchoanosaterra.com, Mi geschl. Gemütliches Lokal in der Altstadt, bekannt für Krake *(pulpo a feira)* und Eintöpfe *(cocido)*. An der Bar und den Tischchen gibt es die Tapas. €–€€

### Einkaufen

Die **Rúa de Progreso** ist die Einkaufsmeile der Altstadt.
Kunsthandwerk – Viele Geschäfte rund um die **Praza de España.**
Markt – Di, Fr auf der **Praza de Abastos.**
Keramik – Im Töpferdorf **Bonxe** (span. Bonge, 10 km nördl. von Lugo) kann man sich mit schönen Souvenirs eindecken.

### Termine

**Arde Lucus:** 23.–24. Juni. Römerfest mit Markt, Theater- und Zirkusaufführungen sowie römischen Festgelagen.
**La Milagrosa:** 4.–10. Sept. Buntes Stadtfest im Viertel La Milagrosa.
**Fiesta de San Froilán:** 4.–12. Okt. Die Lugenser feiern ihr Patronatsfest mit prächtigen Umzügen und Tänzen. Auf dem Jahrmarkt stehen die Stände der *pulpeiros,* an denen *pulpo a feria* (Tintenfisch auf Jahrmarktsart) gereicht wird, hoch im Kurs.
**Semana Internacional de Cine de Autor:** Zweite Septemberhälfte. Internationales Filmfestival.

### Verkehr

**Bahn:** Der Renfe-Bahnhof liegt an der Praza Conde de Fontao s/n, Tel. 912 32 03 20.
**Bus:** Der Busbahnhof liegt recht zentral im Bereich der südlichen Stadtummauerung an der Praza da Constitución s/n, Tel. 982 22 39 85. Die Busunternehmen Alsa und Monbus bietet u. a. Verbindungen nach Santiago, Oviedo, Ourense oder Vigo an.

# Kulinarisches Lexikon

## Im Restaurant

| | |
|---|---|
| Ich möchte einen Tisch reservieren. | Quisiera reservar una mesa. |
| Die Speisekarte, bitte. | La carta, por favor. |
| Weinkarte | carta de vinos |
| Die Rechnung, bitte. | La cuenta, por favor. |
| Vorspeise | entrada/primer plato |
| Suppe | sopa |
| Hauptgericht | plato principal |
| Nachspeise | postre |
| Beilagen | guarnición |
| Tagesgericht | plato del día |
| Gedeck | cubierto |
| Messer | cuchillo |
| Gabel | tenedor |
| Löffel | cuchara |
| Glas | vaso |
| Flasche | botella |
| Salz/Pfeffer | sal/pimienta |
| Zucker/Süßstoff | azúcar/sacarina |
| Öl/Essig | aceite/vinagre |
| Olivenöl | aceite de oliva |
| Kellner/Kellnerin | camarero/camarera |

## Zubereitung

| | |
|---|---|
| a la plancha | gegrillt |
| al ajillo | in Knoblauchsoße |
| al horno | im Ofen geschmort |
| ahumado/-a | geräuchert |
| asado/-a | gebraten/gegrillt |
| a la parilla | gegrillt |
| crudo/-a | roh |
| empanado/-a | paniert |
| frito/-a | frittiert |
| guisado/-a | geschmort |
| hervido/-a | gekocht |

## Snacks und Suppen

| | |
|---|---|
| bocadillo | belegtes Brötchen |
| chorizo | Paprika-Schweinswurst |
| cocido, puchero | Eintopf |
| crema de verduras | Gemüsecremesuppe |
| croquetas | Kroketten |
| embutidos | Wurstwaren |
| fabada | Asturischer Bohneneintopf |
| huevos fritos | Spiegeleier |
| jamón serrano | luftgetrockneter Schinken |
| lomo | luftgetrocknete Lende |
| morcilla | Blutwurst |
| pan | Brot |
| panecillo | Brötchen |
| perro caliente | Hotdog |
| pinchos/pintxos | aufgespießte Appetithäppchen |
| queso | Käse |
| revuelto | Rührei |
| sopa castellana | kastilische Knoblauchsuppe |
| tortilla española | Kartoffelomelett |

## Fisch und Meeresfrüchte

| | |
|---|---|
| atún | Thunfisch |
| almejas | Venusmuscheln |
| bacalao | Stockfisch |
| boquerones | Sardellen |
| cangrejo | Krebs |
| gambas | Garnelen |
| langostinos | Riesengarnelen |
| lenguado | Seezunge |
| merluza | Seehecht |
| navajas | Pfahlmuscheln |
| ostras | Austern |
| percebes | Entenmuscheln |
| pulpo | Krake |
| rape | Seeteufel |
| trucha | Forelle |
| mariscos | Meeresfrüchte |
| mejillones | Miesmuscheln |
| pescado | Fisch |
| vieira | Jakobsmuschel |

## Fleisch und Geflügel

| | |
|---|---|
| albóndigas | Hackfleischbällchen |
| cabrito/choto | Zicklein |
| carne | Fleisch |
| carne de pollo | Hühnchenfleisch |
| carne de ternera | Rindfleisch |

| | | | |
|---|---|---|---|
| carne en salsa | Fleischstücke in Soße | setas | Pilze |
| cerdo | Schweinefleisch | verduras | Gemüse |
| chuletas de cerdo | Schweinekoteletts | zanahoria | Möhre |
| ciervo | Hirsch | | |

## Nachspeisen und Obst

| | |
|---|---|
| cochinillo | Spanferkel |
| codillo | Schweinshaxe |
| conejo | Kaninchen |
| cordero | Lamm |
| jabalí | Wildschwein |
| pato | Ente |
| pavo | Truthahn |
| pechuga de pollo | Hähnchenbrust |
| perdiz | Rebhuhn |
| salsicha | Würstchen |
| solomillo | Filetsteak |

| | |
|---|---|
| almendras | Mandeln |
| arroz con leche | Milchreis mit Zimt und Zucker |
| cereza | Kirsche |
| flan | Karamelpudding |
| fresa | Erdbeere |
| helado | Eiscreme |
| higo | Feige |
| limón | Limone |
| manzana | Apfel |
| melocotón | Pfirsich |
| melón | (Honig-)Melone |
| naranja | Apfelsine |
| pasas | Rosinen |
| nata | Sahne |
| natillas | Cremespeise |
| pastel | Kuchen |
| piña | Ananas |
| sandía | Wassermelone |
| uva | Weintraube |

## Gemüse und Beilagen

| | |
|---|---|
| aceitunas | Oliven |
| aclegas | Mangold |
| aguacate | Avocado |
| ajo | Knoblauch |
| alcachofa | Artischocke |
| arroz blanco | weißer Reis |
| berenjena | Aubergine |
| calabaza | Kürbis |
| calabazín | Zucchini |
| cebolla | Zwiebel |
| col | Kohl |
| ensalada | Salat |
| espárragos | Spargel |
| espárragos trigueros | grüner Spargel |
| espinaca | Spinat |
| fideos | Fadennudeln |
| garbanzos | Kichererbsen |
| guisantes | Erbsen |
| hinojo | Fenchel |
| judías verdes | grüne Bohnen |
| lechuga | grüner Blattsalat |
| lentejas | Linsen |
| patatas | Kartoffeln |
| patatas fritas | Pommes frites |
| pepino | Gurke |
| pimiento | Paprikaschote |
| puré de patatas | Kartoffelbrei |

## Getränke

| | |
|---|---|
| agua mineral (con/sin gas) | Wasser (mit/ohne Kohlensäure) |
| batido | Milchshake |
| café | Kaffee |
| café solo | Espresso |
| café con leche | Kaffee mit Milch |
| cortado | Espresso mit Milch |
| leche | Milch |
| zumo | Saft |
| cerveza | Bier |
| cava | Sekt |
| fino | trockener Sherry |
| orujo | Tresterschnaps |
| pacharán | Schlehenlikör |
| rón | Rum |
| sidra | Apfelwein, Cidre |
| vino blanco/tinto/ rosado | Weiß-/Rot-/Rosé- wein |

# Sprachführer

## Ausspracheregeln

In der Regel wird Spanisch so ausgesprochen wie geschrieben. Treffen zwei **Vokale** aufeinander, so werden beide einzeln gesprochen (z. B. E-uropa). Die **Betonung** liegt bei Wörtern, die auf Vokal, n oder s enden, auf der vorletzten Silbe, bei allen anderen auf der letzten Silbe. Liegt sie woanders, wird ein Akzent gesetzt (z. B. teléfono).

**Konsonanten**:

- **c**  vor a, o, u wie k, z. B. casa; vor e, i wie englisches th, z. B. cien
- **ch**  wie tsch, z. B. chico
- **g**  vor e, i wie deutsches ch, z. B. gente
- **h**  wird nicht gesprochen
- **j**  wie deutsches ch, z. B. jefe
- **ll**  wie deutsches j, z. B. llamo
- **ñ**  wie gn bei Champagner, z. B. niña
- **qu**  wie k, z. B. porque
- **y**  am Wortende wie i, z. B. hay; sonst wie deutsches j, z. B. yo
- **z**  wie englisches th, z. B. azúcar

## Allgemeines

| | |
|---|---|
| guten Morgen/Tag | buenos días |
| guten Tag (ab 12 Uhr) | buenas tardes |
| guten Abend/ gute Nacht | buenas noches |
| auf Wiedersehen | adiós |
| Entschuldigung | perdón |
| hallo/grüß dich | hola/¿Qué tal? |
| bitte | de nada/por favor |
| danke | gracias |
| ja/nein | si/no |
| Wie bitte? | ¿Perdón? |

## Unterwegs

| | |
|---|---|
| Haltestelle | parada |
| Bus/Auto | autobús/coche |
| Ausfahrt/-gang | salida |
| Tankstelle | gasolinera |
| rechts | a la derecha |
| links | a la izquierda |
| geradeaus | todo recto |
| Auskunft | información |
| Telefon | teléfono |
| Postamt | correos |
| Bahnhof/Flughafen | estación/aeropuerto |
| Stadtplan | mapa de la ciudad |
| alle Richtungen | todas las direcciones |
| Eingang | entrada |
| geöffnet | abierto/-a |
| geschlossen | cerrado/-a |
| Kirche | iglesia |
| Museum | museo |
| Strand | playa |
| Brücke | puente |
| Platz | plaza |

## Zeit

| | |
|---|---|
| Stunde | hora |
| Tag | día |
| Woche | semana |
| Monat | mes |
| Jahr | año |
| heute | hoy |
| gestern | ayer |
| morgen | mañana |
| morgens | por la mañana |
| mittags | al mediodía |
| abends | a la noche |
| früh | temprano |
| spät | tarde |
| Montag | lunes |
| Dienstag | martes |
| Mittwoch | miércoles |
| Donnerstag | jueves |
| Freitag | viernes |
| Samstag | sábado |
| Sonntag | domingo |

## Notfall

| | |
|---|---|
| Hilfe! | ¡Socorro! |
| Polizei | policía |
| Arzt/Zahnarzt | médico/dentista |
| Apotheke | farmacia |
| Krankenhaus | hospital |
| Unfall | accidente |
| Schmerzen | dolores |
| Panne | avería |

## Übernachten

| | |
|---|---|
| Hotel | hotel |
| Pension | pensión |
| Einzelzimmer | habitación individual |
| Doppelzimmer | habitación doble |
| mit/ohne Bad | con/sin baño |
| Toilette | servicio |
| Dusche | ducha |
| mit Frühstück | con desayuno |
| Halbpension | media pensión |
| Gepäck | equipaje |
| Rechnung | cuenta |

## Einkaufen

| | |
|---|---|
| Geschäft/Markt | tienda/mercado |
| Kreditkarte | tarjeta de crédito |
| Geld | dinero |
| Geldautomat | cajero (automático) |
| Bäckerei | panadería |
| Lebensmittel | alimentos |
| teuer | caro/-a |
| billig | barato/-a |
| Größe | talla |
| bezahlen | pagar |

## Zahlen

| | | | |
|---|---|---|---|
| 1 | uno | 17 | diecisiete |
| 2 | dos | 18 | dieciocho |
| 3 | tres | 19 | diecinueve |
| 4 | cuatro | 20 | veinte |
| 5 | cinco | 21 | veintiuno |
| 6 | seis | 30 | treinta |
| 7 | siete | 40 | cuarenta |
| 8 | ocho | 50 | cincuenta |
| 9 | nueve | 60 | sesenta |
| 10 | diez | 70 | setenta |
| 11 | once | 80 | ochenta |
| 12 | doce | 90 | noventa |
| 13 | trece | 100 | cien |
| 14 | catorce | 150 | ciento cincuenta |
| 15 | quince | | |
| 16 | dieciséis | 1000 | mil |

## *Die wichtigsten Sätze*

### Allgemeines

| | |
|---|---|
| Sprechen Sie Deutsch/Englisch? | ¿Habla Usted alemán/inglés? |
| Ich verstehe nicht. | No entiendo. |
| Ich spreche kein Spanisch. | No hablo español. |
| Ich heiße … | Me llamo … |
| Wie heißt du/ heißen Sie? | ¿Cómo te llamas/ se llama? |
| Wie geht es dir/ Ihnen? | ¿Cómo estás/ está Usted? |
| Danke, gut. | Muy bien, gracias. |
| Wie viel Uhr ist es? | ¿Qué hora es? |

### Unterwegs

| | |
|---|---|
| Wie komme ich zu/nach …? | ¿Cómo se llega a …? |
| Wo ist …? | ¿Dónde está …? |
| Könnten Sie mir bitte … zeigen? | ¿Me podría enseñar …, por favor? |

### Notfall

| | |
|---|---|
| Können Sie mir bitte helfen? | ¿Me podría ayudar, por favor? |
| Ich brauche einen Arzt. | Necesito un médico. |
| Hier tut es mir weh. | Me duele aqui. |

### Übernachten

| | |
|---|---|
| Haben Sie ein freies Zimmer? | ¿Hay una habitación libre? |
| Wie viel kostet das Zimmer pro Nacht? | ¿Cuánto vale la habitación por noche? |
| Ich habe ein Zimmer bestellt. | He reservado una habitación. |

### Einkaufen

| | |
|---|---|
| Wie viel kostet …? | ¿Cuánto vale …? |
| Ich brauche … | Necesito … |
| Wann öffnet/ schließt …? | ¿Cuándo abre/ cierra …? |

# Register

**A**bd-ar-Rahman II. 272
Abendessen 71
Abenteuersport 76
Aberglaube 52
A Coruña (span. La Coruña) 379
– Aquarium Finisterrae 381
– Avenida del Marina 385
– Casa de la Ciencias 384
– Domus - La Casa del Hombre 58, **381**
– Iglesia de Santiago 386
– Jardín de San Carlos 386
– Museo Arqueológico e Histórico **380**
– Museo de Bellas Artes 384
– Paseo Maritimo 380
– Plaza María Pita 385
– Santa María del Campo **386**
– Torre de Hercules 380
A Guarda (span. La Guardia) 421
Agurain. *S.* Salvatierra
Aitzgorri 29, 158, 159, 160
Albariño-Wein 75, 404, 406, 407
Alfaro 288
Alfons I. der Kämpfer 259
Alfons II. der Keusche 197, 198, 355
Alfons III. der Große 44
Alfons VI. der Tapfere 44, 266, 294, 302, 321
Alfons VIII. der Edle 160, 301, 304
Alfons X. der Weise 165
Alfons XIII. 46, 174
Algoncillo 269
Algorri-Strand 152
Algorta 113
Alltagskultur 50
Almabtrieb 184
Almansor, muslimischer Feldherr 44, 48, 253, 310, 323, 328, 355, 359, 380
Altamira 182
– Neocueva 182
– Sala de la Pintura 182
Alto Campoo 180
Alzuza 239
Angliru 208
Anguiano 80
Anreise und Verkehr 64

Ansó-Tal 250
Apfelanbau 36, 217
Apfelwein. *S.* Sidra
Apotheken 87
Aquakulturen 37
Araba (span. Álava) 160
Aragón 17, **229**
Aragonesischer Jakobsweg 247
Aranoa, Fernando León de 61
Arantzazu (span. Aránzazu) 59, 78, **159**
Arbeitslosigkeit 52
Architektur 56
Arenas de Cabrales 193
Arguiñano, Karlos 148
Arlanza 29
Arlanzón 294
Armada 45, 49, 380
Armendáriz, Montxo 61
Arousa-Insel 404
Arriondas 187
Arteixo 389
Arzadun, Néstor Basterretxea 115
Ärztliche Versorgung 87
Asadores 73
Astorga 334
– Catedral de Santa María de Astorga 334
– Museo Catedralicio 335
– Museo del Chocolate 336
– Museo de los Caminos 335
– Museo Romano 336
Asturcones **33**, 81, 214, 376, 377, 421, 426
Asturien **10**, 17, 26, **30**, 80, **167**
Asturische Sprache 55
Atapuerca **40**, 48, **301**, 313
Atlantik 30
Atlantikküste 22, 26, **28**
Atxaga, Bernardo 61
Atxarre 122
Auskunft 82
Ausrüstung 85
Austern 405, 415, 418
Auswanderung 51, 209
Autofahren 65, 67
Automobilindustrie 38
Autonome Regionen 10, 26, 27, 28

Avilés 223
– Centro Niemeyer 38, 58, **223**
Azabache. *S.* Gagat
Aznar, José María (Ministerpräsident) 47

**B**ahnfahren 65
Baiona (span. Bayona) 420
Bakio 114
Balenciaga, Cristóbal 150
Bárcena Mayor 180
Bardenas Reales 28, 29, **258**, 261
Bärenweg 206
Baroña 401
Barranco de la Canal 288
Basilika Maria Himmelfahrt 126
Baskenland **10**, 16, 26, **28**, 79, **97**, 119
Baskisches Bergland 29, 157, 158
Baskische Sprache 53, **55**
Baskische Untergrundorganisation. *S.* ETA
Batalla del Vino 80, 277
Batzán-Tal 241
Bazán, Emilia Pardo 61
Beethoven, Ludwig von 160
Behinderte 82
Beluso 416
Berceo, Gonzalo de 60
Bergbau 30, 37, 66, **207**, 313, 323
Berghütten 69
Bermeo 115
Bernesga 323, 329
Betanzos 378
Bevölkerung 27
Bierzo 30, **340**
Bilbao
– Schiffahrtsmuseum 100
Bilbao (bask. Bilbo) 12, 79, **100**
– Abandoibarra 100
– Artxanda Mendia 108
– Basílica de Begoña 108
– Bilbao Card 112
– Catedral de Santiago 103
– El Ensanche 107
– Funicular 108
– Gran Vía 107

- Kaffeehauskultur 110
- Mercado de la Ribera 107
- Museo de Bellas Artes 108
- Museo de Pasos de Semana Santa 103
- Museo Diocesano de Arte Sacro 107
- Museo Guggenheim 102, 106
- Museo Vasco 102
- Palacio Euskalduna 101
- Parque de Ribera 101
- Paseo de la Memoria 101
- Plaza Nueva 102
- Río Nervión 102
- Siete Calles 109
- Teatro Arriaga 107

Bildhauerei 58
Biosphärenreservate 118, 208, 259, 347
Bizkaia (span. Vizcaya) 100, 114
Bocadillos 71
Bodega-Besichtigung 272, 273, 274, 278, 280, 406, 429
Bodegas Irache 246
Bodegas Ysios 58, 279, **280**
Bootsausflüge 116, 117, 140, 155, 177, 407, 409, **436**
Borgia, Cesare 246
Bosque animado de Oma 124
Botschaften und Konsulate 82
Bourbonen 45
Brandungshöhlen 209
Braunbären **31**, 32, **207**, 208
Briñas 277
Bueu **416**
Bufones de Arenillas 209
Bufones de Santiuste 209
Bulnes 196
Buño 390
Burgos 294
- Arco de Santa María 298
- Cartuja de Miraflores 58, **304**
- Casa del Cordón 300
- Castillo 300
- Catedral Santa Santa María 295
- Las Huelgas 301
- Museo de Burgos 301
- Museo de la Evolución Humana (MEH) 301

- Museo del Retablo 299
- Museo Marceliano Santa María 301
- Plaza del Cid 300
- Plaza Mayor 300
- San Gil 300
- San Nicolás de Bari 299
- Santa María la Real de las Huelgas 301
Burgui 250
Busfahren 65, **66**, 370
Buxu-Höhle 191

Cabárceno 178
Cabeza de Manzaneda 435
Cabezón de la Sal 184
Cabezudos 79, 237, 415
Cabo de Home 416
Cabo de Peñas 224
Cabo de San Adrián 390
Cabo do Tosto 392
Cabo Fisterra (span. Cabo de Finisterre) 43, **395**
Cabo Matxixako (span. Machichaco) 114
Cabo Vilán 392
Caín de Valdeón 195
Calahorra 287
Calatrava, Santiago 58, 102, 106, 127, 201, 279
Camariñas 84, 392
Cambados 404
Camelle 391
Camino Aragonés 242, **247**
Camino del Norte 12, 172
Camino de Santiago. S. Jakobsweg
Camino Francés 12, 20, **42**, 242
Camino Inglés 386
Camino Natural del Ebro 276
Camino Navarro 242
Camping 69
Canal de Castilla 315
Candanchú 247
Canfranc 247
Cangas de Onís 189
Cañón del Río Sil 434, **436**
Cares 195
Carnota 396
Carrión de los Condes 320

- Monasterio de San Zoilo 320
- Santa María del Camino 320
- Santiago el Mayor 320
Carucedo 346
Casa del Oso de Proaza 206
Castelao, Alfonso Daniel Rodríguez 411
Castillo de Arteaga 125
Castillo de Javier 251
Castrillo de los Polvazares 339, **340**
Castro de Baroña 401
Castrojeriz 315
Castro, Rosalía de 55, 61, **402**
Castro Urdiales 170
Catoira 81, 403
Cebreiro. S. O Cebreiro
Cedeira 376
Cée 396
Cela, Camilo José 61, **402**
Centro Niemeyer, Avilés 223
Cerámica de Sargadelos 374
Chillida, Eduardo **59**, 123, 130, 142, 219
Cíes-Inseln 419
Ciudad del Vino de Marqués de Riscal 58, **278**
Clavijo 272
Codex Calixtinus **42**, 61, 244
Colombres 209
- Museo de la Emigración - Archivo de Indianos 209
Combarro 410
Comillas 182
- El Capricho 183
- Palacio de Sobrellano 183
- Universidad Pontifical 183
Compludo 341
Compostelana 43, 361, 365
Corcubión 396
Corme 391
Corrubedo 401
Coruña. S. A Coruña
Cosa, Juan de la 173
Costa da Morte 32, **390**
Costa de Cantabria 170
Costa Vasca 28, **114, 143**
Costa Verde 30, **209**
Covadonga 191
Covarrubias 81, 308

# Register

Credencial  43
Cruz de Ferro (Cruz de Hierro)  334, 340, **341**
Cubos de la Memoria  210
Cudillero  224
Cuenca Central Asturiana  30
Cueva de Altamira  182
Cueva de El Castillo  180
Cueva del Buxu  191
Cueva del Soplao  184
Cueva de Santimamiñe  124
Curros  81, 377

**D**eba (span. Deva)  154, **155**
Demanda-Berge  286
Demokratie  27, 46, 49
Descenso Internacional del Río Sella  80, 215
Desfiladero de la Hermida  186
Desfiladero del Terverga  207
Desfiladero de Peñas Juntas  207
Desfiladero de Yecla y los Sabinares del Arlanza  312
Día de América  81, **205**
Dinosaurier  288
Doade  435
Dolmen de Axeitos  401
Dolmen von Aizkomendi  165
Domingo, hl.  284
Domínguez, Adolfo  389, **430**
Donostia. *S.* San Sebastián
Dos and Don'ts  83
Drake, Sir Francis  380
Dr. Schiwago  247
Dudelsackspieler  81
Dunar de Corrubedo  401
Dünenstrände  177, 402

**E**bro  26, 28, 29, 180, 259, 266, 276
Efecto Guggenheim  106
Eiche von Gernika  119
Einkaufen  84
Einreisebestimmungen  64
Eintöpfe und Suppen  74
Eisenman, Peter  58
El Acebo  341
Elantxobe (span. Elanchove)  125
Elcano, Juan Sebastián  150

El Cid  266, 294, **302**
Elciego  278
Elektrizität  85
El Entrego  207
El Ferrol  377
Emanzipation  51
Embalse de Belesar  353
Embalse del Ebro  180
Embalse de Yesa  29, 33, 253
Encierros  80, 237
Enciso  288
England  45, 380
Enol-See  192
Entenmuscheln  391, **405**
Entrego. *S.* El Entrego
Entroido  370
Eo  371
Era del Peladillo  288
Erbfolgekrieg  49
Ercina-See  192
Erscheinungsbild  83
Erster Weltkrieg  46
Espinama  187
Essen und Trinken  71
Estella (bask. Lizarra)  244
ETA  46, 47, 49, **54**, 59, 61, 130, 295
Eukalyptus  32
Euskadi (Baskenland)  26, 160
Euskal Jaia  150
Euskara. *S.* Baskische Sprache
EuskoTren  65, 100
Ezcaray  286

**F**alange  46
Familienleben  50
Fauna  32
Feiertage  85
Feijóo, Alberto Núñez  49
Feilschen  83
Felipe VI.  45, 49
Ferdinand der Katholische (Ferdinand II. von Aragón)  27, **45**, 48, 233, 254, 300, 358
Ferdinand I. der Große  44, 302
Ferdinand III. der Heilige  45
Ferdinand VII.  45, 160
Ferrol. *S.* El Ferrol
Festa da Istoria  430
Festa da Sardina  391

Festa do Marisco  409
Feste  78
Festival de la Sidra Natural de Gijón  223
Festival Internacional de Cine  80
Fiesta de la Peregrina  415
Fiesta de la Virgen Blanca  164
Fiesta de San Fermín  80, **237**, 241
Fiesta de San Froilán  441
Fiestas del Apóstol Santiago  370
Fiestas de San Mateo  80, 81, 205, 272
Fiestas de San Telmo  427
Fiestas Patronales  78
Film  61
Fischerei  36, 417
Fisch und Meeresfrüchte  73
Fleisch  74
Flora  32
Flüge  **64**, 112, 142, 177, 205, 242, 272, 332, 370, 388, 419
Flysch  152, 154
Folkloremusik  60
Foncebadón  340
Foz  372
Foz de Arbayún  252
Foz de Lumbier  252
Fragen vor der Reise  15
Francisco Javier (hl. Franz Xaver)  251
Franco-Diktatur  27, **46**, 49
Franco, Francisco (General)  46, 49, 54, 55, 120, 377
Frauen  86
Friede von Utrecht  45
Frómista  316
– San Martín  57, **316**
Frühe Kulturen  40
Frühromanik  201
Frühstück  71
Fuente Dé  187

**G**agat  85, 364, 365, 369, 411
Galbete, Vicente  95
Galego  55
Galicien  **11**, 19, 26, **30**, 81, **349**
Galicische Sprache  55

Der Haupteintrag ist **fett** hervorgehoben.

Gares. *S.* Puente la Reina
Garganta de Cares 30, 193, **194**
Gaudí 327, 328, 335
Gaudí, Antoni 183
Gayarre, Julián 250
Gazeo (span. Gaceo) 165
Geduld 83
Gehry, Frank O. 58, 102, 278
Geier 33, 252, 312
Geld 86
Gemüseanbau 36
Generación del 98 61
Geografie 26
Gernika Bombardierung 46, 49, **120**
Gernika (span. Guernica) 119
– Arbola Zaharra 123
– Tapeo 119
Geschichte 26, **40**, 48
Gesellschaft 50
Gesundheit 86
Getaria (span. Guetaria) 150
Getreide 36
Getreidespeicher 397
Getxo 113
Gigantes 237
Gijón 81, 218
– Acuario de Gijón 221
– Casa Natal de Jovellanos 219
– Cimadevilla 219
– Gijón Card 219
– Museo del Ferrocarril de Asturias 220
– Playa de San Lorenzo 220
– Plaza del Marqués 219
– Pueblo de Asturias 220
Gipuzkoa (span. Guipúzcoa) 143
Glaziano 172
Gnädiger, Manfred 391
Goldabbau 30, 323, 334, **346**, 402, 430
Golf spielen 76, 149
Golf von Biskaya 30
Gómez, Maika und Sara 60
González, Felipe (Ministerpräsident) 47
Gotik 57
Gregorianische Gesänge 60, 310
Grove. *S.* O Grove
Guarda. *S.* A Guarda

Güemes 172
Guernika (Gemälde) 58, **121**, 123
Guggenheim-Museum Bilbao 38, 39, 58, **102**, 106

**H**absburger 45
Hans von Köln (span. Juan de Colonia) 295
Haro 80, 273
Haverien 33
Hecho-Tal 250
Heidnische Rituale 53
Heißluftballonfahrten 274
Hemingway, Ernest 233, 235, 237
Hermida-Schlucht 186
Hernani 142
Herri Kirolak (bask. Landsport) 79
Hevia, José Ángel 60
Hexen 53, **394**
Hexenmuseum 241
Hío **416**
Hitler-Deutschland 46, 120
Höhlenmalereien 26, **40**, 48, 58, **182**, **213**
Holzschuhe 85
Homo antecessor 313
Hondarribia (span. Fuenterrabía) 143
Hórreo de Carnota 397
Hórreos 410
Hospital de Órbigo 80, **333**
Hühnerwunder von Santo Domingo de la Calzada 284

**I**bañetapass 232
Ibarrola, Agustín **59**, 210
Iberer **40**
Illa da Toxa (span. Isla de la Toja) 407
Illa de Arousa (span. Isla de Arosa) 404
Illa de Ons (span. Isla de Ons) 410
Illas Cíes (span. Islas Cíes) 410, 416, **419**
Illas de Sisargas (span. Islas Sisargas) 390

Indianos **209**, 226
Industrie 37
Infos im Internet 89
Internetzugang 87
Irache 246
Irago 340
Irún 147
Iruña. *S.* Pamplona
Isaba 250
Isabella 358
Isabella die Katholische (Isabella I. von Kastilien) 27, **45**, 48, 233, 300, 304
Isabella II. 45, 125, 130, 148
Isabella von Portugal 304
Isabellinische Gotik 58
Islamische Baukunst 57
Isozaki, Arata 58
Itoiz 33
Itziar (spna. Iciar) 155
Itzurún-Strand 152

**J**aca 247
Jaizkibel 147
Jakobspilger **42**, 335, 355, 366
Jakobsweg 10, 12, 20, 39, **42**, 77, 89, 323, 355, 366, **425**
Jakobus der Ältere, Apostel (span. Santiago) 10, 27, **42**, 48, 355, 361, 402
Javierada 80
Jesuitenorden 49, **156**
Johannisfeuer 388, **394**
Jovellanos, Gaspar Melchor de 219
Juan Carlos 46, 49
Juan II. 304
Juden 45, 259, 428
Jugendherbergen 70
Junkera, Kepa 60
Justas Medievales 334

**K**alifat von Córdoba 41
Kantabrien **10**, 17, 26, **30**, 80, **167**
Kantabrische Kordillere 26, 31, 32
Kanusport **76**, 80, 189, 212
Karl der Große, Kaiser 44, 48, 232, 233

# Register

Karl II. 45
Karl III. 45
Karl III. der Edelmütige (König von Navarra) 233, 256
Karlistenkriege 45
Karl IV. 45
Karl V. aus dem Hause Habsburg (Karl I. von Spanien) 27, 45, 49, 216
Karneval 112
Karthager 40
Karwoche. S. Semana Santa
Käse **74**, 193
Kastilien-León **11**, 18, 26, **29**, 81, **291**
Kastilische Sprache 53
Katalanische Sprache 55
Kathedralenstrand 371
Katholische Könige **45**, 48, 254, 300, 358
Katholizismus 52
Kelten 26, **40**, 48, 56, 396, 401, **423**, 425
Keltiberer 40
Keltische Musik 60
Keramik 85
Kiefern 32
Kinder 88
Kleidung 88
Klima 88
Klöppelspitzen 85, **392**, 393
Kloster San Juan de Ortega 312
Kolonialmacht 27, 45, 49
Kolumbus, Christoph 45, 48, 300, **420**, 421
Königreich Asturien-León 44
Königreich Kastilien-León 44
Königreich von Asturien 41, 197, 323
Königreich von Navarra 44
Korbflechterei 85
Kortezubi 124
Kulinarisches Lexikon 442
Kulinarische Spezialitäten 73, 84
Kunsthandwerk 84

**L**a Folia 185
Lago de la Ercina 192
Lago del Valle 208
Lago de Saliencia 208
Lago Enol 192
Laguardia 279
Laguna de Pitillas 256
La Hermida 186
Laida-Strand 117
La Isla 215
Landwirtschaft 36
La Oreja de Van Gogh 60
Laredo 171
La Rioja **11**, 18, 26, **29**, 80, **263**
Larra-Belagua 250
Las Marchas a Javier 253
Las Médulas 30, 344, **346**
Lastres 216
Lavacolla 354
La Virgen del Camino 333
Laxe 391
Lebensrhythmus 50
Legion Condor 46, 49, 119, 120
Lekeitio (span. Lequeitio) 125
León 323
– Auditorio Ciudad de León 329
– Catedral Santa María de Regla 324
– Museo de Arte Contemporaneo de Castilla y León (MUSAC) 329
– Museo de Léon 328
– Plaza Mayor 325
– Plaza San Marcelo 326
– San Isidoro 57, **328**
– San Marcos 58, **329**
Lerma 310
Lesetipps 90
LGBTQ+-Reisende 89
Liencres-Dünen 177
Links 89
Lira 397
Literatur 60
Lizarra. S. Estella (bask. Lizarra)
Llamazares, Julio 61
Llanada de Álava 160
Llanes 210
llas Cíes 416
Logroño 80, 266
– Concatedral de Santa María la Redonda 268
– Mercado Plaza de Abastos 268
– Museo de la Rioja 267
– Puerta de Revellín 267
– Santa María del Palacio 266
– Santiago el Real 267
Loredo 173
Loyola, hl. Ignatius von 49, **156**
Luarca 226
Lugo **438**
– Catedral de Santa María 438
– Murallas Romanas 438
– Museo Provincial 440
– Praza de Campo 440
– Praza Maior 440
Lumbier-Schlucht 252

**M**agellan, Ferdinand 150
Malerei 58
Malpica de Bergantiños 390
Manjarín 341
Männerkochclubs 129
Maragatería **337**, 340
Maragatos 337
María Luisa de Parma 45
Marín 416
Mariño, Manuel Roberto 389
Marqués de Riscal 279
Mauren 26, **41**, 48, 266, 294, **302**
Medien 90
Médulas. S. Las Médulas
Meigas 53, **394**
Mélide 354
Mendoza 165
Mesa de los Tres Reyes 29
Meseta 26, **28**, 29, 32, **315**
Metro Bilbao 67
Mietwagen 68
Milladoiro 60
Miño 26, 28, 30, 425, 428
Mirador de Iso 252
Mirador de la Reina 192
Mirador del Cable 187
Mirador del Fito 214
Mirador de los Pirineos 249
Mirador del Príncipe 192
Mirador de Ordiales 193
Mittagessen 71
Moda Gallega 389
Mode 85, 150, 388, **389**, 430
Moderne Architektur 58, 106
Mogrovejo 187

Molinaseca 341
Mondoñedo 372
Moneo, Rafael 58
Monforte de Lemos 437
Monte Aloia 426
Monte A Moa 396
Monte de Gozo 354
Monte de Santa Tecla 56, **423**
Monte Irago 340
Monte Jaizkibel 147
Montes de León 30, 340
Montes de Oca 311
Morrazo-Halbinsel 415
Mozarabische Gesänge 60
Mozarabischer Stil 57
Mudéjarstil 57
Muiños de Folón 422
Mundaka (span. Mundaca) 116
Muros 398
Muscheln 405
Museo Chillida-Leku 59, 142
Museo de la Cultura del Vino Dinastía Vivanco 273
Museo del Pescador 116
Museo Würth La Rioja 269
Musik 60
Musiktipps 90
Muslime 41, 45, 191, 259
Muxía (span. Mugia) 81, 393

**N**achhaltig reisen 83
Nachtleben 91
Nájera 281
– Santa María la Real 282
Napoleon I. 45, 160
Naranjo de Bulnes 30
Natur 13, **28**
Natur- und Nationalparks 29, 30, 177, 178, 180, 184, 186, 208, 401, 419, 426
Navarra **11**, 17, 26, **29**, 44, 80, **229**
Navarrete 281
Niemeyer, Oscar 38, 58
Noia (span. Noya) 399
Notfälle 91
Nuestra Señora de Guadalupe 147
Nuestra Señora de La Oliva 259
Nuevo Bosque de Oma 60

**O**ca-Berge 311
O Cebreiro (span. El Cebrero) 352
Öffnungszeiten 91
O Grove (span. El Grove) 407
– Acuario do Grove 407
Olite 256
– Museo del Vino 256
– Palacio Real 256
Ölpest 391
Oma 59
Oñati (span. Oñate) 158
– Universidad Sancti Spiritus 158
Ondarroa 127
Ons-Insel 410
Oppidum Iruña-Veleia 165
Orchideen 32
Ordoño II. 323
Orio 148
Orrega. S. Roncevalles
Ortega, Amancio 389
Ortigueira (span. Ortiguera) 375
Oteiza, Jorge de **59**, 159, **239**
Ourense (span. Orense) 430
Outdoor-Sport 76, 190, **427**
Oviedo 13, 56, 81, **197**
– Calle Uría 201
– Catedral San Salvador 197
– Mercado del Fontán 201, 204
– Museo Arqueológico de Asturias 200
– Museo de Bellas Artes de Asturias 200
– Palacio de Exposiciones y Congresos Ciudad de Oviedo 201
– San Julián de los Prados 201
– San Miguel de Lillo 201
– Santa María del Naranco 201
– San Tirso 200
Oyambre 184

**P**adrón 402
Paläontologische Zentren 216, 288, 313
Pamplona (bask. Iruña) 80, **233**
– Baluarte de Redín 235
– Casa Consistorial 236
– Catedral de Santa María la Real 233

– Ciudadela 239
– El Baluarte 239
– Fundación Museo Jorge Oteiza 239
– Museo de Navarra 236
– Palacio de Congreso y Auditorio de Navarra 239
– Palacio de Navarra 236
– Pamplonetario, 239
– Parque de Taconera 239
– Paseo de Sarasate 236
– Plaza del Castillo 236
– Plaza de Toros 235
– San Lorenzo 236
– San Saturnino 236
Parada do Sil 435
Paradores 69
Parque de la Naturaleza de Cabárceno 178
Parque del Pasatiempo 378
Parque Nacional de Picos de Europa 186
Parque Nacional Marítimo Terrestre de las Islas Atlánticas de Galicia 410, **419**
Parque Natural de las Dunas de Liencres 177
Parque Natural del Monte Aloia 426
Parque Natural de Oyambre 184
Parque Natural de Saja Besaya **180**, 184
Parque Natural de Somiedo 208
Parque Natural Dunar de Corrubedo 401
Parres 187
Pasaia (span. Pasajes) 143
Patronatsfeste 78
Pazo de Oca 367
Pedrajapass 312
Pelagius, hl. (span. Pelayo, gal. Paio) **42**, 355, 366
Pelayo, erster König Asturiens 41, 189, 191, 198
Pelota 77
Peña Cabarga 178
Peñalba de Santiago 343
Peña Portillo 288
Peña Trevinca 30
Península de Morrazo 415

# Register

Philipp II.  27, 49
Philipp II., König  45
Picasso, Pablo  58, 121
Picaud, Aimeric  61, 244
Pico de Aitzgorri  29
Pico de Miruellu  215
Pico de Pienzu  215
Picos de Europa  26, 30, 186, 187
Pico Tesorero  30
Pilgerherbergen  69
Pilgerlieder  60
Pimientos de Padrón  402
Pinchos (pintxos)  71, 91
Pita, María  380, 385
Pitillas-Lagune  256
Planungshilfe für Ihre Reise  16
Playa Algorri  152, 154
Playa de Itzurún  152, 154
Playa de Laga  125
Playa de Laida  117
Playa de la Isla  215
Playa del Camello  177
Playa de Oyambre  185
Playa de Valdearenas  178
Plentzia (span. Plencia)  113
Podemos  47
Pola de Lena  207
Poncebos  195, 196
Ponferrada  341
Pontevedra  410
Portomarín  353
Portugalete  113
Porzellanmanufaktur  374
Posada de Valdeón  195
Post  91
Potes  186
Praia das Catedrais  371
Praia das Illas  371
Praia de Arealonga  401
Praia de Esteiro,  371
Praia de Ladeira  402
Praia de Os Castros  371
Präromanik  56
Preiskategorien  69, 73
Premios Princesa de Asturias  81, 205
Primo de Rivera, General  46
Proaza  207
Puente Colgante  113

Puente la Reina (bask. Gares)  242
Puente Viesgo  180
Puerto de Ibañeta  232
Puerto del Manzanal  336
Puerto de Somport  247
Punta da Barca  393
Punta de Estaca de Bares  375
Punta dos Prados  375
Pyrenäen  26, **28**, 29, 31, 32, **250**

**Q**ueimada  75
Queso de Cabrales  193
Quintanilla de las Viñas  307

**R**abanal de Camino  340
Raciones  71
Radfahren  15, **77**, 141, 161, 206, 208, 210, 224, 258, 276, **306**
Rajoy, Mariano (Ministerpräsident)  47, 49, 51
Ramiro I.  272
Rapa das Bestas  81
Rauchen  91
Reconquista  27, **41**, 48, 191, 197
Reiseinformation  62
Reisekasse  92
Reiseveranstalter  15
Reisezeit  88
Reiten  **77**, 208, 226
Rekkared, König  41
Religion  27, 52
Religiöse Feste  52
Renaissance  58
Renfe  66
Reserva de la Biósfera de Urdaibai  118
Reserva Natural de la Laguna de Pitillas  256
Restuarantbesuch  73, 83
Rías  32
Rías Altas  32, **371**
Rías Baixas (span. Rías Bajas)  32, **398**
Ribadavia  428
Ribadeo  371
Ribadesella  80, **212**
– Cueva de Tito Bustillo  213
Ribeira Sacra  30, **434**
Ribeiro-Wein  75, **428, 429**

Rioja. *S.* La Rioja
Rioja Alavesa  29
Rioja-Wein  75, **270**
Rivas, Manuel  61
Roland  232
Romanik  57
Römer  26, 30, **40**, 48, 56, 147, 178, 219, 266, 315, 323, 334, 346, 380, 402, 425, 430, **438**
Romería a la Virgen de Ujué  257
Romería da Nosa Señora da Lanzada  **409**
Romería de Santa Tecla  **423**
Romerías  78
Roncal  250
Roncesvalles (bask. Orrega)  232
Ruderregatten  79
Rundreisen  20
Ruta de los Dinosaurios  288

**S**ahagún  321
– La Peregrina  321
– Museo de las Benedictinas  321
– San Lorenzo  57, **321**
– San Tirso  57, **321**
Saja Besaya  31, 180, 184
Saliencia-See  208
Salinas de Añana und Tuesta  165
Salvatierra (bask. Agurain)  165
Samos  353
San Andrés de Teixido  81
Sánchez, Pedro (Ministerpräsident)  49, 51
Sancho der Weise von Navarra  160
Sancho II.  302
San Clodio  429
San Estevo de Ribas de Sil  434
Sanfermines  233, 237
Sangüesa  254
– Santa María la Real  255
San Ignacio de Loyola  156
San Juan de Gaztelugatxe  19, 78, **114**
San Juan de la Peña  248
San Juan de Ortega  312
San Martín de Mondoñedo  372

Der Haupteintrag ist **fett** hervorgehoben.

San Miguel de la Escalada 57, **322**
San Millán de la Cogolla 282
San Millán de Suso 57, **283**
San Millán de Yuso 283
San Pedro de Arlanza 307
San Salvador 433
San Salvador de Leyre 253
San Sebastián (bask. Donostia) 12, 80, **128**
– Aquarium 134
– Bahía de la Concha 130
– Casa Real de Baños 131
– Casino 131
– Catedral del Buen Pastor 137
– Donostia Card 138
– Eureka! Zientzia Museoa 142
– Festival Internacional de Cine 140
– La Concha 131
– Monte Igueldo 130
– Monte Urgull 134
– Museo Naval 134
– Palacio del Congresos y Auditorio Kursaal 58, **136**
– Palacio Miramar 131
– Peine del Viento 59, 130
– Playa de Ondarreta 131
– Plaza de la Constitución 134
– Plaza Zuoloaga 134
– Río Urumea 136
– Teatro Victoria Eugenia 137
Santa Comba de Bande 56, **433**
Santa compaña 394
Santa Cristina de Lena 207
Santa Cristina de Ribas do Sil 435
Santa Cruz de la Serós 250
Santa Eulalia de Bóveda **440**
Santa María de Eunate 255
Santa María de Lara 56, **307**
Santa María de Lebeña 186
Santa María de Oseira 434
Santa María; La Antigua 79, **158**
Santa Marina 207
Santander 80, 172, 173, **174**
– Biblioteca Menéndez y Pelayo 174
– Catedral de Santander 174
– Jardines de Pereda 174

– Kunst- und Kulturzentrum Botín 174
– Museo de Arte Moderno y Contemporáneo de Santander y Cantabria 174
– Museo Marítimo del Cantábrico 175
– Península de la Magdalena 175
– Playa de Sardinero 176
Santa Tecla 78, **422**, **423**
Santiago de Compostela 27, **42**, 81, **354**
– Alte Universität 365
– Casa da Conga 364
– Casa da Parra 364
– Catedral de Santiago 57, **359**
– Centro Galego de Arte Contemporánea 366
– Cidade da Cultura 58, **367**
– Colexio de Fonseca 365
– Colexio de San Xerome 359
– Hostal dos Reis Católicos 358
– Mercado de Abastos 366, **369**
– Museo das Peregrinacións 364
– Museo do Pobo Galego 366
– Museo Eugenio Granell 365
– Parador de Santiago de Compostela 358
– Parque de Alameda 365
– Pazo de Raxoi 358
– Pazo de Xelmírez 358
– Porta das Platerías 364
– Porta Santa 361, 364
– Pórtico de la Gloria 359
– Praza da Inmaculada 361
– Praza das Praterías 364
– Praza do Obradoiro 358
– Rúa da Acibechería 364
– Rúa do Franco 365
– Rúa Nova 365
– San Martiño Pinario 361
– San Paio 364
– Santa María do Sar 367
Santiago de Peñalba 57, **343**
Santiago matamoros 42, 272
Santillana del Mar **180**
Santimamiñe-Höhle 124
Santo Domingo de la Calzada 80, **284**

Santo Domingo de Silos 57, **310**
Santo Estevo 436
Santoña 173
Santo Toribio de Liébana 186
San Vicente de la Barquera 80, **184**
San Vicente de la Sonsierra 277
Sanxenxo 409
Sargadelos 85, **374**
Sarria 353
Sauriermuseum 216
Schlacht am Ebro 46
Schlacht bei Vitoria 160
Schlacht von Clavijo **42**, 48, 272
Schlacht von Covadonga **41**, 48, 191
Schlacht von Las Navas de Tolosa 44
Schlacht von Numantia 40
Schlacht von Roncesvalles 48, 232
Schmuck 85
Sella 189, 212
Semana Coral Vizcaina 112
Semana Grande 112, 140, 150
Semana Santa **78**, 103, 227, 261, 370
Senda Costera 224
Senda de la Costa 210
Senda del Oso 206
Señorío de Bértiz 241
Serra da Capelada 376
Serra de Barbanza 401
Sicherheit 92
Sidra 75, 204, **217**, 218
Sidrerías (chigres) 73, 204
Sierra Cantabria 29
Sierra Cebollera 29
Sierra de Ancares 347
Sierra de Atapuerca 313
Sierra de la Demanda 29, **286**
Sierra de las Mamblas 29, 307
Sierra del Perdón 95
Sierra del Sueve 214
Sierra de Urbió 29
Siesta 50
Sil 30, 434, 436
Sisargas-Inseln 390
Skigebiet 180, 247, 251, 286, 287, 435

# Register

Somiedo 30, 31, **208**
Somo 173
Somportpass 247
Soplao-Höhle 184
Sos del Rey Católico 253
Soziales 36
Sozialistische Arbeiterpartei Spaniens (PSOE) 47
Spanischer Bürgerkrieg 27, 46, 49, 54
Spanischer Erbfolgekrieg 45
Spanisches Fremdenverkehrsamt 82
Spanische Sprache 271, 283
Spanische Volkspartei (PP) 47
Sport 76
Sprache 53
Sprachführer Spanisch 444
Staat und Politik 27
Stauseen 29, 33, 180, 253, 353
Steckbrief Nordspanien 26
Steinadler 33
Stiertreiben 80, **237**
Störche 288
Strände **14**, 113, 117, 127, 173, 178, 184, 185, 212, 216, 226, 227, 371, 376, 384, 399, 402, 409, 416, 419, **420**
Straßenkarten 87
Súarez, Adolfo (Ministerpräsident) 47
Surfen **77**, 117, 140, 149, 178, 215, 227
Süßspeisen 74

**T**abakalera (Tabakfabrik) 130
Taifas 41, 302
Tapabars 73, 91
Tariq ibn Ziyad 41
Taxi 68
Tazones 216
Teixeira 435
Teixido 376
Telefonieren 92
Teodomiro, Bischof 355
Terroranschläge 54
Terverga-Schlucht 207
Textilherstellung 38
Thermalquellen 93
Töpferei 281, 390, 441

Torre de Cerredo 30
Torre Ericilla 116
Torres del Río 246
Tourismus 27, 39
Tourismusbehörden 89
Toxa-Insel 407
Transcantábrico 66
Transición 49
Tricastela 353
Trinkgeld 92
Tudela 259
Tui (span. Tuy) 425
– Museo Diocesano y Archivo Histórico Diocesano 426
– San Bartolomé de Rebordáns 426
– Santa María 425
– San Telmo 426
Tuna-Gruppen 359
Turespaña 82
Txikiteo 109
Txokos 129

**Ü**bernachten 69
Ujué 257
Ultreya 60
Umgangsformen 83
Umwelt 28
Umweltprobleme 33
Unamuno, Miguel de 103, 315
UNESCO 56, 113, 118, 208, 218, 259, 282, 295, 313, 347, 354, 438
Universidad Internacional Menéndez Pelayo 177
Unquera 186
Urdaibai 118

**V**aldecevillo 288
Valdediós 216
Valdefuentes 312
Valdezcaray 286
Valença do Minho 426
Valle de Ansó 250
Valle de Batzán 241
Valle de Hecho 250
Valle de Roncal 250
Valle-See 208
Veranstaltungen 78
Vergünstigungen 112, 138, 219

Verkehrsmittel im Land 65
Verkehrsregeln 67
Vertrag von Valençay 160
Viana 246
Vías verdes 77
Vieh- und Milchwirtschaft 36
Vigo 85, **416**
Vilanova de Lorenzana 372
Vilar de Donas 354
Villafranca del Bierzo 343
Villafranca Montes de Oca 312
Villalcázar de Sirga 317
Villaviciosa 216
– Museo de la Sidra 218
Virxe da Barca 395
Vitoria-Gasteiz 160
– Anillo Verde 161
– Bibat Museo de Arqueología de Álava 162
– Centro-Museo Vasco de Arte Contemporáneo 163
– Museo de Armería 163
– Museo de Arte Sacro 163
– Museo de Bellas Artes 163
– Museo de Ciencias Naturales 163
– Palacio de Bedaña 162
– Palacio Montehermoso 161
– Parque de la Florida 163
– Plaza de España 161
– Plaza del Machete 161
– San Miguel 161
– Santa María 162
Vivar, Rodrigo Díaz de. S. El Cid
Viveiro (span. Vivero) 374
Vixia de Herbeira 376
Vogelbeobachtung 119, 376, 419
Vogelwelt 256
Völkerwanderung 40
Volksfront 46

**W**aldbrände 33
Wallfahrten (span. romerías) 78
Wandern 15, **77**, 118, 154, 157, 159, 172, 187, 192, 194, 196, 210, 212, 214, 224, 252, 276, 410, 422, 427
Wasserknappheit 33
Webarbeiten 287

Der Haupteintrag ist **fett** hervorgehoben.

Wein 36, **75**, 256, 270, 273, 274, 279, 280, 406, 429, 435
Weinfeste 80
Weinschlacht 277
Weintherapien 93
Wellenreiten. *S.* Surfen
Wellington, Herzog von 160
Wellness 92, 306
Werftindustrie 37, 61
Westgoten **40**, 48, 56
Wetter 88
Wikingerfest 404
Wildpferde. *S.* Asturcones
Wilhelm von Oranien 45

Windparks 375, 376
Wirtschaft 27, 36
Wochenmärkte 85
Wohnungsmarkt 39
Wölfe 33
Würth La Rioja 269

**Y**ecla-Schlucht 30, **312**

**Z**ancos 80
Zapatero, José Luis (Ministerpräsident) 47
Zara 389
Zarautz (span. Zarauz) 148

Zeit 93
Zeittafel 48
Zelluloseindustrie 38
Zollbestimmungen 64
Zugarramurdi 241
– Museo de las Brujas 241
Zuloaga y Zabaleta, Ignacio 58, 152
Zumaia (span. Zumaya) **151**, 154
Zumarraga 158
Zuschauersport 93
Zweite Republik 46
Zweiter Weltkrieg 46

# REISEN UND KLIMAWANDEL

Der Klimawandel ist vielleicht das dringlichste Thema, mit dem wir uns derzeit befassen müssen. Wer reist, erzeugt auch $CO_2$. Der Flugverkehr trägt in erheblichem Maße zur globalen Erwärmung bei. Wir sehen das Reisen dennoch als Bereicherung. Es verbindet Menschen und Kulturen und kann einen wichtigen Beitrag zur wirtschaftlichen Entwicklung eines Landes leisten. Reisen bringt aber auch eine Verantwortung mit sich. Dazu gehört, darüber nachzudenken, wie oft wir fliegen und was wir tun können, um die Umweltschäden auszugleichen, die wir mit unseren Reisen verursachen.

Wir können insgesamt weniger reisen – oder weniger fliegen und länger bleiben, den Zug nehmen, wenn möglich, und Nachtflüge meiden (da sie mehr Schaden verursachen). Und wir können einen Beitrag an ein Ausgleichsprogramm wie die Projekte von *at-*

*mosfair* leisten. ***Atmosfair*** ist eine gemeinnützige Klimaschutzorganisation. Die Idee: Flugpassagiere spenden einen kilometerabhängigen Beitrag für die von ihnen verursachten Emissionen und finanzieren damit Projekte in Entwicklungsländern, die dort den Ausstoß von Klimagasen verringern helfen. Dazu berechnet man mit dem Emissionsrechner auf www.atmosfair.de, wie viel $CO_2$ der Flug produziert und was es kostet, eine vergleichbare Menge Klimagase einzusparen. ***Atmosfair*** garantiert die sorgfältige Verwendung Ihres Beitrags.

nachdenken • klimabewusst reisen

# Abbildungsnachweis/Impressum

**Abbildungsnachweis**
akg -images, Berlin: S. 41, 303
Björn Göttlicher, Bamberg: S. 121
DuMont Bildarchiv, Ostfildern: S. 13, 14, 63 M., 63 u., 72 o. re., 89 (Arthur F. Selbach); 54, 81, 84 (Dirk Renckhoff); 31 (Johann Scheibner)
Glow Images, München: S. 217, 394 (Deposit-Photos)
Huber-Images, Garmisch-Partenkirchen: S. 384/385 (Günter Gräfenhain); 175, 254, 267, 324, 338/339, 348, 351, 362/363 (Reinhard Schmid); 298/299 (Spiegelhalter)
iStock.com, Calgary (CA): Umschlagklappe vorn (Cloud-Mine-Amsterdam)
laif, Köln: S. 405 (Berthold Steinhilber); 70, 242/243 (Clemens Zahn); 237 (Conrad Piepenburg); Umschlagrückseite M., 136/137 (Dietmar Denger); 220/221, 224 (Frank Heuer); 72 o. li. (Frank Tophoven); 245, 330/331 (Gonzalo Azumendi); 43 (Gregor Lengler); 63 o., 389 (Gunnar Knechtel); 141 (hemis.fr/Anna Serrano); 93, 111 (hemis.fr/Bertrand Rieger); 162 (hemis.fr/Cedric Pasquini); 59, 290, 293, 318/319, 387 (hemis.fr/Franck Guiziou); 72 u., 76 (Jan-Peter Boening); 275, 337 (Joerg Modrow); 192/193 (Loop Images/Sebastian Wasek); 129 (Malte Jaeger); Umschlagseite o. (Markus Kirchgessner); 106 (Miquel Gonzalez); 25, 74, 166 (Naftali Hilger); 366 (Peter Hirth); 38 (Redux/VWPics/Mikel Bilbao); 18/19 (Reinhard Schmid)
Lookphotos, München: S. 278, 432/433 (age fotostock); 203 (robertharding); 135 (Saga Photo); 200 (VWPics)
Marion Golder, München: S. 11
MATO, Hamburg: Titelbild (Francesco Carovillano); 408 (Hans-Georg Eiben)
Mauritius Images, Mittenwald: S. 75 (age fotostock/F. J. Fdez. Bordonada); 262 (age fotostock/Facto Foto); 118, 271, 314 (age fotostock/Gonzalo Azumendi); 37 (age fotostock/Gonzalo Pérez Mata); 285 (age fotostock/Javier Larrea); 79 (age fotostock/Joaquín Gómez); Umschlagrückseite u., 344/345 (age fotostock/Juan Carlos Muñoz); 311 (age fotostock/Mike Randolph); 126 (age fotostock/Mikel Bilbao); 152/153 (age fotostock/Tolo Balaguer); 265, 289 (Alamy Stock Photos/ JUAN CARLOS MUÑOZ); 424 (Alamy Stock Photos/makasana photo); 157 (Alamy/Ainara Garcia); 392 (Alamy/Alex Segre); 412/413 (Alamy/David Gato); 211, 439 (Alamy/Jerónimo Alba); 52/53 (Alamy/Jorge Tutor); 228 (Alamy/Mikel Bilbao Gorostiaga-Travels); 96 (Alamy/Xavier Fores - Joana Roncero); 17 (John Warburton-Lee); 355 (M.Olbert); 101 (Westend61/K Thomas)
Shutterstock.com, Amsterdam (NL): S. 185 (chica); 335 (Filimonov); 238 (imagestockdesign); 436 (JGA); 260/261 (Jorge Argazkiak); 144 (lauradibis); 95 (lunamarina); 400 (Lux Blue); 34/35 (Mimadeo); 251 (Oleg_Mit); 397 (RudiErnst); 23 (Shootdiem); 372/373 (Shutterstaken)
Wikimedia Commons: S. 44 (CC PD/Museo del Prado)

**Kartografie**
© KOMPASS-Karten GmbH, A-6020 Innsbruck; DuMont Reiseverlag, D-73751 Ostfildern

**Umschlagfotos**

Titelbild: In San Juan de Gaztelugatxe, Umschlagklappe vorn: Guggenheim-Museum, Bilbao
Umschlagrückseite oben: Tag des Dudelsackspielers in Ribadeo

**Hinweis:** Autorin und Verlag haben alle Informationen mit größtmöglicher Sorgfalt geprüft. Gleichwohl sind Fehler nicht vollständig auszuschließen. Alle Angaben erfolgen ohne Gewähr. Bitte schreiben Sie uns! Über Ihre Rückmeldung zum Buch und über Verbesserungsvorschläge freuen sich Autorin und Verlag:
**DuMont Reiseverlag:** Postfach 3151, 73751 Ostfildern, E-Mail: info@dumontreise.de

6., aktualisierte Auflage 2024
© DuMont Reiseverlag, Ostfildern
Alle Rechte vorbehalten
Autorin: Marion Golder
Lektorat: Lucia Rojas, Eszter Kalmár; Bildredaktion: Susanne Troll
Grafisches Konzept: Groschwitz/Tempel, Hamburg
Printed in Czech Republic